U0589753

国家出版基金项目
NATIONAL PUBLICATION FOUNDATION

高速铁路车桥耦合动力学

张 楠 郭薇薇 夏 禾 著

北京交通大学出版社

·北京·

内 容 简 介

本书较全面地介绍我国高速铁路的发展概况，高速铁路桥梁的特点和关键技术，车桥耦合动力学的研究历史和现状，简支梁的共振、抑振与消振机理，车桥耦合系统的自激激励，高速铁路列车-桥梁振动性能评判标准，车桥耦合振动模型的建立和求解方法，风-车-桥系统耦合振动，地震作用下的车桥耦合振动，撞击荷载作用下的车桥耦合振动，桥梁基础不均匀沉降和冲刷效应下的车桥耦合振动，桥梁徐变上拱和温度变形作用下的车桥耦合振动，以及这些研究成果在我国高速铁路桥梁设计中的应用。书中重点介绍车桥耦合振动的分析理论、研究方法及其工程应用。

本书可供铁路、城市轨道交通相关领域的科研人员和工程技术人员参考，并可作为高等学校研究生教材和本科学生的教学参考用书。

版权所有，侵权必究。

图书在版编目（CIP）数据

高速铁路车桥耦合动力学/张楠，郭薇薇，夏禾著. —北京：北京交通大学出版社，2018.12

ISBN 978-7-5121-3787-5

Ⅰ.① 高…　Ⅱ.① 张…　② 郭…　③ 夏…　Ⅲ.①高速铁路-车桥耦合振动-研究　Ⅳ.① U238　② U211.3

中国版本图书馆 CIP 数据核字（2018）第 257914 号

高速铁路车桥耦合动力学
GAOSU TIELU CHEQIAO OUHE DONGLIXUE

责任编辑：陈跃琴
出版发行：北京交通大学出版社　　　　　　电话：010-51686414　　http://www.bjtup.com.cn
地　　址：北京市海淀区高梁桥斜街 44 号　邮编：100044
印 刷 者：艺堂印刷（天津）有限公司
经　　销：全国新华书店
开　　本：170 mm×235 mm　　印张：31.25　　字数：600 千字
版　　次：2018 年 12 月第 1 版　　2018 年 12 月第 1 次印刷
书　　号：ISBN 978-7-5121-3787-5/U·399
定　　价：210.00 元

本书如有质量问题，请向北京交通大学出版社质监组反映。对您的意见和批评，我们表示欢迎和感谢。
投诉电话：010-51686043，51686008；传真：010-62225406；E-mail：press@bjtu.edu.cn。

前　言

　　车桥耦合振动是影响铁路桥梁设计与列车运行状态的关键因素。数十年来，出于科学研究和工程设计需要，各国学者和工程师建立了各具特点的车桥耦合动力分析模型，并将研究成果应用于桥梁振动、列车运行安全、振动与噪声预测、振动控制等工程领域，为铁路桥梁、车站及铁路沿线构造物的建造和维护提供了重要的理论支撑。

　　近四十年来，作者所在的夏禾教授课题组对车桥耦合振动问题进行了系统的研究，内容涉及这一领域的各个方面，包括高速列车作用下的车桥耦合振动、风荷载作用下的车桥耦合振动、地震作用下的车桥耦合振动、撞击荷载作用下的车桥耦合振动、桥梁基础不均匀沉降和冲刷效应下的车桥耦合振动、桥梁徐变上拱和温度变形作用下的车桥耦合振动、基于车桥耦合振动分析的桥梁损伤诊断方法、列车-高架车站结构体系的振动分析、高架铁路引起的环境振动和噪声等，取得了一系列研究成果。

　　在本书出版之前的十余年中，中国高速铁路发展迅猛，课题组参与了秦沈客运专线、京沪高速铁路常用跨度桥梁、京广高铁天兴洲长江大桥和郑州黄河大桥、京沪高铁大胜关长江大桥和济南黄河大桥、宁安城际安庆长江大桥、连淮扬镇铁路五峰山长江大桥、沪通铁路沪通长江大桥、京九线九江长江大桥等大跨度铁路及公铁两用桥梁，以及南京南站、广州南站、深圳北站、新武汉站等大型铁路车站的车桥动力耦合分析工作。研究成果在这些工程中的实施，不仅验证了车桥耦合动力分析方法的正确性，也是对我们继续从事这一领域研究的最好鼓励。

　　自从铁路诞生至今已近 200 年，但人类对车桥耦合振动的认识远未穷尽。目前，尚未出现任何一种理论上和工程上均被广为接受的车桥耦合动力分析方法，亦未有任何一部设计规范系统完整地纳入了车桥耦合动力分析的核心理念。本书在总结课题组多年研究成果的基础上，力求在研究方法上有所突破，即排除车桥耦合振动问题中诸多随机因素的影响，继续探索车桥耦合系统的确定性规律及工程应用方法，内容涉及车桥耦合振动系列研究的各个方面，主要包括：我国高速铁路的发展概况，高速铁路桥梁的特点和关键技术，车桥耦合动力学的研究历史和现状，简支梁的共振、抑振与消振机理，车桥耦合系统的自激激励，高速铁路列车-桥梁振动性能评判标准，车桥耦合振动模型的建立和求解方法，风-车-桥系统耦合振动，地震作用下的车桥耦合振动，撞击荷载作用下的车桥耦合振动，桥梁基础不均匀沉降和冲刷效应下的车桥耦合振动，桥梁徐变上拱和温度变形作用下的车桥耦合振动，以及研究成果在高速铁路桥梁设计中的应用。

本书的研究工作得到了国家重点基础研究计划（973 计划）项目（2013CB036203）、国家高技术研究发展计划（863 计划）项目（2011AA11A103 - 3 - 2 -1）、国家自然科学基金项目（90715008、51078029、51178025、51108023、51208028、51308034、51308035、U1434205、U1434210、51678032）、教育部博士点基金项目（201300091100 36）、新世纪优秀人才支持计划（NCET - 10 - 0219）、中国铁路总公司科技研究开发计划（2013G001 - A - 1、2013G001 - B、2013G004 - C、2015G002 - A、2015G006 - M）的资助。

本书由张楠、郭薇薇、夏禾负责确定各章内容、制订全书大纲及全书的统稿工作。各章主要撰写人为：第 1 章张楠、郭薇薇、夏禾、田园，第 2 章张楠，第 3 章夏禾、李慧乐、王昆鹏、王少钦，第 4 章张楠、吴萱，第 5 章郭薇薇，第 6 章郭薇薇、张田，第 7 章杜宪亭，第 8 章夏超逸，第 9 章曹艳梅、王昆鹏，第 10 章战家旺、王昆鹏。研究生杨静静、乔宏、徐曼、王玉晶、周爽、李克冰、孙奇、葛光辉、肖国良等为本书提供了重要素材，一并致谢！

由于作者水平所限，书中错误之处在所难免，恳请各位读者批评指正。

张 楠

2018 年 4 月 15 日于北京交通大学

目　　录

第 **1** 章

绪　　论

　　铁路自诞生以来，一直是世界各国交通运输的重点。进入 21 世纪后，为了提高运力，缓解客、货运输紧张局面，我国铁路加快了建设步伐，特别是高速铁路飞速发展，取得了举世瞩目的成就。桥梁作为高速铁路的基础设施之一，发挥着十分重要的作用。随着运行速度的不断提高，列车所引起的桥梁振动及其对桥上车辆运行安全性和平稳性的影响越来越受到人们的关注。本章总结了高速铁路桥梁的关键动力学问题，综述了车桥耦合振动问题的研究历史和现状，阐述了高速铁路车桥耦合振动的研究内容和研究方法。

1.1　我国的高速铁路桥梁

　　自 1825 年世界上第一条铁路在英国出现以来，铁路交通就因其安全、准时、高效的特点得到了长足的发展。随着经济社会的发展和科学技术的进步，铁路运输能力不断增加，列车的运行速度也不断提高。1996 年国际铁路联盟（Union Internationale des Chemins de Fer，UIC）对高速铁路定义如下："新建线路达到 250 km/h 及以上，既有线改造达到 200 km/h 及以上的铁路为高速铁路。"

　　20 世纪 50 年代初，法国首先提出了高速列车的设想，并最早开始试验工作。1964 年，日本建成了连接东京与新大阪的东海道新干线，成为世界上第一条运营的高速铁路系统（见图 1.1）。新干线的列车速度达到 270~300 km/h，并曾创造过 443 km/h 的试验纪录（1996 年，955 系 300X）。2015 年 4 月 21 日，日本的新型 "L0 型" 磁浮列车（采用 7 节车厢编组）在山梨县 42.8 km 长的试验线上，跑出了 603 km/h 的世界最高列车速度（见图 1.2）。1981 年，采用流线型车体的铰接式高速列车（Train à Grande Vitesse，TGV）在法国的巴黎—里昂干线正式投入使用。2007 年 4 月 3 日，TGV 列车创下了 574.8 km/h 的轮轨式列车速度世界纪录（见图 1.3）。1971 年，德国开始建设汉诺威—维尔茨堡高速铁路，并于 1991 年通车，该线路的 ICE 高速列车运行速度为 280 km/h（见图 1.4）。

图 1.1　驶过富士山的东海道新干线列车

图 1.2　日本"L0 型"磁浮列车

图 1.3　法国 TGV 高速列车

图 1.4　德国 ICE 高速列车

　　世界高速铁路的发展可大致分为三个时期：首先是高速铁路初创时期，日、法、德等国开发并建成高速铁路；其次是高速铁路技术成熟时期，日本和欧洲的一些国家发展完善了高速铁路技术，并被更多的国家所掌握；最后是高速铁路的广泛发展时期，更多的国家和地区着手建设高速铁路，列车速度进一步提高（见表 1.1）。在这一时期，中国建成了 2.5 万 km 的高速铁路网，进一步发展了高速铁路技术，将高速列车运营速度提高到 350 km/h，成为引领世界高速铁路发展的国家。

表 1.1　世界高速铁路运行速度

国家	高速列车车型	运行速度/（km/h）
中国	CRH380 系列（和谐号）	300
	中国标准动车组（复兴号）	300
法国	TGV、E320	320
德国	ICE3	320
日本	东北新干线	320
	山阳新干线	300
	东海道新干线	285
	整备新干线	260

国家	高速列车车型	运行速度/（km/h）
西班牙	AVE	310
意大利	ETR500	300

据世界银行统计，2016 年世界上已经有中国、日本、西班牙、法国、德国、瑞典、意大利、土耳其、韩国、比利时、荷兰、瑞士等 16 个国家建成运营高速铁路（见表 1.2），运营总里程为 37 343 km。其中，中国 24 268 km，约占全球的 65.0%；其次分别是日本（约占 8.1%）、西班牙（约占 7.7%）（见图 1.5）。

表 1.2　2016 年世界高速铁路运营里程

国家	中国（含台湾地区354 km）	日本	西班牙	法国	德国	意大利	土耳其	韩国
运营里程/km	24 268	3 041	2 871	2 142	1 475	981	688	657
国家	美国	波兰	比利时	瑞士	荷兰	英国	奥地利	
运营里程/km	362	224	209	144	120	113	48	

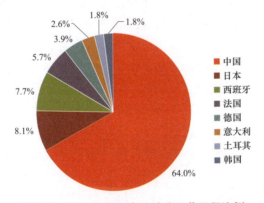

图 1.5　2016 年各国高速铁路运营里程比例

此外，俄罗斯、印度、印度尼西亚、泰国、越南、南非、尼日利亚等国家也正在规划筹建高速铁路。

1.1.1　我国高速铁路发展概况

我国铁路自 20 世纪 90 年代以来，加快了现代化进程。1997—2007 年，通过对既有线改造实现了六次大提速，使全国旅客列车最高速度从 120 km/h 提高到 200 km/h，提速线路总里程超过 6 000 km。与此同时，铁路部门开始进行高速列车及高速铁路基础工程的理论与试验研究。1999 年 8 月开工建设我国第一条高速铁路——秦沈客运专线，全长 404 km，设计速度 200 km/h（预留 250 km/h 的提速条件）。2002 年 12 月，我国自行研制的"先锋号"动车组及"中华之星"高速列车在秦沈客运专线山海关—绥中北试验段分别跑出了 292 km/h 和 321.5 km/h 的最高速度。秦沈客运专线于 2003 年 10 月 12 日开通运营，成为我国铁路客运高速化的开端，并带动了我国铁路综合技术水平大幅度提高。2003—2006 年建设的遂渝铁路全长 155 km，设计速度 200 km/h，2005 年 5 月"长白山"号动车组在该线试验段上跑出了 234 km/h 的试验速度。2007 年新建的广深铁路是我国第一条四线铁路，全长 146 km，其中Ⅰ、Ⅱ线设计速度为 200 km/h，供高速列车行驶；Ⅲ、Ⅳ线设计速度为 160 km/h，供普通客运或货运列车行驶。这也是我国第一条客货分线、实现完全公交化的城际客运专线。

1. 2004 年首发《中长期铁路网规划》

2004 年 1 月 7 日，我国铁路第一个《中长期铁路网规划》经国务院审议通过并开始实施。根据该规划，到 2020 年，全国铁路营业里程达到 10 万 km，主要繁忙干线实现客货分线，复线率和电气化率分别达到 50% 和 60% 以上，运输能力满足国民经济和社会发展需要，主要技术装备达到或接近国际先进水平，其中，加快高速铁路建设是规划中的重要内容之一。为满足快速增长的旅客运输需要，规划"四纵四横"铁路快速客运通道及三个城际快速客运系统（见图 1.6），建设客运专线 1.2 万 km 以上，客车速度目标值达到 200 km/h 及以上。

我国中长期路网规划情况简述如下：

(1)"四纵"客运专线

① 北京—上海：全长约 1 318 km，纵贯京津沪三市和冀鲁皖苏四省，连接环渤海和长江三角洲两大经济区。

② 北京—武汉—广州—深圳：全长约 2 260 km，连接华北、华中和华南地区。

③ 北京—沈阳—哈尔滨（大连）：全长约 1 700 km，连接东北和关内地区。

④ 杭州—宁波—福州—深圳：全长约 1 600 km，连接长江、珠江三角洲和东南沿海地区。

(2)"四横"客运专线

① 徐州—郑州—兰州—乌鲁木齐：全长约 3 177 km，连接西北和华东地区。

② 杭州—南昌—长沙：全长约 880 km，连接华中和华东地区。

③ 青岛—石家庄—太原：全长约 770 km，连接华北和华东地区。

④ 南京—武汉—重庆—成都（宁汉蓉）：全长约 1 600 km，连接西南和华东地区。

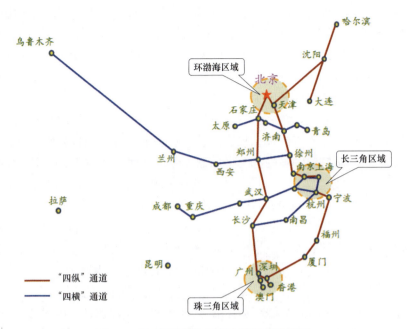

图 1.6 "四纵四横"客运专线网络示意图

（3）区域城际快速客运系统

包括长江三角洲、珠江三角洲、环渤海（京津冀）地区城际轨道交通，覆盖区域内主要城镇。

① 长三角区域：以上海、南京、杭州为中心，形成以"Z"形主骨架连接沪宁杭周边重要城镇的城际铁路客运网络。

② 珠三角区域：以广深、广珠两条客运专线为主轴，形成"A"形线网，辐射广州、深圳、珠海等 9 个大中城市，构建包括港、澳在内的城市一小时经济圈。其中，广深客运专线长约 105 km，广珠城际轨道交通（含江门支线）长约 143 km。

③ 环渤海区域：以北京、天津为中心，以北京—天津为主轴进行建设，形成对外辐射通路。京津城际轨道交通长约 115 km。

2. 2008 年第 1 次修订《中长期铁路网规划》

2008 年 11 月 27 日，国家发改委根据国家总体发展战略，以及建设资源节约型和环境友好型社会的根本要求，对 2004 年《中长期铁路网规划》确定的铁路网总规模和布局进行了优化调整，将 2020 年全国铁路运营里程规划目标由 10 万 km 调整为 12 万 km 以上。其中，高速铁路由 1.2 万 km 调整为 1.6 万 km。将杭甬深高速铁路向北延伸至上海、杭长高速铁路向西延伸至昆明，还要建设兰州—乌鲁木齐、蚌埠—合肥、南京—杭州、锦州—营口、南昌—九江、柳州—南宁、绵阳—成都—乐山、哈尔滨—齐齐哈尔、哈尔滨—牡丹江、长春—吉林、沈阳—丹东等高速铁路，扩大高速铁路的覆盖面。同时，在长珠潭、成渝及中原城市群、武汉城市圈、关中城镇群、海峡西岸城镇群等经济发达和人口稠密地区建设城际客运系统，覆盖区域内主要城镇。

"十一五"期间，国家加大了对高速铁路建设的投入，使我国高速铁路无论是在技术发展还是在开工建设、投入运营的里程上，都达到世界领先地位。"十一五"期间，我国铁路发展的主要目标是：建设新线 1.7 万 km，其中客运专线 7 000 km、既有线复线 8 000 km、既有线电气化改造 1.5 万 km。2008 年 6 月 24 日，在京津城际高速铁路联调联试中，和谐号 CRH3 动车组的试验速度达到了 394.3 km/h。2010 年 9 月 28 日，CRH380A 型高速动车组在沪杭高速铁路联调联试中，将最高试验速度纪录改写为 416.6 km/h。2010 年 12 月 3 日，新一代高速动车组在京沪高速铁路枣庄—蚌埠先导段试验速度达到 486.1 km/h，创造了世界铁路运营线上的最高列车速度纪录。我国京津城际、武广、沪宁、沪杭等高速铁路的列车速度均达到 350 km/h，属于世界同期高速铁路的最高运营速度，而京沪高速铁路的设计运营速度目标值更是高达 380 km/h。

2011 年，我国开始实施《国民经济和社会发展第十二个五年规划纲要》。"十二五"期间，我国铁路按照科学、可持续发展的原则，继续发展高速铁路，建成 4.5 万 km 的快速铁路网，其中高速铁路将达到 1.6 万 km。同时，进一步明确了高速铁路的建设标准和开通运营速度。

截至 2015 年年底，我国铁路运营里程就已经达到 12.1 万 km，"四纵四横"客运专线网也基本形成，高速铁路网的运营里程达到 1.9 万 km，提前 5 年实现了《中长期铁路网规划》目标。

3. 2016 年第 2 次修订《中长期铁路网规划》

2016 年，国务院对《中长期铁路网规划》进行了第 2 次修订。根据新版《中长期铁路网规划》，"十三五"期间中国将继续完善高速铁路网络，形成"八纵八横"主通道（见图 1.7），并在此基础上建设高速铁路区域连接线。从"四纵四横"到"八纵八横"的提法，在线路上没有特别大改变，通俗理解，就是在修建原来省会城市、西北和西南到北京线路的基础上进行完善。

"八纵"通道：

① 沿海通道：大连（丹东）—秦皇岛—天津—东营—潍坊—青岛（烟台）—连云港—盐城—南通—上海—宁波—福州—厦门—深圳—湛江—北海（防城港）高速铁路（其中青岛至盐城段利用青连、连盐铁路，南通至上海段利用沪通铁路）。该通道连接东部沿海地区，贯通京津冀、辽中南、山东半岛、东陇海、长

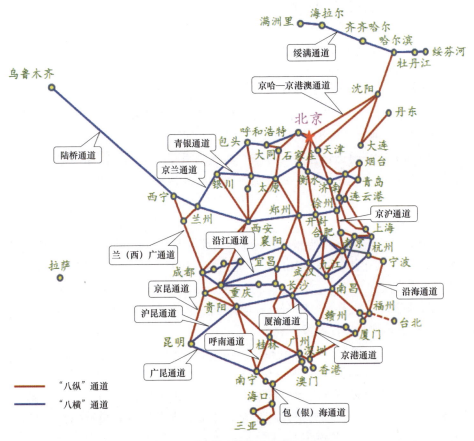

图 1.7 "八纵八横" 主通道示意图

三角、海峡西岸、珠三角、北部湾等城市群。

②京沪通道：北京—天津—济南—南京—上海（杭州）高速铁路，包括南京—杭州、蚌埠—合肥—杭州高速铁路，同时通过北京—天津—东营—潍坊—临沂—淮安—扬州—南通—上海高速铁路。该通道连接华北、华东地区，贯通京津冀、长三角等城市群。

③京港（台）通道：北京—衡水—菏泽—商丘—阜阳—合肥（黄冈）—九江—南昌—赣州—深圳—香港（九龙）高速铁路；另一支线为合肥—福州—台北高速铁路，包括南昌—福州（莆田）铁路。该通道连接华北、华中、华东、华南地区，贯通京津冀、长江中游、海峡西岸、珠三角等城市群。

④京哈—京港澳通道：哈尔滨—长春—沈阳—北京—石家庄—郑州—武汉—长沙—广州—深圳—香港高速铁路，包括广州—珠海—澳门高速铁路。该通道连接东北、华北、华中、华南、港澳地区，贯通哈长、辽中南、京津冀、中

原、长江中游、珠三角等城市群。

⑤ 呼南通道：呼和浩特—大同—太原—郑州—襄阳—常德—益阳—邵阳—永州—桂林—南宁高速铁路。该通道连接华北、中原、华中、华南地区，贯通呼包鄂榆、山西中部、中原、长江中游、北部湾等城市群。

⑥ 京昆通道：北京—石家庄—太原—西安—成都（重庆）—昆明高速铁路，包括北京—张家口—大同—太原高速铁路。该通道连接华北、西北、西南地区，贯通京津冀、太原、关中平原、成渝、滇中等城市群。

⑦ 包（银）海通道：包头—延安—西安—重庆—贵阳—南宁—湛江—海口（三亚）高速铁路，包括银川—西安及海南环岛高速铁路。该通道连接西北、西南、华南地区，贯通呼包鄂、宁夏沿黄、关中平原、成渝、黔中、北部湾等城市群。

⑧ 兰（西）广通道：兰州（西宁）—成都（重庆）—贵阳—广州高速铁路。该通道连接西北、西南、华南地区，贯通兰西、成渝、黔中、珠三角等城市群。

"八横"通道：

① 绥满通道：绥芬河—牡丹江—哈尔滨—齐齐哈尔—海拉尔—满洲里高速铁路。该通道连接黑龙江及蒙东地区。

② 京兰通道：北京—呼和浩特—银川—兰州高速铁路。该通道连接华北、西北地区，贯通京津冀、呼包鄂、宁夏沿黄、兰西等城市群。

③ 青银通道：青岛—济南—石家庄—太原—银川高速铁路（其中绥德—银川段利用太中银铁路）。该通道连接华东、华北、西北地区，贯通山东半岛、京津冀、太原、宁夏沿黄等城市群。

④ 陆桥通道：连云港—徐州—郑州—西安—兰州—西宁—乌鲁木齐高速铁路。该通道连接华东、华中、西北地区，贯通东陇海、中原、关中平原、兰西、天山北坡等城市群。

⑤ 沿江通道：上海—南京—合肥—武汉—重庆—成都高速铁路，包括南京—安庆—九江—武汉—宜昌—重庆、万州—达州—遂宁—成都高速铁路（其中成都—遂宁段利用达成铁路）。该通道连接华东、华中、西南地区，贯通长三角、长江中游、成渝等10个城市群。

⑥ 沪昆通道：上海—杭州—南昌—长沙—贵阳—昆明高速铁路。该通道连接华东、华中、西南地区，贯通长三角、长江中游、黔中、滇中等城市群。

⑦ 厦渝通道：厦门—龙岩—赣州—长沙—常德—张家界—黔江—重庆高速铁路（其中厦门—赣州段利用龙厦铁路、赣龙铁路，常德—黔江段利用黔张常铁路）。该通道连接海峡西岸、中南、西南地区，贯通海峡西岸、长江中游、成渝等城市群。

⑧ 广昆通道：广州—南宁—昆明高速铁路。该通道连接华南、西南地区，贯通珠三角、北部湾、滇中等城市群。

在我国的台湾地区，兴建高速铁路的提议始于20世纪80年代，主要是为了解决日益增加的城际运输需求。台湾地区的高铁贯通台湾岛西海岸，连接台北和高雄两个城市，全线共设8个车站，线路总长345 km。台湾地区的高铁采用了日本新干线技术，于2007年1月5日正式通车，设计时速为300 km。

按照我国《中长期铁路路网规划》和目前的工程建设进度，预计到2025年，我国高速铁路的运营里程将达到3.8万km，加上其他新建铁路和既有铁路提速线路，初步形成以高速铁路为骨架、总体规模达5万km的快速铁路网，连接全国所有省会城市和50万人口以上城市，覆盖全国90%以上人口。铁路运输能力总体上能够适应国民经济和社会发展需要，"人便其行，货畅其流"的目标将成为现实——邻近省会城市将形成1 h交通圈，北京到全国绝大部分省会城市将形成8 h以内的交通圈。

根据这一规划，近几年，我国高速铁路的建设速度进一步加快，先后有大连—哈尔滨（921 km）、杭州—长沙（927 km）、兰州—乌鲁木齐（1 776 km）、贵州—广州（857 km）、南宁—广州（577 km）、成都—重庆（308 km）、合肥—福州（808 km）等高速铁路干线投入运营。2017年12月28日，随着石家庄至济南高速铁路（298 km）的正式开通，我国高速铁路的运营里程已经达到了2.5万km，占世界高速铁路总里程的66.3%，位居世界第一。目前，我国高速铁路运营总里程已远远超过世界其他国家总里程之和，成为世界上高速铁路发展最快、系统技术最全、集成能力最强、运营里程最长、运营速度最高、在建规模最大的国家。

1.1.2　我国高速铁路桥梁概况

1. 我国高速铁路桥梁关键技术

高速铁路桥梁是构成高速铁路的重要工程结构，主要功能是跨越河流、山谷、其他铁路或公路线路，同时为高速列车提供平顺、稳定的桥上线路，确保运营安全和乘坐舒适。为此，高速铁路桥梁的上部结构必须具有较大的抗弯和抗扭刚度，必须限制桥梁的预应力徐变上拱和不均匀温差引起的结构变形，保证可靠的稳定性和保持桥上轨道的高平顺状态，使桥梁能够承受较大的动力作用，具备良好的动力特性。同时，高速铁路桥梁的墩、台等下部结构也应具有足够的纵、横向刚度。高速铁路桥梁的上部结构形式主要有预应力混凝土连续箱梁和简支箱梁、连续刚构、钢-混连续和简支结合梁、钢桁梁、钢桁连续结合梁等，另外还有部分钢桁拱桥、斜拉桥等大跨度结构。

我国通过借鉴德国、日本等国家的先进技术和成功经验，并结合自己的实践，已形成了有中国特色的高速铁路桥梁设计建造关键技术。

1）常用跨度桥梁设计建造技术

我国高速铁路常用跨度桥梁主要采用标准设计的 32 m 预应力混凝土简支箱梁，预制结构分为有砟轨道整孔箱梁和无砟轨道整孔箱梁，预应力体系有先张法和后张法两种；结合桥梁养护、维修实际情况，采用梁厂生产，运梁机运梁，架梁机桥位架设。设计时采用车桥耦合动力分析的方法确定桥梁的合理刚度，并通过试验进行验证。通过持续不断的科技攻关，突破了设计理论、建造技术、"毫米级"无砟轨道桥梁变形控制等关键技术，建立了中国特有的以 32 m 整孔简支箱梁为主的桥梁设计、建造、验收、运营维护技术体系和制、运、架成套建设标准体系。标准梁桥的建设规模、建造速度、整体质量、运营速度和经济性，与国外高速铁路桥梁建设相比，均处于领先地位，综合技术达到了国际领先水平。

2）大跨度桥梁设计建造技术

高速铁路桥梁宜采用常用跨度，但由于跨越大江、大河和深谷的需要，大跨度桥梁的修建也不可避免。同时，我国高速铁路大跨度桥梁的速度目标值与其他路段保持一致，这也增加了其设计建造难度。大跨度桥梁的主要设计建造技术包括：采用更高强度等级钢材、应用新型空间结构、研制大跨重载桥梁专用装置、采用深水基础施工新工艺等。

3）桥上无缝线路设计建造技术

桥上无缝线路钢轨受力与路基上钢轨受力不同，桥梁自身变形和位移将使桥上钢轨承受额外的附加应力。为了保证桥上行车安全，设计时应考虑梁轨共同作用引起的钢轨附加力，并采取措施将其限制在安全范围内。钢轨附加应力包括制动力、伸缩力和挠曲力。经过多年的专题研究，目前我国已系统地建立了无缝线路梁轨作用力学模型，并通过模型试验和实桥测试验证了力学模型和分析理论的可靠性，制定了相应的技术控制指标。

4）"车-线-桥"动力响应仿真技术

为了保证列车的高速、舒适和安全行驶，高速铁路桥梁必须具有足够的刚度和良好的整体性，以防止桥梁出现过大的挠度和振幅。我国从 20 世纪 80 年代初就开始进行"车-线-桥"动力相互作用理论和应用研究，建立和发展了多种分析模型，制定了相应的评定标准。在铁道部组织的桥梁动力性能综合试验中，试验列车创造了 350 km/h 以上的速度纪录，验证了我国"车-线-桥"动力仿真分析方法的有效性和评定标准的可信性。

5）无砟轨道桥梁设计建造技术

在无砟轨道桥梁设计中，追求构造合理，力求标准化、便于施工架设和养护维修，确保其具有足够的耐久性和良好的动力性能，其关键在于解决梁体的刚度和变形控制技术。通过对梁体的竖向挠度、水平挠度、扭转角、竖向自振频率等主要技术参数的合理设计，以及对预应力混凝土梁徐变上拱的严格控制，使桥梁结构能够满足无砟轨道铺设条件。

6）车站桥梁设计建造技术

集高铁、地铁、地面交通为一体的大型综合交通客运站，从桥梁角度来说有"站桥分离"和"站桥合一"两种结构方式。北京南站、上海虹桥站采用"站桥分离"方式，综合考虑各种因素，重点解决温度应力缝设置、结构综合受力分析及合理控制工程量等问题。新武汉站、新广州站采用"站桥合一"方式，桥梁承载了巨大的站房荷载，且多以集中荷载的方式作用于桥上，桥梁结构设计非常复杂，其关键是要上下结合、巧妙布置，使站房作用力顺利地传递到桥墩上，并合理控制桥梁、桥墩变形对站房结构的影响。

7）高架长桥快速施工技术

我国高速铁路桥梁长度占线路长度的比例远远高于普通铁路，并出现了一些长度大于几十km甚至达到上百km的特长高架桥。标准跨度简支梁一般采用在沿线现场梁厂集中预制、以配套运架设备逐孔架设的施工方法；特殊跨度的连续梁采用原位浇筑的施工方法。通过工程实践，已形成了一系列成熟的标准梁制、运、架工艺及相应装备，高质量、高速度地实现了特长桥梁的建造。

8）900 t级整孔简支梁制造、运输、架设技术

为解决32 m双线整孔预制箱梁的运架施工问题，我国自主研制了多种型号的450 t级提梁机、900 t级架桥机，900 t级运梁车、900 t级移动模架造桥机等，从建场、制梁、移运、架设等方面掌握了整套技术，具有较高的施工效率和较好的安全性与可靠性。

9）桥梁基础沉降控制技术

在地层为软土、松软土地段，沉降是桥梁基础设计的主控因素，对工程投资影响巨大。工程技术人员通过对大量实测数据进行沉降曲线与沉降趋势的分析比较，分别提出了针对桥梁群桩基础沉降、桥梁明挖基础沉降、涵洞基底基础沉降的计算方法。

2. 我国高速铁路桥梁的特点

我国的高速铁路桥梁具有如下7大特点。

1）高架长桥多，桥梁所占比例大

高速铁路一般采用全封闭的行车模式，线路平纵面参数限制严格，且要求轨道具有高平顺性和稳定性，导致线路中桥梁所占比例很大。尤其在人口稠密地区和地质不良地段，为了跨越既有交通路网、减少对城市的分割、节约土地资源及

避免高路堤不均匀沉降等，采用了大量的高架线路。表 1.3 和表 1.4 分别列出了国外和我国部分高速铁路桥梁工程概况。

表 1.3　国外主要高速铁路桥梁工程概况

国家	主要高速铁路	线路总长/km	桥梁长度/km	桥梁长度比例/%
德国	科隆—法兰克福	177	4.8	2.7
	汉诺威—维尔茨堡	327	41	12.5
	曼海姆—斯图加特	99	6	6.1
法国	TGV 东南线	417	25	6
	TGV 大西洋线	282	36	12.8
	TGV 北方线	330	72	21.8
	东南延伸线	121	39	32.2
日本	东海道新干线	515	173	33.6
	山阳新干线	554	211	38.1
	上越新干线	270	166	61.5
	东北新干线	493	344	69.8
	北陆新干线	117	39	33.3
西班牙	马德里—塞维利亚	471	15	3.2
	马德里—巴塞罗那	621	75.8	12.2
意大利	罗马—佛罗伦萨	254	32	12.6
	罗马—那不勒斯	204	39	19.1
	佛罗伦萨—米兰	260.4	23.1	8.9
韩国	首尔—釜山	412	111.8	27.1

表 1.4　我国部分高速铁路桥梁工程概况

主要高速铁路	线路总长/km	桥梁长度/km	桥梁长度比例/%
北京—上海	1 314	1 060.9	80.7
上海—成都	1 223	586	47.9
上海—昆明	2 261	1 207	53.3
北京—武汉	1 121.7	858.7	76.6
武汉—广州	968.2	465.24	48.1
南宁—广州	577.1	180.1	31.2
杭州—深圳	1 508	565	37.5

主要高速铁路	线路总长/km	桥梁长度/km	桥梁长度比例/%
石家庄—太原	189.93	39.2	20.6
合肥—南京	187.1	31.2	16.7
郑州—西安	486.9	283.5	58.2
北京—哈尔滨	1 713	1 269	74.1
哈尔滨—大连	903.9	663.3	73.4
北京—九龙	2 193	1 384	63.1
青岛—太原	679	329	48.4
徐州—兰州	1 360	822	60.4
海南环线	653	233.8	35.8
北京—天津	115.2	101.0	87.7
上海—南京	301	215.8	71.7
广州—珠海	142.3	134.1	94.2
上海—杭州	160	142.4	89.0
长春—吉林	96.26	30.3	31.5
南昌—九江	91.58	31.96	34.9
台北—高雄	345	257	74.5

从表 1.3 和表 1.4 中可见，国外高速铁路桥梁比例最高的是日本，其上越新干线和东北新干线桥梁累计长度占全线总长的比例分别为 61.5% 和 69.8%。在我国已建成的 2.5 万 km 高速铁路中，桥梁占线路的平均比例为 55%。其中，京沪高速铁路为 80.7%，京津城际铁路为 87.7%，沪杭城际铁路为 89%，广珠城际铁路更是高达 94.2%。与之相比，我国普通铁路中桥梁的平均比例仅为 4% 左右。

2）以中小跨度为主

我国高速铁路大量采用中小跨度桥梁，一方面是因为高速铁路桥梁对刚度和变形要求严格，桥梁的跨度不宜过大，一般不超过 100 m，另一方面是因为中小跨度桥梁可以标准化设计，工业化生产，机械化架设，产品质量高，施工速度快。通过多年来对中小跨度桥梁结构形式的研究，形成了高速铁路 20 m、24 m、32 m 常用简支梁跨度系列。据统计，我国已建成的高速铁路桥梁中，标准设计的 32 m 预应力混凝土简支梁箱梁应用总量达 30 余万孔，总长超过 1 万 km，占桥梁总长度的 98%。

除大量使用简支箱梁预制架设外，在跨越山谷、河流、铁路、道路时也采用了一些连续梁、连续刚构、拱及组合梁等刚度较大的桥型，并尽量采用双线整孔箱形截面。

3）桥梁刚度大，整体性好

为了保证列车安全、高速、舒适地运行，高速铁路桥梁必须具有足够大的竖向和横向刚度，以及良好的整体性，以防止桥梁出现较大的挠度和振幅。同时，还必须对桥梁的预应力上拱和不均匀温差引起的结构变形进行严格限制，以保证轨道的高平顺性。高速铁路桥梁在设计时主要注重刚度控制，而不再由强度控制。因此，虽然高速铁路活载小于普通铁路，但高速铁路桥梁的梁高和梁重均超过普通铁路。

4）大量采用无砟轨道

国内外高速铁路运营实践表明，有砟轨道和无砟轨道都能够满足高速铁路高平顺性、高可靠性和高稳定性的要求，但有砟轨道和无砟轨道的桥梁有着不同的特点。采用无砟轨道的桥梁能显著减少结构二期恒载，提高自振频率，改善车桥动力响应，因此我国高速铁路大量采用无砟轨道。但无砟轨道对桥梁的变形控制、基础沉降、纵向力传递等提出了新的要求，成为设计高速铁路桥梁时需要重点关注的问题。

5）墩台基础纵向刚度大

由于高速铁路桥梁上铺设无缝线路，在温度变化、列车制动、桥梁发生挠曲变形时，桥梁会在纵向产生一定的位移，引起桥上无缝线路钢轨的附加应力。而钢轨的附加应力又会影响桥上无缝线路的稳定性，从而影响行车安全。因此，要求高速铁路桥梁的墩台基础具有足够的纵向刚度，以尽量减少钢轨附加应力及梁轨之间的相对位移。

6）提高结构耐久性，便于检查维修

高速铁路是极为重要的交通运输设施，任何行车中断都会造成巨大的经济损失和社会影响，甚至会导致安全事故。因此，高速铁路桥梁应尽量做到少维修或免维修，这就需要在设计时提高结构耐久性，同时考虑合理的结构布局和构造细节，并在施工中严格控制，保证质量。我国高速铁路规范规定：在预定作用和预定的维修、使用条件下，桥梁主要承力结构应具有 100 年使用年限的耐久性要求。另外，由于高速铁路运营繁忙、列车运行速度高、检修时间窗口短，桥梁养护和维修难度很大，所以桥梁构造必须具备畅通的检查通道，易于日常检查和维修。

7）重视桥梁建筑美学，强调桥梁结构与环境的协调

高速铁路作为重要的现代交通运输设施，除了考虑结构安全性和经济性之

外，还要从桥梁美学角度综合考虑桥梁的形式美与功能美，强调桥梁结构与自然环境、人文环境的协调性，处理好桥梁造型和色彩与周围环境的关系。此外，还应重视生态环境保护，降低列车运行噪声，避免桥梁建设和使用对生态环境的污染与破坏。图1.8～1.11为我国已建成的几座代表性高速铁路桥梁。

图 1.8 南京大胜关长江大桥
（主跨 2×330 m 钢桁拱桥）

图 1.9 武汉天兴洲长江大桥
（主跨 504 m 斜拉桥）

图 1.10 铜陵长江大桥
（主跨 630 m 双塔五跨斜拉桥）

图 1.11 海南东环铁路西亭特大桥
（多跨 32 m 预应力混凝土简支梁桥）

可以看出，这些桥梁比例协调、造型流畅，桥下空间开阔、通透性好，与周围环境相得益彰，成了亮丽的风景线。

3. 常用跨度高速铁路桥梁

我国常用跨度高速铁路桥梁大多采用标准设计，汇总如表1.5所示。通过车桥耦合动力分析确定桥梁的合理刚度，并通过试验进行必要的验证。

表 1.5 我国常用跨度高速铁路桥梁汇总表

结构形式	跨度/m	说　明
后张法预应力混凝土T形梁	12、16	预制架设、现场连成整体（4片式）

结构形式	跨度/m	说　明
后张法预应力混凝土简支箱梁	20、24、32、40	① 大量采用现场预制，架桥机架设； ② 少量采用造桥机或现场浇筑 ③ 32 m 先张法箱梁已研制成功
预应力混凝土连续箱梁	2×24、3×24、3×32、2×40、32+48+32、40+56+40、40+60+40、40+64+40、48+80+48、60+100+60	① 多采用现场浇筑，部分造桥机施工； ② 等跨连续梁部分采用先简支后连续或造桥机施工
钢-混凝土连续结合梁	32+40+32、40+50+40、40+56+40	
钢筋混凝土刚构连续梁	12+16+12、16+20+16、16+24+16、18+24+18、16+3×24+16、18+3×24+18	斜交角度 0°～30°

　　新建高速铁路按运行速度，可分为设计时速 250 km 客货共线铁路（采用中-活载设计）和设计时速 350 km 客运专线铁路（采用 ZK 活载设计）。其中，部分时速 250 km 客货共线铁路预留开行时速 300 km 客运列车的条件。设计中采用统一的桥面布置方式，具体如下：

　　① 对于设计时速为 350 km 的桥梁，线间距采用 5.0 m。京津城际、郑西和武广高速铁路采用的简支箱梁桥面宽度为 13.4 m。经过桥面系优化后，桥面宽度优化为 12.0 m，这一宽度已应用于石武、京石、沪杭、宁杭、杭甬、合蚌等高速铁路桥梁中。

　　② 对于设计时速为 250 km 的桥梁，线间距采用 4.6 m。在合宁、合武、甬台温、石太、福厦、厦深、南广等高速铁路中采用有砟轨道的箱梁，出于兼顾货运的要求，桥面宽度为 13.0 m。经过桥面系优化后，桥面宽度优化为 12.2 m。而对于采用无砟轨道的箱梁，桥面宽度为 11.6 m。

　　通过综合考虑结构刚度、变形、标准化、施工、质量、经济、美观等因素，对一系列常用跨度桥梁梁型、梁跨进行综合比选后，确立了以等跨布置的 32 m 双线整孔预应力混凝土简支箱梁为高速铁路主型桥跨结构，少量配跨采用 24 m 简支箱梁。以京沪高铁为例，32 m 和 24 m 简支箱梁占全线的 91.8%。我国部分高速铁路 32 m/24 m 预制箱梁工程概况汇总如表 1.6 所示。

表 1.6　我国部分高速铁路 32 m/24 m 预制箱梁工程概况汇总

线路名称	正线长度/ km	桥梁长度/ km	桥梁比例/ %	常用跨度梁 总长/km	常用跨度梁 比例/%	预制简支箱梁数量	
						32 m 梁	24 m 梁
京津线	118.0	97	82.2	93.0	95.9	2 510	440
武广线	868.0	352.1	40.6	331.0	94.0	9 756	450
新广州站	52.0	38.0	73.1	33.5	88.2	942	77
郑西线	459.0	210.0	45.8	192.4	91.7	5 393	151
石太线	118.4	40.7	34.5	30.1	74.0	957	19
合武线	283.5	67.2	23.7	59.8	89.0	1 736	122
武汉枢纽	66.7	37.9	56.8	27.7	73.1	786	81
合宁线	99.1	28.4	28.7	11.6	40.8	117	317
甬台温	282.4	87.9	31.1	78.9	89.8	2 336	103
温福线	298.0	75.0	25.2	64.9	86.5	1 940	60
福厦线	263.6	72.0	27.3	48.6	67.5	1 323	156
京沪线	1 314	1 060.9	80.7	723.8	68.2	19 284	3 549
哈大线	903.9	662.7	73.3	613.6	92.6	16 666	2 777

根据预应力混凝土双线整孔简支箱梁用量巨大的情况，铁道部针对高速铁路桥梁的特点，开展了一系列科学研究，通过模型试验、实体箱梁静载及动载试验、桥梁动力仿真分析等，对常用跨度预应力混凝土箱梁的设计、施工、使用性能、长期变形等方面进行了全面分析和试验验证。

4. 大跨度高速铁路桥梁

除常用跨度桥梁外，为满足跨越峡谷、大江、大河、海峡等的需要，高速铁路还需要因地制宜地设计一些大跨度特殊结构桥梁。在我国高速铁路中采用的大跨度特殊结构桥梁主要包括：斜拉桥，各种拱结构、预应力混凝土连续梁桥，预应力混凝土连续刚构桥，V 形斜腿刚构桥。为保证列车的安全和乘坐舒适，对大跨度桥梁的竖向刚度提出了严格要求，规定在设计活载作用下钢桥、钢斜拉桥、混凝土桥的挠跨比分别不得大于 $L/800$、$L/650$、$L/1\,000$。为保证桥梁的横向刚度，跨度 160～300 m 的梁式桥宽度应为 $L/18$～$L/12$。表 1.7 列出了我国高速铁路大跨度桥梁结构形式。

表 1.7 我国高速铁路大跨度桥梁结构形式

结构形式	主桥跨度/m	高速铁路名称	桥梁示例	主要特点
钢桁斜拉桥	98＋196＋504＋196＋98	北京—广州 上海—成都	武汉天兴洲长江大桥	① 公铁两用、四线有砟铁路; ② 三片主桁、三索面、钢箱梁; ③ 两线Ⅰ级铁路、两线客运专线; ④ 设计时速 200 km
	142＋462＋1 092＋ 462＋142	上海—南通	沪通长江大桥	① 公铁合建,四线铁路,六车道公路; ② 正桥主航道桥为两塔五跨斜拉桥方案; ③ 天生港航道桥为变高连续钢桁梁方案; ④ 沪通铁路设计时速 200 km,城际铁路设计时速 250 km
多跨连续钢桁拱桥	108＋192＋2×336＋ 192＋108	北京—上海 上海—成都	南京大胜关长江大桥	① 四线铁路、双线地铁、有砟轨道; ② 三片主桁、钢箱梁、混凝土桥面; ③ 两线Ⅰ级铁路、两线高速铁路; ④ 设计时速 300 km
连续钢桁柔性拱桥	99＋198＋99	福州—厦门	闽江大桥	① 下承式钢桁拱,有砟轨道; ② 客货共线,预留时速 300 km
	112＋3×168＋112	北京—上海	济南黄河大桥主桥	设计时速 350 km
其他拱桥	80	广州—深圳—九龙	水田桥	① 下承式,钢管混凝土主拱; ② 钢箱梁
	32＋140＋32	武汉—广州	汀泗河大桥	① 主跨采用下承式钢箱系杆拱; ② 钢箱混凝土桥面,无砟轨道; ③ 设计时速 350 km
	112		梁家湾大桥	① 钢管混凝土提篮系杆拱; ② 预应力混凝土主梁

结构形式	主桥跨度/m	高速铁路名称	桥梁示例	主要特点
其他拱桥	128	福州—厦门	木兰溪大桥	① 钢系杆拱,有砟轨道; ② 客货共线,预留时速300 km
	2×90	宁波—台州—温州	雁荡山大桥	① 钢箱叠合拱桥,下承式; ② 设计时速250 km
	32+108+32	北京—上海	黄村特大桥	中承式钢箱拱
	100+220+100	广州—珠海	小揽大桥	① 主跨为中承式钢管混凝土拱; ② 客货共线
	100+2×230+100	广州—珠海	西江大桥	主跨采用预应力混凝土连续刚构柔性钢管拱结构
预应力混凝土连续梁桥	64+4×116+64	武汉—广州	衡阳湘江特大桥	设计时速350 km
预应力混凝土连续刚构桥	88+160+88	温州—福州	田螺大桥	① 有砟轨道; ② 客货共线,设计时速250 km
	80+3×145+80		白马河大桥	
	108×2+185+115	广州—珠海	跨荣桂水道大桥	① 非对称、无砟轨道; ② 建成时为国内采用无砟轨道的最大跨度连续刚构桥
	104+2×168+112	广州—深圳—九龙	紫坭河大桥	设计时速350 km
预应力混凝土斜腿刚构桥	90	石家庄—太原	孤山大桥	① 单线,无砟轨道; ② 客货共线,设计时速250 km
混凝土V形连续刚构桥	48+80+48	郑州—西安	洛河大桥	① 无砟轨道; ② 设计时速350 km

1.1.3 车桥动力分析在我国高速铁路桥梁设计中的应用

桥梁动力性能对高速铁路桥梁的设计至关重要。研究表明,由于列车速度提高,高速铁路桥梁设计由强度控制转变为由刚度控制,控制指标为列车运行安全性指标和乘车舒适度指标。因此,高速铁路桥梁结构除进行静力分析外,还应按实际运营列车通过桥梁的情况进行车桥耦合动力分析,以满足有关规范要求。在我国,相关科研单位和高等院校从20世纪80年代初就开始从事车桥耦合振动理论与应用方面的研究,先后建立和发展了多种分析模型。这些模型经过了大量实测数据的检验,具有较好的适用性和合理性。

自 1998 年开始，铁道部组织中国铁道科学研究院、西南交通大学、北京交通大学、中南大学组成课题组，结合秦沈客运专线及京沪高速铁路桥梁的设计，先后对常用跨度简支梁、连续梁、连续刚构、简支及连续钢-混结合梁等各种形式的桥梁（包括桥跨结构和墩台、基础）进行了系统的车桥耦合振动分析，分析结果已经在京津城际、武广、石太、郑西、沪杭、京石、石武等高速铁路桥梁工程中得到了应用，为这些桥梁的动力设计提供了依据。

近年来，随着我国城际铁路、客运专线和高速铁路的陆续修建，中国铁道科学研究院和部分高等院校对合宁线、京津城际、合武线、武广线、石太线、京沪线综合试验段的 40 余座桥梁，包括简支梁、连续梁、钢-混结合梁等 21 种梁型共 100 余孔梁进行了一系列桥梁现场试验。试验数据表明，我国设计的高速铁路桥梁具有良好的动力性能，同时也验证了我国桥梁动力仿真分析方法的有效性。这些试验对于我国高速铁路桥梁的设计、建造，对于高速和提速线路桥梁的动力评估、结构改造和强化加固，对于进一步提高和完善车桥动力相互作用的分析理论和计算方法，都具有十分重要的理论指导和工程实践意义。可以说，我国关于车桥耦合动力作用的分析理论和分析方法已经处于本领域研究的世界前列，研究成果为国家的现代化建设做出了重大贡献，今后还将起到更重要的作用。

1.2　高速铁路桥梁振动问题

随着科学技术的不断发展及高性能材料的广泛应用，桥梁跨度不断增大。同时，由于列车速度不断提高、荷载不断加重，桥梁的振动问题日趋突出。

桥梁结构产生的振动会增大结构内力，引起杆件的局部疲劳损伤，或引起影响桥上列车安全性和舒适性的振动变形和加速度，甚至使桥梁完全破坏。而桥梁作为重要的生命线工程，其振动不仅关系到铁路正常安全运营，也关系到灾后救援工作能否顺利开展。因此，桥梁振动作为影响交通系统安全运营的重要因素之一，越来越受到人们的重视。

桥梁振动的分类方法很多，按照引起桥梁振动的原因，大体可以分成两大类，共五种形式，如图 1.12 所示。

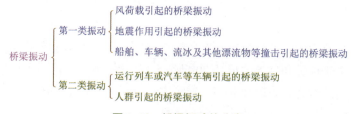

图 1.12　桥梁振动的分类

第一类是由风荷载、地震作用及船舶、车辆、流冰、漂流物等撞击荷载引起的，属于外部作用产生的振动。

第二类是由车辆在桥上运行或人在桥上活动引起的，属于荷载-桥梁系统自身产生的耦合振动，也是桥梁正常运营过程中不可避免的振动形式，它是车桥耦合振动或人群-桥梁耦合振动研究的基本问题。

对于铁路桥梁，第二类振动有时会与第一类振动同时发生，形成风荷载作用下的车桥耦合振动、地震作用下的车桥耦合振动，以及各种撞击荷载作用下的车桥耦合振动，使问题变得更加复杂。

1.2.1 风致桥梁振动

风是具有一定速度的空气流动。气流遇到结构受到阻挡，在结构表面形成高压气幕。风速越大，作用在结构上的压力也越大，从而使结构产生变形和振动。如果抗风设计不当，就会使结构或者产生过大的变形不能正常工作，或者产生局部破坏，甚至整体破坏。

风对桥梁的动力作用，很早就有学者进行了研究。1759 年，英国工程师约翰·斯密腾等人就提出构造物设计时要考虑风压问题，从此开始有了风荷载的概念，但当时对风压的认识是不够的。直至 1879 年，英国的泰湾铁路大桥（Tay Rail Bridge）受到暴风雨的袭击，13 孔桁梁连同行驶其上的列车及 79 名乘客一起坠入河中（见图 1.13）。经调查发现，该桥所设计的抗风强度只是应有强度的 1/12。这次特大事故发生后，风荷载的作用才引起人们的高度重视，进而开始了关于风压的研究，并将其反映到桥梁设计中。

图 1.13 英国泰湾铁路大桥的风毁事故

然而在相当长的时间内，人们把风对结构的作用仍只看成是由风压产生的静力作用。直至 1940 年，再次发生了风毁桥梁的特大事故，才使人们看到了风对结构的另一种作用——风致振动。1940 年秋，美国华盛顿州刚建好数月的塔科马峡谷大桥（Tacoma Bridge）在八级左右（风速17～20 m/s）大风的作用下，发生了强烈的扭转振动，导致吊索疲劳断裂而倒塌（见图 1.14）。研究表明，事故是由于桥梁空气动力失稳所致。

（a）桥面扭曲　　　　　　　　　　　　（b）桥面断裂坠落

图 1.14　美国塔科马峡谷大桥因风致振动使吊索疲劳断裂而倒塌

在为调查塔科马峡谷大桥的事故原因而收集的有关桥梁风毁的历史资料中，人们惊讶地发现，从1818年起，欧洲及北美洲已经有10座悬索桥毁于强风（见表 1.8）。这些事故都具有明显的风致振动特征，但是当时的科学技术解决不了人们所面临的问题，对问题的处理只能凭借经验。在塔科马峡谷大桥风毁事件的推动下，桥梁工程师开始与空气动力学专家密切合作，致力于桥梁风效应，特别是风致振动的研究，调查各种风致振动的机理，并在桥梁工程领域逐渐形成了一门新兴的边缘分支学科——桥梁风工程学。

表 1.8　遭受风灾破坏的悬索桥

序号	桥　名	所在国家	跨度/m	垮塌时间
1	干镇修道院（Dryburgh Abbey）桥	英国	79	1818
2	联合（Union）桥	英国	137	1821
3	纳索（Nassou）桥	德国	75	1834
4	布莱顿（Brighton）桥	英国	78	1836
5	蒙特罗斯（Montrose）桥	英国	132	1838
6	梅奈海峡（Menai Staits）桥	英国	177	1839
7	罗奇·伯纳德（Roche Bernard）桥	法国	195	1852
8	威灵（Wheeling）桥	美国	309	1854
9	尼亚加拉—利文斯顿（Niagara-Lewinston）桥	美国	317	1864
10	尼亚加拉—克利夫顿（Niagara-Clifton）桥	美国	384	1889
11	塔科马（Tacoma）峡谷大桥	美国	853	1940

　　风对结构的作用是复杂的空气动力学问题。过去人们对桥梁抗风研究不够重视，原因之一是对中小跨度普通桥梁而言，风对桥梁设计并不起控制作用。随着经济的发展、设计和施工技术的进步及新型材料的出现，国内外形成了一股建造大跨度桥梁的热潮。以悬索桥和斜拉桥为主要形式的大跨度桥梁在工程中被日益广泛地采用，而且越建越大，越建越柔，桥梁的跨长纪录几乎年年被刷新，基本自振周期现已达到十几秒之长。这些大跨度悬吊桥梁以结构轻柔、对风敏感为主要特征，对这些桥梁而言，风诱发的振动已成为设计的首要控制因素。例如，1951 年在美国金门大桥的一次试验中，测量到在八至九级风力作用下，主梁 1/4 跨处的抖振最大单幅达 1.7 m。如此强烈的振动，对桥梁结构的疲劳寿命、桥上行人和车辆的安全等的影响是不言而喻的。

　　1986 年 12 月 28 日 13 时 25 分左右，日本山阴地区一列 14 系列车以 55 km/h 的速度通过总长 310 m 的余部高架桥时，突然被日本海方向来的风吹袭，有 7 节车厢坠落桥下，当时桥面瞬时风速约为 33 m/s，造成由风力引起的重大翻车事故。

　　2005 年 12 月 25 日，当地时间 19 时 15 分，当一列日本"稻穗 14 号"特快列车行进到山形县一座铁路桥时，突然受到强风的影响，车身猛烈抖动了起来，接着腾空而起，6 节车厢一刹那全部脱轨。据统计，这起脱轨事故中死亡 5 人，受伤 33 人。当时现场的瞬间最大风速在 20 m/s 以上。

　　风振，又称空气动力作用，是阵风对结构所产生的脉动作用。风振是一种常遇的振动形式，有些风振一旦发生便会使桥梁结构发生破坏，有些风振虽然不会使桥梁立即破坏，但会使结构出现疲劳、无法安全使用等方面的问题。

　　桥梁的风振机理非常复杂，大体可分为两类：一类是在均匀风作用下，振动的桥梁从活动的风中吸收能量，产生一种自激振动，包括流线型桥面的古典颤振、非流线型桥面的分离流扭转颤振、矩形截面桥塔的驰振，以及吊杆或拉索的涡激振动，它们可能造成桥梁结构的空气动力失稳乃至风毁事故，因此必须避免。目前，主要是通过风洞试验，从截面选型、风嘴设计、导流板设置等方面采取相应措施，使所设计桥梁的临界风速远大于在一定保证率下桥面上可能达到的最大风速，一般大于 20% 以上，以保证桥梁结构的安全。另一类是在脉动风作用下的强迫振动，它是一种限幅振动，称为抖振。由于发生抖振响应时风速低、频度大，会使杆件的接头或支座等构造细部发生局部疲劳，过大的振动还会直接影响桥上车辆的行驶安全，设计时应将振幅控制在可以接受的范围内。

　　在铁路建设中，大跨度桥梁常用于跨越风力很大的江河或海峡。在风力作用下，由于大跨度桥梁具有较大柔度，所以会产生较大变形和振动，对桥梁结构的安全、桥上车辆的运行安全及旅客乘坐舒适度都会产生很大的影响。此外，风荷载直接作用于车体，空气动力会改变车辆原有的振动特性。因此，对于跨越风力很强的江河、谷地或海峡的大跨度铁路桥梁，在进行车桥耦合系统动力分析时，必须考虑风荷载。

1.2.2 地震引起的桥梁振动

地震是一种突发式的自然灾害，它与洪水、飓风一起被认为是桥梁工程的三大天敌。全世界七级以上的地震每年都有十多次。一场强地震在瞬间就可以造成山崩地裂、河流改道、房屋倒塌、桥梁塌陷、堤坝溃决，给人们的生命财产带来无法估量的损失。董正方等（2009）对世界上 66 个国家 502 起桥梁倒塌事故的统计分析表明：由地震引起的桥梁倒塌有 119 起，占总数的 23.7%（见图 1.15）。因此，桥梁的抗震设计一直受到人们的重视，并在近年来得到了迅速的发展。

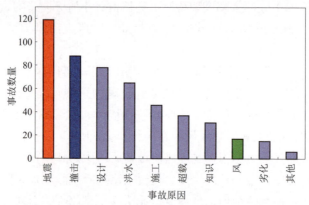

图 1.15　世界上 66 个国家 502 起桥梁倒塌事故的统计

减轻地震造成生命财产损失的主要途径是工程抗震。自第二次世界大战结束后的半个多世纪以来，随着科学技术和工程建设的突飞猛进，工程抗震的理论和实践得到了很大的发展，桥梁和房屋等工程结构的抗震计算，已从简单的静力法发展到按照动力学原理进行结构体系对地震波输入的振动响应分析，并考虑地基与结构的相互作用。运用现代计算机，人们已经能够对高度复杂的结构体系进行非线性弹塑性地震反应分析，并以大型模拟地震振动台的试验作为辅助和检验，从而建立起能够基本反映实际的工程抗震设计方法。应当说，进步和成就是巨大的。然而，就在最近几十年，全球发生的许多大地震，仍然造成了大量严重的工程破坏和惨重的生命财产损失。例如，1994 年美国的诺斯雷奇（Northrige）地震，死亡 65 人，受伤超过 5 000 人，经济总损失约 200 亿美元，商业及居住建筑被严重破坏，重要运输系统切断，公用事业及生命线工程普遍损坏，有七座桥梁坍塌或部分毁坏（见图 1.16），这是美国历史上代价最为惨痛的一次地震灾害。又如 1995

年日本的阪神大地震，死亡人数 5 466 人，经济损失高达 1 000 亿美元，导致交通除航空港外几乎全部被切断，给现代化的神户市带来了毁灭性的灾难。

我国位于世界两大地震带——环太平洋地震带与欧亚地震带之间，受太平洋板块、印度板块和菲律宾海板块的挤压，地震频繁且强烈。20 世纪内，震级等于或大于 8 级的强地震已经发生 10 次之多。1976 年的唐山大地震使整个城市毁于一瞬间，造成 24 万余人死亡，房屋、水电设施、交通运输等都受到极为严重的破坏。地震中占总数 39.3％的铁路桥梁倒塌，致使京山铁路中断，占总数 62％的公路桥梁倒塌，给救灾工作带来了极大的困难。2008 年"5·12"汶川特大地震造成 69 227 人遇难，道路、桥梁等遭受严重破坏，共有 19 条高速公路、159 条国省干线公路受损，毁坏桥梁 5 560 座。广岳线永兴—岳家山 28 km 范围内 24 座铁路桥梁全部受损（见图 1.17），宝成线徽县—彰明间 370 km 范围内 384 座桥梁中的 78 座受到程度不同的破坏。

图 1.16　美国诺斯雷奇地震桥梁倒塌

图 1.17　汶川地震桥梁倒塌

地震发生时，地面的起伏运动和水平运动都会引起桥梁振动，特别是水平运动对桥梁高墩台的影响很大，使墩台顶部产生较大的侧移，不仅影响桥上车辆的通行，甚至会使桥梁的上部结构坠入河床，危及整座桥梁的安全。从我国及日本、美国等国家的地震震害调查中发现，桥梁震害类型较多，主要有纵横向落梁、桥墩变位和墩体断裂、局部圬工压溃、支座螺栓剪断、桥台护锥下沉或开裂、桥面 U 形螺栓震断及人行道塌陷等。

地震引起的桥梁振动还会影响桥上运行列车的安全。随着铁路设计标准的提高，桥梁在线路中所占的比重越来越大。特别是高速铁路，为保证线路的平顺性和稳定性，可能需要建造连续几 km 甚至上百 km 的高架桥，致使地震发生时列车在桥上的概率相应变大。2004 年 10 月 23 日 17 点 56 分，日本新潟发生了里氏 6.8 级的强烈地震，一列以 200 km/h 速度行驶在上越新干线浦佐至长冈间的"朱鹮 325"号高速列车，在制动后仍行进了约 1.6 km，10 节车厢中有 8 节在高架线路上脱轨［见图 1.18（a）］。2010 年 3 月 4 日，我国台湾高雄县发生 6.4 级地震，一列开往台北的高速列车正在弯道上行进，在剧烈的左右摇晃下，第一节车厢出轨，冒烟拖行了约 3 km 才停下［见图 1.18（b）］。这些事例充分证明，地震对桥上运行列车安全性的影响是不容忽视的。地震作用下桥梁结构的动力响应及其对列车运行安全性的影响已成为车辆与桥梁动力相互作用分析中一个重要的研究方向。

（a）新潟地震　　　　　　　　　　　　　　　　　（b）高雄地震

图 1.18　地震时高速列车在高架桥上脱轨

1.2.3　船舶、漂流物及车辆撞击导致的桥梁振动

对跨越河流、海湾、峡谷及铁路、公路等其他线路来说，桥梁是一种不可或缺的结构形式。而从另一个角度看，桥梁也可以被看成是一种人造的交通障碍。随着桥梁的发展和水运、铁路、公路交通的日益繁忙，在过去的几十年中，世界各地发生了很多起桥梁因船舶和车辆撞击而倒塌的事故。

导致桥梁倒塌的原因很多，大致可以归为两类，即人为因素和自然因素。人为因素可以再分为设计失误、施工失误、船舶撞击、火车撞击、汽车撞击、超载等。自然因素又可再分为地震、洪水、风、流冰等漂流物撞击、环境恶化及其他因素等。董正方等（2009）通过对世界上 66 个国家 502 起桥梁倒塌事故的统计分析表明：船舶、火车、汽车、流冰等撞击引起的桥梁倒塌事故合计近 90 起，约占事故总数的 17.5%。而根据 Wardhana 等（2003）对美国 1989—2000 年间 503 起桥梁倒塌事故的统计分析表明，在所有事故原因中，各种撞击引起事故 59 起，占事故总数的 11.7%，是除了水灾之外最多的（见图 1.19）。另据 Hettrik 等（1998）的统计：在美国 1951—1988 年间的 114 起桥梁倒塌事故中，各种撞击引起的事故为 17 起，占事故总数的 14.9%。这些资料均表明，撞击已经成为桥梁破坏事故最主要的原因之一。

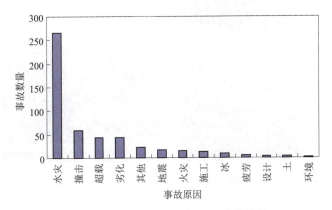

图 1.19　美国 503 起桥梁倒塌事故统计

通航河流上建造的桥梁可能会受到船舶的撞击。尽管碰撞事故发生概率很低，不过一旦发生，对生命、财产及社会和环境的破坏是惊人的。

据不完全统计，在 1960—1993 年间的 33 年中，全世界因船舶撞击而导致损毁的大型桥梁达 29 座，死亡人数超过 300 人。美国在 20 世纪 70 年代初的 5 年内，内河上发生了 811 起船撞桥事件，经济损失 2 800 多万美元。1980 年，美国佛罗里达州的 Sunshine Skyway 桥被一艘 2 万 t 排水量的货轮撞毁，造成 35 人死亡，损失超过 2 500 万美元。1983 年，在苏联的伏尔加河上，一艘客轮在通过一座铁路桥时，错走大桥侧孔，由于净空高度不足，致使包括一个电影放映室在内的上甲板室全部被切掉，176 人丧生。另一起惨痛的事故也发生在苏联，一艘客船撞击伏尔加河铁路桥，恰巧桥上有一列火车驶过，导致 4 节车厢落水，240 多人死亡。

在我国，船撞桥事件时有发生，后果也较为严重。如武汉长江大桥自从 1957 年建成以来，共发生了 70 多起船撞事故，严重的碰撞曾造成京广铁路中断几十小时。而武汉长江二桥自 1990 年建成后，仅在短短的 10 年内就发生船撞事故近 30 起，直接经济损失达数百万元。2011 年 6 月 6 日，一艘万吨级油船船队，迎面撞上武汉长江大桥的七号桥墩，造成驳船前端凹陷和桥墩受损，被撞桥墩如图 1.20 所示。事发时，正在桥上的人们听到一声巨响，并感觉到桥面有轻微震动。

2007 年 6 月 15 日，325 国道广东佛山九江大桥发生一起运砂船撞击桥墩事件，大桥桥墩当即被撞断，桥面随之垮塌，垮塌长度约 140 m，如图 1.21 所示。

2015 年 10 月 15 日 17 时 50 分，一艘采砂船途经肇庆西江公铁两用大桥时，因船体超高，吸砂管龙门架撞上了大桥的下航孔横梁，铁路桥横梁、明桥面纵梁和下平纵联杆件严重受损（见图 1.22），导致大桥段铁路封闭，造成 58 趟列车晚点，甚至绕行。

图 1.20　武汉长江大桥被撞桥墩

图 1.21　广东佛山九江大桥被船撞断

图 1.22　广东肇庆西江公铁两用大桥被采砂船撞损

　　2016 年 1 月 15 日 8 时，一艘"湘益阳机 5393"运砂船行驶至湘江湘潭铁路大桥时，因偏离航道，船上的传送带插进铁路桥钢架，造成桥梁严重受损（见图 1.23），危及行车，导致沪昆铁路下行线 20 多趟列车延误。经过铁路部门 70 多个小时的昼夜抢修，1 月 18 日 10 时大桥才解除封锁，恢复正常运行。

图 1.23　湘江湘潭铁路大桥被运砂船撞损

随着桥梁建设步伐的加快及船舶运输呈现的一些新变化，船撞桥问题也将会越来越突出。例如在我国的长江干线上，20世纪90年代以前仅有7座桥梁，现在则已建成60多座桥梁，而且还有一批桥梁在建或拟建，使得这条水路上的船舶与桥梁发生碰撞的概率大大增加。随着船型尺寸不断增大、吨位不断提高、船速不断加快，以及危险品运输不断增长，船舶撞击桥梁的问题越来越值得关注。另外，近些年兴起的跨海大桥的建设也要求人们更加重视船撞桥问题。由于海船的尺寸和吨位远大于内河船舶，跨海桥梁的造价又极高，船撞桥的问题及由此产生的风险更为突出。这些都使得关于船舶撞击桥梁问题及对策的研究变得越来越迫切。

除了船舶撞击桥墩外，行驶在跨线高架桥下的汽车、火车等交通工具，在有些情况下也会对跨线桥梁造成安全隐患。

1998年6月3日，德国一列时速200 km的ICE高速列车在汉诺威北部的伊斯切德因车轴断裂导致12节车厢脱轨，第三节车厢以很高的速度撞在横跨铁路的混凝土跨线桥的柱子上，导致桥梁倒塌，第五节车厢恰好被掉下来的桥体一斩为二，第六节车厢被桥体压住，两节车厢均被桥的废墟掩埋，如图1.24所示。这次严重的事故共造成101人死亡、88人受伤。

此外，由于车辆装载超出桥梁限界、速度过快导致失控等车辆撞击桥梁的事故在城市立交桥、跨线桥上也经常发生。2011年4月1日，在英国Ashford，一辆满载建筑钢构件的超高货车撞到一座铁路跨线桥，货车和车上构件受损严重（见图1.25），事故造成Ashford和Hastings之间的列车停运20 min，公路交通中断数小时。

图1.24 德国ICE高速列车脱轨并撞断桥梁 **图1.25 英国铁路跨线桥被超高货车撞击**

在我国台湾，发生过一起灾难性的汽车撞击铁路桥梁事故。2002年8月8日，一辆集装箱货车因为车身过高，撞击台中市台中路山线铁路桥，导致桥上铁轨严重变形，造成"自强号"列车出轨，如图1.26所示。

在我国大陆，汽车撞击铁路桥梁事故也时有发生。2008年10月15日，新疆

图 1.26 铁路桥被撞后出轨的"自强号"列车

一辆重型自卸车在河滩快速公路由北向南行驶至铁路桥时，不慎翻斗升起，撞在桥的梁上，使其前移约 0.5 m，一列货运列车因此被阻，停在桥头无法通过［见图 1.27（a）］。2009 年 2 月 8 日 15 时，新菏下行线古固寨至新乡东站间 K12＋031 桥的限高架及桥栏杆托架被汽车撞坏。肇事汽车为附加拖挂车辆的斯堪尼亚集装箱式卡车，汽车将下行桥南侧第一道限高架横梁撞飞，撞飞的横梁将桥梁部分栏杆、托架及步行板砸坏，第二道限高架也被撞坏。在挂碰下行桥梁底后，肇事汽车又将上行桥北侧的两道限高架横梁撞翻［见图 1.27（b）］。

（a）新疆铁路桥　　　　　　　　　　　（b）新菏下行线铁路桥

图 1.27 铁路桥梁被汽车撞坏

除了船舶和车辆荷载以外，河流中的漂流物也会对桥梁产生撞击。例如，在一些寒冷地区，每年春季流冰期时常有流冰冲撞桥墩的现象发生（见图 1.28），对桥梁结构产生不可忽视的影响，成为这些地区桥梁设计时需要考虑的重要因素之一。1962 年 3 月黄河"武开江"形成的大冰排（面积约 3 000 m²）挤过包头至兰州铁路三道坎铁路大桥时，墩顶上的钢梁发生巨响，桥墩振幅达 2.13 cm，整座大桥处于危险状态。

（a）松花江铁路桥　　　　　　　　　　（b）加拿大铁路桥

图 1.28　流冰对桥墩的冲撞

桥梁受到撞击时，可能会引起支座与主梁的错位，使伸缩缝的变形不协调，甚至断裂，给结构造成安全隐患，严重时会使结构产生损伤，发生塑性变形，甚至直接导致桥梁的塌落，后果极其严重，这在国内外已经有过很多研究。然而，对于撞击荷载引起的桥梁振动和变形影响列车运行安全的问题，仅有很少的专门研究和极少的文献提及（Laigaard et al，1996；宣言 等，2001）。桥墩受到撞击时，桥梁结构即使不发生塌落，也将发生一定的振动和位移，从而影响桥上线路的平顺性和稳定性，造成桥上列车运行安全问题。因此，研究撞击荷载作用下桥梁结构的动力响应及桥上列车的运行安全，是桥梁运营安全风险评估中一个重要的研究课题。

1.2.4　人群引起的桥梁振动

人行桥一般由纤柔的结构建成，刚度和阻尼较小，振动频率较低。跨度大的人行桥经常被行人激励起一阶竖向振动，有时候也会被激起横向晃动，给行人带来不舒适感和不安全感。当人行桥的自振频率与行人的激励频率接近时，就会引起共振，振动过大时还会引起行人恐慌，甚至危及结构安全。

由人群引起的桥梁振动是一个古老而又日显突出的问题。1831 年英国曼彻斯特附近的布劳顿桥因一队士兵排队过桥而引起振动倒塌，就是一个著名的例子。究其原因，主要是由于士兵列队通过桥梁时，整齐的步伐对桥梁产生谐振荷载，引起共振而使其倒塌。1849 年，在法国西部昂热市的曼恩河上，当列队的士兵通过大桥时，桥身突然发生断裂，266 人落水死于非命。

1981 年 7 月 17 日，美国堪萨斯州海厄特—里根西饭店的高架人行桥突然断裂，造成 114 人死亡（见图 1.29）。分析原因为：当时桥上挤满了人，部分客人正在跳舞，人们有节奏的舞步，引发了人行桥结构共振而断裂坍塌。

图 1.29　美国海厄特—里根西饭店高架人行桥断裂

随着新型结构材料、结构体系和更为复杂的结构形式不断应用到人行桥中，人行桥这种结构仍在向着更轻柔、更美观、更大跨度的方向发展，这使它相对于一般的桥梁而言更容易产生振动问题。人行桥主要是供行人通过的，其特点是：行人既是激振源，又是受振体。它的振动问题包括两个方面：行人动荷载激励导致人行桥振动，人行桥的振动反过来又会影响行人的舒适性，甚至影响正常行走。著名的英国伦敦千禧桥（The London Millennium Bridge）就是一个典型的例子，如图 1.30 所示。

图 1.30　因人群引起振动而关闭的伦敦千禧桥

在 2000 年世纪之交的时刻，在伦敦的泰晤士河上又架起了一座新桥——千禧桥，它像一个人张开双臂在欢迎往来的游客（见图 1.30）。比起其他桥梁上那些巨大、凝重的石头、水泥或钢铁桥墩，这座新桥只有一对 Y 形空心金属桥墩，没有任何刚性的大梁，仅用 8 根两端固定在岸上的钢索挂在两墩之间。每 4 根钢索为一组，分别托在 Y 形桥墩的两臂上，两钢索之间由多根轻金属横梁连接，横梁上再铺上金属板作为桥面。然而，这样一座结构简明轻巧、造型纤细流畅的"银带桥"，于 2000 年 5 月 13 日正式开放后的第三天就被关闭了。原因是在开放的那一天，参观的人潮川流不息，当拥挤的人群走过的时候，这座长 320 m 的大桥开始在水面上不停地摇晃。

据专家研究调查，千禧桥的摇晃不稳，其实是一种自然现象，引起摇晃的原因是一种叫作"集体同步"的现象。这种现象是指人们随意地、按照自己最喜欢的速度，在没有任何组织的情况下，不自觉地使用同一种频率行走。现在，这种"集体同步"现象已经成为桥梁工程师在设计时应该考虑的问题。

这样的案例还有很多。据不完全统计，1825—2000 年间世界上发生了 39 起与人群有关的桥梁垮塌事故，其中 33 起事故有人员伤亡，死亡总人数超过 800 人（陈政清，2009）。

随着各种新型人行桥不断出现，人致桥梁振动问题成为影响人行桥使用性能的主要问题之一。人行桥的设计既要考虑人群荷载的特点，又要考虑振动对人的影响，以及相应的控制标准。目前，桥梁界已经达成共识：人行桥必须通过动力设计来保证其使用性能。

1.2.5 列车高速运行引起的桥梁振动

近年来，随着行车速度不断提高，交通密度日益增加，荷载日益加重，列车与桥梁的动力相互作用问题越来越受到人们的重视。一方面，高速运行的列车会对桥梁结构产生动力冲击作用（见图 1.31），使结构发生振动，直接影响桥梁的工作状态和使用寿命；另一方面，桥梁的振动又会对运行列车的平稳性和安全性产生影响，这就使得桥梁结构的振动状态成为评价结构动力设计参数合理与否的重要指标。因此，对列车-桥梁动力相互作用系统进行综合研究，以便对桥梁结构的动力性能和桥上运行列车的走行性做出动力分析和评估，确定它们在各种状态下的使用可靠性，是合理进行桥梁结构设计的实际需要。

当列车通过铁路桥梁时，不可避免地会引起桥梁的振动，此时的桥梁结构不仅要承受静力作用，还要承受包括移动荷载（列车以一定速度通过时对桥梁的加载和卸载）及由于桥梁和车辆振动产生的惯性力等各种动力作用。这些动力作用引起的桥梁振动可能使结构构件产生疲劳，降低其强度和稳定性，当振动过大时，还会对桥上车辆的运行安全性和稳定性产生影响。当列车的动力变化频率与桥跨结构的自振频率相等或接近时，引起的共振会使车桥动力响应加剧，甚至产生意外的破坏。1847 年英国的 Chester 铁路桥在列车通过时因振动过大而折断就是一个典型的例子。每一次重大事故的发生都会给人们带来惨重的教训，促使人们不断改进桥梁的结构设计，使之适应客观规律。因此，车桥动力相互作用问题一直受到各国桥梁设计工作者的重视。

从车辆动力学的角度看，铁路机车或车辆是由车体、转向架、轮对及弹簧悬

图 1.31　高速列车与桥梁的动力相互作用（比利时 Antoing 高速铁路桥）

挂装置组成的振动系统。列车运行时，会对桥梁结构产生动力冲击，使桥梁产生振动，而桥梁结构的振动又反过来对桥上（中）运行车辆的安全性和平稳性产生很大的影响。这样，机车车辆的振动和桥梁结构的振动相互作用、相互影响，形成了一个复杂的多自由度振动体系。

车桥系统动力相互作用问题及其影响因素见表 1.9。

表 1.9　车桥系统动力相互作用问题及其影响因素

问　　题	影响因素	
	横向振动	竖向振动
车辆以一定速度过桥时对桥梁结构产生的移动重力加载作用	—	与车辆的编组、轴重及其排列、车速等有关
车辆以一定速度过桥时，车体、转向架和轮对的振动惯性力对桥梁的冲击作用	与车体、转向架、轮对质量以及悬挂装置的横向刚度和阻尼有关	与车体、转向架、轮对质量以及悬挂装置的竖向刚度和阻尼有关
桥梁变形及振动对桥上运行车辆产生动力影响	桥梁横向振动，梁体和桥墩横向温度变形	桥梁动挠度及竖向振动，梁体竖向温度变形、混凝土徐变变形、桥墩基础沉降
轨道不平顺：车辆以一定速度通过桥梁时，形成自激强迫振动的随机激励源	方向和轨距几何不平顺、动力不平顺	竖向和水平几何不平顺、动力不平顺
轮轨间蛇行运动：由于车轮踏面的锥度及轮缘与钢轨内侧的间隙，导致车辆运行时产生蛇行运动，形成自激强迫振动的周期性的、随机的激励源	蛇行运动的波长和振幅	—
车轮不平顺	横向周期性加载	竖向周期性加载

问　题	影响因素	
	横向振动	竖向振动
车辆与桥梁的动力相互作用，某种速度下车辆与桥梁结构的共振	桥梁跨度、列车轮轴排列、桥梁与车辆的横向和扭转振动自振周期、横向弹簧与阻尼器的特性	桥梁跨度、列车轴重排列、桥梁与车辆的竖向振动自振周期、竖向弹簧与阻尼器的特性
曲线桥：车辆离心力	形成移动横向加载，激起横向和扭转振动	—
地震：地震动的空间变异性对长、大跨度桥梁的影响、地震发生时桥上运行车辆的安全	横向地震加速度	竖向地震加速度
风：风与车辆荷载共同作用下车桥系统的振动、车辆运行时的倾覆稳定性	脉动横风的作用；带有横向风压的移动车辆对桥梁产生动力作用，平均风（静风）引起的结构变形	风引起的桥梁竖向振动，平均风（静风）升力的作用
撞击荷载：船舶、车辆、漂流物等撞击桥梁，使桥梁产生横向或纵向振动	水平向撞击力（大小、方向、撞击方式）	竖向撞击力（大小、方向、撞击方式）

1.3　车桥耦合振动问题的研究历史和现状

1.3.1　铁路桥梁在列车作用下的动力效应与行车安全研究

早在19世纪40年代，国外就开始了铁路桥梁动力响应问题的研究工作。但是，由于车辆荷载作用下的桥梁振动是一个复杂的课题，要得到符合实际的结果，必须考虑很多因素，包括车体和转向架的质量，阻尼器和弹簧的作用，行车速度，梁跨和墩台的质量、刚度和阻尼，桥上轨道结构的形式，轨道的动力特性，车轮和轨道、轨道和桥梁之间的动力相互作用关系，等等。此外，还有车轮的不平顺、轨道的几何不平顺、动力不平顺及轮对的蛇行运动等很多随机因素，使得体系的力学模型十分复杂。因此，以往的研究不得不采用种种近似方法，因而带有较大的局限性。只是在近几十年，随着计算机的广泛应用，利用各种各样的数值解法，才使这个问题的研究有了较大的进展。目前，车桥动力相互作用问题已成为桥梁振动领域中一个重要的研究课题。

在漫长的车桥耦合振动分析模型演变历史中，列车模型从移动集中力、移动质量到移动质量弹簧系统慢慢发展到半车模型，直到全车空间模型；桥梁模型也从弹性等截面直梁模型过渡到有限元模型，同时也涵盖了其他如支座桥墩等桥梁附属结构，形成了比较完善的列车-桥梁动力作用分析系统。

1. 国际上的研究

早在 1849 年，在忽略桥梁质量影响只考虑轮轴质量的前提下，Willis（1849）和 Stokes（1849）分别建立了桥梁随荷载运动轨迹振动的常微分方程，并得到了其近似解和精确解。随后 Robinson（1887）也求得了基本理论解并进行了相关振动试验，但由于未考虑桥梁质量，所得到的计算结果与实际情况出入较大。

20 世纪初期至中期，美国工程师先后完成了三次大规模的现场试验。在首次试验中，各类机车以不同速度通过板梁和桁梁桥，测定了桥梁的最大动力响应，发现机车动轮不平衡重的锤击作用是引起桥梁振动的最主要激励，由此提出了"冲击系数"的概念。在随后的试验中发现，当蒸汽机车车轮的转速与桥梁有载基频吻合时，将产生共振现象，据此提出了"临界速度"的概念。第三次试验主要针对小跨度桥梁进行，比较了蒸汽机车与内燃机车的差别，并研究了桥墩弹性、道砟、弹性垫层的减振作用。

同一时期，苏联研究人员通过大量试验，重点研究了机车引起桥梁侧向振动及其他各种因素的动力影响，给出了横向振动引起的应力系数随车速变化的经验公式。

Timoshenko（1922，1927）建立了仅考虑桥梁质量的移动荷载模型并求得了其解析解，从理论上对共振发生机理进行了解释。Inglis（1934）采用理论分析与试验研究相结合的方法，同时考虑机车和桥梁质量，利用移动的周期力和惯性力求解车桥系统运动方程，将车桥耦合动力研究带到了一个新的高度。之后，Schallenkamp（1937）考虑单个车轮和桥梁质量，对车轮惯性力与桥梁挠度进行傅里叶级数展开，通过求解系数间的关系得到了其解析解。Muchnikov（1953）通过积分方程法，对上述模型进行了较为严密的分析。

除此之外，滚动接触理论创始人 Carter（1926）借助于 Hertz 理论和弹性半空间理论，巧妙地解析并给出了轮轨之间纵向、切向力和蠕滑率关系的定律。此后，Johnson（1958）在 Carter 的基础上提出了纯蠕滑滚动和纯自旋滚动接触理论，将其推广到三维滚动接触情形。直至 20 世纪 70 年代，Kalker（1973，1979）最终在轮轨滚动接触方面提出了三维线性蠕滑理论，该理论在目前的轮轨关系分析中被广泛采用。总之，虽然此阶段对车桥系统动力分析的结果与实际仍有较大差距，但是已出现了移动质量弹簧系统模型，成为近现代车桥耦合分析模型的雏形，并确立了诸如冲击系数和共振速度等一些基本概念，为车桥耦合振动理论的后续发展起到了坚实的铺垫作用。

进入 20 世纪 60 年代后，借助于结构有限元方法的应用和计算技术的进步，针对车桥耦合振动问题的研究也突破传统，进入新的系统研究时期。这一时期，伴随着高速铁路的出现和发展，对于车桥耦合动力分析的需求更加迫切，而大量铁路的建设也为现场动力试验提供了更多的方便。通过各国学者系统和深入的研究，车桥耦合振动理论从力学模型、激励源模拟到研究方法和计算理论都有了质的飞跃，同时在模型试验和现场测试方面也取得了大量的研究成果。

美国学者 Chu 等（1979）率先开展了车桥系统空间振动研究，他们将车体、转向架和轮对均视为刚体，通过垂向悬挂系统相连，提出了考虑 11 个自由度的车辆系统模型，并将桁架梁的质量简化到节点，建立了车桥系统空间计算模型。Wiriyachai（1980）对刚接、铰接及半刚接桁梁桥的冲击系数与疲劳破坏问题进行了研究。Bhatti（1982）考虑车辆悬挂装置的非线性，建立了 21 个自由度的车辆模型，对车桥系统进行了空间动力分析。之后，Wang 等（1991）把 Bhatti 的车辆模型改进到 23 个自由度，对轮对运动进行了更真实的模拟。Vu-Quoc 等（1989）建立了车辆与柔性结构的车桥系统非线性振动微分方程组，结合 Runge-Kutta 法和线性逐步积分方法对相互作用问题的无条件稳定进行了预测和校正。

日本学者松浦章夫（1974，1976）分析了半车模型过桥的动力响应，并据此提出了桥梁的挠度限值。他还建立了 10 个自由度的二系悬挂车辆模型（只考虑车体与两个转向架的沉浮、点头运动及 4 个轮对的沉浮运动），用能量法推导了车桥系统运动方程，并对列车参数和编组方式、行车速度、桥梁跨度及轨道不平顺等因素对桥梁动力系数的影响进行了分析。研究结果表明：当列车速度达到 300 km/h 时，桥梁动力系数就会出现异常值，规则排列的移动轴重荷载引起的加载周期与梁的固有周期之比为整数时，就会引起桥梁共振。Tanabe（1987）针对日本新干线上的四轴客车建立了 31 个自由度的车辆模型，并采用有限元模态综合技术进行了求解。

20 世纪 70 年代，伴随着欧洲修建高速铁路的潮流，捷克的 Frýba（1972，1976）建立了包括移动荷载、移动质量、移动质量弹簧振子及考虑车体和二系悬挂的车桥系统垂向振动分析模型，并考虑桥面不平顺，综合分析了桥梁动力特性、车辆特性、行车速度、轨道不平顺及轮轨纵向力、横向力等参数对桥梁动力响应的影响。Olsson（1985，1991）利用模态坐标法减少桥梁自由度，导出了时变、非对称单元矩阵的车桥通用单元，并给出了简支梁在移动荷载作用下动力响应的解析解和数值解。

20 世纪 80 年代以来，各国学者将车桥耦合动力问题研究推广到了更多的应用范围。意大利的 Diana（1989）考虑轮轨相互作用关系，建立了 23 个自由度的车辆模型，研究了风荷载作用下大跨度悬索桥的车桥动力响应。Green（1994，1997）通过

FFT 变换对频域内的车辆荷载和桥梁模态进行卷积，分析得到了桥梁的动力响应。

欧洲铁路研究院 D214 委员会（ERRI D214 Committee，1999）对高速列车引起的桥梁振动问题进行了系统分析，研究结果被欧洲规范采纳，用以指导高速铁路桥梁的动力设计；他们引入了列车"动力指纹""桥梁动力影响线"等概念，将影响桥梁动力响应的因素分解为列车（轮轴排列）和桥梁（频率、阻尼）两类，给出了求解桥梁最大动态位移、加速度的 DER 法和 LIR 法。他们对桥梁动力响应进行谐波分解的方法虽仅适用于等截面简支梁，但求得了共振速度下桥梁动力响应的上限，避免了对动力方程在时域内的逐步积分。Majka 等（2008，2009）以单跨简支梁为对象，详细研究了不同列车速度下，桥梁频率、质量、阻尼、跨度等参数对车桥动力响应的影响。

比利时的 De Roeck 等（2000）在桥梁损伤识别方面进行了系统的研究。他们通过对一座桥梁持续一年的检测，发现温度能够引起结构物边界条件及弹性模量改变，是最重要的环境影响因素，而桥梁损伤带来的振动信号的变化大多是因为局部刚度的下降。因此，在利用动态响应作为指标评价桥梁的过程中，有必要排除环境因素的干扰。在 De Roeck 教授指导下，Liu 等（2014）考虑了由于道砟及轨道等因素导致的桥梁-轨道弱耦合性，分析了多跨简支高架桥在列车荷载下的动力响应，发现通过优化单跨简支梁模型边界，也能够获得较为理想的分析结果。Rebelo 等（2008）对奥地利多座中小跨度的有砟轨道铁路桥进行了现场动力试验，发现道砟和桥面间的摩阻力对加速度峰值有较大的影响。Rigueiro 等（2010）研究了不同有砟轨道结构的作用，发现轨道结构对铁路高架桥梁动力响应的高频部分起着滤波器的作用，因而对加速度最大值产生较大影响。Kaliyaperumal 等（2011）采用板单元、梁单元及板梁结合单元建立了斜交钢桥有限元模型，利用现场实测特征参数进行模型修正，与经验值取得了很好的匹配。结果表明采用板梁结合单元的全桥模型能够获得较好的动力响应，并且能够估算疲劳损伤的平均应力范围。

随着研究的深入，在分析方法和模型简化上的一些不足也逐渐被人们所意识，具体表现在：轨道结构简化为与梁体有相同的变形特征，忽略了其单独的变化，轮轨关系也大多通过力的平衡和位移相容来考虑，而对真实轮轨接触关系则缺少实质性进展。

近年来，通过建立复杂的车辆模型和桥梁空间模型进行计算机仿真已成为车桥耦合振动研究的必要手段。研究愈加详细的轮轨关系进一步完善车辆模型和采用更高效的计算方法客观真实地模拟车桥系统的动力响应，已成为各国学者共同追求的目标。

2. 国内的研究

在我国，以李国豪教授和陈英俊教授为代表的老一代学者很早就开始了针对车桥系统振动问题的研究。李国豪（1978）提出了桁梁的挠曲扭转理论，利用有限差分法计算了多座桥梁的空间自由振动，并得到了实测结果的验证。陈英俊（1975）通过总结古典及当时先进的车桥系统振动分析理论，探讨了桥梁冲击系数的影响因素。

在我国，关于车桥振动理论与应用的研究在 20 世纪 80 年代初开始比较系统地展开。

中国铁道科学研究院的程庆国院士和潘家英研究员带领其研究生对车桥耦合分析模型及求解算法提出了修正（程庆国 等，1992）。在大跨度铁路桥梁方面，许慰平（1988）在考虑转向架构架变形的基础上，建立了 27 个自由度的货车模型，提出了轨道二次不平顺的概念和车桥系统动力方程的迭代去耦解法。王贵春（1996）对红水河铁路斜拉桥进行了线性与非线性的车桥系统动力分析。杨岳民（1995）采用 Wilson-θ 法求解分离的车辆和桥梁方程后，通过 Seidel 迭代法在二者间进行二次迭代，对桥梁和轨道折角对列车走行性的影响进行了分析。孙建林（1988）利用频谱分析法，考虑轨道不平顺，对铁路斜拉桥的横向车振问题进行了研究。柯在田等（1991）对准高速铁路线上的桥梁动力系数、车辆与连续多跨简支梁的相互作用、桥梁的竖向刚度进行了分析。张锻等（1996）结合三大干线的提速进行了大量的现场测试，并运用车桥相互作用理论，依据车辆运行安全性、乘坐舒适度、车体加速度及桥梁振动响应等指标，提出了高速铁路中小跨度桥梁竖向、横向刚度限值。高芒芒（1999）综合考虑高速列车、轨道和桥梁的相互作用，开展了车-轨-桥耦合系统振动的研究。

西南交通大学在强士中教授指导下开始了车桥耦合振动理论与应用的研究。沈锐利（1987）对钢桁梁桥的空间耦合振动进行了分析，并针对简支梁桥，将荷载列模型与车桥耦合系统模型的计算结果进行了比较。单德山（2001）、何发礼（1999）研究了曲线半径和曲线超高等因素对曲线梁桥车桥动力响应的影响，对高速铁路中小跨度曲线桥的刚度限值提出了建议。李小珍（2002）将整个车桥系统分解为车辆方程与桥梁方程，以轮轨接触点的位移协调条件作为收敛条件求解车桥系统响应，他（2012）还推导了欧拉-贝努利梁在任意移动荷载列作用下的竖向振动解析表达式，可用于高速铁路桥梁的初步设计，快速可靠地对最大振动能级进行评估，其研究成果被列入我国高速铁路线桥隧站设计暂规。李永乐等（2004）建立了风-车-桥耦合系统模型，通过模拟不同风速场，分析了自然风和脉动风对车桥动力响应的贡献。晋智斌（2007）考虑轮轨脱离及轮轨间不均匀压缩状态，建立了车-线-桥空间耦合振动模型，并基于轨道不平顺随机性、结构参数随机性对车桥系统的随机振动进行了研究。蔡成标（2004）建立了机车车辆、轨道及桥梁耦合大系统模型，通过数值仿真研究了高速行车条件下轨道和桥梁结构的动力响应及列车运行安全性。崔圣爱（2009）建立了车辆三维空间精细化仿真模型，考虑各种非线性因素，针对弹性轮轨接触和约束轮轨接触，分别建立了多体系统中轮轨接触的运动方程，研究了轮轨接触点的求解方法及两种接触时法向力的求解原理。朱艳（2011）采用虚拟激励法进行了车桥耦合系统随机振动分析。

中南大学（原长沙铁道学院）的曾庆元院士及其团队（曾庆元 等，1990，1991，1999）根据车桥系统整体建模的思路，利用动力学势能变分原理及对号入座法则，提出了精度较高且便于使用的车桥耦合振动分析方法。他们以实测转向架及轮对蛇行波作为激振源，计算了车桥系统的横向振动及列车的横向摇摆力，并对各国关于桥梁垂向、横向刚度的规定进行了比较。张麒（1998）根据列车-桥梁时变系统的横向振动分析结果及桥上列车抗脱轨安全度的要求，对钢桁梁桥横向刚度控制指标进行了研究。朱汉华等（1994）提出了车桥时变系统的振动能量随机分析方法，把受多种随机因素影响的系统随机振动转化为系统振动能量随机分析。王荣辉等（1995）采用国内列车构架振动的实测数据及国外高速列车轮对横向荷载的测试资料，以能量方差作为控制条件，随机模拟出了高速列车的构架人工蛇行波。郭向荣（2000）采用计算机模拟方法，分析了高速铁路多Ⅱ形预应力混凝土梁桥的动力特性及列车走行性。向俊等（2004）提出了桥上列车脱轨能量随机分析理论，并对多个桥上列车脱轨实例进行了分析，计算结果均与实际符合。余志武等（2015a，2015b）基于车桥竖向耦合模型，引入不平顺功率谱随机谐函数，采用 N 维超立方体点集选取离散随机频率代表点，得到代表性轨道高低不平顺随机激励样本并进行慢变调制，建立了概率密度演化方法的随机动力方程，编制了车桥耦合随机振动概率密度演化分析程序，分别采用 Newmark-β 积分法和带 TVD 格式的双边差分法计算了车桥振动响应的均值、标准差及时变概率密度演化分布。

同济大学（原上海铁道学院）的曹雪琴教授（1991）对钢桁梁的横向振动问题进行了理论分析和现场实测，将桥梁横向振动时程分成"机车在桥上""货物列车通过""列车离桥"3 个区段，采用概率统计方法分析了横向振幅的概率分布特点，据此提出了桁梁桥的空间振动模态及横向摇摆力的确定方法。曹雪琴等（1986）应用随机振动理论，采用模拟随机变量、两次滤波及逐次推进法解随机振动方程，分析了桁架桥在列车通过时的横向振动。马坤全等（1994）针对列车通过高墩、大跨度预应力混凝土连续箱梁桥的情况，建立了梁墩空间耦联体系模型，分析了该桥的横向振动特性和横向刚度。王刚等（2000）建立了车桥系统动力分析的空间模型，计算了高速铁路斜拉桥在列车通过时的车桥动力响应。曹雪琴等（1999）还在大量调研和分析、总结的基础上，对《铁路桥梁检定规范》进行了修订。

北京交通大学（原北方交通大学）夏禾教授在车桥耦合振动理论的发展中起到了承前启后的作用（夏禾 等，1984，1992，1994，1995，1996，1998；Xia et al，1997，2000，2001，2003a，2003b，2005a，2005b，2005c，2006a，2006b，2007，2008a，2008b，2009a，2009b，2010a，2010b，2013，2014）。1984年，他考虑轨道不平顺、车辆蛇行运动、列车离心力、单向行车时的偏心荷载等作用，采用模态综合法建立了包含桥梁墩台、支座在内的车桥大系统动力分析模型。接着建立了横风作用下车桥系统模型，对钢桁梁桥、连续梁桥的风激振动进行了分析。之后，夏禾教授及其研究团队在车-桥、风-车-桥、地震-车-桥、撞击-车-桥、基于车桥动力响应分析的桥梁模态识别和损伤识别等车桥耦合振动的各个领域开展了比较全面的研究。

张楠等（2002；Zhang et al，2008，2010a，2010b，2013，2014，2015）系统地研究了车桥耦合振动问题及其工程应用，建立了铰接式高速列车-桥梁耦合系统动力分析模型；在研究轮轨相互作用关系的基础上，提出了车桥耦合动力分析的全过程迭代法；分析了风荷载及地震作用下的车桥系统的动力响应和高速列车运行安全性；运用UM软件，研究了混凝土梁收缩徐变及温度荷载影响下的桥面变形对高速列车运行安全性和平稳性的影响。郭薇薇等（2005；Guo et al，2008，2010a，2010b，2013，2014，2015）研究了大跨度桥梁的风-车-桥耦合振动及桥上防风屏障的防风机理和效果。

战家旺等（1996，2006，2011）研究了既有铁路桥墩健全度评估和试验分析方法。邓玉姝等（2011；Xia et al，2013）分析了采用梯式轨枕轨道的城市轨道交通车桥动力响应，并对减振措施进行了研究。安宁等（2010，2013）研究了基于车桥耦合振动响应的桥梁损伤识别方法。侯忠明等（2013；Hou et al，2012，2015）进行了移动荷载作用下钢-混凝土结合梁桥动力性能及损伤识别的理论分析与模型试验研究。王昆鹏等（2013；Wang et al，2015）建立了考虑车体柔性的车桥系统动力分析模型。余竹等（2013；Yu et al，2016）进行了基于移动荷载作用下结构响应及小波分析的桥梁损伤诊断研究。李慧乐等（2013；Li et al，2015a，2015b）推导了简支梁在移动荷载列作用下的振动响应理论解，得到了简支梁发生共振及两类消振效应的车速计算公式，阐明了二者的发生机理，研究了列车通过时钢桥的动应力和疲劳问题。

孙奇等（2013）结合大气物理学，分析了在日照影响下桥梁时变温度场变形对列车走行安全性及舒适性的影响。田园等（2015）提出了一种基于动力平衡方程和有限元思想的多尺度动态边界逼近分析方法，可有效地求解大跨度铁路钢桥正交异性板桥面体系的动力效应，具有良好的应用前景。李克冰等（2015）利用m法模拟群桩基础等效刚度，在承台底施加弹簧约束，建立了车桥耦合系统动力分析模型，研究了河流冲刷对车桥动力响应的影响。

同时，夏禾教授及其研究团队积极开展国际合作，上述的许多研究成果，就是与香港理工大学、比利时鲁汶大学、日本铁道综合技术研究所、澳大利亚新南威尔士大学、西班牙马德里理工大学、葡萄牙波尔图大学、英国基尔大学、瑞典皇家理工学院、美国里海大学合作完成的。在总结研究成果的基础上，研究团队先后出版了《车辆与结构动力相互作用》（夏禾 等，2002，2005）、《交通环境振动工程》（夏禾 等，2010）、*Bridge Vibration and Controls*（Xia et al，2010）、*Traffic Induced Environmental Vibrations and Controls*（Xia et al，2012）、《车桥耦合振动工程》（夏禾 等，2014）等中英文学术专著，较全面地反映了当代车桥耦合振动领域的研究进展和成果。

从 21 世纪初开始，随着我国高速客运专线的迅速发展，如何在高速行车条件下保障列车的安全性及舒适性，对车桥耦合振动研究提出了迫切的要求。为此，铁道部组织西南交通大学、北京交通大学、中国铁道科学研究院及中南大学等单位，建立了以翟婉明院士为负责人的列车-轨道-桥梁系统耦合振动攻关团队，展开了有效的合作研究。基于精确轮轨动态耦合关系，建立了愈加完善的车-轨-桥大系统分析模型（翟婉明 等，2002，2012），研发了列车-轨道-桥梁动力仿真分析综合软件 TTBSIM，为我国高速铁路车-轨-桥耦合振动仿真分析提供了技术支持。翟婉明院士（Zhai，1996）所提出的显-隐式结合数值积分方法，很好地解决了桥梁结构自由度数多、求解规模大的难点，并且保证了良好的计算精度。同时，依托西南交通大学的牵引动力国家重点实验室，重点开展了以高速、重载列车为对象的基础性、前瞻性创新研究。

台湾大学杨永斌（Yang，2003）和姚忠达等（1999）提出了求解车桥系统动力响应的动态凝聚法，该方法基于有限元理论，利用附带弹簧和减振器的集中质量模型来模拟车辆，将与车体有关的自由度凝聚到与之接触的桥梁单元上，导出车桥相互作用单元，并通过动态凝聚法消除相互作用单元中与车体相关的所有自由度，从而大幅提高了计算效率。在理论方面，杨永斌（Yang，2009）提出了移动荷载通过简支梁和连续梁的冲击系数公式，并对车桥频率比、桥梁阻尼等参数进行了分析。姚忠达（Yau，2006）研究了等距移动荷载以共振速度运行时引起的简支梁竖向加速度，并对引发共振效应的控制参数进行了分析，发现高阶振型对加速度的贡献往往取决于阻尼，而低阶振型则决定加速度峰值。杨永斌（Yang，2003）对列车运行对环境振动的影响进行了相关研究：通过模拟高速列车经过高架桥结构，将地面振动分为横、竖两个方向进行了 1/3 倍频程分析，研究了其中的关键影响参数。杨永斌（Yang，2004）进一步通过 Hilbert 转换、理论计算、运算法则和限制因素分析、案例研究等方法对车辆及桥梁振动频率进行了研究，发现了桥梁振动频率和车辆振动频率之间的内在联系，提出了桥梁振动频率识别的新方法，为研究桥梁振动、结构使用寿命、设计方法等相关工作奠定了坚实的理论基础。

1.3.2 风荷载作用下桥梁动力效应与行车安全研究

对于风荷载，目前普遍将作用在桥梁上的风荷载分为升力、阻力和扭矩三个分量，每个分量又包括三个部分：由平均风引起的静风力，由脉动风引起的抖振力，由风与桥梁相互作用而产生的自激力。这些研究内容已经相当成熟，在桥梁工程实践中为研究者和工程师们普遍采用。基于对桥梁振动机理和振动形式的研究，一般将桥梁风致振动理论分成四种，即桥梁颤振理论、桥梁抖振理论、桥梁驰振理论和桥梁涡激振动理论。

在桥梁颤振领域，主要集中于颤振机理的探究、颤振现象的描述和定量分析、颤振导数的获得，以及减小颤振的措施等方面。Ole 等（2012）提出了一种风荷载作用下大跨度桥梁自激振动及颤振的时域分析方法，将空气动力自由度作为额外的节点自由度加入各个节点建模中，通过采用不同的形函数离散自激力，求得结构颤振响应。徐昕宇等（2014）对某三线公铁两用悬索桥主桁架梁进行节段缩尺模型风洞试验，研究桥的颤振稳定性能，探讨了风嘴及栏杆不同参数对颤振临界风速的影响。同济大学葛耀君教授及其研究团队针对桥梁颤振问题开展了多种理论研究及风洞试验。邵亚会等（2011）基于传统复模态特征值分析方法和费拉里求解一元四次方程的思路，提出了二维颤振频域直接分析方法，在超大跨度悬索桥二维颤振分析中无须频率的预先选取和迭代求解，缩短了计算时间。郭增伟等（2013）使用颤振导数的有理函数近似式推导出了自激力脉冲响应函数的数学表达式，基于自激力脉冲响应函数的桥梁颤振运动方程给出了两种时域求解方案，通过讨论自激力脉冲响应函数的性质解决了颤振时域分析中结构初始响应失真及积分时间步长设定的问题。张文明等（2013）通过节段模型风洞试验，测试分析了各种弯扭模态组合下多主跨悬索桥的颤振临界风速。

桥梁抖振是一种重要的风致振动现象，目前国内外研究主要基于三种分析理论，即 Davenport 提出的抖振分析理论、Scanlan 建立的颤抖振分析理论和 Lin 提出的时域抖振分析理论，针对具体问题开展相关研究工作，模型建立、参数识别、分析方法和数值计算等越来越细化。张志田等（2006）提出采用准定常气动刚度与基于试验的非定常气动阻尼进行气动修正的大跨度桥梁抖振计算模型，风洞试验表明，该模型能相对准确地描述桥梁结构的气动刚度与气动阻尼特性。朱乐东等（2006）提出了基于准定常理论和气动片条理论的实用大跨度桥梁斜风抖振频域分析方法，包海峰（2008）进一步在此基础上做了细化，以考虑结构静风位移引起的动力特性变化和桥梁构件附加风偏角和风攻角效应对抖振的影响。

对于车桥系统而言，风荷载会使桥梁产生较大的变形和振动，又由于列车的阻风面积大，风荷载在有车时的气动性能与无车时存在较大差别。因此，风荷载作用下车桥耦合动力分析需要考虑三种相互作用，即车-桥系统、风-桥系统、风-车系统相互作用。

李永乐等（2012a，2012b，2012c；Li et al，2005）将风、车、桥三者视为一个交互作用、协调工作的系统，建立了风-车-桥系统非线性空间耦合动力分析模型，依托风洞测定了主梁及车辆的气动参数并进行了车桥组合节段模型试验，在此基础上采用自主研发的桥梁结构分析软件 BANSYS 进行了风荷载作用下车桥耦合动力分析。刘清江（2014）、王柳等（2012）通过数值模拟分析了风荷载作用下列车过桥的安全性，并针对不同的实际工程进行了算例分析。

郭文华等（2015）为考虑侧风作用下桥梁对高速列车气动特性的影响，研制了缩尺比为 1：20 的车-桥模型风洞试验装置，测试了高速列车的头车、中车及尾车的气动力，讨论了雷诺数、车辆在桥面横向位置、风偏角等对高速列车气动系数的影响。

张敏等（2013）以静风力及抖振风力模拟作用在车辆和桥梁上的风荷载，研究了列车通过铁路悬索桥时的车桥动力响应，分析了行车安全性。Kwon 等（2008）建立了阵风作用下城际磁浮列车通过导轨悬索桥时的理论分析模型，采用模拟的轨道不平顺及波动风速作为激励，在时域内求解了方程组。

夏禾、陈英俊提出了一种车桥系统在随机风荷载作用下的可靠性分析方法（夏禾 等，1994，1998）。1999 年起，北京交通大学与香港理工大学合作，对当今世界上最长的公铁两用桥——香港青马大桥在强风作用下的列车通行性问题进行了研究，发表了一系列关于风和列车荷载同时作用下大跨度悬索桥车桥动力相互作用的研究成果（Xia et al，2000；Xu et al，2003，2004，2007）。郭薇薇等（Guo et al，2007，2010）建立了风荷载作用下的列车和大跨度桥梁系统动力分析模型，对香港青马大桥在风和列车同时作用下的振动特性及桥上列车的走行性能进行研究，并通过部分实测结果进行了验证，得到了保证桥上行车安全的风速-车速阈值曲线。在武汉天兴洲长江大桥、南京长江大桥等高速铁路大跨度桥梁的动力设计中，夏禾（Xia et al，2008）、张楠（2009）等系统地分析了风对桥梁及运行列车安全性的影响，为确定桥梁方案提供了重要依据。王少钦等（2010，2013）建立了考虑结构大位移几何非线性的风-车-桥系统动力分析模型，对五峰山公铁两用悬索桥设计方案进行了动力计算，研究了结构非线性、风速及车速变化等因素对悬索桥振动的影响。

列车高速运行时，作用于车体上的气动力使列车处于"漂浮"状态。强横风作用下，列车的气动性能急剧恶化，所受到的升力和横向力迅速增加，脱轨或倾覆的可能性增大。目前，在高速列车风致安全方面所做的工作主要是基于确定性的方法，即车辆的空气动力学参数、系统动力学参数和环境参数都是确定不变的。于梦阁等（2012）研究了横向均匀风对高速列车运行安全性的影响，发现轮重减载率在几个安全指标中最容易超标，故以它为安全指标给出了侧风下的高速列车运行安全域。翟建平等（2013）分析了指数风分布下不同高度桥梁周围的流场，通过建立高速列车多体系统动力学模型，模拟了横风下列车在桥上会车时的表面压力特性和气动荷载特性。黄林等（2006）对横风下 ICE 列车在标准简支梁上的二维绕流特性进行了研究，并引入空腔流动的研究成果，对车桥系统的绕流特性进行了理论分析。

桥上防风措施（如风屏障）能显著地改变桥梁的气动特性，尤其是减小临界颤振风速，其机理在于充分利用了空腔流的旋涡特性。同时，风屏障对高速运行于桥梁上的列车具有明显的遮挡作用，大大地减小了列车所受的横向气动力，提高了列车运行的稳定性和舒适性。

张田等（2013，2014）基于 CFD 平台，对气流经过风屏障的空气动力学问题进行数值模拟，分析了风屏障设计参数（包括开孔率、高度等）对风速的影响规律，定量分析了桥上风屏障的防风效果及有效防护区域，探讨了风屏障的合理形式和主要设计参数的取值范围。郭薇薇等（Guo et al，2015a，2015b）以兰新第二双线铁路风区常用跨度简支梁为研究对象，对含风屏障结构的车桥系统抗风性能进行了风洞试验研究，获得了不同工况下的车辆、桥梁三分力系数，基于风-车-桥系统动力分析模型，从行车安全的角度对比了不同形式风屏障的遮风性能。张楠等（Zhang et al，2015）假设作用于列车的气动力均匀分布，研究了大跨度桥梁桥塔遮挡区域设置三角形风屏障对车桥动力响应的影响。结果表明，风屏障对桥梁动力响应影响很小，但具有足够尺寸的风屏障可显著降低列车的动力响应，提高其运行安全性。

李永乐等（2012d，2014）通过风洞试验，分别采用三车模型和单车模型测试了车辆通过桥塔和桥上交会时风荷载的突变过程，讨论了风速、车速、车辆所处轨道位置及车辆类型等因素对车辆气动力系数的影响，并获得了三种典型线路上设置不同风屏障情况下的车辆气动力系数。李雪冰等（2009）为了探明高速列车交会过程中的气动力特性，对考虑和不考虑气动力时列车的动力学响应进行了数值模拟。

何旭辉等（2015）以京沪高速铁路典型高架桥和 CRH₂ 列车为背景，基于同步测压技术，测试分析了风屏障对车桥组合状态下列车的风压分布和各面气动力分布特征的影响，研究了风屏障的气动影响机理，并从流体力学角度进行了解释。

田红旗（2001，2004）采用求解三维可压缩非定常 N-S 方程的方法，对列车交会问题进行了数值模拟，研究了列车交会空气压力波数值计算方法、气动力模型及在线实车试验技术，建立了列车交会压力波与运行速度、轨道线间距、车体宽度、外形、附面层及编组方式等之间的关系，提出了我国各种列车车体和车窗结构承受瞬态交会压力冲击的安全运行极限值。

胡赛龙等（2009）、张佳文（2013）采用空间相关的侧向脉动风速场，考虑桥梁和列车的静风荷载和准定常脉动荷载作用，对脉动风作用下的车桥系统动力响应进行了时阈仿真分析。刘德军（2010）考虑风-桥、风-车、轮-轨、桥-轨之间的相互作用，建立了风-列车-轨道-桥梁系统耦合动力分析模型，分析了列车类型、运行速度、单双向行车、轨道形式、轨道不平顺等因素对车-轨-桥系统动力响应的影响规律。

1.3.3 地震作用下桥梁动力效应与行车安全研究

随着桥梁在铁路线路中所占比例的增加，地震发生时列车在桥上运行的概率也越来越大。尤其是高速铁路，"以桥代路"的方式导致线路可能有几十公里的高架桥，一旦发生意外，后果不堪设想。因此，地震作用下的车桥耦合振动问题同样受到国内外学者的重视。关于地震作用下车桥耦合振动的研究内容包括地震激励所诱发的车桥系统的振动及行车稳定性、地震动的空间变异性对大跨度桥梁的影响等问题。

姚仲达等（Yao et al，2007）研究了悬索桥在移动荷载和竖向地震作用下的动力响应。研究中利用解析方法求解了悬索桥响应的拟静态部分，利用 Galerkin 方法求解了响应的动态部分，并对桥梁的共振特性进行了分析。之后他们又将等距移动荷载改为一系列移动簧上质量，对地震荷载和簧上质量作用下的悬索桥的动力响应进行了分析，发现增加拉索松弛度或降低拉索刚度可以减小簧上质量—悬索桥耦合体系的加速度响应。

何兴文等（He et al，2011）分析了地震作用下新干线列车对高架桥动力响应的影响，发现如果将列车仅作为附加质量作用到桥梁上，则可能低估或高估桥梁系统的响应。朱圣浩（Ju，2012，2013）借助于有限元方法，采用非线性轮对单元、黏弹性弹簧-阻尼单元和集中质量单元来模拟高速列车，分析了地震发生时列车在桥上行驶的安全性，并证明了提高桥墩的横向刚度可以减小列车脱轨系数。Konstantakopoulos 等（2012）研究了横向、竖向地震及列车作用下悬索桥的耦合振动问题，分析了桥梁跨度、地震动到达时间、场地条件等因素对系统动力响应的影响规律。

Nishimura 等（2010a，2010b）通过 1/10 比例的模型试验研究了高速列车在振动轨道上的走行安全与脱轨机理。陈令坤等（Chen et al，2014a，2014b）的研究表明，与远场地震相比，近场地震作用下桥梁的梁体位移、墩顶位移及墩底弯矩均有所增加，地震激励的方向性脉冲效应和竖向加速度的高频成分会显著影响桥墩的滞回特性。张志超等（Zhang et al，2010，2011）将虚拟激励法和精细积分方法结合起来处理多点地震激励下车桥耦合系统的非平稳随机振动问题。结果表明地震行波效应对车桥系统随机响应有重要影响，而列车速度的影响不大。Zhu 等（2014）在张志超等工作的基础上对地震动强度、地震波传播速度、列车速度等因素对车桥耦合系统随机响应的影响进行了研究。

夏禾等（Xia et al，2006）针对地震作用下高速铁路桥梁上的列车走行安全性问题，将桥梁运动方程和车辆振动方程通过桥梁子系统与车辆子系统间的非线性轮轨接触关系联系起来，建立了可考虑行波效应影响的中小跨度桥梁-列车耦合系统的地震反应分析模型。对高速列车在不同特征的地震荷载作用下通过京沪高速铁路（48+5×80+48）m 预应力混凝土连续梁桥进行了仿真分析，给出了地震发生时高速列车在桥上可以安全运行的临界速度限值。

张楠等（Zhang et al，2010）借助于大质量法实现了车桥耦合系统的多点地震动输入，研究了地震作用下车桥动力响应随列车速度、地震动强度等因素变化的规律。张楠等（2011）用刚体动力学方法模拟车辆子系统，用有限元法模拟桥梁子系统，用轮轨密贴假定和简化的 Kalker 蠕滑理论分别定义轮轨间竖向、横向相互作用力，以人工地震加速度时程和轨道不平顺作为系统激励，建立了地震作用下高速列车通过斜拉桥时的动力相互作用分析模型，计算了地震作用下 ICE3 高速列车通过（120+5×168+120）m 特大斜拉桥时的车桥动力响应。

杜宪亭等（2011a，2011b，2012；Du et al，2012）提出了一种非一致地震激励下车桥耦合系统动力分析框架，考虑轮轨相互作用和分离，采用地震动位移、加速度二种输入模式，建立了地震-车-桥大系统分析模型。通过算例，对地震发生时 8 节高速列车通过一座钢桁拱桥的全过程进行了仿真分析，研究了地震完全空间变异性对车桥动力响应的影响。结果表明，相对于仅考虑行波效应，考虑完全空间变异性改变了桥梁位移和车体加速度峰值的大小和出现的时间，这种影响在研究地震作用下的车桥耦合问题时不能忽略。

凌亮等（2013）提出了一种考虑地震边界条件的车辆-轨道耦合动力学数值模型，将地震波简化为周期性的正弦波，将位移和速度施加于轨道板底部节点，加速度作用于钢轨，从频率和振幅两方面研究了地震波频谱特性对车辆动态脱轨行为的影响。

雷虎军等（2014，2015）采用3层弹性点支撑梁模拟有砟轨道，用大质量法施加梁和路基所受的地震力，建立了车辆-轨道-桥梁耦合振动分析模型。其分析表明：地震作用下高墩刚构桥的面内和面外动力响应存在弱耦合性。随后，他们又研究了桥梁地震响应拟静力分量对高速列车的走行安全性的影响，发现与纵向和竖向拟静力分量相比较，横向拟静力分量的影响更大，它显著增大了桥梁和钢轨的横向位移、列车的脱轨系数和轮重减载率。谭长建等（2009）以日本新干线300系轮轨高速列车为车辆模型，以多跨高架混凝土简支梁桥为桥梁模型，分析了地震作用下高速列车与桥梁耦合振动的特性。韩艳等（2015）以轨道交通中应用较多的连续轨道桥梁为研究对象，统计得到了地震发生时保证列车安全运行的桥梁容许横向加速度和横向位移限值。陈代海（2011）提出了一种同时适用于公路汽车和铁路列车的车辆模型，进行了地震作用下汽车-轻轨车-大跨度斜拉桥耦合系统的振动分析，研究了几种减振装置对大跨度斜拉桥的振动控制效果。陈令坤等（Chen et al，2014a，2014b）以高速铁路CRTS II板式无砟轨道为工程背景，建立了地震作用下高速铁路列车无砟轨道桥梁的动力分析方法，探讨了不同桥梁动力设计参数下高速列车的安全行车限值要求。

目前，关于地震作用下土-结构相互作用对车桥耦合动力响应影响的研究也取得了一定进展。李忠献等（2005）建立了考虑土-结构相互作用的三维车桥耦合力学模型，其中桩基础被等效为一根弹性支撑梁，桩侧土采用离散的弹簧-阻尼器等效代替。李小珍等（2011）建立了包含桩基础在内的整体桥梁模型，将群桩基础中的每根桩视为弹性地基梁，桩与土之间的相互作用通过一系列弹性支撑来实现，分析了桩-土相互作用对车桥耦合振动的影响。陈令坤等（2012）基于简化桩底假定和改进的Penzien模型建立了考虑桩-土相互作用的列车-桥梁系统计算模型。边学成（2006）提出了一种准解析方法来分析高速列车作用下高架桥的动力响应。该方法将车辆-桥梁-地基相互作用系统通过子结构法分成两部分：列车荷载作用下的高架桥三维有限元模型和基于傅里叶级数展开的轴对称群桩基础与周围土层的相互作用模型，通过桩基承台上的共同节点将两部分联系起来在频域内求解。郜新军等（2014）基于多源黏弹性人工边界，利用有限元软件Abaqus建立了地基-桥梁-车辆系统的整体动力分析模型，计算了系统的动力响应，并分析了土-结构动力相互作用（SSI）、车速等因素的影响。

1.3.4　撞击荷载作用下的桥梁动力效应及列车运行安全研究

引起桥梁振动的撞击荷载主要是由于船舶、车辆及漂流物等与桥墩或梁体发生碰撞而产生的，目前设计规范对桥梁撞击荷载大多是根据经验公式进行计算。

由于各种撞击物的类型及尺度离散性很大，桥墩形式也各有不同，计算结果与实际常有较大的差别。因此，撞击物与桥梁碰撞的理论分析及计算对于确定撞击力和提高桥梁动力性能是十分必要的。

在船舶撞击桥梁方面，国际上系统性的研究始于 20 世纪 80 年代初，由国际航运协会（PIANC）成立专门工作小组对船撞桥事故进行了大量的调查。1995 年，一个由比利时、法国、德国等 9 个国家组成的专门从事船舶碰撞桥梁研究的国际性组织宣告成立。在此之后，各国学者在船桥碰撞问题的研究上取得了大量的成果。

最早关于船舶碰撞的研究论文是美国学者 Minorsky（1953）于 20 世纪 50 年代发表的，他基于 26 个实船碰撞和试验数据的统计分析，给出了动能损失与被撞船损伤体之间线性关系的经验公式。德国学者 Woisin（1976，1979）做了一系列模型试验和理论研究，将 Minorsky 的理论加以修正并应用于船舶与桥墩的碰撞分析中，在此基础上，提出了船撞桥墩力的计算公式，后被美国 AASHTO 桥梁设计规范（1991）所采纳。美国学者 Derucher（1982，1984）主要研究如何预防桥梁被船舶撞击，他假定船体无回弹位移，将防撞构件承受的撞击力与其位移的关系用弹性常数表示，考察了碰撞过程中船-桥系统的振动特性。丹麦学者 Pedersen 等（1998）建立了基于外部动力学的船撞桥墩的简化数学模型，通过分析船与船碰撞、船与刚性挡墙碰撞及船与水中柔性结构物碰撞等多种情况所建立的数学模型包括接触点的摩擦力，适用于多种船桥碰撞情况的计算。

从 20 世纪 60 年代开始，一些国家相继做了全尺度船舶碰撞试验，获得了一些数据，而全尺度的船桥碰撞试验却非常少，因为船桥碰撞试验是一种费用昂贵的破坏性试验，难以付诸实施，况且碰撞问题本身的强非线性特征及碰撞条件的不确定性也决定了试验结果有很大的局限性。Consolazio 等（2003，2006）运用 ADINA 非线性有限元程序，模拟多种船舶撞击情况。另外，他们还进行了现场试验，对桥墩遭受船舶撞击过程中的土体压力、船体变形、撞击荷载及桥墩的加速度和位移等进行了测试。

从 20 世纪 70 年代起，国外一些学者开始采用简化的解析方法来分析碰撞问题，这些方法主要基于塑性力学中的上限理论和一些重要假设。由于简化解析方法既迅速又简单，且能提供较好的分析结果，故在船舶碰撞分析中得到了广泛应用。Ueda 等（1984，1995）提出了结构理想单元（ISUM）的概念，将结构划分为尽可能大的"结构单元"，其几何和材料非线性特征由精细的"解析-数值"方法确定，这就大大减少了计算模型的单元数量和总体自由度，被广泛用于大尺度结构的非线性分析中。Paik 等（1996，2001）基于 ISUM 法的思想提出了一种面向结构设计的碰撞分析方法，大大减少了繁重的建模工作和计算时间。

在我国，近年来各高等学校和科研单位对船-桥碰撞问题进行了大量研究。项海帆院士（2002）针对船撞桥事件的风险提出：深入研究概率设计的概念和方法是合理和必要的，而在基于概率概念的设计中，应该建立起对船舶防撞设计及船舶碰撞所引起的综合载荷所适用的目标失效概率。同济大学王君杰等（2007，2011）较为系统地研究了船舶撞击桥梁的问题，通过计算几种不同形式桩基础的桥梁在船舶撞击作用下的动力反应，对桥梁关键部位的静力、动力响应进行了分析和比较，讨论了等效静力船撞力的合理取值问题。福州大学陈泽宏（1995）以泉州后诸大桥桥墩防撞岛为工程背景，进行了 1∶20 比例的船-桥碰撞模型试验，获得了撞击力、防撞岛模型加速度、位移及被撞区域的动应变等重要数据，得出了各种撞击工况下防撞岛结构的破坏模式。刘建成等（2002，2003）总结了船舶与桥梁碰撞的几种典型计算方法，并对各自的特点进行了分析，获得了很多有用的成果。

在车辆撞击桥梁方面，由于车辆与桥墩和桥梁上部结构碰撞的作用机理十分复杂，涉及大量的几何非线性、材料非线性、接触非线性及动力效应问题，单靠理论分析的难度非常大，因此试验研究成为一种重要的手段。英国 Arup 公司曾进行过车辆撞击桥墩和桥梁上部结构的足尺试验，获得了有关车桥撞击机理和撞击荷载的重要数据。Buth 等（2009，2010）在得克萨斯交通运输部项目的支持下，采用 36.32 t 重的卡车进行了两次撞击桥墩原型试验，通过测力传感器得到了撞击力时程数据，经过 0.05 s 的滑动平均滤波后得到的等效静力撞击荷载为 1 781 kN。

近年来，基于计算机模拟的有限元分析技术得到了迅速的发展，这为实现车桥撞击模拟奠定了良好的基础。Severino（2003）和 El-Tawil（2005）采用非弹性瞬态有限元模拟技术研究了车辆与桥墩之间的碰撞作用。Sharma 等（2012）建立了分析模型，用于评估钢筋混凝土墩柱抵御不同等级车辆撞击的能力。他们改进了现有的静力和半静力分析方法，提出了一种能够更真实地反映车辆撞击结构特点的动力评价方法。

余敏等（2011）采用有限元方法对实心和空心钢管混凝土构件在侧向落锤冲击作用下的试验进行了模拟及验证。马祥禄等（2009）采用通用有限元程序 ABAQUS，针对不同车速的集装箱车辆撞击梁体的情况进行了模拟分析，研究了桥梁在超高车辆撞击下的变形及受力状态，分析了车辆载重、速度、车体刚度等因素对桥梁动力响应的影响。陆新征等（2009，2011）通过精细化非线性有限元模拟，研究了超高车辆撞击桥梁上部结构的撞击荷载和破坏模式，分析了撞击荷载的影响因素，提出了车辆与桥梁撞击的简化计算模型和撞击荷载计算公式。

在流冰和河流漂流物撞击桥梁方面，由于一般河流漂流物的体积和质量相对于流冰都很小，撞击荷载也很小，所以国内外的研究主要集中在流冰方面，并已有很多成果发表。Christensen 等（1995）开展了一系列的物理模型试验，以确定流冰对大贝尔特海峡大桥的撞击荷载，研究了流冰速度、撞击角度、结构形式及刚度特性等对流冰撞击荷载和结构响应的影响。

　　我国从 20 世纪 80 年代起开始研究冰与结构的相互作用问题，开展了包括层冰的动力特性、层冰与桥梁结构物之间的相互作用、流冰对桥墩的撞击及层冰的抗压强度等多项内容的现场试验。韩艳（2000）通过试验研究，分析了松花江流冰的物理力学性质及其对桥梁结构的主要影响因素。在参考国内外已有的冰压力计算公式的基础上，建立了适合我国黑龙江地区的冰压力计算公式，并利用有限元方法计算了松花江公路大桥在流冰冲击力作用下的位移响应。袁正国（2010）、于天来等（2007）对黑龙江省五个典型试验河段进行了 8 种冰温、5 种应变速率下河冰单轴压缩及弯曲强度试验，建立了冰温、应变速率与强度、弹性模量的相关关系的数学模型。王金峰（2007）通过流冰撞击桥墩现场试验，实际测量了呼玛河流冰撞击力及流冰作用下墩顶的横桥向位移。齐念（2009）建立了考虑动水压力影响的冰激桥墩振动有限元分析模型，将实测的流冰撞击力作为已知输入进行数值模拟，采用计算量小、适用性强的精细时程积分法，对冰载荷作用下桥梁的动态响应进行了分析。

　　北京交通大学夏超逸（2012）建立了撞击荷载作用下的车桥耦合系统动力分析模型，以高速铁路（32＋48＋32）m 预应力混凝土连续箱梁桥为对象，对桥梁墩顶、主跨跨中的位移和加速度响应及 ICE3 高速列车的脱轨系数、轮重减载率和轮轨横向力等运行安全指标进行了时程分析。通过参数分析，系统地研究了撞击荷载类型、撞击强度、列车速度、列车类型等对桥上列车运行安全指标的影响规律。此外，他还对撞击荷载作用下高速铁路桥梁上的列车运行安全控制方法进行了初步的探讨，提出了撞击荷载作用下保证桥上列车运行安全的撞击强度-列车速度阈值曲线的确定方法（Xia et al，2012，2013，2014，2016）。此外，考虑桥墩在船舶撞击作用下进入塑性状态的情况，进一步研究了车桥系统的动力响应和列车运行安全问题。

　　伴随着结构分析通用软件的成功开发，有限元数值仿真方法已成为研究船舶、车辆及漂流物与桥墩等结构碰撞问题较为有效的方法。基于结构有限元法、连续介质力学、线性与非线性代数与常微分算法、瞬时积分及软件设计等技术，可以在一个分析进程中完成碰撞的外部和内部机理的计算，给出更接近实际的结果。但撞击荷载的研究相对起步较晚，仍存在许多研究空白。目前，撞击荷载引起的桥梁振动及桥上列车的运行安全问题仍是一个亟待深入研究的重要课题。

1.4　车桥耦合振动的研究内容

　　随着列车速度的提高、荷载的加重，桥梁结构的动力问题日益突出，列车过桥时引起的桥梁振动导致结构安全性、动力承载力和使用可靠性等受到影响，正日益成为人们广泛关注的重要问题。车桥动力反应的分析结果可直接用于桥梁动力性能的评估、动力加固方法的确定和加固效果的评估。因此，对列车-桥梁动力相互作用进行综合研究，保障桥梁的动力性能和桥上列车的走行性和安全性，是铁路桥梁研究设计的工程需要，因而具有十分重要的意义。

车桥耦合振动是一个涉及桥梁工程学、交通工程学、车辆工程学、轨道工程学、风工程学、地震工程学及振动控制等多个工程科学领域的复杂研究体系，如图 1.32 所示。

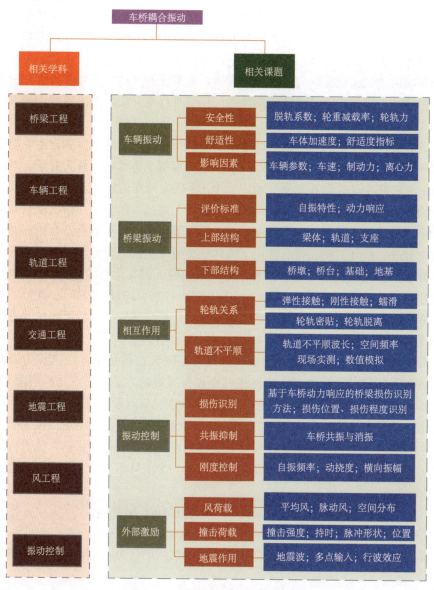

图 1.32　车桥耦合振动的研究体系

车桥耦合振动分析中，通常涉及以下十大工程问题。

1. 桥梁结构、车辆在运行列车作用下的动力响应分析

利用车桥系统动力分析模型，可直接计算得到各类桥梁结构在不同速度列车作用下的动力响应，包括梁跨的动挠度、竖向和横向振幅、振动频率、动力冲击系数、杆件动应力、支座动反力、墩台的动位移和振幅、轮轨力、车体加速度等。这些动力分析结果可直接用于桥梁结构的设计，特别是新型桥梁的设计。在我国客运专线和高速铁路桥梁的设计中，已经成功地应用了车辆与桥梁结构动力相互作用的研究成果。

2. 风荷载作用下车桥耦合系统的振动分析

对于大跨度桥梁，风荷载作用下的车桥系统振动及相应的列车运行安全是一个重要的问题。通过将风速（或风力）时程输入到车桥系统，可以得到风荷载作用下桥梁和桥上运行车辆的动力响应，结果可用于车辆运行安全的评估，并可给出保证列车运行安全的桥梁振动控制和交通控制的风速阈值。

3. 地震发生时车桥耦合系统的振动分析

我国是一个地震多发的国家。随着列车运行速度的日益提高，地震对运行列车安全性的影响也日益加剧。对于大跨度桥梁和高速铁路桥梁，这个问题的研究特别重要。通过将地震波输入到车桥系统，可以得到地震发生时桥梁和桥上运行车辆的动力响应，结果可用于车辆运行安全的评估，并可给出地震控制的阈值。

4. 撞击荷载作用下车桥耦合系统的振动分析

对于跨越河流或其他交通线路的桥梁，船舶、车辆、漂流物等作用下的车桥耦合振动及相应的列车运行安全是一个重要的问题。通过将撞击荷载时程输入到车桥系统，可以得到撞击荷载作用下桥梁和桥上运行车辆的动力响应，结果可用于车辆运行安全的评估。

5. 桥梁劣化条件下车桥耦合系统的振动分析

随着桥梁服役年限的增加，桥梁上部结构或墩台有可能发生损伤，桥梁基础冲刷深度亦有可能增加，这些桥梁服役性能的劣化均导致桥梁刚度的下降及列车通过时桥梁动力行为的改变，从而影响到过桥列车的运行安全性和乘坐舒适性。如何基于车桥耦合动力学方法，界定伤损桥梁的剩余服役性能，是铁路桥梁工程的关键问题之一。

6. 桥梁、轨道结构准静态变形条件下车桥耦合系统的振动分析

桥梁准静态变形包括混凝土梁徐变上拱、梁体温度梯度引起的上拱或旁弯、桥上无砟轨道板温度梯度引起的中心上拱或四角翘曲、桥墩不均匀沉降等，这些准静态变形均是自然现象，不可避免，它们将导致轨道结构变形，影响过桥列车的振动状态。因此，如何评估准静态变形下车桥系统的动力行为显得尤为重要。

7. 车桥动力分析结果的评判标准问题

将列车通过时车桥系统的振动与相应的容许标准进行对比，可判断列车的运行安全性、乘坐舒适性及桥梁的服役性能是否满足要求，进一步为桥梁设计提供必要的参数。通过研究，可将车桥耦合动力分析的成果用于车辆运行安全指标、桥梁振动指标以及风、地震、撞击等荷载作用下列车运行安全速度阈值的确定。

8. 桥梁结构在各种荷载作用下的振动控制问题

通过结构振动控制装置可以减小桥梁在各种荷载作用下的振动。车桥系统分析模型可用于控制参数的确定、控制效果的评估等。

9. 基于车桥耦合振动分析的桥梁损伤诊断方法

基于车桥耦合振动分析理论，研究基于车桥耦合振动分析的桥梁损伤诊断方法，探求动力响应与桥梁损伤的内在关联机理，提出基于少量测点响应的桥梁损伤定位和定量评估方法；研究直接利用车激桥梁响应和间接利用通行车辆响应识别桥梁模态参数的理论和信号分析方法。

10. 桥梁的动力性能评估和加固问题

车桥动力反应的分析结果可直接用于桥梁动力性能评估、加固方法的确定和加固效果的评估。

如图 1.33 所示，以上诸问题可归纳为两大类：一类是车桥耦合动力分析，属于桥梁动力设计问题；另一类是桥梁损伤诊断和动力加固，属于桥梁养护维修问题。本书将着重介绍与车桥耦合动力分析相关的前 8 个工程问题。

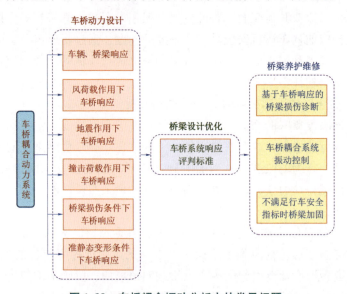

图 1.33　车桥耦合振动分析中的常见问题

车辆与结构动力相互作用问题的研究内容的总结见表 1.10。

表 1.10 车桥耦合振动问题的研究内容

应用对象	研究内容	研究意义
激励源	① 移动列车荷载特性; ② 轨道不平顺特性; ③ 地震荷载特性; ④ 风荷载特性; ⑤ 撞击荷载（船舶、车辆、漂流物）特性; ⑥ 基础冲刷特性; ⑦ 徐变上拱特性; ⑧ 温度变形特性; ⑨ 各种荷载的数值模拟	① 桥梁动力设计方法; ② 降低荷载动力效应的方法
桥梁结构	① 桥梁结构的自振特性（自振频率、振型、阻尼等）; ② 桥梁结构在特定列车荷载下的动力系数; ③ 桥梁结构在移动荷载作用下的动力响应（梁的动挠度与振幅、杆件动应力、支座动反力、墩台动位移与振幅等）; ④ 各指标的分布特性及其与车辆振动响应的相关关系	① 桥梁结构的动力设计; ② 桥上轨道的动力设计; ③ 桥梁抗风与抗震设计; ④ 桥梁振动控制; ⑤ 桥梁动力性能评估; ⑥ 桥梁损伤诊断; ⑦ 动力加固设计和加固效果评估; ⑧ 杆件疲劳设计
桥上车辆	① 车体、转向架振动加速度; ② 轮重减载率; ③ 脱轨系数; ④ 倾覆系数; ⑤ 轮轨相互作用力; ⑥ 各项指标的分布特性（车辆类型、列车编组、行车速度等）	① 车辆运行安全指标控制标准; ② 桥梁振动控制标准; ③ 地震条件下列车速度控制标准; ④ 大风条件下列车速度控制标准; ⑤ 撞击条件下列车速度控制标准
乘客	① 平稳性指标; ② 车体振动频率; ③ 车体振动加速度; ④ 各指标的分布特性	① 车辆平稳性指标控制阈值; ② 车体振动加速度控制阈值; ③ 旅客乘坐舒适度容许标准

1.5 车桥耦合振动的研究方法

在我国，相关科研单位和高等院校从 20 世纪 80 年代初就开始从事车桥耦合振动理论与应用方面的研究，先后建立和发展了各自的分析模型。这些模型经过大量实测数据的检验，证明具有较好的适用性和合理性，在很多工程实际中得到了应用。

1.5.1 车桥耦合振动的研究方法介绍

车桥耦合振动的研究方法主要有三种，即解析法、数值模拟法和试验研究法。

1. 解析法

所谓解析法，就是对车辆-桥梁系统的每一个构成部分都采用数学模型来描述。解析法主要运用数学和力学上的理论推导，比较严谨，它不仅能使研究者从理论上更深层次地理解问题，而且能够为数值模拟结果和经验预测结果的验证提供强有力的参考。但是，由于车桥耦合振动分析是一个相当复杂的系统问题，在理论建模过程中必须对实际情况进行必要的简化，同时也必须对构件的几何特性和材料特性施加某些限制，或者直接选取理想状态，所以到目前为止，完全精确的解析结果实际上是不存在的。即使在某些理想状态下，一些复杂情况的完全封闭形式的解也很难得到，只能采用一些诸如数值积分等方法对解析法得到的公式进行计算。

2. 数值模拟法

对车桥耦合振动问题，早期的大部分研究所采用的都是解析法和试验法。近些年来，随着高性能计算机的问世，各种数值方法成为模拟车桥耦合振动问题的一个非常有效的工具，并且发挥着越来越重要的作用。国内大部分研究者现在采用的就是这种方法。比较常用的数值模拟法包括有限元方法、边界元方法和混合方法。由于受计算手段和参数条件的限制，数值模拟法也不得不采用各种程度的近似假设，建立简单且易于计算的模型。这些简化模型面临的首要问题就是需要对建模的合理性进行验证，而这只能通过试验才能解决。鉴于实际桥梁和车辆的复杂性、移动荷载的时变特性，数值模拟法是目前车桥耦合振动分析中采用最多的方法。

3. 试验研究法

试验是研究车桥耦合振动的主要手段之一。在有限元出现之前，现场试验是研究的主体，主要通过对车辆及桥梁进行大量测试，总结出经验公式或理论，用于指导桥梁设计。有限元出现以后，试验仍很重要，除了直接测试和评估车辆和桥梁的动力性能，还可以用来验证理论，而用理论分析指导试验，又可以节省大量的试验工作量。我国科研工作者通过列车运行条件下的桥梁动力试验，验证所建立的车-桥耦合分析模型，根据模拟计算与试验结果的对比，分析和确定影响计算结果的主要因素并对模型进行修正。

就试验方法而言，由于小比例模型试验难以模拟复杂的轮轨关系，车桥系统的振动试验往往采用原型试验或现场实测的方法，这样得到的结果能客观而综合地反映桥梁在列车动载作用下的实际工作状况。但如果仅停留在试验阶段，而不去进一步揭露其内在规律，结果往往是为了确定新的动态参数而不得不随着桥梁结构类型、跨度及车辆性能等的不断变化而进行大量的重复试验，这样不仅耗资巨大，而且周期较长。因此，单纯的试验方法往往受到许多限制。

另外，单纯利用理论分析来解决这一问题也是很困难的。这是因为车辆荷载作用下的桥梁振动是一个十分复杂的课题，要想通过理论分析得到符合实际的结果，必须考虑很多因素，包括车体和转向架的质量，阻尼器和弹簧的作用，行车速度，梁跨和墩台的质量、刚度和阻尼，桥上轨道结构的形式，轨道的动力特性，车轮和轨道、轨道和梁之间的动力相互作用关系，等等。此外，还有车轮的不平顺、轨道的几何和动力不平顺及轮对的蛇行运动等诸多随机因素的影响，使得体系的力学模型十分复杂。所以，尽管对梁的动力分析早已有了比较成熟的算法，但由于受到计算手段的限制，不得不采用各种各样的近似方法，建立比较简单的车桥系统分析模型。例如，把列车荷载简化成移动的常力或确定性的简谐激励，把列车的动力效应简化为平稳移动的质量模型、孤立的冲击力模型或是由弹簧和阻尼器所连接的簧上质量模型等。用这些简化模型时，面临的首要问题就是需要对其建模的合理性进行验证，而这也只能通过试验才能解决。

目前，在解决车桥耦合振动问题时，通常采用理论分析（包括解析法和数值模拟法）与试验相结合的方法进行研究：用试验结果验证理论方法的正确性；用验证过的、正确的理论方法进行车桥耦合振动问题的分析，研究结构各参数对振动的影响，分析各种运营条件下桥梁和车辆的安全性。

1.5.2 车桥耦合系统的运动方程和求解

1. 车桥耦合系统的运动方程

根据结构动力学理论，车桥耦合系统的运动方程可表示为：

$$\begin{cases} \boldsymbol{M}_v\ddot{\boldsymbol{X}}_v+\boldsymbol{C}_v\dot{\boldsymbol{X}}_v+\boldsymbol{K}_v\boldsymbol{X}_v=\boldsymbol{F}_v \\ \boldsymbol{M}_b\ddot{\boldsymbol{X}}_b+\boldsymbol{C}_b\dot{\boldsymbol{X}}_b+\boldsymbol{K}_b\boldsymbol{X}_b=\boldsymbol{F}_b \end{cases} \tag{1.1}$$

式中，$\boldsymbol{M}_v$、$\boldsymbol{C}_v$、$\boldsymbol{K}_v$ 为车辆子系统的总体质量矩阵、总体阻尼矩阵及总体刚度矩阵；$\boldsymbol{M}_b$、$\boldsymbol{C}_b$、$\boldsymbol{K}_b$ 为桥梁子系统的总体质量矩阵、总体阻尼矩阵及总体刚度矩阵；$\boldsymbol{X}_v$、$\boldsymbol{X}_b$ 为车辆、桥梁子系统的位移向量；$\boldsymbol{F}_v$、$\boldsymbol{F}_b$ 为车辆、桥梁子系统的荷载向量。

车桥耦合体系上的作用可分为几大类，如图 1.34 所示。本节将就轨道不平顺、徐变上拱、温度变形、基础沉降、风荷载、撞击荷载、结构损伤、基础冲刷和地震等作用在式（1.1）中的数学表达分别进行说明。

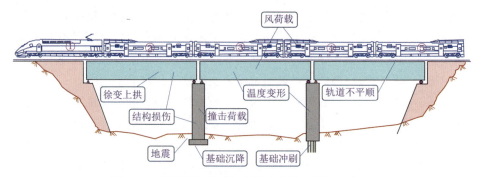

图 1.34 车桥耦合振动问题的研究体系及研究内容

1）轨道不平顺

轨道不平顺为车桥耦合体系的主要激励源之一。由于车辆、桥梁之间存在耦合关系，车桥子系统之间的相互作用力既是轨道不平顺的函数，也是车辆和桥梁子系统运动状态 $\boldsymbol{X}_\text{v}$、$\boldsymbol{X}_\text{b}$ 的函数，设轨道不平顺为 $\boldsymbol{i}$，则车桥耦合系统的运动方程可表示为：

$$\begin{cases} \boldsymbol{F}_\text{v} = \boldsymbol{F}_\text{vi} = \boldsymbol{F}_\text{vi}\ (\boldsymbol{X}_\text{v},\ \dot{\boldsymbol{X}}_\text{v},\ \ddot{\boldsymbol{X}}_\text{v},\ \boldsymbol{X}_\text{b},\ \dot{\boldsymbol{X}}_\text{b},\ \ddot{\boldsymbol{X}}_\text{b},\ \boldsymbol{i}) \\ \boldsymbol{F}_\text{b} = \boldsymbol{F}_\text{bi} = \boldsymbol{F}_\text{bi}\ (\boldsymbol{X}_\text{v},\ \dot{\boldsymbol{X}}_\text{v},\ \ddot{\boldsymbol{X}}_\text{v},\ \boldsymbol{X}_\text{b},\ \dot{\boldsymbol{X}}_\text{b},\ \ddot{\boldsymbol{X}}_\text{b},\ \boldsymbol{i}) \end{cases} \tag{1.2}$$

尽管式（1.1）在数学形式上车辆与桥梁之间是相互独立的，但其与式（1.2）联立后，车辆与桥梁两子系统之间即建立耦合关系。建立车辆子系统和桥梁子系统的动力学关系，即建立式（1.2）中 $\boldsymbol{F}_\text{vi}$ 及 $\boldsymbol{F}_\text{bxi}$ 的数学表达形式，为车桥动力耦合分析的关键。这些数学表达式取决于轮轨关系假定及轨道不平顺 $\boldsymbol{i}$ 的数值。

2）徐变上拱、温度变形、基础沉降等引起的桥梁、线路结构的变形

由于混凝土徐变、温度作用及基础沉降、冲刷等引起的桥梁、线路结构的准静态变形，以及地震或撞击等引起的桥墩永久塑性变形，将引起桥上线路的几何形状的改变，线路结构的准静态变形可视为是附加的轨道不平顺，与轨道不平顺共同作为车桥耦合体系的激励源。设附加的轨道不平顺为 $\boldsymbol{i}_\text{a}$，则式（1.2）改写为：

$$\begin{cases} \boldsymbol{F}_\text{v} = \boldsymbol{F}_\text{vi} = \boldsymbol{F}_\text{vi}(\boldsymbol{X}_\text{v}, \dot{\boldsymbol{X}}_\text{v}, \ddot{\boldsymbol{X}}_\text{v}, \boldsymbol{X}_\text{b}, \dot{\boldsymbol{X}}_\text{b}, \ddot{\boldsymbol{X}}_\text{b}, \boldsymbol{i}+\boldsymbol{i}_\text{a}) \\ \boldsymbol{F}_\text{b} = \boldsymbol{F}_\text{bi} = \boldsymbol{F}_\text{bi}(\boldsymbol{X}_\text{v}, \dot{\boldsymbol{X}}_\text{v}, \ddot{\boldsymbol{X}}_\text{v}, \boldsymbol{X}_\text{b}, \dot{\boldsymbol{X}}_\text{b}, \ddot{\boldsymbol{X}}_\text{b}, \boldsymbol{i}+\boldsymbol{i}_\text{a}) \end{cases} \tag{1.3}$$

需要说明的是：无论计入还是不计入此类附加轨道不平顺的影响，式（1.2）和式（1.3）中的轮轨间相互力作用表达式是相同的，均以 $\boldsymbol{F}_\text{vi}(\cdot)$ 和 $\boldsymbol{F}_\text{bi}(\cdot)$ 表示。

3）风荷载、撞击等外部荷载

在车桥动力分析中，如忽略车辆和桥梁的风荷载自激力成分，或者忽略撞击过程中撞击物与桥梁之间的动力相互作用，则可将风荷载或撞击荷载视为车辆子系统和桥梁子系统的外力时程。在计算条件确定后，这些外力时程是已知的，它们仅随荷载作用位置、作用时间变化，而与车辆、桥梁子系统的运动状态无关。设车桥子系统外力向量分别为 $\boldsymbol{F}_{ve}(t)$ 和 $\boldsymbol{F}_{be}(t)$，此时式（1.2）改写为：

$$\begin{cases} \boldsymbol{F}_v = \boldsymbol{F}_{vi} = \boldsymbol{F}_{vi}(\boldsymbol{X}_v, \dot{\boldsymbol{X}}_v, \ddot{\boldsymbol{X}}_v, \boldsymbol{X}_b, \dot{\boldsymbol{X}}_b, \ddot{\boldsymbol{X}}_b, \boldsymbol{i}) + \boldsymbol{F}_{ve}(t) \\ \boldsymbol{F}_b = \boldsymbol{F}_{bi} = \boldsymbol{F}_{bi}(\boldsymbol{X}_v, \dot{\boldsymbol{X}}_v, \ddot{\boldsymbol{X}}_v, \boldsymbol{X}_b, \dot{\boldsymbol{X}}_b, \ddot{\boldsymbol{X}}_b, \boldsymbol{i}) + \boldsymbol{F}_{be}(t) \end{cases} \tag{1.4}$$

如果考虑车辆和桥梁与风荷载的自激力成分，或者考虑撞击过程中撞击物与桥梁之间的动力相互作用，则这些荷载将分别与车辆子系统、桥梁子系统的运动状态有关，将在后面有关章节中分别对其进行说明。

4）结构损伤及基础冲刷等引起的刚度变化

桥梁结构的损伤及基础冲刷等将使桥梁结构的刚度发生变化，在数学上体现为桥梁子系统总体刚度的降低。结构损伤导致损伤部位单元截面或材料弹性模量的减小，基础冲刷导致墩底或桩侧约束刚度的下降。考虑结构伤损及基础冲刷的车桥耦合系统的运动方程可表示为

$$\begin{cases} \boldsymbol{M}_v \ddot{\boldsymbol{X}}_v + \boldsymbol{C}_v \dot{\boldsymbol{X}}_v + \boldsymbol{K}_v \boldsymbol{X}_v = \boldsymbol{F}_v \\ \boldsymbol{M}_b \ddot{\boldsymbol{X}}_b + \boldsymbol{C}_b \dot{\boldsymbol{X}}_b + (\boldsymbol{K}_b - \boldsymbol{K}_{bd}) \boldsymbol{X}_b = \boldsymbol{F}_b \end{cases} \tag{1.5}$$

式中，$\boldsymbol{K}_{bd}$ 为损伤或劣化后桥梁子系统总体刚度的下降量。

5）地震

对车桥耦合系统而言，地震可视为对桥梁子系统各地震输入点（指桥梁墩底、承台底或基础）施加一组已知时程。一般情况下，各基础位置的地震响应并不完全一致，此为非一致地震激励问题。在数学上，将式（1.1）与这一组时程联立，求解得到地震作用下车桥系统的动力响应，其运动方程可表示为

$$\begin{cases} \boldsymbol{M}_v \ddot{\boldsymbol{X}}_v + \boldsymbol{C}_v \dot{\boldsymbol{X}}_v + \boldsymbol{K}_v \boldsymbol{X}_v = \boldsymbol{F}_v \\ \boldsymbol{M}_b \ddot{\boldsymbol{X}}_b + \boldsymbol{C}_b \dot{\boldsymbol{X}}_b + \boldsymbol{K}_b \boldsymbol{X}_b = \boldsymbol{F}_b \\ \boldsymbol{T}_{bs} \boldsymbol{X}_v = \boldsymbol{X}_s \\ \boldsymbol{T}_{bs} \dot{\boldsymbol{X}}_v = \dot{\boldsymbol{X}}_s \\ \boldsymbol{T}_{bs} \ddot{\boldsymbol{X}}_v = \ddot{\boldsymbol{X}}_s \end{cases} \tag{1.6}$$

式中，$\boldsymbol{X}_s$、$\dot{\boldsymbol{X}}_s$、$\ddot{\boldsymbol{X}}_s$ 为各地震输入点的位移、速度、加速度向量；$\boldsymbol{T}_{bs}$ 为从桥梁位移向量 $\boldsymbol{X}_b$ 到各地震输入点位移向量 $\boldsymbol{X}_s$ 的转换矩阵。

2. 方程的求解

在简化车辆模型和桥梁模型的前提下，车桥耦合系统方程式（1.1）可采用解析求解方法，此时桥梁子系统被视为具有分布参数的体系。此类方法可用于分析简支梁在移动力、移动集中质量、移动均布质量、移动车轮加簧上质量作用下的振动，简支梁在变速荷载作用下的振动，车桥耦合共振机理和共振条件，等等。在车辆质量远小于桥梁质量时，简化车辆子系统所产生的误差不大，解析方法具有较好的计算精度。

更加一般地，车桥耦合系统运动方程式（1.1）至式（1.4）及其扩展形式［式（1.5）、式（1.6）］以多自由度体系方式建立，并采用数值积分方法求解。由于目前的分析手段并不局限于求解线性系统，所以并不特别要求该方程中的动力矩阵是常数矩阵。普遍意义上，车桥耦合系统方程并非无条件收敛，其收敛性取决于轮轨关系假定。

本书第2章较为系统地介绍了中国高速铁路列车-桥梁振动性能的相关评判标准。第3章介绍移动荷载作用下简支梁振动分析的一些基本理论和方法，分析了车桥系统共振、抑振与消振的机理。从第4章开始，建立了车桥耦合系统振动分析模型，采用数值计算的方法，分别对车桥系统的自激振动，车桥系统在风荷载、地震作用、撞击荷载、桥梁基础不均匀沉降及冲刷效应，以及桥梁徐变上拱及温度变形等作用下的振动和行车安全性进行了系统的分析。

参 考 文 献

AN N，XIA H，ZHAN J W，2010. Identification of beam crack using the dynamic response of a moving spring-mass unit ［J］. Interaction and multiscale mechanics，3（4）：321-332.

BHATTI M H，1982. Vertical and lateral dynamic response of railway bridges due to nonlinear vehicles and track irregularities ［D］. Illinois Institute of Technology.

BROWN T G，2000. Ice loads on the piers of Confederation Bridge, Canada ［J］. The structural engineer，78，5（1）：8-23.

BROWN T G，2007. Analysis of ice event loads derived from structural response ［J］，Cold regions science and technology，47（3）：224-232.

BUTH C E，ABU-ODEH A Y，BRACKIN M S，et al. ，2010. 9-4973：Guidelines for designing bridge piers and abutments for vehicle collisions ［R］，Project Summary ，Texas Department of Transportation Project，Texas Transportation Institute.

BUTH E C，2009. Guidelines for designing bridge piers and abutments for vehicle collisions ［R］，Semi Annual Report. TX，USA：Texas Transportation Institute.

CAO Y M，XIA H，LOMBAERT G，2010. Solution of moving-load-induced soil vibrations based on the Betti-Rayleigh dynamic reciprocal theorem [J]. Soil dynamics and earthquake engineering, 30 (6): 470-480.

CAO Y M, XIA H, LI Z H, 2012. A Semi-analytical/FEM model for predicting ground vibrations induced by high-speed train through continuous girder bridge [J]. Journal of mechanical science and technology, 26 (8): 2485-2496.

CAO Y M, XIA H, LU W L, et al., 2015, A numerical method to predict riding comfort induced by foundation construction close to high-speed railway bridge [J]. Journal of railway and rapid transit, 229 (5): 553-563.

CARTER F W, 1926. On the action of a locomotive driving wheel [C] //Proc. of the Royal Society of London A: Mathematical, Physical and Engineering Sciences. The Royal Society, 112 (760): 151-157.

CHEN L K, JIANG L Z, GUO W W, et al., 2014a. The seismic response of high-speed railway bridges subjected to near-fault forward directivity ground motions using a vehicle-track-bridge element [J]. Shock and vibration, Article ID985602.

CHEN L K, ZHANG N, JIANG L Z, et al., 2014b. Near-fault directivity pulse-like ground motion effect on high-speed railway bridge [J]. Journal of Central South University, 21: 2425-2436.

CHENG Q, ZHANG N, XIA H, 2013. Wheel-set hunting movement and its contribution to coupling vibration of vehicle-bridge system [J], Advances in structural engineering, 16 (1): 87-97.

CHRISTENSEN F T, TIMCO G W, NWOGU O G, 1995. Compliant model tests with the Great Belt West Bridge piers in ice Part II: Analyses of results [J]. Cold regions science and technology, 23 (2): 165-182.

CHU K H, DHAR C L, GARG V K, 1979. Railway-bridge impact: simplified train and bridge model [J]. Journal of the structural division, 105 (9): 1823-1844.

CONSOLAZIO G R, COOK R A, MCVAY MC, et al., 2006. Barge impact testing of the St. George Island Causeway Bridge, Phase III: Physical testing and data interpretation [R]. Final Rep. to FDOT, Contract No. BC-354, Gainsville, Fla.

CONSOLAZIO G R. COWAN D R, 2003. Nonlinear analysis of barge crush behavior and its relationship to impact resistant bridge design [J]. Computers and structures, 81 (8-11): 547-557.

DE ROECK G, PEETERS B, MAECK J, 2000. Dynamic monitoring of civil engineering structures [C] //Proceedings of IASS-IACM 2000, Computational Methods for Shell and Spatial Structures, Chania, Greece.

DERUCHER K N, 1982. Analysis of concrete bridge pilers for vessel impact [C]. Proc. of Sino-America Symposium on Bridge and Structural Engineering: 1-11.

DERUCHER K N, 1984. Bridge piler damage upon vessel impact [J]. Computers and structures，18（5）：931-935.

DIANA G，CHELI F，1989. Dynamic interaction of railway systems with large bridges［J］. Vehicle system dynamics，18（1-3）：71-106.

DU X T，XU Y L，XIA H，2012. Dynamic interaction of bridge-train system under non-uniform seismic ground motion［J］. Earthquake engineering and structural dynamics，41（1）：139-157.

EL-TAWIL S，SEVERINO E，FONSECA P，2005. Vehicle collision with bridge piers［J］. Journal of bridge engineering，10（3）：345-353.

ERRI D214 Committee，1999. Rail bridges for speeds higher than 200 km/h［R］. Research report of the European Rail Research Institute.

FRÝBA L，1972. Vibration of solids and structures under moving loads［M］. Dordrecht：Springer.

FRÝBA L，1976. Non-stationary response of a beam to a moving random force［J］. Journal of sound and vibration，46（3）：323-338.

GREEN M F，CEBON D，1994. Dynamic response of highway bridges to heavy vehicle loads：Theory and experimental validation［J］. Journal of sound and vibration，170（1）：51-78.

GREEN M F，CEBON V，1997. Dynamic interaction between heavy vehicles and highway bridges［J］. Computers and structures，52（2）：253-264.

GUO W H，ZHANG J W，XIANG C Q，2015. Wind tunnel test of aerodynamic characteristics of high-speed train on bridge［J］. Journal of central south university（science and technology），08：5151-3159.

GUO W W，XU Y L，XIA H，et al.，2007. Dynamic response of suspension bridge to typhoon and trains II：numerical results［J］. Journal of structural engineering，ASCE，133（1）：12-21.

GUO W W，XIA H，XU Y L，2010. Running safety analysis of a train on the Tsing Ma Bridge under turbulent wind［J］，Earthquake engineering and engineering vibration，9（3）：307-318.

GUO W W，XIA H，DE ROECK G，et al.，2012. Integral model for train-track-bridge interaction on the Sesia viaduct：Dynamic simulation and critical assessment［J］. Computers and structures，112-113：205-216.

GUO W W，WANG Y J，XIA H，et al.，2015a. Wind tunnel test on aerodynamic effect of wind barriers on train-bridge system［J］. Science China（technological sciences），58（2）：219-225.

GUO W W，XIA H，KAROUMI R，et al.，2015b. Aerodynamic effect of wind barriers and running safety of trains on high-speed railway bridges under cross winds［J］. Wind and structures，20（2）：213-236.

HE X W，KAWATANI M U，HAYASHIKAWA T R，et al.，2011. Numerical analysis on seismic response of Shinkansen bridge-train interaction system under moderate earthquakes

[J]. Earthquake engineering and engineering vibration, 10: 85-97.

HETTRIK G, DAN O, 1998. Ship collision analysis [C] //Proceedings of International Symposium on Advances in Ship Collision Analysis, Copenhagen: 41-52.

HOU Z M, XIA H, ZHANG Y L, 2012. Dynamic analysis and shear connector damage identification of steel-concrete composite beams [J]. Steel and composite structures, 13 (4): 327-341.

HOU Z M, XIA H, WANG Y Q, et al., 2015. Dynamic analysis and model test on steel-concrete composite beams under moving loads [J]. Steel and composite structures, 18 (3): 565-582.

INGLIS S C E, 1934. A mathematical treatise on vibrations in railway bridges [M]. Cambridge.

JOHNSON K L, 1958. The effect of spin upon the rolling motion of an elastic sphere on a plane [J]. Journal of applied mechanics, 25 (3): 332-338.

JU S H, 2012. Nonlinear analysis of high-speed trains moving on bridges during earthquakes [J]. Nonlinear dynamics, 69: 173-183.

JU S H, 2013. Improvement of bridge structures to increase the safety of moving trains during earthquakes [J]. Engineering structures, 56: 501-508.

KALIYAPERUMAL G, IMAM B, RIGHINIOTIS T, 2011. Advanced dynamic finite element analysis of a skew steel railway bridge [J]. Engineering structures, 33 (1), 181-190.

KALKER J J, 1973. Simplified theory of rolling contact [J]. Delft progress report, 1 (1): 1-10.

KALKER J J, 1979. The computation of three-dimensional rolling contact with dry friction [J]. International journal for numerical methods in engineering, 14 (9): 1293-1307.

KONSTANTAKOPOULOS T G, RAFTOYIANNIS I G, MICHALTSOS G T, 2012. Suspended bridges subjected to earthquake and moving loads [J]. Engineering structures, 45: 223-237.

KWON S D, LEE J S, MOON J W, et al., 2008. Dynamic interaction analysis of urban transit maglev vehicle and guideway suspension bridge subjected to gusty wind [J]. Engineering structures, 30: 3445-3456.

LI H L, XIA H, SOLIMAN M, et al., 2015a. Bridge stress calculation based on the dynamic response of coupled train-bridge system [J]. Engineering structures, 99: 334-345.

LI H L, FRANGOPOL D M, SOLIMAN M, et al., 2015b. Fatigue reliability assessment of railway bridges based on probabilistic dynamic analysis of a coupled train-bridge system [J], Structural engineering, ASCE, on line: 04015158-1-16.

LI Y L, QIANG S Z, LIAO H L, et al., 2005. Dynamics of wind-rail vehicle-bridge systems [J]. Journal of wind engineering and industrial aerodynamics, (93) 483-507.

EIRIKSSON H J, SVENSSON E, EIRIKSSON H J, ENNEMARK F. 1996. Ship-induced derailment on a railway bridge [J]. Structural engineering international, 6 (2): 107-112.

LIU K, LOMBAERT G, DE ROECK G, 2014a. Dynamic analysis of multi-span viaducts under the passage of the train using a substructure approach [J]. Journal of bridge engineering, 19 (1), 83-90.

LIU K, ZHANG N, XIA H, et al. , 2014b. A comparison of different solution algorithms for the numerical analysis of vehicle-bridge interaction [J]. International journal of structural stability and dynamics, 14 (2): 1-17.

MAJKA M, HARTNETT M, 2008. Effects of speed, load and damping on the dynamic response of railway bridges and vehicles [J]. Computers and structures, 86 (6): 556-572.

MAJKA M, HARTNETT M, 2009. Dynamic response of bridges to moving trains: A study on effects of random track irregularities and bridge skewness [J]. Computers and structures, 87 (19): 1233-1252.

MINORSKY N, 1953. On interaction of non-linear oscillations [J]. Journal of the Franklin Institute, 256 (2): 147-165.

MUCHNIKOV Y M, 1953. Some methods of computing vibration of elastic systems subjected to moving loads [J]. Gosstroiizdat Moscow, 19 (5): 216-223.

NISHIMURA K, TERUMICHI Y, MORIMURA T, et al. , 2010a. Experimental study on the vehicle safety by earthquake track excitation with 1/10 scale vehicle and roller rig [J]. Journal of system design and dynamics, 4 (1): 226-237.

NISHIMURA K, TERUMICHI Y, MORIMURA T, et al. , 2010b. Analytical study on the safety of high-speed railway vehicle on excited tracks [J]. Journal of system design and dynamics, 4 (1): 211-225.

OLE ØANDERS R, RAGNAR S, 2012. Finite element formulation of the self-excited forces for time-domain assessment of wind-induced dynamic response and flutter stability limit of cable-supported bridges [J], Finite elements in analysis and design, 50: 173-183

OLSSON M, 1985. Finite element, modal co-ordinate analysis of structures subjected to moving loads [J]. Journal of sound and vibration, 99 (1): 1-12.

OLSSON M, 1991. On the fundamental moving load problem [J]. Journal of sound and vibration, 145 (2): 299-307.

PAIK J K, PEDERSEN P T, 1996. Modeling of the internal mechanics in ship collisions [J]. Ocean engineering, 23 (2): 107-142.

PAIK J K, THAYAMBALLI A K, Pedersen PT, et al. , 2001. Ultimate strength of ship hulls under torsion [J]. Ocean engineering, 28 (8): 1097-1133.

PEDERSEN P T, ZHANG S M, 1998. On impact mechanics in ship collisions [J]. Marine structures, 11 (10): 429-449.

REBELO C, DA SILVA L S, RIGUEIRO C, et al. , 2008. Dynamic behavior of twin single-span ballasted railway viaducts: Field measurements and modal identification [J]. Engineering structures，30（9）：2460-2469.

RIGUEIRO C，REBELO C，DA SILVA L S，2010. Influence of ballast models in the dynamic response of railway viaducts［J］. Journal of sound and vibration，329（15）：3030-3040.

ROBINSON S W，1887. Vibration of bridges［J］. Transactions of the American society of civil engineers，16（1）：42-65.

SCHALLENKAMP A，1937. Schwingungen von Trägern bei bewegten Lasten［J］. Archive of applied mechanics，8（3）：182-198.

SEVERINO E，EL-TAWIL S，2003. Collision of vehicles with bridge piers［C］//Proc. of the Second MIT Conference on Computational Fluid and Solid Mechanics：637-640.

SHARMA H，HURLEBAUS S，GARDONI P，2012. Performance-based response evaluation of reinforced concrete columns subject to vehicle impact［J］. International journal of impact engineering，43（5）：52-62.

STOKES G G，1849. Discussion of a differential equation relating to the breaking of railway bridges［J］. Transactions of the Cambridge Philosophical society，85：707-735.

TANABE M，YAMADA Y，HAJIME W，1987. Modal method for interaction of train and bridge［J］. Computers and structures，27（1）：119-127.

TIMOSHENKO S P，1922. On the forced vibrations of bridges［J］. The London，Edinburgh，and Dublin philosophical magazine and Journal of science，43（257）：1018-1019.

TIMOSHENKO S P，1927. Vibration of bridges［J］. The American Society of Engineers：53-61.

UEDA Y，RASHED S M H，PAIK J K，1995. Buckling and ultimate strength interaction in plates and stiffened panels under combined in plane biaxial and shearing forces［J］. Marine structures，8（1）：1-36.

UEDA Y，RASHED S M H，1984. The idealized structural unit method and its application to deep girder structures［J］. Computers and structures，18（2）：277-293.

VU-QUOC L，OLSSON M，1989. A computational procedure for interaction of high-speed vehicles on flexible structures without assuming known vehicle nominal motion［J］. Computer methods in applied mechanics and engineering，76（3）：207-244.

WANG K P，XIA H，XU M，et al.，2015. Dynamic analysis of train-bridge interaction system with flexible car-body［J］. Journal of mechanical science and technology，29（9）：3572-3580.

WANG T L，GARG V K，CHU K H，1991. Railway bridge/vehicle interaction studies with new vehicle model［J］. Journal of structural engineering，117（7）：2099-2116.

WANG S Q，XIA H，GUO W W，et al.，2010. Nonlinear dynamic response analysis of a long-span suspension bridge under running train and turbulent wind［J］. Interaction and multiscale mechanics，3（4）：309-320.

WARDHANA K，HADIPRIONO F C，2003. Analysis of recent bridge failures in the United States［J］. Journal of performance of construction facilities，17（3）：144-50.

WILLIS R, 1849. Appendix to the report of the commissioners appointed to inquire into the application of iron to railway structures [R]. HM Stationary Office, London.

WIRIYACHAI A, 1980. Impact and fatigue in open deck railway truss bridges [D]. Illinois Institute of Technology.

WOISIN G, 1976. The collision test of the GKSS [J]. Jahrbuch schiffbautech gesellsch, 70: 465-487.

WOISIN G, 1979. Model testing with the collision protection structures in reactor ships [C] // Proc. of International Symposium on Advances in Marine Technology. Trondheim: 309-336.

XIA C Y, LEI J Q, ZHANG N, et al., 2012. Dynamic analysis of a coupled high-speed train and bridge system subjected to collision load [J]. Journal of sound and vibration, 331: 2334-2347.

XIA C Y, XIA H, ZHANG N, et al., 2013. Effect of truck collision on the dynamic response of train-bridge systems and running safety of high-speed trains [J]. International journal of structural stability and dynamics, 13 (3), 1-18.

XIA C Y, XIA H, DE ROECK G, 2014. Dynamic response of a train-bridge system under collision loads and running safety evaluation of high-speed trains [J]. Computers and structures, 140: 23-38.

XIA C Y, ZHANG N, XIA H, et al., 2016. A framework for carrying out train safety evaluation and vibration analysis of a trussed-arch bridge subjected to vessel collision [J]. Structural engineering and mechanics, 59 (4): 683-701.

XIA H, DE ROECK G, 1997. System identification of mechanical structures by a high-order multivariate autoregressive model [J]. Computers and structures, 64 (1-4): 341-351.

XIA H, XU Y L, CHAN T H T, 2000. Dynamic interaction of long suspension bridges with running trains [J]. Journal of sound and vibration, 237 (2): 263-280.

XIA H, DE ROECK G, ZHANG H R, et al., 2001. Dynamic analysis of train-bridge system and its application in steel girder reinforcement [J]. Computers and structures, 79: 1851-1860.

XIA H, DE ROECK G, ZHANG N, et al., 2003a. Experimental analysis of high-speed railway bridge under Thalys trains [J]. Journal of sound and vibration, 268: 103-113.

XIA H, ZHANG N, DE ROECK G, 2003b. Dynamic analysis of high-speed railway bridge under articulated trains [J]. Computers and structures, 81: 2467-2478.

XIA H, ZHANG N, 2005a. Dynamic analysis of railway bridge under high-speed trains [J]. Computers and structures, 83 (1-4): 1891-1901

XIA H, ZHANG N, GAO R, 2005b. Experimental analysis of railway bridge under high-speed trains [J]. Journal of sound and vibration, 282 (2): 517-528.

XIA H, ZHANG N, CAO Y M, 2005c. Experimental study of train-induced vibrations of environments and buildings [J]. Journal of sound and vibration, 280: 1017-1029.

XIA H, HAN Y, GUO W W, 2006a. Dynamic analysis of train-bridge system subjected to non-uniform seismic excitations [J]. Journal of earthquake engineering and structural dynamics, 35: 1563-1579.

XIA H, ZHANG N, GUO W W, 2006b. Analysis of resonance mechanism and conditions of train-bridge system [J]. Journal of sound and vibration, 297 (2): 810-822.

XIA H, CAO Y M, ZHANG N, 2007. Numerical analysis of vibration effects of metro trains on surrounding environment [J]. International journal of structural stability and dynamics, 7 (1): 154-166.

XIA H, GUO W W, WU X, et al., 2008. Lateral dynamic interaction analysis of a train-girder-pier system [J]. Journal of sound and vibration, 318: 927-942.

XIA H, GUO W W, ZHANG N, et al., 2008. Dynamic analysis of a train-bridge system under wind action [J]. Computers and structures, 86: 1845-1855.

XIA H, GUO W W, XIA C Y, et al., 2009a. Dynamic interaction analysis of a LIM train and elevated bridge system [J]. Journal of mechanical science and technology, 23 (3): 3257-3270.

XIA H, CHEN J G, WEI P B, et al., 2009b. Experimental investigation of railway train-induced vibrations of surrounding ground and nearby multi-story buildings [J]. Journal of earthquake engineering and engineering vibration, 8 (1): 137-148.

XIA H, CAO Y M, DE ROECK G, 2010a. Theoretical modeling and characteristic analysis of moving-train induced ground vibrations [J]. Journal of sound and vibration, 329: 819-832.

XIA H, CHEN J G, XIA C Y, et al., 2010b. Experimental study of train-induced structural and environmental vibrations of rail transit elevated bridge with ladder tracks [J]. Journal of rail and rapid transit, 224 (304): 115-224.

XIA H, DE ROECK G, GOICOLEA J M, 2012. Bridge vibration and controls: New research [M]. New York: Nova Science Publishers Inc.

XIA H, CALÇADA R, 2013. Traffic induced environmental vibrations and controls: Theory and application [M]. New York: Nova Science Publishers Inc.

XIA H, DENG Y S, XIA C Y, et al., 2013. Dynamic analysis of coupled train-ladder track-elevated bridge system [J]. Structural engineering and mechanics, 47 (5): 661-678.

XIA H, LI H L, GUO W W, et al., 2014. Vibration resonance and cancellation of simply-supported bridges under moving train loads [J]. Journal of engineering mechanics, ASCE, 140 (5).

XIANG H F, GE Y J, 2002. Refinements on aerodynamic stability analysis of super long-span bridges [J]. Journal of wind engineering and industrial aerodynamics, 90 (12): 1493-1515.

XU L J, LU X Z, SMITH S T, et al., 2012. Scaled model test for collision between over-height truck and bridge superstructure [J]. International journal of impact engineering, 49: 31-42.

XU Y L, GUO W W, CHEN J, et al., 2007. Dynamic response of suspension bridge to typhoon and trains: I field measurement results [J]. Journal of structural engineering, ASCE,

133 (1): 3-11.

XU Y L, XIA H, YAN Q S, 2003. Dynamic response of suspension bridge to high wind and running train [J]. Journal of bridge engineering, ASCE, 8 (1): 46-55.

XU Y L, ZHANG N, XIA H, 2004. Vibration of coupled train and cable-stayed bridge systems in cross winds [J]. Engineering structures, 26 (10): 1389-1406.

YANG Y B, YAU J D, 1997. Vehicle-bridge interaction element for dynamic analysis [J]. Journal of structural engineering, ASCE, 123 (11): 1512-1518.

YANG Y B, 2003. Ground vibration induced by high-speed trains over viaducts [C] //Proc. of ISEV: 147-157.

YANG Y B, LIN C W, YAU J D, 2004. Extracting bridge frequencies from the dynamic response of a passing vehicle [J]. Journal of sound and vibration, 272 (3): 471-493.

YAU J D, YANG Y B, 2006. Vertical accelerations of simple beams due to successive loads traveling at resonant speeds [J]. Journal of sound and vibration, 289 (1): 210-228.

YAU J D, FRÝBA L, 2007. Response of suspended beams due to moving loads and vertical seismic ground excitations [J]. Engineering structures, 29: 3255-3262.

YAU J D, 2009. Dynamic response analysis of suspended beams subjected to moving vehicles and multiple support excitations [J]. Journal of sound and vibration, 325: 907-922.

YU Z, XIA H, GOICOLEA J M, et al., 2016. Bridge damage identification from moving load induced deflection based on wavelet transform and Lipschitz exponent [J]. International journal of structural stability and dynamics, 16 (5): 91-105.

YUE Q J, GUO F W, KÄRNÄ T, 2009. Dynamic ice forces of slender vertical structures due to ice crushing [J]. Cold regions science and technology, 56: 77-83.

ZHAI W M, 1996. Two simple fast integration methods for large-scale dynamic problems in engineering [J]. International journal for numerical methods in engineering, 39 (24): 4199-4214.

ZHAN J W, XIA H, CHEN S Y, et al., 2011. Structural damage identification for railway bridges based on train-induced bridge responses and sensitivity analysis [J]. Journal of sound and vibration, 330: 757-770.

ZHANG N, XIA H, GUO W W, 2008. Vehicle-bridge vibration analysis under high-speed trains [J]. Journal of sound and vibration, 268: 103-113.

ZHANG N, XIA H, GUO W W, et al., 2010a. A vehicle-bridge linear interacted model and its validation [J]. International journal of structural stability and dynamics, 9 (2): 335-361.

ZHANG N, XIA H, DE ROECK G, 2010b. Dynamic analysis of a train-bridge system under multi-support seismic excitations [J]. Journal of mechanical science and technology, 24 (11): 2181-2188.

ZHANG N, XIA H, 2013. Dynamic analysis of coupled vehicle-bridge system based on inter-system iteration method [J]. Computers and structures, 114 (1): 26-34.

ZHANG N，ZHOU S，XIA H，et al.，2014. Evaluation of vehicle-track-bridge interacted system for the continuous CRTS-II non-ballast track slab ［J］. Science China（technological sciences），57（10）：1895-1901.

ZHANG N，GE G H，XIA H，et al.，2015. Dynamic analysis of coupled wind-train-bridge system considering tower shielding and triangular wind barriers ［J］. Wind and structures，21（3）：311-329.

ZHANG T，XIA H，GUO W W，2013. Analysis on running safety of train on bridge with wind barriers subjected to cross wind ［J］. Wind and structures，17（3）：203-225.

ZHANG Z C，LIN J H，ZHANG Y H，et al.，2010. Non-stationary random vibration analysis for train-bridge systems subjected to horizontal earthquakes ［J］. Engineering structures，32（11）：3571-3582.

ZHANG Z C，ZHANG Y H，LIN J H，et al.，2011. Random vibration of a train traversing a bridge subjected to traveling seismic waves ［J］. Engineering structures，33：3546-3558.

ZHU D Y，ZHANG Y H，KENNEDY D，et al.，2014. Stochastic vibration of the vehicle-bridge system subjected to non-uniform ground motions ［J］. Vehicle system dynamics，52（3）：410-428.

安宁，2013. 基于列车-桥梁耦合振动响应的桥梁损伤识别方法研究 ［D］. 北京：北京交通大学.

包海峰，2008. 考虑静风位移的大跨度桥梁斜风抖振响应频域分析 ［D］. 上海：同济大学.

边学成，2006. 高速列车荷载作用下高架桥和地基振动分析 ［J］. 振动工程学报，19（4）：438-445.

蔡成标，2004. 高速铁路列车-线路-桥梁耦合振动理论及应用研究 ［D］. 成都：西南交通大学.

曹雪琴，1991. 钢桁梁桥横向振动 ［M］. 北京：中国铁道出版社.

曹雪琴，陈晓，1986. 轮轨蛇行引起桥梁横向振动随机分析 ［J］. 铁道学报，8（1）：89-97（1）.

曹雪琴，吴定俊，罗蔚文，等，1999. 铁路桥梁刚度检定标准总报告 ［R］. 上海铁道大学.

陈代海，2011. 地震作用下车桥耦合系统动力响应及振动控制研究 ［D］. 长沙：中南大学.

陈令坤，蒋丽忠，陶磊，等，2012. 考虑桩-土作用的高速列车-桥梁地震响应分析 ［J］. 岩土力学，33（10）：3162-3170.

陈英俊，1975. 车辆荷载下桥梁振动基本理论的演进 ［J］. 桥梁建设，2：18-20.

陈泽宏，1995. 船舶对大型桥墩的撞击及其参数测试的初步研究 ［D］. 南京：南京理工大学.

陈政清，华旭刚，2009. 人行桥的振动与动力设计 ［M］. 北京：人民交通出版社.

程庆国，潘家英，1992. 大跨度铁路斜拉桥竖向刚度分析 ［C］. 全国桥梁结构学术大会论文集：1163-1168.

程庆国，许慰平，1992. 大跨度铁路斜拉桥列车走行性探讨 ［C］. 全国桥梁结构学术大会论文集：41-51.

崔堃鹏，2015. 汽车撞击荷载及其作用下高速列车与桥梁系统动力响应以及列车运行安全研究 ［D］. 北京：北京交通大学.

崔圣爱, 2009. 基于多体系统动力学和有限元法的车桥耦合振动精细化仿真研究 [D]. 成都: 西南交通大学.

邓玉姝, 2011. 采用梯式轨枕轨道的城市轨道交通车桥动力响应分析及减振研究 [D]. 北京: 北京交通大学.

董正方, 郭进, 王君杰, 2009. 桥梁倒塌事故综述及其预防对策 [J]. 上海公路, 2: 30-32.

杜宪亭, 2011a. 强地震作用下大跨度桥梁空间动力效应及列车运行安全研究 [D]. 北京: 北京交通大学.

杜宪亭, 夏禾, 余竹, 2011b. 车桥耦合动力分析中地震动输入模式的研究 [J]. 中国铁道科学, 32 (6): 34-40.

杜宪亭, 夏禾, 2012. 地震空间变异性对车桥系统响应的影响分析 [J]. 工程力学, 29 (9): 106-111.

高芒芒, 潘家英, 1999. 高速铁路预应力混凝土斜拉桥动力特性研究 [J]. 交通工程科技, (2): 1-7.

郜新军, 郭院成, 李明宇, 等, 2014. 考虑土-结构动力相互作用的车-桥系统动力响应分析 [J]. 世界地震工程, 30 (4): 47-54.

郭薇薇, 2005. 风荷载作用下大跨度桥梁的动力响应及行车安全性分析 D]. 北京: 北京交通大学.

郭文华, 郭向荣, 曾庆元, 1999. 京沪高速铁路南京长江大桥斜拉桥方案车桥系统振动分析 [J]. 土木工程学报, 32 (3): 23-27.

郭向荣, 曾庆元, 2000. 高速铁路多Ⅱ形预应力混凝土梁桥动力特性及列车走行性分析 [J]. 铁道学报, 22 (1): 72-78.

郭增伟, 葛耀君, 2013a. 桥梁自激力脉冲响应函数及颤振时域分析 [J]. 中国公路学报, 26 (6): 103-109.

韩艳, 2000. 河冰对桥梁桥墩结构作用的计算方法研究 [D]. 哈尔滨: 哈尔滨建筑大学.

韩艳, 2005. 地震作用下高速铁路桥梁的动力响应及行车安全性研究 [D]. 北京: 北京交通大学.

韩艳, 王晓东, 2015. 基于行车安全的连续轨道桥梁抗震设计研究 [J]. 铁道建筑, 7: 1-6.

何发礼, 李乔, 1999. 曲率和超高对曲线梁桥车桥耦合振动的影响 [J]. 桥梁建设, 29 (3): 7-9.

何旭辉, 邹云峰, 杜风宇, 2015. 风屏障对高架桥上列车气动特性影响机理分析 [J]. 振动与冲击, 34 (3): 66-71.

侯忠明, 2013. 钢-混凝土结合梁桥动力性能及损伤识别的理论分析与模型试验研究 [D]. 北京: 北京交通大学.

胡赛龙, 郭文华, 2009. 横风中高速列车以及桥梁的气动特性研究 [J]. 重庆交通大学学报 (自然科学版), 32 (6): 1008-1010, 1015.

黄林, 廖海黎, 李永乐, 2006. 横向风与列车风联合作用下车桥系统绕流分析 [J]. 铁道科学与工程学报, 3 (6): 61-65.

晋智斌，2007. 车-线-桥耦合系统及车-桥随机振动 [D]. 成都：西南交通大学.

柯在田，陈新中，张煅，1991. 准高速铁路线上桥梁动力性能的研究 [J]. 铁道建筑，S1：
　　62-69.

雷虎军，李小珍，刘德军，2014. 地震作用下高墩刚构桥行车安全性分析 [J]. 地震工程与工程
　　振动，34（5）：87-93.

雷虎军，李小珍，2015. 拟静力分量对列车-轨道-桥梁系统地震响应的影响 [J]. 西南交通大学
　　学报，50（1）：124-130，136.

李国豪，1978. 桁梁桥空间内力、稳定、振动分析 [J]. 中国科学，06：687-693.

李慧乐，2016. 基于车桥耦合振动的桥梁动应力分析及疲劳性能评估 [D]. 北京：北京交通大
　　学.

李慧乐，夏禾，郭薇薇，2013. 移动荷载作用下简支梁共振与消振机理研究 [J]. 工程力学，30
　　（7）：47-54.

李克冰，张楠，夏禾，等，2015. 高速铁路 32m 简支槽形梁桥结构噪声分析 [J]. 中国铁道科
　　学，36（4）：52-59.

李小珍，刘孝寒，刘德军，2011. 考虑桩-土相互作用的连续刚构桥车桥耦合振动分析 [J]. 振
　　动与冲击，30（2）：54-58.

李小珍，马文彬，强士中，2002. 车桥系统耦合振动分析的数值解法 [J]. 振动与冲击，21
　　（3）：23-27，92.

李小珍，张志俊，刘全民，2012. 任意移动荷载列作用下简支梁桥竖向振动响应解析分析 [J].
　　振动与冲击，31（20）：137-142.

李雪冰，侯传伦，张曙光，等，2009. 高速列车交会时的风致振动研究 [J]. 振动与冲击，28
　　（7）：81-84，94，214.

李永乐，董世赋，臧瑜，等，2012a. 大跨度公轨两用悬索桥风-车-桥耦合振动及抗风行车准则
　　研究 [J]. 工程力学，29（12）：114-120.

李永乐，胡朋，张明金，等，2012b. 侧向风作用下车-桥系统的气动特性：基于风洞试验的参
　　数研究 [J]. 西南交通大学学报，47（2）：210-217.

李永乐，李鑫，向活跃，等，2012c. 大跨度钢桁梁斜拉桥风-车-桥系统耦合振动 [J]. 交通运输
　　工程学报，12（5）：22-27.

李永乐，向活跃，廖海黎，2014. 基于风-车-桥（线）耦合振动的风屏障防风效果研究 [J]. 土
　　木工程学报，47（3）：97-102.

李永乐，周述华，强士中，2004. 大跨度斜拉桥三维脉动风场模拟 [J]. 土木工程学报，36
　　（10）：60-65.

李永乐，朱佳琪，赵凯，等，2012d. 上海长江大桥风-轨道车辆-桥耦合振动及抗风行车准则研
　　究 [J]. 土木工程学报，45（9）：108-114.

李忠献，黄健，张媛，等，2005. 地震作用对轻轨铁路车桥系统耦合振动的影响 [J]. 地震工程
　　与工程振动，25（6）：183-188.

凌亮，肖新标，吴磊，等，2013. 地震波频谱特性对高速列车动态脱轨行为的影响 [J]. 工程力

学，30（1）：384-393，431.

刘德军，2010. 风-列车-线路-桥梁系统耦合振动研究［D］. 成都：西南交通大学.

刘建成，顾永宁，2002. 船-桥碰撞力学问题研究现状及非线性有限元仿真计算［J］. 船舶工程，（5）：4-9.

刘建成，顾永宁，2003. 基于整船整桥模型的船桥碰撞数值仿真［J］. 工程力学，20（5）：155-162.

刘清江，2014. 公轨两用悬索桥风-车-桥耦合振动研究［J］. 武汉理工大学学报，36（3）：107-113.

卢凯良，邱惠清，2012. 风与地震荷载作用下集装箱小车-低架桥结构耦合振动分析［J］. 工程力学，29（10）：313-320，334.

陆新征，张炎圣，何水涛，等，2009. 超高车辆撞击桥梁上部结构研究：损坏机理与撞击荷载［J］. 中国公路学报，22（5）：60-67.

陆新征，何水涛，黄盛楠，2011. 超高车辆撞击桥梁上部结构研究：破坏机理、设计方法和防护对策［M］. 北京：中国建筑工业出版社.

马坤全，曹雪琴，1994. 列车通过高墩连续梁桥横向振动分析［J］. 上海铁道学院学报，15（1）：9-18.

马祥禄，高志升，张丹华，2009. 不同速度超高车辆碰撞下跨线桥动态响应分析［J］，山西建筑，35（20）：304-306.

齐念，2009. 冰激桥墩振动模型试验研究及冰荷载的识别［D］. 大连：大连理工大学.

潘家英，高芒芒，2008. 铁路车-线-桥系统动力分析. 北京：中国铁道出版社.

单德山，李乔，2001. 高速铁路曲线梁桥的支座布置形式初探［J］. 重庆交通学院学报，20（2）：1-5，18.

邵亚会，葛耀君，柯世堂，2011. 超大跨度悬索桥二维颤振频域直接分析法［J］. 哈尔滨工业大学学报，43（8）：119-123.

沈锐利，1987. 列车过桥时桁梁桥的空间振动分析［D］. 成都：西南交通大学.

松浦章夫，1974. 高速铁路车辆与桥梁相互作用［J］. 铁道技术研究资料，31（5）：14-17.

松浦章夫，1976. A study of dynamic behavior of bridge girder for high speed railway［J］. 土木学会论文报告集，（256）：35-47.

孙建林，1988. 大跨度铁路桥梁车桥空间耦合振动研究［D］. 北京：铁道科学研究院.

孙奇，张楠，王小宁，2013. 简支钢梁温度效应对高速铁路运行安全性的影响［J］. 铁道建筑，12：10-14.

谭长建，祝兵，2009. 地震作用下高速列车与桥梁耦合振动分析［J］. 振动与冲击，28（1）：4-8.

田红旗，2004. 列车交会空气压力波研究及应用［J］. 铁道科学与工程学报. 2（1）：83-89.

田红旗，贺德馨，2001. 列车交会压力波三维数值的计算［J］. 铁道学报，23（3）：18-22.

田园，张楠，夏禾，2015. 正交异性板桥面体系多尺度动态边界逼近方法［J］. 桥梁建设，45（4）：100-106.

王刚，曹雪琴，2000. 高速铁路大跨度斜拉桥车桥动力分析 [J]. 上海铁道大学学报，08：7-11,21.

王贵春，1996. 大跨度铁路斜拉桥车激空间振动线性及非线性分析 [D]. 北京：铁道科学研究院.

王金峰，2007. 河冰力学性能及其对桥墩撞击力的研究 [D]. 哈尔滨：东北林业大学.

王君杰，陈诚，2007. 桥墩在船舶撞击作用下的损伤仿真研究 [J]. 工程力学，24 (7)：156-160.

王君杰，2011. 桥梁船撞研究与工程应用 [M]，北京：人民交通出版社.

王昆鹏，2015. 桥梁附加变形对高速列车运行安全影响的研究 [D]. 北京：北京交通大学.

王昆鹏，夏禾，郭薇薇，2013. 基于欧拉梁假定的柔性多体动力学车桥耦合振动分析模型 [J]. 北京交通大学学报，37 (6)：55-61.

王柳，郭向荣，2012. 三塔悬索桥风-车-桥耦合动力分析 [J]. 铁道科学与工程学报，9 (1)：24-29.

王荣辉，郭向荣，曾庆元，1995. 高速列车构架人工蛇行波的随机模拟方法 [J]. 长沙铁道学院学报，02：1-7.

王少钦，2012. 风及列车荷载作用下大跨度桥梁非线性振动响应研究 [D]. 北京：北京交通大学.

王少钦，夏禾，郭薇薇，等，2013. 考虑几何非线性的大跨度桥梁风-车-桥耦合振动分析 [J]. 工程力学，4：122-128.

夏超逸，2012. 撞击荷载作用下车桥系统的动力响应及高速列车运行安全研究 [D]. 北京：北京交通大学.

夏禾，1984. 列车过桥时高桥墩的动力响应及其对车辆运行安全的影响 [D]. 北京：北京交通大学.

夏禾，2002. 车辆与结构动力相互作用 [M]. 北京：科学出版社.

夏禾，1998. 钢板梁桥横向振动加固及其试验分析 [J]. 工程力学，增刊：473-478.

夏禾，陈英俊，1992. 车-梁-墩体系动力相互作用分析 [J]. 土木工程学报，25 (2)：3-12.

夏禾，陈英俊，1994. 风和列车荷载同时作用下车桥系统的动力可靠性 [J]. 土木工程学报，27 (2)：14-21.

夏禾，陈英俊，张煖，等，1996. 列车提速情况下铁路双线简支钢桁梁动力响应分析 [J]. 铁道学报，18 (5)：79-86.

夏禾，阎贵平，1995. 列车-斜拉桥系统在风载作用下的动力响应 [J]. 北方交通大学学报，19 (2)：131-136.

夏禾，张楠，郭薇薇，2014. 车桥耦合振动工程 [M]. 北京：科学出版社.

夏禾，张楠，2005. 车辆与结构动力相互作用 [M]. 2 版. 北京：科学出版社.

夏禾，2010. 交通环境振动工程 [M]. 北京：科学出版社.

向俊，曾庆元，周智辉，2004. 桥上列车脱轨的力学机理、能量随机分析理论及其应用 [J]. 铁道学报，26 (2)：97-104.

项海帆，2002. 船撞桥涉及理论的现状与需进一步研究的问题 [J]. 同济大学学报，30（4）：386-392.

辛学忠，2006. 大跨度预应力混凝土连续梁（刚构）桥：列车时变系统振动分析 [D]. 北京：北京交通大学.

徐昕宇，李永乐，魏恩来，等，2014. 三线合一钢箱桁悬索桥颤振性能风洞试验研究 [J]. 桥梁建设，44（6）：19-23.

许慰平，1988. 大跨度铁路桥梁车桥空间耦合振动研究 [D]. 北京：铁道科学研究院.

宣言，张煜，2001. 因船只撞击桥墩引起铁路桥梁上列车的脱轨. 国外桥梁，（4）：60-64.

杨岳民，1995. 大跨度铁路桥梁车桥动力响应理论分析及实验研究 [D]. 北京：铁道部科学研究院.

姚忠达，杨永斌，1999. 高速铁路车-桥互制理论 [M]. 台湾：图文技术服务有限公司出版.

于梦阁，张继业，张卫华，2012. 桥梁上高速列车的强横风运行安全性 [J]. 机械工程学报，18：104-111.

于天来，王金峰，杜峰，2007. 呼玛河冰灾害试验研究 [J]. 自然灾害学报，16（4）：43-48.

余敏，查小雄，2011. 实空心钢管混凝土柱在汽车撞击下的性能研究 [J]. 建筑钢结构进展，13（1）：57-64.

余竹，2013. 基于移动荷载作用下结构响应及小波分析的桥梁损伤诊断研究 [D]. 北京：北京交通大学.

余志武，毛建锋，谈遂，等，2015a. 车辆参数随机的车桥竖向随机振动分析 [J]. 铁道学报，37（1）：97-104.

余志武，毛建锋，谈遂，等，2015b. 车桥竖向随机振动的概率密度演化分析 [J]. 中南大学学报（自然科学版），46（4）：1420-1427.

袁正国，2010. 内河冰凌力学性能及其对桥墩撞击力作用的研究 [D]. 哈尔滨：东北林业大学.

曾庆元，骆宁安，江锋，1990. 桥上列车横向摇摆力的初步研究 [J]. 桥梁建设，01：28-36.

曾庆元，杨毅，骆宁安，等，1991. 列车-桥梁时变系统的横向振动分析 [J]. 铁道学报，02：38-46.

曾庆元，郭向荣，1999. 列车桥梁时变系统振动分析理论与应用. 北京：中国铁道出版社.

翟建平，李明，张继业，等，2013. 横风下桥梁高度对高速列车交会性能的影响 [J]. 计算机辅助工程，（3）：1-8.

翟婉明，2002. 车辆-轨道耦合动力学研究的新进展 [J]. 中国铁道科学，02：1-14.

翟婉明，王少林，2012. 桥梁结构刚度对高速列车-轨道-桥梁耦合系统动力特性的影响 [J]. 中国铁道科学，01：19-26.

翟婉明，夏禾，2011. 列车-轨道-桥梁动力相互作用理论与工程应用 [M]. 北京：科学出版社.

战家旺，2006. 既有铁路桥墩健全度评估和试验方法研究 [D]. 北京：北京交通大学.

张煜，柯在田，邓蓉，等，1996. 既有线提速至 160 km/h 桥梁评估的研究 [J]. 中国铁道科学，01：9-20.

张佳文，郭文华，项超群，2013. 基于协方差本征变换与谐波合成法的随机风场模拟 [J]. 振动与冲击，21：197-203.

张敏，张楠，夏禾，2013. 大跨度铁路悬索桥风-车-桥耦合动力分析 [J]. 中国铁道科学，34 (4)：14-21.

张楠，2002. 高速铁路铰接式列车的车桥动力耦合问题的理论分析与试验研究 [D]. 北京：北方交通大学.

张楠，夏禾，DE ROECK G，2011. 多点激励作用下车-桥-地震耦合系统分析 [J]. 哈尔滨工程大学学报，32 (1)：26-32.

张楠，夏禾，郭薇薇，2009. 京沪高速铁路南京大胜关长江大桥风-车-桥耦合振动分析 [J]. 中国铁道科学，30 (1)：41-48.

张楠，夏禾，2013. 基于全过程迭代的车桥耦合动力系统分析方法 [J]. 中国铁道科学，34 (5)：32-38.

张麒，曾庆元，1998. 钢桁梁桥横向刚度控制指标的探讨 [J]. 桥梁建设，28 (1)：3-6.

张田，2013. 强风场中高速铁路桥梁列车运行安全分析及防风措施研究 [D]. 北京：北京交通大学.

张田，郭薇薇，夏禾，2013. 侧向风作用下车桥系统气动性能及防风屏障的影响研究 [J]. 铁道学报，35 (7)：102-106.

张文明，葛耀君，2013b. 双主跨悬索桥颤振节段模型试验模态匹配问题 [J]. 哈尔滨工业大学学报，45 (12)：90-93.

张志田，葛耀君，陈政清，2006. 基于气动新模型的大跨度桥梁频域抖振分析 [J]. 工程力学，23 (6)：94-101.

朱汉华，曾庆元，1994. 列车-桥梁时变系统振动能量随机分析方法 [J]. 长沙铁道学院学报，04：6-10.

朱乐东，王森，郭震山，等，2006. 斜风作用下大跨度斜拉桥双悬臂状态抖振性能 [J]. 工程力学，04：86-92.

朱艳，2011. 车桥系统随机振动理论与应用研究 [D]. 成都：西南交通大学.

第 2 章

我国高速铁路列车-桥梁
振动性能评判标准

高速列车通过桥梁时，对桥梁结构产生动力冲击作用，桥梁的振动又会对桥上车辆的运行安全性和平稳性产生影响，这就直接影响了车辆和桥梁的使用性能。通过计算或测试得到的车辆和桥梁动力响应反映了车桥系统的动力行为特点及服役状态，为保证高速列车过桥时的运行安全性、乘客舒适性及桥梁和桥上轨道结构的稳定性和耐久性，必须对车辆和桥梁的动力响应加以限制。因此，确立相应的列车-桥梁振动性能评判标准具有重要的意义。

与列车-桥梁振动有关的使用性问题包括以下几方面的内容：

① 桥梁由于振动而产生的结构安全性、耐久性、线路稳定性问题；

② 桥上列车由于振动而产生的运行安全性问题；

③ 桥上运行列车内旅客乘坐舒适性问题；

④ 强风、地震、撞击等作用下桥上列车的运行安全性问题；

⑤ 车桥系统振动引起的环境影响问题；

⑥ 高速列车引起的桥梁结构振动噪声问题。

本章集中介绍第①～③项有关的振动性能评判标准及相应评价量的计算、统计方法；第④项的内容将在后面的章节进行说明；第⑤、⑥项不属于本书的研究内容，可参阅其他相关文献（王福天，1983，1994；夏禾，2010；翟婉明，2014；夏禾 等，2005）。

2.1 概 述

在我国铁路发展过程中，先后颁布了一系列与车桥耦合动力分析和检测相关的规范、标准和规定。通过多年的设计、施工、运营实践，我国高速铁路列车-桥梁振动性能评判标准日趋完善，目前已可以满足评判车桥耦合动力分析结果的需要。尽管本书主要研究高速铁路的车桥耦合振动问题，但为表述的完整性起见，本章列出我国相关规范中所有列车-桥梁系统动力响应的评判标准供参照和对比。

2.1.1　8 部规范

1. 高速铁路设计规范

中华人民共和国国家铁路局 2014 年 12 月 1 日发布、2015 年 2 月 1 日实施的行业标准《高速铁路设计规范》（TB 10621—2014），简称《高铁规范》。该规范第 1.0.2 条规定：本规范适用于新建设计行车速度 250～350 km/h、运行动车组列车的标准轨距客运专线铁路，设计速度分为 250 km/h、300 km/h、350 km/h 三级。第 7.3.1 条中规定：跨度 96 m 及以下的混凝土桥梁梁部及墩台的刚度限值应按本节限值规定设计。此处的"本节"指该规范第 7.3 节"结构变形、变位和自振频率的限值"。

2. 新建时速 200～250 公里客运专线铁路设计暂行规定

中华人民共和国铁道部 2005 年 8 月 10 日发布实施的行业标准《新建时速 200～250 公里客运专线铁路设计暂行规定》（铁建设 2005〔140〕），简称《客专暂规》。该规范第 1.0.2 条规定：本暂行规定适用于新建时速 200～250 km 客运专线铁路设计。本暂行规定中除特别指明为无砟轨道标准外，其他规定仅适用于有砟轨道标准，未包括内容应参照国内外先进标准另行研究确定。第 6.1.1 条中规定：本章规定的桥梁梁部及墩台刚度限值仅适用于跨度小于 96 m 的结构。桥梁设计时应根据需要进行车桥耦合动力响应分析。此处的"本章"指该规范第 6 章"桥涵"。

3. 新建时速 200 公里客货共线铁路设计暂行规定

中华人民共和国铁道部 2005 年 4 月 25 日发布实施的行业标准《新建时速 200 公里客货共线铁路设计暂行规定》（铁建设函 2005〔285〕），简称《客货暂规》。该规范第 1.0.2 条规定：本暂行规定适用于新建客货列车共线运行、旅客列车设计行车速度 200 km/h、货物列车设计行车速度 120 km/h 铁路的设计。本暂行规定未包括的内容，应按现行相关铁路设计规范、规定执行或另行研究确定。第 5.1.1 条中还规定：本暂行规定适用于跨度 L 不大于 96 m 的新建铁路桥梁的设计。

4. 铁路桥涵设计规范

中华人民共和国国家铁路局 2017 年 1 月 2 日发布实施的行业标准《铁路桥涵设计规范》（TB 10002.1—2017），简称《桥规》。该规范第 1.0.2 条规定：本规范适用于新建和改建标准轨距的高速铁路、城际铁路、客货共线Ⅰ级和Ⅱ级铁路、重载铁路桥涵的设计。第 1.0.4 条规定：桥涵主体结构的设计使用年限应为 100 年。

5. 铁路桥梁检定规范

中华人民共和国铁道部 2004 年 3 月 9 日发布实施的行业标准《铁路桥梁检

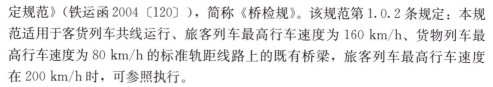

定规范》（铁运函 2004〔120〕），简称《桥检规》。该规范第 1.0.2 条规定：本规范适用于客货列车共线运行、旅客列车最高行车速度为 160 km/h、货物列车最高行车速度为 80 km/h 的标准轨距线路上的既有桥梁，旅客列车最高行车速度在 200 km/h 时，可参照执行。

6. 高速铁路桥梁运营性能检定规定（试行）

中国铁路总公司 2014 年 8 月 19 日发布、2015 年 1 月 1 日实施的行业标准《高速铁路桥梁运营性能检定规定（试行）》（铁总运 2014〔232〕），简称《高桥检规》。该规范第 1.0.2 条规定：本规定适用于高速铁路跨度 100 m 及以下的常用跨度预应力混凝土双线箱梁桥运营性能的检测和评定。

7. 铁道车辆动力学性能评定和试验鉴定规范

中华人民共和国国家标准局 1986 年 11 月 25 日发布、1986 年 9 月 1 日实施的国家标准《铁道车辆动力学性能评定和试验鉴定规范》（GB/T 5599—1985），简称《车辆规范》。该规范第 1.1 条规定：本规范适用于准轨铁路客货车辆（不包括长大、重载特种车辆）在线路上运行动力学性能的试验鉴定。其他轨距车辆及研究车辆动态特性的试验项目，可参照本规范的规定组织试验。

8. 铁道机车动力学性能试验鉴定方法及评定标准

中华人民共和国铁道部 1993 年 11 月 11 日发布、1994 年 7 月 1 日实施的行业标准《铁道机车动力学性能试验鉴定方法及评定标准》（TB/T 2360—1993），简称《机车规范》。该规范第 1 条规定：本标准规定了电力机车和内燃机车动力学性能试验的方法和评定指标。本标准适用于轨距为 1 435 mm 的干线铁道电力、内燃机车。其他轨距和工矿用电力、内燃机车的动力学性能鉴定试验及有关研究性试验亦可参照使用本标准中的有关内容。

2.1.2 车桥动力响应及相关指标限值

上述 8 部规范中，分别规定了对车桥动力响应及相关指标的限值，包括以下三种情况。

1. 车桥动力响应计算值的限值

《高铁规范》《客专暂规》《客货暂规》分别针对高速铁路、客运专线及提速线路制定，分别适用于设计旅客列车行车速度 250 ~ 350 km/h、200 ~ 250 km/h、200 km/h 的铁路桥梁，在三部规范中均要求在桥梁设计中进行车桥耦合动力分析，并给出了车桥动力响应的限值，包括脱轨系数、轮重减载率、轮轴横向力、车体竖向加速度、车体横向加速度、Sperling 指标、桥面竖向加速度等，可直接用于对车桥耦合动力分析结果的评判。

这三部规范是平行的，适用范围根据桥梁所在线路的设计速度划分，而非特定列车的过桥速度。例如，当列车以 220 km/h 速度通过设计速度为 350 km/h 的桥梁时，须依照《高铁规范》，而不是《客专暂规》。

2. 车桥动力响应实测值的限值

《桥检规》《高桥检规》《车辆规范》《机车规范》的主要作用是指导铁路桥梁现场试验和机车车辆的动力学试验，这些规范的限值是针对实测结果提出的。车桥耦合动力分析是基于实际车辆、桥梁及轨道参数的仿真分析，在本质上可看作是数值试验。因此，上述规范中的各项限值均应适用于对车桥耦合动力分析结果的评判。

《桥检规》中给出了列车通过时桥梁动力响应的限值。该规范主要以 2000 年前后我国铁路既有线典型桥梁的检测结果为依据，有关桥梁动力响应限值的数据基础与高速铁路的车桥振动问题相关性不大。因此，分析高速铁路桥梁的动力性能时，《桥检规》中的相关限值只可作为参考，不应作为强制满足的条件。

《高桥检规》则针对我国高速铁路桥梁现状，在总结大量现场工作经验和实测数据的基础上提出，对高速铁路车桥动力响应测试和分析结果的评判有重要的指导意义。

《车辆规范》《机车规范》中分别给出了铁路车辆及机车安全性指标和舒适性指标的限值。尽管这两部规范制定时我国尚未出现速度超过 200 km/h 的铁路列车，其中所涉及的各种铁路车辆与高速列车车辆或动车组车辆在结构和功能上有很大区别，但列车运行安全性指标的核心是轮轨关系问题，乘坐舒适性指标的核心是人的主观感受，无论何种列车类型在这两方面的要求都应该是类似的。因此，在《客专暂规》《客货暂规》《高铁规范》中，参考这两部规范，分别提出了客运专线、高速铁路的车辆运行安全性及舒适性标准，用于桥梁动力检测和车桥耦合动力分析结果的评判。

3. 桥梁刚度限值

《高铁规范》《客专暂规》《客货暂规》《桥规》均为设计规范，其中有关梁部竖向和水平变形、梁端竖向和水平折角、梁体扭转角指标均与车桥动力响应相关。但规范中这些指标限值是针对桥梁静力设计提出的，主要是为防止桥梁设计刚度过低。由于桥梁静力响应与动力响应有本质不同，这些限值仅可作为桥梁服役安全性评价的参考，不能直接应用于车桥耦合动力分析结果的评判。

此外，这些规范中还给出了桥梁自振频率指标。自振频率为桥梁本身特性，与车辆激励等外界因素无关，严格来说并非车桥动力响应指标。但桥梁自振频率直接反映了桥梁的刚度，对车桥动力响应影响很大，在桥梁设计中控制该指标具有重要意义。

多年来，我国铁路在采用《高铁规范》《客专暂规》《客货暂规》评判车桥动力响应指标时，均控制各指标的最大值。然而，这些规范中并没有严格规定各指标的计算条件和数据统计方法。例如，即使车桥系统输入的计算条件完全一致，采用不同的计算时间步长所得到的响应指标也是不同的，这在一定程度上降低了车桥动力响应指标评判的客观性。为此，本章参考《车辆规范》和《机车规范》，研究了上述三部高速铁路桥梁规范中有关车桥动力响应指标的计算方法。

2.2　车辆运行安全性评判指标

在现行规范中，车辆运行安全性评判指标包括脱轨系数、轮重减载率、横向力、倾覆系数。这4项指标均可通过计算或实测获得，其中脱轨系数、轮重减载率、横向力指标用于评判常规条件下各类列车的运行安全性，倾覆系数指标用于评判车辆在侧向风力、离心力、横向振动惯性力的同时作用下是否会导致车辆倾覆。

2.2.1　脱轨系数

评定防止车轮脱轨稳定性的指标为脱轨系数。《车辆规范》第3.3.2条指出，脱轨系数用于鉴定车轮轮缘在横向力作用下是否会因逐渐爬上轨头而脱轨。《机车规范》第2.2.1条则表述为：脱轨系数，用于评定机车在轮轨间横向力和垂向力综合作用下，防止轮缘爬上钢轨的安全程度。

脱轨系数定义为轮对一侧车轮的横向压力与动轮重之比，记作 Q/P，其示意图如图2.1所示。从轮轨之间的作用力，可导出车轮脱轨的临界状态为

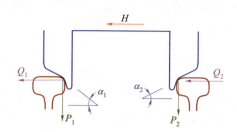

图2.1　脱轨系数示意图

$$\frac{Q}{P} = \frac{\tan\alpha - \mu}{1 + \mu\tan\alpha} \tag{2.1}$$

式中，α 为车轮的轮缘角；μ 为轮缘与钢轨之间的摩擦系数。

图2.1中，轮对左右接触点处水平力分别为 Q_1 和 Q_2，垂向力分别为 P_1 和 P_2，相应于轮对左右两侧的脱轨系数则分别为 Q_1/P_1 和 Q_2/P_2。

《高铁规范》《客专暂规》《客货暂规》《车辆规范》《机车规范》都给出了对脱轨系数的限值，见表 2.1。

表 2.1　脱轨系数限值

规范及条目	限　值	备　注
《高铁规范》第 7.3.6 条	0.8	
《客专暂规》第 6.3.6 条	0.8	
《客货暂规》第 5.3.2 条	0.8	
《车辆规范》第 3.3.2.2 条	第一限度 1.2 第二限度 1.0	只计爬轨侧车轮
《机车规范》第 2.2.2.1 条	最大值：优良 0.6，良好 0.8，合格 0.9 常见最大值：优良 0.4，良好 0.6，合格 0.7	只计导向车轮

可以看出，由于不同规范考虑的因素不同，给出的脱轨系数限值并不一致。现将各限值说明如下：

《车辆规范》第 3.3.2.3 条指出：所列第一限度为评定车辆运行安全的合格标准，第二限度为增大了安全裕量的标准。《机车规范》第 2.1 条则规定试验机车的动力学性能都不应低于其"合格"等级。

《车辆规范》第 5.3.4.1 条中要求以左右两轮中垂向力最小值者计算脱轨系数，而《机车规范》中并未明确给出导向车轮的确定方法。本书作者建议对于机车采用与《车辆规范》第 5.3.4.1 条相同的方法来确定脱轨系数，即以垂向力较小车轮计算脱轨系数。

即使脱轨系数 $(Q/P)_{max}>0.9$，《机车规范》第 2.2.2.2 条仍有对脱轨系数不合格判断的附加规定：只有不符合下列规定之一时，才判定为不合格：① 当采用该标准 4.2.1 节规定的间断测量法测量轮轨力时，连续出现两个超过 0.9 的峰值；② 当采用连续测量法测量轮轨力时，脱轨系数超过 0.9 的持续时间超过 0.07 s；③ 当脱轨系数超过 0.9 的持续时间未超过 0.07 s 时，脱轨系数在该持续时间内的最大值应满足

$$(Q/P)_{max} \leqslant 0.065 \frac{1}{t_1} \tag{2.2}$$

的要求，式中 t_1 的定义如图 2.2 所示。

《机车规范》中还给出了其常见最大值 $(Q/P)_{m·M}$ 的限值，该规范第 2.2.1 条规定，脱轨系数常见最大值为

$$(Q/P)_{m·M} = \overline{Q/P} + 1.65\sigma \tag{2.3}$$

式中，$\overline{Q/P}$ 为 Q/P 的统计平均值，σ 为 Q/P 试验样本的均方差。

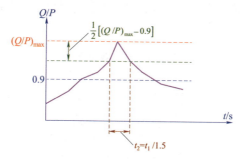

图 2.2　式 (2.2) 中 t_1 的定义

2.2.2　轮重减载率

《车辆规范》第3.3.3条指出，轮重减载率用于分析列车是否会因一侧车轮减载过大而导致脱轨。轮重减载率定义为减载侧车轮的轮重减载量与轮对的平均静轮重之比，记作 $\Delta P / \overline{P}$。参照图2.1，若定义 P_{st1}、P_{st2} 分别为左、右轮静轮重，则

$$\overline{P} = \frac{1}{2}(P_{st1} + P_{st2}) \tag{2.4}$$

$$\Delta P = \overline{P} - P_1, (P_1 < P_2) \tag{2.5}$$

$$\Delta P = \overline{P} - P_2, (P_2 < P_1) \tag{2.6}$$

《高铁规范》《客专暂规》《客货暂规》《车辆规范》都给出了对轮重减载率的限值，见表2.2。

表 2.2　轮重减载率限值

规范及条目	限　　值	备　　注
《高铁规范》第7.3.6条	0.6	
《客专暂规》第6.3.6条	0.6	
《客货暂规》第5.3.2条	0.6	
《车辆规范》第3.3.3.1条	第一限度 0.65 第二限度 0.60	第一限度为评定车辆运行安全的合格标准，第二限度为增大了安全裕量的标准

《车辆规范》中测量轮重减载率的初衷是为了检验车辆性能而非线路性能，故要求该指标在通过9号单开道岔及低速通过小半径曲线的条件下测定，其意义是摒除轮轨间横向力的影响。但是对于在桥梁上运行的车辆，当车轮在振动过程中向上运动时，轮重减小，这时即使横向力很小（甚至没有），但由于轨道随桥梁一起运动，也有可能与车轮产生横向相对位移而发生脱轨。因此，对于在桥上运行的车辆，采用轮重减载率作为防止脱轨的衡量标准具有实际的意义。所以，

车桥耦合动力分析中，常以轮重减载率作为评判车桥系统垂向性能的关键指标。

2.2.3　横向力

《车辆规范》第 3.3.4 条中，推荐应用横向力允许限度判定车辆在运行过程中是否会导致轨距扩宽（道钉拔起）或线路产生严重变形（钢轨和轨枕在道床上出现横向滑移或挤翻钢轨）。横向力的限值可分为轮轨横向力限值和轮对横向力限值。轮轨横向力为单侧车轮的横向轮轨力，即图 2.1 中所示的 Q_1 或 Q_2，轮对横向力（《车辆规范》中称为轮轴横向力）H 则为左、右轮轨横向力之和，即

$$H = Q_1 + Q_2 \tag{2.7}$$

规范中对轮轨横向力和轮对横向力的限值见表 2.3，其中，P_0 为静轴重；P_{st} 为静轮重，即 P_{st1} 或 P_{st2} 之一。显然，$P_0 = 2P_{st}$。

表 2.3　横向力限值

规范及条目	轮轨横向力限值	轮对横向力限值
《高铁规范》第 7.3.6 条		$10 + P_0/3$（kN）
《客专暂规》第 6.3.6 条		80 kN
《客货暂规》第 5.3.2 条		80 kN
《车辆规范》第 3.3.4 条	道钉拔起，道钉应力为弹性极限时：$19 + 0.3P_{st}$（kN）　　道钉拔起，道钉应力为屈服极限时：$29 + 0.3P_{st}$（kN）	木轨枕：0.85（$10 + P_0/2$）（kN）　混凝土轨枕：0.85（$15 + P_0/2$）（kN）

需要说明的是，轮轨横向力主要用于评判单侧道钉是否拔起或屈服，而轮对横向力主要用于评判横向力是否引起线路结构严重变形。轮轨横向力和轮对横向力在数值上不具有函数关系，无法相互替代。

2.2.4　倾覆系数

倾覆系数仅在《车辆规范》中有所提及。倾覆系数 D 定义为

$$D = \frac{P_d}{P_{st}} \tag{2.8}$$

式中，P_d 为车辆或转向架同一侧车轮的动载荷，P_{st} 为相应车轮的静载荷。

因为车轮的动荷载 P_d 为轮轨间垂向瞬时作用力 P 与其静轮重 P_{st} 之差，即

$$P_d = P - P_{st} \tag{2.9}$$

所以式（2.8）亦可表示为

$$D = \frac{P - P_{st}}{P_{st}} = \frac{P}{P_{st}} - 1 \tag{2.10}$$

《车辆规范》第 3.3.5.1 条规定倾覆系数限值为 $D<0.8$。但该规范第 3.3.5.3 条规定，试验鉴定车辆同一侧各车轮或一台转向架的同一侧各车轮其倾覆系数同时达到或超过 0.8 时，方被确认为有倾覆危险。因此，不可仅凭单一轮对的倾覆系数判定车辆的安全性。

2.2.5 有关车辆安全性指标采样频率的讨论

显然，脱轨系数、轮重减载率、横向力、垂向力、倾覆系数均与计算中采用的时间步长相关。根据采样定理，轮轨力中不包含周期低于 2 倍时间步长的高频成分，因此有必要在评判车辆安全性指标时，考虑时间步长这一因素，以增加车桥动力耦合分析结果评判的客观性。由于《高铁规范》《客专暂规》《客货暂规》均未对计算的时间步长作出规定，本节仅参考《机车规范》和《车辆规范》中建议的轮轨力测量方式，说明评判车辆安全性指标时采用的合理时间步长，以避免个别的、极短时间出现的峰值对评判结果产生过大影响。

动力检测车采用连续测力轮对测量轮轨力，数据处理时，常采用"2 m 平滑"方法，即某一时刻的轮轨力定义为该轮对在此前 2 m 距离内轮轨力的平均值。如以 F_0 表示实测轮轨力时程，V 表示列车速度（km/h），平滑距离 $s=2$ m，则"2 m 平滑"后的 t 时刻轮轨力 $F_1(t)$ 定义为

$$F_1(t) = \frac{V \int_{t-2}^{t} F_0(\tau)\mathrm{d}\tau}{3.6s} \tag{2.11}$$

式中，$t_{-2}=3.6\,s/V$ 表示该平滑段的初始时刻。

由此，当采用《高铁规范》《客专暂规》《客货暂规》《车辆规范》《机车规范》的限值评判车辆运行安全指标时，可利用上述方法。即无论采用何种时间步长，均对竖向、横向轮轨力计算结果进行"2 m 平滑"处理，并采用处理后的轮轨力计算脱轨系数、横向力、轮重减载率和倾覆系数。

2.3 车辆运行平稳性评判指标

现行规范中，车辆运行平稳性评判指标包括车体竖向、横向加速度及竖向、横向平稳性指标。车体加速度指标可通过计算或实测获得，平稳性指标由车体加速度指标计算而得。

2.3.1 车体振动加速度

《车辆规范》第 4.2.1 条规定，测定客车车体垂向和横向加速度的加速度传

感器安装在距 1、2 位心盘一侧 1 000 mm 的车体地板面上，如图 2.3 所示。图中"1""2"点依次表示垂向加速度传感器和横向加速度传感器。

图 2.3　加速度测量点布置

《机车规范》第 4.1.2.1 条规定，车体垂向和横向加速度测量点设置在车体底架纵中心线的前、后牵引梁上；第 4.1.2.2 条规定，司机室振动加速度测量点设在前司机室底板中央。由于车桥动力耦合分析中将车体视为刚体，牵引梁在模型中不具有独立自由度，本书作者建议机车车体加速度输出点位于图 2.3 中的"3"点，即对应心盘位置上方的底板上。

《高铁规范》《客专暂规》《客货暂规》《车辆规范》《机车规范》都给出了对车体加速度的限值，见表 2.4，表中各数据均为加速度半峰值。虽未明示，但《客货暂规》在条文说明中提及该标准为"列车乘坐舒适度"标准，因此认为《客货暂规》第 5.3.2 条中有关车体加速度限值仅适用于客车而不适用于货车。表 2.4 中 V 指列车运行速度（km/h），C 为常数，见表 2.5。

表 2.4　车体振动加速度限值

规范及条目	车体竖向加速度限值			车体横向加速度限值		
《高铁规范》第 7.3.6 条	1.3 m/s²			1.0 m/s²		
《客专暂规》第 6.3.6 条	0.13 g			0.10 g		
《客货暂规》第 5.3.2 条	0.13 g			0.10 g		
《车辆规范》第 B.1 条	车体平均最大振动加速度：客车 $(0.000\ 27V+C)\ g$ 货车 $(0.002\ 15V+C)\ g$			车体平均最大振动加速度：客车 $(0.000\ 27V+C)\ g$ 货车 $(0.001\ 35V+C)\ g$		
《机车规范》第 2.3.2 条	最大振动加速度 A_{max}			最大振动加速度 A_{max}		
	优	良好	合格	优	良好	合格
	2.45 m/s²	2.95 m/s²	3.63 m/s²	1.47 m/s²	1.96 m/s²	2.45 m/s²
	加速度有效值 A_w			加速度有效值 A_w		
	优	良好	合格	优	良好	合格
	0.393 m/s²	0.586 m/s²	0.840 m/s²	0.273 m/s²	0.407 m/s²	0.580 m/s²

表 2.5 常数 C

运行平衡性等级	客车垂向振动	客车横向振动	货车垂向振动	货车横向振动
优	0.025	0.010	0.06	0.08
良好	0.030	0.018	0.11	0.13
合格	0.035	0.025	0.16	0.18

需要说明的是：

① 对于高速动车组列车而言，并不存在传统意义上的机车，动车车辆内仍有乘客，故应依照《车辆规范》有关车体加速度限值进行评判。

② 表中《高铁规范》《客专暂规》《客货暂规》限值均针对车体加速度最大值，在车桥耦合动力分析中，计算得到的车体加速度时程应参照《车辆规范》附录 B 的要求进行 20 Hz 低通滤波处理，再对其最大值进行评判。

③《车辆规范》限值针对车体平均最大振动加速度，根据该规范第 5.2.6 条及附录 B，车体平均最大振动加速度的计算方法是：将车辆加速度信号分为 6 s 长的分析段，对各段先进行 20 Hz 低通滤波，再分别求各分析段的加速度最大值，车体平均最大振动加速度即为这些最大值的平均值。

④《机车规范》第 2.3 条规定，评定机车运行平稳性的主要指标是车体的垂直方向、水平横向振动加速度的最大值 A_{max}，以及司机室振动加权加速度有效值 A_w。《机车规范》第 2.3.1 条规定，最大振动加速度 A_{max} 的计算方法为

$$A_{max} = \overline{A} + 3\sigma_n \tag{2.12}$$

式中，$\overline{A}$ 为试验加速度样本中所有峰值绝对值的统计平均值；σ_n 为试验加速度样本中所有峰值绝对值的均方差；n 为峰值数量。实际分析时，时程曲线中的峰值很难通过计算软件准确捕获，一般将所有加速度时程拐点视为峰值。

该规范第 2.3.3 条规定，计算最大振动加速度 A_{max} 时，测量的加速度信号需要通过截止频率为 40 Hz 的低通滤波；计算加速度有效值 A_w 时，测量的加速度信号需要通过截止频率为 100 Hz 的低通滤波，但计算频率范围取 1～80 Hz。因此，在对车桥耦合动力分析结果进行评判时，应对车体振动加速度时程进行相应的数字滤波处理。

加速度有效值 A_w 是考虑了人的感觉和引起疲劳的频率因素，评定机车运行平稳性的指标。《机车规范》第 2.3.1 条规定，加速度有效值 $A_w(m/s^2)$ 有下列等价的频域法和时域法两种定义和计算方法。

采用频域法时，A_w 定义为

$$A_w = \sqrt{2\int_1^{80} G(f)B^2(f)\mathrm{d}f} \tag{2.13}$$

式中，$G(f)$ 为试验加速度样本的平均功率谱密度，$\text{m}^2\,\text{s}^{-4}/\text{Hz}$；$f$ 为频率，Hz；$B(f)$ 为频率加权函数，其表达式为

$$\text{垂向振动：} B(f) = \begin{cases} 0.5\sqrt{f} & (f=1\sim4 \text{ Hz}) \\ 1 & (f=4\sim8 \text{ Hz}) \\ 8/f & (f=8\sim80 \text{ Hz}) \end{cases} \tag{2.14}$$

$$\text{水平振动：} B(f) = \begin{cases} 1 & (f=1\sim2 \text{ Hz}) \\ 2/f & (f=2\sim80 \text{ Hz}) \end{cases} \tag{2.15}$$

采用时域法时，利用 $B(f)$ 对加速度样本信号进行模拟滤波，得到加权的加速度信号 $a_\text{w}(t)$，这时 A_w 定义为

$$A_\text{w} = \sqrt{\frac{1}{T} \int_t^{t+T} a_\text{w}^2(t)\,\mathrm{d}t} \tag{2.16}$$

式中，T 为样本周期，s。

2.3.2　平稳性指标

在车桥耦合动力分析中，一般采用 Sperling 指标（亦称平稳性指标）评判车辆运行平稳性。

《车辆规范》第 3.2.1.1 条、第 5.3.1.1 条和《机车规范》附录 C 中均给出了 Sperling 指标的计算方法。尽管两者所采用的单位不同，但它们的计算方法是完全等价的。在此以《车辆规范》为准介绍其计算方法。

计算 Sperling 指标时，应首先对所研究的车体加速度时程进行频谱分析。在同一振动方向（指垂直方向或水平方向）同时存在 n 种频率成分时，合成的平稳性指标按下式计算

$$W = \sqrt[10]{W_1^{10} + W_2^{10} + \cdots + W_n^{10}} \tag{2.17}$$

其中

$$W_i = 7.08 \sqrt[10]{\frac{A_i^3}{f_i} F(f_i)} \tag{2.18}$$

式中，A_i 为振动波形进行频谱分析后在频率为 f_i 时振动加速度幅值，A_i 单位为 g，f_i 单位为 Hz；$F(f)$ 为频率修正系数，其表达式为

$$\text{垂向振动：} \quad F(f) = \begin{cases} 0.325 f^2 & (f=0.5\sim5.9 \text{ Hz}) \\ 400/f^2 & (f=5.9\sim20 \text{ Hz}) \\ 1 & (f>20 \text{ Hz}) \end{cases} \tag{2.19}$$

$$\text{横向振动：} \quad F(f) = \begin{cases} 0.8 f^2 & (f=0.5\sim5.4 \text{ Hz}) \\ 650/f^2 & (f=5.4\sim26 \text{ Hz}) \\ 1 & (f>26 \text{ Hz}) \end{cases} \tag{2.20}$$

《高铁规范》《车辆规范》《机车规范》中都给出了对 Sperling 指标的限值，见表 2.6。

表 2.6　Sperling 指标限值

规范及条目	优	良	合　格
《高铁规范》第 7.3.6 条	2.5	2.75	3.0
《车辆规范》第 3.2.1.2 条	客车 2.5	客车 2.75	客车 3.0
《车辆规范》第 3.2.2.2 条	货车 3.5	货车 4.0	货车 4.25
《机车规范》第 2.3.2 条	2.75	3.10	3.45

计算 Sperling 指标所采用的加速度时程长度对结果有很大影响。例如，图 2.4 为列车通过桥上某遮挡区域时的车体横向加速度时程曲线。显然，选取其中 0～50 s 时段分析得到 Sperling 指标将小于选取 18～25 s 局部时段分析得到的值。

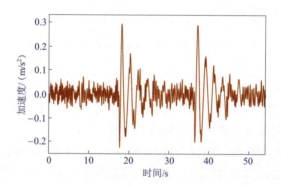

图 2.4　列车通过遮挡区域时车体横向加速度时程曲线

为解决上述问题，《车辆规范》《机车规范》均对车体加速度的选取时长有所规定。《车辆规范》第 5.2.6 条规定，平稳性指标以 18～20 s 为一分析段。《机车规范》第 4.3.1 条则规定，在直线上运行试验时，每段数据的采集长度相当于机车运行 300～500 m 距离。

2.4　桥梁动力性能评判指标

桥梁动力性能评判指标包括针对自振频率、跨中挠度、振幅、振动加速度、梁端折角、梁体扭转角和动力系数 7 个方面的限值。这些限值来自《高铁规范》《客专暂规》《客货暂规》《桥规》《桥检规》《高桥检》。其中，前 4 部规范为设计规范，给出的限值针对设计值，用于对桥梁静力计算结果进行评判；《桥检规》

和《高桥检规》为检测规范，用于对桥梁运营状态进行评判。

《桥检规》第 10.0.2 条规定，铁路桥梁运营性能检验有两个判别值：

① 行车安全限值——保证列车以规定的速度安全通过，桥梁结构必须满足的限值指标。超过此值时，必须采取一定的确保安全的措施。

② 通常值——桥梁在正常运用中的报告或振幅实测值的上限、频率实测值的下限及结构校验系数实测值的均值。铁路桥梁在运营过程中，如超过此值，应仔细检查桥梁结构是否存在隐藏的病害，同时调查列车是否产生过异常的激励（车辆装载偏心、车况不良等）。

《高桥检规》则只给出了指标的通常值，该规范第 2.1.3 条规定：通常值即桥梁在正常使用条件下，实测（或实测换算）挠度、梁端竖向转角、位移、振幅、加速度和动力系数的上限、自振频率的下限、阻尼比的范围。

2.4.1　自振频率

《高铁规范》第 7.3.5 条、《客专暂规》第 6.3.5 条和《客货暂规》第 5.3.2 条在各自适用范围内均规定，当简支梁跨度 L 不超过 20 m 时，其竖向自振频率下限值 n_0 为

$$n_0 = 80/L \text{（Hz）} \tag{2.21}$$

当简支梁跨度 L 超过 20 m 且在规范的跨度适用范围之内时，其竖向自振频率下限值 n_0 为

$$n_0 = 23.58 L^{-0.592} \text{（Hz）} \tag{2.22}$$

《桥规》中并未给出梁的竖向自振频率限值，而以其设计静荷载下的竖向挠度控制其刚度，详见 5.1.2 节。但该规范中 5.1.3 条规定了不同结构类型桥梁的梁体（不含下部结构）横向自振频率容许值，见表 2.7。

表 2.7　《桥规》梁体横向自振频率容许值

结构类型	使用跨度 L/m	横向自振频率 f 容许值/Hz
上承式钢板梁	24～40	$>60/L^{0.8}$
下承式钢板梁	24～32	$>55/L^{0.8}$
半穿式钢桁梁	40～48	$>60/L^{0.8}$
下承式钢桁梁	48～80	$>65/L^{0.8}$
预应力混凝土梁	24～40	$>55/L^{0.8}$

《桥检规》第 10.0.5 条中给出了桥跨结构最低横向自振频率的通常值，如表 2.8 所示。同时，该规范第 10.0.6 条还规定：为了防止空载货车（或混编货车）通过时脱轨，适应不同车速条件的桥跨结构横向自振频率不宜小于表 2.9 中

所列的限值，表中，L 为跨度，m；H 为桁梁高，m。此处"桥跨结构"是指梁部及桥墩整体结构，而非仅指梁部。在对实测或计算结果进行评判时，输出点应位于梁部，其振动自然包含了桥墩的振动成分。

表 2.8 《桥检规》桥跨结构最低横向自振频率的通常值

结构类型		实测横向最低自振频率通常值 f/Hz
板梁、桁梁	普通桥梁钢	$\geqslant 100/L$
	低合金钢	$\geqslant 90/L$
预应力混凝土梁		$\geqslant 90/L$

表 2.9 《桥检规》适应不同车速条件的桥跨结构横向自振频率限值

结构类型				桥跨结构横向自振频率 f/Hz		
				$V\leqslant 60$ km/h	$V\leqslant 70$ km/h	$V\leqslant 80$ km/h
钢梁	无桥面系的板梁			$50/L^{0.8}$	$55/L^{0.8}$	$60/L^{0.8}$
	有桥面系	板梁		$45/L^{0.8}$	$52/L^{0.8}$	$55/L^{0.8}$
		桁梁	上承 $H/L=1/6$	$70/L^{0.8}$	$75/L^{0.8}$	$80/L^{0.8}$
			上承 $H/L=1/8$	$65/L^{0.8}$	$70/L^{0.8}$	$75/L^{0.8}$
		半穿式		$48/L^{0.8}$	$55/L^{0.8}$	$60/L^{0.8}$
		穿式		$50/L^{0.8}$	$60/L^{0.8}$	$65/L^{0.8}$
预应力混凝土梁				$40/L^{0.8}$	$50/L^{0.8}$	$55/L^{0.8}$

上述两条规定在适用范围上有一定的重叠之处。以跨度 12～40 m 的预应力混凝土梁为例，桥跨结构横向自振频率的通常值和其"不宜小于的值"见图 2.5。

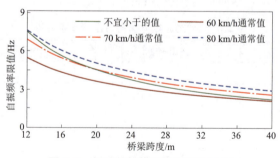

图 2.5 桥跨结构横向自振频率限值

图中，基于表 2.8 的通常值曲线为参考值，实测数据低于这一曲线时，应对桥梁及过桥车辆加以关注；而基于表 2.9 的"不宜小于的值"曲线则为对应不同车速条件的限值，是必须满足的。理论上，限值曲线应低于所有的通常值曲线，然而从图中可见，各跨度桥跨结构自振频率通常值均介于其 60 km/h 和 80 km/h "不宜小于的值"之间。使用《桥检规》时，应注意这一重叠，并根据具体情况选用适用的标准。

《桥检规》第 10.0.7 条还给出了铁路桥梁混凝土或石砌墩身的中高墩横向自振频率通常值，见表 2.10。规范中所指的中高墩即 $H_1/B \geq 2.5$ 者，表中 H 为墩全高，即自基底或桩承台底至墩顶的距离，m；H_1 为墩高，即自基顶或桩承台顶至墩顶的距离，m；B 为墩身横向平均宽度，m。利用此条款对实测或计算结果进行评判时，输出点应位于桥墩墩顶。

表 2.10 《桥检规》中高墩横向自振频率通常值

基础类型	地基土	横向自振频率 f/Hz	备　注
扩大基础	岩石	$\geq \dfrac{24\sqrt{B}}{H_1}$	
沉井基础			
桩基础		$\geq \alpha_1 \dfrac{24\sqrt{B}}{H}$	α_1 在地基土为软塑黏性土时取 0.8，地基土为硬塑黏性土、砂、砾时取 0.9，嵌岩桩时取 1
扩大基础	黏性土或砂、砾	$\geq \alpha_3 \dfrac{24\sqrt{B}}{H_1}$	α_3 在地基土为砾石、粗砂时取 0.9，地基土为硬塑黏性土、中砂、细砂时取 0.8

《高桥检规》第 4.2.1 条中，给出了常用跨度预应力混凝土双线简支箱梁的一阶竖向自振频率、双线连续箱梁的一阶和二阶竖向自振频率的通常值，见表 2.11 和表 2.12。

表 2.11 《高桥检规》常用跨度预应力混凝土双线简支箱梁一阶竖向自振频率通常值

桥梁设计速度	轨道结构类型	跨度							
		19.5 m		23.5 m		31.5 m		39.1 m	
		梁高/m	频率/Hz	梁高/m	频率/Hz	梁高/m	频率/Hz	梁高/m	频率/Hz
250 km/h	有砟轨道	—	—	2.20	7.0	—	—	—	—
				2.50	7.8	2.50	5.0		
				2.80	8.4	2.80	5.5		
	无砟轨道			2.50	8.2	2.50	5.3		
350 km/h	有砟轨道					3.05	5.9		
	无砟轨道	2.45	9.9	3.05	9.6	3.05	6.2	3.75	5.5

注：① 表中梁高 h 为跨中梁高，对于设计速度 250 km/h 的 23.5 m 和 31.5 m 简支箱梁：当 2.2 m≤ h≤2.3 m 时，可采用梁高 2.2 m 对应的通常值；当 2.3 m≤h≤2.7 m 时，可采用梁高 2.5 m 对应的通常值；当 2.7 m≤h≤2.9 m 时，可采用梁高 2.8 m 对应的通常值。

② 对于相近跨度的双线简支梁，可按跨度线性内插法计算通常值。

表 2.12 《高桥检规》常用跨度预应力混凝土双线
连续箱梁一阶和二阶竖向自振频率通常值

桥梁设计速度	轨道结构类型	一阶频率/Hz	二阶频率/Hz	适用跨度/m
250 km/h	有砟轨道	$340/L^{1.2}$		$32 \leqslant L \leqslant 100$
	无砟轨道	$360/L^{1.2}$		
350 km/h	无砟轨道	$400/L^{1.2}$		

注：① 表中跨度 L，单位以 m 计。

② 表中通常值适用于采用通用参考图的常用三跨一联的连续箱梁，一阶竖向自振频率的通常值采用中跨跨度计算，二阶竖向自振频率的通常值采用边跨跨度计算。

③ 非通用参考图的三跨一联的双线连续箱梁（边跨跨度不小于 32 m，中跨跨度不大于 100 m）可参照执行。

2.4.2 挠度

当挠度较大时，支座转角亦大，线路形成突变，不能维持连续平顺的曲线，致使此处受到冲击力，不利于养护。为控制铁路桥梁的设计刚度，《高铁规范》第 7.3.2 条、《客专暂规》第 6.3.1 条、《客货暂规》第 5.3.1 条及《桥规》第 5.1.2 条分别对梁跨结构在设计静荷载作用下（即不计动力系数）的跨中竖向挠度做出了规定，见表 2.13 至表 2.16。表中 L 为计算跨度，对于不等跨连续梁，各跨 L 应分别考虑。

表 2.13 《高铁规范》梁体竖向挠度限值

设计速度	跨度 L/m			说　明
	$L \leqslant 40$	$40 < L \leqslant 80$	$L > 80$	适用于 3 跨及以上的双线简支梁；对于 3 跨及以上一联的连续梁，按表中数值 1.1 倍取用；对于 2 跨一联的连续梁、2 跨及以下的双线简支梁，梁体竖向挠度限值按表中数值 1.4 倍取用。对于单线简支梁或连续梁，梁体竖向挠度限值按表中数值 0.6 倍取用
250 km/h	$L/1\,400$	$L/1\,400$	$L/1\,000$	
300 km/h	$L/1\,500$	$L/1\,600$	$L/1\,100$	
350 km/h	$L/1\,600$	$L/1\,900$	$L/1\,500$	

表 2.14 《客专暂规》梁体竖向挠度限值

跨度 L/m	$L \leqslant 24$	$24 < L \leqslant 40$	$40 < L < 96$
单跨	$L/1\,300$	$L/1\,000$	$L/1\,000$
多跨	$L/1\,800$	$L/1\,500$	$L/1\,200$

表2.15　《客货暂规》梁体竖向挠度限值

跨度 L/m	$L \leqslant 20$	$20 < L \leqslant 50$	$50 < L \leqslant 70$	$70 < L < 96$
单跨	$L/1\,000$		$L/900$	
多跨	$L/1\,400$	$L/1\,200$	$L/1\,000$	$L/900$

表2.16　《桥规》梁体竖向挠度限值

桥跨结构		挠度容许值
简支钢桁梁		$L/900$
连续钢桁梁	边跨	$L/900$
	中跨	$L/750$
简支钢板梁		$L/900$
简支钢筋混凝土和预应力混凝土梁		$L/800$
连续钢筋混凝土和预应力混凝土梁	边跨	$L/800$
	中跨	$L/700$

　　需要说明的是，尽管《高铁规范》和《客专暂规》中规定的梁体竖向挠度限值大体上小于《客货暂规》和《桥规》，但并不意味着以《客货暂规》和《桥规》设计的桥梁竖向刚度小于以《高铁规范》和《客专暂规》设计的桥梁。因为《高铁规范》和《客专暂规》中规定的设计荷载为 ZK 荷载，而《客货暂规》和《桥规》中规定的设计荷载为中-活载。

　　此外，《高铁规范》第7.3.3条、《客专暂规》第6.3.2条、《客货暂规》第5.3.1条及《桥规》第5.1.3条对梁体横向挠度均做出了完全相同的规定：在列车横向摇摆力、离心力、风力和温度的作用下，梁体水平挠度不应大于梁体计算跨度的1/4 000。

　　尽管《高铁规范》《客专暂规》《客货暂规》《桥规》给出梁体竖向、横向挠度限值与车辆运行安全性有十分密切的关系，但这些限值是针对桥梁设计的，不能直接用于对车桥耦合动力分析结果的评判。由于我国高铁列车的轴重远低于设计荷载，即使车桥耦合计算得到的桥梁竖向挠度小于表2.13中的限值，仍无法判定梁体竖向设计刚度是否满足规范要求。

　　《桥检规》第10.0.3条给出了当列车荷载（换算至中-活载）作用时，实测桥梁跨中竖向挠跨比的通常值，见表2.17。表中 h 为梁高，L 为跨度。在理论上，此处"换算至中-活载"的含义是将实测挠跨比乘以系数 k

$$k = \frac{d_{ZH}}{d_0} \tag{2.23}$$

式中，d_{ZH} 为中-活载最不利位置加载工况下桥梁跨中挠度；d_0 为实测工况下桥梁跨中挠度。

表 2.17 《桥检规》桥梁跨中竖向挠跨比通常值

结构类型			竖向挠跨比
钢梁	板梁	普通桥梁钢	1/1 200
		低合金钢	1/950
	桁梁	普通桥梁钢	1/1 500
		低合金钢	1/1 250
钢筋混凝土梁	普通高度（$h/L=1/9\sim1/7$）		1/4 000
	低高度（$h/L=1/15\sim1/13$）		1/1 900
型钢混凝土梁			1/1 250
预应力混凝土梁	普通高度（$h/L=1/13\sim1/11$）		1/1 800
	低高度（$h/L=1/16\sim1/14$）		1/1 300

《高桥检规》第 4.3.1 条中，给出了当动车组静活载换算至 ZK 静活载作用时，常用跨度预应力混凝土双线简支箱梁和连续箱梁中跨跨中竖向挠跨比的通常值，见表 2.18 及表 2.19。

表 2.18 《高桥检规》双线简支箱梁跨中竖向挠跨比通常值

桥梁设计速度	轨道结构类型	跨 度							
		19.5 m		23.5 m		31.5 m		39.1 m	
		梁高/m	挠跨比	梁高/m	挠跨比	梁高/m	挠跨比	梁高/m	挠跨比
250 km/h	有砟轨道	—	—	2.20	1/7 700	—	—	—	—
				2.50	1/9 500	2.50	1/4 800		
				2.80	1/12 000	2.80	1/6 500		
	无砟轨道	—	—	2.50	1/9 700	2.50	1/5 000		
350 km/h	有砟轨道					3.05	1/7 200		
	无砟轨道	2.45	1/11 000	3.05	1/15 000	3.05	1/7 900	3.75	1/7 400

注：① 表中梁高 h 为跨中梁高，对于设计速度 250 km/h 的 23.5 m 和 31.5 m 简支箱梁：当 2.2 m$\leqslant$ $h\leqslant$2.3 m 时，可采用梁高 2.2 m 对应的通常值；当 2.3 m$\leqslant h\leqslant$2.7 m 时，可采用梁高 2.5 m 对应的通常值；当 2.7 m$\leqslant h\leqslant$2.9 m 时，可采用梁高 2.8 m 对应的通常值。

② 对于相近跨度的双线简支梁，可按跨度线性内插计算通常值。

表 2.19 《高桥检规》双线连续箱梁中跨跨中竖向挠跨比通常值

桥梁设计速度	轨道结构类型	跨 度				
		48 m	56 m	64 m	80 m	100 m
250 km/h	有砟轨道	1/5 500	1/5 000	1/4 500	1/4 000	1/3 500
	无砟轨道	1/5 800	1/5 200	1/4 700	1/4 200	1/3 700

续表

桥梁设计速度	轨道结构类型	跨　　度				
		48 m	56 m	64 m	80 m	100 m
350 km/h	无砟轨道	1/6 000	1/5 500	1/5 000	1/4 500	1/4 000

注：表中通常值适用于采用通用参考图的常用三跨一联的连续箱梁，采用非通用参考图的三跨一联的双线连续箱梁（中跨跨度不大于 100 m）可参照选用。

与《桥检规》不同，《高桥检规》中有关挠跨比的规定是基于列车静活载的换算数值，从本质上说是针对桥梁设计刚度的规定。车桥耦合动力分析的结果并非列车静活载响应，因此无须满足表 2.18 及表 2.19 中规定的数值。

2.4.3　振幅

《桥检规》第 10.0.5 条中，给出了客货列车正常运行时各类简支桥跨结构在荷载平面处跨中最大横向振幅的安全限值和通常值，分别见表 2.20 和表 2.21，表中，L 为跨度，m；B 为主梁中心距。

表 2.20　《桥检规》跨中最大横向振幅安全限值

结构类型			跨中横向振幅安全限值
钢梁	无桥面系的板梁或桁梁		$L/5\,500$
	有桥面系	板梁	$L/6\,000$
		桁梁 $L \leqslant 40$ m	$L/6\,500$
		40 m$<L\leqslant$96 m	$L/(75L+3\,500)$
	钢筋混凝土梁、预应力混凝土梁		$L/9\,000$

表 2.21　《桥检规》跨中最大横向振幅通常值

结构类型			货列重车实测跨中横向最大振幅通常值 $V\leqslant 80$ km/h	客车实测跨中横向最大振幅通常值			
				$V\leqslant 120$ km/h		120 km/h $<V\leqslant$ 160 km/h	160 km/h $<V\leqslant$ 200 km/h
				有缝线路	无缝线路		
钢梁	无桥面系的板梁、桁梁	普通桥梁钢	$\leqslant\dfrac{L}{3.8B}$	$\dfrac{L}{9.9B}$	$\dfrac{L}{11.4B}$	$\dfrac{L}{9.4B}$	$\dfrac{L}{8.0B}$
		低合金钢	$\leqslant\dfrac{L}{3.2B}$	$\dfrac{L}{8.3B}$	$\dfrac{L}{9.6B}$	$\dfrac{L}{7.9B}$	$\dfrac{L}{6.7B}$
	有桥面系的板梁、桁梁	普通桥梁钢	$\leqslant\dfrac{L}{2.6B}$	$\dfrac{L}{6.8B}$	$\dfrac{L}{7.8B}$	$\dfrac{L}{6.4B}$	$\dfrac{L}{5.4B}$
		低合金钢	$\leqslant\dfrac{L}{2.2B}$	$\dfrac{L}{5.7B}$	$\dfrac{L}{6.6B}$	$\dfrac{L}{5.4B}$	$\dfrac{L}{4.6B}$

续表

结构类型	货列重车实测跨中横向最大振幅通常值 $V \leqslant 80$ km/h	客车实测跨中横向最大振幅通常值			
		$V \leqslant 120$ km/h		120 km/h $<V \leqslant$ 160 km/h	160 km/h $<V \leqslant$ 200 km/h
		有缝线路	无缝线路		
预应力混凝土梁	$\leqslant \dfrac{L}{7.0B}$	$\leqslant \dfrac{L}{18.2B}$	$\leqslant \dfrac{L}{20.9B}$	$\leqslant \dfrac{L}{17.2B}$	$\leqslant \dfrac{L}{14.7B}$

以我国既有线典型桥梁通过货列重车为例，按照上述规定计算：

① 跨度 32 m 主梁中心距 1.8 m 的预应力混凝土简支梁，跨中横向振幅安全限值为 3.56 mm，通常值为 2.54 mm；

② 跨度 40 m、主梁中心距 2.0 m、普通桥梁钢、无桥面系的上承式钢板梁，跨中横向振幅安全限值为 7.27 mm，通常值为 5.26 mm；

③ 跨度 64 m、主桁中心距 5.75 m、普通桥梁钢、有桥面系的下承式钢桁梁，跨中横向振幅安全限值为 7.71 mm，通常值为 4.28 mm。

《桥检规》第 10.0.7 条中，给出了铁路桥梁墩顶横向振幅的通常值，见表 2.22。表中：H 为墩全高，即自基底或桩承台底至墩顶的距离，m；H_1 为墩高，即自基顶或桩承台顶至墩顶的距离，m；B 为墩身横向平均宽度，m；Δh 和 α_2 的取值见表 2.23。

表 2.22 《桥检规》墩顶横向振幅通常值

墩身构成	墩身尺寸特征	基础与地基土		墩顶横向振幅/mm	
		基础类型	地基土	$V \leqslant 60$ km/h	$V > 60$ km/h
混凝土或石砌墩身	低墩：$H_1/B < 2.5$	扩大基础	岩石	$\dfrac{H}{30}$	$\dfrac{H}{25} + 0.1$
		沉井基础			
		桩基础		$\dfrac{H}{30} + 0.2$	$\dfrac{H}{25} + 0.4$
		扩大基础	黏性土或砂、砾		
	中高墩：$H_1/B \geqslant 2.5$	扩大基础	岩石	$\dfrac{H_1^2}{100B} + 0.2$	
		沉井基础			
		桩基础		$\dfrac{(H+\Delta h)^2}{100B} + 0.2$	
		扩大基础	黏性土或砂、砾	$\alpha_2 \left(\dfrac{H_1^2}{100B} + 0.2 \right)$	

表 2.23　《桥检规》墩顶横向振幅计算参数取值

参　数	地基土特征	车　速	
		$V \leqslant 60$ km/h	$V > 60$ km/h
Δh	软塑黏性土	1 mm	2 mm
	硬塑黏性土、砂、砾	0	1 mm
	嵌岩桩	0	1 mm
α_2		1.0	1.15

　　需要说明的是，表 2.20～2.21 中给出的有关跨中竖向挠跨比及横向振幅的安全限值、跨中及墩顶横向振幅的通常值，是《桥检规》制定时根据我国普通铁路桥梁大量实测数据的计算分析和统计结果确定的，不能用于对高速铁路桥梁动力性能的评判。

　　《高桥检规》第 4.4.1 条、第 4.4.2 条中，分别给出了动车组单线运行时常用跨度预应力混凝土双线简支箱梁和连续箱梁跨中竖向及横向振幅的通常值，见表 2.24 至表 2.27，单位为 mm。

表 2.24　《高桥检规》双线简支箱梁跨中竖向振幅通常值（mm）

桥梁设计速度	轨道结构类型	跨　度			
		19.5 m	23.5 m	31.5 m	39.1 m
250 km/h	有砟轨道	—	0.25	0.30	—
350 km/h	无砟轨道	0.30	0.20	0.35	0.25

表 2.25　《高桥检规》双线连续箱梁跨中竖向振幅通常值（mm）

桥梁设计速度	轨道结构类型	跨　度							
		32 m	40 m	48 m	56 m	60 m	64 m	80 m	100 m
250 km/h	有砟轨道	0.25	0.40	0.30	0.40	0.35	0.85	0.70	0.60
350 km/h	无砟轨道	0.25	0.30	0.40	0.65	0.35	0.45	0.45	0.45

表 2.26　《高桥检规》双线简支箱梁跨中横向振幅通常值（mm）

桥梁设计速度	轨道结构类型	跨　度			
		19.5 m	23.5 m	31.5 m	39.1 m
250 km/h	有砟轨道	—	0.15		—
350 km/h	无砟轨道	0.10	0.15		0.10

表 2.27 《高桥检规》双线连续箱梁跨中横向振幅通常值（mm）

桥梁设计速度	轨道结构类型	跨 度							
		32 m	40 m	48 m	56 m	60 m	64 m	80 m	100 m
250 km/h	有砟轨道	0.10			0.15		0.10		0.15
350 km/h	无砟轨道	0.10			0.15		0.10		0.15

《高桥检规》第 4.4.2 条中，还给出了列车单线运行时桥墩墩顶横向振幅的通常值，见表 2.28。

表 2.28 《高桥检规》桥墩墩顶横向振幅通常值（mm）

线路设计速度	通常值/mm	适用范围
250 km/h	$\dfrac{H_P}{55B}+0.02$	$0.5 \leqslant \dfrac{H_P}{B} \leqslant 4.2$
350 km/h	$\dfrac{H_P}{60B}+0.03$	

注：① 表中通常值适用于双线桥梁的实体墩、空心墩和双柱墩。

② 表中 H_P 为墩全高（自扩大基础基底或桩基承台底至墩顶），m；B 为墩身横向平均宽度，m。

③ 当横向强振频率与墩梁一体横向自振频率接近时，墩顶横向振幅最大值不宜大于通常值的 2 倍。

上表注③是针对车桥间发生横向共振时的情况。列车作用下桥梁的横向动力响应特性与桥墩和梁体的横向刚度或自振频率均直接相关。当列车荷载的横向激振频率接近桥梁自振频率时，会出现墩顶或跨中横向振幅放大的现象。我国高速铁路桥梁中，标准设计的常用跨度简支梁和连续梁及相应桥墩的横向刚度很大，除发生病害的情况外，一般不致在列车作用下发生较大的横向振动而危及行车安全。因此，若实测结果偏大，并不一定表示列车的运行安全指标恶化，而是提示桥梁结构有可能发生了病害。将共振条件下墩顶横向振幅的通常值加以放大，主要是为了客观反映共振条件下桥梁的振动状态。

由于实测振幅中高频成分很少，《桥检规》《高桥检规》均未规定振幅安全值和通常值对应的频率成分。因此，在对车桥耦合动力分析结果进行评判时，无须对计算结果做滤波处理。

2.4.4 振动加速度

《高铁规范》第 7.3.6 条、《客专暂规》第 6.3.6 条、《客货暂规》第 5.3.2 条均规定，桥面板在 20 Hz 及以下强振频率作用下竖向加速度限值为：

① 有砟桥面 0.35 g（或 3.5 m/s²）；

② 无砟桥面 0.5 g（或 5.0 m/s²）。

按照《高铁规范》《客专暂规》《客货暂规》的要求，在车桥耦合动力分析中，经 20 Hz 低通滤波后，桥梁的竖向加速度不得大于上述限值。

《桥检规》第 10.0.5 条规定，当列车通过时，桥跨结构在荷载平面的横向振动加速度不应超过 0.14 g。显然，此加速度值不仅取决于梁部结构的质量与刚度，也取决于桥墩的质量与刚度。有关桥梁横向振动加速度信号处理方法，规范中未给出明确规定。车桥耦合动力分析时，可借鉴《车辆规范》第 3.3.2.3 条分析列车运行平稳性时的规定，对横向加速度信号进行低通滤波处理。

此处讨论的桥梁竖向和横向振动加速度均指荷载平面内的整体横向加速度，计算输出点或测量点，对于混凝土梁，位于梁体桥面位置；对于上承式钢板梁，应位于主梁上翼缘而非上平联杆件上；对于下承式钢桁梁，应位于主桁下弦，而非纵、横梁上。

《高桥检规》第 4.4.1 条中，还给出了动车组列车单线运行时常用跨度预应力混凝土双线简支箱梁和连续箱梁跨中竖向加速度（20 Hz 低通）的通常值，分别见表 2.29 及表 2.30，单位为 m/s²，但未对高铁常用跨度桥梁的横向加速度作出规定。

表 2.29　《高桥检规》常用跨度预应力混凝土双线简支箱梁跨中竖向加速度通常值

桥梁设计速度	轨道结构类型	桥梁跨度			
		19.5 m	23.5 m	31.5 m	39.1 m
250 km/h	有砟轨道	—	0.40	0.40	—
350 km/h	无砟轨道	0.30	0.40	0.30	0.25

表 2.30　《高桥检规》常用跨度预应力混凝土双线连续箱梁跨中竖向加速度通常值

桥梁设计速度	轨道结构类型	桥梁跨度							
		32 m	40 m	48 m	56 m	60 m	64 m	80 m	100 m
250 km/h	有砟轨道	0.30	0.35	0.30	0.35	0.25	0.40	0.30	0.20
350 km/h	无砟轨道	0.20	0.20	0.20	0.20	0.20	0.20	0.20	0.20

2.4.5　梁端竖向转角和水平折角

梁端竖向转角和水平折角均会引起轨道局部不平顺，影响列车运行安全性和乘坐舒适性指标。梁端竖向转角主要由邻跨桥梁竖向刚度控制，水平折角主要由桥墩横向刚度控制。梁端竖向转角、水平转角的示意图分别见图 2.6、图 2.7。

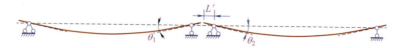

图 2.6　梁端竖向转角示意图

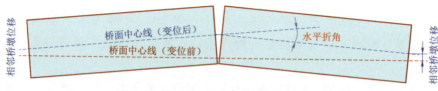

图 2.7　水平折角示意图

《高铁规范》第 7.3.7 条、《客专暂规》第 6.3.1 条、《客货暂规》第 5.3.1 条分别规定了设计活载作用下的桥梁梁端竖向转角限值，见表 2.31，其中 L' 为梁端悬出长度。表中各限值均是在设计静荷载作用下计算得到的（即不计动力系数）：《高铁规范》《客专暂规》的设计荷载为 ZK 荷载，《客货暂规》的设计荷载为中-活载。

表 2.31　桥梁梁端竖向转角限值

规范及设计荷载	桥上轨道类型	位置	限值/10^{-3}rad	备注
《高铁规范》 ZK 荷载	有砟轨道	桥台-桥梁	2	
		桥梁-桥梁	4	
	无砟轨道	桥台-桥梁	1.5	$L'\leqslant 0.55$ m
			1	0.55 m$<L'\leqslant 0.75$ m
		桥梁-桥梁	3	$L'\leqslant 0.55$ m
			2	0.55 m$<L'\leqslant 0.75$ m
《客专暂规》 ZK 荷载	有砟轨道		2	
	无砟轨道		1	
《客货暂规》 中-活载		桥台-桥梁	3	
		桥梁-桥梁	6	

《高铁规范》第 7.3.9 条、《客专暂规》第 6.3.2 条中，对梁端水平折角给出了相同的限值，即在 ZK 活载、横向摇摆力、离心力、风力及温度作用下，墩顶横向水平位移引起的桥面处梁端水平折角应不大于1‰。《客货暂规》第 5.3.4 条亦规定该折角不得大于1‰，但相应的荷载除中-活载，离心力，横向摇摆力，桥

墩、梁体和车上的风荷载，桥墩和梁结构的温度差5项外，还包括因地基位移造成的转动。《桥规》第5.3.3条则规定，在最不利荷载作用下，由墩台横向水平位移差引起的相邻结构物桥面处轴线的水平折角，当桥跨小于40 m时，不得超过1.5‰；当桥跨等于或大于40 m时，不得超过1.0‰。

需要说明的是：此处的梁端竖向转角、水平折角限值是为了控制梁部及桥墩的设计刚度不致过低，是设计荷载作用下产生的角变位。车桥动力耦合分析中，即使梁端角变位超过上述限值，仍不能说明列车安全性或乘坐舒适性不合格。上述限值仅作为评判车桥动力耦合分析结果的参考，而不是必须满足的标准。

2.4.6　梁体扭转角

对控制梁体的扭转刚度，《高铁规范》第7.3.4条、《客专暂规》第6.3.3条、《客货暂规》第5.3.1条分别规定了设计荷载下梁体扭转引起的轨面不平顺限值，即以一段3 m长的线路为基准，一线两根钢轨的竖向相对变形量（图2.8中的t）不应大于限值。《高铁规范》和《客专暂规》的设计荷载是ZK荷载，相应限值是1.5 mm；《客货暂规》的设计荷载是中-活载，相应限值是3 mm。

尽管规范条文中包含轨面、钢轨等词语，但这些规定所指的限值为梁体表面的竖向位移差，与线路结构无关，所以在计算竖向相对变形量时，无须考虑线路变形及线路结构对梁体扭转的约束作用。梁体扭转角的检算位置，主要在梁体扭转刚度较小处及梁端。

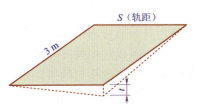

图2.8　梁体扭转角示意图

与梁端竖向转角和水平折角限值类似，梁体扭转角限值仅作为评判车桥动力耦合分析结果的参考，而不是必须满足的标准。

2.4.7　动力系数

《高桥检规》第6.4.1条中指出，桥梁动力系数可从动挠度、动应变实测波形分析计算获得。从梁体控制截面竖向动挠度得到的动力系数主要反映结构的整体动力系数，从梁体控制截面动应变得到的动力系数主要反映该应变点所在部位的动力系数。此条文还分别给出了"准静态标定时"和"未进行准静态标定时"两种情况下挠度动力系数的统计方法。采用"准静态标定"的方法时，动力系数的计算公式为

$$1+\mu=\frac{\delta_{\mathrm{d,max}}}{\delta_{\mathrm{s,max}}} \tag{2.24}$$

式中，$\delta_{\mathrm{d,max}}$ 为实测或计算的动挠度最大值；$\delta_{\mathrm{s,max}}$ 为实测或计算的准静态（或静态）挠度最大值。在车桥耦合动力分析中，$\delta_{\mathrm{s,max}}$ 是令列车以不高于 5 km/h 的低速通过桥梁时计算得到的。

《高桥检规》第 4.4.1 条给出了常用跨度预应力混凝土双线简支箱梁动力系数（$1+\mu$）的通常值

$$1+\mu=1+\mu'+0.5\mu'' \tag{2.25}$$

式中，

$$\mu'=\frac{K}{1-K+K^4} \quad K=\frac{V}{7.2n_0L}$$

$$\mu''=\frac{1}{100}\left[56\mathrm{e}^{-\left(\frac{L}{10}\right)^2}+50\left(\frac{n_0L}{80}-1\right)\mathrm{e}^{-\left(\frac{L}{20}\right)^2}\right]$$

式中，V 为动车组列车速度，km/h；n_0 为实测简支箱梁一阶竖向自振频率，Hz；L 为简支箱梁跨度，m。

2.5 不进行车桥耦合动力分析的条件

国际铁路联盟关于高速铁路车桥动力响应的研究成果表明，仅通过控制梁体振动基频不足以避免共振的发生。由于早期研究中在车辆参数取值方面存在一定的偏差，且未考虑桥梁的扭转效应，虽然设计的梁体振动基频满足要求，但随着列车运行速度的提高，梁体仍有发生共振的可能。如巴黎—里昂高速铁路线上的部分 14～20 m 跨度桥梁，当车速达到 260 km/h 时桥梁产生了共振，并出现了实际运营列车效应（运营活载×实际动力系数）大于设计荷载效应（UIC×设计动力系数）的情况。因此，在设计时，即使梁体的竖向自振频率满足最低频率限值要求，桥梁结构除按设计荷载进行静力分析外，还应按实际运营列车进行"车-线-桥"耦合动力分析。

随着高速铁路的发展，以德、日为主的一些国家针对高速铁路桥梁的性能和特点，通过对"车-线-桥"耦合振动体系进行仿真分析及现场试验验证，进一步研究了高速铁路桥梁的设计原则和控制指标。欧盟规范 *Design requirements for rail-bridges based on interaction phenomena between train，track and bridge* (2nd ed)（UIC Code 776-2，2009）中，不仅规定了高速铁路桥梁的动力设计流程，还明确指出了不需要进行动力检算的条件。该方法对我国高速铁路桥梁的动力设计具有很好的借鉴意义。UIC Code 776-2 中的动力分析流程图见图 2.9。

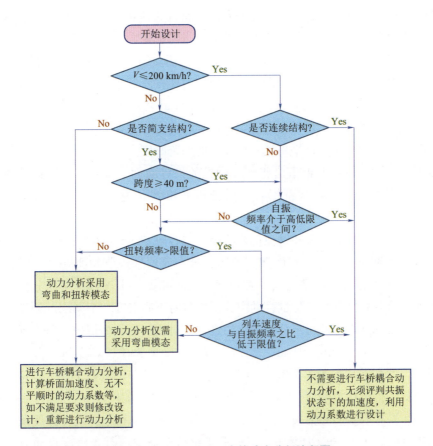

图 2.9　UIC Code 776-2 中的动力分析流程图

20 世纪 90 年代以来，我国学者在车桥耦合动力分析方面做了大量工作，针对所有结构形式和不同跨度的桥梁进行了"车-线-桥"耦合动力分析，研究成果为列车提速、客运专线和高速铁路桥梁的动力设计提供了技术依据。在一些高速铁路运营前的联调联试中，中国铁道科学研究院及有关高等学校进行了现场试验，获得了大量的实测数据，对桥梁和车辆的动力响应规律进行了系统分析，同时也对车桥耦合动力分析模型及数值分析结果做了验证，这为在今后高速铁路桥梁动力设计中减少复杂、耗时的计算工作创造了条件。在制订《高铁规范》时，结合多年的理论分析经验和现场试验结果，并参考上述欧洲规范，研究并提出了高铁桥梁可不进行车桥分析的条件。

高速铁路桥梁，尤其是双线常用跨度桥梁横向刚度较大，在 UIC Code 776-2 中未考虑常用跨度桥梁的横向振动，是有一定道理的。实际上，无论是理论分析还是工程实践中，高速铁路常用跨度桥梁的横向振动都很小，不致产生列车运行安全性和舒适性问题。这一结论已是我国铁路行业的共识，在制订我国高速铁路桥梁可不进行车桥耦合动力分析的条件时，未考虑横向振动的因素。

UIC Code 776-2 中对图 2.9 中的所谓的"简支结构"并无明确解释，但"简支结构"至少应包含常用跨度简支梁。我国高速铁路桥梁中，中小跨度预应力混凝土双线简支梁最为常见，占高架线路延长的 98%，故《高铁规范》仅针对混凝土双线简支梁提出了可不再进行车桥耦合动力分析的条件。

我国高速铁路中，还采用了一定数量的中跨跨度介于 48～128 m 的双线预应力混凝土连续梁桥，但由于这些连续梁桥的设计断面、桥面布置形式等种类较多，尚不宜对是否进行车桥耦合动力分析做出统一规定，故亦未将此类桥梁纳入。

中国铁道科学研究院在铁道部科研项目"客运专线铁路常用跨度桥梁结构刚度和基频标准研究"中，对欧盟、德国、日本等国外规范和我国原《新建时速 300～350 公里客运专线铁路设计暂行规定》的相关规定进行了对比分析，分别采用移动荷载列模型和车桥耦合动力分析模型对不同跨度、不同刚度的简支梁进行了大量仿真计算，并与部分实测结果进行了对比。动力分析中，简支梁跨度包括 12 m、16 m、20 m、24 m、32 m、40 m，梁型为单、双线预应力混凝土整孔箱梁，列车类型包括 CRH2、CRH3、CRH5、ICE3、欧盟 HSLM A01～10。综合分析了桥梁动力响应与列车类型（轴重、轴距和车长）、运行速度、桥梁刚度（基频）等因素的相关关系，提出了 CRH 系列客车在不同设计速度条件下中小跨度（≤32 m）预应力混凝土双线简支梁桥不需要进行车桥耦合动力分析的基频限值。

铁道部在制订《高铁规范》时应用了这一研究成果，规定了适用于 250 km/h、300 km/h 和 350 km/h 常用跨度预应力混凝土简支箱梁的基频下限值。《高铁规范》第 7.3.5 条规定：对于车长为 24～26 m 的动车组，跨度不大于 32 m 的预应力混凝土双线简支箱梁，当梁体自振频率不低于表 2.32 的限值要求时，梁部结构设计可不进行车桥耦合动力分析。

表 2.32 《高铁规范》常用跨度双线简支箱梁不需进行动力检算的竖向自振频率限值

跨度 L/m	设计列车速度		
	250 km/h	300 km/h	350 km/h
20	100/L	100/L	120/L
24	100/L	120/L	140/L
32	120/L	130/L	150/L

需要指出的是，按照《高铁规范》第 7.3.5 条判断梁部结构设计是否需要进行车桥耦合动力分析时，还应注意以下几点：

① 表 2.32 的限值仅适用于 CRH 系列客车（车辆长度按 25 m 计），当车辆长度变化较大时，还应单独进行车桥耦合动力分析；

② 对于单线简支梁，由于相同自振频率条件下，其梁体竖向刚度约为双线梁的一半，列车通过时振动加速度会明显增大，也应进行车桥耦合动力分析；

③ 对于非箱型截面简支梁，还应考虑梁体的扭转刚度。当满足表 2.32 的限值且梁体一阶扭转频率大于 1.2 倍的梁体一阶竖向频率时，方可不进行车桥耦合动力分析。

参 考 文 献

王福天，1983. 车辆动力学 [M]. 北京：中国铁道出版社.
王福天，1994. 车辆系统动力学 [M]. 北京：中国铁道出版社.
夏禾，张楠，2005. 车辆与结构动力相互作用 [M]. 2 版. 北京：科学出版社.
夏禾，2010. 交通环境振动工程 [M]. 北京：科学出版社.
翟婉明，2014. 车辆-轨道耦合动力学 [M]. 4 版. 北京：中国铁道出版社.

第 3 章

移动荷载作用下简支梁振动
分析的基本理论和方法

    本章介绍移动荷载作用下简支梁振动分析的一些基本理论和方法，分别推导了简支梁在匀速移动集中力、匀速简谐荷载及变速移动荷载作用下的振动的解析解，并结合算例分析其振动响应规律。同时，对车桥耦合振动分析中的一个重要现象——车桥系统的共振、抑振与消振机理进行了分析。

3.1　简支梁在移动荷载作用下的振动

3.1.1　基本分析模型

    对于简支梁，如果移动荷载的质量与梁的质量相比小得多，就可以不考虑荷载的质量惯性力而将其简化成如图 3.1 所示的分析模型，用 $P(t)$ 来表示一个随时间变化的移动集中力。当移动力为常数 P 时相当于仅考虑移动荷载的重力作用。

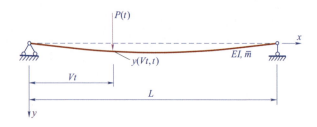

图 3.1　移动集中力作用下的简支梁分析模型

    假设简支梁为等截面（EI 为常数），恒载质量均匀分布（单位长度梁的质量 $\bar{m}$ 为常数），阻尼为黏滞阻尼（即阻尼力与结构的振动速度成正比），荷载 $P(t)$

以匀速 V 在梁上移动，梁的运动满足小变形理论并在弹性范围内，按照图 3.1 所示的坐标系，梁的强迫振动微分方程可用式（3.1）表示

$$EI\,\frac{\partial^4 y(x,t)}{\partial x^4}+\overline{m}\,\frac{\partial^2 y(x,t)}{\partial t^2}+c\,\frac{\partial y(x,t)}{\partial t}=\delta(x-Vt)P(t) \tag{3.1}$$

式中，c 为阻尼系数，δ 为狄拉克函数。在移动荷载作用下的简支梁动力分析中，狄拉克函数是一个非常有用的函数，其特性可用以下三个表达式说明，即

$$\delta(x-\eta)=\begin{cases}\infty & (x=\eta)\\ 0 & (x\neq\eta)\end{cases} \tag{3.2a}$$

$$\int_{-\infty}^{\infty}\delta(x-\eta)f(x)\mathrm{d}x=f(\eta) \tag{3.2b}$$

$$\int_{a}^{b}\delta(x-\eta)f(x)\mathrm{d}x=\begin{cases}0 & (\eta<a<b)\\ f(\eta) & (a\leqslant\eta\leqslant b)\\ 0 & (a<b<\eta)\end{cases} \tag{3.2c}$$

式（3.1）是一个偏微分方程，可按振型分解法（数学上称分离变量法）求解。振型分解法的基本原理是将结构的几何坐标变换成振型坐标或广义坐标，即用各振型运动的叠加来描述结构的运动（Clough et al，2003）。对于一维的连续体，这一变换的表达式为

$$y(x,t)=\sum_{i=1}^{\infty}\phi_i(x)q_i(t) \tag{3.3}$$

式中，$q_i(t)$ 为振型的广义坐标，是时间 t 的函数；$\phi_i(x)$ 为主振型函数。此式说明：结构的任一合理位移都可由该结构各振型相应振幅的叠加来表示。

结构的任一变形的振型分量都可以用振型的正交性得到。对于具有均匀截面特性的梁，为了计算第 n 阶振型对位移 $y(x,t)$ 的贡献，把式（3.3）两边都乘上 $\phi_n(x)$ 并沿梁长进行积分，结果为

$$\int_{0}^{L}\phi_n(x)y(x,t)\mathrm{d}x=\sum_{i=1}^{\infty}q_i(t)\int_{0}^{L}\phi_n(x)\phi_i(x)\mathrm{d}x \tag{3.4}$$

由于振型的正交性，当 $i\neq n$ 时，等式右边的积分为零，无穷级数就只剩下一项，于是，得到第 n 阶振型的广义坐标表达式

$$q_n(t)=\frac{\displaystyle\int_{0}^{L}\phi_n(x)y(x,t)\mathrm{d}x}{\displaystyle\int_{0}^{L}\phi_n^2(x)\mathrm{d}x} \tag{3.5}$$

按上述原理对简支梁的振动方程进行分解。将式（3.3）代入式（3.1），得到

$$EI\sum_{i=1}^{\infty}q_i(t)\,\frac{\mathrm{d}^4\phi_i(x)}{\mathrm{d}x^4}+\overline{m}\sum_{i=1}^{\infty}\phi_i(x)\,\frac{\mathrm{d}^2q_i(t)}{\mathrm{d}t^2}+c\sum_{i=1}^{\infty}\phi_i(x)\,\frac{\mathrm{d}q_i(t)}{\mathrm{d}t}=\delta(x-Vt)P(t)$$

$$\tag{3.6}$$

将上式的每一项乘以第 n 个振型函数 $\phi_n(x)$，沿梁的全长积分，并考虑到振型的正交特性（根据前面的假定，结构的质量、刚度和阻尼均满足正交条件），第 n 阶振型的广义坐标运动方程为

$$EIq_n(t)\int_0^L \phi_n(x)\frac{d^4\phi_n(x)}{dx^4}dx + \overline{m}\frac{d^2q_n(t)}{dt^2}\int_0^L \phi_n^2(x)dx + c\frac{dq_n(t)}{dt}\int_0^L \phi_n^2(x)dx$$

$$=\int_0^L \delta(x-Vt)P(t)\phi_n(x)dx \tag{3.7}$$

对于等截面的简支梁，振型函数可假定为三角函数，这时

$$\phi_n(x) = \sin\frac{n\pi x}{L} \tag{3.8}$$

将上式代入式（3.7），并注意到

$$\int_0^L \sin^2\frac{n\pi x}{L}dx \equiv \frac{L}{2}$$

$$\int_0^L \delta(x-Vt)P(t)\sin\frac{n\pi x}{L}dx = P(t)\sin\frac{n\pi Vt}{L}$$

积分后得到

$$\frac{L}{2}\overline{m}\frac{d^2q_n(t)}{dt^2} + \frac{L}{2}c\frac{dq_n(t)}{dt} + \frac{L}{2}\frac{n^4\pi^4}{L^4}EIq_n(t) = P(t)\sin\frac{n\pi Vt}{L} \tag{3.9}$$

令 $\omega_n = \frac{n^2\pi^2}{L^2}\sqrt{\frac{EI}{\overline{m}}}$ 为等截面简支梁的第 n 阶圆频率，$c = 2\xi_n\overline{m}\omega_n$ 为第 n 阶振型的阻尼，将等式两边同除以 $\frac{\overline{m}L}{2}$，并引入符号 $\dot{q}=\frac{dq}{dt}$，$\ddot{q}=\frac{d^2q}{dt^2}$，则可得到移动力作用下的简支梁第 n 阶振型动力平衡方程的标准形式

$$\ddot{q}_n(t) + 2\xi_n\omega_n\dot{q}_n(t) + \omega_n^2 q_n(t) = \frac{2}{\overline{m}L}P(t)\sin\frac{n\pi Vt}{L} \tag{3.10}$$

为了便于后面的讨论，在此引入两个参数：① 梁体的临界阻尼圆频率 $\omega_b = c/2\overline{m} = \xi_n\omega_n$（Frýba，1999）；② 荷载激励圆频率 $\omega = \pi V/L$（Xia et al，2006）。此时，式（3.10）可以化为

$$\ddot{q}_n(t) + 2\omega_b\dot{q}_n(t) + \omega_n^2 q_n(t) = \frac{2}{\overline{m}L}P(t)\sin n\omega t \tag{3.11}$$

这是一个常系数线性微分方程，而且显然各阶振型方程是互相独立的。通过 Duhamel 积分（Clough et al，2003），可以得到各阶振型广义坐标的特解

$$q_n(t) = \frac{2}{\overline{m}L\omega_D^n}\int_0^t P(\tau)\sin n\omega\tau e^{-\omega_b(t-\tau)}\sin\omega_D^n(t-\tau)d\tau \tag{3.12}$$

式中，$\omega_D^n = \omega_n\sqrt{1-\xi_n^2}$ 为第 n 阶有阻尼自振圆频率，该式仅适用于低阻尼及临界

阻尼的情况。

当外荷载形式简单，如外荷载为移动恒定荷载 $P(t)=P$ 时，或移动简谐荷载 $P(t)=P\sin\omega t$ 时，可以通过积分求解得到式（3.12）的精确解。下面针对这两种特殊荷载情况进行积分求解，并重点针对第一种荷载形式对几种特殊情况进行讨论。

3.1.2 移动集中力作用下简支梁振动的解析解

在这种情况下 $P(\tau)=P$，式（3.12）可以表示为

$$q_n(t)=\frac{2P}{mL\omega_{\mathrm{D}}^n}\int_0^t \sin n\omega\tau\sin\omega_{\mathrm{D}}^n(t-\tau)\mathrm{e}^{-\omega_{\mathrm{b}}(t-\tau)}\mathrm{d}\tau \tag{3.13}$$

对于这个积分，可利用三角变换公式（Rade et al, 2010）

$$\sin n\omega\tau\sin\omega_{\mathrm{D}}^n(t-\tau)=\frac{1}{2}\left\{\cos[\omega_{\mathrm{D}}^n t-(\omega_{\mathrm{D}}^n+n\omega)\tau]-\cos[\omega_{\mathrm{D}}^n t-(\omega_{\mathrm{D}}^n-n\omega)\tau]\right\}$$

$$\tag{3.14}$$

和以下两个函数积分的精确解

$$\int_0^t \sin(a+b\tau)\mathrm{e}^{(c+d\tau)}\mathrm{d}\tau=\frac{1}{b^2+d^2}\left\{[d\sin(a+b\tau)-b\cos(a+b\tau)]\mathrm{e}^{(c+d\tau)}\right\}\Big|_0^t$$

$$\tag{3.15a}$$

$$\int_0^t \cos(a+b\tau)\mathrm{e}^{(c+d\tau)}\mathrm{d}\tau=\frac{1}{b^2+d^2}\left\{[b\sin(a+b\tau)+d\cos(a+b\tau)]\mathrm{e}^{(c+d\tau)}\right\}\Big|_0^t$$

$$\tag{3.15b}$$

将式（3.14）代入式（3.13）中，并利用式（3.15），可以得到式（3.13）的积分解

$$q_n(t)=\frac{P}{mL\omega_{\mathrm{D}}^n}\left\{\int_0^t \cos[\omega_{\mathrm{D}}^n t-(\omega_{\mathrm{D}}^n+n\omega)\tau]\mathrm{e}^{-\omega_{\mathrm{b}}(t-\tau)}\mathrm{d}\tau-\right.$$

$$\left.\int_0^t \cos[\omega_{\mathrm{D}}^n t-(\omega_{\mathrm{D}}^n-n\omega)\tau]\mathrm{e}^{-\omega_{\mathrm{b}}(t-\tau)}\mathrm{d}\tau\right\}$$

$$=\frac{P}{mL\omega_{\mathrm{D}}^n}\left\{\frac{1}{(\omega_{\mathrm{D}}^n+n\omega)^2+\omega_{\mathrm{b}}^2}\left\{[(\omega_{\mathrm{D}}^n+n\omega)\sin n\omega t+\omega_{\mathrm{b}}\cos n\omega t]+\right.\right.$$

$$\left.[(\omega_{\mathrm{D}}^n+n\omega)\sin\omega_{\mathrm{D}}^n t-\omega_{\mathrm{b}}\cos\omega_{\mathrm{D}}^n t]\mathrm{e}^{-\omega_{\mathrm{b}}t}\right\}-$$

$$\frac{1}{(\omega_{\mathrm{D}}^n-n\omega)^2+\omega_{\mathrm{b}}^2}\left\{[-(\omega_{\mathrm{D}}^n-n\omega)\sin n\omega t+\omega_{\mathrm{b}}\cos n\omega t]+\right.$$

$$\left.\left.[(\omega_{\mathrm{D}}^n-n\omega)\sin\omega_{\mathrm{D}}^n t-\omega_{\mathrm{b}}\cos\omega_{\mathrm{D}}^n t]\mathrm{e}^{-\omega_{\mathrm{b}}t}\right\}\right\} \tag{3.16}$$

对于低阻尼（无阻尼）及临界阻尼的情况，分别有 $(\omega_{\mathrm{D}}^n)^2 = \omega_n^2 - \omega_{\mathrm{b}}^2$ 及 $(\omega_{\mathrm{D}}^n)^2 = 0$（即 $\omega_{\mathrm{b}}^2 = \omega_n^2$），此时对式（3.16）进行整理可得到

$$q_n(t) = \frac{2P}{mL} \frac{1}{(\omega_n^2 - n^2\omega^2)^2 + 4\omega_{\mathrm{b}}^2 n^2 \omega^2} \Big\{ (\omega_n^2 - n^2\omega^2)\sin n\omega t -$$

$$\frac{n\omega[(\omega_n^2 - n^2\omega^2) - 2\omega_{\mathrm{b}}^2]}{(\omega_n^2 - \omega_{\mathrm{b}}^2)^{1/2}} \mathrm{e}^{-\omega_{\mathrm{b}}t}\sin \omega_{\mathrm{D}}^n t - 2\omega_{\mathrm{b}}n\omega(\cos n\omega t - \mathrm{e}^{-\omega_{\mathrm{b}}t}\cos \omega_{\mathrm{D}}^n t) \Big\}$$

$$(3.17\mathrm{a})$$

$$q_n(t) = \frac{2P}{mL} \frac{1}{(\omega_n^2 + n^2\omega^2)^2} \Big\{ (\omega_n^2 - n^2\omega^2)\sin n\omega t - 2\omega_n n\omega \cos n\omega t +$$

$$\mathrm{e}^{-\omega_{\mathrm{b}}t}[(\omega_n^2 + n^2\omega^2)n\omega t + 2\omega_n n\omega] \Big\}$$

$$(3.17\mathrm{b})$$

为了更方便地讨论荷载移动速度及桥梁阻尼对桥梁振动响应的影响，引入荷载速度参数 α（简称速度参数）和阻尼参数 μ 两个量纲为 1 的参数，其表达式为

$$\alpha = \frac{\omega}{\omega_1} = \frac{VL}{\pi}\left(\frac{\overline{m}}{EI}\right)^{1/2} = \frac{V}{V_{\mathrm{cr}}} \tag{3.18a}$$

$$\mu = \frac{\omega_{\mathrm{b}}}{\omega_1} = \frac{\omega_{\mathrm{b}}L^2}{\pi}\left(\frac{\overline{m}}{EI}\right)^{1/2} \tag{3.18b}$$

式中，$V_{\mathrm{cr}} = \dfrac{2f_n L}{n^2} = \dfrac{\pi}{L}\left(\dfrac{EI}{m}\right)^{1/2}$ 为临界速度，f_n 为梁的第 n 阶自振频率，$n = 1, 2, 3, \cdots$。当荷载速度等于此值的整数 n 倍时，会引起第 n 阶振型的共振，详见 3.3 节。

将式（3.18）代入式（3.17），整理得到

$$q_n(t) = y_0 \frac{1}{n^2[n^2(n^2 - \alpha^2)^2 + 4\alpha^2\mu^2]} \Big\{ n^2(n^2 - \alpha^2)\sin n\omega t -$$

$$\frac{n\alpha[n^2(n^2 - \alpha^2) - 2\mu^2]}{(n^4 - \mu^2)^{1/2}} \mathrm{e}^{-\omega_{\mathrm{b}}t}\sin \omega_{\mathrm{D}}^n t - 2n\alpha\mu(\cos n\omega t - \mathrm{e}^{-\omega_{\mathrm{b}}t}\cos \omega_{\mathrm{D}}^n t) \Big\}$$

$$(3.19\mathrm{a})$$

$$q_n(t) = y_0 \frac{1}{n^2(n^2 + \alpha^2)^2} \Big\{ (n^2 - \alpha^2)\sin n\omega t - 2n\alpha \cos n\omega t +$$

$$\mathrm{e}^{-\omega_n t}[(n^2 + \alpha^2)n\omega t + 2n\alpha] \Big\}$$

$$(3.19\mathrm{b})$$

式中，$y_0 = \dfrac{PL^3}{48EI} \approx \dfrac{2PL^3}{\pi^4 EI} = \dfrac{2P}{mL\omega_1^2}$，即在刚度为 EI 的简支梁跨中 $L/2$ 处作用一个集中力 P 时，梁体跨中位移的大小。

根据式（3.19）中求得的各阶振型的广义坐标 $q_n(t)$，利用振型叠加法得到移动恒定荷载作用下简支梁振动位移特解的表达式（以低阻尼情况为例）为

$$y(x,t) = y_0 \sum_{n=1}^{\infty} \frac{1}{n^2 \left[n^2 (n^2 - \alpha^2)^2 + 4\alpha^2 \mu^2 \right]} \Big\{ n^2 (n^2 - \alpha^2) \sin n\omega t -$$

$$\frac{n\alpha \left[n^2 (n^2 - \alpha^2) - 2\mu^2 \right]}{(n^4 - \mu^2)^{1/2}} \mathrm{e}^{-\omega_b t} \sin \omega_\mathrm{D}^n t -$$

$$2n\alpha\mu (\cos n\omega t - \mathrm{e}^{-\omega_b t} \cos \omega_\mathrm{D}^n t) \Big\} \sin \frac{n\pi x}{L} \tag{3.20}$$

下面根据式（3.20）再进一步讨论几种特殊情况。

1. 静载情况（$\alpha=0$）

如果让速度参数 $\alpha=0$，则式（3.20）可以化为

$$y(x,t) = y_0 \sum_{n=1}^{\infty} \frac{1}{n^4} \sin \frac{n\pi x}{L} \sin n\omega t = y_0 \sum_{n=1}^{\infty} \frac{1}{n^4} \sin \frac{n\pi x}{L} \sin \frac{n\pi Vt}{L} \tag{3.21}$$

这种情况相当于在梁体的 Vt 处作用静载 P 时，求解梁体 x 位置处的挠度。此时 V 不再具有独立的物理意义，而是 Vt 一起作为一个变量表示荷载作用点的位置。式（3.21）则可以理解为梁体 x 处的位移影响线的傅里叶展开形式（振幅扩大 P 倍），或者理解为在梁体的 Vt 处作用集中荷载 P 时梁体挠度曲线的傅里叶展开形式。

2. 无阻尼情况（$\mu=0$）

1）$\alpha \neq k$，$\mu=0$

通过本章后面的分析可知，当移动荷载的速度参数 $\alpha=k$ 时，会使得梁体的第 n 阶振型产生共振响应，说明速度参数 $\alpha=k$ 所对应的速度为共振速度。首先研究荷载以非共振速度通过梁体时所对应的工况，即 $\alpha \neq k$。

如果让 $\mu=0$，则式（3.20）可以化为

$$y(x,t) = y_0 \sum_{n=1}^{\infty} \sin \frac{n\pi x}{L} \frac{1}{n^2 (n^2 - \alpha^2)} \left(\sin n\omega t - \frac{\alpha}{n} \sin \omega_n t \right) \tag{3.22}$$

根据式（3.22）可知，一阶振型对位移的贡献最大。在求解动力作用下梁体的位移响应时，仅使用一阶振型即可达到很高的求解精度。

对式（3.22）中括号内的部分进行分析，如果令此项在荷载出桥时刻（$t = L/V$）为零，则有

$$\left(\sin n\omega t - \frac{\alpha}{n} \sin \omega_n t \right) \Big|_{t=\frac{L}{V}} = \sin n\pi - \frac{\alpha}{n} \sin \frac{n^2 \pi}{\alpha} = 0 \tag{3.23}$$

不难看出，$\alpha = n^2/k$，$k=1, 2, 3, \cdots$，$k \neq n$ 时，可满足上式。设 $\alpha = n^2/k$ 对应的速度为 V_{can}，则有

$$\alpha = \frac{V_{\mathrm{can}}}{V_{\mathrm{cr}}} \Rightarrow V_{\mathrm{can}} = \alpha V_{\mathrm{cr}} \tag{3.24}$$

将式（3.18a）代入上式，根据简支梁的解析解 $f_1 = f_n/n^2$，可得

$$V_{can} = \alpha V_{cr} = \frac{n^2}{k} \cdot \frac{2f_n L}{n^2} = 2n^2 f_1 L/k \tag{3.25}$$

通过式（3.22）及式（3.23）可以发现：当 $\alpha = n^2/k$ 时，梁体第 n 阶振型的位移分量在荷载出桥时刻为零。因此，将 V_{can} 称为对应于第 n 阶振型的消振速度。

荷载出桥以后（$t > L/V$），梁体处于自由振动状态，此时梁的位移解为

$$y(x,t) = \sum_{n=1}^{\infty} \left[\frac{\dot{y}_n(x, L/V)}{\omega_n} \sin \omega_n t + y_n(x, L/V) \cos \omega_n t \right] \tag{3.26}$$

式中，$y_n(x, L/V)$ 和 $\dot{y}_n(x, L/V)$ 分别表示荷载出桥时刻梁体的位移及速度，其具体形式为

$$y_n(x, L/V) = \frac{y_0}{n^2(n^2 - \alpha^2)} \left(\sin \frac{n\omega L}{V} - \frac{\alpha}{n} \sin \frac{\omega_n L}{V} \right) \sin \frac{n\pi x}{L}$$

$$\dot{y}_n(x, L/V) = \frac{n\omega y_0}{n^2(n^2 - \alpha^2)} \left(\cos \frac{n\omega L}{V} - \cos \frac{\omega_n L}{V} \right) \sin \frac{n\pi x}{L}$$

当荷载以消振速度 V_{can} 出桥时，梁体的速度却不一定为零。荷载出桥时，梁体的振动速度如下

$$\dot{y}(x,t)\Big|_{t=\frac{L}{V}} = \left(V \frac{\partial y(x,t)}{\partial x} + \frac{\partial y(x,t)}{\partial t} \right)\Bigg|_{t=\frac{L}{V}}$$

$$= y_0 \sum_{n=1}^{\infty} \sin \frac{n\pi x}{L} \frac{n\omega}{n^2(n^2 - \alpha^2)} (\cos n\pi - \cos k\pi) \tag{3.27}$$

可以看出：当 n、k 同奇偶时，式（3.27）等于零，即荷载出桥时刻，梁体第 n 阶振型的位移分量与速度分量同时为零；当 n、k 非同奇偶时，荷载出桥时刻仅有梁体第 n 阶振型的位移为零。因此，在荷载出桥以后，梁体第 n 阶振型对桥梁的后续振动依然有贡献。对于式（3.25）中给出的速度 $V_{can} = 2n^2 f_1 L/k$，当 n、k 奇偶性相同时定义为全消振速度；当 n、k 奇偶性不同时定义为位移消振速度。

当一个荷载列以全消振速度移动时，即 $\alpha = 1/k$（k 为奇数），因为梁体的位移等于各个荷载产生位移的线性叠加（线弹性阶段），所以荷载列移出梁体时，梁体的动力响应趋近于零。

2）$\alpha = k$，$\mu = 0$

如果让 $\alpha = k$、$\mu = 0$，此时式（3.20）的第 $n = k$ 项为 0/0 型表达式，利用 L'Hospital 法则对此项求极限，可以得到简支梁振动位移特解的表达式为

$$y(x,t) = y_0 \frac{1}{2k^4} (\sin k\omega t - k\omega t \cos k\omega t) \sin \frac{k\pi x}{L} +$$

$$y_0 \sum_{n=1,n\neq k}^{\infty} \sin\frac{n\pi x}{L}\frac{1}{n^2(n^2-\alpha^2)}\Big(\sin n\omega t - \frac{\alpha}{n}\sin\omega_n t\Big) \tag{3.28}$$

根据式（3.28）可以发现，当 $\alpha=k$、$\mu=0$ 时，梁体上任意点 x 处的位移是随着时间 t 的增大而增大的，并在 $t=L/V$ 时位移达到最大值，但不会达到无穷大。

这种情况相当于移动荷载 P 与桥梁发生了共振。当 $k=n$ 时，$\sin(n\pi Vt/L)=\sin n\omega t$，即移动荷载的加载频率与第 n 阶振型的自振频率相等，此时相当于移动荷载与简支梁的第 n 阶振型产生了共振，而且对于 $k=1$ 的情况，位移的共振放大系数最大，这也说明一阶振型对位移的贡献最大。

图 3.2（a）给出了单个荷载以不同速度通过时梁体跨中位移与时间参数 Vt/L 及荷载速度参数 α 的三维分布，图 3.2（b）是其二维俯视图，这里位移用相对值 $y(L/2,t)/y_0$ 表示。图中曲面与平面 $\alpha=0$，0.3，0.5，1，2［即图 3.2（a）中的时程剖面］的交线为相应荷载速度的桥梁位移时程曲线，如图 3.2（c）所示。可以看出，在低速情况下，桥梁跨中最大位移出现在荷载移动到跨中附近时；随着移动速度的增大，跨中最大位移出现时的荷载位置逐渐向出桥方向移动；达到一定速度以后，跨中位移刚好在荷载出桥时刻达到最大。

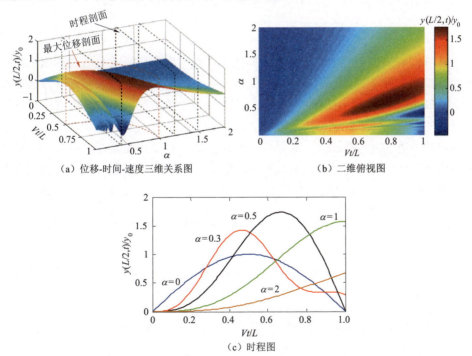

（a）位移-时间-速度三维关系图　　　　（b）二维俯视图

（c）时程图

图 3.2　跨中位移相对值与时间参数、荷载速度参数的关系（$\mu=0$）

图 3.3 给出了桥梁最大跨中位移相对值 $y_{\max}(L/2,t)/y_0$ 随荷载速度参数 α 的变化关系。可以看出，单个移动荷载通过桥梁时，桥梁最大位移响应并非随着速度的增大而单调增大，而是表现出一种类似正弦波但波幅逐渐增大的形式，在一些速度点出现了极大值。

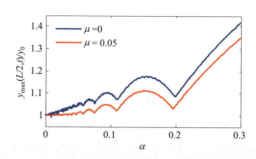

图 3.3　最大跨中位移相对值与荷载速度参数的关系

3. 低阻尼情况 （$\mu \ll 1$）

1）$\alpha \neq k$，$\mu \ll 1$

当梁体的阻尼很小时，可以忽略掉式（3.20）中包含 μ 及 μ^2 的项，这时式（3.20）可以转变为下面的形式，它与式（3.22）极为相似，即

$$y(x,t) \approx y_0 \sum_{n=1}^{\infty} \sin \frac{n\pi x}{L} \frac{1}{n^2(n^2-\alpha^2)}\left(\sin n\omega t - \frac{\alpha}{n}\mathrm{e}^{-\omega_\mathrm{b}t}\sin \omega_n t\right) \quad (3.29)$$

式（3.29）在工程实际中具有很高的实用性，因为实际桥梁结构的阻尼一般很小，而且实际车辆的行驶速度很难达到 $\alpha=k$ 的情况（即 $V=kV_\mathrm{cr}$）。以桥梁跨度 $L=32$ m、桥梁第一阶频率 $f_1=4.5$ Hz、$k=1$ 的情况为例，此时有临界速度 $V_\mathrm{cr}=2f_1L=1\,036.8$ km/h，该速度远高于目前实际列车运行的速度。当低速行驶车辆在桥上通过时，有 $\alpha \ll 1$，如果车辆的质量相对桥梁质量较小，就可以忽略车辆的质量，把车辆简化为一个移动集中荷载列，而且仅取桥梁的一阶振型来简化求解车辆在桥梁上走行时桥梁的位移响应。单个荷载作用下的简化求解公式如下

$$y(x,t) \approx y_0 \sin \frac{\pi x}{L} \sin n\omega t \quad (3.30)$$

2）$\alpha=k$，$\mu \ll 1$

此种情况的推导与 $\alpha=k$、$\mu=0$ 的情况是类似的，下面直接给出最终的梁体位移表达式，即

$$y(x,t) \approx y_0 \frac{1}{2k^4}\left[\mathrm{e}^{-\omega_\mathrm{b}t}\sin k\omega t - \frac{k^2}{\mu}(1-\mathrm{e}^{-\omega_\mathrm{b}t})\cos k\omega t\right]\sin \frac{k\pi x}{L} +$$

$$y_0 \sum_{n=1,n\neq k}^{\infty} \frac{1}{n^2(n^2-\alpha^2)}\left(\sin n\omega t - \frac{\alpha}{n}\mathrm{e}^{-\omega_\mathrm{b}t}\sin \omega_n t\right)\sin \frac{n\pi x}{L} \quad (3.31)$$

图 3.4（a）给出了 $\mu=0.05$ 时跨中位移相对值 $y(L/2,t)/y_0$ 与时间 Vt/L 及荷载速度 α 关系的二维俯视图，图 3.4（b）为各种速度情况下 $y(L/2,t)/y_0$ 的时程曲线，它们与无阻尼情况时非常相似。低阻尼情况下桥梁最大跨中位移与荷载速度的关系也绘于图 3.3 中，与无阻尼的时程曲线比较可以看出，阻尼的存在使梁体的位移响应有所降低，但没有改变最大位移随速度变化的趋势。

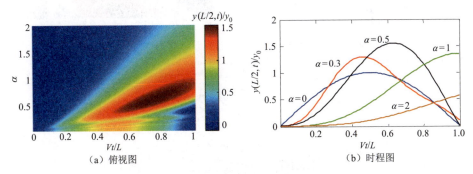

（a）俯视图　　　　　（b）时程图

**图 3.4　跨中位移相对值与时间参数、荷载
速度参数的关系（$\mu=0.05$）**

4. 临界阻尼情况（$\mu=\mu_{\mathrm{cr}}=k^2$）

对于第 k 阶振型，当阻尼比 $\xi_k=1$ 时，说明此时桥梁的阻尼对于第 k 阶振型为临界阻尼，此时可以得到

$$\mu_{\mathrm{cr}}=\frac{\omega_{\mathrm{b}}}{\omega_1}=\frac{\xi_k\omega_k}{\omega_1}=k^2 \tag{3.32}$$

此时，对应于简支梁第 k 阶振型的广义坐标 $q_k(t)$ 的表达式如式（3.19b）所示，该阶振型对位移的贡献部分如式（3.33）所示，即

$$y_k(x,t)=q_k(t)\sin\frac{k\pi x}{L}=y_0\frac{1}{k^2(k^2+\alpha^2)^2}\Big\{(k^2-\alpha^2)\sin k\omega t-$$

$$2k\alpha\cos k\omega t+\mathrm{e}^{-\omega_k t}\big[(k^2+\alpha^2)k\omega t+2k\alpha\big]\Big\}\sin\frac{k\pi x}{L} \tag{3.33}$$

当桥梁的阻尼为临界阻尼时，即 $\mu=\mu_{\mathrm{cr}}=k^2$，并非对于所有振型来说都是临界阻尼。对于桥梁的第 n 阶振型，如果 $n>k$，此时桥梁的阻尼为低阻尼情况，可以按照式（3.17a）求解第 n 阶振型的广义坐标 $q_n(t)$；如果 $n<k$，此时桥梁的阻尼为超阻尼情况，该振型广义坐标 $q_n(t)$ 的具体求解在下文中给出。

临界阻尼情况下（$\mu=\mu_{\mathrm{cr}}=1$），跨中位移相对值 $y(L/2,t)/y_0$ 与时间参数 Vt/L 及荷载速度参数 α 的关系如图 3.5 所示。

5. 超阻尼情况（$\mu>\mu_{\mathrm{cr}}=k^2$）

根据上面的讨论，如果桥梁的阻尼对于第 k 阶振型为临界阻尼，对于第 n 阶

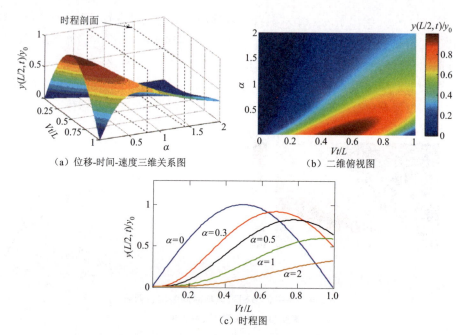

（a）位移-时间-速度三维关系图　　　　　（b）二维俯视图

（c）时程图

图 3.5　跨中位移相对值与时间参数、荷载速度参数的关系（$\mu=1$）

振型（$n<k$）来说则为超阻尼的情况，即

$$\xi_n = \frac{\xi_k \omega_k}{\omega_n} = \frac{\omega_k}{\omega_n} > 1, (n<k) \tag{3.34}$$

对于超阻尼的情况，式（3.11）的杜哈梅尔（Duhamel）积分求解式不再是式（3.12），而是变为如下形式，即

$$q_n(t) = \frac{2}{mL\omega_D^n} \int_0^t P(\tau) \sin n\omega\tau e^{-\omega_b(t-\tau)} \sin h\omega_D^n(t-\tau) d\tau \tag{3.35}$$

式中，$\omega_D^n = \omega_n \sqrt{\xi_n^2 - 1}$ 为第 n 阶有阻尼自振圆频率；$\sin h\omega_D^n(t-\tau) = [e^{\omega_D^n(t-\tau)} - e^{-\omega_D^n(t-\tau)}]/2$。

在此直接给出该振型广义坐标 $q_n(t)$ 的解，即

$$q_n(t) = y_0 \frac{1}{n^2[n^2(n^2-\alpha^2)^2+4\alpha^2\mu^2]} \Big(n^2(n^2-\alpha^2)\sin n\omega t - 2n\alpha\mu\cos n\omega t +$$

$$\frac{n\alpha e^{-\omega_b t}}{2(\mu^2-n^4)^{1/2}} \Big\{ [2\mu^2 - n^2(n^2-\alpha^2) + 2\mu(\mu^2-n^4)^{1/2}] e^{\omega_D^n t} -$$

$$[2\mu^2 - n^2(n^2-\alpha^2) - 2\mu(\mu^2-n^4)^{1/2}] e^{-\omega_D^n t} \Big\} \Big) \tag{3.36}$$

此时，简支梁对应第 n 阶振型（$n<k$）的位移分量为

$$y_n(x,t) = y_0 \frac{1}{n^2[n^2(n^2-\alpha^2)^2+4\alpha^2\mu^2]} \Big(n^2(n^2-\alpha^2)\sin n\omega t - 2n\alpha\mu\cos n\omega t +$$

$$\frac{n\alpha \mathrm{e}^{-\omega_\mathrm{b}t}}{2(\mu^2-n^4)^{1/2}}\left\{\left[2\mu^2-n^2(n^2-\alpha^2)+2\mu(\mu^2-n^4)^{1/2}\right]\mathrm{e}^{\omega_\mathrm{D}^n t}-\right.$$

$$\left.\left[2\mu^2-n^2(n^2-\alpha^2)-2\mu(\mu^2-n^4)^{1/2}\right]\mathrm{e}^{-\omega_\mathrm{D}^n t}\right\}\sin\frac{n\pi x}{L} \tag{3.37}$$

超阻尼情况下（$\mu=2$），跨中位移相对值 $y(L/2,t)/y_0$ 与时间参数 Vt/L 及荷载速度参数 α 的关系如图 3.6 所示。

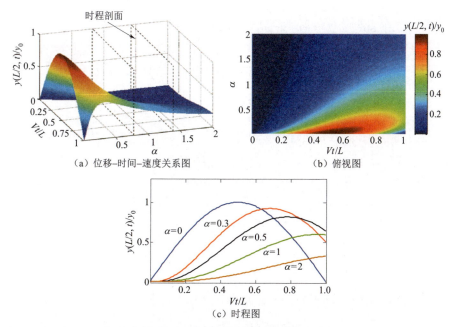

（a）位移–时间–速度关系图　　　　（b）俯视图

（c）时程图

图 3.6　跨中位移相对值与时间参数、荷载速度参数的关系（$\mu=2$）

3.1.3　移动简谐荷载作用下简支梁振动的解析解

在移动简谐荷载作用下，集中力 $P(t)=P\sin\overline{\omega}t$，式（3.12）可以表示为

$$q_n(t)=\frac{2P}{mL\omega_\mathrm{D}^n}\int_0^t \sin\overline{\omega}\tau\sin n\omega\tau\sin\omega_\mathrm{D}^n(t-\tau)\mathrm{e}^{-\omega_\mathrm{b}(t-\tau)}\mathrm{d}\tau \tag{3.38}$$

对于这个积分，可利用三角变换公式求解，即

$$\sin\overline{\omega}\tau\sin n\omega\tau\sin\omega_\mathrm{D}^n(t-\tau)=\frac{1}{4}\left\{\sin\left[\omega_\mathrm{D}^n t+(r_2-\omega_\mathrm{D}^n)\tau\right]+\sin\left[\omega_\mathrm{D}^n t-(r_2+\omega_\mathrm{D}^n)\tau\right]-\right.$$

$$\left.\sin\left[\omega_\mathrm{D}^n t+(r_1-\omega_\mathrm{D}^n)\tau\right]-\sin\left[\omega_\mathrm{D}^n t-(r_1+\omega_\mathrm{D}^n)\tau\right]\right\} \tag{3.39}$$

式中，$r_1=\overline{\omega}+n\omega$；$r_2=\overline{\omega}-n\omega$。

将式（3.39）代入式（3.38）中，并利用式（3.15），可以得到式（3.38）

的积分精确解

$$q_n(t) = \frac{P}{2mL\omega_D^n} \left\{ \int_0^t \sin\left[\omega_D^n t + (r_2 - \omega_D^n)\tau\right] e^{-\omega_b(t-\tau)} d\tau + \right.$$

$$\int_0^t \sin\left[\omega_D^n t - (r_2 + \omega_D^n)\tau\right] e^{-\omega_b(t-\tau)} d\tau -$$

$$\int_0^t \sin\left[\omega_D^n t + (r_1 - \omega_D^n)\tau\right] e^{-\omega_b(t-\tau)} d\tau -$$

$$\left. \int_0^t \sin\left[\omega_D^n t - (r_1 + \omega_D^n)\tau\right] e^{-\omega_b(t-\tau)} d\tau \right\}$$

$$= \frac{P}{2mL\omega_D^n} \left\{ \frac{1}{(r_2 - \omega_D^n)^2 + \omega_b^2} \left\{ \left[\omega_b \sin r_2 t - (r_2 - \omega_D^n)\cos r_2 t\right] - \right. \right.$$

$$\left[\omega_b \sin \omega_D^n t - (r_2 - \omega_D^n)\cos \omega_D^n t\right] e^{-\omega_b t} \right\} +$$

$$\frac{1}{(r_2 + \omega_D^n)^2 + \omega_b^2} \left\{ \left[-\omega_b \sin r_2 t + (r_2 + \omega_D^n)\cos r_2 t\right] - \right.$$

$$\left[\omega_b \sin \omega_D^n t + (r_2 + \omega_D^n)\cos \omega_D^n t\right] e^{-\omega_b t} \right\} -$$

$$\frac{1}{(r_1 - \omega_D^n)^2 + \omega_b^2} \left\{ \left[\omega_b \sin r_1 t - (r_1 - \omega_D^n)\cos r_1 t\right] - \right.$$

$$\left[\omega_b \sin \omega_D^n t - (r_1 - \omega_D^n)\cos \omega_D^n t\right] e^{-\omega_b t} \right\} -$$

$$\frac{1}{(r_1 + \omega_D^n)^2 + \omega_b^2} \left\{ \left[-\omega_b \sin r_1 t + (r_1 + \omega_D^n)\cos r_1 t\right] - \right.$$

$$\left. \left[\omega_b \sin \omega_D^n t + (r_1 + \omega_D^n)\cos \omega_D^n t\right] e^{-\omega_b t} \right\} \right\} \tag{3.40}$$

对式（3.40）进行整理，对于低阻尼的情况，此时有 $(\omega_D^n)^2 = \omega_n^2 - \omega_b^2$，整理可得

$$q_n(t) = \frac{P}{mL} \left\{ \frac{1}{(\omega_n^2 - r_2^2)^2 + 4\omega_b^2 r_2^2} \left[(\omega_n^2 - r_2^2)(\cos r_2 t - e^{-\omega_b t}\cos \omega_D^n t) + \right. \right.$$

$$\left. 2\omega_b r_2 \sin r_2 t - \frac{\omega_b}{\omega_D^n}(\omega_n^2 + r_2^2) e^{-\omega_b t}\sin \omega_D^n t \right] -$$

$$\frac{1}{(\omega_n^2 - r_1^2)^2 + 4\omega_b^2 r_1^2} \left[(\omega_n^2 - r_1^2)(\cos r_1 t - e^{-\omega_b t}\cos \omega_D^n t) + \right.$$

$$\left. \left. 2\omega_b r_1 \sin r_1 t - \frac{\omega_b}{\omega_D^n}(\omega_n^2 + r_1^2) e^{-\omega_b t}\sin \omega_D^n t \right] \right\} \tag{3.41}$$

根据式（3.41）中求得的各阶振型的广义坐标 $q_n(t)$，可利用振型叠加法得到移动简谐荷载作用下简支梁位移的特解，即

$$y(x,t) = \frac{y_0}{2} \sum_{n=1}^{\infty} \left\{ \frac{\omega_1^2}{(\omega_n^2 - r_2^2)^2 + 4\omega_b^2 r_2^2} \left[(\omega_n^2 - r_2^2)(\cos r_2 t - e^{-\omega_b t}\cos \omega_D^n t) + \right. \right.$$

$$2\omega_{b}r_{2}\sin r_{2}t - \frac{\omega_{b}}{\omega_{D}^{n}}(\omega_{n}^{2}+r_{2}^{2})\mathrm{e}^{-\omega_{b}t}\sin \omega_{D}^{n}t\big] -$$

$$\frac{\omega_{1}^{2}}{(\omega_{n}^{2}-r_{1}^{2})^{2}+4\omega_{b}^{2}r_{1}^{2}}\big[(\omega_{n}^{2}-r_{1}^{2})(\cos r_{1}t-\mathrm{e}^{-\omega_{b}t}\cos \omega_{D}^{n}t)+$$

$$2\omega_{b}r_{1}\sin r_{1}t - \frac{\omega_{b}}{\omega_{D}^{n}}(\omega_{n}^{2}+r_{1}^{2})\mathrm{e}^{-\omega_{b}t}\sin \omega_{D}^{n}t\big]\Big\}\sin \frac{n\pi x}{L} \tag{3.42}$$

现在，根据工程实际中常见的情况引入一些附加条件对式（3.42）进行简化。例如，在求解梁体位移时，仅取一阶振型即可达到很高的求解精度，即取 $n=1$；工程实际中，无量纲参数 α、μ 的值一般很小，即 $\alpha \ll 1$，$\mu \ll 1$。根据以上的附加条件，式（3.42）可以简化为如下形式

$$y(x,t)= y_{0}\frac{\omega_{1}^{2}}{\omega^{2}}\frac{1}{\left(\frac{\omega_{1}^{2}}{\omega^{2}}-1\right)^{2}+4\left(\frac{\omega^{2}}{\omega^{2}}+\frac{\omega_{b}^{2}}{\omega^{2}}\right)}\Big\{\Big[\left(\frac{\omega_{1}^{2}}{\omega^{2}}-1\right)^{2}+4\frac{\omega_{b}^{2}}{\omega^{2}}\Big]^{1/2}\sin(\overline{\omega}t+\varphi)\sin \omega t +$$

$$2\frac{\omega}{\omega}(\cos \overline{\omega}t\cos \omega t - \mathrm{e}^{-\omega_{b}t}\cos \omega_{1}t)\Big\}\sin \frac{\pi x}{L} \tag{3.43}$$

式中，$\varphi = \arctan\left(-\dfrac{2\omega_{b}/\overline{\omega}}{\omega_{1}^{2}/\overline{\omega}^{2}-1}\right)$。

为了考虑简谐荷载的荷载频率 $\overline{\omega}$ 对桥梁位移响应的影响，此处再引入一个无量纲参数频率比 γ，有

$$\gamma = \frac{\overline{\omega}}{\omega_{1}} \tag{3.44}$$

当 $\mu=0.05$ 时，在不同的外荷载频率 $\overline{\omega}$ 的情况下，跨中位移相对值 $y(L/2,t)/y_{0}$ 与时间参数 Vt/L 及荷载速度参数 α 的关系如图 3.7 所示。

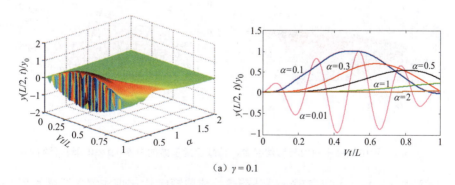

(a) $\gamma = 0.1$

图 3.7　跨中位移相对值与时间参数、荷载速度参数的关系 ($\mu = 0.05$)

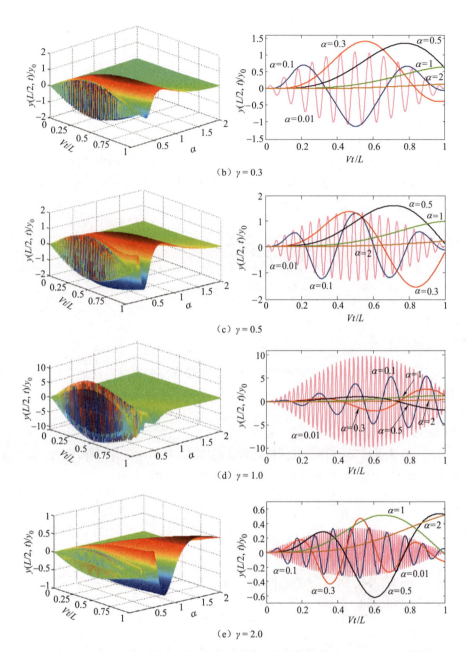

（b）$\gamma = 0.3$

（c）$\gamma = 0.5$

（d）$\gamma = 1.0$

（e）$\gamma = 2.0$

图 3.7　跨中位移相对值与时间参数、荷载速度参数的关系（$\mu = 0.05$）（续）

根据式（3.44）可以发现，当外荷载的荷载频率 $\overline{\omega}$ 接近或等于桥梁的第一阶频率 ω_1 时，桥梁的动力响应达到最大。在这种情况下，式（3.43）可以进一步

简化为如下的形式

$$y(x,t)=y_0\frac{\omega_1}{2}\frac{\cos\omega_1 t}{\omega^2+\omega_{\mathrm{b}}^2}\big[\omega(\cos\omega t-\mathrm{e}^{-\omega_{\mathrm{b}}t})-\omega_{\mathrm{b}}\sin\omega t\big]\sin\frac{\pi x}{L} \qquad (3.45)$$

动力放大系数

此处把动力放大系数 $D_{1/2}$ 定义为，移动简谐荷载 $P(t)=P\sin\overline{\omega}t$ 作用下梁体跨中挠度的最大值与作用在跨中的静载 P 产生的跨中挠度 y_0 的比值，即

$$D_{1/2}=\frac{\max[y(L/2,t)]}{y_0} \qquad (3.46)$$

为了研究桥梁动力放大系数 $D_{1/2}$ 与荷载频率比 γ 及荷载速度 α 的关系，在低阻尼情况下（$\mu=0.05$），让不同频率的荷载以不同速度在桥上通过，计算桥梁跨中的最大位移响应，如图 3.8 所示。

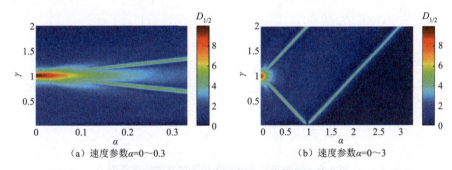

（a）速度参数 $\alpha=0\sim0.3$　　　　　　（b）速度参数 $\alpha=0\sim3$

图 3.8　动力放大系数 $D_{1/2}$ 与荷载频率比、荷载速度的关系（$\mu=0.05$）

可以看出，当速度参数 α 很低时，移动产生的加载频率 ω 对桥梁位移的响应影响很小，位移响应表现出类似静力作用下的响应：当 $\gamma=1$ 时桥梁位移响应最大（相同速度参数 α 条件下）；随着速度参数 α 的增大，移动产生的加载频率 ω 对桥梁位移的响应影响加大；当 $\gamma=1$ 时桥梁的动力放大系数大致呈现逐渐减小趋势，而且最大动力放大系数处所对应的荷载频率发生变化，不再是 $\gamma=1$。

从图 3.8（b）中还可以发现桥梁位移响应出现的一种有趣现象：如果把两个坐标轴平面看成两个镜面，则有桥梁的最大位移响应点的连线相当于一束以 $45°$ 入射的光线，且在与镜面相交点处产生一个位移响应的高峰（$\alpha=0$，$\gamma=1$），在此称这个现象为位移最大响应的类光线反射效应。图中，当 γ 在零值附近时（即 $\overline{\omega}\approx0$），$D_{1/2}$ 的值几乎为零，这是因为此时 $P(t)=P\sin\overline{\omega}t\approx0$，所以，当 $\gamma=0$ 时，式（3.42）不能由移动简谐荷载作用下的位移退化为移动恒定荷载作用下的位移。

3.2 简支梁在变速移动荷载作用下的振动

上一节介绍了简支梁在移动集中力、简谐荷载作用下的分析方法及动力响应特点，这些都是考虑荷载匀速移动的情况。实际上，车辆在运行过程中，常会发生加速或减速等变速运动。本节以移动车轮加簧上质量为例，研究简支梁在变速移动荷载作用下的振动响应。

3.2.1 计算模型

匀变速移动荷载作用下简支梁的计算模型如图 3.9 所示。移动荷载是由车轮质量 M_1、簧上质量 M_2、弹簧 k_1 和阻尼器 c_1 组成的体系。

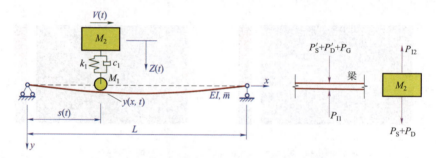

图 3.9 匀变速移动荷载作用下简支梁计算模型

设车辆初速度为 V_0、加速度为 $a(t)$、t 时刻的速度为 $V(t)$、移动距离为 $s(t)$、梁的动挠度为 $y(x,t)$、簧上质量 M_2 的动位移为 $Z(t)$，并假定簧下质量 M_1 沿梁长移动而不脱离梁体，则其位移与它所在位置梁段的挠度一致。

作用在簧上质量 M_2 上的力有惯性力 $P_{I2} = M_2\ddot{Z}(t)$、弹簧由于 M_2 和体系所在位置梁的相对位移而产生的弹性力 $P_S = k_1[Z(t) - y(x,t)]|_{x=s(t)}$、阻尼器由于 M_2 和体系所在位置梁的相对速度差而产生的阻尼力 $P'_D = c_1\left[\dot{Z}(t) - \dfrac{dy(x,t)}{dt}\right]\Big|_{x=s(t)}$。从图 3.9 所示质量 M_2 上力的平衡，可以直接导出 M_2 的动力平衡方程

$$M_2\ddot{Z}(t) + k_1\left[Z(t) - y(x,t)|_{x=s(t)}\right] + c_1\left[\dot{Z}(t) - \frac{dy(x,t)}{dt}\Big|_{x=s(t)}\right] = 0$$

$$(3.47)$$

式中，$\dfrac{dy}{dt} = \dfrac{\partial y(x,t)}{\partial t} + \dfrac{\partial y(x,t)}{\partial x}V(t)$。由于车辆速度是变化的，这两部分都应当

考虑，所以 M_2 的运动方程为

$$M_2 \ddot{Z}(t) + k_1 [Z(t) - y(x,t)|_{x=s(t)}] +$$
$$c_1 \left\{ \dot{Z}(t) - \left[\frac{\partial y(x,t)}{\partial t} + \frac{\partial y(x,t)}{\partial x} V(t) \right] \Big|_{x=s(t)} \right\} = 0 \tag{3.48}$$

按照前面的假定，体系以速度 $V(t)$ 在梁上通过时，作用于梁的荷载有簧下质量 M_1 的惯性力 $P_{I1} = M_1 \dfrac{\mathrm{d}^2 y(t)}{\mathrm{d}t^2}|_{x=s(t)}$ ，移动质量的重力 $P_G = (M_1 + M_2)g$ ，弹性力 $P_S' = P_S$ 和阻尼力 $P_D' = P_D$，则作用于梁的外荷载为

$$P(x,t) = \delta[x - s(t)][P_G - P_I + P_S + P_D]$$
$$= \delta[x - s(t)] \left\{ (M_1 + M_2)g - M_1 \frac{\mathrm{d}^2 y(x,t)}{\mathrm{d}t^2} + \right.$$
$$\left. k_1 [Z(t) - y(x,t)] + c_1 \left[\dot{Z}(t) - \frac{\mathrm{d}y(x,t)}{\mathrm{d}t} \right] \right\} \tag{3.49}$$

由 $\dfrac{\mathrm{d}^2 y}{\mathrm{d}t^2} = \dfrac{\partial^2 y}{\partial t^2} + 2 \dfrac{\partial^2 y}{\partial x \partial t} V(t) + \dfrac{\partial y}{\partial x} a(t) + \dfrac{\partial^2 y}{\partial x^2} V^2(t)$，$\dfrac{\mathrm{d}y}{\mathrm{d}t} = \dfrac{\partial y(x,t)}{\partial t} + \dfrac{\partial y(x,t)}{\partial x} \times$

$V(t)$，$a(t) = \dfrac{\mathrm{d}V(t)}{\mathrm{d}t}$ 是车辆运动的加速度。式（3.49）可被写成

$$P(x,t) = \delta[x - s(t)] \left\{ (M_1 + M_2)g - M_1 \left[\frac{\partial^2 y(x,t)}{\partial t^2} + 2 \frac{\partial^2 y(x,t)}{\partial x \partial t} V(t) + \right. \right.$$
$$\left. \frac{\partial y(x,t)}{\partial x} a(t) + \frac{\partial^2 y(x,t)}{\partial x^2} V^2(t) \right] + k_1 [Z(t) - y(x,t)] +$$
$$c_1 \left\{ \dot{Z}(t) - \left[\frac{\partial y(x,t)}{\partial t} + \frac{\partial y(x,t)}{\partial x} V(t) \right) \right] \right\} \right\} \tag{3.50}$$

则简支梁在变速荷载作用下的运动方程可表示为

$$EI \frac{\partial^4 y(x,t)}{\partial x^4} + \overline{m} \frac{\partial^2 y(x,t)}{\partial t^2} + c \frac{\partial y(x,t)}{\partial t} = P(x,t) \tag{3.51}$$

按振型分解法求解时，把 $y(x,t) = \sum\limits_{i=1}^{\infty} q_i(t) \cdot \phi_i(x)$ 代入上式，将每一项乘以第 n 阶振型函数 $\phi_n(x) = \sin \dfrac{n\pi x}{L}$ ，沿梁的全长积分，考虑到振型的正交特性，积分后得到

$$\ddot{q}_n(t) + 2\xi_n \omega_n \dot{q}_n(t) + \omega_n^2 q_n(t) = \frac{2}{mL} P_n(t) \, , (n = 1, 2, \cdots) \tag{3.52}$$

这个方程的左边与式（3.10）相同，而右边成为

$$P_n(t) = P_{n1}(t) + P_{n2}(t) \tag{3.53}$$

其中，

$$P_{n1}(t)=\int_0^L \delta[x-s(t)]\left\{(M_1+M_2)g-M_1\left[\sum_{i=1}^\infty \ddot{q}_i(t)\phi_i(x)+\right.\right.$$

$$2\sum_{i=1}^\infty \dot{q}_i(t)\phi'_i(x)V(t)+\sum_{i=1}^\infty q_i(t)\phi'_i(x)a(t)+\sum_{i=1}^\infty q_i(t)\phi''_i(x)v^2(t)\Big]\Big\}\phi_n(x)\mathrm{d}x$$

$$=(M_1+M_2)g\sin\frac{n\pi s(t)}{L}-M_1\sum_{i=1}^\infty \ddot{q}_i(t)$$

$$\left[\frac{i\pi}{L}a(t)\cos\frac{i\pi s(t)}{L}-\left(\frac{i\pi}{L}\right)^2 V^2(t)\sin\frac{i\pi s(t)}{L}\right]\times$$

$$\sin\frac{n\pi s(t)}{L}-2M_1\sum_{i=1}^\infty \dot{q}_i(t)\frac{i\pi}{L}V(t)\cos\frac{i\pi s(t)}{L}\sin\frac{n\pi s(t)}{L}-$$

$$M_1\sum_{i=1}^\infty \ddot{q}_i(t)\sin\frac{i\pi s(t)}{L}\sin\frac{n\pi s(t)}{L} \tag{3.54}$$

$$P_{n2}(t)=\int_0^L \delta[x-s(t)]\{k_1 Z(t)+c_1\dot{Z}(t)-$$

$$\sum_{i=1}^\infty \{k_1 q_i(t)\phi_i(x)+c_1[\dot{q}_i(t)\phi_i(x)+q_i(t)\phi'_i(x)V(t)]\}\Big\}\phi_n(x)\mathrm{d}x$$

$$=[k_1 z(t)+c_1\dot{Z}(t)]\sin\frac{n\pi s(t)}{L}-\sum_{i=1}^\infty \dot{q}_i(t)c_1\sin\frac{i\pi s(t)}{L}\sin\frac{n\pi s(t)}{L}-$$

$$\sum_{i=1}^\infty q_i(t)\left[k_1\sin\frac{i\pi s(t)}{L}+c_1 V(t)\cos\frac{i\pi s(t)}{L}\right]\sin\frac{n\pi s(t)}{L} \tag{3.55}$$

进一步将式（3.52）右边的未知位移、速度和加速度项移到左边，有

$$\ddot{q}_n(t)+\frac{2M_1}{mL}\sum_{i=1}^\infty \ddot{q}_i(t)\sin\frac{i\pi s(t)}{L}\sin\frac{n\pi s(t)}{L}+2\xi_n\omega_n\dot{q}_n(t)+$$

$$\frac{2c_1}{mL}\sum_{i=1}^\infty \dot{q}_i(t)\sin\frac{i\pi s(t)}{L}\sin\frac{n\pi s(t)}{L}+\frac{4M_1}{mL}\sum_{i=1}^\infty \dot{q}_i(t)\frac{i\pi}{L}V(t)\cos\frac{i\pi s(t)}{L}\sin\frac{n\pi s(t)}{L}+$$

$$\omega_n^2 q_n(t)+\frac{2M_1}{mL}\sum_{i=1}^\infty q_i(t)\left[\frac{i\pi}{L}a(t)\cos\frac{i\pi s(t)}{L}\sin\frac{n\pi s(t)}{L}-\left(\frac{i\pi}{L}\right)^2\right.$$

$$V^2(t)\sin\frac{i\pi s(t)}{L}\sin\frac{n\pi s(t)}{L}\Big]+\frac{2k_1}{mL}\sum_{i=1}^\infty q_i(t)\sin\frac{i\pi s(t)}{L}\sin\frac{n\pi s(t)}{L}+$$

$$\frac{2c_1}{mL}\sum_{i=1}^\infty q_i(t)\frac{i\pi}{L}V(t)\cos\frac{i\pi s(t)}{L}\sin\frac{n\pi s(t)}{L}-\frac{2}{mL}[k_1 Z(t)+c_1\dot{Z}(t)]\sin\frac{n\pi s(t)}{L}$$

$$=\frac{2}{mL}(M_1+M_2)g\sin\frac{n\pi s(t)}{L} \tag{3.56}$$

如果车轮所在位置的桥梁位移用振型叠加法表示，簧上质量 M_2 的运动方程（3.48）可写为

$$M_2 \ddot{Z}(t) + c_1 \dot{Z}(t) + k_1 Z(t) - c_1 \sum_{i=1}^{\infty} \dot{q}_i(t) \sin \frac{i \pi s(t)}{L} -$$

$$c_1 \sum_{i=1}^{\infty} q_i(t) \frac{i \pi}{L} V(t) \cos \frac{i \pi s(t)}{L} - k_1 \sum_{i=1}^{\infty} q_i(t) \sin \frac{i \pi s(t)}{L} = 0 \qquad (3.57)$$

联立式（3.56）和式（3.57），就可以得到系统的运动方程组。对简支梁来说，如果位移级数中取 N 项，则整个简支梁的广义自由度将为 N 个，加上质量 M_2 的自由度 $Z(t)$，系统运动方程的 $N+1$ 阶矩阵表达式为

$$\boldsymbol{M}\{\ddot{\boldsymbol{X}}\} + \boldsymbol{C}\{\dot{\boldsymbol{X}}\} + \boldsymbol{K}\{\boldsymbol{X}\} = \{\boldsymbol{F}\} \qquad (3.58)$$

式中：$\{\boldsymbol{X}\}$ 为广义位移向量；$\boldsymbol{M}$ 为广义质量矩阵；$\boldsymbol{C}$ 为广义阻尼矩阵；$\boldsymbol{K}$ 为广义刚度矩阵；$\{\boldsymbol{F}\}$ 为广义荷载向量。

$$\{\boldsymbol{X}\} = [q_1(t), q_2(t), \cdots, q_N(t), Z(t)]^{\mathrm{T}} \qquad (3.59)$$

$$\boldsymbol{M} = \begin{bmatrix} 1 + \rho_{\mathrm{M}} \Phi_{11} & \rho_{\mathrm{M}} \Phi_{12} & \cdots & \rho_{\mathrm{M}} \Phi_{1N} & 0 \\ \rho_{\mathrm{M}} \Phi_{21} & 1 + \rho_{\mathrm{M}} \Phi_{22} & \cdots & \rho_{\mathrm{M}} \Phi_{2N} & 0 \\ \vdots & \vdots & \ddots & \vdots & 0 \\ \rho_{\mathrm{M}} \Phi_{N1} & \rho_{\mathrm{M}} \Phi_{N2} & \cdots & 1 + \rho_{\mathrm{M}} \Phi_{NN} & 0 \\ 0 & 0 & 0 & 0 & M_2 \end{bmatrix} \qquad (3.60)$$

$$\boldsymbol{C} = \begin{bmatrix} 2\xi_1 \omega_1 + \varphi_{11} + \rho_{\mathrm{C}} \Phi_{11} & \varphi_{12} + \rho_{\mathrm{C}} \Phi_{12} & \cdots & \varphi_{1N} + \rho_{\mathrm{C}} \Phi_{1N} & -\rho_{\mathrm{C}} \phi_1 \\ \varphi_{21} + \rho_{\mathrm{C}} \Phi_{21} & 2\xi_2 \omega_2 + \varphi_{22} + \rho_{\mathrm{C}} \Phi_{22} & \cdots & \varphi_{2N} + \rho_{\mathrm{C}} \Phi_{2N} & -\rho_{\mathrm{C}} \phi_2 \\ \vdots & \vdots & \ddots & \vdots & \vdots \\ \varphi_{N1} + \rho_{\mathrm{C}} \Phi_{N1} & \varphi_{N2} + \rho_{\mathrm{C}} \Phi_{N2} & \cdots & 2\xi_N \omega_N + \varphi_{NN} + \rho_{\mathrm{C}} \Phi_{NN} & -\rho_{\mathrm{C}} \phi_N \\ -c_1 \phi_1 & -c_1 \phi_2 & \cdots & -c_1 \phi_N & c_1 \end{bmatrix}$$
$$(3.61)$$

$$\boldsymbol{K} = \begin{bmatrix} \omega_1^2 + \psi_{11} + \rho_{\mathrm{K}} \Phi_{11} & \psi_{12} + \rho_{\mathrm{K}} \Phi_{12} & \cdots & \psi_{1N} + \rho_{\mathrm{K}} \Phi_{1N} & -\rho_{\mathrm{K}} \phi_1 \\ \psi_{21} + \rho_{\mathrm{K}} \Phi_{21} & \omega_2^2 + \psi_{22} + \rho_{\mathrm{K}} \Phi_{22} & \cdots & \psi_{2N} + \rho_{\mathrm{K}} \Phi_{2N} & -\rho_{\mathrm{K}} \phi_2 \\ \vdots & \vdots & \ddots & \vdots & \vdots \\ \psi_{N1} + \rho_{\mathrm{K}} \Phi_{N1} & \psi_{N2} + \rho_{\mathrm{K}} \Phi_{N2} & \cdots & \omega_N^2 + \psi_{NN} + \rho_{\mathrm{K}} \Phi_{NN} & -\rho_{\mathrm{K}} \phi_N \\ \Gamma_1 - k_1 \phi_1 & \Gamma_2 - k_1 \phi_2 & \cdots & \Gamma_N - k_1 \phi_N & k_1 \end{bmatrix}$$
$$(3.62)$$

$$\{\boldsymbol{F}\} = [\rho_{\mathrm{F}} \phi_1, \rho_{\mathrm{F}} \phi_2, \cdots, \rho_{\mathrm{F}} \phi_N, 0]^{\mathrm{T}} \qquad (3.63)$$

式中，$\rho_{\mathrm{M}} = \dfrac{2M_1}{\bar{m}L}$，$\rho_{\mathrm{C}} = \dfrac{2c_1}{\bar{m}L}$，$\rho_{\mathrm{K}} = \dfrac{2k_1}{\bar{m}L}$，$\rho_{\mathrm{F}} = \dfrac{2(M_1 + M_2)}{\bar{m}L} g$，$\phi_n = \sin \dfrac{n \pi s(t)}{L}$，

$\beta_n = \cos \dfrac{n \pi s(t)}{L}$，$\Phi_{nm} = \phi_n \phi_m$，$\varphi_{nm} = \dfrac{2m\pi}{L} \rho_{\mathrm{M}} \phi_n \beta_m V(t)$，$\Gamma_n = -c_n V(t) \dfrac{n\pi}{L} \beta_n$，

$$\psi_{nm} = \rho_M \left[\frac{m\pi}{L} \phi_n \beta_m a(t) - \frac{m^2\pi^2}{L^2} V^2(t) \Phi_{nm} \right] + \frac{m\pi}{L} \rho_C V(t) \phi_n \beta_m; \quad n = 1, 2, \cdots,$$
$$N; m = 1, 2, \cdots, N。$$

阻尼矩阵中的 φ_{nm} 和刚度矩阵中的 ψ_{nm}、Γ_n 含有因子 $V(t)$ 及 $a(t)$，它们反映了荷载移动速度变化的影响。

可见，移动车轮（质量）＋弹簧（阻尼器）＋簧上质量体系作用下的简支梁，其广义力的动力平衡方程组的质量矩阵为非对角的矩阵，但与 M_2 的耦联项为零，而桥梁广义力动力平衡方程组的刚度矩阵和阻尼矩阵均为非对角的满阵，它们将各个方程耦联在一起，形成新的联立方程组。对于这样的问题，采用振型分解法虽然不能使方程组完全解耦，但可以通过选择适当的阶数 N 而使原来的结构方程组降阶。

由于质量在梁上不断地运动，广义质量矩阵 $\boldsymbol{M}$、广义刚度矩阵 $\boldsymbol{K}$ 和广义阻尼矩阵 $\boldsymbol{C}$ 中的系数 Φ_{nm}、φ_{nm}、ψ_{nm}、Γ_n 等都在不断地变化，使系统运动方程组成为一个时变系数的二阶微分方程组。对于这样的方程组，一般采用数值方法，通过逐步积分求解。

3.2.2　分析案例

根据上述理论和方法，编制计算程序，分析移动车轮－簧上质量匀变速通过某 3 跨铁路简支箱梁桥时的振动响应。

简支梁的设计跨度为 32 m，梁体材料为 C50 混凝土，弹性模量为 34.5 GPa，质量密度为 2 500 kg/m³；梁体截面面积为 8.97 m²，惯性矩为 11.1 m⁴。车辆模型中，簧下质量 $M_1 = 10.68$ t，簧上质量 $M_2 = 73.32$ t，弹簧刚度为 7.48 MN/m，阻尼系数 $c = 240$ （kN·s）/m。

选取桥梁结构的前 5 阶振型参与计算，结构的阻尼比取 5%，积分步长取为 0.000 5 s，Newmark 积分参数取 $\lambda = 0.5$，$\beta = 0.25$。

以中跨简支梁桥为例，车辆以初速度 40 m/s 上桥，在桥上做匀速、匀加速、匀减速运动时，计算所得到的桥梁跨中位移时程曲线如图 3.10 所示。由图中可以看出，车辆以不同的加速度变速通过时桥梁的跨中位移时程曲线基本相同，最大位移值略有差别，但差值不大。

为研究车辆变速时桥梁最大位移的变化规律，分别取桥梁最大位移随车速变化曲线中代表不同规律的点作为对象进行详细分析。如图 3.11 所示，根据桥梁跨中最大位移曲线的变化规律将车速分为 4 类，1～6 号点分别为不同类别的代表值。将计算所取的车辆上桥初速度、车辆加速度值、所得跨中最大位移列于表 3.1。

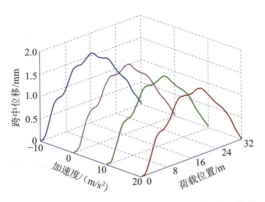

图 3.10　车辆变速通过时桥梁跨中位移时程曲线

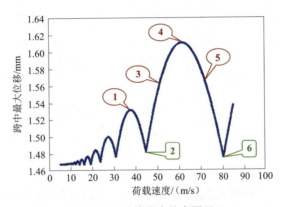

图 3.11　计算代表值点图示

表 3.1　移动车辆变速作用下桥梁跨中最大位移列表

项 目		跨中最大位移 /mm					
点号		1	2	3	4	5	6
初速度 V_0 / (m/s)		37.8	44.6	50.0	61.5	72.0	80.0
加速度 a / (m/s²)	0	1.532	1.482	1.552	1.611	1.566	1.476
	5	1.530	1.492	1.558	1.610	1.560	1.479
	10	1.526	1.502	1.564	1.609	1.554	1.484
	15	1.519	1.502	1.570	1.608	1.548	1.488
减速度 a / (m/s²)	0	1.532	1.482	1.552	1.611	1.566	1.476
	−5	1.531	1.496	1.545	1.612	1.572	1.484
	−10	1.528	1.508	1.534	1.612	1.577	1.493
	−15	1.522	1.518	1.529	1.611	1.582	1.501

根据表 3.1 的计算结果，可以从车桥共振的角度分析不同类别点车速变化对

桥梁跨中最大位移的影响，具体如下。

① Ⅰ类——峰顶值点。Ⅰ类点为使曲线达到峰顶值时的车速点。在Ⅰ类车速点（如1点、4点），当车辆变速时，其运行到桥梁跨中附近的车速不再等于取得位移最大值时的车速，因此无论车辆加速还是减速，桥梁最大位移都将减小。

② Ⅱ类——峰底值点。Ⅱ类点为使曲线达到峰底值时的车速点。在Ⅱ类车速点（如2点、6点），当车辆变速时，其运行到桥梁跨中附近的车速也不再等于取得位移最小值时的车速，因此无论车辆加速还是减速，桥梁最大位移值都将增大。

③ Ⅲ类——上升段。Ⅲ类点为使曲线呈上升趋势的车速点。在Ⅲ类车速点（如3点），车辆加速运行时将使桥梁跨中最大位移值增大，车辆减速运行时将使桥梁跨中最大位移值减小。

④ Ⅳ类——下降段。Ⅳ类点为使曲线呈下降趋势的车速点。在Ⅳ类车速点（如5点），车辆加速运行时将使桥梁跨中最大位移值减小，车辆减速运行时将使桥梁跨中最大位移值增大。

以上桥梁最大位移变化值将随着加速度值变化量的增大而加剧。表 3.1 中的绝大部分数据均满足以上分析规律，说明车辆变速运行时也可以采用车-桥共振的理论进行分析。但是表中点 4 中红色字体部分的少量数据不满足，分析其原因应为：

① 图中曲线为程序计算所得，受速度增量步长的影响，峰顶值及峰底值代表点速度取值可能不够精确，车辆的上桥初速度 V_0 有可能在经过加减速变化后才达到真正的峰顶或峰底值速度，因此不能符合上面分析的最大位移变化趋势。

② 当车辆加速或减速运行时，桥梁跨中位移取得最大值时相应车辆所在桥上的位置与匀速过桥时会稍有区别，则桥梁所达到的最大位移值也不同，导致部分数据不符合分析规律。

由以上分析可以这样认为，当车辆变速通过时，桥梁跨中位移的最大值与车辆上桥初速度、加速度值大小及取得最大值时车辆的速度和车辆的位置等因素有关。

对 3×32 m 铁路简支梁的算例分析结果表明：

① 荷载以不同的加速度匀变速通过时，桥梁的跨中位移时程曲线基本相同，相应的位移极值相差不大，以上计算中最大差值不超过 3%。因此，通常按车辆匀速行驶计算时所引起的误差很小。

② 荷载变速通过时，桥梁的跨中位移最大值与荷载运行到跨中附近时的车速及车辆位置有关，其变化趋势符合荷载匀速通过时桥梁跨中位移极值随车速变

化曲线中所反映的规律。

3.3　车桥系统共振分析

根据结构动力学的基本原理可知，当荷载频率与结构物的自振频率接近时，体系将发生共振，引起很大的动力响应。对于车桥系统来说，其荷载是运动的列车，当列车速度改变时，加载频率就会发生变化。当列车速度达到某一特定的值时，加载频率就会接近桥跨结构或车辆的自振频率，从而引起共振。

在过去几十年中，研究人员建立了各种分析模型，研究桥梁在移动荷载作用下的共振问题，如松浦章夫（1976），Diana 等（1989），夏禾 等（1992），Frýba（1999，2001），Yang 等（1997，2004），姚忠达 等（1999），Cheung 等（1999），Li 等（1999），Yau 等（2001，2009），Savin（2001），Pesterev 等（2003），Kwark 等（2004），Ju 等（2003），Garinei（2006），Xia 等（2006，2012），Garinei 等（2008），Hamidi 等（2010），Martínez-Rodrigo 等（2010），Michaltsos 等（2010），Zambrano（2011），Rocha 等（2012），Lee 等（2012），Luu 等（2012），Lavado 等（2014），许多模型已通过现场试验验证（Liu et al，2009；Xia et al，2006，2012）。

由移动荷载引起车桥系统共振的因素很多，包括：车辆重力或离心力荷载通过规则排列的轮轴对桥梁的周期性加载；等跨布置的多跨中小跨度桥梁，当列车以一定速度通过桥梁时，由于桥跨结构挠度的影响，对车辆形成的周期性不平顺激励作用；由于车轮的扁疤等缺陷、蒸汽机车动轮偏心块对桥梁产生的周期性冲击力；各种轨道不平顺及车辆蛇行运动引起的横向周期性激励；作用在列车车体上的离心力或横向平均风所形成的横向移动荷载列；等等。这些都会因列车速度的变化而改变加载的频率，从而有可能形成车桥系统的共振，使桥梁或车辆的振动增大。因此，研究车桥系统的共振具有非常重要的理论意义和工程价值。

3.3.1　桥梁的共振反应分析

1. 基本分析模型

桥梁在移动荷载作用下的共振反应与桥梁跨度、桥梁的横向及竖向刚度、列车速度、列车编组、轴重排列方式及列车的自振频率等有关。由移动荷载列引起的桥梁共振反应，其原理可通过下面的模型加以说明。

取跨度为 L_b、均布质量为 $\overline{m}$、刚度为 EI、无阻尼的简支梁进行分析。一般列车由车辆轴重组成的荷载排列如图 3.12（a）所示，其转向架固定轴距为 l_w，车辆定距为 l_c，车辆全长（钩到钩距离）为 l_v。为说明一般原理且便于推导，先将列

车轴重排列简化成 N 个间距为 d_v 的集中力 P 组成的移动荷载列，见图 3.12（b）。

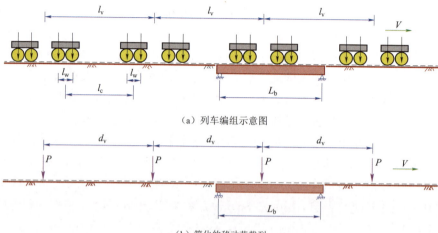

（a）列车编组示意图

（b）简化的移动荷载列

图 3.12　通过桥跨的车辆荷载列

设荷载列在桥上匀速通过，第 1 个力的移动距离为 $x = Vt$。由于荷载列是等间隔的，每个力与前一个力到达同一位置的时间延迟为 $\Delta t = d_v/V$。简支梁在等间隔的移动荷载作用下的运动方程可写为

$$EI \frac{\partial^4 y(x,t)}{\partial x^4} + \overline{m} \frac{\partial^2 y(x,t)}{\partial t^2} = \sum_{k=0}^{N-1} \delta \left[x - V \left(t - \frac{k \cdot d_v}{V} \right) \right] P \tag{3.64}$$

其广义坐标表达式为

$$\ddot{q}_n(t) + \omega^2 q_n(t) = \frac{2}{mL_b} P \sum_{k=0}^{N-1} \sin \frac{n \pi V}{L_b} \left(t - \frac{k \cdot d_v}{V} \right) \tag{3.65}$$

式（3.65）是单自由度体系在简谐荷载系列作用下的运动方程，其通解可写为

$$q(t) = \frac{2PL_b^3}{EI \pi^4} \frac{1}{1 - \beta^2} \sum_{k=0}^{N-1} \left[\sin \overline{\omega} \left(t - \frac{k \cdot d_v}{V} \right) - \beta \sin \omega \left(t - \frac{k \cdot d_v}{V} \right) \right] \tag{3.66}$$

式中，$\overline{\omega} = \pi V/L_b$ 为荷载的激励圆频率；$\omega = \frac{\pi^2}{L_b^2} \sqrt{\frac{EI}{\overline{m}}}$ 为梁的自振圆频率。对应梁只考虑基阶振型的反应，即

$$y(x,t) = \frac{2PL_b^3}{EI \pi^4} \frac{1}{1 - \beta^2} \sin \frac{\pi x}{L_b} \cdot \left[\sum_{k=0}^{N-1} \sin \overline{\omega} \left(t - \frac{k \cdot d_v}{V} \right) - \beta \sum_{k=0}^{N-1} \sin \omega \left(t - \frac{k \cdot d_v}{V} \right) \right]$$

$$\tag{3.67}$$

式中，$\beta = \overline{\omega}/\omega$ 为频率比；$1/(1 - \beta^2)$ 为体系的动力放大系数。

上式等号右边中括号里的第一项是体系的稳态反应，第二项是瞬态反应。由于这两项作用机理不同，简支梁在移动荷载列作用下的共振反应可分为两种。

2. 由移动荷载列的周期性加载引起的桥梁共振

首先考察式（3.67）中的第二个级数项，即通常意义下的瞬态反应是如何引起结构共振的。为便于推导，先引入必要的三角变换公式。对于有限项三角级数和 $\sum\limits_{i=1}^{m} \sin(a - ix)$，可写作

$$\sum_{i=1}^{m} \sin(a - ix) = \sum_{i=1}^{m} \left[\sin a \cos ix - \cos a \sin ix \right] \tag{3.68}$$

将有限项三角级数和的公式（Rade et al, 2010）

$$\begin{cases} \sum\limits_{i=1}^{m} \sin ix = \sin 0.5mx \cdot \sin 0.5(m+1)x \cdot \csc 0.5x \\ \sum\limits_{i=1}^{m} \cos ix = \sin 0.5mx \cdot \cos 0.5(m+1)x \cdot \csc 0.5x \end{cases} \tag{3.69}$$

代入式（3.68），$\sum\limits_{i=1}^{m} \sin(a - ix)$ 经变换、简化后写为

$$\sum_{i=1}^{m} \sin(a - ix) = \frac{\sin 0.5mx \cdot \sin\left[a - 0.5(m+1)x\right]}{\sin 0.5x} \tag{3.70}$$

令 $i = k$，$m = N-1$，$x = \omega d_v / V$，$a = \omega t$，式（3.67）中的瞬态反应级数项可写为

$$\sum_{k=0}^{N-1} \sin\omega\left(t - \frac{k \cdot d_v}{V}\right) = \sin\omega t + \sum_{k=1}^{N-1} \sin\omega\left(t - \frac{k \cdot d_v}{V}\right)$$

$$= \sin\omega t + \frac{\sin\left[(N-1)\cdot\dfrac{\omega d_v}{2V}\right] \cdot \sin\left[\omega t - N\cdot\dfrac{\omega d_v}{2V}\right]}{\sin\dfrac{\omega d_v}{2V}}$$

$$\tag{3.71}$$

当 $\dfrac{\omega d_v}{2V} = \pm i\pi$ 时，式（3.71）成为 "0/0" 型的不定式，可由 L'Hospital 法则求得其极限值为

$$\lim_{\frac{\omega d_v}{2V} \to \pm i\pi} \frac{\sin\left[(N-1)\cdot\dfrac{\omega d_v}{2V}\right] \cdot \sin\left[\omega t - N\cdot\dfrac{\omega d_v}{2V}\right]}{\sin\dfrac{\omega d_v}{2V}} = (N-1)\sin\omega\left[t - N\cdot\dfrac{d_v}{2V}\right]$$

$$\tag{3.72}$$

式（3.72）有物理意义的极值条件为

$$\frac{\omega d_v}{2V} = i\pi \,, (i=1,2,3,\cdots) \tag{3.73}$$

将这个极值条件代入式（3.70），得到式（3.66）中瞬态反应级数项的值

$$\sum_{k=0}^{N-1} \sin\omega\left(t - \frac{k \cdot d_v}{V}\right)\bigg|_{\frac{\omega d_v}{2V}=i\pi} = N\sin\omega t \tag{3.74}$$

因此可见，作为由一系列轴重力组成的移动荷载列，每一个力都会引起结构的瞬态反应，连续形成一种周期性的激励，结构反应的幅值会随通过轴重数 N 的不断增加而被放大，使结构出现共振。

对于简支梁的高阶振动模态，也可以推导出类似的结果。考虑所有这些模态并注意到 $\omega_n = 2\pi f_{bn}$，则简支梁在移动荷载列作用下的第一种共振反应可以表达为

$$V_{br} = \frac{3.6 \cdot f_{bn} \cdot d_v}{i} \,, (n=1,2,3,\cdots; i=1,2,3,\cdots) \tag{3.75}$$

式中，V_{br} 为引起桥梁共振的列车临界速度（km/h），简称共振车速；f_{bn} 为桥梁的第 n 阶竖向或横向自振频率，Hz；d_v 为荷载列的间距，m；乘子 $i=1,2,3,\cdots$ 是由极值条件式（3.73）确定的。这说明，简支梁的第一种共振反应是由于荷载列的周期性间隔加载引起的。当列车以速度 V 通过桥梁时，由于其轴重荷载的规则性排列，会对桥梁产生周期性动力作用，其加载周期为 d_v/V，当此周期等于桥梁的第 n 阶自振周期或其 i 倍谐波周期时都会使结构发生共振。当列车从低速到高速以不同的速度通过桥梁时，会使桥梁出现一连串的共振反应。这种情况是由荷载以速度 V 通过距离 d_v 的时间来确定的，称为简支梁的**第一种共振条件**。关于移动荷载列引起桥梁共振的具体物理意义，第 3.4.3 节有详细的描述。

在京沪高速铁路桥梁动力特性分析中，分别采用德国 ICE3、法国 TGV、日本 E500 及国产高速列车 CHT 研究了车桥体系的共振问题。图 3.13 是跨度 20 m 和 32 m 预应力混凝土简支梁动力系数随列车速度分布的仿真分析结果。20 m 和 32 m 梁的竖向自振频率分别为 7.73 Hz 和 4.23 Hz，TGV 的平均车辆长度为 18.7 m，如果用式（3.75）估计共振车速，则可求得相应的共振车速分别为 520 km/h 和 284.8 km/h；ICE3、E500 及 CHT 列车的车辆长度均为 26 m 左右，相应的共振车速分别为 720 km/h 和 400 km/h。这个算例是以车辆长度为单位，即把前车后转向架和后车前转向架的 4 个轮重力的组合作为主要的激励荷载，即取 $d_v = l_v$ 计算的。对比图 3.13 可见，用式（3.75）按桥梁基阶频率计算

共振临界车速与仿真分析的结果是一致的。

式（3.75）也可以用来分析桥梁的第一种横向共振。因为桥梁体系的横向自振频率较低，所以列车的临界速度也较低，这对于高墩桥或大跨度桥梁在列车平均风力或离心力形成的移动荷载列作用下的共振反应分析具有一定的意义。下面以一个 48 m 单线简支钢桁梁桥为例，说明列车平均风压形成的移动荷载列所引起的桥梁横向共振反应与列车临界速度的关系。

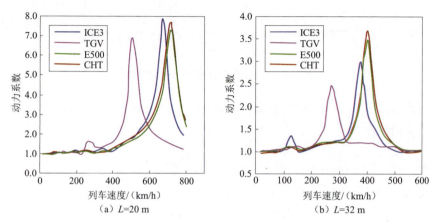

图 3.13　典型中小跨度简支梁动力系数/列车速度关系图

48 m 单线简支钢桁梁的横向一阶频率计算值为 1.86 Hz，列车模型为 SS_8 牵引准高速双层客车（1 动 + 18 拖）。取车辆长度为荷载列间距，即 $d_v = l_v = 26.57$ m，按公式（3.75）估算，对应桥梁第一种横向共振的临界车速可能为

$$i = 1 \text{ 时}, V_{br1} = \frac{1.86 \times 26.57}{1} \times 3.6 \approx 178 \text{ (km/h)}$$

$$i = 2 \text{ 时}, V_{br2} = \frac{1.86 \times 26.57}{2} \times 3.6 \approx 89 \text{ (km/h)}$$

$$i = 3 \text{ 时}, V_{br3} = \frac{1.86 \times 26.57}{3} \times 3.6 \approx 60 \text{ (km/h)}$$

根据估算结果，取列车计算速度为 5～220 km/h 进行仿真分析，得到了桥梁跨中横向位移与车速的关系，如图 3.14 所示。

从图中可以看出：当列车通过时，桥梁跨中横向位移在 160 km/h 附近出现了一个较为明显的峰值，在 80 km/h、40 km/h 附近出现了较小的峰值，说明其一阶谐波共振比较明显。考虑到列车上桥后梁的有载自振频率会较计算取值有所降低，这个结果与公式（3.75）的估算结果是一致的。

3. 由移动荷载列的加载速率引起的桥梁共振

再考察式（3.67）中的第一个级数项——稳态反应项。该项的表达式与第二

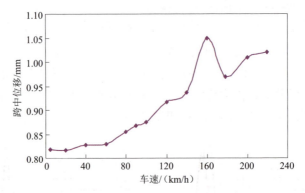

图 3.14　跨中横向位移与车速的关系

项除相差一个因子 β 外，只是振动的频率不同，因此可以直接写出与式（3.73）相似的极值条件

$$\frac{\overline{\omega} d_{\mathrm{v}}}{2V} = i\pi \ , (i=1,2,3,\cdots) \tag{3.76}$$

将 $\overline{\omega} = \pi V/L_{\mathrm{b}}$ 代入，得

$$d_{\mathrm{v}} = 2iL_{\mathrm{b}} \ , (i=1,2,3,\cdots) \tag{3.77}$$

利用这个极值条件，得到式（3.66）中稳态反应级数项的值

$$\sum_{k=0}^{N-1} \sin \overline{\omega} \Big(t - \frac{k \cdot d_{\mathrm{v}}}{V} \Big) \Big|_{\frac{\overline{\omega} d_{\mathrm{v}}}{2V}=n\pi} = N \sin \overline{\omega} t \tag{3.78}$$

式（3.77）中没有出现车速 V，说明此时不存在临界车速。但式（3.77）、式（3.78）表明，当荷载间距等于梁跨度（即梁挠度形成的半波长）的 $2i$ 倍时，轴重数的不断增加也会使梁的反应幅值不断放大。实际的列车轴重排列间距是比较复杂的，一般车辆的最小轴间距要比 2 倍的梁长小很多，因此这个解一般只有数学上的意义。

简支梁在移动荷载作用下的第二种共振的发生机理是由式（3.67）中的动力放大系数 $1/(1-\beta^2)$ 确定的。对于每一阶振型的单自由度运动方程，体系出现共振的条件是 $\beta_n = 1$，即 $\omega_n = \overline{\omega}_n$。而对于移动力作用下的简支梁，$\overline{\omega}_n = n\pi V/L_{\mathrm{b}}$。令 $\omega_n = n\pi V/L_{\mathrm{b}}$，由 $\omega_n = 2\pi f_{\mathrm{bn}}$ 得

$$V_{\mathrm{br}} = \frac{7.2 \cdot f_{\mathrm{bn}} \cdot L_{\mathrm{b}}}{n} \ , (n=1, 2, 3, \cdots) \tag{3.79}$$

式中，V_{br} 为引起桥梁共振的列车临界速度（km/h），简称共振车速；f_{bn} 为桥梁的第 n 阶竖向或横向自振频率，Hz；L_{b} 为桥梁的跨度，m；乘子 $n=1, 2, 3, \cdots$ 表明，荷载以速度 V 通过梁跨长 L_{b} 的时间等于结构的第 n 阶自振周期的 $0.5n$ 倍时就会发生共振，动力系数也会出现峰值。这种情况是由于荷载相对梁跨的移动

速度引起的，称为简支梁的**第二种共振条件**，该共振速度即为第 3.1 节中 $\alpha = k$ 时所对应的速度。

对于桥梁的竖向共振来说，按式（3.79）求出的临界车速是很高的。例如，我国《新建时速 200 公里客货共线铁路设计暂行规定》和《京沪高速铁路设计暂行规定》中规定的中小跨度简支梁最低自振频率分别为 $80/L_b$ 和 $120/L_b$，将其代入式（3.79）可直接求出相应的列车临界速度为 576 km/h 和 864 km/h，远远高于目前的列车运行速度。因此，目前简支梁的竖向共振反应主要按第一竖向共振条件进行分析。但是对于更高运行速度的列车，例如磁浮列车，第二竖向共振条件也有可能会起到一定的作用。

列车在桥梁上运行时，作用于各车体上的离心力或横向平均风压通过车轮传给桥梁结构，其作用相当于一列横向移动的荷载。当移动荷载列的激励频率等于或接近桥梁的自振频率时，桥梁也会发生第二种共振反应，其临界车速 V_{br} 可以用式（3.79）进行估算。下面通过一个实际例子说明列车平均风压形成的移动荷载列所引起的桥梁横向共振反应与列车临界速度的关系。

在实际工程中，常会遇到高墩桥的情况。由于高墩桥自振频率较低，分析其第一种和第二种横向共振反应都有一定的现实意义。鉴于桥墩本身不能直接承载列车，本算例取 2 跨 32 m 混凝土简支箱梁，中间设一个 56 m 高桥墩的桥梁模型进行分析，列车模型仍为 SS$_8$ 牵引准高速双层客车（1 动＋18 拖）。通过计算可知，整个桥梁体系的前三阶振型均以桥墩振动为主，对应的横向自振频率分别为 0.95 Hz、2.52 Hz 和 5.02 Hz。按式（3.75）估算，桥梁的第一种横向共振车速可能为

$$f_{b1} = 0.95 \text{ Hz}: V_{br1} = 91 \text{ km/h}, V_{br2} = 46 \text{ km/h}, V_{br3} = 31 \text{ km/h}$$

$$f_{b2} = 2.52 \text{ Hz}: V_{br1} = 240 \text{ km/h}, V_{br2} = 120 \text{ km/h}, V_{br3} = 81 \text{ km/h}$$

$$f_{b3} = 5.02 \text{ Hz}: V_{br1} = 481 \text{ km/h}, V_{br2} = 240 \text{ km/h}, V_{br3} = 161 \text{ km/h}$$

再分析第二种横向共振反应。在这个例子中，列车对桥墩的横向加载长度为 $L_b = 64$ m，按式（3.79）估算，桥梁发生第二种横向共振时的临界车速可能为

$$n = 1 \text{ 时}, V_{br1} = \frac{7.2 \times 0.95 \times 64}{1} \approx 438 \text{ km/h}$$

$$n = 2 \text{ 时}, V_{br2} = \frac{7.2 \times 2.52 \times 64}{2} \approx 581 \text{ km/h}$$

$$n = 3 \text{ 时}, V_{br3} = \frac{7.2 \times 5.02 \times 64}{3} \approx 771 \text{ km/h}$$

综合两类桥梁共振车速的估算结果，车桥系统仿真分析中列车的速度范围取 10～900 km/h。计算得到的墩顶横向位移与车速的关系见图 3.15。

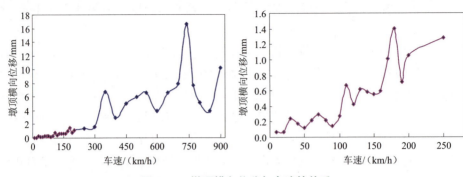

图 3.15　墩顶横向位移与车速的关系

　　从图中可以看出，桥墩的这两种横向共振反应都比较明显，在所估算的临界车速较低些的位置均出现了横向位移峰值。考虑到列车上桥后桥梁体系的有载自振频率会有所降低，这个结果与式（3.75）和式（3.79）的估算结果是一致的。

　　值得注意的是，由于桥墩的自振频率较低，在 $400\sim500$ km/h 区间出现了第三种共振反应，这种现象对列车高速通过高墩桥梁时的共振反应分析有一定的现实意义。

　　读者还可以由此估计列车离心力的作用。列车离心力作为移动荷载列，与列车平均风力对桥梁横向共振的作用机理是相同的，因此图 3.15 的计算结果也适用于离心力的情况。按照《铁路桥涵设计基本规范》，列车离心力可达到列车静活载的 15%，这个数字约为列车设计静风力的 2.5 倍，其所引起的墩顶横向位移值也要比图 3.15 所示的结果大很多。

4. 由列车摇摆力引起的桥梁共振

　　桥梁的第三种共振反应，是列车在轨道上运行时由于轨道不平顺或轮对蛇行运动所激发的列车摇摆力形成的周期性加载引起的。在这种情况下的共振车速可表示为

$$V_{\mathrm{br}}=\frac{3.6\cdot f_{\mathrm{bn}}\cdot L_{\mathrm{s}}}{i}\ ,(n=1,\,2,\,3,\,\cdots;i=1,\,2,\,3,\,\cdots) \tag{3.80}$$

式中，f_{bn} 为桥梁的第 n 阶横向自振频率，Hz；L_{s} 为轨道不平顺的主波长或蛇行运动的主波长，m；乘子 $i=1,\,2,\,3,\,\cdots$ 表明，轨道不平顺激励频率或轮对蛇行运动频率等于桥梁体系的第 n 阶自振频率或其 $1/i$ 倍谐波频率时都会使结构发生共振。这种情况称为桥梁的**第三种共振条件**。

　　虽然实际轨道不平顺或轮对蛇行运动都具有相当的随机性，但式（3.80）还是可以用来估算由其主波长引起的桥梁横向共振。图 3.16 为成昆线上密马龙大桥 3 号墩和下坝大桥 4 号墩的实测结果，图中清楚地表明了墩顶横向振幅与车速的关系，当车速为一定值时，出现了明显的峰值。根据式（3.80），按照磨耗型

蛇行波长 8.5 m 及图中给出的桥墩实测自振频率计算，对应的桥梁共振临界车速分别为 33 km/h 和 51.1 km/h，与实测峰值是一致的。

5. 共振条件的适用范围

从前面的分析可以看出，由列车荷载列引起的桥梁共振可分为三大类：一类与移动荷载列的间距有关，形成对桥梁的周期性加载；第二类由荷载列相对于梁的移动速度，即加载速率引起；第三类由轨道不平顺或轮对蛇行运动所激发的列车摇摆力引起。

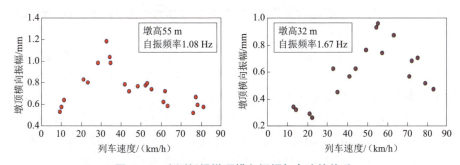

图 3.16　实测桥梁墩顶横向振幅与车速的关系

就第一类共振而言，分析中假定列车荷载列为等间距的，而实际列车的轴重排列存在几种不同的间距，它们可以是车辆的全长 l_v、车辆定距 l_c、转向架固定轴距 l_w，或者是这些间距的不同组合。根据桥梁跨度 L_b 和列车长度、车辆定距、转向架固定轴距的不同，移动荷载列对桥梁的作用机理可分为以下几种情况（参见图 3.12 和图 3.17）：

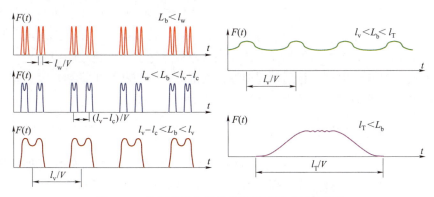

图 3.17　作用于桥上的移动荷载列随时间变化图

①$L_b < l_w$：桥梁跨度短于转向架固定轴距 l_w。因为桥梁很短，桥上只能有 1 个轮对。荷载列的加载周期可短至 l_w/V，同时存在 $(l_v - l_c)/V$、l_v/V 等较长

周期的激励。但这是一种极端的情况，实际这样短的桥梁是不存在的。

②$l_w < L_b < l_v - l_c$：桥梁跨度比转向架固定轴距长，但短于两车辆之间的转向架间距$l_v - l_c$。这时桥上只能有1个转向架，主要加载周期为$(l_v - l_c)/V$，同时存在较长周期的激励l_v/V。而由固定轴距形成的短加载周期l_w/V则很不明显。一般非常短的小跨梁可能会出现这种情况。

③$l_v - l_c < L_b < l_v$：桥梁跨度比两车辆之间的转向架间距$l_v - l_c$长，但短于车辆的全长l_v。这时主要加载周期为l_v/V，而较短周期l_w/V和$(l_v - l_c)/V$都很不明显。一般车辆客车长度为25 m左右、货车长度为15 m左右，因此常用的小跨度梁都属于这种情况。

④$l_v < L_b < l_T$：桥梁跨度比每节车辆的全长l_v长，但短于列车的总长l_T，这时桥上将同时存在一节以上的车辆，上面几种周期的力都不很明显。一般中等跨度梁或作全桥横向共振分析时会遇到这种情况。

⑤$l_T < L_b$：桥梁跨度大于列车的总长l_T，这时桥上将同时存在很多节车辆，大跨度梁或长桥作全桥横向共振分析时属于这种情况。然而，本节所提出的几种共振条件并不能直接用于分析大跨度桥梁的共振反应。这是因为，当桥梁的长度大于列车长度时，列车荷载列通过桥梁的全过程仅相当于半个加载周期，形不成谐振荷载。因此不能直接采用式（3.75）、式（3.79）分析桥梁共振的临界车速。而由轨道不平顺及轮对蛇行运动引起的桥梁振动，往往由于桥上车辆很多，各节车辆之间振动相位不同而被互相抵消了，形不成明显的共振。

由此可见，在按上述公式分析列车引起的桥梁共振时，荷载间距可根据情况不同取车辆的全长l_v、车辆定距l_c或转向架固定轴距l_w。但就一列车来说，荷载并不是等间距的，再加上桥梁阻尼、轨道不平顺等许多复杂因素的影响，每个荷载力的大小也不相同。列车通过时，不同的速度会使桥梁产生相应模态或其谐波的共振，形成一系列的共振临界车速，而且不同车速引起的桥梁响应程度也不一样。因此，准确的共振分析通常需要按照实际列车编组和轴重排列，通过车桥系统动力仿真计算完成。

3.3.2 车辆的共振反应分析

如图3.18所示，对于等跨布置的多跨中小跨度桥梁，当列车以速度V通过桥梁时，因为桥跨的规则性排列，由于其挠度的影响，也会对车辆形成一定频率的周期性动力作用，即相当于一个频率为V/L_b的周期性不平顺。如果此频率接近车辆的自振频率，车辆就会出现共振现象，产生很大的振动响应。此时有

$$V_{vr} = 3.6 \cdot f_v \cdot L_b \tag{3.81}$$

式中，V_{vr}为引起车辆共振的列车临界速度，km/h；f_v为车辆的自振频率，Hz；

L_b 为桥梁的跨度，m。

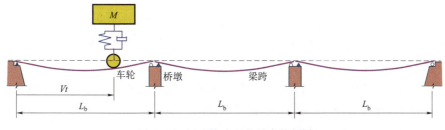

图 3.18　桥跨挠度引起的车辆振动

桥梁挠度对车辆的激励作用与基础作简谐运动的质量弹簧系统是等效的。可以证明，质量运动的振幅与梁的挠度之比 TR 可由下式估计

$$TR = \sqrt{\frac{1+(2\xi\beta)^2}{(1-\beta^2)^2+(2\xi\beta)^2}} \tag{3.82}$$

以 ICE3 型高速列车的简化半车模型为例，簧上质量 $M = 24$ t，转向架的竖向弹簧总刚度 $k = 800$ kN/m，容易算出其竖向自振频率 $f_v = 0.92$ Hz。ICE3 转向架的平均阻尼比 $\xi = 0.2$，临界车速时 $\beta = 1$，由式（3.82）计算传递比为 TR = 2.69。也就是说，当桥梁挠度为 2 mm 时，临界车速时车体的全振幅就会达到 5.38 mm，由此可见其共振反应是很大的，而且车辆共振时也会增大对桥梁的动力冲击作用。

铁路客车的竖向自振频率一般为 $f_v = 0.8 \sim 1.5$ Hz。对于跨度 $L_b = 20 \sim 40$ m 的中小跨度桥，容易算出相应的列车临界速度为 $V_{vr} = 57 \sim 216$ km/h。所以，为了避免或减小桥梁挠度对车辆共振反应的影响，在桥梁设计中，一方面应注意避免长距离的等跨梁布置，另一方面应控制桥梁的刚度，以免因其挠度过大而影响列车运行平稳性。

3.4　车桥系统抑振与消振分析

在研究车桥共振时，Yang 等（1997）发现当桥跨长度与荷载特征距离之比为一定值时桥梁不会发生共振。Savin（2001）提出当单个荷载以不同速度通过简支梁桥时，自由振动的振幅会发生变化，在某些速度下会减小到零。这就是消振效应，即，当单个移动荷载以消振速度通过桥梁时，桥的残余自由振动在荷载离开后将会消失。

与共振效应会增大桥梁的振动不同，消振效应可以抑制桥梁的振动，有利于桥梁结构和列车运行安全。因此，对消振效应的深入研究具有重要的意义。近年来，不少学者对此进行了研究，如 Yau（2001），Pesterev 等（2003），Yang 等（2004），Museros 等（2013），Xia 等（2014）。

本节从单个荷载过桥后桥梁的自由振动出发，对简支梁在单个移动力、等间距移动荷载列及列车荷载作用下的振动进行理论分析。通过分析桥梁振动响应的解析解，推导出任一模态下简支梁共振及两类不同消振效应的发生条件。此外，本节还研究了消振对共振的影响，得到了共振消失现象的发生条件，并结合数值计算阐明了共振与消振效应的发生机理和此时桥梁的响应特点。

3.4.1 简支梁在等间距荷载下共振与消振分析

1. 分析模型

仍采用图 3.12 的模型，每节车厢荷载由 1 个集中力表示，大小记为 P；相邻集中力间相距 l_v，l_v 为车辆全长。这样，一辆由 N_v 节车厢组成的列车通过桥梁时可简化为由 N_v 个集中力 P 组成的移动荷载列。按照列车行进的方向对每个集中力进行编号，为 $P_k(k=1,2,3,\cdots,N_v)$，假设第一个集中力进入桥梁时为初始零时刻，则第 k 个荷载上桥的时间可表示为

$$t_k = (k-1)l_v/V \tag{3.83}$$

2. 简支梁振动响应推导

为简化推导，忽略简支梁的阻尼特性。等间距移动荷载列作用下的简支梁运动微分方程为

$$\overline{m}\frac{\partial^2 y(x,t)}{\partial t^2} + EI\frac{\partial^4 y(x,t)}{\partial x^4} = \sum_{k=1}^{N_v} P_k \delta[x-V(t-t_k)] \tag{3.84}$$

式中，$\overline{m}$、EI 分别为简支梁单位长度质量及弯曲刚度；$y(x,t)$ 表示梁的竖向变形；δ 为 Dirac 函数。

式（3.84）是一个偏微分方程，其初始条件及边界条件可表示为

$$\begin{cases} y(x,0)=\dot{y}(x,0)=0 \\ y(0,t)=y(L,t)=0 \\ EIy''(0,t)=EIy''(L,t)=0 \end{cases} \tag{3.85}$$

式中，L 为简支梁的跨度。对于简支梁，可采用振型分解法求解，此时简支梁的位移可写成广义坐标 $q(t)$ 与振型函数相乘的形式，即 $y(x,t)=\sum_{n=1}^{\infty}q_n(t)\sin\frac{n\pi x}{L}$。将它代入式（3.84）中，可得

$$\ddot{q}_n(t) + \omega_n^2 q_n(t) = \frac{2P}{mL}\sum_{k=1}^{N_v}\sin\left[\frac{n\pi V(t-t_k)}{L}\right] \tag{3.86}$$

式中，$\omega_n = \left(\dfrac{n\pi}{l}\right)^2 \sqrt{\dfrac{EI}{m}}$ ，为简支梁第 n 阶圆频率。

式（3.86）为移动荷载列作用下简支梁的广义坐标运动方程（$\beta_n \neq 1$），其特解为

$$y(x,t) = \frac{2P}{mL}\sum_{n=1}^{\infty}\left\{\sin\left(\frac{n\pi x}{L}\right)\frac{1}{\omega_n^2(1-\beta_n^2)}\sum_{k=1}^{N_v}\left[\sin\overline{\omega}_n(t-t_k)-\beta_n\sin\omega_n(t-t_k)\right]\right\}, (\beta_n \neq 1)$$

(3.87)

式中，$\overline{\omega}_n = n\pi V/L$ 表示荷载对桥梁的激励圆频率；$\beta_n = \overline{\omega}_n/\omega_n$ 表征激励频率与桥梁自振频率之比，其与第 3.1 节中定义的速度参数 α 的关系为 $\beta_n = \alpha/n$。当 $\beta_n = 1$ 时为第二种共振的条件，其在第 3.1 节及第 3.3 节中已经讨论过，此处不再赘述。

考虑前 $N-1$ 个集中力已经离开桥梁，第 N 个集中力（$N=1,2,3,\cdots,N_v$）正在桥上时的情况。此时简支梁的振动响应可写成如下所示形式

$$y(x,t) = \frac{2P}{mL}\sum_{n=1}^{\infty}\sin\left(\frac{n\pi x}{L}\right)\frac{1}{\omega_n^2(1-\beta_n^2)}Q_N(V,t)$$

(3.88)

其中

$$Q_N(V,t) = \left[\sin\overline{\omega}_n(t-t_N)-\beta_n\sin\omega_n(t-t_N)\right]-$$

$$\beta_n\sum_{k=1}^{N-1}\left[\sin\omega_n(t-t_k)+(-1)^{n-1}\sin\omega_n\left(t-t_k-\frac{L}{V}\right)\right]$$

(3.89)

$Q_N(V,t)$ 中，第一项与第 N 个集中力在桥上时所引起的桥梁稳态反应和瞬态反应有关；第二项与已经离开桥梁的前 $N-1$ 个集中力所引起的桥梁残留反应（自由振动）之和有关，其推导过程如下：

当 $t_k \leqslant t \leqslant t_k+L/V$ 时，第 k 个移动集中力位于简支梁上，由其引起的桥梁竖向变形为

$$y_k(x,t) = \frac{2P}{mL}\sum_{n=1}^{\infty}\sin\left(\frac{n\pi x}{L}\right)\frac{1}{\omega_n^2(1-\beta_n^2)}\left[\sin\overline{\omega}_n(t-t_k)-\beta_n\sin\omega_n(t-t_k)\right]$$

(3.90)

当 $t > t_k+L/V$ 时，第 k 个移动集中力离开简支梁，此时桥梁处于自由振动状态，其竖向位移为

$$y_k(x,t) = \sum_{n=1}^{\infty}y_k^n(x,t_k+L/V)\cos\omega_n(t-t_k-L/V)+$$

$$\sum_{n=1}^{\infty}\frac{\dot{y}_k^n(x,t_k+L/V)}{\omega_n}\sin\omega_n(t-t_k-L/V)$$

(3.91)

式中，$y_k^n(x,t_k+L/V)$ 和 $\dot{y}_k^n(x,t_k+L/V)$ 项可分别由式（3.90）及式（3.90）的时间偏导函数在 $t=t_k+L/V$ 处的取值得到。将它们代入式（3.91），

得到第 $N-1$ 个移动集中力离开简支梁后桥梁的自由振动,即

$$y_k(x,t) = -\frac{2P}{mL} \sum_{n=1}^{\infty} \sin\left(\frac{n\pi x}{L}\right) \frac{1}{\omega_n^2(1-\beta_n^2)} \beta_n \times$$

$$\sum_{k=1}^{N-1} \left[\sin \omega_n (t-t_k) + (-1)^{n-1} \sin \omega_n (t-t_k-L/V)\right] \qquad (3.92)$$

由此便可得到式 $Q_N(V,t)$ 中的第二项表达式。对其利用三角函数和差化积公式做进一步处理可得

$$Q_N(V,t) = \left[\sin \overline{\omega}_n (t-t_N) - \beta_n \sin \omega_n (t-t_N)\right] -$$

$$2\beta_n \sum_{k=1}^{N-1} \left[\cos \frac{\omega_n L}{2V} \sin \omega_n \left(t-t_k-\frac{L}{2V}\right)\right], (n=1,3,5,\cdots) \qquad (3.93a)$$

$$Q_N(V,t) = \left[\sin \overline{\omega}_n (t-t_N) - \beta_n \sin \omega_n (t-t_N)\right] -$$

$$2\beta_n \sum_{k=1}^{N-1} \left[\sin \frac{\omega_n L}{2V} \cos \omega_n \left(t-t_k-\frac{L}{2V}\right)\right], (n=2,4,6,\cdots) \qquad (3.93b)$$

从该表达式中不易直接看出其物理意义,将式(3.83)代入式(3.93),再结合有限项三角级数和的公式(3.69)(注意将原式中的 m 换为 $N-1$),有

$$Q_N(V,t) = \left[\sin \overline{\omega}_n (t-t_N) - \beta_n \sin \omega_n (t-t_N)\right] - 2\beta_n \cos \frac{\omega_n L}{2V} \times$$

$$\left\{\sin \omega_n \left(t-\frac{L}{2V}-\frac{t_{N-1}}{2}\right) \frac{\sin (N-1)\frac{\omega_n l_v}{2V}}{\sin \frac{\omega_n l_v}{2V}}\right\}, (n=1,3,5,\cdots) \qquad (3.94a)$$

$$Q_N(V,t) = \left[\sin \overline{\omega}_n (t-t_N) - \beta_n \sin \omega_n (t-t_N)\right] - 2\beta_n \sin \frac{\omega_n L}{2V} \times$$

$$\left\{\cos \omega_n \left(t-\frac{L}{2V}-\frac{t_{N-1}}{2}\right) \frac{\sin (N-1)\frac{\omega_n l_v}{2V}}{\sin \frac{\omega_n l_v}{2V}}\right\}, (n=2,4,6,\cdots) \qquad (3.94b)$$

3. 共振与消振效应

从式(3.94)可看出,多个移动荷载过桥后,所引起简支梁自由振动响应之和的广义坐标解可以用一个正弦函数(奇数阶振型)或者余弦函数(偶数阶振型)来表示。

当式中 $\sin(\omega_n l_v/2V) = i\pi$ 时,等号右边的第二项成为"0/0"型的不定式,利用 L'Hospital 法则对其进行处理后可得到

$$Q_N(V,t) = \left[\sin \overline{\omega}_n (t-t_N) - \beta_n \sin \omega_n (t-t_N)\right] -$$

$$2(N-1)\beta_n \cos\left(\frac{\omega_n L}{2V}\right) \sin \omega_n \left(t-\frac{L}{2V}\right), (n=1,3,5,\cdots) \qquad (3.95a)$$

$$Q_N(V,t) = \left[\sin\overline{\omega}_n(t-t_N) - \beta_n\sin\omega_n(t-t_N)\right] -$$

$$2(N-1)\beta_n\sin\left(\frac{\omega_n L}{2V}\right)\cos\omega_n\left(t-\frac{L}{2V}\right),(n=2,4,6,\cdots) \quad (3.95\text{b})$$

式（3.95）表明，桥梁的位移响应随着通过的荷载个数 N 的增加而被不断放大，形成共振现象。此时，由 $\omega_n l_v/2V = i\pi$ 得到共振车速 V_{res}（km/h）为

$$V_{\mathrm{res}} = \frac{3.6\cdot f_n\cdot l_v}{i},(i=1,2,3,\cdots) \quad (3.96)$$

式中，f_n 为桥梁的第 n 阶自振频率（Hz），速度 V_{res} 即为第 3.3 节中的第一类竖向共振速度。关于移动荷载列引起桥梁共振的详细分析，见第 3.3 节，本节不再赘述。当 $\cos(\omega_n L/2V)=0$ 或 $\sin(\omega_n L/2V)=0$ 时，式（3.93）所示的 $Q_N(V,t)$ 表达式只剩下第一项，即

$$Q_N(V,t) = \left[\sin\overline{\omega}_n(t-t_N) - \beta_n\sin\omega_n(t-t_N)\right] \quad (3.97)$$

这说明已经离开桥梁的前 $N-1$ 个移动集中力所引起简支梁的自由振动总和为零，即简支梁的竖向位移仅由位于桥梁上的第 N 个移动集中力决定，这便是简支梁的**第一类消振效应**。此时有

$$\frac{\omega_n L}{2V} = i\pi - \frac{\pi}{2},(n=1,3,5,\cdots;i=1,2,3,\cdots) \quad (3.98\text{a})$$

$$\frac{\omega_n L}{2V} = i\pi,(n=2,4,6,\cdots;i=1,2,3,\cdots) \quad (3.98\text{b})$$

从式（3.89）中可看出，当式（3.98）成立时，其等号右边第二项里所包含的两个正弦项的相位角恰好相差 $(2i-1)\pi$ 和 $2i\pi$，此时单个荷载离开桥梁后所引起简支梁自由振动的两部分相互抵消为零。

由式（3.98）可求出发生第一类消振效应时列车的速度 $V_{\mathrm{can\,I}}$（km/h）为

$$V_{\mathrm{can\,I}} = \frac{7.2\cdot f_n\cdot L}{2i-1},(n=1,3,5,\cdots;i=1,2,3,\cdots;\text{且}\ n\neq 2i-1)$$

$$(3.99\text{a})$$

$$V_{\mathrm{can\,I}} = \frac{7.2\cdot f_n\cdot L}{2i},(n=2,4,6,\cdots;i=1,2,3,\cdots;\text{且}\ n\neq 2i) \quad (3.99\text{b})$$

注意，在上述消振条件中加入了两个限定条件，即 $n\neq 2i-1(n=1,3,5,\cdots)$ 或 $n\neq 2i(n=2,4,6,\cdots)$。这是因为，在该速度下荷载的激励频率与桥梁自振频率之比 $\beta_n=1$，此时将发生第二种竖向共振，因此已不满足式（3.87）的假设条件，该速度与第 3.1 节中讨论的消振速度 $\alpha = n^2/k$ 是一致的。

从式（3.99）可看出，当荷载通过桥梁的时间满足一定条件时便会发生消振效应。此类消振为单个荷载的行为，与荷载个数及排列间距无关。消振速度表达

式与振型阶数 n 有关，但对于简支梁跨中位移响应来说，考虑基阶振型便可得出足够精确的结果，此时可采用式（3.99a）（$n=1$）来预测消振车速。

3.4.2 考虑实际轴重排列的共振与消振分析

1. 考虑实际轴重排列的分析模型

实际列车的轴重荷载排列存在几种不同的间距，它们可以是车辆全长 l_v、车辆定距（转向架中心距）l_c 或转向架固定轴距 l_w 等。为进一步考察这些参数对共振与消振的影响，建立了如图 3.19 所示的模型。

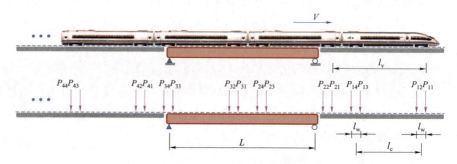

图 3.19　按实际间距排列的列车轴重荷载过桥分析模型

模型中，每节车的轴重荷载由 4 个集中力表示，位置为各轮对的实际作用点，大小等于轮对轴重，仍记为 P。这样，一辆由 N_v 节车组成的列车可简化为 $4N_v$ 个集中力组成的移动荷载列，按列车行进方向编号为 P_{kj}（$k=1,2,3,\cdots,N_v$；$j=1,2,3,4$），下标 k 表示轮对所在的车厢数，j 表示轮对在车厢所处的位置。由此列车荷载简化为 4 组移动集中力，分别为 P_{k1}、P_{k2}、P_{k3}、P_{k4}，同一组移动集中力之间相距 l_v。

各组集中力 P_{k2}、P_{k3}、P_{k4} 与 P_{k1} 之间存在时间差，第 j 组第 k 个移动集中力进入桥梁的时间 t_{kj} 可通过下式确定

$$\begin{cases} t_{k1}=t_k \\ t_{k2}=t_k+l_w/V \\ t_{k3}=t_k+l_c/V \\ t_{k4}=t_k+(l_c+l_w)/V \end{cases} \quad (3.100)$$

式中，l_w 代表车辆轮对之间的距离，即固定轴距；l_c 表示车辆定距。此处仍有 $t_k=(k-1)l_v/V$。

此时，简支梁运动微分方程如下

$$\overline{m}\frac{\partial^2 y(x,t)}{\partial t^2}+EI\frac{\partial^4 y(x,t)}{\partial x^4}=\sum_{k=1}^{N_v}\sum_{j=1}^{4}P\delta[x-V(t-t_{kj})] \quad (3.101)$$

考虑前 $N-1$ 节车厢已经离开桥梁，第 N 节车厢正在桥上时的情况。参照 3.4.1 节中的分析，式（3.101）的解可直接写为

$$y(x,t) = \frac{2P}{mL} \sum_{n=1}^{\infty} \sin\left(\frac{n\pi x}{L}\right) \frac{1}{\omega_n^2(1-\beta_n^2)} \sum_{j=1}^{4} Q_{Nj}(V,t) \qquad (3.102)$$

其中，

$$\sum_{j=1}^{4} Q_{Nj}(V,t) = \sum_{j=1}^{4} \left[\sin\overline{\omega}_n(t-t_{Nj}) - \beta_n \sin\omega_n(t-t_{Nj}) \right] -$$
$$2\beta_n \sum_{k=1}^{N-1} \sum_{j=1}^{4} \cos\frac{\omega_n L}{2V} \left[\sin\omega_n\left(t - t_{kj} - \frac{L}{2V}\right) \right], (n=1,3,5,\cdots)$$

$$(3.103a)$$

$$\sum_{j=1}^{4} Q_{Nj}(V,t) = \sum_{j=1}^{4} \left[\sin\overline{\omega}_n(t-t_{Nj}) - \beta_n \sin\omega_n(t-t_{Nj}) \right] -$$
$$2\beta_n \sum_{k=1}^{N-1} \sum_{j=1}^{4} \sin\frac{\omega_n L}{2V} \left[\cos\omega_n\left(t - t_{kj} - \frac{L}{2V}\right) \right], (n=2,4,6,\cdots)$$

$$(3.103b)$$

利用三角函数和差化积公式对式中等号右边第二项做进一步整理，可得

$$\sum_{j=1}^{4} Q_{Nj}(V,t) = \sum_{j=1}^{4} \left[\sin\overline{\omega}_n(t-t_{Nj}) - \beta_n \sin\omega_n(t-t_{Nj}) \right] -$$
$$8\beta_n \cos\frac{\omega_n L}{2V} \cos\frac{\omega_n l_w}{2V} \cos\frac{\omega_n l_c}{2V} \times \sum_{k=1}^{N-1} \left[\sin\omega_n\left(t - t_{k1} - \frac{L}{2V} - \frac{l_w}{2V} - \frac{l_c}{2V}\right) \right]$$
$$(n=1,3,5,\cdots)$$

$$(3.104a)$$

$$\sum_{j=1}^{4} Q_{Nj}(V,t) = \sum_{j=1}^{4} \left[\sin\overline{\omega}_n(t-t_{Nj}) - \beta_n \sin\omega_n(t-t_{Nj}) \right] -$$
$$8\beta_n \sin\frac{\omega_n L}{2V} \cos\frac{\omega_n l_w}{2V} \cos\frac{\omega_n l_c}{2V} \times \sum_{k=1}^{N-1} \left[\cos\omega_n\left(t - t_{k1} - \frac{L}{2V} - \frac{l_w}{2V} - \frac{l_c}{2V}\right) \right]$$
$$(n=2,4,6,\cdots)$$

$$(3.104b)$$

再对上式引入式（3.69）作变换则可得到类似式（3.94）的表达式

$$\sum_{j=1}^{4} Q_{Nj}(V,t) = \sum_{j=1}^{4} \left[\sin\overline{\omega}_n(t-t_{Nj}) - \beta_n \sin\omega_n(t-t_{Nj}) \right] -$$
$$8\beta_n \cos\frac{\omega_n L}{2V} \cos\frac{\omega_n l_w}{2V} \cos\frac{\omega_n l_c}{2V} \times$$
$$\left\{ \sin\omega_n\left(t - \frac{L}{2V} - \frac{l_w}{2V} - \frac{l_c}{2V} - \frac{t_{N-1}}{2}\right) \frac{\sin(N-1)\frac{\omega_n l_v}{2V}}{\sin\frac{\omega_n l_v}{2V}} \right\}$$
$$(n=1,3,5,\cdots)$$

$$(3.105a)$$

$$\sum_{j=1}^{4} Q_{Nj}(V,t) = \sum_{j=1}^{4} \left[\sin \overline{\omega}_n (t - t_{Nj}) - \beta_n \sin \omega_n (t - t_{Nj}) \right] -$$

$$8\beta_n \sin \frac{\omega_n L}{2V} \cos \frac{\omega_n l_w}{2V} \cos \frac{\omega_n l_c}{2V} \times$$

$$\left\{ \cos \omega_n \left(t - \frac{L}{2V} - \frac{l_w}{2V} - \frac{l_c}{2V} - \frac{t_{N-1}}{2} \right) \frac{\sin (N-1) \frac{\omega_n l_v}{2V}}{\sin \frac{\omega_n l_v}{2V}} \right\}$$

$$(n = 2, 4, 6, \cdots) \tag{3.105b}$$

2. 列车轴重荷载引起的共振与消振

由式（3.105）可以直接导出与 3.3 节式（3.96）一致的共振条件，这里不再列出。

从式（3.105）可以新增两个消振的条件，即

$$\cos (\omega_n l_w / 2V) = 0 \tag{3.106a}$$

$$\cos (\omega_n l_c / 2V) = 0 \tag{3.106b}$$

对应的消振车速 $V_{\text{can II}}$（km/h）为

$$V_{\text{can II}} = \frac{7.2 \cdot f_n \cdot l_w}{2i - 1}, \ (i = 1, 2, 3, \cdots) \tag{3.107a}$$

$$V_{\text{can II}} = \frac{7.2 \cdot f_n \cdot l_c}{2i - 1}, \ (i = 1, 2, 3, \cdots) \tag{3.107b}$$

式（3.106）表示了与转向架固定轴距 l_w 和车辆定距 l_c 有关的消振效应，但此时的消振机理与上一节中的不同。从式（3.103）的化简过程可以看出，它是由于隶属于不同组别的集中力离开桥梁后所引起简支梁自由振动间相互抵消而发生的。式（3.106a）表示已经离开桥梁的同一转向架中相距为 l_w 的两个轴重荷载所引起的桥梁自由振动相互抵消，而式（3.106b）则表示相距为 l_c 的前后两个轴重荷载所引起的桥梁自由振动相互抵消，这样第一节车厢过桥后在桥上的残余自由振动便为零。此类消振效应发生在两个荷载之间，并与荷载排列间距有关。显然，对于两个相距为 l_v 的轴重荷载，在一定的速度之下同样将发生消振效应。由此可对式（3.106）所表示的消振条件进行推广，设荷载列的特征间距为 L_{ch}，则消振车速为

$$V_{\text{can II}} = \frac{7.2 \cdot f_n \cdot L_{ch}}{2i - 1}, \ (i = 1, 2, 3, \cdots) \tag{3.108}$$

这便是简支梁的**第二类消振效应**。这里荷载列的特征间距 L_{ch} 具有这样的性质：可将荷载列分为若干组，使得组内相邻荷载间距相同，且均等于 L_{ch}。对于常见的 4 轴铁路车辆，其轴重荷载特征间距 L_{ch} 可取 l_v、l_c 和 l_w。式（3.108）表明该类消

振车速表达式与振型的阶数 n 无关。值得注意的是，现行高速铁路列车的轴距 l_w 一般较小，由此得出的消振速度 V_{can} 也较小，一般已处于线路的运营车速范围之外。

至此，得出了移动荷载列作用下简支梁的两类消振模式及其发生条件，如式（3.99）及式（3.108）所示。如前所述，当只关心基阶振型下的跨中位移响应时，可将其写成如下以简支梁跨度 L 表示的统一形式

$$V_{can} = \frac{7.2 \cdot \alpha \cdot f_1 \cdot L}{2i - 1}, \quad (i = 1, 2, 3, \cdots) \tag{3.109}$$

式中，f_1 为简支梁基阶自振频率；α 为无量纲参数，可取值 1 或 L_{ch}/L。当 $\alpha = 1$ 时表示第一类消振效应；当 $\alpha = L_{ch}/L$ 时表示第二类消振效应。

3. 共振消失

从式（3.105）注意到，桥梁发生消振效应的条件较共振现象的条件更为严格。当车速同时满足二者的要求时，消振起主要作用，将会出现共振消失现象。若令 $V_{can} = V_{res}$，由式（3.96）与式（3.109）可得

$$\frac{l_v}{L} = \frac{2\alpha k}{2j - 1}, \quad (j, k = 1, 2, 3, \cdots) \tag{3.110}$$

式中，j，k 分别表示对应于桥梁一阶弯曲振型的共振与消振阶数。理论上，当调整列车车厢长度 l_v 与桥跨 L 的比值满足上式的关系时，桥梁将发生消振效应，从而避免基阶振型下竖向共振现象的发生。

3.4.3　简支梁共振与消振数值分析

为了验证理论公式的正确性，采用有限元法编制了计算程序，对一座单跨简支梁桥进行了移动列车荷载作用下振动响应分析。

简支梁桥跨度 31.1 m，单位长度质量为 $\overline{m} = 19.1$ t/m，截面刚度为 $EI = 1.66 \times 10^8$ kN·m^2。由这些参数计算得到梁的一阶竖向自振频率为 $f_1 = \frac{\pi}{2L^2}\sqrt{\frac{EI}{\overline{m}}} = 4.79$ Hz。

考虑德国 ICE3 高速列车荷载，采用 4 节车辆编组（1 动 + 2 拖 + 1 动），按照图 3.19 所示的模型进行简化，形成由 16 个集中力组成的荷载列，前后各 4 个力（$P_1 \sim P_4$，$P_{13} \sim P_{16}$）为 160 kN（等于 ICE3 动车轴重），中间 8 个力（$P_5 \sim P_8$，$P_9 \sim P_{12}$）为 146 kN（等于 ICE3 拖车轴重），如图 3.20 所示。

对于图 3.20 所示的列车荷载模型，移动荷载的特征长度 L_{ch} 可取 l_v、l_c 和 l_w，分别为 24.775 m、17.375 m 和 2.5 m。此时，无量纲长度系数 α 值分别为 1.0、$l_w/L = 0.08$、$l_c/L = 0.56$、$l_v/L = 0.79$。根据式（3.96）及式（3.109）计算了对应 31.1 m 简支梁桥基阶振型的共振及消振效应列车速度 V_{res} 和 V_{can}，其前 8 阶结果列于表 3.2。

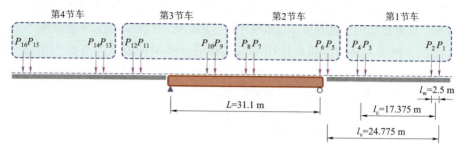

图 3.20 简化的列车荷载示意图（单位：m）

表 3.2 31.1 m 简支梁一阶振型的共振与消振车速

	i	1	2	3	4	5	6	7	8
V_{res}/（km/h）	427	214	142	107	85	71	61	—	
V_{can}/（km/h）	$\alpha=1.00$	N/A	358	215	153	119	98	83	72
	$\alpha=0.08$	86	—	—	—	—	—		
	$\alpha=0.56$	601	200	120	86	67	—	—	
	$\alpha=0.79$	847	282	169	121	94	77	65	—

注："—"表示车速小于 60 km/h，未在表中列出。

1. 消振与共振时桥梁响应时程分析

1）共振效应

由理论分析可知，当荷载列的速度与荷载间距、桥梁自振周期满足一定关系时会发生共振现象。下面选取第 1 阶共振速度 427 km/h 进行分析，说明 ICE3 列车荷载列是如何使桥梁发生共振的。

由于 ICE3 列车由几种不同的荷载列轴距组成，把它们分为两步进行分析：

第一步：先考虑由每节车第一个轮重荷载 P_1、P_5、P_9、P_{13} 组成的荷载列，间距为 l_v，可推导出各荷载之间的延迟时间，它由荷载间距和移动速度决定，即

$$t_{res}=\frac{l_v}{V_{res}}=\frac{il_v}{f_n l_v}=iT_b, \ (i=1,2,3,\cdots) \tag{3.111}$$

对应 $i=1$ 的共振速度，容易看出各荷载的延迟时间正好等于桥梁的自振周期 T_b。因此各荷载所引起的桥梁自由振动相位正好相差 2π，它们相互叠加形成共振效应，其位移曲线如图 3.21（a）中的 G_1 所示。

类似地，可得到各节车第二轮重荷载 P_2、P_6、P_{10}、P_{14} 组成的荷载列引起的桥梁位移曲线 G_2，以及各节车第三、四轮重组成的荷载列引起的桥梁位移曲线 G_3、G_4。

第二步：将四组荷载列引起的桥梁位移曲线 $G_1 \sim G_4$ 按照它们之间的实际间

距，即 l_w、l_c、$l_w + l_c$ 所形成的时间差进行叠加，得到桥梁在整个列车以共振速度通过时的桥梁位移曲线，如图 3.21（b）所示。

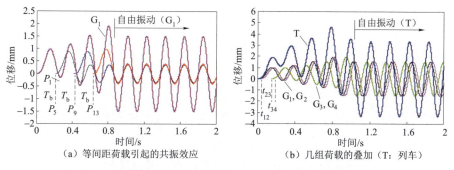

（a）等间距荷载引起的共振效应　　　　（b）几组荷载的叠加（T：列车）

图 3.21　共振效应下桥梁位移时程曲线（$V_{can} = 427$ km/h）

容易看出，在共振速度下，桥梁位移会随着荷载数量的增加而不断增大，这就是式（3.95）的物理意义。

2）第一类消振效应

由前文的理论分析可得，当 $\alpha = 1$ 时对应第一类消振效应，选取第 3 阶消振速度 215 km/h 进行计算分析。图 3.22 是 ICE3 列车荷载列作用下桥梁的跨中位移时程，其中还给出了第 $P_1 \sim P_4$ 个荷载所引起的桥梁位移时程。

由于该类消振效应是单个荷载的行为，与荷载的间距、数量、排列方式均无关。因此，每一个轮对离开桥梁后，桥梁的自由振动响应均等于零，这就是公式（3.99）的物理意义。

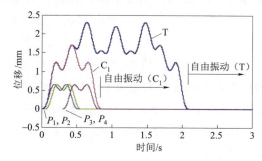

图 3.22　第一类消振效应下桥梁跨中位移时程曲线
（T：列车；C_1：第一节车辆；$V_{can} = 215$ km/h）

3）第二类消振效应

当车速为对应 $\alpha = 0.08$ 和 $\alpha = 0.56$ 的消振车速时，将会发生与转向架固定轴距 l_w 及车辆定距 l_c 相关的第二类消振效应。

以 $V_{can}=86$ km/h 为例进行数值分析，得到了桥梁跨中位移时程曲线，如图 3.23 所示，图中还给出了第 1 节车所引起的位移响应时程。

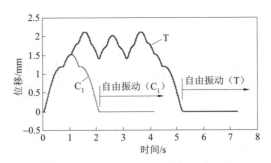

图 3.23　第二类消振效应下桥梁跨中位移时程曲线
（**T**：列车；**C₁**：第一节车辆；**V_{can}=86 km/h**）

可以看出，第 1 节车离开桥梁后所引起的桥梁的自由振动为零。这是因为：86 km/h 分别为与 l_w 相关的第一阶消振速度（$\alpha=0.08$），以及与 l_c 相关的第四阶消振速度（$\alpha=0.56$）。当为前者时，第 1、2 个轴重荷载及第 3、4 个轴重荷载所引起的桥梁自由振动分别相互抵消；当为后者时，第 1、3 个轴重荷载及第 2、4 个轴重荷载所引起的桥梁自由振动将分别相互抵消。因此，每节车离开后，桥梁都没有残留的自由振动，其响应完全由正在桥上的荷载所决定。以此类推，当最后一节车离开桥梁后，桥梁总的响应为零。

图 3.24 进一步说明了第二类消振效应的机理。当 $V_{can}=86$ km/h 时，将分别在相隔为 l_w 及 l_c 的两个轴重荷载之间发生消振效应。图 3.24（a）给出了第 1 节车厢中第 1、2 两个轴重荷载所引起的桥梁位移响应时程曲线，二者所引起的桥梁自由振动大小相等、符号相反，叠加后为零，此时二者自由振动时程曲线的相位恰好相差 π。该图显示了与转向架固定轴距 l_w 相关的第二类消振效应的机理。图 3.24（b）显示了与车辆定距 l_c 相关的消振效应的消振机理。此时，第 1 节车厢中第 1、3 两个轴重荷载所引起的桥梁自由振动相位相差 7π，恰好互相抵消。同样的情况发生在第 2、4 两个轴重荷载之间。以此类推，当每节车离开后，桥梁都将没有残留的自由振动反应。

消振时两个荷载的延迟时间由荷载间距和移动速度（此时即消振速度）决定，即

$$t_{can}=\frac{L_{ch}}{V_{can}}=\frac{(2i-1)L_{ch}}{2f_nL_{ch}}=\frac{2i-1}{2}T_b,\ (i=1,2,3,\cdots) \tag{3.112}$$

从图 3.24 可以看出，在 86 km/h 的消振速度下，两个荷载间的延迟时间分别为 $T_b/2$（$i=1$）和 $7T_b/2$（$i=4$）。因此，它们所引起的桥梁自由振动正好相

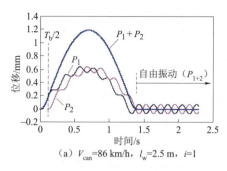
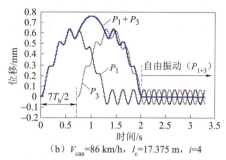

(a) V_{can}=86 km/h，l_w=2.5 m，i=1　　　　(b) V_{can}=86 km/h，l_c=17.375 m，i=4

图 3.24　第 2 类消振效应机理

互抵消了。

2. 消振与共振的关系

前面理论分析时提到：桥梁发生消振效应的条件较共振现象的条件更为严格。当车速同时满足二者的要求时，消振起主要作用，将会出现共振消失现象。下面通过本算例的分析结果说明消振与共振的关系。

1）第一类消振对共振的抑制

注意到表 3.2 中 215 km/h 的消振速度正好与 214 km/h（i=2）的共振速度接近，即共振速度近似满足第一类消振条件。为了清楚地说明共振抑制的发生机理，图 3.25（a）给出了按 V_{res}=214 km/h 的共振速度计算的单个轮对力、第一节车和列车荷载所引起的桥梁跨中位移时程曲线。

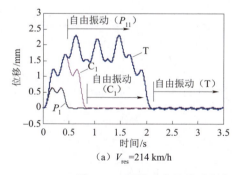
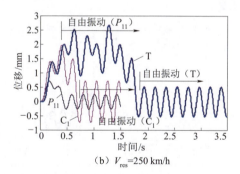

(a) V_{res}=214 km/h　　　　(b) V_{res}=250 km/h

图 3.25　桥梁跨中位移时程曲线（T：列车；C_1：第一节车辆）

按照式（3.96）计算的共振速度是基于荷载列通过时，桥梁位移响应随着荷载个数 N 的增加而被不断放大形成的共振效应。从图 3.25（a）可以看出：由于 214 km/h 的速度接近 α=1 的消振速度 215 km/h，所以桥梁被每个荷载所引起的自由振动接近于零。这样，多个荷载所激发的桥梁自由振动叠加之后也就很小，桥梁的响应基本上由桥上荷载所引起的强迫振动确定。因此，当共振速度与消振速度接近时，共振被消振所抑制，桥梁自由振动响应很小。

为了进一步说明这个问题，图 3.25（b）给出了按 $V=250$ km/h 的荷载速度计算的单个轮对力、第一节车和列车荷载所引起的桥梁跨中位移时程曲线。由于 250 km/h 既不是共振速度也不是消振速度，从图中可以清楚地看出：第一个轮对力和第一节车辆所引起的桥梁自由振动都不是零，当整个列车荷载列离开桥梁后，桥梁有很大的自由振动反应。

2）第二类消振对共振的抑制

表 3.2 中 86 km/h 的消振速度正好与 85 km/h（$i=5$）的共振速度接近。为了进一步说明共振的发生机理，以 P_1 和 P_5 两个荷载所引起的桥梁跨中位移为例进行分析，如图 3.26（a）所示。

两个荷载的延迟时间由荷载间距决定，按照式（3.111）可以计算出，在 85 km/h 的速度下，P_1 和 P_5 两个荷载的延迟时间为 $5T_b$（$i=5$）。这时，它们所引起的桥梁自由振动正好相互叠加形成共振。如果荷载数量很多，就会使桥梁位移的累加而不断放大。

但本算例是一个特例：由于此时的共振速度 85 km/h 与消振速度 86 km/h 较为接近，共振将被抑制，其机理如图 3.26（b）所示。图中，P_{1+5} 反映出 P_1 和 P_5 所形成的共振效应，P_{2+6} 反映出 P_2 和 P_6 所形成的共振效应，但 P_{1+5} 和 P_{2+6} 两条曲线之间正好有接近 $T_b/2$ 的时间延迟。所以当这两对荷载出桥后，它们所引起的桥梁振动会在很大程度上抵消。以此类推，整列车离开桥梁后，其余振会很小。

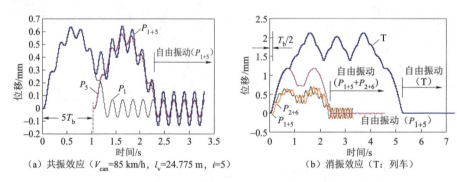

(a) 共振效应（$V_{can}=85$ km/h，$l_v=24.775$ m，$i=5$）   (b) 消振效应（T：列车）

图 3.26 第 1 节车厢不同轮对引起的桥梁跨中位移时程曲线

3）消振对共振的影响

为进一步研究共振与消振间的关系，计算了简支梁桥在按实际间距排列的轴重荷载作用下的动力响应。车速取 70~500 km/h，间隔为 1 km/h，图 3.27 给出了桥梁跨中挠度动力放大系数 DAF 随列车速度的关系。将表 3.2 中所列的共振和消振车速标于图 3.27 所给出的位移放大系数曲线中，为清楚起见，将它们分为 2 段。

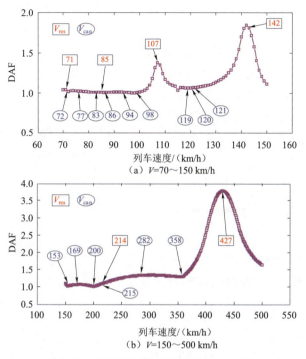

图 3.27　共振与消振车速的动力放大系数

从图 3.27 中可看出，随着车速的增加，DAF 并不是单调增大，而是出现了若干个波峰和波谷。

从中还可看出：当共振车速为 427 km/h、142 km/h、107 km/h 时，相应的动力放大系数 DAF 均较大，恰位于波峰附近，说明此时确实发生了共振现象。

当共振车速为 214 km/h、85 km/h、71 km/h 时，出现了与之相近的消振车速 215 km/h、86 km/h、72 km/h，这时有 $V_{can} \approx V_{res}$。从图 3.27 可看出，DAF 在这几个共振车速下并没有出现共振时应有的峰值。这说明：当车速同时满足消振和共振条件时，由于消振效应，将阻止共振的出现，即发生了共振消失现象。因此，当车辆长度 l_v 与桥跨 L 的比值满足式（3.110）的关系时，有 $V_{res} = V_{can}$，理论上就可以避免共振的发生。对于所分析的 31.1 m 简支梁桥和 ICE3 型高速列车来说，如果避免了在 214 km/h 时的共振，就可以使桥梁的动力响应在 150～350 km/h 的列车速度范围内保持较小值，这对于桥梁的动力设计和保证列车运行安全具有重要的实际意义。

3. 阻尼对消振效应的影响

前文的理论分析及数值计算均忽略了桥梁的阻尼效应。真实的桥梁结构由于阻尼的存在，荷载过桥后自由振动将会在若干个周期内逐渐衰减至零。这样在第二类消振效应中，两个荷载所引起的自由振动便不能够完全被抵消。为了分析阻尼对这类消振效应的影响，考虑不同的振型阻尼比 ξ 后，对 $\alpha = 0.08(i=1)$ 和 $\alpha = 0.56(i=4)$ 两种情况下消振车速均等于 86 km/h 时不同轮对作用下桥梁跨中位移时程进行了计算分析，结果如图 3.28 所示。

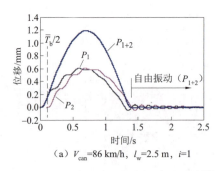 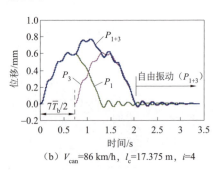

(a) V_{can}=86 km/h, l_w=2.5 m, i=1　　　　(b) V_{can}=86 km/h, l_c=17.375 m, i=4

图 3.28　考虑阻尼时不同轮对荷载引起的桥梁位移时程曲线

从图 3.28 中可看出：阻尼仅仅改变了桥梁自由振动的振幅，而对于其振动周期则没有影响。这样，在 86 km/h 的消振速度下，参与消振的两个轮对荷载间的延迟时间分别为 $T_b/2(i=1)$ 和 $7T_b/2(i=4)$，这与不考虑阻尼时的情形一样。然而由于阻尼对振幅的衰减作用，虽然二者的相位相反，但绝对值并不相等，不能够完全相互抵消，叠加后还有少量残余振动。因此，阻尼相同情况下，影响自由振动相互抵消程度的因素是自由振动的相位差。显然，相位差越大，消振效应就越不明显。

除相位差外，阻尼大小对消振效应也有着直接的影响。图 3.29 给出了对应不同阻尼比的消振效率 η（定义为所抵消的桥梁最大自由振动与原本未经抵消的自由振动之比）与相位差（消振速度阶数 i）之间的关系。从图中可看出，阻尼比越大，叠加后的残余振动越大，相位差越大，叠加后的残余振动也越大；当阻尼比很大且消振速度阶数 i 也很大时，两个荷载所引起的桥梁自由振动几乎不能相互抵消。

4. 分析结论

本节对由移动列车荷载引起的简支梁共振与消振机理进行了理论研究，并通过有限元数值模拟对其进行了算例验证，得出了以下结论：

① 移动荷载列通过简支梁时，当荷载间隔时间等于桥梁自振周期或其 i（$i=$ 1,2,3,…）倍时，各荷载引起的桥梁自由振动将会累加，进而发生共振现象。

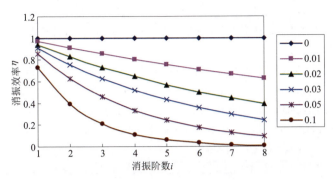

图 3.29 不同阻尼比下消振效率 η 与消振速度阶数 i 之间的关系

② 当荷载通过简支梁的时间满足一定条件时，单个荷载引起的桥梁自由振动自身抵消为零，发生第一类消振效应。此类消振为单个荷载的行为，与荷载个数及排列间距无关，但消振速度表达式与振型阶数 n 有关。

③ 移动荷载列的特征间距 L_{ch} 满足 L_{ch}/V 等于桥梁自振周期奇数倍的一半时，不同荷载所引起的自由振动将相互抵消，发生第二类消振效应。对于 4 轴铁路车辆组成的轴重荷载列，L_{ch} 可取 l_v、l_c 和 l_w。

④ 由于桥梁阻尼的存在，相隔一定距离的两个荷载引起的桥梁自由振动不能够完全抵消，会有一定的误差，阻尼比越大、荷载相距越远，未能抵消的残余振动也越大。

⑤ 当车辆长度 l_v 与桥梁跨度 L 之比为一定关系时，会同时满足共振及消振效应的发生条件，这时消振效应起主要作用，即发生共振消失现象。因此，通过适当设计可避开桥梁的共振，这对高速铁路桥梁的动力设计有一定的理论和实际意义。

参 考 文 献

CHEUNG Y K, AU F T K, ZHENG D Y, et al. , 1999. Vibration of multi-span bridges under moving vehicles and trains by using modified beam vibration functions [J]. Journal of sound and vibration, 228 (3): 611-628.

CLOUGH R W, PENZIEN J, 2003. Dynamics of structures [M]. New York: McGraw Hill Inc.

DIANA G, CHELI F, 1989. Dynamic interaction of railway systems with large bridges [J]. Vehicle system dynamics, 18 (1-3): 71-106.

FRÝBA L, 1999. Vibration of solids and structures under moving loads [M]. London: Thomas Telford.

FRÝBA L, 2001. A rough assessment of railway bridges for high speed trains [J]. Engineering structures, 23 (5): 548-556.

GARINEI A, 2006. Vibrations of simple beam-like modelled bridge under harmonic moving loads [J]. International journal of engineering science, 44 (11-12): 778-787.

GARINEI A, RISITANO G, 2008. Vibrations of railway bridges for high-speed trains under moving loads varying in time [J]. Engineering structures, 30 (3): 724-732.

HAMIDI S A, DANSHJOO F, 2010. Determination of impact factor for steel railway bridges considering simultaneous effects of vehicle speed and axle distance to span length ratio [J]. Engineering structures, 32 (5): 1369-1376.

JU S H, LIN H T, 2003. Resonance characteristics of high-speed trains passing simply-supported bridges [J]. Journal of sound and vibration, 267 (5): 1127-1141.

KWARK J W, CHOI E S, KIM Y J, et al., 2004. Dynamic behavior of two-span continuous concrete bridges under moving high-speed train [J]. Computers and structures, 82 (4-5): 463-474.

LAVADO J, DOMÉNECH A, MARTÍNEZ-RODRIGO M D, 2014. Dynamic performance of existing high-speed railway bridges under resonant conditions following a retrofit with fluid viscous dampers supported on clamped auxiliary beams [J]. Engineering structures, 59: 355-374.

LEE HH, JEON JC, KYUNG KS, 2012. Determination of a reasonable impact factor for fatigue investigation of simple steel plate girder railway bridges [J]. Engineering structures, 36: 316-324.

LI J Z, SU M B, 1999. The resonant vibration for a simply supported girder bridge under high speed trains [J]. Journal of sound and vibration, 224 (5): 897-915.

LIU K, REYNDERS E, DE ROECK, et al., 2009. Experimental and numerical analysis of a composite bridge for high-speed trains. Journal of sound and vibration, 320 (1-2): 201-220.

LUU M, ZABEL V, KÖNKE C, 2012. An optimization method of multi-resonant response of high-speed train bridges using TMDs [J]. Finite elements in analysis and design, 53: 13-23.

MARTÍNEZ-RODRIGO M D, LAVADO J, et al., 2010. Transverse vibrations in existing railway bridges under resonant conditions: Single-track versus double-track configurations [J]. Engineering structures, 32 (7): 1861-1875.

MICHALTSOS G T, RAFTOYIANNIS I G, 2010. The influence of a train's critical speed and rail discontinuity on the dynamic behavior of single-span steel bridges [J]. Engineering structures, 32 (2): 570-579.

MUSEROS P, MOLINER E, MARTÍNEZ-RODRIGO M D, 2013. Free vibrations of simply-supported beam bridges under moving loads: maximum resonance, cancellation and resonant vertical acceleration [J]. Journal of sound and vibration, 332 (2): 326-345.

PESTEREV A V, YANG B, BERGMAN L A, et al., 2003. Revisiting the moving force problem [J]. Journal of sound and vibration, 261 (1): 75-91.

RADE L，WESTERGREN B，2010. Mathematics handbook for science and engineering ［M］. Springer.

ROCHA J M，HENRIQUES A A，CALÇADA R，2012. Safety assessment of a short span railway bridge for high-speed traffic using simulation techniques ［J］. Engineering structures，40：141-154.

SAVIN E，2001. Dynamic amplification factor and response spectrum for the evaluation of vibrations of beams under successive moving loads ［J］. Journal of sound and vibration，248 (2)：267-288.

XIA H，DE ROECK G，GOICOLEA J M，2012. Bridge vibration and controls：New research ［M］. New York：Nova Science Publishers.

XIA H，ZHANG N，GUO W W，2006. Analysis of resonance mechanism and conditions of train-bridge system ［J］. Journal of sound and vibration，297 (3-5)：810-822.

XIA H，LI H L，GUO W W，et al.，2014. Vibration resonance and cancellation of simply-supported bridges under moving train loads ［J］. Journal of engineering mechanics，ASCE，140 (5)：04014015-1-11

YANG Y B，YAU J D，WU Y S，2004. Vehicle-bridge interaction dynamics ［M］. Singapore：World Scientific Publishing.

YANG Y B，YAU J D，HSU L C，1997. Vibration of simple beams due to trains moving at high speeds ［J］. Engineering structures，19 (11)：936-944.

YANG Y B，LIN CL，YAU J D，et al.，2004. Mechanism of resonance and cancellation for train-induced vibrations on bridges with elastic bearings ［J］. Journal of sound and vibration，269 (1-2)：345-360.

YAU J D，2009. Response of a train moving on multi-span railway bridges undergoing ground settlement ［J］. Engineering structures，31 (9)：2115-2122.

YAU J D，2001. Resonance of continuous bridges due to high speed trains ［J］. Journal of marine science and technology，9 (1)：14-20.

YAU J D，WU Y S，YANG Y B，2001. Impact response of bridges with elastic bearings to moving loads ［J］. Journal of sound and vibration，248 (1)：9-30.

ZAMBRANO A，2011. Determination of the critical loading conditions for bridges under crossing trains ［J］. Engineering structures，33 (2)：320-329.

松浦章夫，1976. 高速鉄路における車輌と橋桁の動的挙動に関する研究 ［J］. 土木学会論文集，258 (12)：35-47.

夏禾，陈英俊，1992. 车-梁-墩体系动力相互作用分析 ［J］. 土木工程学报，25 (2)：3-12.

夏禾，张楠，2005. 车辆与结构动力相互作用分析 ［M］. 2 版. 北京：科学出版社.

姚忠达，杨永斌，1999. 高速铁路车-桥互制理论 ［M］. 台湾：图文技术服务有限公司.

第**4**章

车桥系统耦合振动分析

本章介绍车桥动力耦合系统模型的建立和求解方法。首先讨论了车辆子系统、桥梁子系统的建模方法；然后介绍 Hertz 接触的轮轨法向弹性作用理论、基于 Kalker 线性蠕滑的轮轨切向蠕滑理论及其修正和简化形式、轮轨垂向密贴假定及轮轨蛇行波假定等常见的轮轨关系模型；推导了车桥系统耦合振动运动方程，研究了直接耦合法、时间步内迭代法和全过程迭代法等车桥方程的求解方法；最后结合先锋号列车通过秦沈客运专线狗河特大桥的工程实例，分析了车桥系统动力响应的特点，并分析了方程求解中的收敛性问题。

4.1 概　　述

列车高速通过桥梁时，结构产生的振动，不但影响结构的安全性和使用性，还会对车辆本身的运行安全性和平稳性产生影响。为此，人们发展了越来越完善的分析模型，以便尽可能完全地反映车辆和桥梁的动力行为。

实际的车桥动力相互作用是非常复杂的。如图 4.1 所示，列车通过铁路桥梁时，与桥上轨道、梁体结构、桥梁支座、墩台、基础和地基形成一个互相耦联、互相激励的多自由度振动系统。因此，所建立的模型应尽可能同时反映体系中的各种动力相互作用，包括车辆不同部位之间的相互作用、车轮与轨道的相互作用、轨道与桥梁的相互作用、桥梁通过支座与墩台之间的相互作用、墩台与基础和地基的相互作用等。

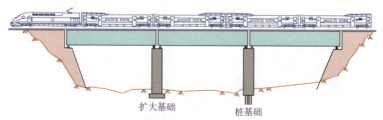

图 4.1　列车通过铁路桥梁时产生的车-梁-墩-基础-地基相互作用

一般而言，以刚体动力学方法建立车辆子系统模型，以有限元法建立桥梁子系统模型，两个子系统通过轮轨相互作用关系耦联在一起。系统的内部自激激励主要是轨道不平顺，外部激励则是作用在桥梁和车辆上的风荷载、地震作用、撞击荷载等。

4.2　车辆子系统

4.2.1　车辆振动的基本形式

铁路是一种主要的陆上交通运输方式。铁路列车一般有两种：一种是由机车和车辆组成，机车负责提供牵引动力，本身并不载运货物或旅客，而车辆负责载运货物或旅客，本身不具备牵引动力，这种列车称为集中动力式列车；另一种没有专门的机车提供动力，每节车辆都具有牵引动力，这种列车称为分散动力式列车，又称为动车组列车，一般仅用于载客。

从车辆动力学的角度看，铁路的机车和车辆具有同样的特点。为方便起见，在本书以后的叙述中，除需特别区分之处外，将机车和车辆统称为"车辆"。

具有弹簧悬挂装置的车辆是一个复杂的多自由度振动系统。在车辆动力学中，常将复杂的车辆振动分解成若干基本振动形式的组合。

车辆模型中所采用的坐标系均遵从如下约定：x 为列车前进方向，z 垂直向下，y 由 x 和 z 依右手定则确定；θ、φ、ψ 依次为绕 x 轴、y 轴、z 轴的转动方向，见图 4.2。车辆在 x、y、z、θ、φ、ψ 方向自由度依次称为伸缩、横摆、沉浮、侧滚、点头及摇头运动。

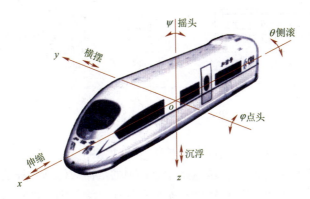

图 4.2　车体在空间的坐标

假设把车体（或转向架，以下同）看作是刚体，那么这个车体在空间的位置可以用通过车体重心 o 点的三个互相垂直的坐标轴 x、y、z 来确定，即它具有 6 个自由度。具体地说，车体的振动可以分为三个沿坐标轴方向的平移振动和三个绕坐标轴的回转振动，共有以下六种基本振动形式：

① 沉浮振动。车体平行于原来的平衡位置所做的沿 z 轴方向的竖向振动，在每一瞬间，车体各点的竖向位移是相同的，见图 4.3（a）。

② 横摆振动。车体平行于原来的平衡位置所做的沿 y 轴方向的横向振动，在每一瞬间，车体各点的横向位移是相同的，见图 4.3（b）。

③ 伸缩振动。车体平行于原来的平衡位置所做的沿 x 轴方向的纵向振动，在每一瞬间，车体各点的纵向位移是相同的，见图 4.3（c）。

④ 摇头振动。车体绕 z 轴做幅角为 $\pm\psi$ 的回转振动，见图 4.3（d）。

⑤ 点头振动。车体绕 y 轴做幅角为 $\pm\varphi$ 的回转振动，见图 4.3（e）。

⑥ 侧滚振动。车体绕 x 轴做幅角为 $\pm\theta$ 的回转振动，见图 4.3（f）。

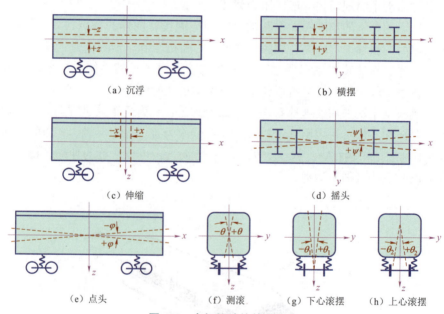

（a）沉浮　　　　　　　　　（b）横摆

（c）伸缩　　　　　　　　　（d）摇头

（e）点头　　　（f）测滚　　　（g）下心滚摆　　　（h）上心滚摆

图 4.3　车辆振动的基本形式

一般情况下，车辆前后转向架悬挂装置的弹簧刚度和阻尼特性是一样的，而且质量对称。此时，上述六种基本振动形式中的沉浮、伸缩、摇头和点头运动可以独立出现；但横摆和侧滚运动则不能独立存在，它们耦合成车体下心滚摆和上心滚摆两种合成运动，前者的振动轴在车体重心以下，后者的振动轴则在车体重心以上，分别如图 4.3（g）和图 4.3（h）所示。

实际振动过程中，上述每种振动形式都不是单独出现的，车体复杂的振动往往是这六种基本振动形式按不同组合耦合在一起发生的合成振动。车辆在轨道上运行时，由于荷载的不对称性、轨道不平顺的随机性等复杂因素的影响，车体沉浮振动和点头振动往往耦合在一起，而横摆振动、侧滚振动和摇头振动总是同时发生。在研究车辆振动时，通常将发生在车体的纵向铅垂平面 xoz 内的沉浮振动和点头振动统称为竖向振动；将发生在水平面 xoy 内的摇头振动、铅垂平面 yoz 内的侧滚振动和沿车体侧轴的横摆振动统称为横向振动；将沿车体纵轴产生的伸缩振动称为纵向振动。

车辆其他刚体的振动形式与车体有所不同，例如转向架和轮对，其沉浮、伸缩、摇头、点头、横摆和侧滚运动均可以独立出现。

4.2.2　车辆单元模型

车辆子系统是由若干节车辆组成的列车，每节车辆又是由车体、转向架、轮对及弹簧-阻尼器悬挂装置组成的多自由度振动系统，见图 4.4。

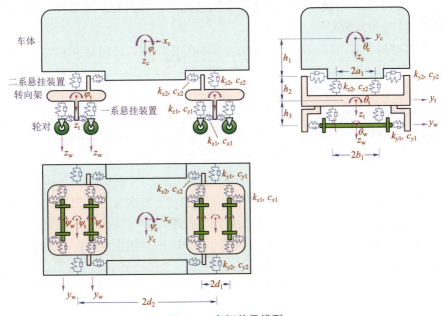

图 4.4　车辆单元模型

（1）转向架形式：① 独立式转向架，世界各国大部分高速列车都装备独立式转向架，列车模型一般不考虑车辆之间车钩的耦联作用；② 铰接式转向架，法国的 TGV 及韩国的高速列车装备铰接式转向架，列车模型为各车辆通过转向架耦联的铰接车组，但机车仍为独立式转向架。

（2）转向架悬挂体系：高速列车的机车和车辆（或动车和拖车）均采用二系悬挂装置。转向架与轮对之间的弹簧及阻尼组件称为一系悬挂系统，车体与转向架之间的弹簧及阻尼组件称为二系悬挂系统。

（3）车辆阻尼：车辆减振器的阻尼有很多种，现在的模型一般采用黏滞阻尼，这主要是为了理论上求解的方便。由于列车-桥梁时变系统大部分是用逐步积分法求解的，在模型中采用其他形式的阻尼不会有什么困难。

车辆子系统处于重力场中。规定车辆子系统 z 方向坐标零点位于车辆各构件的重力平衡位置。

本章只介绍具有独立车体转向架的高速列车，对于每两个相邻车体共用一个转向架的铰接式列车，如法国的 TGV 列车的计算模型，可参考有关文献（Xia et al，2003）。在车辆的建模中，采用了如下假定：

① 组成列车的各节车辆的运动是相互独立的；

② 每节车辆的车体、转向架和轮对均视为刚体，即不考虑振动过程中车体、转向架构架和轮对的弹性变形；

③ 车辆子系统为线性系统，即在分析过程中，车辆的质量矩阵、阻尼矩阵及刚度矩阵均为常数矩阵；

④ 忽略列车起动或制动时的运动，即不考虑车体、转向架和轮对沿车辆纵轴方向的振动；

⑤ 每个车体、转向架具有 y、z、θ、φ、ψ 五个方向的自由度，轮对自由度由轮轨关系模型确定（详见 4.4 节），但每个轮对最多具有 y、z、θ、φ、ψ 五个方向的自由度；

⑥ 弹簧为线性弹簧，阻尼为黏性阻尼。一系悬挂系统中，k_{x1}、k_{y1}、k_{z1} 依次为轮对每侧 x、y、z 方向的弹簧刚度，c_{x1}、c_{y1}、c_{z1} 依次为轮对每侧 x、y、z 方向的阻尼系数。二系悬挂系统中，k_{x2}、k_{y2}、k_{z2} 依次为转向架每侧 x、y、z 方向的弹簧刚度，c_{x2}、c_{y2}、c_{z2} 依次为转向架每侧 x、y、z 方向的阻尼系数。

根据上述假定，建立了车辆单元模型，见图 4.4。图中表示的车辆子系统各参量将分别在 4.4 节和 4.5 节中介绍。

目前绝大多数研究中，车辆子系统运动方程一般以刚体动力学方法建立，详见 4.5 节"车桥耦合系统方程的建立"。

4.3　桥梁子系统

作为研究对象的铁路桥梁一般由桥梁墩台、梁体、桥面系、桥上轨道等结构物组成，车辆上的力将通过轮对经轨道传到桥梁结构。在研究桥梁和车辆的横向和竖向振动时，一般采用空间模型进行分析，并采用如下的假定：

①桥上轨道和梁之间没有相对位移，并忽略钢轨垫板和扣件的弹性变形；

②振型分析对桥梁整体进行，假定主梁节点的振型与桥面轨道的振型一致，节点之间的振型由节点振型以插值函数方式确定；

③对于实体梁式桥，振动过程中忽略梁横截面的变形；对于空心结构桥梁，如箱梁、桁梁等，其横截面的变形可在有限元建模时加以考虑。

根据上述假定，桥梁结构可以被离散成三维空间有限元模型。相应的桥梁子系统的运动方程表示为

$$\boldsymbol{M}_{\mathrm{b}}\ddot{\boldsymbol{X}}_{\mathrm{b}}+\boldsymbol{C}_{\mathrm{b}}\dot{\boldsymbol{X}}_{\mathrm{b}}+\boldsymbol{K}_{\mathrm{b}}\boldsymbol{X}_{\mathrm{b}}=\boldsymbol{F}_{\mathrm{b}} \tag{4.1}$$

式中，桥梁子系统的总体质量矩阵 $\boldsymbol{M}_{\mathrm{b}}$、总体刚度矩阵 $\boldsymbol{K}_{\mathrm{b}}$ 通常采用有限元方法建立；桥梁子系统力向量 $\boldsymbol{F}_{\mathrm{b}}$ 将在 4.4 节"轮轨关系"和 4.5 节"车桥耦合系统方程的建立"中详细说明；桥梁子系统总体阻尼矩阵 $\boldsymbol{C}_{\mathrm{b}}$ 一般按 Rayleigh 阻尼确定

$$\boldsymbol{C}_{\mathrm{b}}=\frac{2\xi\omega_1\omega_2}{\omega_1+\omega_2}\boldsymbol{M}_{\mathrm{b}}+\frac{2\xi}{\omega_1+\omega_2}\boldsymbol{K}_{\mathrm{b}} \tag{4.2}$$

式中，ξ 为阻尼比，一般钢桥取 $0.5\%\sim1.5\%$，钢-混凝土结合梁桥取 $1.5\%\sim2\%$，混凝土桥取 $2\%\sim3\%$，有试验数据时按实测值取值；ω_1、ω_2 一般取前两阶整体振型相应的圆频率。

桥梁模型中亦可采用模态综合技术，即振型叠加法：首先求出结构自由振动的频率和振型，利用振型的正交性，把互相耦联的数百个节点运动方程解耦，使其转化成为互相独立的模态方程。由于结构的动力响应主要是若干个低阶振型起控制作用，这种方法的主要优点是在计算中仅考虑少数几阶振型就可以获得满意的精度。即使是具有数百个自由度的空间结构，取几十阶振型计算就可以对整体振动进行分析，从而大大减少了计算工作量。

采用振型叠加法时，桥梁子系统动力平衡方程表示为

$$\ddot{\boldsymbol{Q}}_{\mathrm{b}}+2\boldsymbol{\xi}\boldsymbol{\omega}\dot{\boldsymbol{Q}}_{\mathrm{b}}+\boldsymbol{\omega}^2\boldsymbol{Q}_{\mathrm{b}}=\boldsymbol{\Phi}^{\mathrm{T}}\boldsymbol{F}_{\mathrm{b}} \tag{4.3}$$

式中，$\boldsymbol{\omega}$、$\boldsymbol{\xi}$ 分别为桥梁子系统的圆频率矩阵和阻尼比矩阵；$\boldsymbol{\Phi}$ 为桥梁子系统按质量矩阵归一化处理后的振型矩阵。如考虑桥梁的前 N_q 阶模态，则上述各矩阵均为 N_q 阶方阵，各向量均为 N_q 个元素的列向量，$\boldsymbol{Q}_{\mathrm{b}}$ 为桥梁子系统的广义位移向量：

$$\boldsymbol{Q}_{\mathrm{b}}=\boldsymbol{\Phi}^{\mathrm{T}}\boldsymbol{X}_{\mathrm{b}} \tag{4.4}$$

计算中采用的桥梁振型数量可根据桥梁的大小和分析目的确定：如果仅需计算桥梁的整体振动，几阶至几十阶振型即可；如果要计算桥梁结构局部杆件的振动，则需采用几十甚至几百阶振型。

直接刚度法的桥梁动力平衡方程式（式 4.1）及振型叠加法的桥梁动力平衡

方程式（式 4.3）均可用于车桥耦合动力计算中，可根据桥梁模型的特点及所关心的动力响应指标对两者进行选择。当桥梁模型规模较大时，由于直接采用桥梁的有限元几何模型，自由度很多，计算中存储桥梁的动力矩阵，耗时长，对计算机内存要求高，因此多采用振型叠加法。当桥梁有限元模型规模较小，或者需要计算结构细部的振动时，由于振型叠加法计算过程较为繁复，多采用直接刚度法。

需要说明的是，由于在轮轨关系计算中需要考虑桥梁在 θ 方向（即扭转方向）的运动，因此采用振型叠加法建立桥梁模型时，必须包含此方向的主要振型。无论桥梁子系统方程采用直接刚度法还是振型叠加法表达，以常用的集中质量法建立的桥梁质量矩阵忽略了各节点的转动惯量，在用空间梁单元建立的二维桥梁模型中（如不含桥墩的简支梁或连续梁），采用集中质量法时质量矩阵在 θ 自由度的各行列为零，这样是不可能计算得到桥梁的扭转振动分量的。所以，为确保计算的准确性，应该用一致质量法建立桥梁的质量矩阵。

4.4　轮　轨　关　系

轮轨关系假定是车桥动力耦合分析的关键所在。轮轨相互作用模型定义了轮轨间相对运动、相互作用力之间的关系，是车辆子系统与桥梁子系统的联系。轮轨相互作用模型可分为以下两类：

① 定义轮轨作用力为车轮与钢轨相对运动的函数，此类模型基于弹性力学或接触力学原理，本节介绍基于 Hertz 接触的轮轨法向弹性作用理论、基于 Kalker 线性蠕滑的轮轨切向蠕滑理论及其修正和简化形式；

② 定义轮对运动为钢轨运动的函数，本节介绍轮轨垂向密贴假定及轮对蛇行波假定。

后面将在 4.4.2 节至 4.4.6 节分别介绍这 5 种轮轨关系假定，并在 4.4.7 节对这些假定进行总结和对比。

在轮轨力作用和轮轨相对位移的定义上，主要采用两套坐标系统：自然坐标系和接触斑坐标系。这里先介绍自然坐标系，然后在 4.4.1 节中介绍接触斑坐标系及其与自然坐标系之间的转换关系。

为了说明方便，以下介绍的 5 种轮轨关系模型中，均忽略了轨道结构变形的影响，因此钢轨变形即为桥面运动与轨道不平顺之和。轮对、轨道、桥面在横移、沉浮、侧滚、摇头各方向的运动分别以 y、z、θ、ψ 描述；r 为车轮滚动圆半径；g_0 为左右轮轨接触点间的距离，取 1.493 m；下角标 w 表示轮对中心点，wo 表示轮缘上与钢轨的接触点，r 表示轨道左右轨连线中心点，ro 表示一侧钢轨上与轮缘的接触点，d 表示轨道中心对应的桥面位置，各点具体位置和相互关系如图 4.5 和表 4.1 所示。表中关系式出现符号"±"时，面向列车前进方向的右侧车轮取"＋"号，左侧车轮取"－"号。

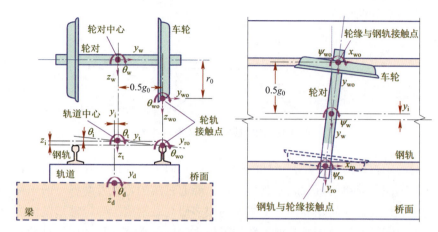

图 4.5　轮对、轨道、桥面运动示意图

表 4.1　轮对、轨道、桥面各方向运动部位及符号

部　　位	x 方向	y 方向	z 方向	θ 方向	ϕ 方向
轮对中心	—	y_w	z_w	θ_w	ψ_w
轮缘与钢轨接触点	x_{wo}	$y_{wo}=y_w-r\theta_w$	$z_{wo}=z_w\pm g_0\theta_w/2$	$\theta_{wo}=\theta_w$	ψ_{wo}
钢轨与轮缘接触点	x_{ro}	$y_{ro}=y_r$	$z_{ro}=z_r\pm g_0\theta_r/2$	—	—
左右轨连线中心点	—	$y_r=y_d+y_i$	$z_r=z_d+z_i$	$\theta_r=\theta_d+\theta_i$	—
轨道中心桥面位置	—	y_d	z_d	θ_d	—

4.4.1　轮轨接触几何关系

车辆在轨道上运行时，轮对与轨道之间，除在宏观上存在 x 方向（轮对前进）与 φ 方向（轮对滚动）的运动外，在微观上也存在轮对与轨道之间 y（横移）、z（沉浮）、θ（侧滚）、ψ（摇头）方向的相对运动。在不同轮轨相对位移条件下，左右轮轨之间的接触点位置不同，轮轨之间的接触参数也相应地发生变化，而这些参数在研究机车车辆动力学时是必不可少的。考虑到：① 钢轨是无限长的，所以轮轨接触几何参数与 x 轴方向轮轨相对运动无关；② 车轮是圆形的，所以轮轨接触几何参数与 φ 方向轮轨相对运动无关；③ 轮对与钢轨的弹性压缩在宏观上可忽略不计且不考虑两者嵌入情形，所以轮轨接触几何参数与 z、θ 方向的轮轨相对运动亦无关。因此，轮轨接触几何参数仅由轮轨间 y（横移）、

ψ（摇头）方向的相对运动决定。此处所指的轮轨接触几何关系示意图如图 4.6 所示，包括：① 左右轮接触角，即轮轨接触面与轮对中心线的夹角 $\delta_L<0$ 和 $\delta_R>0$；② 左右轮实际滚动圆半径 r_L 和 r_R；③ 轮轨接触点处车轮踏面的曲率半径及钢轨截面的曲率半径。

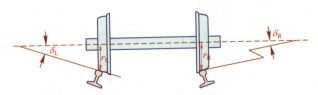

图 4.6　轮轨接触几何关系示意图

　　不同的轮轨外形配合具有不同的轮轨接触几何关系和接触几何参数。轮轨的轮廓往往不能用简单解析式表示其形状，只能通过实测轮轨表面各点的坐标来表示，例如磨损后的轮轨轮廓形状。早期的很多研究就给出了确定锥形踏面配合单圆弧形钢轨截面的轮轨接触几何参数的解析方法。但铁路工程中更常见的磨耗型车轮踏面配合多圆弧形钢轨截面的情况，则无法通过解析方法一次计算得到所有的轮轨接触几何参数（翟婉明，2007；李小珍，2000）。目前工程中确定任意轮廓外形轮轨接触几何参数的方法大致有两种，即左右轮轨等间距迭代法和迹线法。其中迹线法规避了计算中的迭代步骤，通过一次计算即可求得所有轮轨接触几何参数，本章仅介绍该方法的计算原理。

　　迹线法由分析空间轮轨接触点的几何关系特点入手，研究轮轨接触几何参数的确定问题。对于直轨道而言，钢轨是垂直于 y-z 平面的柱体，车轮踏面是以轮对中心线为轴的旋转曲面，因此钢轨踏面与车轮踏面的公法线必与轮对中心线相交，且平行于 y-z 平面，如图 4.7 所示。

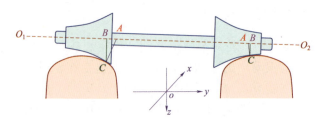

图 4.7　迹线法计算原理

　　图中，O_1O_2 为轮对中心线；C 为轮轨接触点；B 为轮对滚动圆中心；由公法线的特点，车轮踏面和钢轨柱面的公法线交轮对中心线于 A。由于 AC 垂直于轮轨接触面，BC 垂直于轮对中心线 O_1O_2，则 $\angle ACB=d$。此处略去了 d 角标中的 L 或 R，表示该表达式对左右轮均适用。此处约定：左轮 $d>0$，右轮 $d<0$。

设轮对侧滚角为 q_w、摇头角为 y_w。由于滚动圆所在平面垂直于轮对中心线，设 l_x、l_y、l_z 为轮对中心线 O_1O_2 的方向余弦，它可由轮对中心线先绕 x 轴旋转角度 θ_w，再绕 z 轴旋转角度 ψ_w 而得。当相对侧滚角和相对摇头角均为正时，图 4.7 中左轮处于坐标第 Ⅷ 卦限，右轮处于坐标第 Ⅱ 卦限，则 O_1O_2 的方向余弦为：

$$\begin{Bmatrix} l_x \\ l_y \\ l_z \end{Bmatrix} = \begin{bmatrix} \cos\psi_w & -\sin\psi_w & 0 \\ \sin\psi_w & \cos\psi_w & 0 \\ 0 & 0 & 1 \end{bmatrix} \begin{bmatrix} 1 & 0 & 0 \\ 0 & \cos\theta_w & -\sin\theta_w \\ 0 & \sin\theta_w & \cos\theta_w \end{bmatrix} \begin{Bmatrix} 0 \\ 1 \\ 0 \end{Bmatrix} = \begin{Bmatrix} -\cos\theta_w\sin\psi_w \\ \cos\theta_w\cos\psi_w \\ \sin\theta_w \end{Bmatrix}$$

(4.5)

滚动圆中心 B 为滚动圆平面上的一点，故滚动圆平面的方程为

$$l_x(x-x_B)+l_y(y-y_B)+l_z(z-z_B)=0 \qquad (4.6)$$

在滚动圆圆心 B 给定的前提下，滚动圆半径 r 已知，则轮轨接触点 C 位于以 B 为球心，以 r 为半径的球面上

$$(x-x_B)^2+(y-y_B)^2+(z-z_B)^2=r^2 \qquad (4.7)$$

由于平面 AO_1C 与坐标面 $y-z$ 平行，轮轨接触点 C 亦应在 AO_1C 平面内，故

$$x=x_C=x_A=x_B+l_xr\tan\delta \qquad (4.8)$$

轮轨接触点 C 应同时位于由式（4.6）确定的平面、由式（4.7）确定的球面和由式（4.8）确定的平面上。将式（4.6）～式（4.8）联立，同时考虑到方向余弦满足关系式 $l_x^2+l_y^2+l_z^2=1$，参考图 4.7 可知 $z_B<z_C$，经化简，可得到接触点 C 的坐标如下：

$$\begin{cases} x_C=x_B+l_xr\tan\delta \\ y_C=y_B-\dfrac{r}{1-l_x^2}(l_x^2l_y\tan\delta+l_zm) \\ z_C=z_B+\dfrac{r}{1-l_x^2}(-l_x^2l_z\tan\delta+l_ym) \end{cases} \qquad (4.9)$$

式中，$m=\sqrt{1-l_x^2(1+\tan^2\delta)}$；$x_B$、$y_B$、$z_B$ 为滚动圆中心 B 的坐标。

需要指出的是，图 4.7 中 $BC\perp O_1O_2$，即对应给定滚动圆圆心。在给定滚动圆中心 B 时，式（4.9）中轮缘的曲率半径 δ 和滚动圆半径 r 是确定的。计算中可通过变化滚动圆中心 B 的位置计算轮轨各可能接触点的 x、y、z 坐标。

轮轨接触几何参数的计算步骤如下：

① 考虑轮对的 y（横摆）、ψ（摇头）位移，给定车轮滚动圆中心 B 在车辆坐标系中的坐标，由式（4.9）求解相应轮轨接触点 C 的坐标。

② 由于车辆子系统与桥梁子系统在 x、y 方向存在相对几何关系，因此可确定钢轨上对应轮轨接触点在桥梁坐标系的 x、y 坐标。

③ 根据钢轨踏面形状，并考虑轨道不平顺、轨底坡的因素，可计算得到桥梁坐标系中轮轨接触点的 z 坐标。

④ 计算车辆坐标系中轮对上轮轨接触点 z 坐标减去桥梁坐标系中钢轨上轮轨接触点 z 坐标的差值 Δz。

⑤ 依次改变轮滚动圆中心 B 的位置并求出各位置相应的 Δz 值，Δz 值最小者即为真实的轮轨接触点。

⑥ 在轮轨接触点 C 确定后，轮对中心指向轮轨接触点的矢量即确定，左右轮接触角为图 4.7 中的 $\angle ACB$，实际滚动圆半径为 BC 长度，轮轨接触点处车轮与钢轨的曲率半径亦可直接由轮轨接触点附近踏面数据微分求得。

当两刚体相互压迫并允许相互滚动时，就存在蠕滑现象，其接触点周围将形成一个接触区，该接触区是一椭圆形，称之为接触斑。分别针对左、右轮轨接触点建立左、右接触斑坐标系，表示为 $o^*x^*y^*z^*$。接触斑坐标系原点 o^* 位于接触斑椭圆中心，坐标轴方向由整体坐标系 $oxyz$ 先绕 x 轴旋转 $\theta_w+\delta$，再绕 z 轴旋转 ψ_w 确定。左、右接触斑坐标系 x^* 轴在车辆或桥梁子系统坐标系中的方向余弦为

$$\begin{Bmatrix} l_{x-x}^* \\ l_{y-x}^* \\ l_{z-x}^* \end{Bmatrix} = \begin{bmatrix} \cos\psi_w & -\sin\psi_w & 0 \\ \sin\psi_w & \cos\psi_w & 0 \\ 0 & 0 & 1 \end{bmatrix} \begin{bmatrix} 1 & 0 & 0 \\ 0 & \cos(\theta_w+\delta) & -\sin(\theta_w+\delta) \\ 0 & \sin(\theta_w+\delta) & \cos(\theta_w+\delta) \end{bmatrix} \begin{Bmatrix} 1 \\ 0 \\ 0 \end{Bmatrix}$$

$$(4.10)$$

左、右接触斑坐标系 y^* 轴在车辆或桥梁子系统坐标系中的方向余弦为

$$\begin{Bmatrix} l_{x-y}^* \\ l_{y-y}^* \\ l_{z-y}^* \end{Bmatrix} = \begin{bmatrix} \cos\psi_w & -\sin\psi_w & 0 \\ \sin\psi_w & \cos\psi_w & 0 \\ 0 & 0 & 1 \end{bmatrix} \begin{bmatrix} 1 & 0 & 0 \\ 0 & \cos(\theta_w+\delta) & -\sin(\theta_w+\delta) \\ 0 & \sin(\theta_w+\delta) & \cos(\theta_w+\delta) \end{bmatrix} \begin{Bmatrix} 0 \\ 1 \\ 0 \end{Bmatrix}$$

$$(4.11)$$

左、右接触斑坐标系 z^* 轴在车辆或桥梁子系统坐标系中的方向余弦为

$$\begin{Bmatrix} l_{x-z}^* \\ l_{y-z}^* \\ l_{z-z}^* \end{Bmatrix} = \begin{bmatrix} \cos\psi_w & -\sin\psi_w & 0 \\ \sin w_w & \cos\psi_w & 0 \\ 0 & 0 & 1 \end{bmatrix} \begin{bmatrix} 1 & 0 & 0 \\ 0 & \cos(\theta_w+\delta) & -\sin(\theta_w+\delta) \\ 0 & \sin(\theta_w+\delta) & \cos(\theta_w+\delta) \end{bmatrix} \begin{Bmatrix} 0 \\ 0 \\ 1 \end{Bmatrix}$$

$$(4.12)$$

4.4.2　法向 Hertz 接触理论

Hertz 接触理论的相关研究成果最早发表于 1882 年，此研究提出了椭圆接触斑假设，并认为弹性接触斑上的压力分布形状是半椭球状的，法向弹性变形是抛物面状的。Hertz 接触理论假设接触物体表面是光滑的，无摩擦效应，接触表面仅传递法向力。为计算局部变形，作如下简化：接触物体被看作弹性无限半空间，接触载荷仅仅作用在平表面上的一个小的椭圆区域内，接触区附近的应力分布是高度集中的，并和物体接触区附近的几何尺寸有关。Hertz 接触理论经受了一百多年的时间检验，为接触和滚动接触理论奠定了基础（Dinh et al，2009）。

需要指出的是，轮轨法向 Hertz 接触理论中，所指"法向"与前述轮轨间垂向相互关系在方向上并非完全一致，这里的"法向"为轮轨接触平面的法线方向，即接触斑坐标系 z^* 方向。

在左、右接触斑坐标系的 $y^* - z^*$ 平面内，通过轮轨间的法向压缩量来确定其法向接触力。由 Hertz 非线性弹性接触理论

$$N = \left[\frac{1}{G_{w-r}} (z_{wo} - z_{ro}) \right]^{3/2} \tag{4.13}$$

式中，N 为轮轨法向接触力；G_{w-r} 为轮轨接触常数，对于磨耗型踏面车轮取 $G_{w-r} = 3.86 r^{-0.115} \times 10^{-8}$，$(m/N)^{2/3}$；$z_{wo} - z_{ro}$ 为轮轨间的瞬时弹性相对压缩量，m。此压缩量包括静轮重产生的压缩量，即接触斑坐标系中 z^* 方向上车轮和钢轨在轮轨接触点处的相对位移。特别地，当 $z_{wo} - z_{ro} < 0$ 时，表明轮轨已相互脱离，此时轮轨法向接触力 $N = 0$。

4.4.3　垂向密贴假定

轮轨垂向密贴假定即假定在车辆子系统坐标系 z（沉浮）方向，轮轨间无相对运动。在此假定下，轮轨间 z 方向相互作用力可由轮轨间该方向相对运动状态确定。

在轮轨垂向密贴假定下，轮对与钢轨 z 方向及 θ 方向上不仅具有相同的动位移，亦具有相同的速度和加速度。此时，当轮对通过时，轨道位移引起的轮对附加速度及附加加速度可由微分形式求得，以 z 方向轨道位移 z_r 为例

$$\dot{z}_r = \lim_{t \to 0} \frac{\Delta z_r}{\Delta t} = \lim_{t \to 0} \frac{\Delta z_r}{\Delta x / V} = V \cdot \lim_{t \to 0} \frac{\Delta z_r}{\Delta x} = V \cdot \frac{\partial z_r}{\partial x} \tag{4.14}$$

$$\ddot{z}_r = \lim_{t \to 0} \frac{\Delta \dot{z}_r}{\Delta t} = \lim_{t \to 0} \frac{\Delta \dot{z}_r}{\Delta x / V} = V \cdot \lim_{t \to 0} \frac{\Delta \dot{z}_r}{\Delta x} = V^2 \cdot \frac{\partial^2 z_r}{\partial x^2} \tag{4.15}$$

上式中，V 为列车运行速度。

　　车辆单元作用于桥梁子系统的力包含一系悬挂系统中的弹簧力和阻尼力、轮对的惯性力、车辆的静轮重三部分。由于车辆单元 z 方向位于重力平衡位置，因此作用于车辆单元的力不包含车辆的静轮重；由于轮对的 z 方向、θ 方向运动取决于钢轨运动，非独立自由度，自然无须在车辆单元中考虑轮对惯性力，此时桥梁作用于车辆子系统的仅为一系悬挂力。

　　轮轨间的相互作用力作用于左右轮轨接触点，轮轨间垂向相互作用关系示意图如图 4.8 所示。在垂向上，力的大小由下述方法确定。

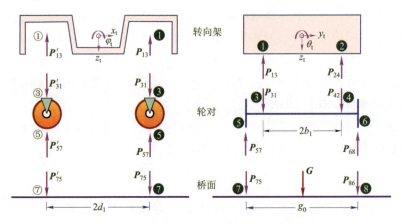

图 4.8　轮轨间垂向相互作用关系示意图

　　设 z_t、θ_t、φ_t 为转向架 z、θ、φ 方向位移，b_1 为一系悬挂横向跨距之半，d_1 为轴距之半。当轮对位于转向架前部时，①、②点 z 方向位移是 $z_t+d_1\varphi_t$，位于转向架后部时，①、②点 z 方向位移是 $z_t-d_1\varphi_t$。考虑到上述区别，并参照图 4.8，垂向轮轨间相互作用关系中，①、②、③、④点的竖向位移可表示为

$$\begin{cases} z_1=z_t+\eta\cdot d_1\cdot\varphi_t-b_1\cdot\theta_t \\ z_2=z_t+\eta\cdot d_1\cdot\varphi_t+b_1\cdot\theta_t \\ z_3=z_r-b_1\cdot\theta_r \\ z_4=z_r+b_1\cdot\theta_r \end{cases} \tag{4.16}$$

式中，η 是符号函数，转向架前轮 $\eta=1$，转向架后轮 $\eta=-1$。

　　如假设轮对质量为 m_w，轮对绕 x 方向转动惯量为 I_{rw}，一系悬挂中轮对每侧的 z 方向弹簧系数为 k_{z1}，一系悬挂中轮对每侧的 z 方向阻尼系数为 c_{z1}，静轮重为 G，则一系悬挂中的力可由下式表示

$$\begin{cases} P_{13}=P_{31}=k_{z1}(z_1-z_3)+c_{z1}(\dot{z}_1-\dot{z}_3) \\ P_{24}=P_{42}=k_{z1}(z_2-z_4)+c_{z1}(\dot{z}_2-\dot{z}_4) \end{cases} \tag{4.17}$$

车辆子系统和桥梁子系统之间的作用力包括一系悬挂力、轮对惯性力及静轮

重，由轮对力的平衡得

$$
\begin{cases}
P_{75}=P_{57}+\dfrac{G}{2}=\dfrac{G}{2}-\dfrac{m_{\mathrm{w}}\ddot{z}_{\mathrm{r}}}{2}+\dfrac{I_{xw}\ddot{\theta}_{\mathrm{r}}}{g_0}+\left(\dfrac{1}{2}+\dfrac{b_1}{g_0}\right)P_{13}+\left(\dfrac{1}{2}-\dfrac{b_1}{g_0}\right)P_{24}\\[4mm]
P_{86}=P_{68}+\dfrac{G}{2}=\dfrac{G}{2}-\dfrac{m_{\mathrm{w}}\ddot{z}_{\mathrm{r}}}{2}-\dfrac{I_{xw}\ddot{\theta}_{\mathrm{r}}}{g_0}+\left(\dfrac{1}{2}-\dfrac{b_1}{g_0}\right)P_{13}+\left(\dfrac{1}{2}+\dfrac{b_1}{g_0}\right)P_{24}
\end{cases}
\tag{4.18}
$$

由于假定轮轨垂向密贴，轮对的 z 方向运动不再被视为独立自由度，对车辆子系统无须施加轮对的惯性力。因此，左、右轮作用于车辆子系统的力即为式（4.17）中的作用力，作用于桥梁子系统的力即为式（4.18）中的作用力。

4.4.4　Kalker 线性蠕滑理论及沈氏修正

Kalker（1967）提出了著名的线性蠕滑理论，该理论解决了具有椭圆接触区的三维稳态滚动接触问题。目前广泛应用于横向轮轨关系的模拟中（王福天，1994；高芒芒，2002）。

轮轨切向 Kalker 线性蠕滑理论中，"切向"指接触斑坐标系 y^* 方向。计算结果常采用沈氏理论（Shen et al，1983）进行修正。

一般情况下，两滚动物体接触表面的圆周速度是不相等的。在接触斑坐标系内，两物体纯滚动时的这一速度差可用来定义蠕滑率如下：

$$
\begin{cases}
\xi_x=\dfrac{\dot{x}_{\mathrm{wo}}-\dot{x}_{\mathrm{ro}}}{V_{\mathrm{n}}}\\[3mm]
\xi_y=\dfrac{\dot{y}_{\mathrm{wo}}-\dot{y}_{\mathrm{ro}}}{V_{\mathrm{n}}}\\[3mm]
\xi_\psi=\dfrac{\dot{\psi}_{\mathrm{wo}}-\dot{\psi}_{\mathrm{ro}}}{V_{\mathrm{n}}}
\end{cases}
\tag{4.19}
$$

式中，V_{n} 为轮对左轮或右轮在钢轨上的名义前进速度，由下式计算

$$
V_{\mathrm{n}}=\frac{1}{2}\left(V+\frac{r}{r_{\mathrm{n}}}V\cos\psi_{\mathrm{w}}\right)
\tag{4.20}
$$

式中，r 为实际滚动圆半径，即图 4.7 中 BC 的长度；r_{n} 为名义滚动圆半径，即轮缘内侧 70 mm 处的轮对半径。轮对、钢轨的速度指轮轨接触点处车轮和钢轨在接触斑坐标系中的速度。x_{wo}、x_{ro} 为轮轨接触点处车轮与钢轨的 x 方向位移，但式（4.19）中 ξ_x 与横向轮轨关系模型无关，此处不作讨论。ψ_{ro} 为轮轨接触点处钢轨的 ψ 方向位移，一般忽略此项的影响。

接触斑坐标系内，由 Kalker 线性蠕滑理论并忽略 y^* 方向与绕 z^* 轴方向之间的耦合关系，轮轨之间的蠕滑力可表示为

$$\begin{cases} F_x = -f_{11}\xi_x \\ F_y = -f_{22}\xi_y \\ F_\psi = -f_{33}\xi_\psi \end{cases} \tag{4.21}$$

式中，F_x、F_y 分别为 x^*、y^* 方向的蠕滑力；F_ψ 为绕 z^* 方向的蠕滑力矩；f_{11}、f_{22} 分别为 x^*、y^* 方向的蠕滑系数；f_{33} 为绕 z^* 方向的蠕滑系数。各蠕滑系数由下式确定

$$\begin{cases} f_{11} = C_{11}Eab \\ f_{22} = C_{22}Eab \\ f_{33} = C_{33}E\,(ab)^2 \end{cases} \tag{4.22}$$

式中，E 为弹性模量；a、b 分别为接触椭圆的长半轴和短半轴；C_{11}、C_{22}、C_{33} 为 Kalker 系数，它们是泊松比 ν、接触椭圆的长半轴和短半轴之比 a/b 的函数。

引入参数 ρ/r，满足以下关系

$$\frac{1}{\rho} = \frac{1}{4}\left[\frac{1}{r} + \left(\frac{1}{r_{wo}} + \frac{1}{r_{ro}}\right)\right] \tag{4.23}$$

式中：r_{wo}、r_{ro} 依次为轮轨接触点处车轮和钢轨踏面的曲率半径，由文献（王福天，1994）确定。a/b 为参数 ρ/r 的函数，因此各 Kalker 系数亦为参数 ρ/r 的函数。

设轮轨法向接触力为 N，式（4.22）中接触椭圆的长半轴和短半轴 a、b 可进一步写成如下形式

$$\begin{cases} a = a_e\,(Nr)^{1/3} \\ b = b_e\,(Nr)^{1/3} \\ ab = a_e b_e\,(Nr)^{2/3} \end{cases} \tag{4.24}$$

式中，a_e、b_e 亦为仅与参数 ρ/r 相关的数值。

将式（4.24）代入式（4.22），得

$$\begin{cases} f_{11} = C_{11}Ea_e b_e\,(Nr)^{2/3} = S_{11}\,(Nr)^{2/3} \\ f_{22} = C_{22}Ea_e b_e\,(Nr)^{2/3} = S_{22}\,(Nr)^{2/3} \\ f_{33} = C_{33}E\,(a_e b_e)^2\,(Nr)^{4/3} = S_{33}\,(Nr)^{4/3} \end{cases} \tag{4.25}$$

显然，式中 S_{11}、S_{22}、S_{33} 仅为参数 ρ/r 的函数，可称为蠕滑几何参数。对钢质车轮和钢轨，即泊松比 $\nu = 0.3$，弹性模量 $E = 200$ GPa 时，它们的数值可由表 4.2 查出，其中 S_{11} 和 S_{22} 的单位是 $\text{N}^{1/3} \cdot \text{m}^{-2/3}$，$S_{33}$ 的单位是 $\text{N}^{-1/3} \cdot \text{m}^{2/3}$。

表 4.2　蠕滑几何参数

ρ/r	S_{11}	S_{22}	S_{33}	ρ/r	S_{11}	S_{22}	S_{33}
0.108	7 590	8 498	2 491	0.140	7 775	8 524	3 462
0.120	7 541	8 342	2 865	0.160	7 852	8 548	3 971

ρ/r	S_{11}	S_{22}	S_{33}	ρ/r	S_{11}	S_{22}	S_{33}
0.180	7 914	8 571	4 463	1.700	11 373	10 076	85 343
0.200	7 903	8 517	4 943	1.800	11 589	10 148	94 937
0.225	8 116	8 717	5 636	1.900	11 652	10 293	107 506
0.250	8 083	8 646	6 094	2.000	11 552	10 325	119 374
0.275	8 250	8 786	6 907	2.100	12 013	10 566	136 003
0.300	8 236	8 724	7 587	2.200	12 262	10 548	147 841
0.350	8 509	8 946	9 114	2.300	12 548	10 591	166 384
0.400	8 685	9 051	10 725	2.400	12 810	10 716	186 335
0.450	8 823	9 112	12 354	2.500	13 146	10 941	211 390
0.500	8 845	9 043	13 833	2.600	13 373	11 036	234 430
0.550	9 058	9 172	15 911	2.700	13 654	11 142	265 136
0.600	9 176	9 203	17 784	2.800	13 944	11 302	301 508
0.650	9 263	9 210	19 570	2.900	14 410	11 625	350 963
0.700	9 333	9 197	21 518	3.000	14 796	11 802	403 533
0.750	9 416	9 209	23 580	3.050	15 000	11 861	434 036
0.800	9 503	9 245	25 424	3.100	15 230	11 934	468 394
0.850	9 625	9 319	27 650	3.150	15 428	11 988	503 164
0.900	9 793	9 441	30 278	3.200	15 581	12 010	541 460
0.950	9 879	9 482	32 529	3.250	15 952	12 226	600 862
1.000	9 971	9 526	34 904	3.300	16 180	12 355	652 719
1.100	10 215	9 648	40 841	3.350	16 444	12 518	720 488
1.200	10 300	9 610	46 139	3.400	16 827	12 777	803 680
1.300	10 466	9 664	52 743	3.450	17 127	12 963	888 867
1.400	10 715	9 825	60 059	3.500	17 379	13 101	976 640
1.500	10 948	9 974	67 441	3.550	17 872	13 397	1 122 252
1.600	11 126	10 018	76 466	3.600	18 458	13 757	1 304 721

这样，就建立起了轮轨接触几何参数与蠕滑系数间的关系，进而可由式（4.21）计算轮轨之间的蠕滑力。

式（4.19）表示的 Kalker 线性蠕滑理论只适用于小蠕滑率和小自旋的情形，即轮轨接触面主要是由黏着区控制的情形。对于轮轨接触面主要由滑动区控制的大蠕滑、大自旋甚至完全滑动的情况，蠕滑力的线性变化关系将被打破，蠕滑率的继续增大，将不能使蠕滑力按同样比例增大，最后趋于库仑（滑动）摩擦力这一饱和极限。为此常对沈氏理论（Shen et al, 1983）做如下修正。

将纵向蠕滑力 F_x 和横向蠕滑力 F_y 合成，并定义该合成力与轮轨间摩擦力的比值为

$$\beta = \frac{\sqrt{F_x^2 + F_y^2}}{f \cdot N} \tag{4.26}$$

式中，f 为轮轨间的摩擦系数，可取 $f=0.25$。引入修正系数

$$\varepsilon = \begin{cases} 1 - \dfrac{\beta}{3} + \dfrac{\beta^2}{27} & (\beta \leqslant 3) \\ \dfrac{1}{\beta} & (\beta > 3) \end{cases} \tag{4.27}$$

修正后的蠕滑力及蠕滑力矩为

$$\begin{cases} F_x' = \varepsilon \cdot F_x \\ F_y' = \varepsilon \cdot F_y \\ F_\psi' = \varepsilon \cdot F_\psi \end{cases} \tag{4.28}$$

沈氏理论修正后的蠕滑力适用于任意蠕滑率值和自旋值的情形，从而方便轮轨相互作用在各种工况下的仿真计算。

4.4.5 简化的 Kalker 线性蠕滑理论

在某些简化计算的情形下，轮轨间横向（或切向）运动和相应作用力之间保持近似的线性关系对建立和求解车-桥耦合运动方程具有重要的意义。此时往往忽略 x^* 方向及绕 z^* 方向轮轨间的蠕滑力，只考虑 y^* 方向的蠕滑力，近似地视接触斑坐标系 y^* 方向为车辆坐标系 y 方向，忽略轮对摇头角 ψ_w，并以列车速度 V 代替车轮在钢轨上的名义前进速度 V_n，因此

$$F_y = -f_{22}\xi_y = -\frac{f_{22}}{V}(\dot{y}_w - \dot{y}_r) = -\frac{S_{22}r^{2/3}}{V}N^{2/3}(\dot{y}_w - \dot{y}_r) \tag{4.29}$$

定义轮轨间无相对横向位移及相对摇头角时的接触点为轮轨理想接触点。在列车正常运行状态下，实际轮轨接触点距理想接触点的距离一般不超过 20 mm。对于 LM 型车轮踏面，在理想接触点内侧约 29 mm 至外侧约 20 mm 范围内，有半径为 100 mm 和 500 mm 的两段圆弧；对于 60 kg 标准钢轨踏面，在理想接触点内外侧各约 25 mm 范围内，有半径为 80 mm、300 mm 和 80 mm 的三段圆弧。考虑我国常见的车轮半径 420 mm（货车车辆）、430 mm（高速车辆）、457.5 mm（客车车辆）及 625 mm（机车）4 种情况，与上述轮轨接触点曲率半径组合，计算了参数 $S_{22}r^{2/3}$，见表 4.3。

表 4.3　$S_{22}r^{2/3}$ 参数

r/mm	r_{w}/mm	r_{tr}/mm	ρ/mm	ρ/r	$S_{22}r^{2/3}/N^{-1/3}$		
					计算值	均值	最大偏差/%
420	100	80	160.8	0.383	5 065	5 194	2.47
	500	80	237.0	0.564	5 157		0.71
	100	300	254.5	0.606	5 162		0.61
	500	300	518.5	1.235	5 390		3.79
430	100	80	161.1	0.375	5 127	5 268	2.68
	500	80	237.7	0.553	5 226		0.79
	100	300	255.4	0.594	5 241		0.52
	500	300	522.3	1.215	5 479		4.01
457.5	100	80	162.0	0.354	5 323	5 475	2.76
	500	80	239.7	0.524	5 399		1.38
	100	300	257.7	0.563	5 459		0.29
	500	300	532.0	1.163	5 717		4.43
625	100	80	166.0	0.266	6 384	6 643	3.90
	500	80	248.4	0.397	6 614		0.43
	100	300	267.9	0.429	6 651		0.13
	500	300	576.9	0.923	6 921		4.19

式 (4.29) 中，如果 $S_{22}r^{2/3}$ 取表 4.3 的均值，则最大误差仅为 4.43%，若轮轨法向接触力 N 近似取静轮重 G，对一定的列车速度 V，各种车辆的横向轮轨蠕滑力与横向轮轨相对速度近似成正比。一般而言，上述近似可满足工程精度要求。

$$F_y = -\frac{S_{22}r^{2/3}}{V}N^{2/3}(\dot{y}_{\mathrm{w}} - \dot{y}_{\mathrm{r}}) = -C_{\mathrm{w-r}}(\dot{y}_{\mathrm{w}} - \dot{y}_{\mathrm{r}}) \qquad (4.30)$$

其中，$C_{\mathrm{w-r}}$ 可视为由于轮轨间横向蠕滑而产生的附加阻尼。

4.4.6　蛇行波假定

在车桥耦合分析中，蛇行波即轮轨间横向相对位移，可认为蛇行波的本质亦是表征一种有关轮轨关系的假设。在 y 方向上，蛇行波与轨道不平顺的叠加即为车辆轮对与轮位处桥梁结构间的相对位移，或者说，蛇行波即是在不同位置上轮对与轮轨接触点之间的相对位移：

$$y_{\mathrm{w}}(x) = y_{\mathrm{r}}(x) + y_{\mathrm{h}}(x) \qquad (4.31)$$

根据蛇行波假定，轮轨间横向相对位移为一给定波长及波幅的正弦曲线，可

表示为

$$y_h(x) = A_h \sin\left(\frac{2\pi x}{L_h} + \varphi_h\right) \qquad (4.32)$$

式中，x 为几何坐标，表示轮对所处位置；A_h、L_h、φ_h 依次为轮对蛇行波的幅值、波长及相位角。轮对蛇行波相位角 φ_h 为在 $[0, 2\pi]$ 范围内均匀分布的随机变量。轮对蛇行波幅值 A_h 和波长 L_h 针对不同轮对而言并不相同，服从一定的概率分布，详见 5.2 节。

实际分析中，一旦确定轮位的蛇行波参数，即可利用下面的方法确定横向轮轨间相互作用力。如图 4.9 所示，当所研究轮对位于转向架前部时，①、②点 y 方向位移是 $y_t + d_1 \psi_t$；当所研究轮对位于转向架后部时，①、②点 y 方向位移是 $y_t - d_1 \psi_t$。因此，图中①、②、③、④点的横向位移可表示为

$$\begin{cases} y_1 = y_2 = y_t + \eta \cdot d_1 \cdot \psi_t - h_3 \theta_t \\ y_3 = y_4 = y_w = y_r + y_h \end{cases} \qquad (4.33)$$

式中，ψ_t 为转向架摇头方向位移；h_3 为转向架中心至一系悬挂上悬挂点的垂直距离。如假设一系悬挂中轮对每侧的 y 方向弹簧系数为 k_{y1}，一系悬挂中轮对每侧的 y 方向阻尼系数为 c_{y1}，一系悬挂中的力可由下式表示：

$$\begin{cases} Q_{13} = Q_{31} = k_{y1}(y_1 - y_3) + c_{y1}(\dot{y}_1 - \dot{y}_3) \\ Q_{24} = Q_{42} = k_{y1}(y_2 - y_4) + c_{y1}(\dot{y}_2 - \dot{y}_4) \end{cases} \qquad (4.34)$$

由轮对力的平衡

$$Q_{57} + Q_{68} = Q_{31} + Q_{42} - m_w \ddot{y}_w = Q_{13} + Q_{24} - m_w(\ddot{y}_r + \ddot{y}_h) \qquad (4.35)$$

上式中 y_h 对时间的二阶导数项可参照式（4.15）形式计算。

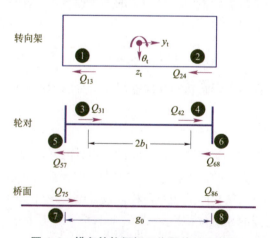

图 4.9　横向轮轨间相互作用关系示意图

用式（4.19）计算轮轨蠕滑率时，如车速 $V \to 0$，则分母为零，有可能导致不合理的蠕滑率计算结果。因此，在制动后的低车速状态下，蛇行波假定可作为代替 Kalker 蠕滑理论定义横向轮轨关系的备选方法。对于高速列车，可针对高车速、低车速不同情况分别采取上述两者横向轮轨关系定义，并通过调整轮对蛇行波相位角 φ_h 实现在两者数值上的衔接。

需要说明的是，研究结果表明，当车辆运行速度不是很高时，实际蛇行运动波长与几何蛇行运动波长基本相符；但当运动速度很高时，蛇行运动就复杂得多，还需进一步研究。

4.4.7 几种轮轨关系模型的对比

上述几种轮轨关系模型在所采用的坐标系、轮轨相对运动关系和接触性质、求解所需的轮轨接触参数等方面各有不同的特点，归总见表 4.4。

表 4.4 轮轨间作用力计算方法特点汇总

轮轨关系模型	坐标系	轮轨关系模型类型	轮轨关系性质	轮轨接触参数
轮轨密贴	自然坐标系	轮对运动-钢轨运动	线性	不需要
Hertz 接触	接触斑坐标系	轮轨力-轮轨相对运动	非线性	需要
考虑沈氏修正的 Kalker 蠕滑	接触斑坐标系	轮轨力-轮轨相对运动	非线性	需要
线性简化的 Kalker 蠕滑	自然坐标系	轮轨力-轮轨相对运动	线性	不需要
蛇行波	自然坐标系	轮对运动-钢轨运动	线性	不需要

这些轮轨间作用力计算方法均已广泛应用于车桥动力计算中，并无优劣之分。若计算中关心轮轨接触的局部状态，尤其是在模拟脱轨状态的分析中，选择在法向上的 Hertz 接触理论、在切向上考虑沈氏修正的 Kalker 蠕滑较为合理。如仅关心桥梁和车辆的整体响应，则采用垂向上的轮轨密贴假定、横向上线性简化的 Kalker 蠕滑理论或蛇行波假定即可获得满意的计算精度。由于轮轨密贴假定、线性简化的 Kalker 蠕滑理论、蛇行波假定不需要轮轨接触参数，可以规避繁复的轮轨接触几何计算过程，提高计算速度。

4.5 车桥耦合系统方程的建立

如前所述，轮轨关系假定是车桥动力耦合问题的关键所在，因此必须在确定轮轨关系模型的前提下，建立车桥耦合系统方程。

4.5.1　车辆运动方程

首先，建立一节车辆单元的运动方程

$$M_e \ddot{X}_e + C_e \dot{X}_e + K_e X_e = F_e \tag{4.36}$$

式中，下角标 e 表示车辆单元，M_e、C_e 和 K_e 分别表示质量、阻尼和刚度矩阵；F_e 是荷载向量；X_e、$\dot{X}_e$、$\ddot{X}_e$ 分别是位移、速度和加速度向量。车辆单元位移向量的自由度排列顺序为

$$X_e = \{ X_c \quad X_{t1} \quad X_{t2} \quad X_{w1} \quad X_{w2} \quad X_{w3} \quad X_{w4} \}^T \tag{4.37}$$

式中：下角标 c 表示车体；t1、t2 依次表示前、后转向架；w1、w2 依次表示与前转向架相连的两个轮对；w3、w4 依次表示与后转向架相连的两个轮对。

每节车辆模型中，车体和两个转向架各分别考虑横摆 y、沉浮 z、侧滚 θ、摇头 ψ、点头 φ 五个自由度。本节及本章后续章节车辆建模时，轮轨关系在垂向上采用轮轨间垂向密贴假定，在横向上采用简化的 Kalker 蠕滑假定，所以每个轮对需考虑 y 方向、z 方向、θ 方向的运动。因此，式（4.37）中各子向量可表示如下

$$\begin{cases} X_c = \{ y_c \quad z_c \quad \theta_c \quad \varphi_c \quad \psi_c \} \\ X_{tj} = \{ y_{tj} \quad z_{tj} \quad \theta_{tj} \quad \varphi_{tj} \quad \psi_{tj} \}, \quad (j=1,2) \\ X_{wk} = \{ y_{wk} \quad z_{wk} \quad \theta_{wk} \}, \qquad (k=1,2,3,4) \end{cases} \tag{4.38}$$

设 m_c、m_t 依次为车体、转向架质量，I_{xc}、I_{xt} 依次为车体、转向架绕 x 方向转动惯量，I_{yc}、I_{yt} 依次为车体、转向架绕 y 方向转动惯量，I_{zc}、I_{zt} 依次为车体、转向架绕 z 方向转动惯量；d_2 为转向架定距之半，b_2 为二系悬挂横向跨距之半；h_1 为车体中心至二系悬挂上悬挂点的垂直距离；h_2 为二系悬挂下悬挂点至转向架中心的垂直距离。

对于车体，可分别写出其横摆 y、沉浮 z、侧滚 θ、摇头 ψ、点头 φ 各方向自由度的动力平衡方程，表示为

$$2k_{y2} \left[\sum_{j=1}^{2} (y_{tj} + \theta_{tj} h_2) - 2y_c + 2\theta_c h_1 \right] + 2c_{y2} \left\{ \sum_{j=1}^{2} \left[\dot{y}_{tj} + \dot{\theta}_{tj} h_2 \right] - 2\dot{y}_c + 2\dot{\theta}_c h_1 \right\} = m_c \ddot{y}_c \tag{4.39}$$

$$2k_{z2} \left[\sum_{j=1}^{2} z_{tj} - 2z_c \right] + 2c_{z2} \left(\sum_{j=1}^{2} \dot{z}_{tj} - 2\dot{z}_c \right) = m_c \ddot{z}_c \tag{4.40}$$

$$2k_{y2} h_1 \left[-\sum_{j=1}^{2} (y_{tj} + \theta_{tj} h_2) + 2y_c - 2\theta_c h_1 \right] + 2k_{z2} b_2^2 \left[\sum_{j=1}^{2} \theta_{tj} - 2\theta_c \right] +$$
$$2c_{y2} h_1 \left[-\sum_{j=1}^{2} (\dot{y}_{tj} + \dot{\theta}_{tj} h_2) + 2\dot{y}_c - 2\dot{\theta}_c h_1 \right] + 2c_{z2} b_2^2 \left[\sum_{j=1}^{2} \dot{\theta}_{tj} - 2\dot{\theta}_c \right] = I_{xc} \ddot{\theta}_c \tag{4.41}$$

$$2k_{x2}b_2^2\left(\sum_{j=1}^{2}\psi_{tj}-2\psi_c\right)+2k_{y2}d_2\left[\sum_{j=1}^{2}\zeta_j(y_{tj}+\theta_{tj}h_2)-2\psi_cd_2\right]+$$

$$2c_{x2}b_2^2\left(\sum_{j=1}^{2}\dot\psi_{tj}-2\dot\psi_c\right)+2c_{y2}d_2\left[\sum_{j=1}^{2}\zeta_j(\dot y_{tj}+\dot\theta_{tj}h_2)-2\dot\psi_cd_2\right]=I_{zc}\ddot\psi_c$$

$$(4.42)$$

$$2k_{x2}h_1\left(-\sum_{j=1}^{2}\varphi_{tj}h_2-2\varphi_ch_1\right)+2k_{z2}d_2\left(\sum_{j=1}^{2}\zeta_jz_{tj}-2\varphi_cd_2\right)+$$

$$2c_{x2}h_1\left(-\sum_{j=1}^{2}\dot\varphi_{tj}h_2-2\dot\varphi_ch_1\right)+2c_{z2}d_2\left(\sum_{j=1}^{2}\zeta_j\dot z_{tj}-2\dot\varphi_cd_2\right)=I_{yc}\ddot\varphi_c$$

$$(4.43)$$

式中，ζ_j 为符号函数，前转向架 $\zeta_1=1$，后转向架 $\zeta_2=-1$。

对于转向架，定义前转向架 $j=1$，后转向架 $j=2$，则其横摆 y、沉浮 z、侧滚 θ、摇头 ψ、点头 φ 各方向自由度的动力平衡方程为

$$2k_{y1}\left(-2y_{tj}+2\theta_{tj}h_3+\sum_{k=2j-1}^{2j}y_{wk}\right)+2k_{y2}(y_c-\theta_ch_1+\zeta_j\psi_cd_2-y_{tj}-\theta_{tj}h_2)+$$

$$2c_{y1}\left(-2\dot y_{tj}+2\dot\theta_{tj}h_3+\sum_{k=2j-1}^{2j}\dot y_{wk}\right)+2c_{y2}(\dot y_c-\dot\theta_ch_1+\zeta_j\dot\psi_cd_2-\dot y_{tj}-\dot\theta_{tj}h_2)=m_t\ddot y_{tj}$$

$$(4.44)$$

$$2k_{z1}\left(\sum_{k=2j-2}^{2j}z_{wk}-2z_{tj}\right)+2k_{z2}(z_c+\zeta\varphi_cd_2-z_{tj})+2c_{z1}\left(\sum_{k=2j-2}^{2j}\dot z_{wk}-2\dot z_{tj}\right)+$$

$$2c_{z2}(\dot z_c+\zeta\dot\varphi_cd_2-\dot z_{tj})=m_t\ddot z_{tj}$$

$$(4.45)$$

$$2k_{y1}h_3\left(2y_{tj}-2\theta_{tj}h_3-\sum_{k=2j-1}^{2j}y_{wk}\right)+2k_{z1}b_1^2\left(-2\theta_{tj}+\sum_{k=2j-1}^{2j}\theta_{wk}\right)+$$

$$2k_{y2}h_2(y_{tj}+\theta_{tj}h_2-y_c+\theta_ch_1-\zeta_j\psi_cd_2)+2k_{z2}b_2^2(\theta_c-\theta_{tj})+$$

$$2c_{y1}h_3\left(2\dot y_{tj}-2\dot\theta_{tj}h_3-\sum_{k=2j-1}^{2j}\dot y_{wk}\right)+2c_{z1}b_1^2\left(-2\dot\theta_{tj}+\sum_{k=2j-1}^{2j}\dot\theta_{wk}\right)+$$

$$2c_{y2}h_2(\dot y_{tj}+\dot\theta_{tj}h_2-\dot y_c+\dot\theta_ch_1-\zeta_j\dot\psi_cd_2)+2c_{z2}b_2^2(\dot\theta_c-\dot\theta_{tj})=I_{xt}\ddot\theta_{tj}$$

$$(4.46)$$

$$-4k_{x1}b_1^2\psi_{tj}+2k_{y1}d_1\left(-2\psi_{tj}d_1+\sum_{k=2j-1}^{2j}\eta_ky_{wk}\right)+2k_{x2}b_2^2(\psi_c-\psi_{tj})-$$

$$4c_{x1}b_1^2\dot\psi_{tj}+2c_{y1}d_1\left(-2\dot\psi_{tj}d_1+\sum_{k=2j-1}^{2j}\eta_k\dot y_{wk}\right)+2c_{x2}b_2^2(\dot\psi_c-\dot\psi_{tj})=I_{zt}\ddot\psi_{tj}$$

$$(4.47)$$

$$
-4k_{x1}h_3^2\varphi_{tj} + 2k_{z1}d_1\left(-2\varphi_{tj}d_1 + \sum_{k=2j-1}^{2j}\eta_k z_{wk}\right) + 2k_{x2}h_2(-\varphi_c h_1 - \varphi_{tj}h_2) -
$$

$$
4c_{x1}h_3^2\dot{\varphi}_{tj} + 2c_{z1}d_1\left(-2\dot{\varphi}_{tj}d_1 + \sum_{k=2j-1}^{2j}\eta_k \dot{z}_{wk}\right) + 2c_{x2}h_2(-\dot{\varphi}_c h_1 - \dot{\varphi}_{tj}h_2) = I_{yt}\ddot{\varphi}_{tj}
$$

$$(4.48)$$

式中，η_k 为符号函数，位于转向架前部的轮对 $\eta_1=\eta_3=1$，位于转向架后部的轮对 $\eta_2=\eta_4=-1$。

对于与第 j 转向架相连的第 k 个轮对，横摆 y、沉浮 z、侧滚 θ 各方向自由度的动力平衡方程为

$$
2k_{y1}(y_{tj} - \theta_{tj}h_3 + \eta_{jk}\psi_{tj}d_1 - y_{wk}) + 2c_{y1}(\dot{y}_{tj} - \dot{\theta}_{tj}h_3 + \eta_{jk}\dot{\psi}_{tj}d_1 - \dot{y}_{wk}) = m_w\ddot{y}_{wk}
$$

$$(4.49)$$

$$
2k_{z1}(z_{tj} + \eta_k\varphi_{tj}d_1 - z_{wk}) + 2c_{z1}(\dot{z}_{tj} + \eta_k\dot{\varphi}_{tj}d_1 - \dot{z}_{wk}) = m_w\ddot{z}_{wk} \qquad (4.50)
$$

$$
2k_{z1}b_1^2(\theta_{tj} - \theta_{wk}) + 2c_{z1}b_1^2(\dot{\theta}_{tj} - \dot{\theta}_{wk}) = I_{xw}\ddot{\theta}_{wk} \qquad (4.51)
$$

式（4.36）中，$\boldsymbol{F}_e$ 为车辆单元的荷载向量。根据轮轨关系模型，车辆单元的激励包括两部分：① 由简化的 Kalker 蠕滑理论确定的 w1~w4 轮对 y 方向荷载，此部分对应于方程右端向量 $\boldsymbol{F}_e$ 中的横向力元素；② 由轮轨垂向密贴假定确定的轮对位移 $z_{w1}\sim z_{w4}$ 及 $\theta_{w1}\sim\theta_{w4}$，此部分激励表现为轮对强迫运动。为引入上述轮对强迫运动，需要联合求解式（4.36）中的各个方程。或者说，$z_{w1}\sim z_{w4}$ 及 $\theta_{w1}\sim\theta_{w4}$ 取决于桥梁运动状态及轨道不平顺，这些因素是车辆单元的外部边界条件，应视为已知量考虑，移至方程右端，并在方程中将相应自由度消元。经上述处理后的方程即为车辆单元的运动方程。换言之，轮轨密贴假定相当于对车辆单元给定了一组随时间变化的边界条件，此时式（4.36）中 $\boldsymbol{X}_e$ 及其速度、加速度项中，部分元素的运动时程是已知的，这与常见的结构地震时程分析问题类似。

式（4.36）中，$\boldsymbol{M}_e$、$\boldsymbol{C}_e$、$\boldsymbol{K}_e$ 为车辆单元的质量、阻尼、刚度矩阵，均为常数矩阵，可以由式（4.39）~式（4.51）整理得到。

式（4.36）为未考虑车辆子系统边界条件的车辆单元动力平衡方程。将其进行初等变换，分离独立自由度和非独立自由度，得

$$
\begin{bmatrix} \boldsymbol{M}_{ff} & \boldsymbol{0} \\ \boldsymbol{0} & \boldsymbol{M}_{ss} \end{bmatrix}\begin{Bmatrix} \ddot{\boldsymbol{X}}_f \\ \ddot{\boldsymbol{X}}_s \end{Bmatrix} + \begin{bmatrix} \boldsymbol{C}_{ff} & \boldsymbol{C}_{fs} \\ \boldsymbol{C}_{sf} & \boldsymbol{C}_{ss} \end{bmatrix}\begin{Bmatrix} \dot{\boldsymbol{X}}_f \\ \dot{\boldsymbol{X}}_s \end{Bmatrix} + \begin{bmatrix} \boldsymbol{K}_{ff} & \boldsymbol{K}_{fs} \\ \boldsymbol{K}_{sf} & \boldsymbol{K}_{ss} \end{bmatrix}\begin{Bmatrix} \boldsymbol{X}_f \\ \boldsymbol{X}_s \end{Bmatrix} = \begin{Bmatrix} \boldsymbol{F}_f \\ \boldsymbol{0} \end{Bmatrix} \qquad (4.52)
$$

上式中，$\boldsymbol{X}_f$ 为车辆单元独立自由度的位移向量，$\boldsymbol{X}_s$ 为车辆单元非独立自由度的位移向量，分别表示为

$$
\boldsymbol{X}_f = \{\boldsymbol{X}_c \quad \boldsymbol{X}_{t1} \quad \boldsymbol{X}_{t2} \quad y_{w1} \quad y_{w2} \quad y_{w3} \quad y_{w4}\}^T \qquad (4.53)
$$

$$\boldsymbol{X}_{s}=\{z_{w1}\quad \theta_{w1}\quad z_{w2}\quad \theta_{w2}\quad z_{w3}\quad \theta_{w3}\quad z_{w4}\quad \theta_{w4}\}^{T} \tag{4.54}$$

消去非独立自由度 $\boldsymbol{X}_{s}$，得到关于各独立自由度的运动方程如下

$$\boldsymbol{M}_{ff}\ddot{\boldsymbol{X}}_{f}+\boldsymbol{C}_{ff}\dot{\boldsymbol{X}}_{f}+\boldsymbol{K}_{ff}\boldsymbol{X}_{f}=\boldsymbol{F}_{f}-\boldsymbol{C}_{fs}\dot{\boldsymbol{X}}_{s}-\boldsymbol{K}_{fs}\boldsymbol{X}_{s} \tag{4.55}$$

轮轨间横向蠕滑力作用于车辆的 4 个轮对，体现在式（4.36）右端项 $\boldsymbol{F}_{e}$ 中相应轮对自由度上，因此

$$\boldsymbol{F}_{f}=\frac{2f_{22}}{V}\left\{\begin{matrix}\boldsymbol{0}_{15\times 1}\\ \dot{y}_{r1}-\dot{y}_{w1}\\ \dot{y}_{r2}-\dot{y}_{w2}\\ \dot{y}_{r3}-\dot{y}_{w3}\\ \dot{y}_{r4}-\dot{y}_{w4}\end{matrix}\right\}=\frac{2f_{22}}{V}\left\{\begin{matrix}\boldsymbol{0}_{15\times 1}\\ \dot{y}_{r1}\\ \dot{y}_{r2}\\ \dot{y}_{r3}\\ \dot{y}_{r4}\end{matrix}\right\}-\frac{2f_{22}}{V}\left\{\begin{matrix}\boldsymbol{0}_{15\times 1}\\ \dot{y}_{w1}\\ \dot{y}_{w2}\\ \dot{y}_{w3}\\ \dot{y}_{w4}\end{matrix}\right\} \tag{4.56}$$

定义：

$$\boldsymbol{F}_{fr}=\frac{2f_{22}}{V}\{\boldsymbol{0}_{1\times 15}\quad \dot{y}_{r1}\quad \dot{y}_{r2}\quad \dot{y}_{r3}\quad \dot{y}_{r4}\}^{T} \tag{4.57}$$

$$\boldsymbol{C}_{c}=\frac{2f_{22}}{V}\begin{bmatrix}\boldsymbol{0}_{15\times 15}\\ & \boldsymbol{I}_{4\times 4}\end{bmatrix} \tag{4.58}$$

$$\dot{\boldsymbol{X}}_{f}=\{\boldsymbol{0}_{1\times 15}\quad \dot{y}_{w1}\quad \dot{y}_{w2}\quad \dot{y}_{w3}\quad \dot{y}_{w4}\}^{T} \tag{4.59}$$

则式（4.56）改写为

$$\boldsymbol{F}_{f}=\boldsymbol{F}_{fr}-\boldsymbol{C}_{c}\dot{\boldsymbol{X}}_{f} \tag{4.60}$$

将车辆运动状态项移至方程左边，这样，方程右端项只包含桥梁运动、轮位处轨道不平顺及其附加速度的影响，车辆单元运动方程改写为

$$\boldsymbol{M}_{ff}\ddot{\boldsymbol{X}}_{f}+(\boldsymbol{C}_{ff}+\boldsymbol{C}_{c})\dot{\boldsymbol{X}}_{f}+\boldsymbol{K}_{ff}\boldsymbol{X}_{f}=\boldsymbol{F}_{fr}-\boldsymbol{C}_{fs}\dot{\boldsymbol{X}}_{s}-\boldsymbol{K}_{fs}\boldsymbol{X}_{s}=\boldsymbol{F}_{fe} \tag{4.61}$$

其中

$$\boldsymbol{M}_{ff}=\mathrm{diag}\begin{bmatrix}\boldsymbol{M}_{c}& \boldsymbol{M}_{t1}& \boldsymbol{M}_{t2}& \boldsymbol{M}_{w}\end{bmatrix} \tag{4.62}$$

$$\boldsymbol{K}_{ff}=\begin{bmatrix}\boldsymbol{K}_{cc}& & & & \mathrm{sym.}\\ \boldsymbol{K}_{tc}(1)& \boldsymbol{K}_{tt1}+\boldsymbol{K}_{tt2}& & & \\ \boldsymbol{K}_{tc}(-1)& \boldsymbol{0}& \boldsymbol{K}_{tt1}+\boldsymbol{K}_{tt2}& & \\ \boldsymbol{0}& \boldsymbol{K}_{wt}& \boldsymbol{0}& \boldsymbol{K}_{ww}& \\ \boldsymbol{0}& \boldsymbol{0}& \boldsymbol{K}_{wt}& \boldsymbol{0}& \boldsymbol{K}_{ww}\end{bmatrix} \tag{4.63}$$

$$\boldsymbol{M}_{c}=\mathrm{diag}\begin{bmatrix}m_{c}& m_{c}& I_{xc}& I_{yc}& I_{zc}\end{bmatrix} \tag{4.64}$$

$$\boldsymbol{M}_{t1}=\boldsymbol{M}_{t2}=\mathrm{diag}\begin{bmatrix}m_{t}& m_{t}& I_{xt}& I_{yt}& I_{zt}\end{bmatrix} \tag{4.65}$$

$$\boldsymbol{M}_{w}=\mathrm{diag}\begin{bmatrix}m_{w}& m_{w}& m_{w}& m_{w}\end{bmatrix} \tag{4.66}$$

$$\boldsymbol{K}_{cc} = 4 \begin{bmatrix} k_{y2} & & & & \text{sym.} \\ 0 & k_{z2} & & & \\ -k_{y2}h_1 & 0 & k_{y2}h_1^2 + k_{z2}b_2^2 & & \\ 0 & 0 & 0 & k_{x2}h_1^2 + k_{z2}d_2^2 & \\ 0 & 0 & 0 & 0 & k_{x2}b_2^2 + k_{y2}d_2^2 \end{bmatrix}$$

$$(4.67)$$

$$\boldsymbol{K}_{tt1} = 4 \begin{bmatrix} k_{y1} & & & & \text{sym.} \\ 0 & k_{z1} & & & \\ -k_{y1}h_3 & 0 & k_{y1}h_3^2 + k_{z1}b_1^2 & & \\ 0 & 0 & 0 & k_{x1}h_3^2 + k_{z1}d_1^2 & \\ 0 & 0 & 0 & 0 & k_{x1}b_1^2 + k_{y1}d_1^2 \end{bmatrix}$$

$$(4.68)$$

$$\boldsymbol{K}_{tt2} = 2 \begin{bmatrix} k_{y2} & & & & \text{sym.} \\ 0 & k_{z2} & & & \\ k_{y2}h_2 & 0 & k_{y2}h_2^2 + k_{z2}b_2^2 & & \\ 0 & 0 & 0 & k_{x2}h_2^2 & \\ 0 & 0 & 0 & 0 & k_{x2}b_2^2 \end{bmatrix} \quad (4.69)$$

$$\boldsymbol{K}_{ww} = 2 \begin{bmatrix} k_{y1} & \text{sym.} \\ 0 & k_{y1} \end{bmatrix} \quad (4.70)$$

$$\boldsymbol{K}_{tc}(i) = 2 \begin{bmatrix} -k_{y2} & 0 & k_{y2}h_1 & 0 & -ik_{y2}d_2 \\ 0 & -k_{z2} & 0 & -ik_{z2}d_2 & 0 \\ -k_{y2}h_2 & 0 & k_{y2}h_1h_2 - k_{z2}b_2^2 & 0 & -ik_{y2}d_2h_2 \\ 0 & 0 & 0 & k_{x2}h_1h_2 & 0 \\ 0 & 0 & 0 & 0 & -k_{x2}b_2^2 \end{bmatrix}$$

$$(4.71)$$

$$\boldsymbol{K}_{wt} = 2 \begin{bmatrix} -k_{y1} & 0 & k_{y1}h_3 & 0 & -k_{y1}d_1 \\ -k_{y1} & 0 & k_{y1}h_3 & 0 & k_{y1}d_1 \end{bmatrix} \quad (4.72)$$

由于认为车辆模型中弹簧组件和阻尼组件同样布置，所以阻尼矩阵 $\boldsymbol{C}_{ff}$ 和刚度矩阵 $\boldsymbol{K}_{ff}$ 的表达形式是相似的，只需将刚度矩阵 $\boldsymbol{K}_{ff}$ 中的弹簧系数替换为相应的阻尼系数即可。

设 y_{rk}、z_{rk}、θ_{rk} 分别为轮对 w_k 处轨道的 y、z、q 方向位移，以 F_i 表示

式（4.61）中 $\boldsymbol{F}_{\text{fe}}$ 的第 i 个非零元素，则有

$$\left\{\begin{array}{c} F_7 \\ F_8 \\ F_9 \end{array}\right\} = 2k_{z1}\left\{\begin{array}{c} z_{r1}+z_{r2} \\ b_1^2(\theta_{r1}+\theta_{r2}) \\ d_1(z_{r1}-z_{r2}) \end{array}\right\} + 2c_{z1}\left\{\begin{array}{c} \dot{z}_{r1}+\dot{z}_{r2} \\ b_1^2(\dot{\theta}_{r1}+\dot{\theta}_{r2}) \\ d_1(\dot{z}_{r1}-\dot{z}_{r2}) \end{array}\right\} \tag{4.73}$$

$$\left\{\begin{array}{c} F_{12} \\ F_{13} \\ F_{14} \end{array}\right\} = 2k_{z1}\left\{\begin{array}{c} z_{r3}+z_{r4} \\ b_1^2(\theta_{r3}+\theta_{r4}) \\ d_1(z_{r3}-z_{r4}) \end{array}\right\} + 2c_{z1}\left\{\begin{array}{c} \dot{z}_{r3}+\dot{z}_{r4} \\ b_1^2(\dot{\theta}_{r3}+\dot{\theta}_{r4}) \\ d_1(\dot{z}_{r3}-\dot{z}_{r4}) \end{array}\right\} \tag{4.74}$$

$$\left\{\begin{array}{c} F_{16} \\ F_{17} \\ F_{18} \\ F_{19} \end{array}\right\} = \frac{2f_{22}}{V}\left\{\begin{array}{c} \dot{y}_{r1} \\ \dot{y}_{r2} \\ \dot{y}_{r3} \\ \dot{y}_{r4} \end{array}\right\} \tag{4.75}$$

如图 4.10 所示，设轮对所在的第 j 个转向架 z 方向位移为 z_{tj}，θ 方向转角 θ_{tj}，φ 方向转角为 φ_{tj}，对任一轮对 w_k，施加于桥梁的 y 方向、z 方向及 θ 方向作用力分别为

$$F_y = \frac{2f_{22}}{V}(\dot{y}_{wk}-\dot{y}_{rk}) \tag{4.76}$$

$$F_\theta = 2k_{z1}b_1^2(\theta_{tj}-\theta_{rk}) + 2c_{z1}b_1^2(\dot{\theta}_{tj}-\dot{\theta}_{rk}) - I_{xw}\ddot{\theta}_{rk} \tag{4.77}$$

$$F_z = 2k_{z1}(z_{tj}+\eta_k d_1\varphi_{tj}-z_{rk}) + 2c_{z1}(\dot{z}_{tj}+\eta_k d_1\dot{\varphi}_{tj}-\dot{z}_{rk}) + G - m_w\ddot{z}_{rk} \tag{4.78}$$

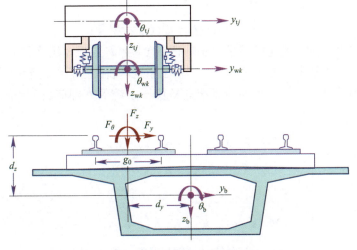

图 4.10　作用在桥梁上的力向量 $\boldsymbol{F}_{\text{d}}$

当列车为多节车辆时，一般忽略各车辆单元之间的联系（曹雪琴，1991；曾庆元 等，1999；夏禾 等，2005；潘家英 等，2008）。因此当列车共有 N_v 节车辆时，列车子系统的总体质量矩阵、总体阻尼矩阵、总体刚度矩阵、位移向量、力向量可表示为

$$\boldsymbol{M}_v = \mathrm{diag}\ \{\boldsymbol{M}_{ff1} \quad \boldsymbol{M}_{ff2} \quad \boldsymbol{M}_{ff3} \quad \cdots \quad \boldsymbol{M}_{ffN_v}\}^T \tag{4.79}$$

$$\boldsymbol{C}_v = \mathrm{diag}\ \{\boldsymbol{C}_{ff1}+\boldsymbol{C}_{c1} \quad \boldsymbol{C}_{ff2}+\boldsymbol{C}_{c2} \quad \boldsymbol{C}_{ff3}+\boldsymbol{C}_{c3} \quad \cdots \quad \boldsymbol{C}_{ffN_v}+\boldsymbol{C}_{cN_v}\}^T \tag{4.80}$$

$$\boldsymbol{K}_v = \mathrm{diag}\ \{\boldsymbol{K}_{ff1} \quad \boldsymbol{K}_{ff2} \quad \boldsymbol{K}_{ff3} \quad \cdots \quad \boldsymbol{K}_{ffN_v}\}^T \tag{4.81}$$

$$\boldsymbol{X}_v = \{\boldsymbol{X}_{f1} \quad \boldsymbol{X}_{f2} \quad \boldsymbol{X}_{f3} \quad \cdots \quad \boldsymbol{X}_{fN_v}\}^T \tag{4.82}$$

$$\boldsymbol{F}_v = \{\boldsymbol{F}_{fe1} \quad \boldsymbol{F}_{fe2} \quad \boldsymbol{F}_{fe3} \quad \cdots \quad \boldsymbol{F}_{feN_v}\}^T \tag{4.83}$$

由此，车辆子系统动力平衡方程为

$$\boldsymbol{M}_v\ \ddot{\boldsymbol{X}}_v + \boldsymbol{C}_v\ \dot{\boldsymbol{X}}_v + \boldsymbol{K}_v\ \boldsymbol{X}_v = \boldsymbol{F}_v \tag{4.84}$$

4.5.2 车桥耦合系统运动方程

联立式（4.1）或式（4.3）及式（4.84），并依式（4.76）～式（4.78）叠加所有轮对的作用力形成桥梁子系统力向量 $\boldsymbol{F}_b$，即可得到车桥动力耦合系统方程。

以直接刚度法建立桥梁子系统模型时，车桥系统的运动方程为

$$\begin{cases} \boldsymbol{M}_v\ \ddot{\boldsymbol{X}}_v + \boldsymbol{C}_v\ \dot{\boldsymbol{X}}_v + \boldsymbol{K}_v\ \boldsymbol{X}_v = \boldsymbol{F}_v \\ \boldsymbol{M}_b\ \ddot{\boldsymbol{X}}_b + \boldsymbol{C}_b\ \dot{\boldsymbol{X}}_b + \boldsymbol{K}_b\ \boldsymbol{X}_b = \boldsymbol{F}_b \end{cases} \tag{4.85}$$

以振型叠加法建立桥梁子系统模型时，车桥系统的运动方程为

$$\begin{cases} \boldsymbol{M}_v\ \ddot{\boldsymbol{X}}_v + \boldsymbol{C}_v\ \dot{\boldsymbol{X}}_v + \boldsymbol{K}_v\ \boldsymbol{X}_v = \boldsymbol{F}_v \\ \ddot{\boldsymbol{Q}}_b + 2\xi\boldsymbol{\omega}\dot{\boldsymbol{Q}}_b + \boldsymbol{\omega}^2\ \boldsymbol{Q}_b = \boldsymbol{\Phi}^T\ \boldsymbol{F}_b \end{cases} \tag{4.86}$$

式中，$\boldsymbol{Q}_b$ 是桥梁的广义坐标向量，$\boldsymbol{\omega}$ 是频率向量，$\boldsymbol{F}$ 是振型矩阵。

上面两个式子中，方程右端项为车辆子系统和桥梁子系统的轮轨作用力、桥梁子系统的重力。若考虑车辆子系统和桥梁子系统的外部荷载 $\boldsymbol{F}_v^e$、$\boldsymbol{F}_b^e$，则上述方程扩充为

$$\begin{cases} \boldsymbol{M}_v\ \ddot{\boldsymbol{X}}_v + \boldsymbol{C}_v\ \dot{\boldsymbol{X}}_v + \boldsymbol{K}_v\ \boldsymbol{X}_v = \boldsymbol{F}_v + \boldsymbol{F}_v^e \\ \boldsymbol{M}_b\ \ddot{\boldsymbol{X}}_b + \boldsymbol{C}_b\ \dot{\boldsymbol{X}}_b + \boldsymbol{K}_b\ \boldsymbol{X}_b = \boldsymbol{F}_b + \boldsymbol{F}_b^e \end{cases} \tag{4.87}$$

或

$$\begin{cases} \boldsymbol{M}_v\ \ddot{\boldsymbol{X}}_v + \boldsymbol{C}_v\ \dot{\boldsymbol{X}}_v + \boldsymbol{K}_v\ \boldsymbol{X}_v = \boldsymbol{F}_v + \boldsymbol{F}_v^e \\ \ddot{\boldsymbol{Q}}_b + 2\xi\boldsymbol{\omega}\dot{\boldsymbol{Q}}_b + \boldsymbol{\omega}^2\ \boldsymbol{Q}_b = \boldsymbol{\Phi}^T(\boldsymbol{F}_b + \boldsymbol{F}_b^e) \end{cases} \tag{4.88}$$

此种考虑车桥系统外部荷载的情形，将在本书后续章节进行讨论，本章后续部分仍只研究无外部荷载的车桥动力耦合方程。

式（4.73）、式（4.74）、式（4.75）中的轮对位置的轨道运动状态 $y_{r1} \sim y_{r4}$、$z_{r1} \sim z_{r4}$、$\theta_{r1} \sim \theta_{r4}$ 均为桥梁子系统运动状态，式（4.76）、式（4.77）、式（4.78）中 y_{wk}、z_{tj}、θ_{tj}、φ_{tj}（$k=1$，2，3，4；$j=1$，2）则为各节车辆的运动状态，可见式（4.85）、式（4.86）中的两个方程是耦联的，需通过迭代方式求解。

需要说明的是，作用于车辆子系统的轮轨力与作用于桥梁子系统的轮轨力是作用力与反作用力的关系。然而，桥梁子系统荷载向量 $\boldsymbol{F}_b$ 与车辆子系统荷载向量 $\boldsymbol{F}_v$ 却并非作用力与反作用力关系。这是因为在车辆子系统作用力式（4.84）中，有关车辆子系统运动状态的项已移至等式左边，$\boldsymbol{F}_v$ 只是轮轨力的一部分，并非全部轮轨力，而在式（4.1）或式（4.3）中 $\boldsymbol{F}_b$ 是全部轮轨力。

此外，由于车辆轮对在 z 方向和 θ 方向上的运动状态由桥梁的运动状态决定，因此在本质上轮对为桥梁子系统的一部分，其 z 方向和 θ 方向惯性力应施加于桥梁。车辆子系统建模时令其坐标零点位于重力平衡位置，无须考虑重力作用，但在桥梁子系统中则必须考虑作用于其上的车辆重力。总之，作用于桥梁上的力除来自车辆系统的作用力部分外，还应包括轮对惯性力和车辆重力。

4.6　车桥耦合系统的求解方法

车桥耦合系统运动方程式（4.85）、式（4.86）有多种方法可以求解。由于车桥系统的时变特性，目前各种求解方法均是借助时程积分技术，例如 Newmark-β 积分、Wilson-θ 积分等，在时域内求解。不同求解方法的主要区别在于如何处理车辆子系统与桥梁子系统间的耦合关系，或者说如何找到一组同时满足两个子系统的轮轨相互作用力及运动状态。本节主要介绍三种车桥耦合系统求解方法——直接耦合法、时间步内迭代法和全过程迭代法。

必须指出，这三种车桥耦合系统的求解方法仅在数学形式上有所不同，在物理意义上是等价的。

4.6.1　直接耦合法

车辆子系统和桥梁子系统通过轮轨关系耦联，如果轮轨关系满足线性条件，那么车辆与桥梁两子系统方程可以联立成为统一的系统方程，可采用直接耦合法求解。显然，适用直接耦合法的前提条件是：不仅车辆子系统和桥梁子系统均需为线性系统，轮轨关系也必须满足线性条件（张楠，2002；Xu et al，2004）。

本节以第 4.5 节采用的轮轨垂向密贴假定和横向简化的 Kalker 蠕滑理论为基础介绍直接耦合法。

研究某一轮对的作用力时，定义作用于该轮对及与其相连转向架的力向量为 $\boldsymbol{F}_a$、该轮对作用于桥面的力向量为 $\boldsymbol{F}_d$，则

$$\boldsymbol{F}_a = \begin{bmatrix} F_{tz} & F_{t\theta} & F_{t\varphi} & F_{wy} \end{bmatrix}^T \tag{4.89}$$

$$\boldsymbol{F}_d = \begin{bmatrix} F_{dy} & F_{dz} & F_{d\theta} \end{bmatrix}^T \tag{4.90}$$

式中，F_{tz}、$F_{t\theta}$、$F_{t\varphi}$ 指转向架在 z、θ、φ 方向作用力或作用力矩，F_{wy} 指轮对在 y 方向作用力，由式（4.73）～（4.75）确定；F_{dy}、F_{dz}、$F_{d\theta}$ 指轮位处桥面所受到的 y、z、θ 方向作用力或作用力矩，由式（4.76）～式（4.78）确定。

根据表 4.1 的定义，转向架在 z、θ、φ 方向位移为 z_t、θ_t、φ_t，轮对中心在 y 方向位移为 y_w，轮位处桥面在 y、z、θ 方向位移为 y_d、z_d、θ_d，并设在同一转向架下，前轮 $h=1$，后轮 $h=-1$。由式（4.73）～式（4.78），上述作用力向量可表示为

$$\begin{Bmatrix} \boldsymbol{F}_a \\ \boldsymbol{F}_d \end{Bmatrix} = \begin{bmatrix} \boldsymbol{0} & \boldsymbol{0} & \boldsymbol{K}_{aa} & \boldsymbol{C}_{aa} & \boldsymbol{0} & \boldsymbol{K}_{ai} & \boldsymbol{C}_{ai} & \boldsymbol{0} \\ \boldsymbol{K}_{da} & \boldsymbol{C}_{da} & \boldsymbol{K}_{dd} & \boldsymbol{C}_{dd} & \boldsymbol{M}_{dd} & \boldsymbol{K}_{di} & \boldsymbol{C}_{di} & \boldsymbol{M}_{di} \end{bmatrix} \begin{Bmatrix} \boldsymbol{S}_a \\ \dot{\boldsymbol{S}}_a \\ \boldsymbol{S}_d \\ \dot{\boldsymbol{S}}_d \\ \ddot{\boldsymbol{S}}_d \\ \boldsymbol{S}_i \\ \dot{\boldsymbol{S}}_i \\ \ddot{\boldsymbol{S}}_i \end{Bmatrix} + \begin{Bmatrix} \boldsymbol{0} \\ \boldsymbol{F}_g \end{Bmatrix} \tag{4.91}$$

式中，

$$\boldsymbol{S}_a = \begin{bmatrix} z_t & \theta_t & \varphi_t & y_w \end{bmatrix}^T \tag{4.92}$$

$$\boldsymbol{S}_d = \begin{bmatrix} y_d & z_d & \theta_d \end{bmatrix}^T \tag{4.93}$$

$$\boldsymbol{S}_i = \begin{bmatrix} y_i & z_i & \theta_i \end{bmatrix}^T \tag{4.94}$$

$$\boldsymbol{F}_g = \begin{bmatrix} 0 & G & 0 \end{bmatrix}^T \tag{4.95}$$

$$\boldsymbol{K}_{aa} = \boldsymbol{K}_{ai} = \boldsymbol{K}_{da}^T = \begin{bmatrix} 0 & 2k_{z1} & 0 \\ 0 & 0 & 2k_{z1}b_1^2 \\ 0 & 2\eta k_{z1}d_1 & 0 \\ 0 & 0 & 0 \end{bmatrix} \tag{4.96}$$

$$\boldsymbol{C}_{aa} = \boldsymbol{C}_{ai} = \boldsymbol{C}_{da}^T = \begin{bmatrix} 0 & 2c_{z1} & 0 \\ 0 & 0 & 2c_{z1}b_1^2 \\ 0 & 2\eta c_{z1}d_1 & 0 \\ \dfrac{2f_{22}}{V} & 0 & 0 \end{bmatrix} \tag{4.97}$$

$$\boldsymbol{K}_{dd}=\boldsymbol{K}_{di}=-2\operatorname{diag}\{0\quad k_{z1}\quad k_{z1}b_1^2\} \tag{4.98}$$

$$\boldsymbol{C}_{dd}=\boldsymbol{C}_{di}=-2\operatorname{diag}\{f_{22}/V\quad c_{z1}\quad c_{z1}b_1^2\} \tag{4.99}$$

$$\boldsymbol{M}_{dd}=\boldsymbol{M}_{di}=-\operatorname{diag}\{0\quad m_{w}\quad I_{xw}\} \tag{4.100}$$

力向量 $\boldsymbol{F}_a$ 与车辆子系统右端项 $\boldsymbol{F}_v$ 之间、位移向量 $\boldsymbol{S}_a$ 与车辆子系统右端项 $\boldsymbol{X}_v$ 之间存在如下关系

$$\begin{cases} \boldsymbol{F}_v=\sum_N \boldsymbol{T}_{av}\,\boldsymbol{F}_a \\ \boldsymbol{S}_a=\boldsymbol{T}_{va}\,\boldsymbol{X}_v \end{cases} \tag{4.101}$$

式中，"$\sum$" 符号表示 $\boldsymbol{F}_v$ 由各轮对的作用力叠加而成，N 为总轮对数。容易证明，上式中的转换矩阵为

$$\boldsymbol{T}_{va}=\begin{bmatrix} 0 & \boldsymbol{I}_3 & 0 & 0 & 0 \\ 0 & 0 & 0 & \boldsymbol{I}_1 & 0 \end{bmatrix}=\boldsymbol{T}_{av}^{\mathrm{T}} \tag{4.102}$$

上式中，非零子矩阵位于所研究轮对相连的转向架 z、θ、φ 自由度及所研究轮对 y 自由度相应位置。

力向量 $\boldsymbol{F}_d$ 与车辆子系统右端项 $\boldsymbol{F}_b$ 之间、位移向量 $\boldsymbol{S}_d$ 与车辆子系统右端项 $\boldsymbol{X}_b$ 之间存在如下关系

$$\begin{cases} \boldsymbol{F}_b=\sum_N \boldsymbol{T}_{db}\,\boldsymbol{F}_d \\ \boldsymbol{S}_d=\boldsymbol{T}_{bd}\,\boldsymbol{X}_b \end{cases} \tag{4.103}$$

同样，式中的"$\sum$"符号是指 $\boldsymbol{F}_b$ 由各轮对的作用力叠加而成。若桥梁节点指向桥面轮位处的 y、z 方向向量依次为 d_y、d_z，临近轮位处的两个节点至轮位的 x 方向距离依次为 d_{x1} 和 d_{x2}，则上述转换矩阵可表示为

$$\boldsymbol{T}_{db}=\begin{bmatrix} \boldsymbol{0} \\ \dfrac{d_{x2}}{d_{x1}+d_{x2}}\boldsymbol{I}_3 \\ \boldsymbol{0} \\ \dfrac{d_{x1}}{d_{x1}+d_{x2}}\boldsymbol{I}_3 \\ \boldsymbol{0} \end{bmatrix}\begin{bmatrix} 1 & 0 & 0 \\ 0 & 1 & 0 \\ -d_z & d_y & 1 \end{bmatrix}=\boldsymbol{T}_{bd}^{\mathrm{T}} \tag{4.104}$$

由此，式 (4.85)、式 (4.86) 中

$$\begin{aligned} \boldsymbol{F}_v &=\sum_N \boldsymbol{T}_{av}\,\boldsymbol{F}_a=\sum_N \boldsymbol{T}_{av}(\boldsymbol{K}_{ad}\boldsymbol{S}_d+\boldsymbol{C}_{ad}\dot{\boldsymbol{S}}_d+\boldsymbol{K}_{ai}\boldsymbol{S}_i+\boldsymbol{C}_{ai}\dot{\boldsymbol{S}}_i) \\ &=\sum_N \boldsymbol{T}_{av}(\boldsymbol{K}_{ad}\boldsymbol{T}_{bd}\boldsymbol{X}_b+\boldsymbol{C}_{ad}\boldsymbol{T}_{bd}\dot{\boldsymbol{X}}_b)+\sum_N \boldsymbol{T}_{av}(\boldsymbol{K}_{ai}\boldsymbol{S}_i+\boldsymbol{C}_{ai}\dot{\boldsymbol{S}}_i) \end{aligned} \tag{4.105}$$

$$F_b = \sum_N T_{db} F_d = \sum_N T_{db}(K_{da} S_a + C_{da} \dot{S}_a + K_{dd} S_d + C_{dd} \dot{S}_d + M_{dd} \ddot{S}_d) +$$

$$\sum_N T_{db}(K_{di} S_i + C_{di} \dot{S}_i + M_{di} \ddot{S}_i + F_g)$$

$$= \sum_N T_{db}(K_{da} T_{va} X_v + C_{da} T_{va} \dot{X}_v + K_{dd} T_{bd} X_b + C_{dd} T_{bd} \dot{X}_b + M_{dd} T_{bd} \ddot{X}_b) +$$

$$\sum_N T_{db}(K_{di} S_i + C_{di} \dot{S}_i + M_{di} \ddot{S}_i + F_g) \tag{4.106}$$

采用直接刚度法建立桥梁子系统方程时，将式（4.85）中有关 X_v、X_b 的项移至左端，即可得到车桥耦合的方程组

$$\begin{bmatrix} M_{vv} & 0 \\ 0 & M_{bb} \end{bmatrix} \begin{Bmatrix} \ddot{X}_v \\ \ddot{X}_b \end{Bmatrix} + \begin{bmatrix} C_{vv}+C_c & C_{vb} \\ C_{bv} & C_{bb} \end{bmatrix} \begin{Bmatrix} \dot{X}_v \\ \dot{X}_b \end{Bmatrix} + \begin{bmatrix} K_{vv} & K_{vb} \\ K_{bv} & K_{bb} \end{bmatrix} \begin{Bmatrix} X_v \\ X_b \end{Bmatrix} = \begin{Bmatrix} P_v \\ P_b \end{Bmatrix} \tag{4.107}$$

式中，

$$M_{vv} = M_v \tag{4.108}$$

$$M_{bb} = M_b - \sum_N T_{db} M_{dd} T_{bd} \tag{4.109}$$

$$C_{vv} = C_v \tag{4.110}$$

$$C_{vb} = -\sum_N T_{av} C_{ad} T_{bd} = C_{bv}^T \tag{4.111}$$

$$C_{bb} = C_b - \sum_N T_{db} C_{dd} T_{bd} \tag{4.112}$$

$$K_{vv} = K_v \tag{4.113}$$

$$K_{vb} = -\sum_N T_{av} K_{ad} T_{bd} = K_{bv}^T \tag{4.114}$$

$$K_{bb} = K_b - \sum_N T_{db} K_{dd} T_{bd} \tag{4.115}$$

$$P_v = \sum_N T_{av}(K_{ai} S_i + C_{ai} \dot{S}_i) \tag{4.116}$$

$$P_b = \sum_N T_{db}(K_{di} S_i + C_{di} \dot{S}_i + M_{di} \ddot{S}_i + F_g) \tag{4.117}$$

采用振型叠加法建立桥梁子系统方程时，将式（4.86）式中有关 X_v、X_b 的项移至左端，亦可得到类似的车桥耦合的方程组。

4.6.2 时间步内迭代法

车桥耦合系统运动方程式（4.85）、式（4.86）采用数值时程积分法求解时，方程中右端项 F_v 和 F_b 分别为车辆、桥梁子系统运动状态的函数。因此可在每个时间步内通过两个子系统之间的迭代，得到满足其运动状态与作用力关系的解，流程图如图 4.11 所示。

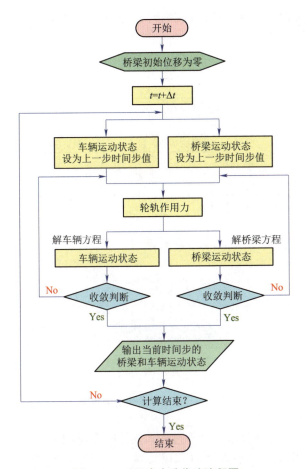

图 4.11　时间步内迭代法流程图

在收敛判断中，分别要求车辆和桥梁两个子系统满足收敛条件，即给定时间内第 n 迭代步的运动状态与第 $n+1$ 步的运动状态差值足够小。由于轮轨间相互作用力体现车辆与桥梁两子系统的响应状态及耦合关系。因此，在上述计算中，以其作为收敛判断的对象。收敛误差由计算要求确定，在既往绝大多数计算中，采用力的误差 10 N、力矩误差 10 N·m 即可得到满意的精度。

4.6.3　全过程迭代法

式（4.85）、式（4.86）亦可采用另外一种方式迭代求解，即全过程迭代法。在此方法中，首先假定桥梁子系统为刚性，求解独立的车辆方程而得车辆运动及轮轨力时程，然后将轮轨力施加于桥梁，求解独立的桥梁方程而得桥面运动状态，将桥面运动时程与轨道不平顺叠加作为新的车辆系统激励进行下一步迭代，流程图如图 4.12 所示。同样，全过程迭代法亦可采用轮轨间相互作用力作为收敛判断的对象。

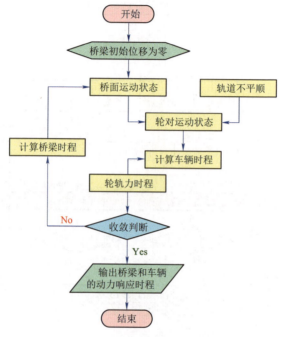

图 4.12　全过程迭代法流程图

图 4.13 为全过程迭代法的计算过程，其执行步骤如下：

第一步：设桥梁子系统为刚性，以轨道不平顺为系统激励，求解车辆子系统，计算车辆时程，得到所有轮对的轮轨力时程；

第二步：将前一迭代过程（或第一步）得到的轮轨力时程施加于桥梁，计算

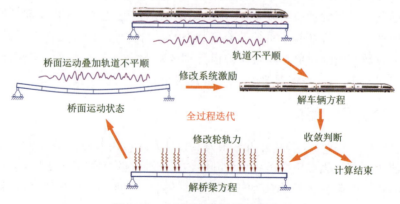

图 4.13　全过程迭代法的计算过程

桥梁时程，求解桥梁子系统，得到桥面运动状态时程；

第三步：将第二步中得到的桥面运动状态与轨道不平顺叠加作为系统激励，求解车辆子系统，得到所有轮对新的轮轨力时程；

第四步：计算第三步中得到的轮轨力时程同前一迭代过程（或第一步）中轮轨力时程的误差；若该误差满足收敛判断，则全部计算完成；否则进入下一迭代过程，重新进行第二步至第四步的计算。

对比图 4.11 和图 4.12 及图 4.13 可见，全过程迭代法与时间步内迭代法有明显的区别。全过程迭代法中，每步迭代均为全时程计算，对车辆子系统和桥梁子系统分别求解，得到各自的动力响应时程，并针对此时程进行收敛判断。而时间步内迭代法中，每步迭代只是在一个时间步内的计算，求解车桥系统在某一时刻的响应，并针对该响应进行迭代收敛判断。全过程迭代法与时间步内迭代法用于求解同一运动方程时，虽然迭代方法和收敛准则不同，所得到的分析结果应当是一致的。

作为一种适用于多系统时程积分的数值计算方法，特别是与时间步内迭代法相比较，全过程迭代法有以下优点：

① 对车辆子系统或桥梁子系统，只要采用无条件收敛的积分格式，即可保证各计算步骤的收敛。而就两子系统间的宏观迭代而言，并非无条件收敛，有可能出现各次计算幅值逐渐增大的情况。但由于每次迭代均得到系统响应时程，很容易通过人为控制使计算过程最终收敛。4.7 节将就此给出算例。

② 时间步内迭代法需建立车辆的整体动力矩阵，车辆较多时内存消耗大，计算时间长。在全过程迭代法中，车辆子系统的激励源是给定的时变不平顺，即轨道不平顺与桥梁运动的叠加。在某一迭代步中，列车在此既定不平顺上运行，不会因为前一车辆改变了桥梁运动状态，而影响后一车辆的输入激振条件。因此，采用全过程迭代法可以分别求解各车辆单元的动力响应，而无须计算整列车的动力矩阵，这有助于提高计算效率，减少内存消耗。

③ 时间步内迭代法中必须得到桥梁子系统质量、阻尼、刚度矩阵的显式表达式，而且需要专门的分析软件，这对于大型或复杂桥梁来说是很困难的。采用全过程迭代法时，可利用通用有限元软件直接计算桥梁在给定外荷载时程条件下的动力响应，十分方便且计算效率高。

4.7　分析实例

本节以先锋号列车通过秦沈客运专线狗河特大桥为例，分析车辆和桥梁的动力响应，通过与现场实测结果的对比来验证本章提出的计算方法的准确性，同时探讨全过程迭代法求解车桥动力耦合方程时的收敛性及其控制问题。

4.7.1　工程概况

秦沈客运专线是一条以客运为主的双线电气化铁路，全长 404.64 km，设计列车速度 200 km/h，基础设施预留提速至 250 km/h 的条件。秦沈客运专线于 1999 年 8 月开工建设，2002 年 6 月全线贯通，2003 年 10 月 12 日正式投入运营。

狗河特大桥位于辽宁省绥中县境内，位于直线及 3.5‰、12‰ 的上坡道上（下行为上坡，全部梁斜置），竖曲线半径为 20 000 m。桥跨组成为 28×24 m 双线预应力混凝土简支梁桥，见图 4.14。

图 4.14　秦沈客运专线狗河特大桥

箱梁全长 24.6 m，梁顶宽 12.4 m，底宽 6.125 m，梁高 2.2 m，梁的横截面如图 4.15 所示。

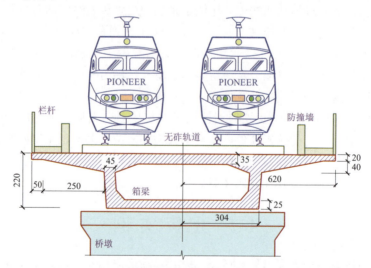

图 4.15　狗河特大桥的梁截面（单位：cm）

　　桥梁下部结构为圆端形板式桥墩，采用了摩擦桩、柱桩及明挖基础。桥墩编号依下行方向（秦皇岛—沈阳）顺次为 1 至 27 号（不含桥台），相应梁的编号为 1 至 28 号。每孔梁设置 4 个 4 000 kN 的 QSPZ－Ⅵ型盆式橡胶支座，支座横向中心距 5.7 m，其中固定支座设于下行方向秦皇岛一侧。桥面线路为无砟板式轨道。

4.7.2　现场试验

　　2002 年 9—12 月，铁道部在秦沈客运专线综合试验段组织了大规模的现场试验。11 月 27 日，我国自行研制的"先锋号""中华之星号"试验列车分别创造了当时的中国铁路最高速度 292.8 km/h 和 321.5 km/h，标志着中国已经开始迈向"高速铁路时代"。试验数据表明，秦沈客运专线的桥梁具有良好的动力性能，同时验证了我国桥梁动力仿真分析方法的有效性。图 4.16 为狗河特大桥及试验时先锋号列车通过的情形。

图 4.16　先锋号列车通过狗河特大桥

　　2002 年 9 月，北京交通大学在狗河特大桥进行了现场动力试验，测量了先锋号列车通过时的桥梁及轨道的动力响应。试验梁跨选在第 21～23 号桥墩之间，即第 22、23 孔梁为测试梁，22 号、23 号墩为测试墩，墩高 9.85 m（承台顶到墩顶垫石的距离），墩下为柱桩基础。

　　试验中的测点布置如图 4.17 所示。其中 A、D 分别表示测试桥梁的加速度、动位移，数字表示测点编号，x、y、z 分别表示测点的纵向、横向水平和竖直方向，与 4.1 节定义相同。试验中共布置了 16 个动位移测点、9 个加速度测点、4 个轨道力测点和 7 个混凝土应变测点。

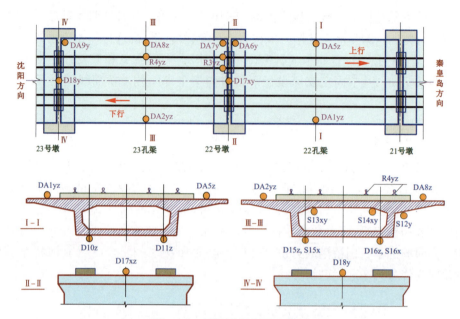

图 4.17　桥梁测点布置示意图

两孔测试梁跨中梁底对应线路中心位置分别设置了竖向动位移测点（D10z、D11z、D15z、D16z）。两孔测试梁跨中桥面下行侧分别设置了竖向、横向动位移及加速度测点（DA1yz、DA2yz），上行侧分别设置了竖向动位移及加速度测点（DA5z、DA8z），第 22 孔桥上行侧沈阳方向梁端、第 23 孔梁上行侧的梁端均设置了横向动位移及加速度测点（DA6y、DA7y、DA9y），22 号墩顶设置了纵、横向动位移测点（D17xy），23 号墩顶设置了横向动位移测点（D18y）。第 23 孔梁跨中截面共设置了 7 个混凝土应变测点：下行侧翼缘板的横向应变测点（S12y）、顶板底面对应线路中心位置的纵、横向应变测点（S13xy、S14xy）、底板顶面对应线路中心位置的纵向应变测点（S15x、S16x）。第 23 孔梁的秦皇岛方向梁端和下行侧跨中线路上还布置了横向、竖向轮轨力测点（R3yz、R4yz）。

测量中，所有通道的采样频率均设置为 2 048 Hz。

由于列车通过时桥墩的振动及混凝土应变很小，故桥墩动位移、梁端横向动位移、梁端横向加速度、混凝土纵向应变、混凝土横向应变测试结果的信噪比不理想，没有用来验证计算结果。通过在钢轨上布设应变计测得的轮轨力为钢轨固定位置的数值，车轮不在测量位置时轮轨力为 0；而车桥动力耦合分析所得的轮轨力为各轮对在不同位置时的数值，即测点"跟随"轮对所测得的数值，两者之间不具可比性，亦不用来校核计算结果。

试验中，测点 D10z、D11z、D15z、D16z 的跨中竖向动位移通过在固定支架上安装的 LVDT（linear variable differential transformer）测得；测点 DA1yz、DA2yz、DA5z、DA8z 的跨中动位移、加速度通过中国地震局工程力学研究所生产的 891－4 型拾振器测得，其中加速度均采用挡位 1，位移均采用挡位 2 并通过放大器进行硬件积分。该型号仪器参数见表 4.5。这些测点的数据可用于校核计算结果。

表 4.5　试验中采用的 891—4 型拾振器参数

技术指标	参量	挡位 1 加速度	挡位 2 中速度	挡位 3 大速度	挡位 4 小速度
灵敏度		0.13 m/s²/V	8 m/s/V	1.5 m/s/V	30 m/s/V
最大量程	位移（mm，p—p）		50	200	15
	速度（m/s，p—p）		1.0	1.2	0.5
	加速度（m/s²，p—p）	20			
通频带	水平	1～30 Hz	1～30 Hz	0.5～30 Hz	2～30 Hz
	竖向			0.8～30 Hz	

试验中共采集了 24 次列车通过时的桥梁动力响应，列车速度范围为 182～279 km/h。列车激励下桥梁的受迫振动包括以下瞬态响应和稳态响应的频率成分：

① 瞬态响应，振动频率即为桥梁的自振频率。由于列车过桥时间较短，其瞬态响应成分不可忽略。对各测次列车通过后桥梁的自由振动响应进行分析，得到了桥梁的自振频率，包括一阶竖弯 8.15 Hz，一阶扭转 11.6 Hz，一阶横弯 19.4 Hz。

② 稳态响应，包括以下 6 种频率成分：

• 以列车通过桥梁的全过程，即首轮进桥至末轮出桥的时间间隔为周期。试验中采用 6 节编组的先锋号列车，首末轮距离为 148 m，对应 182～279 km/h 的速度范围产生频率为 0.34～0.52 Hz 的竖向激励。

• 以相邻两节车辆通过桥上某点的时间间隔为周期。先锋号列车每节车辆全长 25.5 m，产生频率为 1.98～3.04 Hz 的竖向激励。

• 以车辆前后转向架通过桥上某点的时间间隔为周期。先锋号列车的车辆定距 18 m，产生频率为 2.81～4.31 Hz 的竖向激励。

• 以相邻前车后转向架、后车前转向架通过桥上某点的时间间隔为周期。先锋号列车的这一距离为 7.5 m，产生频率为 6.74～10.34 Hz 的竖向激励。

• 以同一转向架下的两个轮对通过桥上某点的时间间隔为周期。先锋号列车的转向架固定轴距为 2.5 m，产生频率为 20.22~31.00 Hz 的竖向激励。

• 以列车通过轨道不平顺的一个波长为周期。如考虑轨道不平顺的波长范围为 2~40 m，则其对车桥系统产生频率为 1.26~38.75 Hz 的激励。

结合表 4.5 中传感器的参数可知，上述各种频率的激励中，以列车首轮进桥至末轮出桥之间的时间间隔为周期的激励频率已低于 891－4 型拾振器的频响下限 1 Hz，因此 DA1z、DA2z、DA5z、DA8z 测点的竖向位移测试波形已经严重失真，与车桥耦合分析结果不具有可比性。另外，当列车在一侧轨道上通过时，由于桥梁的扭转作用导致其横向运动与竖向运动耦联，实际横向位移中也包含了相应的低频成分，而受传感器通频带的限制，D1y、D2y 测点的横向位移波形无法测到小于 1 Hz 的低频成分。因此，在后面的数值分析中，采用梁底 LVDT 的测量结果验证跨中竖向位移，采用 891－4 型拾振器的测量结果验证跨中横向振幅和竖向、横向加速度。

综上，用于试验验证的测点及其位置参数如下：

① 跨中竖向动位移 D10z、D11z、D15z、D16z，测点与梁体中线的横向偏心为 2.5 m。

② 跨中横向振幅 D1y、D2y，测点与截面质心的竖向高差为 1.0 m。

③ 桥面竖向加速度 A1z、A2z、A5z、A8z，测点的横向偏心为 3.5 m。

④ 桥面横向加速度 A1y、A2y，测点与截面质心的竖向高差为 1.0 m。

4.7.3 桥梁计算参数

由于桥墩刚度很大，对车桥耦合动力系统动力响应的影响很小，在计算中，仅建立了单跨 24 m 简支梁模型。以空间梁单元建立有限元模型。桥梁全长 24.6 m，包括支座外悬出长度两端各 0.3 m，有限元模型共包含 82 个空间梁单元，每个单元长 0.3 m。桥梁跨中截面见图 4.15。考虑到桥梁各截面差异不大，各单元取统一材料和截面参数。

按照设计参数计算，得到了桥梁的一阶竖向、一阶扭转及一阶横向自振频率分别为 6.02 Hz、17.17 Hz 和 23.10 Hz，而实测结果则为 8.15 Hz、11.60 Hz 和 19.40 Hz。桥上为无砟轨道，混凝土轨道板提供了一定的竖向抗弯刚度，因此实测竖向频率比计算频率高是合理的。桥梁横向及扭转变形时，未必严格符合平截面假定，故实测横向及扭转频率较计算值小。为计入上述因素对桥梁动力响应的影响，对有限元模型进行了修正，即在模型中其他参数取设计值，而通过调整竖向抗弯惯性矩、横向抗弯惯性矩和扭转惯性矩，使模型的计算频率与实测频率一致，如表 4.6 所示。表中数值可见，桥梁模型考虑了材料和线路结构的影响修正后，截面竖向抗弯惯性矩提高了 84%，横向抗弯惯性矩降低了 29%，扭转惯性矩降低了 51%。

表 4.6 简支梁频率及截面参数

	项　目	实测值	设计参数	调整后参数（动力分时采用）
截面参数	截面积/m²	—	7.482	7.482
	材料密度/（kg/m³）	—	2 500	2 500
	材料抗弯弹性模量/GPa	—	35.5	35.5
	泊松比	—	0.166 7	0.166 7
	二期恒载/（kN/m）	—	160	160
	竖向抗弯惯性矩/m⁴	—	4.758	8.731
	扭转惯性矩/m⁴	—	11.217	5.499
	横向抗弯惯性矩/m⁴	—	70.158	49.465
自振频率	一阶竖向频率/Hz	8.15	6.02	8.15
	一阶扭转频率/Hz	11.60	14.60	11.60
	一阶横向频率/Hz	19.40	23.10	19.40

　　试验时，还测试了梁跨的阻尼比，分别为第 22 孔梁 2.61%、第 23 孔梁 2.57%（Xia，2005），分析时统一按照 2.6% 计算。

4.7.4　车辆计算参数

　　先锋号列车为 6 节编组，其中第 1、3、4、6 节为动车，第 2、5 节为拖车，前三辆车辆的轴距排列如图 4.18 所示。计算中采用的车辆参数见表 4.7。动车和拖车的平均静轴重分别为 139.3 kN 和 137.8 kN，每节车辆全长 25.5 m。

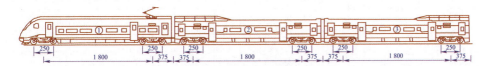

250　　　　　250　250　　　　　　　250　250　　　　　　250
1 800　　　375　375　　1 800　　375　375　　1 800　　375

图 4.18　先锋号列车编组示意图

表 4.7　仿真计算采用的先锋号动车组车辆参数

名　称	单位	动车	拖车	名　称	单位	动车	拖车
转向架轴距 $2d_1$	m	2.50	2.50	车体转动惯量 I_{xc}	t·m²	101.5	74
车辆定距 $2d_2$	m	18.0	18.0	车体转动惯量 I_{yc}	t·m²	1 064.4	1 370
一系悬挂横向跨距 $2b_1$	m	2.05	2.05	车体转动惯量 I_{zc}	t·m²	867.2	1 370
二系悬挂横向跨距 $2b_2$	m	2.05	2.05	一系纵向阻尼/单侧 c_{x1}	kN·s/m	0	0
车体中心到二系悬挂 h_1	m	0.36	0.83	一系横向阻尼/单侧 c_{y1}	kN·s/m	0	0

名　称	单位	动车	拖车	名　称	单位	动车	拖车
二系悬挂到转向架 h_2	m	0.24	0.15	一系竖向阻尼/单侧 c_{z1}	kN·s/m	30	38
转向架至一系悬挂 h_3	m	0.33	0.34	二系纵向阻尼/单侧 c_{x2}	kN·s/m	120	150
轮对滚动圆半径 r	m	0.457 5	0.457 5	二系横向阻尼/单侧 c_{y2}	kN·s/m	30	15
轮对质量 m_w	t	1.9	2.2	二系竖向阻尼/单侧 c_{z2}	kN·s/m	33	40
轮对转动惯量 I_{xw}	t·m²	1.067	1.63	一系纵向刚度/单侧 k_{x1}	kN/m	960	960
转向架质量 m_t	t	3.4	1.7	一系横向刚度/单侧 k_{y1}	kN/m	960	960
转向架转动惯量 I_{xt}	t·m²	3.2	1.6	一系竖向刚度/单侧 k_{z1}	kN/m	1 040	700
转向架转动惯量 I_{yt}	t·m²	7.2	1.7	二系纵向刚度/单侧 k_{x2}	kN/m	240	210
转向架转动惯量 I_{zt}	t·m²	6.8	1.7	二系横向刚度/单侧 k_{y2}	kN/m	240	210
车体质量 m_c	t	42.4	44	二系竖向刚度/单侧 k_{z2}	kN/m	400	350

通过车辆的质量矩阵和刚度矩阵，并约束轮对 y 方向运动，可计算得到动车和拖车的前 5 阶自振频率及振型见表 4.8。对比表 4.6 中的数据，车辆的各方向的首阶自振频率介于 0.45～1.60 Hz 之间，远低于桥梁的自振频率。因此，不存在车桥间发生耦合共振的可能性。此外，从表 4.8 计算结果中亦可发现，车辆振型中横摆运动与侧滚运动是耦联的，此即图 4.3 中所描述的滚摆运动。

表 4.8　先锋号列车自振频率及振型

阶数	动　车		拖　车	
	频率 /Hz	振　型	频率 /Hz	振　型
1	0.539 4	车体横摆、侧滚 1 阶	0.450 6	车体横摆、侧滚 1 阶
2	0.773 4	车体横摆、侧滚 2 阶	0.801 7	车体沉浮 1 阶
3	0.893 5	车体沉浮 1 阶	0.917 5	车体横摆、侧滚 2 阶
4	1.404 1	车体摇头 1 阶	1.057 7	车体摇头 1 阶
5	1.597 7	车体点头 1 阶	1.293 9	车体点头 1 阶

4.7.5　桥梁动力响应及试验验证

以本书第 5 章给出的秦沈客运专线实测不平顺样本作为系统激励，考虑列车速度 180～300 km/h，每 10 km/h 为速度等级，模拟列车过桥的全过程进行仿真分析，得了桥梁和车辆的动力响应。迭代过程中以横向轮轨力 100 N、垂向轮轨力 100 N 和侧滚方向轮轨力矩 100 N·m 为收敛误差上限。为使计算结果与实测结果更具可比性，计算时间步长采用了实测时的采样间隔，即 1/2 048 s。

以车速 270 km/h 工况为例，桥梁跨中行车侧的竖向动位移、横向振幅、竖向和横向加速度的计算时程曲线与实测结果的对比如图 4.19～4.22 所示。为便于与实测结果比较，对横向位移计算结果进行了 1 Hz 高通滤波，即图 4.20 中的横向振幅不包含小于 1 Hz 的低频成分。

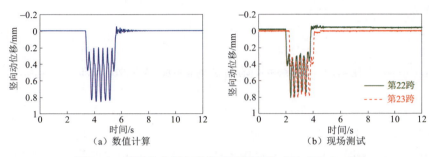

图 4.19　桥梁跨中竖向动位移时程曲线（V＝270 km/h）

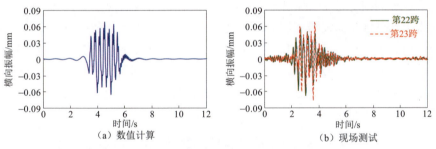

图 4.20　桥梁跨中横向振幅时程曲线（V＝270 km/h）

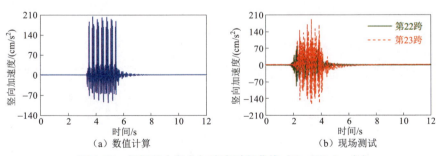

图 4.21　桥梁跨中竖向加速度时程曲线（V＝270 km/h）

从图中可以看出，各位移和加速度时程曲线中，无论是实测波形还是计算波形均出现了 7 个峰值。这些峰值清楚地反映了 6 节编组的先锋号列车通过桥梁的全过程：前后两个小峰值分别对应第 1 车前转向架、第 6 车后转向架的轴重荷载，中部 5 个大峰值对应相邻前车后转向架与后车前转向架轴重荷载的共同

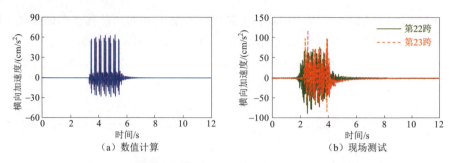

图 4.22　桥梁跨中横向加速度时程曲线（V=270 km/h）

作用。

图 4.23 给出了桥梁跨中竖向位移和横向振幅频谱的计算曲线及第 22 跨梁的实测曲线。由图中可见，竖向位移频谱计算曲线与实测曲线变化规律相同，频谱中存在零频率和 3.0 Hz 左右的峰值，其中零频率对应整个列车通过时引起的桥梁竖向位移的准静态分量，3.0 Hz 对应着以一节车辆长度为周期的加载频率。横向振幅频谱计算曲线与实测曲线相比较，在 5 Hz 以下比较接近，没有零频率成分，而有 1.1 Hz 和 3.0 Hz 左右的主频；在 5 Hz 以上差别较大：计算频谱中在 8.8 Hz 和 11.8 Hz 左右的峰值，8.8 Hz 接近桥梁一阶竖向自振频率，11.8 Hz 接近桥梁一阶扭转自振频率，而实测曲线则比较复杂，没有明显的卓越峰值。

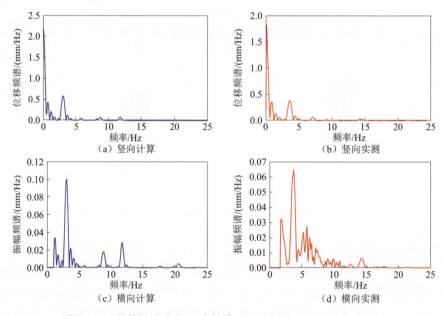

图 4.23　桥梁跨中竖向位移和横向振幅频谱（V=270 km/h）

图 4.24 给出了桥梁跨中竖向和横向加速度频谱的计算曲线及第 22 孔梁的实测曲线。由图中可见，竖向加速度频谱计算和实测曲线中都存在约为 3.0 Hz、8.8 Hz、11.8 Hz 的峰值，其中 3.0 Hz 对应着以一节车辆长度为周期的加载频率，8.8 Hz 接近桥梁一阶竖向自振频率，11.8 Hz 接近桥梁一阶扭转自振频率。在横向加速度频谱中亦可发现上述频率成分，这是由于桥梁振动的输出点并不在桥梁截面中心，该位置的横向振动与竖向振动是耦合的。此外，横向加速度计算和实测频谱中均存在约为 20.5 Hz 的峰值，该频率接近桥梁一阶横向自振频率。

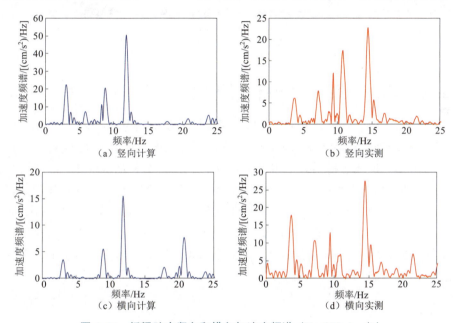

图 4.24　桥梁跨中竖向和横向加速度频谱（V＝270 km/h）

计算结果和实测结果在波形曲线、幅值和频谱分量上均很接近，说明本章建立的计算模型和分析方法具有足够的精度，可用于车桥耦合动力分析。计算结果与实测结果间存在的差异来源包括但不仅限于以下几个方面：

① 轨道不平顺输入值与实际值的差异；

② 计算中将车辆视为线性系统，未考虑其内部构件的动力非线性特性；

③ 计算模型中未考虑轨道结构的弹性及所产生的误差；

④ 由于轨道结构在跨越梁缝处是连续的，相邻梁跨对计算梁跨的动力行为存在一定的影响；

⑤ 实测采用钢弦式 LVDT 测量，但钢弦弹性伸长及局部弯曲均可产生误差。

列车速度 180～300 km/h 各工况下桥梁跨中竖向位移、横向振幅、竖向和横向加速度响应最大值的分布规律分别见图 4.25 及图 4.26，其中实线表示仿真计算曲线，离散点表示实测数据。由于第 22 跨和第 23 跨桥梁结构完全相同，将两跨梁的动力响应测试结果相应放在同一图中，用不同的符号表示。

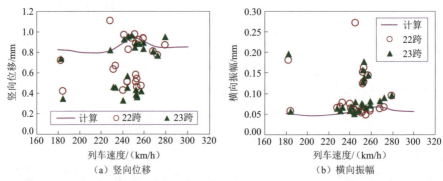

（a）竖向位移　　　　　　　　　（b）横向振幅

图 4.25　桥梁跨中竖向位移和横向振幅最大值随列车速度的分布

从图 4.25 中的计算结果可见，桥梁竖向位移在车速为 250 km/h 时出现了峰值。将先锋号列车视为间距 25.5 m（每节车辆长度）的移动荷载列，当其以 250 km/h 的速度通过桥梁时，相当于对桥梁施加了频率为 2.94 Hz 的周期性荷载，这一加载频率大致相当于桥梁自振频率 8.15 Hz 的三分之一。上述现象符合本书第 3 章式（3.4）的简支梁第一种共振条件，显示桥梁在车速 250 km/h 时出现了 $i=3$ 的共振。从图中可见，在 180～300 km/h 的车速范围内，桥梁跨中横向振幅总体较小，未在某一车速上出现显著峰值，因此可认为无显著的横向共振现象。

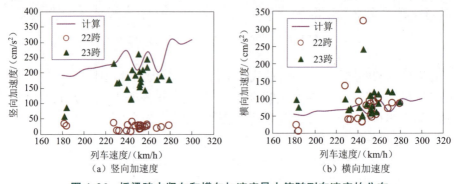

（a）竖向加速度　　　　　　　　　（b）横向加速度

图 4.26　桥梁跨中竖向和横向加速度最大值随列车速度的分布

从图 4.26 可见，在 180～300 km/h 的车速范围内，桥梁跨中横向振幅总体上随列车速度增大，但因竖向共振效应及轨道不平顺激励的随机性，具有一定的波动。

由图 4.25、图 4.26 可见，实测数据分布比较离散。因此，进一步选取车速范围 250~270 km/h 的 11 个测次的实测桥梁跨中竖向位移、横向振幅、竖向和横向加速度进行了统计分析，并与 250 km/h、260 km/h、270 km/h 的计算结果进行对比分析，结果见表 4.9。从表中数据可见，所有计算值与实测平均值的偏差均不超过 2 倍标准差。结合图 4.25 及图 4.26，这一比较说明计算结果与实测结果符合程度较高，不仅车桥动力响应幅值和波形接近，各项动力指标随列车速度的变化趋势也是一致的。因此可认为本章建立的车桥耦合系统动力分析方法可较为准确地模拟列车通过桥梁时的动力行为。

表 4.9　桥梁动力响应实测结果与计算结果的对比

项　　目	计算结果			250~270 km/h 车速范围实测结果			
	250 km/h	260 km/h	270 km/h	最大值	最小值	平均值	标准差
行车侧桥梁竖向位移 /mm	0.938	0.904	0.856	0.976	0.364	0.689	0.227
非行车侧桥梁竖向位移 /mm	0.605	0.570	0.537	1.009	0.433	0.698	0.193
行车侧桥梁横向振幅/mm	0.062	0.067	0.068	0.178	0.048	0.102	0.043
行车侧桥梁竖向加速度/（cm/s²）	209.6	269.4	202.3	263.0	17.2	109.5	90.9
非行车侧桥梁竖向加速度/（cm/s²）	61.8	75.9	48.2	236.9	47.8	134.0	62.9
行车侧桥梁横向加速度/（cm/s²）	56.2	94.1	62.5	121.9	47.8	83.2	23.6

4.7.6　车辆动力响应

图 4.27 为车速 270 km/h 工况下列车第 1 个轮对的垂向和横向轮轨力时程曲线，其中 3.33~3.66 s 为该轮对在桥上运行的时段。可以看出，在该轮对通过桥梁时，垂向和横向轮轨力时程曲线均未出现显著的变化，波形比较平稳。

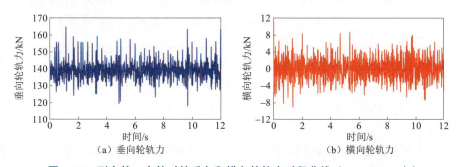

（a）垂向轮轨力　　　　　　　　　（b）横向轮轨力

图 4.27　列车第 1 个轮对的垂向和横向轮轨力时程曲线 （V=270 km/h）

图 4.28 为第 1 节车辆的车体竖向和横向加速度时程曲线，其中 3.33～ 3.93 s 为第 1 车轮上桥到第 4 车轮出桥的时段，即该车通过桥梁的时段，图 4.29 给出了相应的频谱。

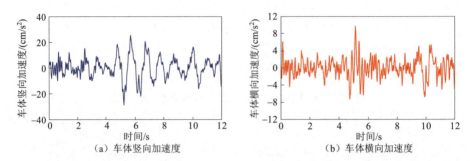

(a) 车体竖向加速度　　　　　　　　　　(b) 车体横向加速度

图 4.28　第 1 节车辆的车体竖向和横向加速度时程曲线（V＝270 km/h）

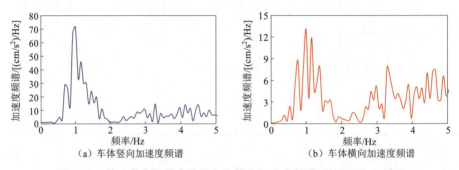

(a) 车体竖向加速度频谱　　　　　　　　(b) 车体横向加速度频谱

图 4.29　第 1 节车辆的车体竖向和横向加速度频谱（V＝270 km/h）

可以看出，车体竖向和横向加速度在车辆通过桥梁期间并未出现显著的变化，而分别在车辆驶出桥梁 1.6 s 和 1.5 s 后出现了较大的振荡。经分析，这些振荡波形是因轨道不平顺引起的：轨道高低不平顺在出桥 91 m 处有峰值，方向不平顺在出桥 81 m 处有峰值，车体加速度峰值是在首轮经过不平顺峰值点之后 0.4 s 出现的。

由频谱图可见，车体竖向加速度中存在 1 Hz 左右的峰值，车体横向加速度中存在 0.8 Hz、1.3 Hz 左右的峰值，它们分别与表 4.8 中的车体沉浮 1 阶频率 0.89 Hz、车体横摆/侧滚 2 阶频率 0.77 Hz 和车体摇头 1 阶自振频率 1.40 Hz 接近。

从以上分析可见，就此例而言，与轨道不平顺相比较，桥梁变形对轮轨力和车体加速度的影响都很小。

脱轨系数、轮重减载率、轮轨力和车体加速度最大值与列车速度的关系见

图 4.30~4.32。其中，脱轨系数、轮重减载率、最大垂向力、最小垂向力、最大横向力均指列车所有车轮在计算全过程中的最大值，车体加速度指车体重心处的加速度最大值。

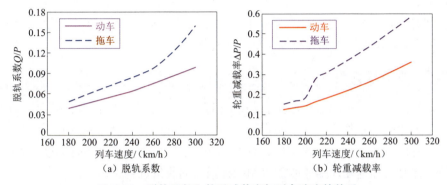

图 4.30 脱轨系数和轮重减载率与列车速度的关系

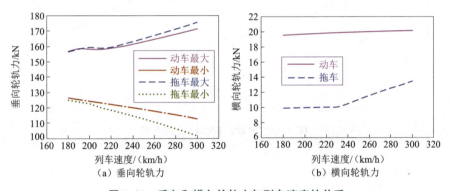

图 4.31 垂向和横向轮轨力与列车速度的关系

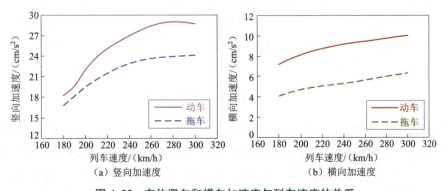

图 4.32 车体竖向和横向加速度与列车速度的关系

由图中结果可见，随着车速增加，车桥系统动力响应加剧，列车运行安全性和平稳性指标均趋向不利。各计算工况之间最大和最小垂向轮轨力、最大横向轮轨力、车体竖向和横向加速度变化幅度很小，但脱轨系数、轮重减载率随车速提高而显著增加。在列车速度从 180 km/h 增至 300 km/h 时，动车和拖车的脱轨系数和轮重减载率分别增大了 3～4 倍。车速为 300 km/h 时，拖车轮重减载率达到了 0.586，接近了车辆运行安全性的控制指标。

4.7.7　收敛性讨论

本算例利用全过程迭代法进行仿真计算时，采用垂向轮轨力、横向轮轨力、侧滚方向轮轨力矩作为收敛控制指标，图 4.33 给出了车速为 270 km/h 时这几个控制指标的收敛过程。为便于比较，图 4.34 给出了桥梁跨中竖向位移、第 1 节车辆车体竖向加速度作为非收敛控制指标描述的收敛过程。

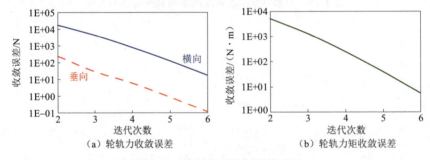

图 4.33　收敛控制指标收敛过程

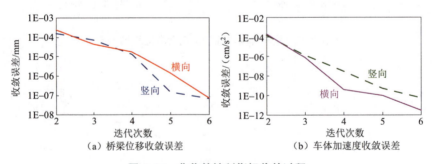

图 4.34　非收敛控制指标收敛过程

由以上对比可见，各项指标迭代收敛速度很快，迭代 6 次后即满足了各自的收敛条件，说明本方法具有很好的收敛性。从图中亦可发现，轮轨力及轮轨力矩作为车桥两子系统的界面参量，在收敛过程中的单调性较桥梁位移和车体加速度的好，更适合作为收敛控制变量。

4.7.8　桥梁子系统竖向共振分析

利用这个算例，扩大列车速度范围到 50~1 000 km/h，对桥梁的竖向共振规律做进一步研究。计算时，50~500 km/h 区间每 5 km/h 为一个速度等级，510~1 000 km/h 区间每 10 km/h 为一个速度等级。桥梁跨中最大竖向位移与列车速度的关系见图 4.35。

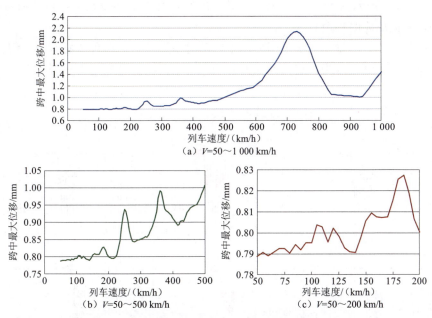

图 4.35　桥梁跨中最大竖向位移与列车速度的关系

由图 4.35 可见，在车速为 120 km/h、155 km/h、185 km/h、250 km/h、360 km/h、730 km/h 时，桥梁跨中竖向位移出现了不同显著程度的峰值。本算例桥梁一阶竖向频率 $f_b = 8.15$ Hz，则这些峰值对应以车辆长度为间隔的移动荷载对桥梁的加载频率分别为：

$$f_{L1} = \frac{730/3.6}{25.5} = 7.95 \ (\text{Hz}) \approx f_b \tag{4.118a}$$

$$f_{L2} = \frac{360/3.6}{25.5} = 3.92 \ (\text{Hz}) \approx \frac{f_b}{2} \tag{4.118b}$$

$$f_{L3} = \frac{250/3.6}{25.5} = 2.72 \ (\text{Hz}) \approx \frac{f_b}{3} \tag{4.118c}$$

$$f_{L4} = \frac{185/3.6}{25.5} = 2.02 \ (\text{Hz}) \approx \frac{f_b}{4} \tag{4.118d}$$

$$f_{L5} = \frac{155/3.6}{25.5} = 1.69 \text{ (Hz)} \approx \frac{f_b}{5} \tag{4.118e}$$

$$f_{L6} = \frac{120/3.6}{25.5} = 1.31 \text{ (Hz)} \approx \frac{f_b}{6} \tag{4.118f}$$

从上述分析可知，这些结果基本符合本书第 3 章式（3.4）的简支梁第一种共振条件，即当桥梁一阶竖向自振频率为车辆对桥梁的加载频率的 1 倍、2 倍、3 倍、4 倍、5 倍、6 倍时，桥梁振动显著加剧，发生了共振现象，且共振阶次 i 越小，共振反应的幅值越大。

由此可见，尽管 4.7.2 节中列出了列车对桥梁结构的多种激励频率，但就本例而言，以车辆长度为荷载列间隔的激励对桥梁共振的影响最为显著。

图 4.36 给出了 250 km/h、360 km/h 两个共振车速及与它们邻近的非共振车速下桥梁跨中竖向位移时程曲线的比较。

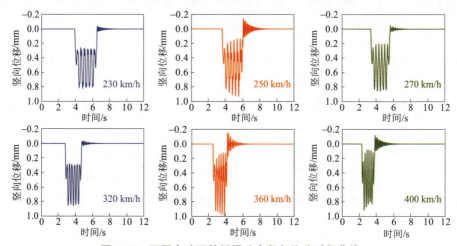

图 4.36   不同车速下的桥梁跨中竖向位移时程曲线

图中清楚地显示了共振条件下桥梁动力响应放大的机理：在 250 km/h 和 360 km/h 的共振车速下，桥梁的竖向振幅逐渐增大，位移最大值分别较邻近的非共振车速（对应 250 km/h 为 230 km/h 和 270 km/h，对应 360 km/h 为 320 km/h 和 400 km/h）时显著放大，呈现出典型的有阻尼共振波形特点。

参 考 文 献

DINH VAN N, KIM K D, WARNITCHAI P, 2009. Dynamic analysis of three-dimensional bridge-high-speed train interactions using a wheel-rail contact model [J]. Engineering structures, 31: 3090-3106.

KALKER J J,1967. On the rolling contact of two elastic bodies in the presence of dry friction [D]. Netherlands：Delft University of Technology.

SHEN Z Y,HEDRICK J K,ELKINS J A,1983. A comparison of alternative creep force models for rail vehicle dynamic analysis [J]. Vehicle system dynamics,12(1/2/3)：79-83.

XIA H,DE ROECK G, GOICOLEA J M,2012. Bridge vibration and controls：new research [M].New York：Nova Science Publishers Inc.

XIA H,ZHANG N,DE ROECK G,2003. Dynamic analysis of high speed railway bridge under articulated trains [J]. Computers and Structures,81：2467-2478.

XU Y L,ZHANG N, XIA H,2004. Vibration of coupled train and cable-stayed bridge system in cross wind [J]. Engineering structures,26：1389-1406.

ZHANG N,XIA H,GUO W W, et al. , 2010. A vehicle-bridge linear interacted model and its validation [J]. International journal of structural stability and dynamics,10 (2)：335. 361.

ZHANG N,XIA H,GUO W W,2008. Vehicle-bridge interaction analysis under high-speed trains [J]. Journal of sound and vibration,309(3-5)：407-425.

曹雪琴,1991. 钢桁梁桥横向振动[M].北京:中国铁道出版社.

曾庆元,郭向荣,1999. 列车桥梁时变系统振动分析理论与应用[M].北京:中国铁道出版社.

高芒芒,2002. 高速铁路列车-线路-桥梁耦合振动及列车走行性研究[D].北京:中国铁道科学研究院.

李小珍,2000. 高速铁路列车-桥梁系统耦合振动理论及应用研究[D].成都:西南交通大学.

潘家英,高芒芒,2008. 铁路车-线-桥系统动力分析[M].北京:中国铁道出版社.

王福天,1994. 车辆系统动力学[M]. 北京:中国铁道出版社.

夏禾,张楠,2005. 车辆与结构动力相互作用[M].北京:科学出版社.

翟婉明,2007. 车辆-轨道耦合动力学[M]. 3 版. 北京:科学出版社.

张楠,2002. 高速铁路铰接式列车的车桥动力耦合问题的理论分析与试验研究[D].北京:北京交通大学.

第5章

车桥耦合振动系统的自激激励

　　引起车桥系统振动的激扰源很多,可以分为外部环境激励和系统内部自激激励两大类,如图5.1所示。外部环境激励主要考虑风荷载、地震作用、撞击荷载、水流波浪作用等对车桥系统动力行为的影响。系统内部自激激励包括桥上轨道不平顺、轮对蛇行运动,列车在桥上运行时的重力、离心力加载,桥梁结构在施工与运营中出现的各种永久性变形(如桥面初始变形、预应力混凝土梁的徐变上拱、梁端折角、地震或撞击等引起的桥墩塑性变形,以及墩台基础不均匀沉降、冲刷等)对系统形成的激励。本章主要讨论车桥系统自激激励中轨道不平顺和轮对蛇行运动的产生原因及其对系统振动的影响,系统的外部激励及其他内部激励在后面的有关章节中介绍。

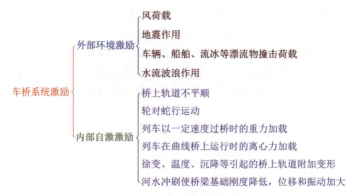

图5.1　车桥系统的激扰源

5.1　轨道不平顺

5.1.1　轨道不平顺的定义

　　轨道不平顺是指用来支承和引导车轮的轨道接触面沿轨道长度方向与理论平

顺轨道面之间的偏差（Cass et al，1969；Dukkipati et al，1984；王福天，1983，1994；Haigcrmoser et al，2015）。轨道不平顺包括无载状态下的静态不平顺和荷载作用下产生的动态不平顺。车桥动力耦合分析中采用的轨道不平顺根据其在轨道断面的不同方向，可分为轨道的方向不平顺 y_i、高低不平顺 z_i、水平不平顺 Δz_i、轨距不平顺 Δy_i 等，其中轨道的水平不平顺也可用左右两轨的高差所形成的角度来表示，如图 5.2 所示。

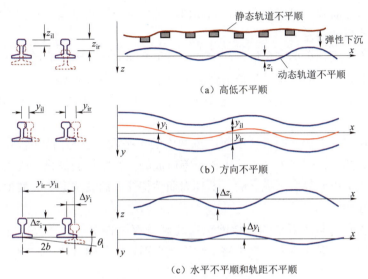

图 5.2　轨道不平顺示意图

定义左右轨 y 方向不平顺依次为 y_{il}、y_{ir}，左右轨 z 方向不平顺依次为 z_{il}、z_{ir}，以上四种轨道不平顺定义如下

高低不平顺：
$$z_i = \frac{z_{il} + z_{ir}}{2} \tag{5.1}$$

方向不平顺：
$$y_i = \frac{y_{il} + y_{ir}}{2} \tag{5.2}$$

水平不平顺：
$$\Delta z_i = z_{ir} - z_{il} \tag{5.3a}$$

或：
$$\theta_i = \frac{\Delta z_i}{2b} \tag{5.3b}$$

轨距不平顺：
$$\Delta y_i = y_{ir} - y_{il} \tag{5.4}$$

轨道不平顺根据对车辆激扰作用的方向及波长特征、形状特征和动态特征的不同，可分成几大类，下面分别进行介绍。

1. 按对机车车辆激扰作用的方向分类

1）垂向轨道不平顺

垂向轨道不平顺分为高低不平顺、水平不平顺、扭曲不平顺、轨道短波不平顺和轨身垂向周期不平顺。

高低不平顺是指轨道沿钢轨长度方向在垂向的凹凸不平，它是由线路施工和大修作业形成的高程偏差、桥梁挠曲变形、道床和路基残余变形沉降不均匀、轨道各部件间的间隙不相等，以及存在暗坑、吊板和轨道垂向弹性不一致等原因造成的。

水平不平顺，即轨道各个横断面上左右两轨顶面高差的波动变化。水平不平顺的幅值，在曲线上是指扣除正常超高值的偏差部分，在直线上是扣除一侧钢轨均匀抬高值后的偏差值。

扭曲不平顺，也称三角坑，即左右两轨顶面相对于轨道平面的扭曲，用相隔一定距离的两个横断面水平幅值的代数差度量。国际铁路联盟专门委员会（UIC B55 RP 3，1966）将所谓的"一定距离"定义为"作用距离"，指车辆的轴距或心盘距。

轨道短波不平顺，即钢轨顶面小范围内的不平顺，它是由轨面不均匀磨耗、擦伤、剥离掉块、焊缝不平、接头错牙等形成的。其中轨面擦伤、剥离掉块、焊缝不平、接头错牙等多是孤立的，不具周期性特征，而波纹磨耗、波浪形磨耗则具有周期性特征。

轨身垂向周期性不平顺是指钢轨在轧制校直过程中，由于辊轮直径误差擦伤、剥离掉块、焊缝不平、接头错牙滚轧压力不均匀等因素产生的钢轨垂向周期性不平顺。

2）横向轨道不平顺

横向轨道不平顺包括轨道方向不平顺、轨距偏差和轨身横向周期性不平顺。

轨道方向不平顺，常简称为轨向不平顺或方向不平顺，是指轨头内侧面沿长度方向的横向凸凹不平。它包括轨道中心线偏差、轨排横向不均匀残余变形积累、轨头侧面不均匀磨耗、轨道横向弹性不一致等形成的横向不平顺。

轨距偏差是指在轨道同一横截面、钢轨顶面以下 16 mm 处、左右两根钢轨之间的最小内侧距离相对于标准轨距的偏差（欧洲等许多铁路规定在轨面以下 14 mm 处测量轨距）。

轨身横向周期性不平顺是指钢轨在轧制校直过程中产生的轨身横向周期性弯曲变形。

3）复合不平顺

在轨道同一位置上，由于垂向不平顺和横向不平顺共存形成的双向不平顺称为轨道复合不平顺。危害较大的复合不平顺为方向水平逆向复合不平顺和曲线头尾的几何偏差。

方向水平逆向复合不平顺是指在同一位置既有方向不平顺又有水平不平顺，

并且轨道鼓曲方向与高轨位置形成反超高状态。

在曲线圆缓点区、缓直点区，超高、正矢、轨距、顺坡的起点、终点不一致或不匹配形成的几何偏差，对行车平稳、舒适和安全有不可忽视的影响。

2. 按轨道不平顺波长特征分类

实测的轨道不平顺包含许多不同的波长成分，而且波长范围较宽，0.01～200 m 的波长均很常见。不同波长的轨道不平顺对车桥系统振动的影响各不相同，因此需要按波长进行分类。各国轨道不平顺波长类型的标准基本相近，但各类型的波长范围不尽相同，我国按波长特征划分的轨道不平顺见表 5.1（罗林等，2006）。

表 5.1　按波长特征划分的轨道不平顺

波长类型	波长范围	幅值范围	包含的常见不平顺
短波不平顺	几毫米至几十毫米	1 mm 以内	轨头擦伤、剥离掉块和接头焊缝等轨面不平顺，波纹磨耗
	几百毫米	2 mm 以内	波浪形磨耗及轨枕间距不平顺
中波不平顺	1～3.5 m	0.1～1 mm	钢轨在轧制过程中形成的轨身不平顺
	3～30 m	1～35 mm	高低、轨向、扭曲、水平不平顺和轨距偏差
长波不平顺	30～150 m	1～60 mm	高低、轨向不平顺

3. 按轨道不平顺形状特征分类

轨道是由一定长度的钢轨焊接或接头夹板连接而成的，在路基、桥梁、隧道的一般区段和接头区、焊缝区、平交道口、道岔区、桥隧路基过渡段等特殊区段的轨道不平顺各有不同的特点。国内外通过实测对轨道不平顺的形状特征进行过大量统计分析，按其近似的形状特征可分为 5 类：① 余弦或正弦形不平顺（包括局部孤立的和连续周期性的）；② 抛物线形不平顺；③ 凸台形不平顺（包括逆向和顺向台阶形的，多为局部不平顺）；④ 三角形不平顺（包括局部孤立的和连续周期性的）；⑤ S形不平顺（包括局部孤立的和连续周期性的）。

4. 静态不平顺和动态不平顺

轨道不平顺可按静态和动态两种情况进行分类。一般情况下，同一地段的静态和动态几何形位往往有较大的差异，轨道状态越差，差异就越大。

1）静态不平顺

无轮载作用时测得的轨道不平顺称为静态不平顺。因为没有轮载作用，在较短的距离内，钢轨、轨枕不会紧随道床的不均匀残余变形和暗坑等因素产生弯曲，所以静态不平顺不能反映暗坑、弹性不均匀等引起的局部变形，只能部分反映道床、路基不均匀残余变形累积形成的不平顺。静态不平顺通常用人工或轻型测量小车测量。

2）动态不平顺

在列车荷载作用下测得的轨道不平顺称为动态不平顺。动态不平顺对行车安全、轮轨作用力、车辆振动产生直接的影响，因此各国轨道不平顺的控制标准，尤其是安全管理标准，大多是针对动态不平顺的幅值。

动态不平顺是轨检车在轨道上运行时测得的。图 5.3、图 5.4 分别为我国秦沈客运专线 102 国道 1 号桥、石河 2 号桥的实测轨道不平顺波形。这些由轨检车实测的秦沈客运专线轨道不平顺数据在中国高速铁路车桥系统仿真分析中被广泛应用。

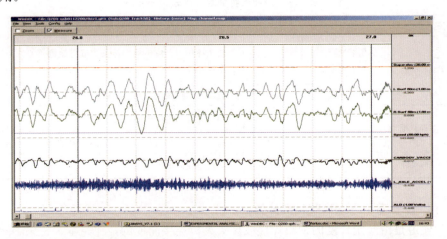

图 5.3　秦沈客运专线 102 国道 1 号桥实测的轨道动态不平顺波形

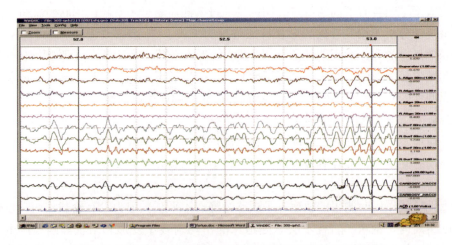

图 5.4　秦沈客运专线石河 2 号桥实测的轨道动态不平顺波形

有研究者认为，轨检车在不同速度时测得的轨道不平顺含有不同的轨道附加变形和车轮振动响应成分，并非实际的轨道不平顺。从严格的理论角度来讲，只有准静态轮载作用下的轨道不平顺才是轨道本身所固有的真实状态。确实，只有在轨检车以低速移动时，在不变的准静态轮载作用下，车轮重心的准静态轨迹才能反映真实的垂向轨道不平顺。但实际上，不同速度下轨道的附加下沉和车轮的振动位移响应均很小，一般都小于轨检车检测系统的分辨精度。因此，轨检车速度对检测结果的真实性没有实质性影响。

5.1.2　轨道不平顺在车桥耦合振动中的激励作用

机车车辆在轨道上运行时，轨道不平顺会使机车车辆产生沉浮、横摆振动和相应的轮轨动作用力，因此它是车桥耦合振动的主要自激激励源。以沉浮振动为例，其基本原理如图 5.5 所示。

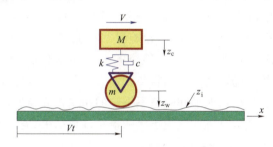

图 5.5　轨道不平顺引起的强迫振动基本原理

车辆简化为一个由簧上质量 M、车轮 m、弹簧 k 和阻尼器 c 组成的系统，它有 2 个自由度，即质量 M 的位移 z_c 和车轮的位移 z_w。轨道不平顺用 z_i 表示。

这个系统中，簧上质量 M 的运动方程为

$$M\ddot{z}_c = -k(z_c - z_w) - c(\dot{z}_c - \dot{z}_w) \tag{5.5}$$

为了方便分析，轮轨之间采用最简单的轮轨密贴假定，且暂不考虑轨道的变形，则簧下质量 m 的运动为它所在位置的轨道不平顺所确定，可以表示为

$$z_w = z_i(x) = z_i(Vt) \tag{5.6}$$

将式（5.6）代入式（5.5），整理后成为

$$M\ddot{z}_c + c\dot{z}_c + kz_c = kz_i + c\dot{z}_i \tag{5.7}$$

这个方程式中的 z_i 和 $\dot{z}_i$ 是已知的，所以其位移解可以根据 Duhamel 积分（Clough et al，2003）直接写出

$$z_c(t) = \mathrm{e}^{-\xi\omega t}(A\sin\omega_d t + B\cos\omega_d t) +$$

$$\frac{1}{M\omega_d}\int_0^t [kz_i(V\tau) + c\dot{z}_i(V\tau)]\mathrm{e}^{-\xi\omega(t-\tau)}\sin\omega_d(t-\tau)\mathrm{d}\tau \tag{5.8}$$

再看簧下质量 m，它以一定速度在轨道上移动时，由于轨道不平顺的作用，也会产生惯性力

$$F_1 = m\ddot{z}_w(x) = m\ddot{z}_i(Vt) \tag{5.9}$$

实际上，轨道是弹性的，它受到弹簧和阻尼器传来的弹性力 $k(z_c - z_w)$、阻尼力 $c(\dot{z}_c - \dot{z}_w)$ 和车轮惯性力 F_1 的作用，会产生变形和振动。

同理，轨道的方向不平顺也会使车轮和轨道产生横向振动。

因此，轨道不平顺是引起机车车辆振动的主要激励，是引起轮轨动作用力、使轨道结构产生动力效应的重要原因。

轨道不平顺的存在改变了轮轨接触关系，对轮轨系统的动力特性产生了影响。机车车辆在轨道不平顺和其他外部激励的激扰下产生振动，并通过轮轨接触点传给轨道结构和桥梁结构，形成了车辆-轨道-桥梁系统的动力相互作用过程。因此，轨道不平顺在车桥系统动力相互作用分析中具有非常重要的作用，被认为是车桥系统振动的主要自激激励源之一（八十岛义之助，1981；Garg et al，1984；陈果 等，2001；张格明，2001；Xia et al，2012；翟婉明，2014；Anderson et al，2015；Yang et al，2015；王孝良 等，2015）。如果轨道的平顺状态不良，轨道不平顺引起的列车振动和轮轨作用力随车速的提高将急剧增大，严重时会导致列车脱轨。就车桥耦合振动分析而言，桥梁变形和轨道不平顺的作用相互叠加，对计算结果的影响不容忽视。因此，选取合理的轨道不平顺谱是计算结果真实可靠的重要条件。

5.1.3 轨道不平顺随机特性的数学描述

轨道的几何状态受众多因素的影响，往往表现出较强的随机性。这些影响因素包括钢轨初始弯曲，钢轨磨耗、伤损，轨枕间距不均、质量不一，道床的级配和强度不均，道床松动、脏污、板结，路基下沉不均匀、刚度变化，等等。实际上，轨道不平顺是由不同波长、不同相位和不同幅值的随机不平顺波叠加而成的，是与线路里程有关的复杂随机过程，任意特定区段的轨道不平顺可以看成是随机过程的一个样本。就无限长的轨道来说，它是一个近似各态历经的弱平稳过程，而对局部不平顺来说，它又是一个非平稳过程。因此，轨道不平顺无法用一个具有确定幅值、波长和相位的数学关系式明确表示，而必须用随机振动理论中的统计参数来描述（Cooperider, et al, 1975；Pater De, 1988；辛学忠，2005；刘寅华 等，2006；刘学毅 等，2010；徐金辉 等，2015；Zacher et al，2015）。轨道不平顺随机特性的统计包括：轨道不平顺的幅值统计和轨道不平顺的功率谱统计。

1. 轨道不平顺的幅值统计特征

实际轨道相对于理论轨道状态的偏离值称为轨道不平顺的幅值。某一段轨道

不平顺的最大正值或最大负值称为不平顺峰值，或称为半峰值；相邻的最大正值
与最大负值之差，称为峰峰值。

轨道不平顺在某一处个别位置的幅值不能代表一段轨道连续不平顺的总体状
态。特定长度区段内连续轨道不平顺的幅值大小、波长变化情况等状态，一般采
用均方值、标准差等统计特征进行描述和评价。

1）轨道不平顺的均方值和标准差

在 $0 \sim L$ 区间内，以里程位置 x 为横坐标，轨道不平顺 $h(x)$ 的均方值 ψ_η^2
和方差 σ_η^2 可以表示为

$$\psi_\eta^2 = \frac{1}{L} \int_0^L \eta^2(x) \mathrm{d}x \tag{5.10}$$

$$\sigma_\eta^2 = \frac{1}{L} \int_0^L [\eta(x) - \mu_\eta]^2 \mathrm{d}x = \frac{1}{L} \int_0^L \eta^2(x) \mathrm{d}x - \mu_\eta^2 = \psi_\eta^2 - \mu_\eta^2 \tag{5.11}$$

式中，μ_η 为该段轨道不平顺的平均值。

从式（5.11）中可以看出，轨道不平顺均方值由平均值和方差两部分组成，
它们与激扰能量相关。

方差表示随机性不平顺幅值偏离基线的程度，方差的平方根即标准差。轨道
不平顺的标准差表示该段轨道不平顺在幅值方面的离散程度。轨道不平顺的标准
差 σ_η 可表示为

$$\sigma_\eta = \sqrt{\frac{1}{n} \sum_{i=1}^n (\eta_i - \mu_\eta)^2} \tag{5.12}$$

我国和欧洲一些国家采用方差或标准差来评价轨道的维修质量。例如，我国
工务部门采用轨道质量指数 TQI 评价轨道不平顺幅值的统计特性（铁运函 2008
〔170〕），其基本分析方法是：将检测的轨道不平顺按一定长度分成若干区段（我
国取 200 m），对各区段分别统计各单项不平顺的标准差，再将各单项的标准差
按一定的加权比例相加，组成一个综合指数（TQI），作为评价该区段轨道不平
顺质量状态的标准。

2）轨道不平顺的 P 值

在日本，轨道不平顺的管理指数采用了 P 值法。P 值是指某段线路（日本
取 500 m）轨道不平顺总采样数中，超过某一标准（3 mm）的采样点数所占的
百分数，即

$$P = \frac{\text{超过某一标准的采样点数}}{\text{总采样点数}} \times 100\% \tag{5.13}$$

显然，P 值反映了一段线路轨道不平顺的幅值状态。

3）轨道不平顺的滑动平均值 e

法国铁路在对局部轨道不平顺状态进行不同等级的评价管理的同时，还对轨道

不平顺的整体状态进行综合评价和管理。他们采用 300 m 区段轨道不平顺绝对偏差的滑动平均值 e（平均偏差或综合指数）来管理轨道质量状态。其做法是将计算点前后 150 m 长度内轨道不平顺幅值加以平均，赋予该点。因此，计算值反映的是 300 m 范围内轨道不平顺幅值的整体状况。滑动平均值 e 与标准差 σ 的关系为

$$\sigma = 1.38e \tag{5.14}$$

2. 轨道不平顺的功率谱密度

国内外研究结果表明，除幅值外，轨道不平顺的波长和波长的变化率也对轮轨相互作用力和车桥相互作用力产生十分重要的影响。

描述轨道不平顺波长特性的最有效方法是对其进行功率谱统计，即用功率谱密度来描述和评定轨道不平顺（长沙铁道学院随机振动教研室，1985；铁道科学研究院铁道建筑研究所，1999；肖守讷 等，2008；张曙光 等，2008；魏冲锋，2011）。功率谱密度又称为均方谱密度，是用均方值的谱密度对随机数据频率特征进行描述。功率谱密度是描述不平顺波长的结构成分（或频率成分：作为车-轨相互作用的激励，根据车辆运动的速度，可转换成频率）和其他不平顺特征的一个有效的统计参数，它可以完全反映出轨道不平顺幅值相对于不平顺波长的分布特征。

由于运输条件、养护维修水平、轨道结构、自然气候等在不同线路或在同一线路不同位置上存在差异，所以严格来说，轨道不平顺并非都是各态历经和真正平稳的。然而，经平稳性检验证实，除接头、焊缝、道岔区等部分区段外，大多数轨道不平顺都具有平稳或弱平稳特性，可按平稳随机过程处理，其波长结构可用功率谱密度来描述。

1）轨道不平顺功率谱的定义

设 $h(t)$ 或 $h(x)$ 为某段轨道不平顺的样本，其功率谱密度函数估计值定义为

$$\hat{G}_\eta(f) = \frac{\hat{\psi}_\eta^2(f, \Delta f)}{\Delta f} \tag{5.15}$$

式中，$\hat{\psi}_\eta^2(f, \Delta f)$ 是 $h(t)$ 或 $h(x)$ 在频段 $[f, f+\Delta f]$ 内的均方值，Δf 是带宽。

如果带宽 $\Delta f \to 0$，统计的时间 $T \to \infty$ 或距离 $X \to \infty$，可得功率谱密度的精确表达式，即

$$\hat{G}_\eta(f) = \lim_{\Delta f \to 0} \frac{\hat{\psi}_\eta^2(f, \Delta f)}{\Delta f} = \lim_{\Delta f \to 0} \frac{1}{\Delta f} \left[\lim_{T \to \infty} \frac{1}{T} \int_0^T \eta^2(t, f, \Delta f) \mathrm{d}t \right] \tag{5.16}$$

或者：

$$\hat{G}_\eta(f) = \lim_{\Delta f \to 0} \frac{1}{\Delta f} \left[\lim_{X \to \infty} \frac{1}{X} \int_0^X \eta^2(x, f, \Delta f) \mathrm{d}x \right] \tag{5.17}$$

式中，$\eta(t, f, \Delta f)$、$\eta(x, f, \Delta f)$ 表示 $\eta(t)$、$\eta(x)$ 在 $[f, f+\Delta f]$ 频段范围内的取值。

从式（5.15）～式（5.17）可以看出，功率谱密度是单位频率微小带宽内 $h(t)$ 或 $h(x)$ 的均方值。式（5.16）中的 f 是时间频率，$f = 1/T$，Hz；而式（5.17）中的 f 是空间频率，$f = 1/\lambda$，m^{-1}。对于轨道不平顺的描述用空间频率较为方便，对于机车车辆和轨道的振动也可用时间频率表示，轨道不平顺功率谱密度的单位是 $mm^2/(m^{-1})$。

式（5.15）～式（5.17）中定义的功率谱密度函数，只对正频率存在，称为单边功率谱密度函数，可用滤波、平方、平均的方法得到。

用数值分析方法时，功率谱密度函数的表示方法有所不同，若用快速傅里叶变换技术直接计算，轨道不平顺的功率谱密度表示为：

$$G_\eta(f) = \lim_{T \to \infty} \frac{1}{T} \left[\int_0^T \eta(t) e^{-j2\pi ft} \, dt \right]^2 \tag{5.18}$$

$$G_\eta(f) = \lim_{X \to \infty} \frac{1}{X} \left[\int_0^X \eta(x) e^{-j2\pi fx} \, dx \right]^2 \tag{5.19}$$

功率谱密度函数 $G_\eta(f)$（或称自谱密度函数）通过均方值的谱密度对随机数据频率结构进行描述，是研究所有随机信息如随机振动等频率或波长成分的统计含量、幅值变化规律，描述轨道不平顺特征的最重要的统计函数。

2）轨道不平顺功率谱图

轨道不平顺功率谱 $G_\eta(f)$ 可以用功率谱图来表示。功率谱图是以空间频率或波长为横坐标、以功率谱密度值为纵坐标的连续曲线，它可以清楚地表现出组成轨道不平顺随机波形中各个波长的成分。

功率谱密度函数曲线下 f_1 和 f_2 间的面积等于在该频带（或波带）范围内各波长成分的均方值 ψ_η^2，即

$$\psi_\eta^2(f_1, f_2) = \int_{f_1}^{f_2} G_\eta(f) \, dx \qquad (0 \leqslant f_1 \leqslant f_2) \tag{5.20}$$

由于轨道不平顺功率谱密度的动态范围很大，为了能表示出整个波长范围的谱密度分布情况，轨道不平顺的功率谱图都用对数坐标表示。

图 5.6 为我国干线铁路轨道高低不平顺的功率谱密度图。由图可以看出：轨道不平顺的功率谱密度曲线是一条连续的倾斜曲线，它包含了某一段轨道不平顺的幅值和波长信息，具有宽带随机波的谱特征。多数情况下，长波成分的谱密度幅值大，而波长越短，谱密度的幅值也越小。有时，功率谱密度图也含有窄带随机波的凸形峰和周期性尖峰谱线。根据谱线的特征，可以较准切地识别机车车辆的激扰环境，分析、诊断轨道的病害。从各曲线的差别可以看出不同轨道的质量状态：曲线的位置越低，谱线下所包含的面积越小，说明轨道的平顺状态越好。

可见，用功率谱密度函数来表示轨道不平顺的特征是一种非常有效的方法，它对于科学评定轨道的平顺状态、研究轨道不平顺引起的车辆响应，以及对机车车辆走行悬挂系统的设计等都非常重要。

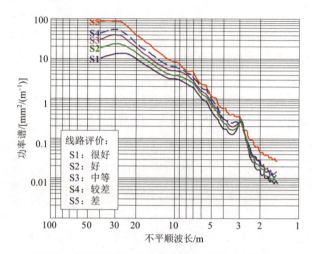

图 5.6　我国干线铁路轨道高低不平顺功率谱密度

3）功率谱密度曲线的拟合表达式

尽管轨道不平顺的功率谱密度曲线是通过大量实测样本分析得到的统计特征曲线，一般并不具有某种确定性的解析函数关系，但为了描述和应用方便，通常需要寻求一个接近谱密度曲线的拟合曲线函数式来表示。各国提出的轨道谱的拟合曲线表达式是多种多样的，一般较复杂的拟合曲线表达式与实际获得的谱密度曲线更接近，但需要确定的拟合曲线特征参数也较多。本章的下一节将详细介绍几种典型的轨道谱。

3. 局部轨道不平顺的描述

在轨道不平顺功率谱密度图中，通常能看到某些局部位置的轨道不平顺与前后线路明显不同，或幅值较大，或形状特殊。这些突出的局部不平顺往往引起很大的车辆瞬时响应，需要特别关注。

国内外研究机构对各种局部轨道不平顺进行了调查，经过统计分析，根据波形特征将它们归纳为三类：规则的局部不平顺、确定性的不规则局部不平顺及随机性局部不平顺。规则的局部不平顺、确定性的不规则局部不平顺可以用正弦函数、余弦函数、三角函数、阶跃函数等确定性函数及它们的组合来描述。

美国铁路部门将局部轨道不平顺波形归纳成 8 种，并统计分析了具有各种波形特征的不平顺所占的比例、出现的概率。表 5.2 中给出了这 8 种局部轨道不平顺的波形特点及发生位置。

表 5.2　8 种局部轨道不平顺的波形特点及发生位置

不平顺特点	发　生　位　置
尖弯型	接头，辙岔，联锁装置，硬弯，缓冲钢轨，无缝钢轨的绝缘接头，钢轨夹板接头，桥墩
圆弯型	软土点，冲刷处，冒泥点，脏污道砟，接头，缓和曲线，平交道口，桥梁，立交桥，螺栓松动，辙岔，联锁装置
S 弯型	缓和曲线，桥梁，道口，联锁装置，路堑、路堤过渡区
台阶型	桥梁，平交道口，局部维修位置
槽口型	软土点，松软及不稳定路基，缓和曲线
正弦波形弯曲	缓和曲线，软土点，桥梁
衰减正弦波形弯曲	缓和曲线，辙岔，局部软土位置
正弦弯曲	局部软土点，绝缘接头

　　具有不同波形特征的轨道不平顺可能单独存在，也可能是两个、三个、多个接连出现的，还可能是周期性的。对于比较典型的局部不平顺波形，还可以近似地用函数表达式来描述。

　　随机性局部不平顺波形特征的描述比较复杂，通常采用幅值、半波长、1/4 波长、平均变化率、波数等特征参数来近似描述。

　　如图 5.7 所示，局部随机轨道不平顺曲线上相邻同符号峰值位置之间的距离定义为波长 λ，相邻正峰值与负峰值之间的距离定义为半波长 L，而峰值与相邻零点之间的距离称之为 1/4 波长 l。局部不平顺的波长 λ 一般不易确定，而 1/4 波长 l 更容易识别，故通常轨道不平顺的波长 λ 取为 $4l$。

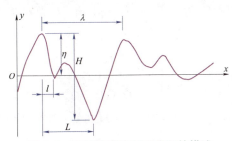

图 5.7　随机轨道局部不平顺的描述

　　平均变化率能近似反映波长和幅值两方面的情况，它用半峰值 η 与 1/4 波长 l 之比表示，记作 η/l，称为 1/4 波长平均变化率，或用峰峰值 H 与半波长 L 之比表示，记作 H/L，称为峰峰值平均变化率。

5.1.4　典型轨道谱

　　关于轨道不平顺的谱特征统计，在国外早已引起重视。例如，英国铁路部门于 1964 年就开始了这项研究工作。英、日、德、美、苏联、印度、捷克等国家都已确定了各自轨道不平顺的谱密度或相关函数。我国在高速铁路发展初期，曾借鉴其他国家轨道谱进行车桥耦合动力计算。2014 年，在进行大量高速铁路线路测量的基础上，于《高速铁路无砟轨道不平顺谱》（TB/T 3352）中提出了我国高速铁路的轨道不平顺谱，该轨道不平顺谱已开始应用于车桥耦合动力分析中。

1. 英国轨道谱

英国铁路部门采用的轨道谱为：

$$\begin{cases} \text{轨向不平顺}: S_a(f) = \dfrac{1}{100.8 f^3} \\[2mm] \text{高低不平顺}: S_v(f) = \dfrac{1}{1.33 f^2 + 7.81 f^3 + 22.94 f^4} \\[2mm] \text{水平不平顺}: S_c(f) = \dfrac{1}{7.72 f^2 - 6.30 f^3 + 15.69 f^4} \end{cases} \tag{5.21}$$

式中，$S(f)$ 的单位为 $\text{mm}^2/(\text{m}^{-1})$；$f$ 为轨道不平顺的空间频率（m^{-1}）。

2. 美国轨道谱

美国联邦铁路管理局（FRA）根据大量实测资料得到线路不平顺功率谱密度，拟合成一个以截断频率和粗糙度常数表示的偶次函数，定义如下。

（1）轨道高低不平顺

$$S_v(\Omega) = \frac{k A_v \Omega_c^2}{\Omega^2(\Omega^2 + \Omega_c^2)} \tag{5.22}$$

式中，$S_v(\Omega)$ 是轨道高低不平顺功率谱密度函数，$\text{cm}^2/\text{rad} \cdot \text{m}^{-1}$；$A_v$ 为粗糙度常数，$\text{cm}^2 \cdot \text{rad} \cdot \text{m}^{-1}$；$\Omega_c$ 为截断频率，rad/m；k 为安全系数，可根据要求在 $0.25 \sim 1.0$ 之间选取，一般取为 0.25。

（2）轨道方向不平顺

$$S_a(\Omega) = \frac{k A_a \Omega_c^2}{\Omega^2(\Omega^2 + \Omega_c^2)} \tag{5.23}$$

式中，$S_a(\Omega)$ 是轨道方向不平顺功率谱密度函数，$\text{cm}^2/\text{rad} \cdot \text{m}^{-1}$；$A_a$ 为粗糙度常数，$\text{cm}^2 \cdot \text{rad} \cdot \text{m}^{-1}$。

（3）轨道水平及轨距不平顺

$$S_c(\Omega) = S_g(\Omega) = \frac{4 k A_v \Omega_c^2}{(\Omega^2 + \Omega_c^2)(\Omega^2 + \Omega_s^2)} \tag{5.24}$$

式中，$S_c(\Omega)$、$S_g(\Omega)$ 分别为轨道水平及轨距不平顺功率谱密度，$\text{cm}^2/\text{rad} \cdot \text{m}^{-1}$；$\Omega_s$ 为截断频率，$\text{rad} \cdot \text{m}^{-1}$。

标准轨道谱分为 $1 \sim 6$ 级，对应的上述参数如表 5.3 所示，表中还同时列出了根据行车安全标准制定的不同等级线路所允许的车辆最高运行速度。

表 5.3　美国 FRA 标准轨道谱参数（1～6 级）

参　　数	线　路　等　级					
	1 级	2 级	3 级	4 级	5 级	6 级
$A_v/(\mathrm{cm}^2 \cdot \mathrm{rad} \cdot \mathrm{m}^{-1})$	1.210 7	1.018 1	0.681 6	0.537 6	0.209 5	0.033 9
$A_a/(\mathrm{cm}^2 \cdot \mathrm{rad} \cdot \mathrm{m}^{-1})$	3.363 4	1.210 7	0.412 8	0.302 7	0.076 2	0.033 9
$\Omega_s/(\mathrm{rad} \cdot \mathrm{m}^{-1})$	0.604 6	0.930 8	0.852 0	1.131 2	0.820 9	0.438 0
$\Omega_c/(\mathrm{rad} \cdot \mathrm{m}^{-1})$	0.824 5	0.824 5	0.824 5	0.824 5	0.824 5	0.824 5
允许最高速度/ (km/h)　货车	16	40	64	96	128	176
客车	24	48	96	128	144	176

3. 德国轨道谱

德国高速线路不平顺谱密度是目前欧洲铁路统一采用的谱密度函数，也是我国高速列车总体技术条件中建议在列车平稳性分析时采用的谱密度函数。德国高速线路的不平顺功率谱密度函数如下：

$$S_v(\Omega) = \frac{A_v \Omega_c^2}{(\Omega^2 + \Omega_r^2)(\Omega^2 + \Omega_c^2)} \tag{5.25a}$$

$$S_a(\Omega) = \frac{A_a \Omega_c^2}{(\Omega^2 + \Omega_r^2)(\Omega^2 + \Omega_c^2)} \tag{5.25b}$$

$$S_c(\Omega) = \frac{A_v \cdot b^{-2} \cdot \Omega_c^2 \cdot \Omega^2}{(\Omega^2 + \Omega_r^2)(\Omega^2 + \Omega_c^2)(\Omega^2 + \Omega_s^2)} \tag{5.25c}$$

$$S_g(\Omega) = \frac{A_g \Omega_c^2 \Omega^2}{(\Omega^2 + \Omega_r^2)(\Omega^2 + \Omega_c^2)(\Omega^2 + \Omega_s^2)} \tag{5.25d}$$

式中，$S_v(\Omega)$、$S_a(\Omega)$、$S_g(\Omega)$ 分别为高低、方向、轨距不平顺的功率谱密度函数，单位为 $\mathrm{m}^2/\mathrm{rad} \cdot \mathrm{m}^{-1}$；水平不平顺由于采用倾角度量，其功率谱密度 $S_c(\Omega)$ 的单位为 $1/\mathrm{rad} \cdot \mathrm{m}^{-1}$。$A_v$、$A_a$、$A_g$ 为粗糙度系数，单位是 $\mathrm{m}^2 \cdot \mathrm{rad} \cdot \mathrm{m}^{-1}$；$\Omega_c$、$\Omega_r$、$\Omega_s$ 为截断频率；b 为左、右轨中心距之半。

以上谱密度公式中截断频率及粗糙度常数的取值如表 5.4 所示，其中 A_g 是基于轨距不平顺在 $-3 \sim 3$ mm 内变化经试算得出的参考值。

表 5.4　德国轨道谱粗糙度系数及截断频率

轨道级别	$\Omega_c/$ $(\mathrm{rad} \cdot \mathrm{m}^{-1})$	$\Omega_r/$ $(\mathrm{rad} \cdot \mathrm{m}^{-1})$	$\Omega_s/$ $(\mathrm{rad} \cdot \mathrm{m}^{-1})$	$A_a/$ $(\mathrm{m}^2 \cdot \mathrm{rad} \cdot \mathrm{m}^{-1})$	$A_v/$ $(\mathrm{m}^2 \cdot \mathrm{rad} \cdot \mathrm{m}^{-1})$	$A_g/$ $(\mathrm{m}^2 \cdot \mathrm{rad} \cdot \mathrm{m}^{-1})$
低干扰	0.824 6	0.020 6	0.438 0	2.119×10^{-7}	4.032×10^{-7}	5.32×10^{-8}
高干扰	0.824 6	0.020 6	0.438 0	6.125×10^{-7}	1.08×10^{-6}	1.032×10^{-7}

其中"低干扰"可适用于德国时速 250 km 以上的高速铁路，"高干扰"适用于德国普速铁路。

4. 中国既有铁路干线轨道谱

20 世纪 90 年代末，在三大干线提速目标为 160 km/h 的前提下，基于我国东西部和南北各主要干线约 4 万 km 的轨检车检测数据和部分地面测量数据，中国铁道科学研究院对我国轨道不平顺进行了系统的研究。经统计分析，提出了我国既有铁路干线的功率谱密度，其解析式表达式为（铁道部科学研究院，1998）：

$$S(f)=\frac{A(f^2+Bf+C)}{f^4+Df^3+Ef^2+Ff+G} \tag{5.26}$$

式中，f 为空间频率，m^{-1}；A、B、C、D、E、F、G 是轨道不平顺功率谱密度的特征参数，高低、水平、轨向三种轨道不平顺用不同的参数来表达。不同线路有不同的特征参数，对于我国既有铁路干线，特征参数如表 5.5 所示。

表 5.5　我国既有铁路干线轨道谱的特征参数

参　数	A	B	C	D	E	F	G
左轨高低	1.102 9	−1.470 9	0.594 1	0.848 0	3.801 6	−0.250 0	0.011 2
右轨高低	0.858 1	−1.460 7	0.584 8	0.040 7	2.842 8	−0.198 9	0.009 4
左轨轨向	0.224 4	−1.574 6	0.668 3	−2.146 6	1.766 5	−0.150 6	0.005 2
右轨轨向	0.374 3	−1.589 4	0.726 5	0.435 3	0.910 1	−0.027 0	0.003 1
水平	0.121 4	−2.160 3	2.021 4	4.508 9	2.222 7	−0.039 6	0.007 3

5. 中国高速铁路轨道谱

近年来，中国铁道科学研究院利用轨道检测车实测了京津城际高速铁路及武广高速铁路等无砟轨道的几何不平顺。他们针对京津城际铁路实测线路不平顺数据，运用周期图法，采用轨道不平顺中位数谱进行描述，得到了京津城际铁路的轨道不平顺谱，并分析其特征，图 5.8 给出的是 50 百分位谱。

中国铁路总公司正式发布的中国高速铁路无砟轨道谱中，分别给出了不同百分位数的功率谱函数，高低、方向、水平、轨距不平顺谱均采用幂函数进行分段拟合：

$$S(f)=\frac{A}{f^k} \tag{5.27}$$

式中，f 为空间频率，m^{-1}；A 和 k 为平均谱对应的拟合公式系数，根据表 5.6 取值，其中不平顺谱分段点空间频率对应的波长见表 5.7，平均谱到百分位数谱的转换系数 C 见表 5.8。

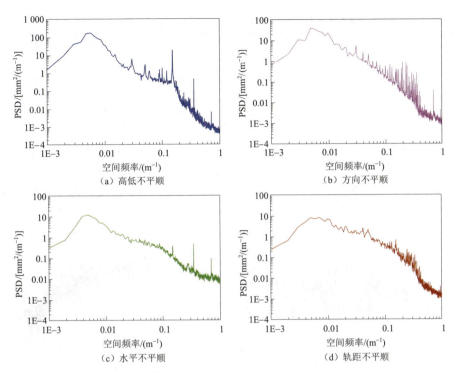

图 5.8　京津城际铁路轨道不平顺谱（50 百分位谱）

表 5.6　高速铁路无砟轨道不平顺平均谱拟合公式系数

项目	第 1 段		第 2 段		第 3 段		第 4 段	
	A	k	A	k	A	k	A	k
高低不平顺	1.0544×10^{-5}	3.3891	3.5588×10^{-3}	1.9271	1.9784×10^{-2}	1.3643	3.9488×10^{-4}	3.4516
方向不平顺	3.9513×10^{-3}	1.8670	1.1047×10^{-2}	1.5354	7.5633×10^{-4}	2.8171	—	—
水平不平顺	3.6148×10^{-3}	1.7278	4.3685×10^{-2}	1.0461	4.5867×10^{-3}	2.0939	—	—
轨距不平顺	5.4978×10^{-2}	0.8282	5.0701×10^{-3}	1.9037	1.8778×10^{-4}	4.5948	—	—

表 5.7　高速铁路无砟轨道不平顺谱分段点空间频率及对应波长

项目	第 1、2 段		第 2、3 段		第 3、4 段	
	空间频率/ (m^{-1})	空间波长/ m	空间频率/ (m^{-1})	空间波长/ m	空间频率/ (m^{-1})	空间波长/ m
高低不平顺	0.0187	53.5	0.0474	21.1	0.1533	6.5
方向不平顺	0.0450	22.2	0.1234	8.1	—	—
水平不平顺	0.0258	38.8	0.1163	8.6	—	—
轨距不平顺	0.1090	9.2	0.2938	3.4	—	—

表 5.8　轨道不平顺平均谱到百分位数谱的转换系数

百分位数	10.0	20.0	25.0	30.0	50.0	60.0	63.2	70.0	75.0	80.0	90.0
转换系数 C	0.105	0.223	0.288	0.357	0.693	0.916	1.000	1.204	1.386	1.609	2.303

6. 秦沈客运专线实测轨道不平顺及谱密度曲线

2002 年，我国建成了设计时速为 200 km 的秦沈客运专线。同年 8 月至 11 月，铁道部组织了 2 次大规模的综合动力试验。试验中，我国自行研制的"中华之星"列车最高试验速度达到了 321.5 km/h，取得了历史性的突破。

图 5.9 为秦沈客运专线的一段 1 200 m 长的实测高低、方向、水平不平顺样本及对应的功率谱密度曲线，其不平顺依次为 7.73 mm、3.59 mm 和 2.22 mm。

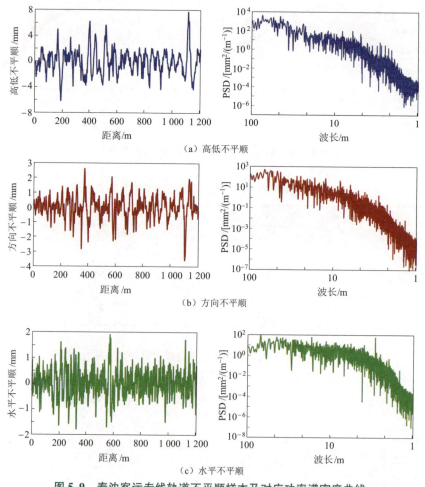

（a）高低不平顺

（b）方向不平顺

（c）水平不平顺

图 5.9　秦沈客运专线轨道不平顺样本及对应功率谱密度曲线

7. 各国铁路轨道谱的比较

图 5.10 给出了英国、德国、美国及对应我国既有铁路干线和高速铁路轨道谱，为便于比较，图中还绘出了日本新干线和中国秦沈客运专线的实测谱。其中，日本谱由日本铁道综合技术研究所（1992）提供，是一段根据轨道不平顺实测数据计算的轨道谱，没有统计意义，但是可以反映出新干线轨道不平顺的一些波长特征；秦沈线谱是由轨检车在综合试验段 K30～K72 区间测量得到的，该区间铺设了法国钢轨，可作为参考。

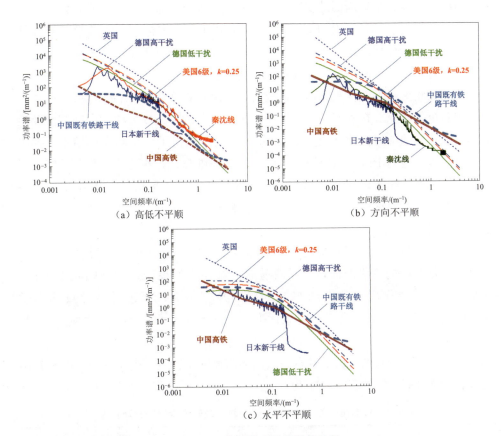

（a）高低不平顺　　　　　　　（b）方向不平顺

（c）水平不平顺

图 5.10　各国铁路轨道谱的比较

由图 5.10 可以看出：在国外轨道谱中，英国轨道谱量值偏大，日本新干线轨道谱量值偏小。这是因为，英国轨道谱为一般线路谱，而日本轨道谱是针对较好线路的不平顺分析所产生的，因此这两种谱曲线在仿真分析中用得较少。美国 6 级谱和德国低干扰谱曲线形式相同，只是量值上有差异，其位置明显高出德国谱，这主要是因为美国轨道谱的容许列车速度只有 176 km/h，不是高速铁路轨道谱。在这些轨道谱中，我国高铁方向不平顺谱和水平不平顺谱与日本新干线谱的均值相当，而高低不平顺谱更是小于日本谱，这主要是因为我国高铁中应用了无砟轨道，轨道的平顺性很好。

5.1.5 轨道不平顺的控制标准

有关轨道不平顺的控制，国内外都进行了大量的研究，并已取得了卓有成效的成果。尤其是铁路发达的国家，如法国、日本、德国等，结合本国铁路的特点及轨道结构、线路平纵断面的实际情况，研究开发了一系列轨道不平顺监控管理标准和控制措施，如轨道作业验收标准、轨道日常养护标准、轨道紧急修补标准、轨道限速管理标准等，为这些国家的轨道质量控制打下了牢固的基础，为保证列车运行的安全、舒适及发展高速铁路提供了技术保证。

我国在轨道不平顺控制方面的研究起步较晚，直到 20 世纪 80 年代中期才开始较为系统的研究，在国家"六五"至"十二五"的科技攻关项目中都有涉及轨道不平顺控制的项目立项。经过 30 多年的努力，取得了大量的实用结果，提出了适合我国国情的干线铁路轨道不平顺日常养护维修、作业验收、紧急补修、限速管理等标准，在轨道几何状态控制方面提出了轨道质量指数 TQI 标准，为我国铁路干线客货列车提速、准高速和高速铁路路基、轨道、桥梁结构的设计提供了技术依据。

国内外的研究与实践均证明，在线路方面限制列车行车速度的主要因素有两个：一是线路的平纵断面，二是轨道的平顺性。如果轨道的平顺状态不良，列车振动和轮轨作用力就会随车速的提高急剧增大，严重时会导致列车脱轨。因此，高速铁路的轨道不平顺标准不同于普通铁路，对平顺性的要求要严格得多。

表 5.9～5.11 分别给出了日本、法国的高速铁路轨道不平顺管理标准和我国提速干线轨道不平顺动态管理标准。

表 5.9　日本速度为 200 km/h 以上新干线轨道不平顺管理标准

不平顺类别		作业验收目标值	保养计划目标值	舒适度管理目标值	安全管理目标值
轨道不平顺	高低/(mm/10 m)	≤4	6	7	10
	轨向/(mm/10 m)	≤3	4	4	6
	轨距/mm	≤±2	+6 −4	+6 −4	+6 −4
	水平/mm	≤3	5	5	7
	平面性/(mm/2.5 m)	≤3	4	5	6

续表

不平顺类别		作业验收目标值	保养计划目标值	舒适度管理目标值	安全管理目标值
摇晃加速度	竖向（全振幅）	—	0.25 g	0.25 g	0.35 g
	横向（全振幅）	～0.20 g	0.20 g	0.20 g	0.30 g

注：g 为重力加速度。

表 5.10　法国高速铁路轨道不平顺管理标准

类别	横向振动加速度/(m/s²)		高低/mm		轨向/mm	
	车体	转向架	12.2 m 基线长半峰值	31 m 基线长峰—峰值	10 m 基线长半峰值	33 m 基线长峰—峰值
VO	—	—	3		2	
VA	1.2	3.5	5	10	6	12
VI	2.2	6	10	18	8	16
VR	2.8	8	15	24	12	20

注：表中符号定义：VO—新建；VA—保养；VI—使用；VR—紧急抢修。

表 5.11　我国提速干线轨道不平顺动态管理标准（工线〔1996〕26 号文）

速度/(km/h)	高低/mm	轨向/mm	轨距/mm	水平/mm	扭曲/mm（2.4 m 基线长）	车体振动加速度/g	
						横向	垂向
120＜V≤140	6	5	＋6 −4	6	5	0.06	0.10
	10	8	＋10 −7	10	8	0.10	0.15
	15	12	＋15 −8	14	12	0.15	0.20
140＜V≤160	6	5	＋6 −4	6	5	0.06	0.10
	8	7	＋8 −6	8	7	0.10	0.15
	12	10	＋12 −8	10	10	0.15	0.20
郑武线试验段限值	7	6	＋6 −4	6	6	0.15	0.20
环行基地试验线限值	8	7	＋7 −4	7	7	0.15	0.20

为了保证我国客运专线轨道的高平顺性，《时速 200 km 新建铁路线桥隧道站设计暂行规定》中不仅要求正线轨道应一次性铺设跨区间无缝线路，而且规定了其铺设精度的标准，见表 5.12。这个标准与国外 200 km/h 级铁路的轨道铺设精度的要求基本一致。

表 5.12　我国新建时速 200 km 铁路线轨道铺设精度标准（有砟轨道）

类别	高低/mm	轨向/mm	水平/mm	扭曲（三角坑）	轨距/mm
幅值	3	2	3	1‰（每 3 m 测量基线）	±2
波长/m	管理波长增加到 40～50 m			—	—

我国《高速铁路设计规范》（TB 10621，2014）规定，高速铁路正线轨道静态平顺度偏差应符合表 5.13 的要求。

表 5.13　高速铁路正线轨道静态平顺度容许标准

项目	有砟轨道		无砟轨道	
轨距	±1 mm	相对于标准轨距 1 435 mm	±1 mm	相对于标准轨距 1 435 mm
	1/1 500	变化率	1/1 500	变化率
方向	2 mm	弦长 10 m	2 mm	弦长 10 m
	2 mm/5 m	基线长 30 m	2 mm/8a（m）	基线长 8a（m）
	10 mm/150 m	基线长 300 m	10 mm/240a（m）	基线长 240a（m）
高低	2 mm	弦长 10 m	2 mm	弦长 10 m
	2 mm/5 m	基线长 30 m	2 mm/8a（m）	基线长 8a（m）
	10 mm/150 m	基线长 300 m	10 mm/240a（m）	基线长 240a（m）
水平	2 mm	不包含曲线、缓和曲线超高	2 mm	不包含曲线、缓和曲线超高
扭曲	2 mm	基线长 3 m，包含缓和曲线超高顺坡产生的扭曲量	2 mm	基线长 3 m，包含缓和曲线超高顺坡产生的扭曲量
与设计高程偏差	10 mm	站台处的轨面高程不应低于设计值	10 mm	站台处的轨面高程不应低于设计值
与设计中线偏差	10 mm		10 mm	

注：a 为扣件节点间距，m。

5.1.6　轨道不平顺的数值模拟

根据实测轨道不平顺的统计特征，可以确定不同等级铁路的轨道不平顺功率谱密度函数，然后通过数值方法得到轨道不平顺的模拟量。

轨道不平顺随机函数可视为一平稳 Gauss 随机过程，通过给定的轨道不平顺功率谱产生不平顺样本有多种方法。一般可以用三角级数叠加法、二次滤波法、AR 模型法或 ARMA 模型法等方法模拟得到轨道不平顺样本。

采用三角级数叠加法时，轨道不平顺的样本可按式（5.28）产生：

$$w(x) = \sqrt{2} \sum_{k=1}^{N} \sqrt{S(\omega_k)\Delta\omega} \cos(\omega_k x + \phi_k) \tag{5.28}$$

式中，$w(x)$ 为所产生的轨道不平顺序列；$S(\omega_k)$ 为给定的轨道不平顺的功率谱密度函数；$\omega_k (k=1, 2, \cdots, N)$ 中 ω_1、ω_N 分别为所考虑的频率下限和上限；$\Delta\omega$ 为频率间隔的带宽；φ_k 为相应第 k 个频率的相位，一般可按 $0\sim2\pi$ 间均匀分布取值。

对于上述模拟的样本，必须检验模拟出的样本是否与给定的功率谱密度函数 $S(\omega)$ 具有相同的特性。检验的基本方法是：对模拟出的不平顺序列 $w(x)$（$x=1, 2, \cdots$）用 FFT 变换后得到谱密度 $S^*(\omega)$，将其与理论谱密度进行比较，观察它们的接近程度，以检验模拟样本的可靠性。

轨道不平顺谱的波长范围对车桥系统动力分析的结果有很大的影响。一般来说，短波不平顺影响车辆的脱轨系数、轮重减载率等行车安全指标，而长波不平顺则影响车体的振动加速度，从而影响旅客的乘坐舒适度。在进行车桥系统动力分析时，轨道不平顺谱波长的选择应考虑机车、车辆、轨道、桥梁的振动频率和计算车速的范围。

对长波波长而言，一般桥跨结构的自振频率高于车辆的自振频率，因此车辆振动标准是轨道不平顺长波波长选择的控制因素。从车体振动的最不利情况考虑，仿真分析时所采用的轨道不平顺长波波长 L 应满足

$$L \geqslant \frac{V}{3.6f}(\text{m}) \tag{5.29}$$

式中，V 是最高计算列车速度，km/h；f 是所分析车体的自振频率，Hz。

高速列车车辆自振频率一般在 $1.0\sim1.5$ Hz，因为舒适度标准是轨道不平顺长波波长选择的控制因素，所以从乘车舒适度的角度考虑，ISO 2631 规定下限频率为 0.89 Hz，ORE/C116 推荐下限频率为 0.5 Hz。若拟定计算速度为 400 km/h（111.11 m/s），则轨道不平顺长波波长应在 120 m 以上；若拟定计算速度为 300 km/h，则轨道不平顺长波波长应达到 85 m。表 5.14 为我国车辆运行速度与轨道不平顺管理波长的关系。可以看出，当速度在 $250\sim300$ km/h 时，轨道不平顺管理波长应在 $45\sim85$ m 的范围。

表 5.14　我国车辆运行速度与轨道不平顺管理波长的关系

车辆自振频率/Hz	车辆运营速度		
	250 km/h	270 km/h	300 km/h
1.0	70 m	75 m	83 m
1.5	46 m	50 m	55 m

对短波波长而言，目前国内外轨检车的轨道不平顺采样间隔一般为 0.25 m 或 0.304 8 m (1 ft)，因此轨道不平顺最短有效波长约为 1 m，当速度为 400 km/h 时，对应最高激振频率为 100 Hz 左右。

尽管实际线路上存在的轨道不平顺波长范围相当宽，但从秦沈客运专线实测数据来看，当波长超出一定范围后，上、下行线的实测轨道不平顺谱密度曲线基本重合，说明长波成分主要是由地基不均匀沉降引起的。

图 5.11 给出了秦沈客运专线狗河桥轨道高低不平顺采用不同波长滤波后的功率谱比较。从图上可知，30 m 波长滤波和 50 m 波长滤波后的功率谱曲线比较接近，也说明桥上不平顺的波长存在一定范围。

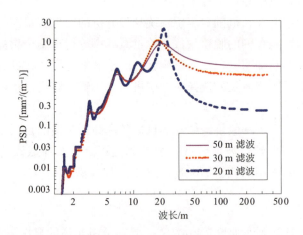

**图 5.11 秦沈客运专线狗河桥高低不平顺
采用不同波长滤波后的功率谱比较**

高速铁路车桥动力分析采用的轨道不平顺样本长波的截止波长为 80 m，采样间隔为 0.25 m，即最短有效波长为 1 m 左右，此波长范围已经覆盖了桥上轨道不平顺的可能波长范围，并留有一定余量。

以德国低干扰线路（高速铁路）轨道不平顺功率谱为例，采用上述数值模拟方法（基于频域功率谱等效算法），对轨道随机不平顺样本进行数值计算，其功率谱的描述见式 (5.18)。

波长范围为 1~120 m 轨道不平顺时域模拟样本如图 5.12 所示，它们在秦沈客运专线、京沪高速铁路等车桥动力仿真分析中被采用。模拟分析结果表明，波长为 1~120 m 时，德国低干扰线路的轨道高低不平顺幅值在 -7.5~7.5 mm 范围内变化，轨道方向不平顺幅值在 -6~5 mm 范围内变化。

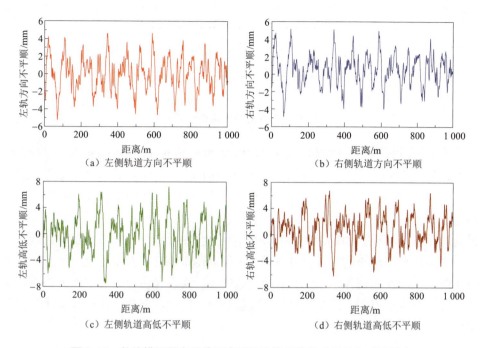

（a）左侧轨道方向不平顺　　　　　　　　（b）右侧轨道方向不平顺

（c）左侧轨道高低不平顺　　　　　　　　（d）右侧轨道高低不平顺

图 5.12　数值模拟得出的德国高速铁路低干扰轨道不平顺时域样本

5.2　车辆蛇行运动

5.2.1　车辆蛇行运动机理

车辆沿直线轨道运行时，带有锥形踏面的轮对在钢轨上滚动，会产生一种特有的运动：在水平面内既做横摆运动，又做摇头运动，其运行轨迹为一条正弦曲线（王福天，1983，1994；Kalker，1979；Yang，1990；Xia et al，2012），其示意图如图 5.13 所示。这是因为车轮踏面具有斜率，轮缘与钢轨侧面之间存在间隙，当轮对中心偏移线路中心时，同一车轴上的左右两个车轮将以不同的滚动圆直径沿轨道滚动，使两车轮行经的距离不同，而两轮的滚动行程不等又使轮对轴线偏移，偏向另一侧。这种现象称为轮对的蛇行运动。由轮对的蛇行运动而引起的转向架和车体在横向平面内的振动，就称为转向架的蛇行运动和车体的蛇行运动。轮对蛇形运动是一种给定的轮轨相对运动关系，在车桥耦合分析中可视为自激激励。

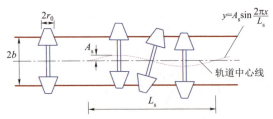

图 5.13　轮对蛇行运动示意图

　　机车车辆在理想的平直轨道上运行时，在特定条件下，如轮对具有一定的定位刚度，各悬挂参数匹配适当，在某一速度范围内所产生的蛇行运动的幅值是随着时间的延续而衰减的，此时的运动称为稳定的蛇行运动。当车速超过某一临界值，蛇行运动的振幅随着时间的延续不断增大，使得轮对左右摇摆，直至轮缘碰撞钢轨，转向架和车体也因此出现大幅度的剧烈振动，此时的运动称为不稳定的蛇行运动。

　　当高速车辆出现蛇行运动失稳后，不仅会使车辆运行性能恶化，旅客的舒适度下降，作用在车辆各零部件上的动荷载增大，而且会使轮对严重撞击钢轨，给车辆和线路带来损伤，甚至造成车辆脱轨事故。因此，车辆的蛇行运动是机车车辆实现高速运行的一大障碍。

5.2.2　自由轮对的蛇行运动和实际轮对的蛇行运动

　　车辆的蛇行运动是极为复杂的，在对其进行研究时可先从带有锥形踏面的自由轮对的蛇行运动开始，并引入两个假定：① 自由轮对沿着轨距不变、刚性路基的平直轨道做匀速运动；② 车轮连续不断地与钢轨接触，且轮对的横向位移很小。

　　轮对的运动可视为绕某一半径为 r 的瞬时转动中心的转动，其示意图见图 5.14。

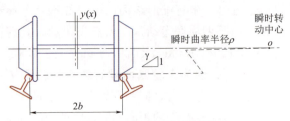

图 5.14　轮对运动示意图

　　在速度很低、可忽略惯性力（力矩）的情况下，自由轮对的蛇行运动可用简谐运动来表示，即

$$y(x) = A_w \sin \frac{2\pi x}{L_w} = A_w \sin \frac{2\pi V}{L_w} t \qquad (5.30)$$

式中，x 为轮对沿轨道运动的距离；A_w 为自由轮对蛇行运动的振幅；L_w 为自由轮对蛇行运动的波长，其表达式为

$$L_w = 2\pi\sqrt{\frac{br_0}{\lambda}} \tag{5.31}$$

式中，b 为左右两轮滚动圆的间距，即 $1/2$ 轨距；r_0 为车轮的滚动圆半径，即车轮半径；λ 为车轮踏面的锥度；V 为车辆运行的速度。由此可导出自由轮对蛇行运动的频率，即

$$f_w = \frac{V}{L_w} = \frac{V}{2\pi}\sqrt{\frac{\lambda}{br_0}} \tag{5.32}$$

实际上，由于转向架定位装置的作用，使轮对相对于转向架的位移受到约束，导致转向架的蛇行运动波长与自由轮对不同。设两轮轴互相平行且垂直于转向架纵向轴线（见图 5.15），两轮对刚性定位于转向架上，则转向架整体蛇行运动的波长和频率为

$$L_t = 2\pi\sqrt{\frac{br_0}{\lambda}\left[1+\left(\frac{S_0}{2b}\right)^2\right]} \tag{5.33}$$

$$f_t = \frac{v}{L_t} = \frac{v}{2\pi\sqrt{\dfrac{br_0}{\lambda}\left[1+\left(\dfrac{S_0}{2b}\right)^2\right]}} \tag{5.34}$$

其中，S_0 为转向架的固定轴距。

由此可见，车辆蛇行运动的规律与车轮踏面的斜率、车轮半径和滚动圆间距等参数有关；其频率与车速成正比；转向架蛇行运动的波长比自由轮对的要长，其频率则比自由轮对低。

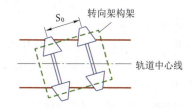

图 5.15 转向架与轮对运动示意图

我国主型客车转向架 $S_0 = 2\,400$ mm、$2r_0 = 915$ mm、$2b = 1.493$ m。对于新的车轮，$\lambda = 1/20$，则可计算得到自由轮对和转向架蛇行波长分别为 $L_w = 16.4$ m 和 $L_t = 31.1$ m。

CRH$_2$ 型高速动车组转向架 $S_0 = 2\,500$ mm、$2r_0 = 860$ mm、$2b = 1.493$ m。对于新的车轮，$\lambda = 1/40$，则可计算得到自由轮对和转向架蛇行波长分别为 $L_w = 22.5$ m 和 $L_t = 43.9$ m。

我国主型货车转向架 $S_0 = 1\,750$ mm、$2r_0 = 840$ mm、$2b = 1.493$ m。对于新的车轮，$\lambda = 1/20$，则可计算得到自由轮对和转向架蛇行波长分别为 $L_w = 15.7$ m 和 $L_t = 24.2$ m。

实测到的转向架蛇行运动波长则介于 L_w 与 L_t 之间，视轮对在轴箱上定位刚

度的大小而不同。实际上，轮对蛇行运动的振幅也在运行中有所变化。

图 5.16（a）为我国客车转向架轮对蛇行运动频率的理论分析结果与实测结果的比较。可以看出，轮对蛇行运动频率和运行速度之间成线性关系，这与理论分析的结果是一致的。但实测频率的数值则介于自由轮对与刚性定位转向架的理论值之间，这是因为该转向架的轮对与构架的联系既不是自由的也不是刚性定位的，而是弹性定位的。

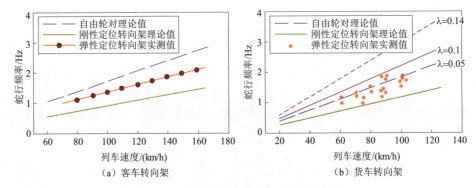

（a）客车转向架 （b）货车转向架

图 5.16 轮对蛇行运动频率与车速的关系

图 5.16（b）为我国货车转向架轮对蛇行运动频率的理论分析结果与实测结果的比较。与客车情况不同，轮对蛇行运动频率比较分散，但在分布趋势上和运行速度之间成线性关系，且有近半数的实测值高于自由轮对的理论值（$\lambda=0.05$）。这是因为，除了轮对在转向架上是弹性定位的，实测的转向架大多是在线路上运行过一段时间的，而使用过的车轮轮缘踏面必然要被磨耗。研究表明，车轮磨耗到极限时的轮缘踏面斜率 λ 可达到 0.28，相应的蛇行波长 L_w 为 6.65 m。假设实测的转向架轮对的轮缘踏面斜率为 0.14 和 0.1，相应的蛇行波长 L_w 为 9.4 m 和 12.5 m，在图 5.16（b）上作两条频率分布曲线。可以看出，按 $\lambda=0.1$ 计算蛇行频率，大体上可以包络住这组实测样本值。

当车辆运行速度不很高时，实际蛇行运动频率与几何蛇行运动频率的变化规律基本相符，但当车速较高时，蛇行运动就会复杂得多，此时就必须考虑动力作用的影响。

图 5.17 是实测客车转向架轮对蛇行振幅。从图中可以看出，客车转向架轮对蛇行运动的振幅在 60~160 km/h 的车速范围内与运行速度关系不大，其值在 2.5~4 mm 之间。

对于结构性能不同的转向架，其轮对蛇行运动的频率和振幅变化曲线也是不同的。事实上，在车轮运行的整个过程中，轮轨间的蛇行运动始终受到轨道不平顺的激励，蛇行运动的频率和振幅都受到轨道性能和状态的影响，因此是非常复杂的。

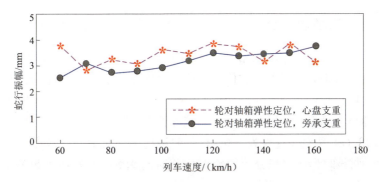

图 5.17　实测客车转向架轮对蛇行振幅

5.2.3　车桥系统中的轮对蛇行运动描述

在车桥系统动力分析中，轮对蛇行运动可以按下式表示

$$y_s(x) = A_s \sin\left(\frac{2\pi x}{L_s} + \varphi_s\right) = A_s \sin\left(\frac{2\pi V}{L_s} t + \varphi_s\right) \tag{5.35}$$

式中，L_s 为蛇行运动的波长。从前面的讨论中可知，L_s 的确定应考虑轮缘磨耗程度的影响：当新车轮轮缘踏面斜率 $\lambda = 1/20$ 时相当于 $L_s = 15.7$ m；当轮缘磨耗至极限时相当于 $L_s = 6.65$ m。实际上，一列车中各货车的车轮踏面的磨耗程度是任意的，一般可按均匀分布的随机变量处理，即任一个轮对 $L_s \sim R$（6.65 m，15.7 m）。

φ_s 是任一个轮对的初相位，根据现场测量，一列车中各轮对的初相角各不相同，可假定其在 $0 \sim 2\pi$ 范围内均匀分布的随机变量，即有 $\varphi_s \sim R$（0，2π）。

A_s 表示轮对蛇行运动的振幅值，这个数据目前实测结果很少，可按图 5.17 的实测结果作为随机变量选取，即任一个轮对 $A_s \sim R$（2.5 mm，4 mm）。

随机变量 $p \sim R$（a，b）的生成，可由计算机语言中的随机函数直接产生 $0 \sim 1$ 间均匀分布的随机序列（u_1，u_2，…），然后按下式得到

$$p_k = a + u_k(b - a) \tag{5.36}$$

5.3　车桥系统随机激励的自回归模型描述

列车运行时，轮对的蛇行运动和由轨道不平顺所激励的运动同时存在，所以轮对在轨道上的运动是二者的合成运动。轮对的合成运动可以通过测量轮对的振动响应得到，它可视为车桥耦合振动系统的随机激励。下面的例子说明了如何通过实测轮对振动加速度模拟产生车桥系统随机激励的原理和方法。

5.3.1 随机激励的测量

在试验车前后转向架的轴箱上安装加速度计，直接测量轮对的加速度响应，经两次积分后可得到轮对的合成位移响应。试验在北京东郊铁道科学研究院的环行铁路试验段进行，车速为 40～155 km/h。通过对多次重复试验得到的数据进行分析，即可得到系统激励随机过程的统计特性。

图 5.18（a）为列车速度为 100 km/h 时测得的轮对加速度时程。为求系统的激励函数，将该时程两次积分后的轮对位移时间函数 Δx 转换为数列 $Y(x_i)$，$Y(x_i)$ 为沿轨道长度 x 的离散随机函数序列

$$Y(x_i)=Y(t)\big|_{t=i\Delta x/V} \tag{5.37}$$

式中，x_i 为第 i 个取样点的坐标；Δx 为取样间隔；V 为列车速度。

图 5.18（b）为加速度时程经过两次数值积分后转换为沿轨道长度的轮对位移响应波形。

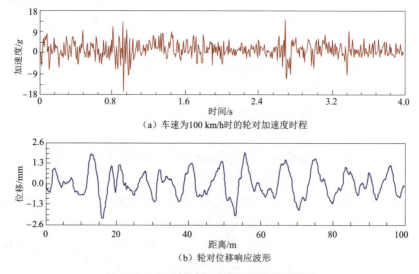

（a）车速为100 km/h时的轮对加速度时程

（b）轮对位移响应波形

图 5.18 实测轮对加速度和位移响应波形

5.3.2 系统激励的 AR 模型模拟

由于轮轨接触关系的非线性和车桥动力相互作用系统的时变性，其运动方程的求解只能用逐步积分法，这就决定了系统的输入激励应采用时域函数或时域样本。这里介绍一种高效率的自回归时间序列模型法（夏禾 等，1993；Xia, et al，1997）。

由于系统激励的频率较低，所以采用高阶 AR 向量时间序列模型模拟。与快

速 Fourier 变换相比，AR 向量时间序列模型有显著的优越性。

根据时间序列分析理论，在一系列离散时间点 x_0，x_1，$\cdots$，x_n（此处 x 应为独立变量且满足 $x_0<x_1<\cdots<x_i<\cdots<x_n$ 的有序离散集）取样得到 $Y(x_0)$，$\cdots$，$Y(x_i)$，$Y(x_n)$，称为离散数字时间序列。若 Y 为一向量，则此序列为多元向量时间序列 $\boldsymbol{Y}_x=[Y_{1,x}\quad Y_{2,x}\quad \cdots\quad Y_{N,x}]^{\mathrm{T}}$，可用 AR 模型表示为

$$\boldsymbol{Y}_x+\boldsymbol{\Phi}_1\boldsymbol{Y}_{x-1}+\cdots+\boldsymbol{\Phi}_P\boldsymbol{Y}_{x-P}=\boldsymbol{\varepsilon}_x \tag{5.38}$$

式中，$\boldsymbol{Y}_x$ 为 N 维变量的零均值随机序列；$\boldsymbol{\Phi}_1$，$\boldsymbol{\Phi}_2$，$\cdots$，$\boldsymbol{\Phi}_P$ 为 $N\times N$ 阶自回归矩阵；$\boldsymbol{\varepsilon}_x=[\varepsilon_{1,x}\quad \varepsilon_{2,x}\quad \cdots\quad \varepsilon_{P,x}]^{\mathrm{T}}$ 为 N 维白噪声序列，并满足 $x=s$ 时 $\mathrm{E}[\boldsymbol{\varepsilon}_x\boldsymbol{\varepsilon}_s^{\mathrm{T}}]=\boldsymbol{Q}$，此处 $\boldsymbol{Q}$ 为变异方差矩阵，$x\neq s$ 时 $\mathrm{E}[\boldsymbol{\varepsilon}_x\boldsymbol{\varepsilon}_s^{\mathrm{T}}]=0$。

假设在时间点 t_0，t_1，$\cdots$，t_{L+P} 观测到 $L+P+1$ 个零均值的轮对振动响应样本，用多维高阶 $N-$AR（P）模型拟合时，自回归系数矩阵 $\boldsymbol{\Phi}$ 可通过对下式做最小二乘分析得到

$$T_\varepsilon=\sum_{k=P}^{L+P}\sum_{i=1}^{N}[w_i(k)]$$
$$=\sum_{k=P}^{L+P}\boldsymbol{W}(k)\boldsymbol{W}^{\mathrm{T}}(k)=\mathrm{trace}(\boldsymbol{\varepsilon}\boldsymbol{\varepsilon}^{\mathrm{T}})=\mathrm{trace}[(\boldsymbol{U}-\boldsymbol{\Phi}\boldsymbol{V})(\boldsymbol{U}-\boldsymbol{\Phi}\boldsymbol{V})^{\mathrm{T}}] \tag{5.39}$$

为使 T_ε 最小，对其关于 $\boldsymbol{\Phi}$ 取偏微分并令结果为零，则

$$\left.\frac{\partial T_\varepsilon}{\partial \boldsymbol{\Phi}}\right|_{\boldsymbol{\Phi}=\dot{\boldsymbol{\Phi}}}=\boldsymbol{0}-\boldsymbol{U}\boldsymbol{V}^{\mathrm{T}}-\boldsymbol{V}\boldsymbol{U}^{\mathrm{T}}+2\dot{\boldsymbol{\Phi}}\boldsymbol{V}\boldsymbol{V}^{\mathrm{T}}=\boldsymbol{0} \tag{5.40}$$

注意到 $\boldsymbol{U}\boldsymbol{V}^{\mathrm{T}}=\boldsymbol{V}\boldsymbol{U}^{\mathrm{T}}$，离散自回归矩阵的估计值 $\dot{\boldsymbol{\Phi}}$（$2N\times 2P$）可由下式计算

$$\dot{\boldsymbol{\Phi}}=[\dot{\boldsymbol{\Phi}}_1\quad \dot{\boldsymbol{\Phi}}_2\quad \cdots\quad \dot{\boldsymbol{\Phi}}_P]=(\boldsymbol{U}\boldsymbol{V}^{\mathrm{T}})(\boldsymbol{V}\boldsymbol{V}^{\mathrm{T}})^{-1} \tag{5.41}$$

式中

$$\boldsymbol{U}=[X(P)\quad X(P+1)\quad \cdots\quad X(P+L)] \tag{5.42}$$

$$\boldsymbol{V}=\begin{bmatrix}X(P-1)&X(P-2)&\cdots&X(P-1+L)\\X(P-2)&X(P-1)&\cdots&X(P-2+L)\\\vdots&\vdots&\ddots&\vdots\\X(0)&X(1)&\cdots&X(L)\end{bmatrix} \tag{5.43}$$

为确定系统内前后转向架轮对之间随机激励的相互关系（特别是相位差），采用二维高阶 AR 模型进行拟合。

各速度下测试记录的轮对位移（由加速度经二次积分得到）数据按照空间采样间隔 $\Delta x=0.5$ m 进行规格化后，可用二维 AR(12) 模型很好地模拟，记作 2-AR(12)。这样，可计算出各记录的自回归矩阵，进而得到其相应的统计量 $\boldsymbol{\Phi}_1\sim$

$\boldsymbol{\Phi}_{12}$。将其代入式（5.38），系统激励的二维 AR(12) 模型可表示为

$$\begin{Bmatrix} Y_m^1 \\ Y_m^2 \end{Bmatrix} = \begin{bmatrix} 2.678 & 0.225 \\ -0.023 & 2.654 \end{bmatrix} \begin{Bmatrix} Y_{m-1}^1 \\ Y_{m-1}^2 \end{Bmatrix} + \begin{bmatrix} -3.221 & -0.691 \\ 0.058 & -3.123 \end{bmatrix} \begin{Bmatrix} Y_{m-2}^1 \\ Y_{m-2}^2 \end{Bmatrix} +$$

$$\begin{bmatrix} 2.871 & 1.085 \\ -0.068 & 2.758 \end{bmatrix} \begin{Bmatrix} Y_{m-3}^1 \\ Y_{m-3}^2 \end{Bmatrix} + \begin{bmatrix} -2.54 & -1.32 \\ 0.07 & -2.47 \end{bmatrix} \begin{Bmatrix} Y_{m-4}^1 \\ Y_{m-4}^2 \end{Bmatrix} +$$

$$\begin{bmatrix} 2.18 & 0.99 \\ -0.08 & 2.21 \end{bmatrix} \begin{Bmatrix} Y_{m-5}^1 \\ Y_{m-5}^2 \end{Bmatrix} + \begin{bmatrix} -1.73 & -0.41 \\ 0.07 & -1.99 \end{bmatrix} \begin{Bmatrix} Y_{m-6}^1 \\ Y_{m-6}^2 \end{Bmatrix} +$$

$$\begin{bmatrix} 1.30 & 0.08 \\ -0.06 & 1.75 \end{bmatrix} \begin{Bmatrix} Y_{m-7}^1 \\ Y_{m-7}^2 \end{Bmatrix} + \begin{bmatrix} -0.94 & 1.86 \\ 0.08 & -1.52 \end{bmatrix} \begin{Bmatrix} Y_{m-8}^1 \\ Y_{m-8}^2 \end{Bmatrix} +$$

$$\begin{bmatrix} 0.62 & 0.25 \\ -0.11 & 1.26 \end{bmatrix} \begin{Bmatrix} Y_{m-9}^1 \\ Y_{m-9}^2 \end{Bmatrix} + \begin{bmatrix} -0.39 & -0.06 \\ 0.09 & -0.99 \end{bmatrix} \begin{Bmatrix} Y_{m-10}^1 \\ Y_{m-10}^2 \end{Bmatrix} +$$

$$\begin{bmatrix} 0.27 & 0.23 \\ -0.03 & 0.66 \end{bmatrix} \begin{Bmatrix} Y_{m-11}^1 \\ Y_{m-11}^2 \end{Bmatrix} + \begin{bmatrix} -0.12 & -0.08 \\ 0.01 & -0.23 \end{bmatrix} \begin{Bmatrix} Y_{m-12}^1 \\ Y_{m-12}^2 \end{Bmatrix} + \begin{Bmatrix} \varepsilon_m^1 \\ \varepsilon_m^2 \end{Bmatrix}$$

$$(5.44)$$

随机激励序列组可由连续输入的白噪声随机数字生成。当 $t=m$ 时，随机位移 $[Y_m^1, Y_m^2]^{\mathrm{T}}$ 可由此时的一组白噪声 $[\varepsilon_m^1, \varepsilon_m^2]^{\mathrm{T}}$ 和此前一时刻的一组位移 $[Y_{m-k}^1, Y_{m-k}^2]^{\mathrm{T}}$（$k=1, 2, \cdots, 12$）输入确定。

按上述方法求得的激励自功率谱和相位谱如图 5.19 所示。

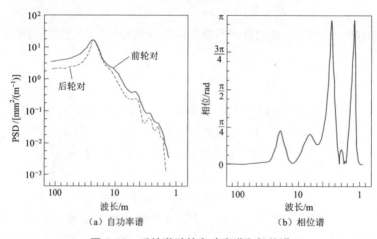

图 5.19　系统激励的自功率谱和相位谱

系统激励的频率特性可以从自功率谱曲线中得到，其卓越频率较通常的轨道不平顺稍高，相应的波长约为 22 m，处于理论自由轮对蛇行波长和在转向架上

刚性定位的轮对蛇行波长之间。相位谱曲线反映了前后转向架轮对间的相位关系，二者在卓越频率下的相位差约为 $\pi/4$。

由二维向量 AR(12)模型生成的随机激励波形见图 5.20。从图中可以看出模拟波形与实测波形的一致性。

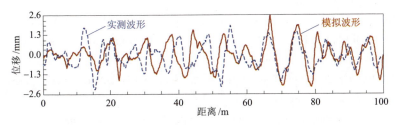

图 5.20　系统随机激励模拟曲线和实测曲线的比较

不难看出：在这种方法中，AR 模型相当于一个滤波器，其系数矩阵反映了滤波器的频率特性，而系数矩阵本身则是通过拟合实测数据并进行统计分析的结果。因此，用 AR 模型模拟产生的随机序列，可以很好地反映系统激励的统计特性。这样的随机序列以距离为变量，可用于模拟列车通过桥梁全部时程的激励。

实际上，对于任何已知的轨道不平顺功率谱，只要能通过某种变换将其转换为时间序列模型系数的形式，就可以采用这种方法模拟产生随机序列。所谓二次滤波法就是根据这一原理形成的。

参 考 文 献

ANDERSON R，TORSTENSSON P T，KABO E，et al.，2015. An efficient approach to the analysis of rail surface irregularities accounting for dynamic train-track interaction and inelastic deformations [J]. Vehicle system dynamics，53（11）：1667-1685.

CASS R，BERTHIAUME P P，KALITA R E，et al.，1969. Dynamic measurement of absolute track properties [J]. Journal of industrial engineering，91（3）：855-859.

CLOUGH R W，PENZIEN J，2003. Dynamics of structures [M]. 3rd ed. Berkeley：Computers and Structures，Inc.

COOPERIDER N K，LAW E H，HULL R，et al.，1975. Analytical and experimental determination of nonlinear wheel/rail constraints [R]. Interim Report No. FRA-OR&D，US. Department of Transportation.

DUKKIPATI R V，1984. Vehicle dynamics [M]. Pangbourne：Alpha Science International Ltd.

GARG V K，Dukkipati R V，1984. Dynamics of railway vehicle system [M]. Canada：Academic Press.

HAIGERMOSER A，LUBER B，RAUH J，et al.，2015. Road and track irregularities：

Measurement，assessment and simulation [J]. Vehicle system dynamics，53（7）：878-957.

KALKER J J，1979. Survey of wheel-rail rolling contact theory [J]. Vehicle system dynamics，8（4）：317-358.

PATER DE A D，1988. The geometrical contact between track and wheelset [J]. Vehicle system dynamics，17：127-140.

UIC B55 RP 3，1966. Permissible wheel-load variations on two-axled goods wagons [R].

XIA H，DE ROECK G，1997. System identification of mechanical structures by a multivariate autoregressive model [J]. Computers and structures，1-4：341-351.

XIA H，DE ROECK G，GOICOLEA J M，2012. Bridge vibration and controls：New research [M]．New York：Nova Science Publishers Inc.

YANG G，1990. A Numerical procedure for solving the nonlinear equations of the geometrical contact between wheel and track [R]. Netherlands：Delft University of Technology.

YANG X W，GU S J，ZHOU S H，et al.，2015. Effect of track irregularity on the dynamic response of a slab track under a high-speed train based on the composite track element method [J]. Applied acoustics，99：72-84.

ZACHER M，NICKLISCH D，GRABNER G，et al.，2015. A multi-national survey of the contact geometry between wheels and rails [J]. Journal of rail and rapid transit，229（6）：691-709.

八十岛义之助，1981. 振动轨道上の铁道货车の走行安定性 [J]. 土木学会论文集，313：111-124.

长沙铁道学院随机振动教研室，1985. 关于机车车辆/轨道系统随机激励函数的研究 [J]. 长沙铁道学院学报，2：1-36.

陈果，翟婉明，2001. 轨道随机不平顺对车辆/轨道系统横向振动的影响 [J]. 南京航空航天大学学报，33（3）：227-232.

刘学毅，王平，2010. 车辆-轨道-路基系统动力学 [M]. 成都：西南交通大学出版社.

刘寅华，李苒，黄运华，2006. 轨道不平顺数值模拟方法 [J]. 交通运输工程学报，6（1）：29-33.

罗林，张格明，吴旺青，等. 2006. 轮轨系统轨道平顺状态的控制 [M]. 北京：中国铁道出版社.

铁道科学研究院铁道建筑研究所，1999. 我国干线轨道不平顺功率谱的研究 [R]. TY-1215，北京：铁道科学研究院.

王福天，1983. 车辆动力学 [M]. 北京：中国铁道出版社.

王福天，1994. 车辆系统动力学 [M]. 北京：中国铁道出版社.

王孝良，赖晓晨，王剑楠，等，2015. 列车-轨道耦合系统随机不平顺动力响应分析 [J]. 大连理工大学学报，55（1）：81-88.

魏冲锋，2011. 轨道不平顺功率谱时域转换及其应用研究 [D]. 成都：西南交通大学.

夏禾，陈英俊，1993. 多维 AR 模型在桥梁模态脉动分析法中的应用 [J]. 振动与冲击，12

（1）：47-52.

辛学忠，2005. 德国铁路无砟轨道技术分析及建议 [J]. 铁道标准设计，2：1-6.

肖守讷，阳光武，张卫华，等，2008. 基于谱密度函数的轨道随机不平顺仿真 [J]. 中国铁道科学，29（2）：28-32.

徐金辉，王平，汪力，等，2015. 轨道高低不平顺敏感波长的分布特征及其影响因素的研究 [J]. 铁道学报，37（7）：72-78.

翟婉明，2014. 车辆-轨道耦合动力学 [M]. 4 版. 北京：中国铁道出版社.

张格明，2001. 中高速条件下车线桥动力分析模型与轨道不平顺的影响 [D]. 北京：铁道科学研究院.

张曙光，康熊，刘秀波，2008. 京津城际铁路轨道不平顺谱特征分析 [J]. 中国铁道科学，29（5）：25-30.

第 **6** 章

风荷载作用下车桥系统的动力分析

本章介绍了各种风荷载数值模拟的方法，基于流体力学理论研究了风屏障对桥梁周围风流场及桥上车辆气动性能的影响，并对风屏障的结构形式、开孔形状和排列方式进行了讨论。建立了风荷载作用下的车桥系统动力分析模型及数值模拟方法。计算了香港青马大桥在台风 York 作用下的车桥动力响应，并利用该桥 WASHMS 系统的监测结果进行了验证，在此基础上提出了保障桥上高速列车运行安全的风速-车速阈值曲线。针对兰新第二双线高速铁路 32 m 风区简支梁桥，考虑风屏障的气动效应，进行了风-车-桥耦合系统振动分析，并对不同结构形式风屏障的防风效果进行了评估。

6.1 风荷载的数值模拟

建于大风区或强风区的桥梁，受到风力的激扰会产生强烈的振动，这不仅会影响到桥上运行列车的振动性能，桥梁自身受到的风压和其所承受的列车风压也使得桥梁受到的侧向荷载明显增大。同时，高速运行的列车在强劲的横向风压作用下，所受到的气动力和力矩改变了其原有的振动特性，因而增加了发生倾覆、脱轨的危险。此外，风对桥梁/列车产生作用的同时也会受到桥梁/列车运动的影响。这些因素相互耦合作用，就形成了风-车-桥动力相互作用系统。对强风作用下车桥耦合振动系统进行综合研究，以便对桥梁的动力性能和桥上高速运行列车的走行性做出分析和评估，确定它们在各种状态下的使用可靠性，是合理进行桥梁设计的工程实际需要，对于承受移动荷载的铁路桥梁的抗风设计，具有十分重要的理论和工程意义。

对风荷载作用下列车-桥梁时变系统进行研究时，一般是先建立车桥系统动力分析模型，将紊流风速时间序列作为系统的激励输入，在时域内用计算机模拟的方法求解。在缺乏实测风速数据时，往往需要采用模拟的风速序列作为输入。为保证计算结果的合理性，就要求所模拟出的人工紊流风序列尽可能地接近和满足自然风的特性。随机风速场的模拟有很多方法，下面介绍 4 种常用的数值方法。

6.1.1　谱表示法

谱表示法是一种将风速场视为由一系列谐波构成的，应用快速傅里叶变换（FFT）技术对这一系列谐波（正弦或余弦波）进行叠加计算，生成数字随机风速场的方法。该方法理论简单清晰，可以得到无条件稳定的高精度模拟结果。本节介绍两种谱表示法。

1. 特征正交分解型谱表示法

设风场中 N 个空间点的风速向量可表示为随机序列 $\boldsymbol{V}(t)=[v_1(t)，v_2(t)，\cdots，v_N(t)]^{\mathrm{T}}$，它是由 N 个部分相关的零均值平稳随机过程 $v_j(t)(j=1，2，\cdots，N)$ 组成的。$\boldsymbol{S}_{\mathrm{VV}}(\omega)$ 为 $\boldsymbol{V}(t)$ 的功率谱密度矩阵，可表示为

$$\boldsymbol{S}_{\mathrm{VV}}(\omega)=\begin{bmatrix} S_{11}(\omega) & \cdots & S_{1N}(\omega) \\ \vdots & \ddots & \vdots \\ S_{N1}(\omega) & \cdots & S_{NN}(\omega) \end{bmatrix} \tag{6.1}$$

$$S_{ij}(\omega)=S_{v_i v_j}(\omega)=\sqrt{S_{v_i}(\omega)S_{v_j}(\omega)} \cdot \gamma(i,j；\omega) \tag{6.2}$$

式中，$\gamma(i,j；\omega)$ 为 v_i 和 v_j 间的相关函数；对于脉动风速时程，$\boldsymbol{S}_{\mathrm{VV}}(\omega)$ 是一个半正定的 Hermite 矩阵，它有 N 个互异的特征值 $\eta_1(\omega)，\eta_2(\omega)，\cdots，\eta_N(\omega)$，均为正实数；对应的 N 个特征向量 $\boldsymbol{\varphi}_1(\omega)，\boldsymbol{\varphi}_2(\omega)，\cdots，\boldsymbol{\varphi}_N(\omega)$，亦全为实数。

设特征向量满足对谱矩阵 $\boldsymbol{S}_{\mathrm{VV}}(\omega)$ 的正交化条件，即

$$\boldsymbol{\varphi}_i^{\mathrm{T}}(\omega)\boldsymbol{\varphi}_j(\omega)=\delta_{ij} \tag{6.3}$$

$$\boldsymbol{\varphi}_i^{\mathrm{T}}(\omega)\boldsymbol{S}_{\mathrm{VV}}(\omega)\boldsymbol{\varphi}_j(\omega)=\delta_{ij}\eta_j(\omega) \tag{6.4}$$

$\boldsymbol{S}_{\mathrm{VV}}(\omega)$ 的特征值分解可写为

$$\boldsymbol{S}_{\mathrm{VV}}(\omega)=\sum_{i=1}^{N}\boldsymbol{\varphi}_i(\omega)\eta_i(\omega)\boldsymbol{\varphi}_i^{\mathrm{T}}(\omega)=\boldsymbol{\Phi}(\omega)\boldsymbol{\Lambda}(\omega)\boldsymbol{\Phi}^{\mathrm{T}}(\omega) \tag{6.5}$$

式中，$\boldsymbol{\Phi}(\omega)=[\varphi_1(\omega)，\varphi_2(\omega)，\cdots，\varphi_N(\omega)]$ 为 $\boldsymbol{S}_{\mathrm{VV}}(\omega)$ 的振型矩阵，$\boldsymbol{\Lambda}(\omega)=\mathrm{diag}[\eta_1(\omega)，\eta_2(\omega)，\cdots，\eta_N(\omega)]$ 为特征值矩阵。

令 $\boldsymbol{Y}(t)$ 为一个具有 N 个分量的随机向量过程，各分量过程 $y_j(t)(j=1，2，\cdots，N)$ 互不相关，$\boldsymbol{Y}(\omega)$ 为其对应的 Fourier 变换，其功率谱密度矩阵为

$$\boldsymbol{S}_{\mathrm{YY}}(\omega)=\boldsymbol{\Lambda}(\omega) \tag{6.6}$$

代入式（6.5）得

$$\boldsymbol{S}_{\mathrm{VV}}(\omega)=\boldsymbol{\Phi}(\omega)\boldsymbol{S}_{\mathrm{YY}}(\omega)\boldsymbol{\Phi}^{\mathrm{T}}(\omega) \tag{6.7}$$

设 $\boldsymbol{V}(\omega)$ 为 $\boldsymbol{V}(t)$ 的 Fourier 变换，则 $\boldsymbol{V}(\omega)$ 可写为

$$\boldsymbol{V}(\omega)=\boldsymbol{\Phi}(\omega)\boldsymbol{Y}(\omega)=\sum_{i=1}^{N}\boldsymbol{\varphi}_i(\omega)\boldsymbol{Y}(\omega) \tag{6.8}$$

上式即为平稳随机向量过程 $\boldsymbol{V}(t)$ 的特征正交分解的强形式，又称为谱特征变换。实际上，式（6.8）是基于对矩阵 $\boldsymbol{S}_{VV}(\omega)$ 的特征值分解，它将随机向量过程 $\boldsymbol{V}(t)$ 在频域分解为各振型以各阶谱主坐标为权的加权和。

谱特征变换的特征值表示了对应振型包含振动能量的大小，若按特征值降序排列对应的振型，可得到特征对

$$[\eta_k(\omega);\varphi_k(\omega)] \quad (k=1,2,\cdots,n;\ \eta_1\geqslant\eta_2\geqslant\cdots\geqslant\eta_n) \tag{6.9}$$

类似于结构动力学的振型分解法，若前 N_s 阶振型的能量足够大，取前 N_s 阶振型就能包含绝大部分的能量，采用模态截断技术近似表示出的 $\boldsymbol{S}_{VV}(\omega)$ 即可获得足够的精度，即

$$\boldsymbol{S}_{VV}(\omega) = \sum_{k=1}^{N_s} \boldsymbol{\varphi}_k(\omega)\eta_k(\omega)\boldsymbol{\varphi}_k^{\mathrm{T}}(\omega) \tag{6.10}$$

此时，$\boldsymbol{V}(\omega)$ 可相应表示为

$$\boldsymbol{V}(\omega) = \sum_{k=1}^{N_s} \boldsymbol{\varphi}_k(\omega)\boldsymbol{Y}(\omega) \tag{6.11}$$

对于各种不同的实际情况，所需的振型数目 N_s 并不相同，当 $N_s \ll N$ 时（$N_s=1$ 的情况也较常见），式（6.11）的计算将会非常简便。

将特征正交分解与谱表示法相结合，并将频率区间 $[\omega_0,\omega_u]$ 以步长 $\Delta\omega=(\omega_u-\omega_0)/M$ 离散为 M 等份，可得到实用的特征正交分解谱表示法的模拟公式

$$\boldsymbol{V}(t) = \sum_{k=1}^{N_s} \sum_{l=1}^{M} 2\sqrt{\Delta\omega}\sqrt{\eta_k(\omega_l)}\varphi_k(\omega_l)\cos(\omega_l t + \theta_{kl}) \tag{6.12}$$

式中，θ_{kl} 为独立的在 $[0,2\pi]$ 间均匀分布的随机相位角；$\omega_l=(l-1)\Delta\omega$。采用 FFT（快速 Fourier 变换）算法可以提高该模拟方法的计算速度。

2. 基于显式 Cholesky 分解的方法

Cao 等（2000）提出了一种基于显式 Cholesky 分解的快速谱分析法，成功地将目标随机过程谱密度矩阵分解为一种确定性代数公式的形式，之后再应用 IFFT（快速 Fourier 逆变换）技术进行计算。这种方法不需要迭代，可以大大减少计算工作量。

根据 Cholesky 分解法，式（6.1）的功率谱密度矩阵可以分解为

$$\boldsymbol{S}(\omega) = \boldsymbol{H}(\omega)\boldsymbol{H}^{\mathrm{T}}(\omega) \tag{6.13}$$

$$\boldsymbol{H}(\omega) = \begin{bmatrix} H_{11}(\omega) & 0 & \cdots & 0 \\ H_{21}(\omega) & H_{22}(\omega) & \cdots & 0 \\ \vdots & \vdots & \ddots & \vdots \\ H_{n1}(\omega) & H_{n2}(\omega) & \cdots & H_{nn}(\omega) \end{bmatrix} \tag{6.14}$$

式中，$\boldsymbol{H}(\omega)$ 矩阵是自功率谱密度矩阵 $\boldsymbol{S}(\omega)$ 的 Cholesky 分解式；$H_{jm}(\omega_{mk})$ 是

$H(\omega)$ 矩阵中的典型元素。

当模拟桥梁的风荷载时，作用于各节点风速序列可视为一维的高斯随机过程 $f_j(t)$，其表达式为

$$f_j(t)=\Omega\sum_{m=1}^{j}\sum_{k=1}^{N_f}\mid H_{jm}(\omega_{mk})\mid\cos(\omega_{mk}t-\theta_{jm}(\omega_{mk})+\varphi_{mk}),\quad(j=1,2,\cdots,n_1)$$

(6.15)

式中，$\Omega=\sqrt{2(\Delta\omega)}$，$N_f$ 是频谱中频率区间 $\Delta\omega$ 的总数；n_1 是风速场模拟点的点数总和；φ_{mk} 是在 $[0,2\pi]$ 区间内均匀分布的随机变量。

对自功率谱密度矩阵进行数学运算，可以得到

$$\boldsymbol{H}(\omega)=\sqrt{\boldsymbol{S}(\omega)}\,\boldsymbol{G}(\omega)$$

(6.16)

式中，$\boldsymbol{G}(\omega)$ 是不同风速点之间的相关系数矩阵，可表示为

$$\boldsymbol{G}(\omega)=\begin{bmatrix}1 & 0 & 0 & 0 & \cdots & 0\\ C & \sqrt{1-C^2} & 0 & 0 & \cdots & 0\\ C^2 & C\sqrt{1-C^2} & \sqrt{1-C^2} & 0 & \cdots & 0\\ C^3 & C^2\sqrt{1-C^2} & C\sqrt{1-C^2} & \sqrt{1-C^2} & \cdots & 0\\ \vdots & \vdots & \vdots & \vdots & \ddots & \vdots\\ C^{n-1} & C^{n-2}\sqrt{1-C^2} & C^{n-3}\sqrt{1-C^2} & C^{n-4}\sqrt{1-C^2} & \cdots & \sqrt{1-C^2}\end{bmatrix}$$

(6.17)

也可用显式的代数表达式写成

$$G_{jm}(\omega)=\begin{cases}0 & (1\leqslant j<m\leqslant n_1)\\ C^{\mid j-m\mid} & (m=1,m\leqslant j\leqslant n_1)\\ C^{\mid j-m\mid}\sqrt{1-C^2} & (2\leqslant m\leqslant j\leqslant n_1)\end{cases}$$

(6.18)

$$C=\exp\left(-\frac{\lambda\omega_{mk}d}{2\pi\overline{U}(z)}\right)$$

(6.19)

$$\omega_{mk}=(k-1)\Delta\omega+\frac{m}{n}\Delta\omega\quad(k=1,2,\cdots,N)$$

(6.20)

式中，λ 是无量纲的衰减因子，取值范围为 $7\sim10$；$\overline{U}(z)$ 是主梁高度处的平均风速；d 是模拟风速点的水平间距，则任意两点 j、m 间的水平距离为 $\Delta_{jm}=d\mid j-m\mid$。

将式（6.16）代入式（6.15）中，可以得到

$$f_j(t)=\Omega\sum_{m=1}^{j}\sum_{k=1}^{N_f}\sqrt{S_u(\omega_{mk})}\,G_{jm}(\omega_{mk})\cos(\omega_{mk}t+\varphi_{mk}),\quad(j=1,2,\cdots,n_1)$$

(6.21)

根据上式，桥梁第 j 个节点的横桥向水平和竖桥向垂直风速分量的时程 $u_j(t)$ 和 $w_j(t)$ 可以表示为

$$u_j(t) = \sqrt{2\Delta\omega} \sum_{m=1}^{j} \sum_{k=1}^{N} \sqrt{S_u(\omega_{mk})} G_{jm}(\omega_{mk}) \cos(\omega_{mk}t + \varphi_{mk}) \quad (6.22a)$$

$$w_j(t) = \sqrt{2\Delta\omega} \sum_{m=1}^{j} \sum_{k=1}^{N} \sqrt{S_w(\omega_{mk})} G_{jm}(\omega_{mk}) \cos(\omega_{mk}t + \varphi_{mk}) \quad (6.22b)$$

为了在模拟过程中采用 FFT 技术和风速时程模拟公式，以水平风速为例，可将式（6.22a）改写成

$$u_j(p\Delta t) = \mathrm{Re}\left\{ \sum_{m=1}^{j} h_{jm}(q\Delta t) \exp\left[\mathrm{i}\left(\frac{m\Delta\omega}{n}\right) p\Delta t \right] \right\} \quad (6.23)$$

式中，$p = 0, 1, \cdots, M \times n - 1$；$q = 0, 1, \cdots, 2N - 1$；$M \geqslant 2N$；$j = 1, 2, \cdots, n$；$h_{jm}(q\Delta t)$ 由下式确定

$$h_{jm}(q\Delta t) = \sum_{k=0}^{2N-1} B_{jm}(k\Delta\omega) \exp\left[\mathrm{i}(k\Delta\omega)(q\Delta t) \right] \quad (6.24)$$

$$B_{jm}(k\Delta\omega) = \begin{cases} \sqrt{2\Delta\omega S_u(\omega)} G_{jm}\left(k\Delta\omega + \dfrac{m\Delta\omega}{n}\right) \exp(\mathrm{i}\varphi_{mk}) & (0 \leqslant k < N) \\ 0 & (N \leqslant k < 2N-1) \end{cases}$$

$$(6.25)$$

容易看出，$h_{jm}(q\Delta t)$ 是 $B_{jm}(k\Delta\omega)$ 的 Fourier 逆变换。

6.1.2　线性滤波法

线性滤波法是一种人工生成随机序列的方法，它将均值为零的白噪声序列通过滤波器输出为具有指定谱特征的高斯随机过程。近年来，线性滤波器法中广泛采用自回归滑动平均（auto regressive move average，ARMA）模型和自回归（auto regressive，AR）模型来描述平稳随机过程，取得了良好效果。本节将介绍采用 AR 模型生成风速序列的方法。

在满足工程计算精度的前提下，可对风速时程模拟作以下假定：

① 任意一点处平均风速不随时间改变；

② 脉动风速时程是各态历经、零均值平稳随机过程；

③ 各点风速时程间具有空间相关性；

④ 不同高度处的脉动风速同相，即它们的互相关函数矩阵是偶对称的。

风速时程本质上是随机时间序列，桥梁作为大尺度的线形空间结构，其风速时程可用多维 AR 模型模拟。设有 m 个模拟风速点，其相关脉动风速时程 $\mathbf{v}(\mathbf{X}, \mathbf{Y}, \mathbf{Z}, t) = [v_1(x_1, y_1, z_1, t) \ v_2(x_2, y_2, z_2, t) \ \cdots \ v_m(x_m, y_m, z_m, t)]$ 可由下式生成

$$v(\boldsymbol{X}, \boldsymbol{Y}, \boldsymbol{Z}, t) = -\sum_{k=1}^{p} \boldsymbol{\varphi}_k v(\boldsymbol{X}, \boldsymbol{Y}, \boldsymbol{Z}, t - k \cdot \Delta t) + \boldsymbol{N}(t) \qquad (6.26)$$

式中，$\boldsymbol{X} = [x_1, x_2, \cdots, x_m]^{\mathrm{T}}$，$\boldsymbol{Y} = [y_1, y_2, \cdots, y_m]^{\mathrm{T}}$，$\boldsymbol{Z} = [z_1, z_2, \cdots, z_m]^{\mathrm{T}}$，其中 (x_i, y_i, z_i) 为空间第 i 点坐标，$i = 1, 2, 3, \cdots, m$；p 为 AR 模型阶数；Δt 是模拟风速时程的时间步长；$\boldsymbol{\varphi}_k$ 为 AR 模型自回归系数矩阵，为 $m \times m$ 阶方阵，$k = 1, 2, \cdots, p$；$\boldsymbol{N}(t)$ 为零均值的具有给定方差的独立随机过程。

为了方便起见，将 $v(\boldsymbol{X}, \boldsymbol{Y}, \boldsymbol{Z}, t)$ 简写为 $v(t)$，式（6.26）两边同时右乘 $v^{\mathrm{T}}(t - j \cdot \Delta t)$，得

$$v(t)v^{\mathrm{T}}(t - j \cdot \Delta t) = -\sum_{k=1}^{p} \boldsymbol{\varphi}_k v(t - k \cdot \Delta t) v^{\mathrm{T}}(t - j \cdot \Delta t) + \\ \boldsymbol{N}(t) v^{\mathrm{T}}(t - j \cdot \Delta t) \qquad (6.27)$$

式中，$j = 0, 1, 2, \cdots, p$。

对上式两边同时取数学期望，考虑到 $\boldsymbol{N}(t)$ 的均值为 0，独立于随机过程 $v(t)$，并结合自相关函数的性质，经过数学变换可以得到相关函数 $\boldsymbol{R}(j \cdot \Delta t)$ 与自回归系数 $\boldsymbol{\varphi}_k$ 之间的关系如下

$$\boldsymbol{R}(j \cdot \Delta t) = -\sum_{k=1}^{p} \boldsymbol{\varphi}_k \boldsymbol{R}[(j - k) \cdot \Delta t], \quad j = 1, 2, \cdots, p \qquad (6.28)$$

$$\boldsymbol{R}(0) = -\sum_{k=1}^{p} \boldsymbol{\varphi}_k \boldsymbol{R}(k \cdot \Delta t) + \boldsymbol{R}_N \qquad (6.29)$$

写成矩阵形式，有

$$\boldsymbol{R}\boldsymbol{\varphi} = \begin{bmatrix} \boldsymbol{R}_N \\ \boldsymbol{O}_p \end{bmatrix} \qquad (6.30)$$

式中，$\boldsymbol{\varphi}_{(p+1)m \times m} = [\boldsymbol{I} \ \ \boldsymbol{\varphi}_1 \ \ \boldsymbol{\varphi}_2 \ \ \cdots \ \ \boldsymbol{\varphi}_p]^{\mathrm{T}}$，$\boldsymbol{I}$ 为 m 阶单位矩阵；$\boldsymbol{R}_N$ 为 $m \times m$ 阶协方差矩阵；$\boldsymbol{O}_p$ 为 $pm \times m$ 阶矩阵，其元素全部为零；$\boldsymbol{R}$ 为 $(p+1)m \times (p+1)m$ 阶自相关 Toeplitz 矩阵，写成分块矩阵的形式，则有

$$\boldsymbol{R} = \begin{bmatrix} \boldsymbol{R}_{11}(0) & \boldsymbol{R}_{12}(\Delta t) & \boldsymbol{R}_{13}(2\Delta t) & \cdots & \boldsymbol{R}_{1(p+1)}(p\Delta t) \\ \boldsymbol{R}_{21}(\Delta t) & \boldsymbol{R}_{22}(0) & \boldsymbol{R}_{23}(\Delta t) & \cdots & \boldsymbol{R}_{2(p+1)}[(p-1)\Delta t] \\ \boldsymbol{R}_{31}(2\Delta t) & \boldsymbol{R}_{32}(\Delta t) & \boldsymbol{R}_{33}(0) & \cdots & \boldsymbol{R}_{3(p+1)}[(p-2)\Delta t] \\ \vdots & \vdots & \vdots & \ddots & \vdots \\ \boldsymbol{R}_{(p+1)1}(p\Delta t) & \boldsymbol{R}_{(p+1)2}[(p-1)\Delta t] & \boldsymbol{R}_{(p+1)3}[(p-2)\Delta t] & \cdots & \boldsymbol{R}_{(p+1)(p+1)}(0) \end{bmatrix}$$

$$(6.31)$$

式中，$\boldsymbol{R}_{st}(j\Delta t)$ 是 $m \times m$ 阶方阵；$s = 1, 2, \cdots, p+1$；$t = 1, 2, \cdots, p+1$；$j = 0, 1, 2, \cdots, p$；$\boldsymbol{R}_{st}(j\Delta t)$ 矩阵中的值可由 Wiener-Khintchine 公式确定

$$R_{ih}(\tau) = \int_0^\infty S_{ih}(f) \cos(2\pi f \cdot \tau) \mathrm{d}f \qquad (6.32)$$

式中，f 为脉动风速频率，Hz；当 $i=h$ 时，$S_{ih}(f)$ 为脉动风速自谱密度函数；当 $i \neq h$ 时，$S_{ih}(f)$ 为脉动风速互谱密度函数，可由脉动风速自谱密度函数 $S_{ii}(f)$ 和相关性函数 $r_{ih}(f)$ 确定；$i=1,2,3,\cdots,m$；$h=1,2,3,\cdots,m$。

风场中，不同点风速的互功率谱 $S_{ih}(f)$ 可以写为

$$S_{ih}(f)=\sqrt{S_{ii}(f)S_{hh}(f)} \cdot r_{ih}(f) \cdot \exp[\mathrm{i}\theta(f)] \tag{6.33}$$

式中，$\theta(f)$ 是对应不同频率 f 的相位角，根据风速时程模拟的假设，$\theta(f)=0$。

对于侧向和竖向尺寸较大的结构，例如高桥墩桥梁结构，Davenport 建议的空间相关系数 $r(f)$ 为

$$r_{ih}(f)=\exp\left[-\frac{2f\sqrt{C_z^2(z_i-z_h)^2+C_x^2(x_i-x_h)^2}}{\overline{v}(z_i)+\overline{v}(z_h)}\right] \tag{6.34}$$

式中，$\overline{v}(z_i)$ 和 $\overline{v}(z_h)$ 分别表示第 i 点和第 h 点的平均风速；(x_i,z_i) 和 (x_h,z_h) 分别为空间点 i 和 h 的坐标，$i=1,2,3,\cdots,m$，$h=1,2,3,\cdots,m$；C_x 和 C_z 分别表示空间任意两点沿 x、z 方向的衰减系数，一般通过试验确定，有文献（Simiu et al, 1996）建议取 $C_x=16$、$C_z=10$。

独立随机过程向量 $\boldsymbol{N}(t)$ 可写为

$$\boldsymbol{N}(t)=\boldsymbol{L}\boldsymbol{n}(t) \tag{6.35}$$

式中，$\boldsymbol{n}(t)=[n_1(t) \quad n_2(t) \quad \cdots \quad n_m(t)]^\mathrm{T}$，$n_i(t)$ 为均值是 0、方差为 1 且相互独立的正态随机过程，$i=1,2,3,\cdots,m$；$\boldsymbol{L}$ 为 m 阶下三角矩阵，可通过对 $m\times m$ 阶协方差矩阵 $\boldsymbol{R}_N$ 的 Cholesky 分解确定

$$\boldsymbol{R}_N=\boldsymbol{L}\boldsymbol{L}^\mathrm{T} \tag{6.36}$$

自回归模型的阶次 p 是自回归模型的一个重要参数，低阶的 AR 模型即可较好地模拟随机脉动风速时程。

AR 模型阶数的确定方法有几种，如 SVD 矩阵奇异值分解（singular value decomposition，）定阶法、FPE 最小预测定误差阶准则（final prediction error criterion，）法、AIC 信息准则（akaike information theoretic criterion）法、MDL 定阶法及 CAT 定阶法等。其中，AIC 和 FPE 方法应用较为广泛。这里以 AIC 信息准则法为例进行说明。这一准则是将极大似然原理应用于时间序列的统计假设试验而得出的，AIC 是阶次 p 的函数，其表达式为

$$\mathrm{AIC}(p)=\lg(\hat{\sigma}_p^2)+\frac{2p}{t} \tag{6.37}$$

最优阶次 p 的选择应使式（6.37）为最小值，即从 AR（1）开始建立 p 个模型 AR(1)，AR(2)，$\cdots$，AR(p)，计算各个模型的 AIC 值，比较两个相邻模型间 AIC 值的大小，若 AR（$p-1$）与 AR(p) 的 AIC 差值变化不显著，即小于某一给定的阈值时，则可确定模型的阶数为 p。

6.1.3　小波模拟

小波分析方法在时域和频域中都有较好的局部化特征，即可以考虑随机风场的局部相似性，特别适用于随机场样本的局部求解。与 Fourier 变换中比较单一的频域分析不同，小波分析在时频分析中的小波基可以使用任何与实际信号有联系的函数族的线性组合。

设 $f(t)$ 为一个平方可积函数，也即 $f(t) \in L^2(\boldsymbol{R})$，$L^2(\boldsymbol{R})$ 为平方可积的函数空间，而 $\psi(t) \in L^2(\boldsymbol{R})$，如果 $\psi(t)$ 的 Fourier 变换 $\psi(\omega)$ 满足条件

$$\int_{\boldsymbol{R}} \frac{|\psi(\omega)|^2}{\omega} \mathrm{d}\omega < \infty \qquad (6.38)$$

则称 $\psi(t)$ 为基本小波或母小波。定义

$$w_f(a,b) = |a|^{-1/2} \int_{\boldsymbol{R}} f(t) \psi\left(\frac{t-b}{a}\right) \mathrm{d}t = \quad <f(t), \psi_{a,b}(t)> \qquad (6.39)$$

为 $f(t)$ 的连续小波变换。式中，a 为尺度因子，b 为平移因子；a，$b \in \boldsymbol{R}$，$a \neq 0$，$<x，y>$ 代表内积。$\psi_{a,b}(t)$ 为连续小波基函数，它是由同一母小波 $\psi(t)$ 经过伸缩和平移后得到的一组函数序列，即

$$\psi_{a,b}(t) = |a|^{-1/2} \psi\left(\frac{t-b}{a}\right) \qquad (6.40)$$

因为风速时程都为离散函数，所以应对小波加以离散化。在数值离散计算中最常用的是二进制的采样网格，每个网格点对应的尺度为 2^j，平移量为 $2^j k$ 的小波称为二进小波，即

$$\psi_{j,k}(t) = 2^{-j/2} \psi(2^{-j}t - k)，\quad (j,k \in \boldsymbol{Z}) \qquad (6.41)$$

式中，$\psi(t)$ 为支撑在区间 $[0, 2M-1]$ 上的母小波函数。小波变换中有两个重要函数，即小波函数 $\psi(t)$ 和尺度函数 $\phi(t)$（又称为父小波），它们之间的关系为

$$\begin{cases} \psi(t) = \sqrt{2} \sum_{k=0}^{2M-1} g_{k+1} \phi(2t-k) \\ \varphi(t) = \sqrt{2} \sum_{k=0}^{2M-1} h_{k+1} \phi(2t-k) \end{cases} \qquad (6.42)$$

上式称为双尺度方程，其中 g_k 和 h_k 为适当的常数。于是可以得到 $f(t)$ 由小波函数和尺度函数定义的完整小波展开式

$$f(t) = \sum_{k=-\infty}^{+\infty} c_{k,J} \phi_{J,k}(t) + \sum_{j=-\infty}^{J} \sum_{k=-\infty}^{+\infty} d_{k,j} \psi_{j,k}(t) \qquad (6.43)$$

式中，$c_{k,J} = \int_{-\infty}^{+\infty} f(t) \phi_{J,k}(t) \mathrm{d}t$ 是 $f(t)$ 的尺度系数，$d_{k,j} = \int_{-\infty}^{+\infty} f(t) \psi_{j,k}(t) \mathrm{d}t$ 是

$f(t)$ 的小波系数。

基于小波方法模拟随机脉动风场的步骤如下：

① 根据所选择的功率谱密度函数，利用 Fourier 逆变换计算自相关函数 $R_f(t)$。

② 选择小波基。对于大多数工程中遇到的 $R_f(t)$ 而言，消失矩（vanishing moments）为 3 的 Daubechies（db3）小波即能够满足要求。

③ 根据拟模拟时程所需的样本数据量，初步确定分解的层数及所取自相关函数的数据量，计算各尺度上的相关参数。

④ 计算最粗糙尺度上的尺度系数估计值 $c_{k,j}$。

⑤ 计算相应尺度上的小波系数 $d_{k,j}$。

⑥ 由所得到的尺度系数和小波系数，利用重构算法式计算更精确尺度上的尺度系数估计值 $c_{k,J-1}$。

⑦ 重复第⑤步和第⑥步，直至重构到所设定的最精确尺度，并对所得时程样本进行验证。

6.1.4 基于观测数据的风场模拟

设 $X_0(t)$ 是时间段 T_0 内的观测记录，$X_0(\omega)$ 为 $X_0(t)$ 的 Fourier 变换，即

$$X_0(t) = \frac{1}{2\pi} \int_{-\infty}^{+\infty} X_0(\omega) \exp(i\omega t) d\omega \tag{6.44}$$

$$X_0(\omega) = \int_{-\infty}^{+\infty} X_0(t) \exp(-i\omega t) dt \tag{6.45}$$

当 $\mathrm{Re}[X_0(\omega)] \neq 0$ 时，$X_0(\omega)$ 的相位角 $z_0(\omega)$ 可表示为

$$\zeta_0(\omega) = -\zeta_0(-\omega) = \arctan\{\mathrm{Im}[X_0(\omega)]/\mathrm{Re}[X_0(\omega)]\} \tag{6.46}$$

式中，$\mathrm{Re}[X_0(\omega)] = \mathrm{Re}[X_0(-\omega)]$ 为 $X_0(\omega)$ 的实部，$\mathrm{Im}[X_0(\omega)] = \mathrm{Im}[X_0(-\omega)]$ 为 $X_0(\omega)$ 的虚部。

当 $\mathrm{Re}[X_0(\omega)] = 0$ 时，$X_0(\omega)$ 的相位角 $\zeta_0(\omega)$ 可表示为

$$\zeta_0(\omega) = \pm \pi/2 + 2k\pi \quad (k = 0, \pm1, \pm2, \cdots) \tag{6.47}$$

通过变换，$X_0(\omega)$ 和 $X_0(t)$ 可写为

$$X_0(\omega) = |X_0(\omega)| \exp[i\zeta_0(\omega)] \tag{6.48}$$

$$X_0(t) = \frac{1}{2\pi} \int_{-\infty}^{+\infty} |X_0(\omega)| \exp\{i[\omega t + \zeta_0(\omega)]\} d\omega \tag{6.49}$$

式中，$|X_0(\omega)| = |X_0(-\omega)| = X_0(t)$ 的 Fourier 谱。

在观测记录 $X_0(t)$ 的基础上，构造一个非平稳随机过程 $X(t)$ 如下：

$$X(t) = \frac{1}{2\pi} \int_{-\infty}^{+\infty} |X_0(\omega)| \exp\{i[\omega t + \zeta_0(\omega) + \varphi(\omega)]\} d\omega \tag{6.50}$$

用样本函数 $X^{(k)}(t)$ 的形式写为

$$X^{(k)}(t) = \frac{1}{2\pi}\int_{-\infty}^{+\infty}|X_0(\omega)|\exp\{i[\omega t + \zeta_0(\omega) + \varphi^{(k)}(\omega)]\}\,d\omega \qquad (6.51)$$

式中，$\varphi^{(k)}(\omega)$ 为随机过程 $\varphi(\omega)$ 对应 ω 的第 k 个样本函数。

比较上面的几个式子，$X^{(k)}(t)$ 的相位角 $\zeta^{(k)}(\omega)$ 可以表示为

$$\zeta^{(k)}(\omega) = \zeta_0(\omega) + \varphi^{(k)}(\omega) \qquad (6.52)$$

选择下面的形式表达 $\varphi(\omega)$

$$\varphi(\omega) = \Phi \cdot \mathrm{sgn}(\omega) \qquad (6.53)$$

式中，$\mathrm{sgn}(\omega)$ 为符号函数；Φ 为随机变量，其样本函数 $\varphi^{(k)}(\omega)$ 可表示为

$$\varphi^{(k)}(\omega) = \Phi^{(k)} \cdot \mathrm{sgn}(\omega) \qquad (6.54)$$

式中，$\varphi^{(k)}$ 为 Φ 的一个样本值。

根据式 (6.50)，模拟过程 $X(t)$ 的 Fourier 逆变换可表示为

$$X(\omega) = |X_0(\omega)|\exp\{i[\zeta_0(\omega) + \varphi(\omega)]\} = X_0(\omega)\exp[i\varphi(\omega)] \qquad (6.55)$$

假定 φ 服从均匀分布，密度函数为

$$f_\varphi(x) = \begin{cases} 1/2a & (\mu - a \leqslant x \leqslant \mu + a) \\ 0 & （其他） \end{cases} \qquad (6.56)$$

式中，μ 为期望值；$2a$ 为分布宽度。

将式 (6.50) 改写成如下形式

$$X(t) \approx \sqrt{2}\sum_{k=1}^{n}\sqrt{S_1(\omega_k)\Delta\omega}\cos[\omega_k t + \varphi(\omega_k)] \qquad (6.57)$$

式中，$S_1(\omega) = 2S_0(\omega)$ 为单侧功率谱密度；$\omega_k = k\Delta\omega$，$\omega_n = n\Delta\omega$ 为上截止频率。

因 $\zeta_0(\omega) + \varphi(\omega)$ 是 ω 的奇函数，式 (6.50) 可重写为

$$X(t) = \frac{1}{\pi}\int_0^{\infty}|X_0(\omega)|\cos[\omega t + \zeta_0(\omega) + \Phi]\,d\omega \qquad (6.58)$$

或者等价于

$$X(t) = X_0(t)\cos\Phi - \hat{X}_0(t)\sin\Phi \qquad (6.59)$$

其中，

$$X_0(t) = \frac{1}{\pi}\int_0^{\infty}|X_0(\omega)|\cos[\omega t + \zeta_0(\omega)]\,d\omega \qquad (6.60)$$

$$\hat{X}_0(t) = \frac{1}{\pi}\int_0^{\infty}|X_0(\omega)|\sin[\omega t + \zeta_0(\omega)]\,d\omega \qquad (6.61)$$

式中，$\hat{X}_0(t)$ 是观测记录 $X_0(t)$ 的 Hilbert 变换。

6.2　风屏障对桥梁周围风流场的影响分析

为了提高强风区桥梁的通行能力，保障桥上列车运行安全，一方面可以通过

改进结构设计参数提高其抗风性能，另一方面也可以通过设置风屏障降低作用于列车上的风荷载，或者使荷载不发生突变（Dierickx et al，2001；Strukelj et al，2005；Procino et al，2008；唐煜，2010；Kim et al，2011；Kwon et al，2011；Li et al，2013；Zhang et al，2013；Guo et al，2014，2015）。日本新干线的经验表明，设置风屏障后，在同样风速的情况下，可以减少停运次数，提高车速，大大降低车辆倾覆的风险（Noguchi et al，2000）。

当列车通过桥梁时，其所受到的风荷载不仅取决于风速大小，而且与桥梁、车辆自身及风屏障的结构外形有关。正确计算车桥系统风荷载对桥梁结构设计和列车运行安全至关重要。然而，目前我国规范中规定的桥梁风荷载为桥梁单独存在时所受到的风荷载（JTG/T D60-01，2004；TB 10621，2015），对车辆也是如此，并未考虑车辆-桥梁作为组合体共同存在时对各自气动特性的影响。已有研究表明，车桥共同存在时可能会增大各自的气动力系数（Cai et al，2004；Xu et al，2004a，2004b，2006；Li et al，2005；Guo et al，2007，2010；Li et al，2014；岳澄 等，2007）。此外，在桥上设置风屏障也会影响风场，增大紊流效应，使桥梁结构周围风场更加复杂。

本节首先介绍几种在桥上设置的风屏障的结构形式，然后基于计算流体力学理论，借助 Fluent 软件平台，研究自然风流经风屏障后的风场衰减特性，对风屏障的防风效果进行评价，并对横风作用下车桥系统气动性能及风屏障的影响进行数值分析。

6.2.1　风屏障的类型

目前，国内外常用的桥梁风屏障有以下 4 种形式。

① 分离式桥梁风屏障。挡风结构采用挡风板与正线桥分离设置的方式。上部结构由钢桁式承重梁与带孔挡风钢板组合而成，侧面以缆索锚固于地面加强。这种结构受力简单，各自功能明确，已成功用于既有南疆线和兰新线铁路桥的防风设计。

② 与梁体连接的栅栏式风屏障。挡风结构由多个薄钢板轧制而成的扇形挡风板组成。扇形挡风板沿线路方向逐块矗立，等间距布置，在扇形挡风板上部沿线路方向设有纵向联系，以增加风屏障协同受力的整体性。目前国内尚未使用此类桥梁风屏障。

③ 与梁体连接的格栅式风屏障。大跨度桥梁上设置的风屏障多为格栅式风屏障，从侧面看有曲线式和直立式，也可分为固定式和活动式。这种风屏障外形美观，透视性好，便于加工、施工及维护，还可与栏杆合在一起，减小风屏障在桥面所占空间，从而大大改善桥梁的空气动力性能。法国米洛大桥采用了这种设

计，如图 6.1 所示。

④ 与梁体连接的板式风屏障。挡风板设于桥梁迎风侧，通过立柱与梁体相连，设挡风板的一侧不再设人行道栏杆。挡风板采用带孔波形钢板，不但可以改变一部分来流风通过挡风板后的风向，还能最大限度地衰减来流风的动能，降低来流风的风速，从而达到挡风的目的。我国的兰新线百里风区，采用的就是与梁体连接的板式风屏障，如图 6.2 所示。

图 6.1　法国米洛大桥：格栅式风屏障　　　　图 6.2　兰新线百里风区：与梁体
　　　　　　　　　　　　　　　　　　　　　　　　　　　　　连接的板式风屏障

6.2.2　基于计算流体动力学理论的风屏障选型

由于自然风的特性、桥梁断面形状的复杂性及自然风通过挡风屏后的不确定性，用数学解析方法难以精确描述风对桥梁的作用。因此，一般的研究方法是采用一定比例的节段模型，通过风洞试验测定桥梁表面风压系数和整体所受到的三分力。但风洞试验具有费用较高、试验周期较长、设备测试复杂、可重复性不强等缺点。从 20 世纪 60 年代发展起来的计算流体动力学（computational fluid dynamics，CFD）的发展则给桥梁风工程提供了一种可能代替风洞试验的研究手段（Versteeg et al，1995；王福军，2004；Teitel，2010）。采用 CFD 方法对桥梁风屏障进行气动选型的流程图如图 6.3 所示。

1. 计算流体动力学理论

计算流体动力学（CFD）是一种通过计算机数值计算和图像显示，对包含流体流动和热传导等相关物理学现象的系统进行分析的学科。CFD 基本思想可以归结为：把原来在时间域及空间域上连续的物理量的场，如速度场和压力场，用一系列有限个离散点上的变量值的集合来代替，通过一定的原则和方式建立起关于这些离散点上场变量之间关系的代数方程组，然后求解代数方程组，获得场变量的近似值（Launder et al，1974；Hagen et al，1981；Wilson，1985；Heisler et

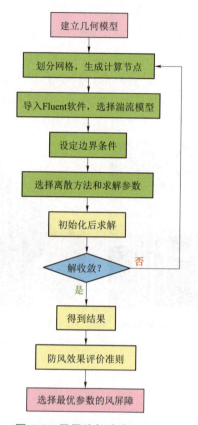

图 6.3　风屏障气动选型流程图

al, 1988; Baetke et al, 1990; Bekele et al, 2002; 李永乐 等, 2009)。

CFD 有多种数值解法, 大体上可分为三个分支: 有限差分法 (finite difference method, FDM)、有限元法 (finite element method, FEM) 和有限体积法 (finite volume method, FVM)。其中, 有限体积法是目前 CFD 应用最广的一种方法, 它将计算区域划分为一系列控制体积, 将待解微分方程对每一个控制体积积分, 得出离散方程。在离散方程的导出过程中, 需要对界面上的被求函数本身及其导数的分布作出某种形式的假定。

流体流动要受物理守恒定律的支配, 基本的守恒定律包括: 质量守恒定律、动量守恒定律、能量守恒定律。当流动处于湍流状态时, 系统还要遵守附加的湍流运输方程。

1) 质量守恒定律

任何流动问题都必须满足质量守恒定律, 即单位时间内流体微元体中质量的增加量等于同一时间间隔内流入该微元体的净质量, 其数学表达式为

$$\frac{\partial \rho}{\partial t}+\frac{\partial(\rho u)}{\partial x}+\frac{\partial(\rho v)}{\partial y}+\frac{\partial(\rho w)}{\partial z}=0 \qquad (6.62)$$

引入矢量符号 $\mathrm{div}(\boldsymbol{a})=\partial a_x/\partial x+\partial a_y/\partial y+\partial a_z/\partial z$，或者用符号 ∇ 表示散度，即 $\nabla\cdot\boldsymbol{a}=\mathrm{div}(\boldsymbol{a})$，则上式可写为

$$\frac{\partial \rho}{\partial t}+\mathrm{div}(\rho\boldsymbol{u})=0 \quad 或 \quad \frac{\partial \rho}{\partial t}+\nabla\cdot(\rho\boldsymbol{u})=0 \qquad (6.63)$$

式中，ρ 为流体密度，t 为时间，$\boldsymbol{u}$ 为速度矢量；u、v 和 w 为 $\boldsymbol{u}$ 在 x、y 和 z 方向上的分量。

2）动量守恒定律

流体也需要遵循动量守恒定律，即微元体中流体的动量对时间的变化率等于外界作用在该微元体上的各种力之和。其数学表达式即为动量守恒方程，也称为运动方程，或 N-S 方程。对于牛顿流体，黏性力 τ 与流体的变形率成比例，于是 N-S 方程的微分形式表达如下：

$$\begin{cases} \dfrac{\partial(\rho u)}{\partial t}+\mathrm{div}(\rho u\boldsymbol{u})=\mathrm{div}[\mu\cdot\mathrm{grad}(u)]-\dfrac{\partial p}{\partial x}+S_u \\[2mm] \dfrac{\partial(\rho v)}{\partial t}+\mathrm{div}(\rho v\boldsymbol{u})=\mathrm{div}[\mu\cdot\mathrm{grad}(v)]-\dfrac{\partial p}{\partial y}+S_v \\[2mm] \dfrac{\partial(\rho w)}{\partial t}+\mathrm{div}(\rho w\boldsymbol{u})=\mathrm{div}[\mu\cdot\mathrm{grad}(w)]-\dfrac{\partial p}{\partial z}+S_w \end{cases} \qquad (6.64)$$

式中，梯度 $\mathrm{grad}(u)=\partial(u)/\partial x+\partial(u)/\partial y+\partial(u)/\partial z$；上述三式亦称作 Navier-Stokes 方程。符号 $S_u=s_x+F_x$、$S_v=s_y+F_y$ 和 $S_w=s_z+F_z$ 是动量守恒方程的广义源项，其中 s_x、s_y 和 s_z 的具体表达式为

$$s_x=\frac{\partial}{\partial x}\left(\mu\frac{\partial u}{\partial x}\right)+\frac{\partial}{\partial y}\left(\mu\frac{\partial v}{\partial x}\right)+\frac{\partial}{\partial z}\left(\mu\frac{\partial w}{\partial x}\right)+\frac{\partial}{\partial x}[\lambda\cdot\mathrm{div}(\boldsymbol{u})]$$

$$s_y=\frac{\partial}{\partial x}\left(\mu\frac{\partial u}{\partial y}\right)+\frac{\partial}{\partial y}\left(\mu\frac{\partial v}{\partial y}\right)+\frac{\partial}{\partial z}\left(\mu\frac{\partial w}{\partial y}\right)+\frac{\partial}{\partial y}[\lambda\cdot\mathrm{div}(\boldsymbol{u})]$$

$$s_z=\frac{\partial}{\partial x}\left(\mu\frac{\partial u}{\partial z}\right)+\frac{\partial}{\partial y}\left(\mu\frac{\partial v}{\partial z}\right)+\frac{\partial}{\partial z}\left(\mu\frac{\partial w}{\partial z}\right)+\frac{\partial}{\partial z}[\lambda\cdot\mathrm{div}(\boldsymbol{u})] \qquad (6.65)$$

一般地，s_x、s_y 和 s_z 均为小量，对于黏性为常数的不可压流体，$s_x=s_y=s_z=0$。

3）能量守恒定律

在流体力学中，能量守恒定律表述为：单位时间内微元体中增加的能量等于在这段时间内进入该微元体的净热量及面力对微元体所做的功之和。以温度 T 为变量的能量守恒方程可表示为

$$\frac{\partial(\rho T)}{\partial t}+\mathrm{div}(\rho\boldsymbol{u}T)=\mathrm{div}\left[\frac{k}{c_p}\cdot\mathrm{grad}(T)\right]+S_T \qquad (6.66)$$

式中，T 为温度；k 为流体的传热系数；S_T 为流体的内热源及由于黏性作用流体机械能转换为热能的部分，有时也称 S_T 为黏性耗散项。

温度 T、密度 ρ 和压力 p 的传热关系为

$$p = p(\rho, T) \tag{6.67}$$

对理想气体有 $p = \rho RT$，其中 R 为摩尔气体常数。

需要说明的是：对于不可压流体的流动，如果热交换量很小可以忽略，可不考虑能量守恒方程。桥梁的外部扰流一般可认为是不可压流，因此在数值计算时通常忽略能量方程。

4）湍流输送方程

湍流是一种高度复杂的三维非稳态、带旋转的不规则流动。在湍流中，流体的各种物理参数，如速度、压力、温度等都随时间与空间发生随机的变化。目前湍流的数值模拟方法主要包括直接数值模拟和非直接数值模拟两大类，具体如图 6.4 所示。下面介绍三种常用方法。

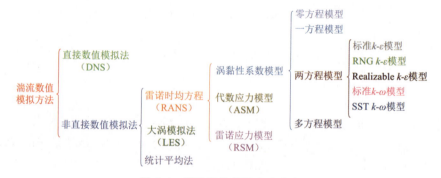

图 6.4　湍流数值模拟方法分类

第一种是直接数值模拟法（direct numerical simulation，DNS）。这是一种用三维非稳态的 Navier-Stokes 方程对湍流进行直接数值计算的方法。对高度复杂的湍流流动进行直接的数值计算时，必须采用很小的时间与空间步长，才能分辨出湍流中详细的空间结构及变化剧烈的时间特性。

第二种是大涡模拟法（large eddy simulation，LES）。这种方法旨在用非稳态的 Navier-Stokes 方程来直接模拟大尺度涡，但不直接计算小尺度涡，小涡对大涡的影响通过近似的模型来考虑。

第三种是应用雷诺时均方程（reynolds-averaging equation）的模拟方法。在这类方法里，将非稳态控制方程对时间作平均，在所得出的关于时均物理量的控制方程中包含了脉动量乘积的时均值等未知量，于是得到方程的个数就小于未知量的个数，而且不可能依靠进一步的时均处理而使控制方程组封闭。要使方程组

封闭，必须做出假设，即建立模型。这种模型把未知的更高阶的时间平均值表示成较低阶的计算中可以确定的量的函数。

应用雷诺时均方程的模拟方法是目前工程界在湍流计算时采用的基本方法，它包括涡黏性系数模型、代数应力模型和雷诺应力模型。涡黏性系数模型又可根据微分方程的个数分为零方程模型、一方程模型、两方程模型和多方程模型，其中尤以两方程模型最为常用。表 6.1 给出了两方程模型的特征描述。

表 6.1　两方程模型特征描述

模型	特　征　描　述
标准 k-ε	基于两个输送方程的模型解出 k 和 ε，默认的模型系数由系统给出，只对高雷诺数的湍流有效；包含黏性热、浮力、压缩性选项
RNG k-ε	标准 k-ε 模型的变形，方程和系数来自解析解，在 ε 方程中改善了模拟高应变流动的能力；用来预测中等强度的旋流和低雷诺数流动
Realizable k-ε	标准 k-ε 模型的变形，用数学约束改善模型性能，能用于预测中等强度的旋流
标准 k-ω	基于两个输送方程的模型解出 k 和 ω，对于有界壁面和低雷诺数流动性能较好，尤其是绕流问题；包含转捩、自由剪切和压缩性选项
SST k-ω	标准 k-ω 的变形，使用混合函数将标准 k-ε 模型和标准 k-ω 模型结合起来，包含转捩和剪切流选项

2. 风屏障的开孔形状和排列形式的确定方法

实际工程中，风屏障的开孔形式有很多，没有相对比较统一的形式。在数值模拟中，不同开孔形式风屏障的模拟方法也有一定的差异。向活跃等（2013）通过风洞试验研究了开孔形状对风屏障挡风性能的影响，对比了圆孔形、正三角形、正方形、长方形及格栅形（见图 6.5）等不同开孔形状下桥梁的气动性能。

研究表明，风屏障的开孔形式对迎风侧车辆的阻力系数和升力系数有一定的影响，对背风侧车辆的三分力系数影响较小；当风屏障开孔为矩形或格栅形时，迎风侧车辆的阻力系数比其他开孔形状时小。

孔洞的排列形式也是影响风屏障后面流场分布的重要因素。常用的孔洞排列形式有均匀分布、上疏下密、上密下疏及其他不规则分布等。有文献（李兆扬，2012）指出，孔洞采用非均匀分布时，挡风栅的阻力系数略小于孔洞均匀分布时，但数值相差不大。为了减小计算工作量，在 CFD 数值模拟时一般采用孔洞均匀分布的风屏障。

在已有的研究中，风屏障的数值模拟方法主要有三种：

① 直接模拟方法。直接建立有孔或者无孔的风屏障模型，适用于无孔或者开孔形式简单的情况。

② 附加动量源项法。在标准动量方程的后面加上动量方程源项，通过

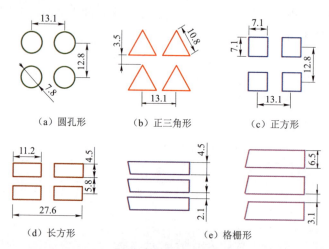

（a）圆孔形　　　　　（b）正三角形　　　　　（c）正方形

（d）长方形　　　　　　　　（e）格栅形

图 6.5　不同开孔形状的风屏障（单位：mm）

Fluent 中的 UDF 编译实现风通过孔洞时的流量控制。

③ 多孔介质和多孔阶跃模型。在 Fluent 软件中，有多孔介质（Porous）和多孔阶跃（Porous-jump）两种模型，后者是前者的二维简化，设置相对简单，比前者更易使用，计算也容易收敛。但是多孔阶跃模型在数值计算中不能够考虑风屏障对气流的体积阻塞作用，而运用附加动量源项法时，需要依赖于试验得到的压力降系数，所以在无试验作为对比时，很难选用。

3. CFD 数值模拟参数选取

建立流场计算模型时，作如下假定：① 流场为定常流场，即空气的流动和物理量不随时间变化；② 不考虑流体的可压缩性；③ 湍流模型采用两方程 k-ε 模型。

几何模型的建立可以用 CAD、Pro/E、Catia、SolidWorks 等专门的画图软件，也可在网格划分软件如 Gambit 或者 ICEM 中进行。

CFD 计算中，需要选择合适的流场计算区域尺寸，做到既能准确模拟流场情况，又不至于将计算区域设置过大而浪费计算资源。首先，计算域的选择要满足阻塞率小于 3% 的要求。在二维计算中，阻塞率定义为模型的高度与计算域高度之比。瞿伟廉等（2007）根据对流线型断面的研究提出：当外边界区域大于模型断面特征尺寸的 20 倍时，可以避免将来壁面物体后部卷起的分离涡打到外边界上再反射回来，同时也使外边界附近的流场参数分布与所提的边界条件较好地相容，从而使求解达到很好的收敛性。祝志文等（2001）在进行类似研究时，采用的薄平板宽度为 0.45 m，宽厚比为 22.5：1，CFD 流场计算域上下边界和出入口边界到截面中心距离均大于 15 倍的薄平板截面宽度。

可见，计算域高度和宽度的选取与模型迎风面的形状和尺寸有关，设置时需对其范围做出大致的估计：对流线型断面，计算域宽度约为模型截面宽度的 20 倍，高度应大于模型截面高度的 30 倍；对薄平板类狭长钝体断面，计算域宽度和高度均应大于 10 倍薄平板截面宽度；而对宽高比不是很大的钝体断面，计算域设置与流线型断面类似，只是应适当加大计算域。对于风场中的桥梁模型，可借鉴已有的研究成果，通过逐步试算来选择计算域的大小。图 6.6 为桥梁气动特性数值模拟采用的计算区域尺寸示意图。

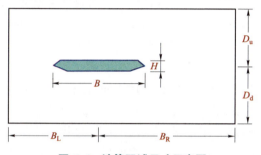

图 6.6　计算区域尺寸示意图

如前所述，用 Fluent 软件模拟湍流流动时常采用低雷诺数的 $k\text{-}\varepsilon$ 模型和壁面函数法。在近壁区，流体运动受壁面流动条件的影响比较明显。试验研究表明，近壁区可分为三个子层，即黏性底层、过渡层和对数律层，如图 6.7 所示。图中，$y^* = yu_\tau\rho/\mu$，$u^* = u/u_\tau$，$u_\tau = \sqrt{\tau_w/\rho}$；$u^*$ 和 y^* 为无量纲参数，分别表示速度和距离；y 表示到壁面的距离，u_τ 表示壁面摩擦速度，τ_w 是壁面切应力，μ 为流体的动力黏度，ρ 为流体密度。

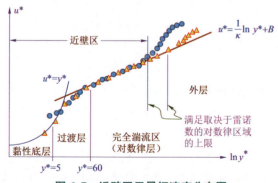

图 6.7　近壁区无量纲速度分布图

在图 6.7 中，当 $y^* < 5$ 时，所对应的区域是黏性底层，这时速度沿壁面法线方向呈线性分布，$u^* = y^*$；当 $60 < y^* < 300$ 时，流动处于对数律层，这时

速度沿壁面法线方向呈对数律分布，即

$$u^* = \frac{1}{\kappa}\ln y^* + B = \frac{1}{\kappa}\ln(Ey^*) \qquad (6.68)$$

式中：κ 为 Karman 常数，B 和 E 是与表面粗糙度有关的常数。对于光滑壁面，$\kappa = 0.42$，$B = 5.45$，$E = 9.8$。随着壁面粗糙度的增加，B 值将有所减小。

上面给出的各子层分界值只是近似值。有的文献介绍 $30 < y^* < 300$ 对应于对数律层，推荐将 $y^* = 11.63$ 作为黏性底层与对数律层的分界点 (Procino et al, 2008)。

当采用低雷诺数模型进行近壁区计算时，需要加密近壁区的网格。理想的网格划分需要在黏性影响的区域内 ($Re < 200$) 至少有十个网格，以便计算区域内的平均速度和湍流量。网格划分时，要合理控制第一层网格高度，最理想的是将第一层网格划分在 $y^* = 1$ 位置。

为了减少网格划分数量，节省数值计算的时间，采用壁面函数法模拟壁面附近的流动，湍流核心区的流动使用 RNG（重整化群）k-ε 模型求解，而在壁面区不进行求解，直接使用半经验公式将壁面上的物理量与湍流核心区内的求解变量联系起来。采用这种方法，只要把第一层网格节点布置在湍流充分发展的区域就可以了，并不需要在结构断面近壁区加密网格。为了合理地使用壁面函数，需要对断面的 y^* 值进行控制，一般要求满足 $30 \leqslant y^* \leqslant 60$ (Versteeg et al, 1995)。

如前所述，采用壁面函数法时，壁面网格尺寸控制与 y^* 的选择密切相关。在满足 y^* 控制值条件下，当 $y^* = 60$ 时，壁面单元中心到壁面的法向距离 Δy_p 达到最大值。根据文献 (Launder et al, 1974)，y^* 按下式计算：

$$y^* = \Delta y_\mathrm{p}\rho(C_\mu^{1/4}k^{1/2})/\mu \qquad (6.69)$$

式中，$\rho = 1.225~\mathrm{kg/m^3}$；$k$ 为壁面单元中心的湍流动能；$\mu = 1.789\,4 \times 10^{-5}\mathrm{N \cdot s/m^2}$；$C_\mu$ 为常数，其取值与所采用的湍流模型有关，当采用 RNG k-ε 模型时，$C_\mu = 0.084\,5$，当采用标准的 k-ε 模型时，$C_\mu = 0.09$。

从而可以反推出 Δy_p 的计算公式为

$$\Delta y_\mathrm{p} = y^*\mu/(\rho C_\mu^{1/4}k^{1/2}) \qquad (6.70)$$

CFD 网格分为结构化网格、非结构化网格及混合结构网格三大类。结构化网格生成速度快且网格质量好，数据结构简单，适用于体型较简单的结构；非结构化网格可以根据需要较方便地控制重点区域网格疏密程度，这种随机的数据结构有利于网格的自适应，但是不能处理好黏性问题，产生的网格数量也比结构化网格大很多，从而占用大量的计算资源，计算周期较长；混合结构网格既保留了非结构化网格的优点，可以离散复杂的计算域，具有可自适应性，又可节省计算机资源，达到事半功倍的效果。

图 6.8 是对车桥系统附近区域进行网格划分的示意图，其中，在以桥梁截面

形心为中心的一定范围（沿桥梁高度和宽度方向分别取桥梁高度和宽度的 3 倍）内使用非结构化网格，利用其良好的自适应性得到车桥系统附近区域较好质量的网格，而在介于加密区和计算域之间的区域采用结构化网格，以达到优化网格和节约计算资源的目的。

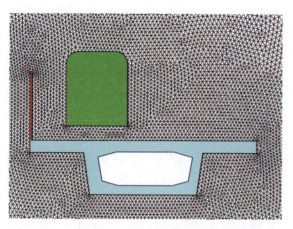

图 6.8　车桥系统附近区域网格划分的示意图

我国《公路桥梁抗风设计规范》（JTG/T D60 - 01，2004）规定，桥梁构件基准高度处的设计基准风速 V_d 为

$$V_d = V_{s10}(z/10)^\alpha \qquad (6.71)$$

式中，V_{s10} 为地面或水面以上 10 m 高度处 100 年重现期的 10 min 平均年最大风速，m/s；z 为构件基准高度，m；α 为地表粗糙度系数，根据地表情况分为 A、B、C、D 四类，取值范围为 0.12~0.3。当桥墩较高时，桥面处的风场受地面粗糙度的影响较小，因此入口边界条件可取为速度入口，取平均速度值，来流的湍流动能和耗散率不随高度变化。出口边界条件采用压力出口，计算域的上下底面和结构物表面采用无滑移的壁面条件。

壁面对流场存在一定影响，采用 Fluent 软件进行数值计算时，选用非平衡壁面函数（non-equilibrium wall functions）修正 RNG 模型，以模拟壁面附近复杂的流动现象。在运用有限体积法对控制方程进行离散时，采用二阶迎风格式离散对流项，二阶中心差分格式离散扩散项，最后采用 Simple 算法求解压力-速度耦联方程。

4. 挡风屏防风效果评价

这里采用 CFD 方法，借助 Fluent 软件平台对桥上风屏障进行参数敏感性分析，研究不同开孔率、不同高度的防风屏障对风速场的影响。

1）工程背景

2009 年 11 月 4 日正式开工建设的兰新第二双线铁路，为甘肃兰州至新疆乌鲁木齐双线电气化铁路，设计时速 250 km，被称为横贯东西的现代"钢铁丝绸之路"。线路横跨甘肃、青海、新疆 3 省区，全长 1 777 km，是世界上一次性建设里程最长的高速铁路，其中甘肃段全长 799 km、青海段全长 268 km、新疆段正线全长 710 km。先后途经安西风区、烟墩风区、百里风区、三十里风区和达坂城风区五个主要风区，风区总长度约 420 km，是我国乃至世界上铁路风灾最严重的地区之一，多次造成铁路停运甚至翻车的重大安全事故。为确保列车高速、安全地通过这一地区，需要在风区铁路沿线设置挡风结构。图 6.9 给出了风区三种常用形式简支梁（箱梁、T 形梁和槽形梁）桥的防风屏障设计方案。

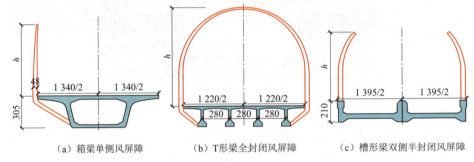

（a）箱梁单侧风屏障　　（b）T形梁全封闭风屏障　　（c）槽形梁双侧半封闭风屏障

图 6.9　箱梁、T 形梁和槽形梁风屏障设计方案（单位：cm）

为了分析风屏障的高度和开孔率对其防风效果的影响，设定了如下几种研究工况（见表 6.2）：对箱梁，采用单侧风屏障，考虑 3 m、4 m、7 m 等三种不同高度；对 T 形梁，采用单侧、双侧半封闭及全封闭等三种风屏障，高度分别为 4 m、7 m 和 9.76 m；对槽形梁，采用双侧半封闭及全封闭两种风屏障，高度分别为 7 m 和 9.25 m。所有工况下，风攻角均为 0°。

表 6.2　风屏障设置工况

类型	屏障高度 h/m	安装位置	开孔率 β/%								备注
箱梁	3	迎风侧	0	10	20	30	40	50	60	70	单侧
	4	迎风侧	0	10	20	30	40	50	60	70	单侧
	7	迎风侧	0	10	20	30	40	50	60	70	单侧
T 形梁	4	迎风侧	0	10	20	30	40	50	60	70	单侧
	7	迎风侧	0	10	20	30	40	50	60	70	单侧
	7	双侧半封闭	20								骨架封闭，顶部镂空
	9.76	全封闭	20								—

类型	屏障高度 h/m	安装位置	开孔率 β/%	备注
槽形梁	7	双侧半封闭	20	骨架封闭，顶部镂空
	9.25	全封闭	20	—

2）防风效果评价准则

由于主梁和风屏障等结构物的影响，侧向风在流经桥面时会形成一定厚度的附面层，即同一位置距离桥面不同高度处的风速是不同的。为便于衡量风屏障的防风效果，根据一定高度内侧向气动力等效的原则定义了桥面等效风速 U_{eq}，即

$$U_{eq}=\sqrt{\frac{1}{z_r}\int_0^{z_r}U^2(z)\mathrm{d}z} \tag{6.72}$$

式中，z_r 为等效高度范围，即影响桥面上行驶车辆的侧风高度范围。对于 4 种常用车型——客车、棚车、罐车、敞车，各车型车体顶部距轨面高度不尽相同，分别为 4.063 m、4.029 m、4.433 m、3.082 m。为了偏于安全，计算时，对客车、罐车和棚车，z_r 统一取为 5 m，而对敞车，z_r 取为 4 m。

风屏障的防风效果可以用桥面等效风速与桥面来流风速的比值，即局部风速折减系数 λ 来表示，即

$$\lambda=U_{eq}/U \tag{6.73}$$

式中，U 为桥面高度处的来流风速。

3）不同风屏障对车桥系统周围流场影响的分析

基于流场数值分析计算软件 Fluent，采用有限体积法对守恒方程进行求解。同时采用混合网格对计算区域进行离散，在结构物附近采用非结构网格，利用其强大的自适应性细化关注区域的网格、精确模拟目标物，而在加密区边界与计算域边界之间采用结构网格，以提高计算速度和精度。采用 RNG k-ε 湍流模型模拟流场分布。

在二维模型模拟时，可通过调整风屏障各分段的间隔来模拟开孔率。各分段的厚度按风屏障相应位置处的厚度取值，各分段的总长度 $\Sigma\Delta$ 与风屏障的高度 h 相同，每段的长度 Δ 由屏障高度 h 及开孔率 b 共同决定。图 6.10 给出了箱梁开孔率的模拟简图。

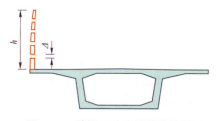

图 6.10　箱梁开孔率的模拟简图

计算时，设定来流风速为 10 m/s，进口为速度边界条件（velocity-inlet），出口为压力边界条件（pressure-outlet），结构物表面及上下顶面为无滑移壁面。图 6.11 给出了箱梁风屏障在不同开孔率情况下，轨道中心线处风速沿高度的分布图。可以看出，在箱梁上设置风屏障能有效地减小屏障后的桥面风速。风屏障的开孔率影响其防风效果，当开孔率增加时，桥面防护区域内的风速也随之增加。总体上左线中心线（迎风侧线路）的风速比右线中心线（背风侧线路）风速大，而且左线风速呈现明显的波动变化趋势。这是因为左线离屏障近，孔洞对风速影响明显，且开孔率越大，波动越显著。风屏障高度对风速的影响也很大：采用 3 m 风屏障时，即使开孔率很低，桥面高度超过 3 m 时，风速也会急剧加大；采用屏障高度为 4 m 和 7 m 时，开孔率较大（40% 和 60%）时，在某一高度范围内，风速接近于常数值。

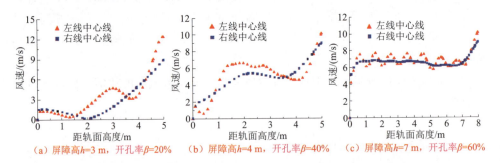

图 6.11　箱梁设置风屏障时轨道中心线处风速沿高度的分布图

图 6.12 给出了 T 形梁安装同类型风屏障后桥面风速分布的计算结果，从图中可以得出与箱梁类似的结论。设置风屏障后桥面风速明显减小，随着开孔率增加，风速增大。左线风速呈现明显的波动变化趋势，开孔率越大，波动越明显。这是因为左线离屏障近，有孔洞的地方气流速度加快，从而使得风速加大，而右线相对较远，孔洞对风速的影响较弱。采用 4 m 和 7 m 风屏障，开孔率为 40% 和 60% 时，在某一高度范围内，风速接近为常数，左、右线的风速均值接近，而且屏障高度越大，风速值接近常数的高度范围也越大。

为了比较不同类型或高度风屏障对同一位置处风速的影响，将设置不同类型及高度风屏障时左线中心线处风速分布绘制于图 6.13 中，开孔率均取 $\beta=20\%$。

从图 6.13（a）可以看出，对于箱梁，当风屏障开孔率相同时，在某些高度范围内，采用 7 m 比 4 m 风屏障时风速要大。总体来说，如果防护高度为 5 m，采用 4 m 或 7 m 风屏障，防风效果相差不大，而采用 3 m 风屏障，在距轨面高于 3 m 的范围内，风速增加明显。

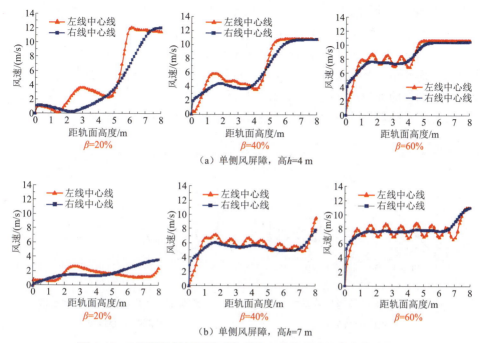

（a）单侧风屏障，高h=4 m

（b）单侧风屏障，高h=7 m

图 6.12　T 形梁设置风屏障时轨道中心线处风速沿高度的分布图

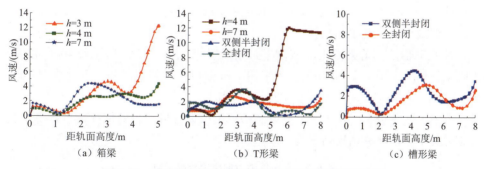

（a）箱梁　　　　　　　　（b）T形梁　　　　　　　　（c）槽形梁

图 6.13　采用不同高度或类型屏障时风速沿高度的变化

从图 6.13（b）可知，对于 T 形梁，在距轨面高度 5 m 范围内，采用 4 m 或 7 m 风屏障时，风速差别不大；在距轨面高度 5～8 m 范围内时，风速差别很大。

从图 6.13（b）和图 6.13（c）可以看出，采用双侧半封闭和全封闭风屏障后，所引起的风速减小情况在距轨面高度 8 m 范围内的差别不明显。

为了定量评价不同风屏障的防风效果，取等效高度范围为 5 m，计算了箱梁和 T 形梁采用不同开孔率的风屏障时，在左线中心线处的局部风速折减系数，如图 6.14～6.15 所示。

从图 6.14 及图 6.15 可以看出，当防护高度为 5 m 时，采用相同开孔率，7 m 风屏障相对于 4 m 风屏障防风效果没有显著提高，某些开孔率时甚至还有所降低，而 4 m 风屏障则比 3 m 风屏障的防风效果显著提高。说明当防护高度确定时，选择的屏障高度应与防护高度接近。选定屏障高度后，防风效果主要取决于开孔率。随着开孔率的增加，风速折减系数增大，即风速增大。

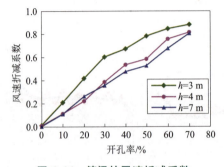

图 6.14　箱梁的风速折减系数
（左线中心线处）

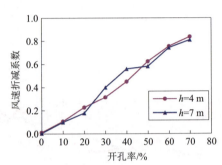

图 6.15　T 形梁的风速折减系数
（左线中心线处）

对于箱梁，若采用 4 m 单侧风屏障，开孔率取 20％和 40％时，等效风速分别减小约 78％和 47％；若采用 7 m 单侧风屏障，开孔率取 20％和 40％时，等效风速分别减小约 74％和 52％。

对于 T 形梁，若采用 4 m 双侧半封闭风屏障，开孔率取 20％和 40％时，等效风速分别减小约 77％和 55％；若采用 7 m 双侧半封闭风屏障，开孔率取 20％和 40％时，等效风速分别减小约 82％和 45％。

为了方便比较，对箱梁、T 形梁和槽形梁未设置风屏障的情况，也计算了其风速折减系数，计算结果列于表 6.3 中。

表 6.3　无风屏障时的风速折减系数

桥梁类型		箱梁	T 形梁	槽形梁
等效风速 /（m/s）	左线	10.8	10.6	9.15
	右线	10.4	10.01	8.56
风速折减系数	左线	1.08	1.06	0.92
	右线	1.04	1.001	0.86

可以看出，未设置风屏障时，箱梁和 T 形梁的风速折减系数大于 1，说明区域内的风速增加。而槽形梁则不同，由于其自身腹板起到了一定的防风作用，风

速折减系数小于 1。

对于 T 形梁及槽形梁，采用双侧半封闭风屏障及全封闭风屏障引起的风速变化，按照开孔率 20% 计算，得出的风速折减系数如表 6.4 所示。

表 6.4　T 形梁及槽形梁采用封闭风屏障时的风速折减系数

桥梁类型		T 形梁		槽形梁	
风屏障类型		半封闭	全封闭	半封闭	全封闭
等效风速 /（m/s）	左线	2.09	1.58	2.89	1.53
	右线	1.23	1.13	2.50	1.12
风速折减系数	左线	0.21	0.16	0.29	0.15
	右线	0.12	0.11	0.25	0.11

可以看出，T 形梁和槽形梁采用全封闭风屏障后，大大降低了屏障后的等效风速。但是综合前面的分析结果，当桥梁常年只受一个方向的风时，则没有必要采用双侧半封闭屏障或全封闭屏障，适宜高度的单侧风屏障就可以达到要求的减风效果。

6.2.3　横风作用下车桥系统气动性能及防风屏障的影响

列车运行在桥上，其所受到的侧向风荷载不仅取决于风速大小，还与桥梁和车辆的外形有关，而桥梁受到的风力也与车辆相关。因此，正确计算侧向风荷载对列车运行安全和桥梁设计至关重要。已有研究表明，车辆与桥梁共同存在时会增大各自的气动力系数，在设计中应予以重视。

为了分析风荷载作用下桥梁和列车的动力响应，需要确定车辆-桥梁组合体的气动力系数，以便正确计算桥梁和车辆所受的风力。采用 Fluent 软件进行分析时的计算模型如图 6.16 所示，桥梁采用跨度 32 m 简支箱梁，考虑德国 ICE 高速列车，忽略车顶设备、转向架、车下设备、桥上轨道、人行道栏杆的影响。计算时风攻角变化范围为 −5°～+5°，分别考虑车辆位于迎风侧和背风侧的情况。

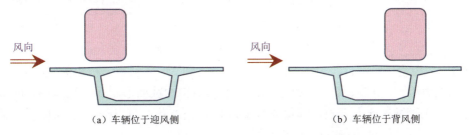

（a）车辆位于迎风侧　　　　　　　　　　　　　（b）车辆位于背风侧

图 6.16　德国 ICE 列车在桥上的简化计算模型

同时，建立了设置风屏障后的车桥系统模型，风屏障高度取值为 4 m，如图 6.17 所示。为了对比不同开孔率防风屏障对车辆及桥梁气动性能的影响，考虑 0%、10%、20%、30%、40%、50%六种开孔率，风攻角取 0°，来流风速设为 15 m/s。

1. 计算模型设置

在侧向风中，车辆单体和简支箱梁桥单体可近似当作二维处理。由于来流风速远低于 0.3 倍音速，流场可当作不可压。不考虑温度变化，静力计算按定常处理，湍流模型采用标准 k-ε 模型，压力与速度耦合方式采用 Simple 算法。

为了保证计算的准确性，并兼顾计算机的计算能力和效率，应选择合理的计算区域。根据文献（李兆杨，2012）和 6.2.2 节的研究，取入流边界与结构中心距离为 20 倍截面宽度，出流边界为 25 倍截面宽度，上下边界距截面中心均大于 20 倍截面高度。采用三角形非结构化网格划分模型，并在结构物及车体壁面处进行了细化处理，图 6.18 为网格划分示意图。

设车辆和桥梁静止，考虑车辆单体、桥梁单体、车辆-桥梁组合体三种情况。计算时，入流边界为速度入口条件，上下边界均给定无滑移壁面条件，出流边界为压力边界条件，桥梁及车体表面为壁面条件。

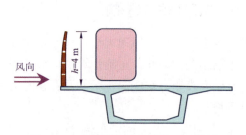

图 6.17　安装风屏障后车桥系统模型

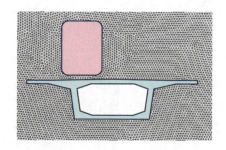

图 6.18　网格划分示意图

2. 车桥系统气动特性分析

桥梁和车辆单位长度的气动力系数可按下式定义：

$$\begin{cases} C_D(\alpha) = D_{st}/(0.5\rho\overline{U}^2 H) \\ C_L(\alpha) = L_{st}/(0.5\rho\overline{U}^2 B) \\ C_M(\alpha) = M_{st}/(0.5\rho\overline{U}^2 B^2) \end{cases} \tag{6.74}$$

式中，ρ 为空气密度，$\overline{U}$ 为平均风速；D_{st}、L_{st} 和 M_{st} 分别为结构物的气动阻力、升力及力矩；$C_D(\alpha)$、$C_L(\alpha)$ 和 $C_M(\alpha)$ 是根据结构的截面形状、气流作用方向等确定的无量纲气动力系数，其值随气流攻角 α 而变化；H 为结构的高度（包括栏杆等附属结构物的高度），B 为结构的宽度。

设置风屏障后计算桥梁气动力系数时，H 取桥梁及防风屏障的总高度，B

为桥梁宽度；计算车辆的气动力系数时，H 取车辆高度，B 为车辆宽度，气动力的方向由车体轴坐标系确定，其中力矩以车体绕对称轴顺时针转动为正。

对车辆单体、桥梁单体及车辆-桥梁组合体模型分别进行计算，得到不同风攻角下各模型中车辆、桥梁的气动力系数及其压强场特性。车辆力矩系数计算结果列于表 6.5。可以看出，桥上车辆的侧滚力矩系数明显大于车辆单独存在的情况，且车辆位于桥上迎风侧时的结果大于车辆位于背风侧时的结果。

表 6.5　车辆力矩系数 C_M 计算结果

攻　　角	$-5°$	$-2°$	$0°$	$2°$	$5°$
单独存在	0.006 2	0.006 7	0.006 5	0.006 7	0.007 2
车辆位于迎风侧	0.233 4	0.264 0	0.281 1	0.298 7	0.385 6
车辆位于背风侧	0.057 2	0.055 7	0.058 2	0.059 0	0.037 3

桥梁的气动阻力和车辆的气动阻力系数随攻角的变化曲线如图 6.19 所示。可以看出，车辆-桥梁作为组合体时，桥梁和车辆的阻力均比二者分别作为单体时要大，且当车辆位于桥上，攻角在 $-5°\sim+5°$ 变化时，桥梁阻力系数单调增大，车辆阻力系数单调减小。

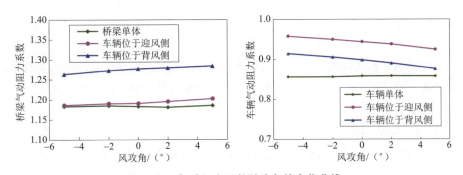

图 6.19　气动阻力系数随攻角的变化曲线

图 6.20 为桥梁和车辆的气动升力系数随风攻角的变化曲线。从图中可以看出，车辆-桥梁作为组合体时车辆升力系数绝对值明显增加，车辆位于迎风侧时的桥梁升力系数远大于车辆位于背风侧时。

3. 风屏障开孔率对车桥系统气动特性的影响

为了研究风屏障开孔率对车桥系统气动性能的影响，风屏障其他参数保持不变，考虑开孔率为 0%、10%、20%、30%、40%、50% 几种工况进行分析，计算时风攻角取为 0°，来流风速取为 15 m/s。

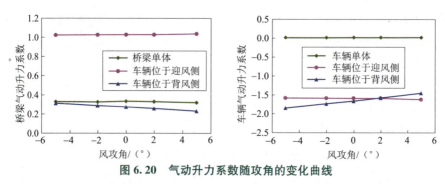

图 6.20　气动升力系数随攻角的变化曲线

表 6.6 给出了不同开孔率情况下桥梁和车辆气动力系数的计算结果，此时车辆位于桥上迎风侧。

表 6.6　不同开孔率情况下桥梁和车辆气动力系数计算结果

开孔率		0%	10%	20%	30%	40%	50%
C_D	桥梁	1.863	1.668	1.528	1.279	1.161	0.966
	车辆	−0.084	−0.002	0.042	0.205	0.307	0.443
C_L	桥梁	−0.448	−0.166	−0.028	0.191	0.328	0.645
	车辆	−0.053	−0.079	−0.197	−0.320	−0.365	−0.561
C_M	桥梁	−0.190	−0.229	−0.254	−0.273	−0.280	−0.315
	车辆	−0.150	−0.110	0.040	0.240	0.291	0.353

可以看出，桥梁的阻力和力矩系数随开孔率的增加而降低，其中阻力系数下降得更显著。这是由于开孔率越大，流过屏障的气流越多，而风作用面积减小，也使得桥梁前后表面压差减小。桥梁的升力系数由负变正，随开孔率的增大单调增大。

与桥梁不同，随开孔率的增大，车辆的阻力、升力和力矩系数均由负变正单调增大。这是由于开孔率越大，流过屏障的气流越多，作用在车体上的风力越强。对比表 6.5 可以发现，当开孔率为 40% 和 50% 时，车辆的力矩系数反而大于无风屏障的情况。因此，为了防止车辆倾覆，保证风屏障的防护有效性，开孔率应取小于 40% 为宜。

6.3　横风作用下车桥系统动力分析模型

横风作用下车桥系统动力分析模型，将风场中的车桥系统分解为车辆子系统和桥梁子系统两部分，如图 6.21 所示。其中，每节车辆采用 27 个自由度的多刚体模型；桥梁结构考虑了风屏障的作用，采用振型模态模型以减少系统的计算自由度；车桥系统以轮轨接触处为界面，通过轮轨几何相容条件和相互作用力平衡条件来联系。

　　本节采用轮轨密贴假定理论，即车辆轮对与钢轨在横向、竖向均服从位移相同的假定，以轮对位移反推轮轨作用力。作用在车桥系统上的风荷载由气动阻力 F_D、升力 F_L 和扭转力矩 F_M 三个分量组成，每个分量又包括：由平均风引起的静风荷载、由脉动风引起的抖振风荷载，以及由风与桥梁或车辆运动相互作用而产生的自激风荷载。

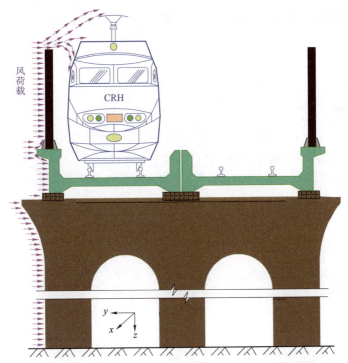

图 6.21　横风作用下车桥（含风屏障）系统模型示意图

6.3.1　车桥系统风荷载

1. 桥梁风荷载

　　处于自然风场中的桥梁受到的风荷载如图 6.22 所示。风荷载的三个分量可分别表示为

$$\begin{cases} F_\mathrm{D} = F_\mathrm{D}^{\mathrm{st}} + F_\mathrm{D}^{\mathrm{bf}} + F_\mathrm{D}^{\mathrm{se}} \\ F_\mathrm{L} = F_\mathrm{L}^{\mathrm{st}} + F_\mathrm{L}^{\mathrm{bf}} + F_\mathrm{L}^{\mathrm{se}} \\ F_\mathrm{M} = F_\mathrm{M}^{\mathrm{st}} + F_\mathrm{M}^{\mathrm{bf}} + F_\mathrm{M}^{\mathrm{se}} \end{cases} \tag{6.75}$$

式中，上标"st""bf""se"分别表示静风荷载、抖振风荷载和自激风荷载。

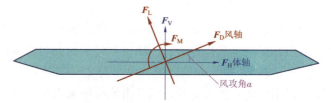

图 6.22　处于自然风场中的桥梁受到的风荷载

根据经典的机翼理论，作用在单位长度梁段上的静风荷载可按式（6.76）计算：

$$\boldsymbol{F}_b^{st}=\begin{Bmatrix}F_D^{st}\\F_L^{st}\\F_M^{st}\end{Bmatrix}=\frac{1}{2}\rho\overline{U}^2\begin{Bmatrix}C_D H\\C_L B\\C_M B^2\end{Bmatrix} \tag{6.76}$$

式中，F_D^{st}、F_L^{st}、F_M^{st}分别为作用在单位长度主梁上的静风阻力、静风升力及静风扭转力矩；ρ为空气密度，kg/m^3；$\overline{U}$为平均风速，m/s；C_D、C_L和C_M是根据结构的截面形状、气流作用方向等确定的无量纲系数，分别称为阻力系数、升力系数和气动力矩系数；H为主梁投影高度，m，为计入栏杆或防撞护栏及其他桥梁附属物的实体高度；B为主梁宽度，m。

作用于单位长度梁段上的抖振风荷载可以表示为

$$\boldsymbol{F}_b^{bf}=\boldsymbol{A}^{bf}\boldsymbol{\eta} \tag{6.77}$$

式中，

$$\boldsymbol{F}_b^{bf}=\begin{Bmatrix}F_D^{bf}\\F_L^{bf}\\F_M^{bf}\end{Bmatrix};\quad \boldsymbol{\eta}=\begin{Bmatrix}u(t)\\w(t)\end{Bmatrix};\quad \boldsymbol{A}^{bf}=\frac{1}{2}\rho\overline{U}^2 B\begin{bmatrix}\dfrac{2C_D(\alpha)}{\overline{U}} & \dfrac{C_D'}{\overline{U}}\\[2mm]\dfrac{2C_L(\alpha)}{\overline{U}} & \dfrac{C_L'+C_D(\alpha)}{\overline{U}}\\[2mm]\dfrac{2C_M(\alpha)}{\overline{U}}B & \dfrac{C_M'}{\overline{U}}B\end{bmatrix} \tag{6.78}$$

式中，F_D^{bf}、F_L^{bf}和F_M^{bf}分别为作用于单位梁段上的抖振风阻力、抖振风升力和抖振风扭转力矩；$u(t)$和$w(t)$是紊流风的水平和竖直风速分量；C_D'、C_L'、C_M'分别为阻力系数、升力系数和气动力矩系数在零攻角处的一阶导数，即$C_D'=\mathrm{d}C_D(\alpha)/\mathrm{d}\alpha$，$C_L'=\mathrm{d}C_L(\alpha)/\mathrm{d}\alpha$，$C_M'=\mathrm{d}C_M(\alpha)/\mathrm{d}\alpha$，$\alpha$是风相对于主梁水平面的攻角；其他参数同前所述。

桥梁自激风荷载在频域内可以表示为桥梁位移与脉冲响应函数的积，脉冲响应函数则可以通过风洞试验得到的颤振导数的函数确定（Chen et al，2000）。作

用在单位梁段上的自激风荷载可以表示为（Xia et al，2000，2008，2012）

$$\boldsymbol{F}_{\mathrm{b}}^{\mathrm{se}} = \begin{Bmatrix} F_{\mathrm{D}}^{\mathrm{se}} \\ F_{\mathrm{L}}^{\mathrm{se}} \\ F_{\mathrm{M}}^{\mathrm{se}} \end{Bmatrix} \tag{6.79}$$

式中，$F_{\mathrm{D}}^{\mathrm{se}}$、$F_{\mathrm{L}}^{\mathrm{se}}$ 和 $F_{\mathrm{M}}^{\mathrm{se}}$ 分别为作用于单位梁段上的自激风阻力、自激风升力和自激风扭转力矩，具体可表示为

$$
\begin{aligned}
F_{\mathrm{D}}^{\mathrm{se}}(t) = & \frac{1}{2}\rho\overline{U}^2 B \Big\{ A_{\mathrm{D}\alpha 1}\alpha(t) + A_{\mathrm{D}\alpha 2}\Big(\frac{B}{\overline{U}}\Big)\dot{\alpha}(t) + A_{\mathrm{D}\alpha 3}\Big(\frac{B}{\overline{U}}\Big)^2\ddot{\alpha}(t) + \\
& \sum_{k=1}^{m} A_{\mathrm{D}\alpha k+3}\int_{-\infty}^{t}\dot{\alpha}(\tau)\exp\Big[-\frac{d_{\mathrm{D}\alpha k}}{B}(t-\tau)\Big]\mathrm{d}\tau \Big\} + \\
& \frac{1}{2}\rho\overline{U}^2 \Big\{ A_{\mathrm{Dh1}}h(t) + A_{\mathrm{Dh2}}\Big(\frac{B}{\overline{U}}\Big)\dot{h}(t) + A_{\mathrm{Dh3}}\Big(\frac{B}{\overline{U}}\Big)^2\ddot{h}(t) + \\
& \sum_{k=1}^{m} A_{\mathrm{Dh}k+3}\int_{-\infty}^{t}\dot{h}(\tau)\exp\Big[-\frac{d_{\mathrm{Dh}k}}{B}(t-\tau)\Big]\mathrm{d}\tau \Big\} + \\
& \frac{1}{2}\rho\overline{U}^2 \Big\{ A_{\mathrm{Dp1}}p(t) + A_{\mathrm{Dp2}}\Big(\frac{B}{\overline{U}}\Big)\dot{p}(t) + A_{\mathrm{Dp3}}\Big(\frac{B}{\overline{U}}\Big)^2\ddot{p}(t) + \\
& \sum_{k=1}^{m} A_{\mathrm{Dp}k+3}\int_{-\infty}^{t}\dot{p}(\tau)\exp\Big[-\frac{d_{\mathrm{Dp}k}}{B}(t-\tau)\Big]\mathrm{d}\tau \Big\}
\end{aligned}
\tag{6.80}
$$

$$
\begin{aligned}
F_{\mathrm{L}}^{\mathrm{se}}(t) = & \frac{1}{2}\rho\overline{U}^2 B \Big\{ A_{\mathrm{L}\alpha 1}\alpha(t) + A_{\mathrm{L}\alpha 2}\Big(\frac{B}{\overline{U}}\Big)\dot{\alpha}(t) + A_{\mathrm{L}\alpha 3}\Big(\frac{B}{\overline{U}}\Big)^2\ddot{\alpha}(t) + \\
& \sum_{k=1}^{m} A_{\mathrm{L}\alpha k+3}\int_{-\infty}^{t}\dot{\alpha}(\tau)\exp\Big[-\frac{d_{\mathrm{L}\alpha k}}{B}(t-\tau)\Big]\mathrm{d}\tau \Big\} + \\
& \frac{1}{2}\rho\overline{U}^2 \Big\{ A_{\mathrm{Lh1}}h(t) + A_{\mathrm{Lh2}}\Big(\frac{B}{\overline{U}}\Big)\dot{h}(t) + A_{\mathrm{Lh3}}\Big(\frac{B}{\overline{U}}\Big)^2\dot{h}(t) + \\
& \sum_{k=1}^{m} A_{\mathrm{Lh}k+3}\int_{-\infty}^{t}\dot{h}(\tau)\exp\Big[-\frac{d_{\mathrm{Lh}k}}{B}(t-\tau)\Big]\mathrm{d}\tau \Big\} + \\
& \frac{1}{2}\rho\overline{U}^2 \Big\{ A_{\mathrm{Lp1}}p(t) + A_{\mathrm{Lp2}}\Big(\frac{B}{\overline{U}}\Big)\dot{p}(t) + A_{\mathrm{Lp3}}\Big(\frac{B}{\overline{U}}\Big)^2\ddot{p}(t) + \\
& \sum_{k=1}^{m} A_{\mathrm{Lp}k+3}\int_{-\infty}^{t}\dot{p}(\tau)\exp[-\frac{d_{\mathrm{Lp}k}}{B}(t-\tau)]\mathrm{d}\tau \Big\}
\end{aligned}
\tag{6.81}
$$

$$
\begin{aligned}
F_{\mathrm{M}}^{\mathrm{se}}(t) = & \frac{1}{2}\rho\overline{U}^2 B^2 \Big\{ A_{\mathrm{M}\alpha 1}\alpha(t) + A_{\mathrm{M}\alpha 2}\Big(\frac{B}{\overline{U}}\Big)\dot{\alpha}(t) + A_{\mathrm{M}\alpha 3}\Big(\frac{B}{\overline{U}}\Big)^2\ddot{\alpha}(t) + \\
& \sum_{k=1}^{m} A_{\mathrm{M}\alpha k+3}\int_{-\infty}^{t}\dot{\alpha}(\tau)\exp\Big[-\frac{d_{\mathrm{M}\alpha k}}{B}(t-\tau)\Big]\mathrm{d}\tau \Big\} +
\end{aligned}
$$

$$\frac{1}{2}\rho\overline{U}^2 B\left\{A_{\text{Mh1}}h(t)+A_{\text{Mh2}}\left(\frac{B}{U}\right)\dot{h}(t)+A_{\text{Mh3}}\left(\frac{B}{U}\right)^2\ddot{h}(t)+\right.$$

$$\left.\sum_{k=1}^{m}A_{\text{Mh}k+3}\int_{-\infty}^{t}\dot{h}(\tau)\exp\left[-\frac{d_{\text{Mh}k}}{B}(t-\tau)\right]\mathrm{d}\tau\right\}+$$

$$\frac{1}{2}\rho\overline{U}^2 B\left\{A_{\text{Mp1}}p(t)+A_{\text{Mp2}}\left(\frac{B}{U}\right)\dot{p}(t)+A_{\text{Mp3}}\left(\frac{B}{U}\right)^2\ddot{p}(t)+\right.$$ (6.82)

$$\left.\sum_{k=1}^{m}A_{\text{Mp}k+3}\int_{-\infty}^{t}\dot{p}(\tau)\exp\left[-\frac{d_{\text{Mp}k}}{B}(t-\tau)\right]\mathrm{d}\tau\right\}$$

式中，$p(t)$、$a(t)$、$h(t)$ 分别为单位梁段的横向、扭转和竖向位移；$A_{\text{L}aj}$，$A_{\text{L}pj}$，$A_{\text{L}hj}$，$A_{\text{D}aj}$，$A_{\text{D}pj}$，$A_{\text{D}hj}$，$A_{\text{M}aj}$，$A_{\text{M}pj}$，$A_{\text{M}hj}$（$j=1,2,\cdots,3+m$）和 $d_{\text{L}ak}$，$d_{\text{L}pk}$，$d_{\text{L}hk}$，$d_{\text{D}ak}$，$d_{\text{D}pk}$，$d_{\text{D}hk}$，$d_{\text{M}ak}$，$d_{\text{M}pj}$，$d_{\text{M}hk}$（$k=1,2,\cdots,m$）为与频率无关的无量纲系数，这些系数可以根据在不同约化频率实测的颤振导数采用线性和非线性最小二乘法确定（Nikitas et al，2011；Salvatori et al，2006；Zhang et al，2011；Zhang，2011）。在实际工程中一般取 $m=2$，且通常忽略与附加空气动力质量有关的系数。

2. 车辆风荷载

当列车以一定速度在桥梁上移动时，带有横向平均风压的车辆形成移动荷载列，并通过车轮传到桥面。这时，即使是平均风引起的静风力，也会对桥梁产生动力作用（Cooper，1981，1984；Ahmed et al，1985；Howell，1986；Baker，1991；Baker, et al，1992；錘本勝二 等，1999；Cheli et al，2003；Andersson et al，2004b；Carrarini，2007；Diedrichs et al，2007；Chen et al，2010；Diedrichs，2010；Han et al，2010；郭薇薇 等，2006）。同时，静风作用下的车辆自身还有倾覆稳定安全性的问题，在振动的桥梁上可能会形成最不利状态（Xu et al，2004b；Li et al，2005；Xia et al，2008；任尊松 等，2006）。因此，进行风荷载作用下车桥系统动力分析时，往往要考虑作用在移动列车车体上的平均风所产生的静风力。由于转向架的侧向受风面积很小，且对大多数车辆结构而言，并不直接承受风力，故在计算中可不考虑其风荷载。

如图 6.23 所示，当列车以速度 V 通过桥梁时，平均风（风速为 $\overline{U}$）垂直于桥梁，由于列车运行而产生的纵向风速与行车速度 V 大小相等、方向相反，则作用在车体上的合成风速 $\overline{U}_{\text{R}}$ 可表示为

$$\overline{U}_{\text{R}}=\sqrt{\overline{U}^2+V^2}$$ (6.83)

其方向与列车前进方向的夹角（风向摇头角）Ψ 可以表示为

$$\Psi=\arctan(\overline{U}/V)$$ (6.84)

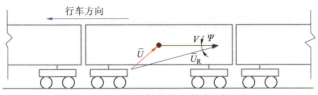

图 6.23　作用在车体上的相对风速

作用在车体表面形心处的静风荷载为

$$\boldsymbol{F}_{\mathrm{v}}^{\mathrm{st}} = \begin{Bmatrix} f_{\mathrm{D}}^{\mathrm{st}} \\ f_{\mathrm{L}}^{\mathrm{st}} \\ f_{\mathrm{M}}^{\mathrm{st}} \end{Bmatrix} = \frac{1}{2}\rho A \overline{U}_{\mathrm{R}}^{2} \begin{Bmatrix} C_{\mathrm{D}}(\boldsymbol{\varPsi}) \\ C_{\mathrm{L}}(\boldsymbol{\varPsi}) \\ H C_{\mathrm{M}}(\boldsymbol{\varPsi}) \end{Bmatrix} \tag{6.85}$$

式中，$f_{\mathrm{D}}^{\mathrm{st}}$、$f_{\mathrm{L}}^{\mathrm{st}}$、$f_{\mathrm{M}}^{\mathrm{st}}$ 分别为作用在车体表面形心处的静风阻力、静风升力和静风扭转力矩；A 是有效迎风面积，近似等于车体的整个迎风面积；H 为车体表面形心至桥面的高度；C_{D}、C_{L}、C_{M} 分别为车辆阻力、升力和扭转力矩系数，它们是风向摇头角 $\boldsymbol{\varPsi}$ 的函数。

由于风的非稳态性质，车辆在运行中会受到抖振风的影响。为了计算脉动风引起的车辆抖振风力，先模拟出沿线路方向、距离一定间隔的多个空间节点处车辆的抖振风力，其计算方法与桥梁抖振风力类似，模拟的节点一部分在桥梁上，一部分在桥梁的前后。当车辆运行到位于任意两个节点之间时，通过对这相邻两个节点的抖振风力进行插值，就可以得到车辆的抖振风力。在这种情况下，沿列车长度方向的紊流风的空间相关性与其沿桥长方向的相关性是一致的。

作用在车体表面形心处的抖振风荷载可表示为

$$\boldsymbol{F}_{\mathrm{v}}^{\mathrm{bf}} = \begin{Bmatrix} f_{\mathrm{D}}^{\mathrm{bf}} \\ f_{\mathrm{L}}^{\mathrm{bf}} \\ f_{\mathrm{M}}^{\mathrm{bf}} \end{Bmatrix} \tag{6.86}$$

式中，$f_{\mathrm{D}}^{\mathrm{bf}}$、$f_{\mathrm{L}}^{\mathrm{bf}}$、$f_{\mathrm{M}}^{\mathrm{bf}}$ 分别为作用在车体表面形心处的抖振风阻力、抖振风升力和抖振风扭转力矩。

作用在车体表面形心处的自激风荷载可表示为

$$\boldsymbol{F}_{\mathrm{v}}^{\mathrm{se}} = \begin{Bmatrix} f_{\mathrm{D}}^{\mathrm{se}} \\ f_{\mathrm{L}}^{\mathrm{se}} \\ f_{\mathrm{M}}^{\mathrm{se}} \end{Bmatrix} \tag{6.87}$$

式中，$f_{\mathrm{D}}^{\mathrm{se}}$、$f_{\mathrm{L}}^{\mathrm{se}}$、$f_{\mathrm{M}}^{\mathrm{se}}$ 分别为作用在车体表面形心处的自激风阻力、自激风升力和自激风扭转力矩。

为简化起见，分析中往往可以忽略列车高速运行时，风与车体运动之间的自激作用。

6.3.2 横风作用下车桥系统运动方程的建立及求解

横风作用下车桥系统的运动方程可表示为（夏禾 等，2005）

$$\begin{cases} \boldsymbol{M}_v\ddot{\boldsymbol{\delta}}_v+\boldsymbol{C}_v\dot{\boldsymbol{\delta}}_v+\boldsymbol{K}_v\boldsymbol{\delta}_v=\boldsymbol{F}_{vb}+\boldsymbol{F}_v^{st}+\boldsymbol{F}_v^{bf} \\ \ddot{\boldsymbol{q}}+\boldsymbol{\Phi}^T\boldsymbol{C}_b\boldsymbol{\Phi}\dot{\boldsymbol{q}}+\boldsymbol{\Phi}^T\boldsymbol{K}_b\boldsymbol{\Phi}\boldsymbol{q}=\boldsymbol{\Phi}^T(\boldsymbol{F}_{bv}+\boldsymbol{F}_b^{st}+\boldsymbol{F}_b^{bf}+\boldsymbol{F}_b^{se}) \end{cases} \tag{6.88}$$

式中，下标 b、v 分别表示桥梁及车辆；车辆方程中的质量、阻尼和刚度矩阵 $\boldsymbol{M}_v$、$\boldsymbol{C}_v$、$\boldsymbol{K}_v$ 通过车体运动方程确定；由于对桥梁模型引入振型叠加法，因此车辆的运动方程不是直接与桥梁各节点的运动方程组合，而是与桥梁各阶振型的广义坐标方程相组合。振型方程中的阻尼和刚度矩阵 $\boldsymbol{C}_b$、$\boldsymbol{K}_b$ 可由有限元法求得，$\boldsymbol{q}$ 是广义振型坐标，$\boldsymbol{\Phi}$ 是参与计算的结构前若干阶振型向量，各阶振型是按质量矩阵规一化的。$\boldsymbol{F}_{vb}$、$\boldsymbol{F}_{bv}$ 分别表示车桥系统间的相互作用力，即轮轨间作用力；$\boldsymbol{F}^{st}$、$\boldsymbol{F}^{bf}$ 及 $\boldsymbol{F}^{se}$ 分别表示静风力、抖振风力及自激风力，可根据风洞试验得到的车辆、桥梁三分力结果，按照经典的机翼理论和气动弹性理论计算。

对于风-车-桥动力相互作用系统，可分别对桥梁及车辆运动方程进行独立求解，通过分离迭代来满足桥梁和车辆两个子系统间的几何、力学耦合关系。计算流程如图 6.24 所示。

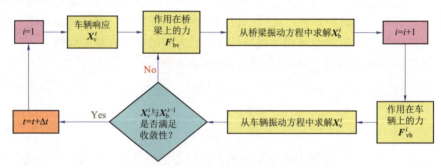

图 6.24 风-车-桥动力相互作用系统计算求解流程

求解风-车-桥动力相互作用系统的步骤如下：

① 对于时间步 t，将前一时间步车辆及桥梁位移作为初始迭代值，并插值计算当前时刻作用在车辆及桥梁上的抖振风力 $\boldsymbol{F}_v^{bf}$、$\boldsymbol{F}_b^{bf}$；

② 对于第 i 次迭代，考虑轨道不平顺及蛇行运动，根据轮对位置对桥梁振型进行插值，计算各轮对位移参数 $\boldsymbol{W}^i$；

③ 由轮对位移参数 $\boldsymbol{W}^i$ 计算 $\boldsymbol{F}_{vb}^i$，生成作用在车辆上的外力 $\boldsymbol{F}_v^i=\boldsymbol{F}_{bv}^i+\boldsymbol{F}_v^{st}+\boldsymbol{F}_v^{bf}$；

④ 通过数值积分求 t 时刻车辆的响应 $\boldsymbol{X}_v^i$；

⑤ 由轮对位移参数 $\boldsymbol{W}^i$ 及车辆响应参数 $\boldsymbol{X}_v^i$ 计算作用在桥梁上的力 $\boldsymbol{F}_{vb}^i$，由上

一次迭代得到的桥梁位移计算$(\boldsymbol{F}_{b}^{se})^{i}$，生成作用在桥梁上的外力 $\boldsymbol{F}_{b}^{i}=\boldsymbol{F}_{bv}^{i}+\boldsymbol{F}_{b}^{st}+$
$\boldsymbol{F}_{b}^{bf}+(\boldsymbol{F}_{b}^{se})^{i}$；

⑥ 通过数值积分求 t 时刻桥梁的响应 $\boldsymbol{X}_{b}^{i}$；

⑦ 重复上述步骤②～⑥，直至本次迭代结果 $\boldsymbol{X}_{b}^{i}$ 与第 $i-1$ 次迭代结果 $\boldsymbol{X}_{b}^{i-1}$
相比满足收敛条件；

⑧ 令 $t=t+\Delta t$，重复上述步骤①～⑦，计算下一时刻位移，直至车辆出桥。

6.4　横风作用下大跨度桥梁风-车-桥 动力响应分析实例

6.4.1　工程背景

香港青马大桥是一座公铁两用悬索桥，横跨马湾与青衣之间的海峡（见图 6.25）。大桥于 1997 年建成通车，是迄今世界上跨度最大的公铁两用桥。桥梁全长 2 160 m，主跨 1 377 m，通航净高 62 m，主塔高 206 m，如图 6.25 所示。

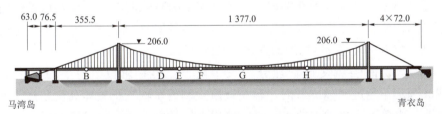

图 6.25　香港青马大桥立面图（单位：m）

青马大桥上层为双线 6 车道快速公路，下层的箱形主梁内设有 2 条机场快线铁路。此外，下层还设有两条单线行车道，平时用作维修通道，在强风或紧急情况下，作为应急通道使用，如图 6.26 所示。

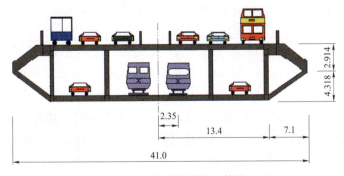

图 6.26　桥上车道布置图（单位：m）

机场快线列车由 8 节轻轨车辆组成（见图 6.27），车辆全长 22.5 m，平均轻车轴重为 10 144 kg，重车轴重为 13 250 kg，设计时速 135 km，主要参数见夏禾等（2005）、Xia 等（2012）。

图 6.27　桥上轻轨列车的车辆组成示意图（单位：m）

6.4.2　风速和结构健康监测系统

青马大桥地处世界上台风发生率最高的地区，在台风季节，经常受到强风的袭击。为了对青马大桥开展结构安全监测，香港特别行政区路政署在大桥上安装了风速和结构健康监测系统（WASHMS），由感应系统、数据采集系统、区域中央电脑系统、环球中央电脑系统等四个不同的操作系统组成。其中仅感应系统就使用了九百多个感应器及相关接口装置。WASHMS 系统每天 24 小时持续监测大桥的结构状态，提供监测大桥结构所需的各种资料和参数，包括桥面温度变化、结构应力、风速及结构的动态和静态位移等。

青马大桥的强风交通管理分为三个阶段：第一阶段，当平均风速大于 40 km/h 但不超过 65 km/h 时，容易被风吹倒的车辆（指整体高度超过 1.6 m 的汽车、电单车及机动三轮车）不得使用上层桥面，须改行下层桥面；第二阶段，当平均风速超过 65 km/h 时，上层桥面完全封闭，所有车辆转至下层桥面行驶；第三阶段，当平均风速超过 165 km/h 时，上、下层公路桥面均封闭，以保障桥梁和轻轨车辆的安全。此时，箱梁内部的双线铁路就成为连接香港国际机场和港岛、九龙商业中心的一个重要交通命脉。为保证行车安全，需要研究和确定强风发生时是否需要关闭铁路的交通控制风速阈值，对香港而言是一项极为重要的工作。

1999 年 9 月 12 日，西北太平洋热带气旋台风 York 在菲律宾以东海面形成，横穿吕宋北部以后进入南中国海向广东沿岸移动。9 月 16 日，台风 York 正面吹袭香港，香港天文台发出了 10 号飓风预警，这一预警维持了 11 个小时，是香港有史以来预警时间最长的一次纪录。在此期间，香港路政署对青马大桥启动了强风管理系统措施，上、下层桥面的公路完全封闭，仅允许箱形主梁内的机场快线铁路正常通车。这一过程中，WASHMS 系统记录了风速时程、桥面应变、位移和加速度等数据，为研究强风作用下大跨度悬索桥的车桥动力响应提供了一个良好的契机。

6.4.3　工况识别

在青马大桥实施强风交通管制期间，根据安装在桥面 H 处（位置见图 6.25）的应变仪测到的应变时程曲线，识别了四种荷载工况，分别为桥上无车、桥上有一列车通过、桥上同时有两列车通过及桥上同时有三列车通过的情况，如图 6.28 所示。从图中应变曲线的峰值形状可以确定桥上车辆的数量和位置，并能大致推算当时的车速。

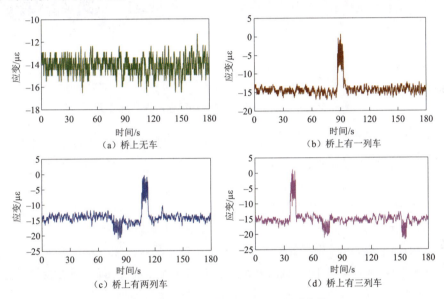

图 6.28　主梁 H 截面应变时程实测曲线

配合 WASHMS 系统的其他实测资料，还可以得到在这四种工况下的平均风速、风攻角、紊流度等计算条件，详见表 6.7。

表 6.7　青马大桥交通管制期间四种识别荷载工况

工况序号	风荷载				列车荷载			
	平均风速/(m/s)	平均风攻角/(°)	紊流度		青衣至马湾方向		马湾至青衣方向	
			顺风向/%	竖向/%	车辆数目	车速/(km/h)	车辆数目	车速/(km/h)
工况 1	18.8	−1.4	10.3	7.3	0	—	0	—
工况 2	18.9	+10.6	14.9	7.9	0	—	1	99
工况 3	19.9	+6.1	9.5	7.7	1	65	1	89
工况 4	19.8	+13.2	12.7	8.5	2	78、110	1	105

6.4.4　数值计算结果

作为风-车-桥系统动力分析的第一步，首先对桥面脉动风速进行了数值模拟。以工况 2 为例，桥面跨中水平、竖向脉动风速时程的计算结果如图 6.29 所示。

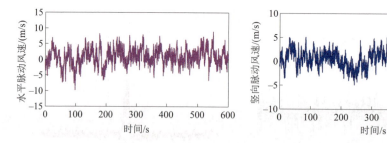

图 6.29　工况 2：桥面跨中脉动风速时程计算结果

徐幼麟等（Xu et al，1997）采用三维有限元模型计算了桥梁的自振频率和振型：一阶振型为横向振动，频率为 0.068 Hz；二阶振型为竖向振动，频率为 0.117 Hz；扭转振动出现在第 11 阶振型，频率为 0.271 Hz。取结构前 80 阶振型参与风-车-桥系统动力仿真计算，最高频率为 1.2 Hz。结构的阻尼比是根据实测结果确定的，对横向和竖向振型采用 1%，对扭转振型采用 0.5%。根据实际的桥梁和车辆参数，计算了各种工况下的车桥动力响应。积分步长取为 0.005 s。

图 6.30 给出了桥上同时有两列车通过时（工况 3），桥面不同位置处的竖向挠度时程曲线的实测和计算曲线，图中的截面位置编号见图 6.25。由于实测位移的截止频率为 0.05 Hz，为了便于比较，对计算值也进行了相应的低通滤波。

从图中可以看出，实测曲线和计算曲线的趋势走向比较一致，而计算值略偏大一些。如图 6.30（a）所示，在挠度时程曲线图中出现了两个较为明显的位移峰值，分别表示了两列车各自通过截面 B（边跨跨中）引起的位移，两列车之间的时间间隔约为 90 s。类似地，在图 6.30（b）中，两个竖向位移峰值分别表示了两列车分别通过截面 E（约为 1/4 主跨）引起的截面位移，两列车的时间间隔缩短为 46 s，说明了这两列车是相向而行。而在图 6.30（c）中，在挠度时程曲线图中只出现了一个竖向位移峰值，幅值较前两种情况增大一倍以上，这正是两列车在截面 G（主跨跨中）附近交会的曲线特征。

从图中还可看出，桥梁的挠度曲线形状与桥梁的静力加载影响线的形状非常相像，说明对于这样长跨度的悬索桥，在列车荷载作用下，桥梁的竖向挠度主要是由列车的重力加载引起的，而运行列车动力作用的影响很小。

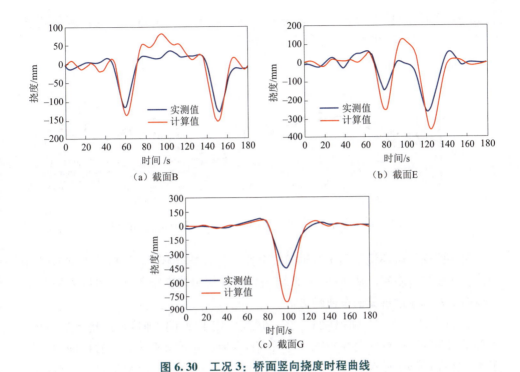

图 6.30　工况 3：桥面竖向挠度时程曲线

图 6.31 给出了同时有三列车通过时（工况 4），计算得到的桥梁横向、竖向加速度响应最大值沿梁长的分布曲线，图中离散的方块点是对应的梁部截面的实测加速度值。由于计算中选取的桥梁模态最高频率为 1.2 Hz，为了便于比较，对实测值进行了低通滤波，截止频率为 1.2 Hz。从图中可见，桥梁加速度响应的计算结果与实测值相当吻合。

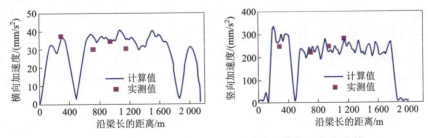

图 6.31　工况 4：桥梁最大加速度响应沿梁长的分布曲线

为了研究桥上车辆的走行性能，对桥上有一列车通过时（工况 2）车辆的动力响应进行了计算。图 6.32 给出了在不同平均风速作用下，车辆脱轨系数和轮重减载率的最大值随车速的变化曲线。从图中可以看出，当平均风速达到

20 m/s，车速超过 120 km/h 时，桥上车辆的轮重减载率超过了规范限值要求（≤0.6），表明车辆在桥上的运行安全受到了威胁。

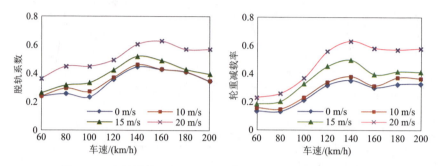

图 6.32　车辆脱轨系数和轮重减载率最大值随车速的变化曲线

为了保证强风环境下列车过桥的安全性，有必要对不同等级风速下列车过桥的速度加以严格限制。从风-车-桥系统动力相互作用的安全角度，可以采用下述步骤确定列车通过桥梁的车速阈值：

① 设定某一风速，模拟列车在这一风速作用下以不同速度通过桥梁的情况，计算车辆的各项运行安全性指标（包括脱轨系数、轮重减载率、轮轨横向力，如车辆暴露在风场中还有倾覆系数等），直到有某一项指标超出规范要求，将此时的车速作为该风速下保证列车在桥上安全运行的临界车速；

② 依次增大或减小桥面平均风速的数值，对应于每一平均风速按上述方法确定保证列车在桥上运行安全的临界车速；

③ 将对应于各个平均风速的临界车速连成线，画在一张坐标图中，即可确定车速-风速阈值曲线。

采用上述步骤，计算并确定了香港机场快线列车在不同风速下安全通过青马大桥的临界车速，获得了列车安全通过桥梁的车速-风速阈值曲线，如图 6.33 所示。从图中可以看出，当平均风速超过 15 m/s 后，桥上的临界车速急剧下降；当平均风速达到 25 m/s，临界车速降至 50 km/h；而当平均风速达到 30 m/s，桥上的临界车速只有 2 km/h，表明此时需要关闭青马大桥的铁路交通来确保列车的运行安全。

本算例研究了香港青马大桥在台风 York 过境期间，由运行列车和脉动风同时作用引起的桥梁动力响应及桥上车辆的走行性能，并与实测数据进行了比较。分析结果表明，本章建立的计算模型和研究方法能较为准确地求解大型桥梁结构与运行列车体系在强风作用下的振动响应问题，较好地预测桥梁在脉动风和列车荷载同时作用下的动力行为。

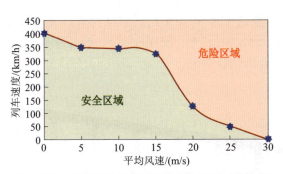

图 6.33　保证列车安全过桥的车速-风速阈值曲线

6.5　考虑风屏障气动效应的风-车-桥系统动力响应分析实例

6.5.1　工程背景

　　本节以新建兰新第二双线高速铁路风区最主要的常用跨度桥梁——32 m 跨度简支箱梁桥作为工程背景，考虑风屏障气动效应，分析风-车-桥系统动力响应及桥上列车的运行安全性。

6.5.2　计算参数

　　根据气动选型，对 32 m 简支箱梁设计了两种风屏障形式，见图 6.34：① 单侧 4 m 风屏障：挡风立柱高 4 m，挡风板布置高度 4 m，透风率 30％；② 双侧 5 m 风屏障：骨架贯通，中间部分镂空，挡风板高度 5 m，其中风屏障底部 2 m 范围内采用实心板，其余部分采用 30％的透风率。

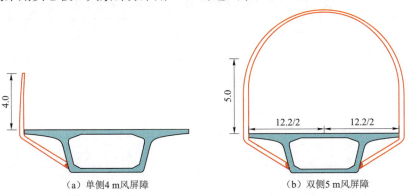

(a) 单侧4 m风屏障　　　　　　　　　　(b) 双侧5 m风屏障

图 6.34　跨度 32 m 简支箱梁风屏障设计方案（单位：m）

作为动力分析的第一步，首先采用大型结构有限元分析软件 Midas 建立了 10×32 m 简支箱梁桥的分析模型（见图 6.35），并计算了桥梁的自振特性。模型中，桥墩采用实体墩，墩高 15 m。

图 6.35　10×32 m 简支箱梁桥空间有限元模型

自振特性的计算结果表明：结构一阶振型为桥墩纵弯、主梁纵漂振动，自振频率为 1.229 Hz；主梁的一阶横弯振动出现在结构第 11 阶振型，自振频率为 3.274 Hz；主梁的一阶竖弯振动出现在结构第 18 阶振型，自振频率为 4.436 Hz。为了保证计算精度，取结构前 60 阶振型参与风-车-桥系统动力仿真计算，最高频率 27.224 Hz，结构的阻尼比取 0.05。

列车采用德国 ICE3 高速动车组，采用（3 动＋1 拖）×4 编组，车辆的轴距排列如图 6.36 所示，主要参数见表 6.8。动车和拖车的平均静轴重分别为 156.96 kN 和 143.23 kN，每节车辆全长为 24.775 m。

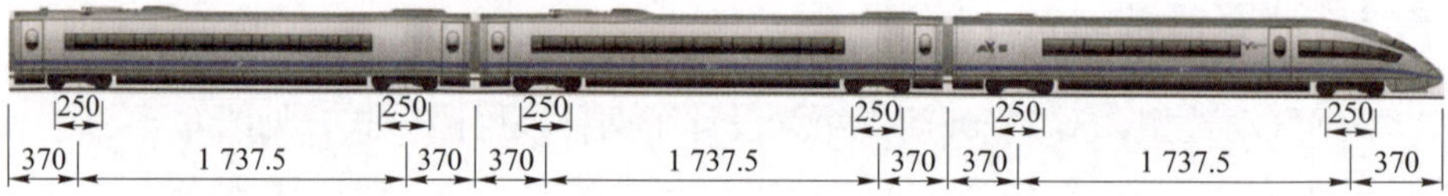

图 6.36　德国 ICE3 高速动车组编组和车辆几何尺寸示意图（cm）

表 6.8　仿真计算采用的 ICE3 高速动车组车辆参数

名　称	单位	动车	拖车	名　称	单位	动车	拖车
转向架轴距	m	2.50	2.50	车体转动惯量 I_x	t·m²	115	100
车辆定距	m	17.375	17.375	车体转动惯量 I_y	t·m²	2 700	2 700
一系悬挂横向跨距	m	2.00	2.00	车体转动惯量 I_z	t·m²	2 700	2 700
二系悬挂横向跨距	m	2.00	2.00	一系纵向阻尼/单侧 c_{x1}	kN·s/m	0	0
车体中心到二系悬挂	m	0.80	0.80	一系横向阻尼/单侧 c_{y1}	kN·s/m	0	0
二系悬挂到转向架	m	0.30	0.20	一系竖向阻尼/单侧 c_{z1}	kN·s/m	40	40
转向架到轮对	m	0.14	0.24	二系纵向阻尼/单侧 c_{x2}	kN·s/m	500	500
轮对滚动圆半径	m	0.46	0.46	二系横向阻尼/单侧 c_{y2}	kN·s/m	30	25

名　　称	单位	动车	拖车	名　　称	单位	动车	拖车
轮对质量 m_w	t	2.4	2.4	二系竖向阻尼/单侧 c_{z2}	kN·s/m	60	60
轮对转动惯量 I_x	t·m²	1.2	1.1	一系纵向刚度/单侧 k_{x1}	kN/m	15 000	15 000
转向架质量 m_t	t	3.2	2.4	一系横向刚度/单侧 k_{y1}	kN/m	5 000	5 000
转向架转动惯量 I_x	t·m²	3.2	1.8	一系竖向刚度/单侧 k_{z1}	kN/m	700	700
转向架转动惯量 I_y	t·m²	7.2	2.2	二系纵向刚度/单侧 k_{x2}	kN/m	240	280
转向架转动惯量 I_z	t·m²	6.8	2.2	二系横向刚度/单侧 k_{y2}	kN/m	240	280
车体质量 m_c	t	48.0	44.0	二系竖向刚度/单侧 k_{z2}	kN/m	400	300

设置风屏障会改变车桥系统的空气动力性能。表 6.9 给出了横风作用下车辆、桥梁的三分力系数及零攻角处的一阶导数（斜率）的风洞试验结果。从表中可以看出，风屏障对桥上车辆有较好的遮风作用，安装风屏障后，车辆的阻力系数和力矩系数急剧减小。但对于桥梁而言，设置风屏障增大了整个梁体的侧向迎风面积，所以主梁的阻力系数和力矩系数较设置前显著增大，而升力系数有所降低。而且装有双侧 5 m 风屏障桥梁的阻力系数、力矩系数更大。

表 6.9　车桥风力三分力系数表

型式	主　梁						车　辆		
	阻力系数 C_D	升力系数 C_L	力矩系数 C_M	阻力系数斜率	升力系数斜率	力矩系数斜率	阻力系数 C_D	升力系数 C_L	力矩系数 C_M
不设风屏障	1.090 3	0.468 1	0.148 3	−3.489 3	0.739 1	−0.401 1	1.911 4	−0.001 2	1.172 7
单侧 4 m 风屏障	2.030 2	−0.133 4	0.236 6	1.329 3	0.057 3	0.131 8	0.329 0	0.094 0	0.212 0
双侧 5 m 风屏障	3.924 1	−0.051 1	0.254 5	2.362 6	−1.343 9	0.174 3	0.188 2	0.096 8	0.105 5

6.5.3　风-车-桥动力计算结果

根据表 6.9 的三分力系数模拟生成了车辆和桥梁风荷载，并将其施加到车桥系统上进行风-车-桥系统耦合振动计算。计算时，积分步长取为 0.005 s。

图 6.37 比较了在最大瞬时风速 30 m/s（平均风速约 22 m/s）作用下，列车以设计速度 250 km/h 通过时，不设置和设置不同风屏障时的桥梁跨中横向位移、竖向挠度时程曲线。

从图中可以看出，设置风屏障后，桥梁的位移都有不同程度的增加，而且装有双侧 5 m 风屏障的桥梁位移更大，其中横向位移增大的幅度更为显著。

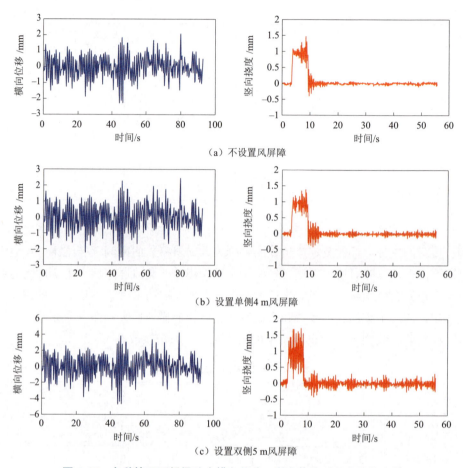

（a）不设置风屏障

（b）设置单侧4 m风屏障

（c）设置双侧5 m风屏障

图 6.37　各种情况下桥梁跨中横向位移、竖向挠度时程曲线的比较

图 6.38 比较了最大瞬时风速在 0～60 m/s 变化时，列车以设计速度 250 km/h 在桥上运行时的车辆最大脱轨系数、轮重减载率及轮轨横向力的分布曲线。

从图中可以看出，未设置风屏障时，车辆的各项运行安全性指标均随桥面风速的增加而急剧增大。我国铁路规范对车辆脱轨系数、轮重减载率规定的限值分别为 0.8 和 0.6。而对于德国 ICE3 高速动车组，根据车辆的平均静轴重计算出动车和拖车的轮轨横向力安全限值分别为 52.97 kN、49.08 kN。当桥面最大瞬时风速达到 45 m/s（平均风速约 32 m/s）时，拖车最大轮轨横向力为 53.46 kN，已经超限。当桥面最大瞬时风速增加至 55 m/s（平均风速约 39 m/s）时，车辆的轮重减载率为 0.65，动车及拖车的轮轨横向力分别为 56.43 kN 和 59.14 kN，均超过规范限值。当桥面最大瞬时风速达到 60 m/s（平均风速约 42 m/s）时，车辆的脱轨系数为 0.83，也已超限。

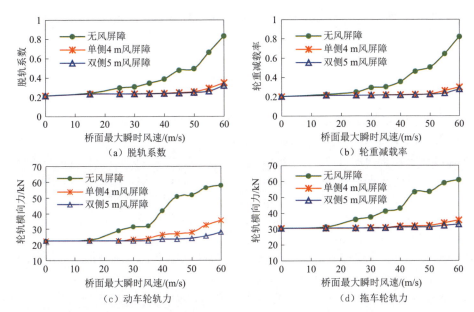

图 6.38　车辆脱轨系数、轮重减载率、轮轨横向力与桥面最大瞬时风速的关系

设置风屏障后，桥上车辆的各项运行安全指标值均大大降低。采用单侧 4 m 风屏障时，即使当桥面最大风速达到 60 m/s，车辆的最大脱轨系数、轮重减载率也仅为 0.35 和 0.30，动车和拖车的轮轨横向力分别为 35.71 kN、35.76 kN，均在规范限值之内。采用双侧 5 m 风屏障会进一步减小车辆的动力响应。与单侧风屏障相比，当桥面瞬时风速达到 60 m/s 时，车辆的脱轨系数、轮重减载率分别减小了 8.78% 和 6.98%，拖车的轮轨横向力减小了 7.28%，而动车的轮轨横向力减幅较大，减小了 20.88%。但需要注意的是，采用双侧风屏障后，桥梁的横向位移增加了 73.02%，横向加速度也增加了 91.13%。可见，采用双侧风屏障后，由于大幅度增加了桥梁的整体迎风面积，从而急剧地增大了桥梁的抖振风力，对桥梁的振动产生了十分不利的影响。同时，这一抖振风力会通过车桥耦合振动增大车辆的动力响应。因此，和单侧风屏障相比，尽管车辆的三分力系数有较大幅度的减小（阻力系数和力矩系数分别减小了 42.80%、50.24%），但车辆的动力响应减幅有限。

本算例研究了兰新第二双线高速铁路风区跨度 32 m 简支箱梁考虑风屏障效应的风-车-桥系统耦合振动性能。研究表明，通过设置风屏障可有效地提高风场中桥上列车的运行安全性，但会增大桥梁的振动响应，尤其在横桥向。因此，不同于路基上的挡风结构，桥梁上挡风结构的设计既要考虑其降低列车风荷载的有利作用，又要考虑其增加梁体风荷载的不利效应，二者是相互影响的。如何考虑二者之间的平衡，进而优化桥梁上的挡风结构设计参数，是需要进一步研究的重点问题。

参 考 文 献

AHMED S R, GAWTHORPE R G, MACKRODT P A, 1985. Aerodynamics of road and rail vehicles [J]. Vehicle system dynamics, 14 (4-6): 319-392.

ANDERSSON E, HAGGSTRO M J, SIMA M, et al. , 2004. Assessment of train-overturning risk due to strong cross-winds [J]. Journal of rail and rapid transit, 218 (3): 213-223.

BAETKE F, WERNER H, 1990. Numerical simulation of turbulent flow over surface mounted obstacles with sharp edges and corners [J]. Journal of wind engineering and industrial aerodynamics, 35: 129-147.

BAKER C J, 1991. Ground vehicles in high cross winds: part II unsteady aerodynamic forces [J]. Journal of fluids and structures, 5: 91-111.

BAKER C J, REYNOLDS S, 1992, Wind-induced accidents of road vehicles [J]. Accident analysis and prevention, 24 (6): 559-575.

BEKELE S A, HANGAN H, 2002. A comparative investigation of the TTU pressure envelope: Numerical versus laboratory and full scale results [J]. Wind and structures, 5 (24): 337-346.

CAI C S, CHEN S R, 2004. Framework of vehicle-bridge-wind dynamic analysis [J]. Journal of wind engineering and industrial aerodynamics, 92: 579-607.

CAO Y H, XIANG H F, ZHOU Y, 2000. Simulation of stochastic wind velocity field on long-span bridges [J]. Engineering mechanics, ASCE, 126 (1): 1-6.

CARRARINI A, 2007. Reliability based analysis of the crosswind stability of railway vehicles [J]. Journal of wind engineering and industrial aerodynamics, 95 (7): 493-509.

CHELI F, CORRADI R, DIANA G, et al. , 2003. A numerical-experimental approach to evaluate the aerodynamic effects on rail vehicle dynamics [J]. Vehicle system dynamics, 41: 707-716.

CHEN R L, ZENG Q Y, HUANG Y Q, et al. , 2010. Analysis theory of random energy of train derailment in wind [J]. Science China, 53 (4): 751-757.

CHEN X Z, MATSUMOTO M, KAREEM A, 2000. Time domain flutter and buffeting response analysis of bridges [J]. Engineering mechanics, ASCE, 126 (1): 7-16.

COOPER R K, 1981. The effect of cross winds on trains [J]. Journal of fluid mechanics, 103 (1): 170-178.

COOPER R K, 1984. Atmospheric turbulence with respect to moving ground vehicles [J]. Journal of wind engineering and industrial aerodynamics, 17 (2): 215-238.

DIEDRICHS B, SIMA M, ORELLANO A, et al. , 2007. Crosswind stability of a high-speed train on a high embankment [J]. Journal of rail and rapid transit, 221 (2): 205-225.

DIEDRICHS B, 2010. Aerodynamic crosswind stability of a regional train model [J]. Journal of rail and rapid transit, 224 (F6): 580-591.

DIERICKX W, GABRIELS D, CORNELIS W M, 2001. Wind tunnel study on wind speed reduction through successive synthetic windscreens [J]. Journal of agriculture engineering research, 79 (1): 117-123.

GUO W W, XU Y L, XIA H, et al. , 2007. Dynamic response of suspension bridge to typhoon and trains: II　numerical results [J]. Journal of structural engineering, ASCE, 133 (1): 12-21.

GUO W W, XIA H, XU Y L, 2010. Running safety analysis of a train on the Tsing Ma Bridge under turbulent winds [J]. Journal of earthquake engineering and engineering vibration, 9 (3): 307-318.

GUO W W, WANG Y J, XIA H, et al. , 2014. Wind tunnel test on aerodynamic effect of wind barriers on train bridge system [J]. Science China (technological sciences), 57 (12): 1-7.

GUO W W, XIA H, KAROUMI R, et al. , 2015. Aerodynamic effect of wind barriers and running safety of trains on high-speed railway bridges to cross winds [J]. Wind and structures, 20 (2): 213-236.

HAGEN L J, SKIDMORE E L, MILLER P L, et al. , 1981. Simulation of effect of wind barriers on airflow [J]. Transactions of the ASAE, 24 (4): 1002-1008.

HAN Y, CHEN Z Q, HUA X G, 2010. New estimation methodology of six complex aerodynamic admittance functions [J]. Wind and structures, 13 (3): 293-307.

HEISLER G M, DEWALLE D R, 1988. Effects of windbreak structure on wind flow [J]. Agriculture, ecosystems and environment, 22/23: 41-69.

HOWELL J P, 1986. Aerodynamic response of maglev train models to a crosswind gust [J]. Journal of wind engineering and industrial aerodynamics, 22 (2-3): 205-213.

KIM D H, KWON S D, LEE I K, et al. , 2011. Design criteria of wind barriers for traffic: Part 2　Decision making process [J]. Wind and structures, 14 (1): 71-80.

KWON S D, KIM D H, LEE S H, et al. , 2011. Design criteria of wind barriers for traffic: Part 1　Wind barrier performance [J]. Wind and structures, 14 (1): 55-70.

LAUNDER B E, SPALDING D B, 1974. The numerical computation of turbulent flows [J]. Computer methods in applied mechanics and engineering, 3 (2): 269-289.

LI Y L, QIANG S Z, LIAO H L, et al. , 2005. Dynamics of wind-rail vehicle-bridge systems [J]. Journal of wind engineering and industrial aerodynamics, 93 (6): 483-507.

LI Y L, HU P, CAI C S, et al. , 2013. Wind tunnel study of sudden change of vehicle wind loads due to windshield effects of bridge towers and passing vehicles [J]. Journal of engineering mechanics, 139 (9): 1249-1259.

LI Y L, HU P, XU Y L, et al. , 2014. Wind loads on a moving vehicle-bridge deck system by wind-tunnel model test [J]. Wind and structures, 19 (2): 145-167.

NIKITAS N, MACDONALD J H G, JAKOBSEN J B, 2011. Identification of flutter derivatives from full-scale ambient vibration measurements of the Clifton Suspension Bridge [J]. Wind and structures, 14 (3): 221-238.

NOGUCHI T, FUJII T, 2000. Minimizing the effect of natural disasters [J]. Japan railway and transport review, 23: 52-59.

PROCINO L, KOZMAR H, BARTOLI G, et al. , 2008. Wind barriers on bridges: the effect of wall porosity [C] // Proceedings of 6th International Colloquium on Bluff Bodies Aerodynamics and Applications, Milano, Italy, July, 20-24.

SALVATORI L, SPINELLI P, 2006. Effects of structural nonlinearity and along-span wind coherence on suspension bridge aerodynamics: Some numerical simulation results [J]. Journal of wind engineering and industrial aerodynamics, 94: 415-430.

SIMIU E, SCANLAN R H, 1996. Wind effects on structures [M]. 3rd Ed. New York: John Wiley & Sons.

STRUKELJ A, CIGLARIC I, PIPENBAHER M, 2005. Analysis of a bridge structure and its wind barrier under wind loads [J]. Structural engineering international, 15 (4): 220-227.

TEITEL M, 2010. Using computational fluid dynamics simulations to determine pressure drops on woven screens [J]. Biosystems engineering, 105 (2): 172-179.

WILSON J D, 1985. Numerical studies of flow through a windbreak [J]. Journal of wind engineering and industrial aerodynamics, 21 (2): 119-154.

VERSTEEG H K, MALALASEKERA W, 1995. An introduction to computational fluid dynamics: the finite volume method [M]. New York: Wiley.

XIA H, GUO W W, ZHANG N, et al. , 2008. Dynamic analysis of a train-bridge system under wind action [J], Computers and structures, 86: 1845-1855

XIA H, XU Y L, CHAN T H T, 2000. Dynamic interaction of long suspension bridges with running trains [J], Journal of sound and vibration, 237 (2): 263-280.

XIA H, DE ROECK G, GOICOLEA J M, 2012. Bridge vibration and controls: new research [M]. New York: Nova Science Publishers.

XU Y L, KO J M, ZHANG W S, 1997. Vibration studies of Tsing Ma suspension bridge [J]. Bridge engineering, ASCE, 3 (4): 149-156.

XU Y L, ZHANG N, XIA H, 2004a. Vibration of coupled train and cable-stayed bridge systems in crosswinds [J]. Engineering structures, 26 (10): 1389-1406.

XU Y L, GUO W H, 2004b. Effects of bridge motion and crosswind on ride comfort of road vehicles [J]. Journal of wind engineering and industrial aerodynamics, 92: 641-662.

XU Y L, DING Q S, 2006. Interaction of railway vehicles with track in cross-winds [J]. Journal of fluids and structures, 22 (3): 295-314.

ZHANG T, XIA H, GUO W W, 2013. Analysis on running safety of train on bridge with wind barriers subjected to cross wind [J], Wind and structures, 17 (3): 203-225.

ZHANG W M，GE Y J，LEVITAN M L，2011. Aerodynamic flutter analysis of a new suspension bridge with double main spans [J]. Wind and structures，14（3）：187-208.

ZHANG X J，2011. Investigation on the wind-induced instability of long-span suspension bridges with 3D cable system [J]. Wind and structures，14（3）：209-220.

JTG/T D60-01，2004. 公路桥梁抗风设计规范 [S]. 北京：人民交通出版社.

TB 10621—2014，2015. 高速铁路设计规范 [S]. 北京：中国铁道出版社.

郭薇薇，夏禾，徐幼麟，2006. 风荷载作用下大跨度悬索桥的动力响应及列车运行安全分析 [J]. 工程力学，23（2）：103-110.

李永乐，汪斌，黄林，等，2009. 平板气动力的 CFD 模拟及参数研究 [J]. 工程力学，26（3）：207-211.

李兆杨，2012. 防风栅气动性能的风洞试验及数值模拟研究 [D]. 哈尔滨：哈尔滨工业大学.

瞿伟廉，刘琳娜，2007. 基于 CFD 的桥梁三分力系数识别的数值研究 [J]. 武汉理工大学学报，29（7）：85-88.

任尊松，徐宇工，王璐雷，等，2006. 强侧风对高速列车运行安全性影响研究 [J]. 铁道学报，28（6）：46-50.

王福军，2004. 计算流体动力学分析：CFD 软件的理论与应用 [M]. 北京：清华大学出版社.

夏禾，张楠，2005. 车辆与结构动力相互作用 [M]. 2 版，北京：科学出版社.

向活跃，李永乐，胡喆，等，2013. 桥上孔隙式风屏障缩尺模型模拟方法的风洞试验 [J]. 工程力学，30（8）：212-216.

锤本勝二，鈴木実，前田達夫，1999. 横风に对する车辆の空力学の特性风洞试验 [R]. 铁道研究报告，13（12）：47-52.

祝志文，陈政清，2001. YZ22 型车辆与铁路 T 型简支梁桥的风荷载研究 [J]. 湖南大学学报（自然科学版），28（1）：93-97.

第**7**章

地震作用下的车桥耦合振动

本章研究地震作用下的车桥耦合振动问题。首先总结了基于谱理论的空间变异地震动模拟及地震记录一致化方法；接着对比分析了地震作用下桥梁结构加速度、位移两种输入模式的特点、实现方法及适用性，然后建立了单个质量弹簧振子和振子列通过简支梁、多自由度车桥耦合系统在地震作用下动力分析模型；在此基础上，给出了地震作用下桥上列车运行安全性指标和评价流程；最后以 8 节ICE3 列车通过 3 跨连续钢桁拱桥遭遇地震作用为例，研究了地震波特性、输入模式及车速等对桥梁和车辆动力响应的影响规律。

7.1 概　　述

列车在桥梁上运行遭遇地震时，地震动通过地基及基础引起桥墩的振动，再通过支座及桥梁上部结构传递到列车上，这就构成了地震作用下的车桥耦合振动系统。传统的桥梁抗震设计主要关心如何保证结构自身的安全，因此更多地关注系统的相对运动，对于桥上运行列车的安全性，通常是通过限制轨道的位移和折角来保证的。相对于正常运营状态，地震作用下的车桥耦合振动更加剧烈，即使轨道位移和折角能够满足规范要求，桥梁和车辆本身的振动也可能引起列车脱轨或倾覆，这就涉及系统的绝对运动。此外，高速运行车辆的车轮与钢轨之间可能出现的瞬时分离现象，需要采用非线性的轮轨关系才能够反映。因此，地震作用下的车桥耦合振动分析不是传统桥梁地震响应分析与车桥耦合振动分析的简单组合，而是有其自身特点（Xia et al，2006，2012；夏禾 等，2014；Yau et al，2007；Zhang et al，2010；Zhang et al，2010；He et al，2011；Konstantakopoulos et al，2012；Ju，2013；Chen et al，2014）。开展这一课题的研究，对于完善长桥和大跨度桥梁动力灾害研究的基础理论、提高桥梁整体抗震性能、确保列车运行安全及充分发挥桥梁功能等，都具有十分重要的理论和工程意义。

7.2　地震动模拟

地震作用下车桥耦合系统具有显著的时变特性，其振动响应主要依赖时程分析方法获得，这就需要在计算时输入桥梁所在处的地震动时程。受震级大小、震中距和场地条件等因素的影响，桥梁所在处的地面运动非常复杂，呈现出显著的空间变异性。因此，如何得到能够同时反映出桥梁场地特征和空间变异性的多点地震动就显得至关重要。计算时，采用的地震动可以是强震记录，但强地震的发生较为稀少，观测记录不足，与给定场地条件类似的强震记录即使可以找到，也很少能够反映出空间变异性，而且在进行地震作用下车桥耦合振动响应的统计分析时，也需要大量地面运动样本作为输入，这就需要借助于数值模拟技术来产生人工地震动。

7.2.1　地震动的空间变异性

在从震源通过不同地层到达地表的传递过程中，地震波可能在较大的区域范围内出现幅值、相位的变化，进而在时程上表现出显著的差异，这种变化称为地震动的空间变异性。作为线形分布的工程结构，长大桥梁的不同支撑可能在同一地震中经历显著差异的运动。因此，地震动的空间变异性对长大桥梁结构的动力响应的影响不可忽略。

欧洲抗震设计规范（European standard，2005）明确指出，下列情况应该考虑地震动空间变异性对桥梁结构动力响应的影响：① 场地条件变化明显，支撑点处场地土的类型达到两种或者以上；② 场地条件没有明显变化，但是总跨度超过了一定值。目前我国现行铁路工程抗震设计规范（GB 50111—2006）中还没有考虑地震动空间变异性的影响，与国外相比相对滞后。

从桥梁工程应用角度看，地震动的空间变异性主要涉及以下 4 个方面。

1. 行波效应

地震波在地层中以平面波形式和有限速度传播时，由于倾斜入射，到达地表不同桥梁支撑点的时刻可能产生差异，这种差异通常表现为确定性的时间滞后，称为行波效应。如图 7.1 所示，地震波以波震面形式通过路径 S_1 和 S_1' 到达支撑 1，通过路径 S_2 和 S_2' 到达支撑 2，而两支撑点连线与波震面的夹角为锐角，波震面到支撑 1 的垂直距离较小，因此地震波到达支撑 1 的时刻先于支撑 2。

2. 不相干效应

地震波的不相干效应包括扩展源效应和散射效应。

扩展源效应如图 7.2（a）所示。地震中产生的地震波沿着破裂的扩展断层传播，断层上不同点作为不同的"震动源"，通过不同路径将地震动传递到地表支撑 1、支撑 2 处，然后相互叠加。这些地震动在到达同一点时不可避免地会出现延时，造成波形的改变。这称为扩展源效应。

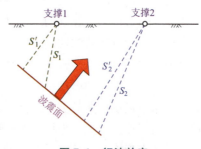

图 7.1　行波效应

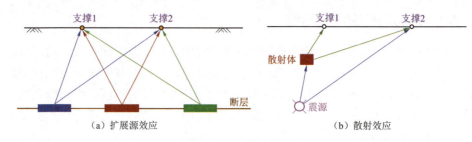

（a）扩展源效应　　　　　　　　　　　（b）散射效应

图 7.2　不相干效应

散射效应如图 7.2（b）所示。地震波在非均匀地层的传播过程中遇到散射体，传播方向发生改变，这样传递到地表支撑 1、支撑 2 时波形也就随之改变。这种导致不同支撑点处地震动出现差异的效应称为散射效应。

上述扩展源、散射两种效应均造成了不同支撑处地震波相关性的降低，统称为不相干效应。

3. 局部场地效应

不同支撑处的局部场地土往往存在差异，这种差异将直接导致地震波振幅和频率成分发生较大变化，称为局部场地效应。

4. 衰减效应

地震波从震源开始传播，随着传播距离增大，由于阻尼等因素的影响，地震波将呈现出逐渐衰减的趋势。如图 7.3 所示，相对于支撑 1 处，支撑 2 处地震波偏小，这是因为其距断层的距离比较大，这种效应称为衰减效应。但对实际桥梁而言，沿其跨度计算范围内的地震波衰减效应的影响通常可以忽略。

图 7.3　衰减效应

7.2.2　考虑空间变异性的地震动模拟

地震动属于典型的完全非平稳过程，依据基于谱方法的随机场理论可以生成考虑空间变异性的地震动样本（Zerva，2002，2009）。有两种方法可以对地震动随机场进行模拟：一种是基于功率谱密度函数（或反应谱）和复相干函数，称为无条件模拟；另一种是基于既有地震动时程和复相干函数，称为有条件模拟（Shama，et al，2010）。

1. 无条件模拟

功率谱密度函数、反应谱均可反映桥梁所在处的场地特征。与之相对应，无条件模拟方法又细分为两种：第一种基于功率谱密度函数，第二种基于反应谱。

依据非平稳随机向量过程理论，各点非平稳地震动均可以表示为平稳随机过程与调制函数的乘积，而平稳地震动则由各点稳态功率谱函数和空间相关关系模拟得到。

1）基于功率谱密度函数的无条件模拟

基于功率谱密度函数的无条件模拟生成完全非平稳多点地震加速度时程主要涉及以下步骤：

（1）选取调制函数。

调制函数可以选取 Bogdanoff-Goldberg-Bernard 模型（Bogdanoff et al，1961）。该模型为单指数形式，其表达式为

$$A(\omega,t)=A(t)=\alpha_1 t\exp(-\alpha_2 t) \tag{7.1}$$

式中，系数 α_1 与加速度峰值成正比，α_2 控制函数的形状。

对于不同的支撑点 i，应考虑行波效应引起的时间滞后效应，则

$$A_i(\omega,t)=A_i(t)=\begin{cases} 0 & \left(0\leqslant t<\dfrac{\lambda_{i1}^{\mathrm{P}}}{v_{\mathrm{app}}}\right) \\[3mm] \alpha_1\left(t-\dfrac{\lambda_{i1}^{\mathrm{P}}}{v_{\mathrm{app}}}\right)\exp\left[-\alpha_2\left(t-\dfrac{\lambda_{i1}^{\mathrm{P}}}{v_{\mathrm{app}}}\right)\right] & \left(t\geqslant\dfrac{\lambda_{i1}^{\mathrm{P}}}{v_{\mathrm{app}}}\right) \end{cases} \tag{7.2}$$

式中，v_{app} 为视波速；λ 为距离，上标 P 代表其在地震波传播方向上的投影，下

标 i 为桥梁支撑点编号，1 代表地震动最早到达的桥梁支撑点。

（2）确定稳态功率谱密度函数。

依据桥梁支撑处的场地特征，使用 Clough-Penzien，即正的 Kanai-Tajimi 加速度谱（Clough et al，1975）确定稳态功率谱密度函数，即

$$s_i(\omega)=s_{0i}\left\{\frac{1+4\xi_{gi}^2(\omega/\omega_{gi})^2}{[1-(\omega/\omega_{gi})^2]^2+4\xi_{gi}^2(\omega/\omega_{gi})^2}\right\}\cdot\left\{\frac{(\omega/\omega_{fi})^4}{[1-(\omega/\omega_{fi})^2]^2+4\xi_{fi}^2(\omega/\omega_{fi})^2}\right\} \tag{7.3}$$

式中，第一项 s_{0i} 为确定加速度峰值的常数；第二项为 Kanai-Tajimi 谱，ω_{gi}、ξ_{gi} 分别代表场地的特征频率与阻尼比；第三项为滤波器，ω_{fi}、ξ_{fi} 分别与频率响应函数中的截止频率、峰度相对应。

（3）选取复相干函数。

采用欧洲抗震设计规范（European standard，2005）推荐的复相干函数模型

$$\Gamma_{ij}(\omega)=\exp\left[-\left(\frac{\alpha\omega\lambda_{ij}}{v_s}\right)^2\right]\times\exp\left(-i\frac{\omega\lambda_{ij}^P}{v_{app}}\right) \tag{7.4}$$

式中，右端第一项对应于不相干效应，第二项为行波效应引起的相位改变量；α 为反映场地土力学特征的参数，取值一般在 $[0,0.5]$ 范围内；v_s 为场地土的剪切波速；下标 j 亦为桥梁支撑点。

（4）形成演变的互功率谱密度矩阵。

将频率、时间离散化，计算离散点 (ω_l,t_r) 对应的互功率谱密度矩阵

$$S(\omega_l,t_r)=\begin{bmatrix}s_{11}&s_{21}^*&\cdots&s_{n1}^*\\s_{21}&s_{22}&\cdots&s_{n2}^*\\\vdots&\vdots&\ddots&\vdots\\s_{n1}&s_{n2}&\cdots&s_{nn}\end{bmatrix} \tag{7.5}$$

式中，下标 n 为分析中桥梁支撑点数，$s_{ii}(\omega_l)$ 表示支撑点 i 的自功率谱密度，$s_{ij}(\omega_l)$ 表示支撑点 i、j 之间的互功率谱密度，其表达式为

$$s_{ii}(\omega_l)=|A_i(\omega_l,t_r)|^2 s_i(\omega_l) \tag{7.6}$$

$$s_{ij}(\omega_l)=A_i(\omega_l,t_r)A_j(\omega_l,t_r)\sqrt{s_i(\omega_l)s_j(\omega_l)}\cdot\Gamma_{ij}(\omega_l),(i\neq j) \tag{7.7}$$

$$\omega_l=l\Delta\omega,\Delta\omega=\omega_u/N \quad (l=1,2,\cdots,N)$$

$$t_r=r\Delta t \quad (r=1,2,\cdots) \tag{7.8}$$

式中，ω_u 为分析截止频率上限；Δt 为时间间隔；N 为频率分割点数。

（5）分解互功率谱密度矩阵。

采用 Cholesky 方法分解演变的互功率谱密度矩阵

$$S(\omega_l,t_r)=H(\omega_l,t_r)(H^*)^T(\omega_l,t_r) \tag{7.9}$$

式中，$H(\omega_l,t_r)$ 为下三角矩阵，上标星号 * 表示复数共轭运算，其表达式为

$$\boldsymbol{H}(\omega_l,t_r)=\begin{bmatrix} H_{11}(\omega_l,t_r) & 0 & \cdots & 0 \\ H_{21}(\omega_l,t_r) & H_{22}(\omega_l,t_r) & \cdots & 0 \\ \vdots & \vdots & \ddots & \vdots \\ H_{n1}(\omega_l,t_r) & H_{n2}(\omega_l,t_r) & \cdots & H_{nn}(\omega_l,t_r) \end{bmatrix} \tag{7.10}$$

式中，$H_{ii}(\omega_l,t_r)$（$i=1,2,\cdots,n$）为非负实数，$H_{ij}(\omega_l,t_r)$（$i=2,\cdots,n$；$j=1,\cdots,i-1$）一般为复数。

（6）合成多点地震加速度时程。

不同支撑处的加速度时程由下式合成

$$\ddot{X}_i(t_r)=2\sum_{m=1}^{i}\sum_{l=1}^{N}\{|H_{im}(\omega_l,t_r)|\sqrt{\Delta\omega}\cdot\cos[\omega_l t_r-\theta_{im}(\omega_l,t_r)+\Phi_{ml}]\} \tag{7.11}$$

$$\theta_{im}(\omega_l,t_r)=\arctan\left\{\frac{\mathrm{Im}[H_{im}(\omega_l,t_r)]}{\mathrm{Re}[H_{im}(\omega_l,t_r)]}\right\} \tag{7.12}$$

式中，Φ_{ml} 为在 $[0,2\pi]$ 范围内均匀分布的独立随机相位角；函数 Im、Re 分别表示取一个复数的虚部、实部。

需要指出的是，当仅仅用于单点地震动模拟时，上述算法退化为三角级数模拟法。

以一座 3 跨（85+130+85）m 直线连续刚构桥为例，依据场地条件，采用基于功率谱密度函数的无条件模拟产生水平方向（垂直于桥梁纵向）的地震加速度时程。模拟过程中假定地震波沿着桥梁纵向从支撑 1 向支撑 4 传播，各支撑点均取一致的调制函数，模拟参数见表 7.1。模拟得到 4 个支撑处的地震加速度时程样本，如图 7.4 所示。

表 7.1　地震动的主要模拟参数

参　　数	支撑 1	支撑 2	支撑 3	支撑 4
加速度幅值控制参数 α_1	1.36	1.36	1.36	1.36
加速度形状控制参数 α_2	0.5	0.5	0.5	0.5
场地土特征参数 α	0.2	0.2	0.2	0.2
剪切波速 v_s/(m/s)	300	300	300	300
视波速 v_{app}/(m/s)	500	500	500	500
加速度幅值常数 $s_{01}\sim s_{04}$/(cm^2/s^3)	30	30	30	30
场地特征频率 $\omega_{g1}\sim\omega_{g4}$/(rad/s)	8π	5π	2.4π	2.4π
场地特征阻尼 $\xi_{g1}\sim\xi_{g4}$	0.60	0.60	0.85	0.85
滤波器截止频率 $\omega_{f1}\sim\omega_{f4}$/(rad/s)	0.8π	0.5π	0.5π	0.5π
滤波器峰值参数 $\xi_{f1}\sim\xi_{f4}$	0.60	0.60	0.85	0.85

注：计算时上限圆频率 $\omega_u=40\pi$；时间步长 $\Delta t=0.01$ s；频率点数 $N=1\,000$。

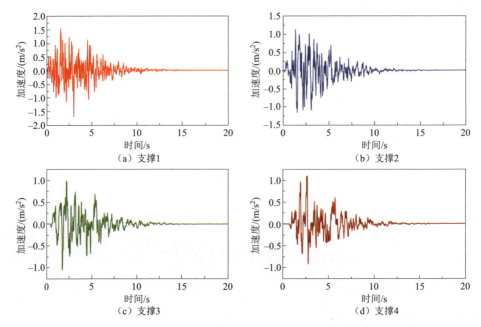

图 7.4　基于功率谱的无条件模拟地震加速度时程样本

2）基于反应谱的无条件模拟

设计规范通常很少给出反映场地特征的功率谱密度函数，更多给出的是反应谱。对上述基于功率谱密度函数的无条件模拟方法进行修改，就可以得到各点均能够满足反应谱、空间相关关系的地震加速度时程（Deodatis，1996）。其基本思路为：

① 计算各点非平稳地震加速度时程所对应的加速度反应谱，并与目标反应谱进行对比；

② 若对比结果不满足预设误差要求，则调整各点的稳态功率谱密度函数，重复上述步骤。

基于反应谱的无条件模拟流程图见图 7.5。

从图 7.5 看，基于反应谱的无条件模拟步骤与基于功率谱的步骤相同，但是在以下步骤中采用了不同的计算公式。

（1）确定稳态功率谱密度函数。

确定稳态功率谱密度函数时，各点的功率谱函数按下式进行了修正

$$s_i(\omega) \rightarrow s_i(\omega)\left[\frac{\text{RSA}_i(\omega)}{\text{RSA}^{\ddot{X}_i(t)}(\omega)}\right]^2 \tag{7.13}$$

式中，$\text{RSA}_i(\omega)$为目标反应谱，$\text{RSA}^{\ddot{X}_i(t)}(\omega)$为计算反应谱。

（2）形成稳态的互功率谱密度矩阵。

式（7.5）中，互功率谱密度矩阵中的元素改由下式计算

$$s_{ii}(\omega_l)=s_i(\omega_l) \tag{7.14}$$

$$s_{ij}(\omega_l)=\sqrt{s_i(\omega_l)s_j(\omega_l)}\cdot\Gamma_{ij}(\omega_l),(i\neq j) \tag{7.15}$$

（3）合成各点非平稳地震加速度时程。

不同支撑处的加速度时程改由下式合成

$$\ddot{X}_i(t_r)=2A_i(t_r)\sum_{m=1}^{N}\sum_{l=1}^{N}\{|H_{im}(\omega_l,t_r)|\sqrt{\Delta\omega}\times\cos[\omega_l t_r-\theta_{im}(\omega_l,t_r)+\Phi_{ml}]\}$$

$$\tag{7.16}$$

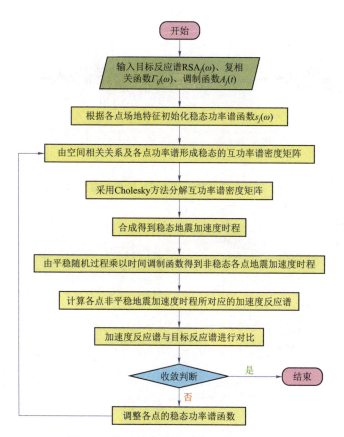

图 7.5　基于反应谱的无条件模拟流程图

以上述 3 跨（85＋130＋85）m 直线连续刚构桥为例，采用基于反应谱的无条件模拟产生水平方向（垂直于桥梁纵向）的地震加速度时程。依然假定地震波沿着桥梁纵向从支撑 1 向支撑 4 传播。桥址区地震烈度为多遇 7 度，设计分组为第二组；支撑 1、2 处的场地类型为 I_0，支撑 3、支撑 4 处的场地类型为 I_1。其

余模拟参数见表 7.1。模拟得到 4 个支撑处的地震加速度时程样本，如图 7.6 所示。各支撑点地震加速度模拟反应谱与标准反应谱对比情况见图 7.7。

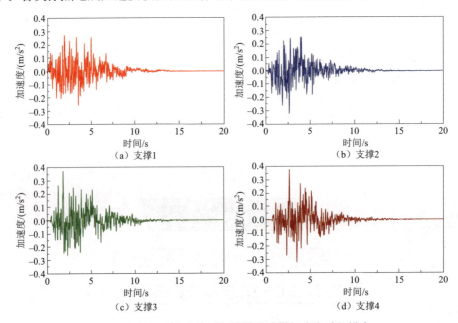

图 7.6　基于反应谱的无条件模拟地震加速度时程样本

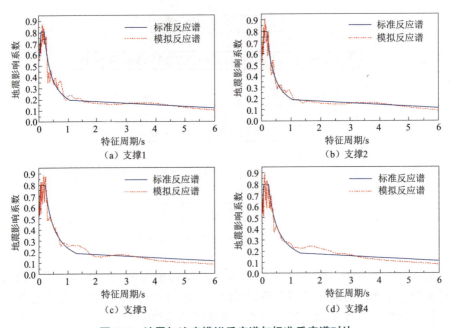

图 7.7　地震加速度模拟反应谱与标准反应谱对比

2. 有条件模拟

无条件模拟生成的地震动依赖于白噪声序列，在本质上只保留了部分源于真实地震记录的信息。与无条件模拟不同，有条件模拟允许使用一条或者多条既有地震波，进而产生与既有地震波、空间相关模型相一致的空间变异地震动。这种方式产生的空间变异地震动能够更好地继承既有地震波的物理特性，如振幅和频率的非平稳特性、震源特性、传播路径、局部场地条件等。

目前广泛应用的有条件模拟方法主要有两种：一是 Vanmarcke 等（1991）在传统 Krige 技术的基础上引入的多变量线性预测（MLP）法，其模拟时程的 Fourier 系数通过无偏估计得到；二是条件概率密度函数（CPDF）法，其模拟时程的 Fourier 系数由闭合形式的条件概率函数确定。尽管产生未知 Fourier 系数的方式不同，上述两种方法在随机意义上却是等效的。因此，这里只介绍多变量线性预测法，其实施流程如下：

（1）采用时域片段方法，将既有地震加速度时程切分成具有不同时间步数的连续非重叠时程片段。

既有非平稳地震波的每个时程片段均需近似为平稳过程，这源于后继模拟中使用了具有平稳性固有特征的 Fourier 变换。具体实施可以借助于简单观察，使得各时程片段内的幅值和零交点相对相似即可。

（2）将既有地震波的时程片段作为参考的时间序列，进而模拟出目标桥梁支撑点上的未知地震动时程片段。

桥梁各支撑点处的时程片段均为同源、零均值的高斯随机过程，可以表示为下面的 Fourier 序列

$$\ddot{X}_i(t) = \sum_{l=1}^{n_{\mathrm{f}}} \left[A_{i,l}\cos(\omega_l t) + B_{i,l}\sin(\omega_l t) \right] \qquad (i=1,2,\cdots,n) \quad (7.17)$$

式中，n 为总的桥梁支撑点数，ω_l 为频率离散点，n_{f} 为频率离散点的总数。

模拟的基本原理是：在已知支撑点地震时程片段的 Fourier 系数、空间相干模型及场地特征已知的情况下，借助于多变量线性预测理论估计目标支撑点处未知时程片段的 Fourier 系数，进而通过 Fourier 逆变换得到所需时程片段。详细的实施步骤如下：

① 将已知和目标桥梁支撑点的时程片段作如下排列

$$\ddot{\boldsymbol{X}}_{\mathrm{kn}} = \left[\ddot{X}_1(t),\cdots,\ddot{X}_M(t) \right]^{\mathrm{T}}; \quad \ddot{\boldsymbol{X}}_{\mathrm{un}} = \left[\ddot{X}_{M+1}(t),\cdots,\ddot{X}_n(t) \right]^{\mathrm{T}} \quad (7.18)$$

式中，下标 kn、un 分别表示已知和目标；M 为时程片段中已知桥梁支撑点数；上标 T 表示转置。

② 定义频率离散点上各时程片段的 Fourier 系数所对应向量 $\boldsymbol{Z}$

$$\begin{cases} \boldsymbol{Z} = [\boldsymbol{Z}_{\mathrm{kn}}^{\mathrm{T}}, \boldsymbol{Z}_{\mathrm{un}}^{\mathrm{T}}]^{\mathrm{T}} \\ \boldsymbol{Z}_{\mathrm{kn}} = (A_{1,l}, B_{1,l}, \cdots, A_{M,l}, B_{M,l})^{\mathrm{T}} \\ \boldsymbol{Z}_{\mathrm{un}} = (A_{M+1,l}, B_{M+1,l}, \cdots, A_{n,l}, B_{n,l})^{\mathrm{T}} \end{cases} \tag{7.19}$$

并且形成 $\boldsymbol{Z}$ 的协方差矩阵 $\boldsymbol{C}_l$

$$\boldsymbol{C}_l = \begin{bmatrix} \boldsymbol{C}_{\mathrm{kn,kn}} & \boldsymbol{C}_{\mathrm{kn,un}} \\ \boldsymbol{C}_{\mathrm{kn,un}}^{\mathrm{T}} & \boldsymbol{C}_{\mathrm{un,un}} \end{bmatrix} \tag{7.20}$$

式中，

$$\boldsymbol{C}_{\mathrm{kn,kn}} = \mathrm{COV}(\boldsymbol{Z}_{\mathrm{kn}}); \ \boldsymbol{C}_{\mathrm{kn,un}} = \mathrm{COV}(\boldsymbol{Z}_{\mathrm{kn}}, \boldsymbol{Z}_{\mathrm{un}}); \ \boldsymbol{C}_{\mathrm{un,un}} = \mathrm{COV}(\boldsymbol{Z}_{\mathrm{un}}) \tag{7.21}$$

矩阵 $\boldsymbol{C}_l$ 中各元素的计算，可借助于 Fourier 系数之间存在的统计关系

$$\mathrm{E}[A_{i,l} A_{j,l}] = \mathrm{E}[B_{i,l} B_{j,l}] = \begin{cases} s_{ii}(\omega_l) \Delta \omega & (i=j) \\ \mathrm{Re}[s_{ij}(\omega_l) \Delta \omega] & (i \neq j) \end{cases} \tag{7.22a}$$

$$\mathrm{E}[A_{i,l} B_{j,l}] = -\mathrm{E}[B_{i,l} A_{j,l}] = \begin{cases} 0 & (i=j) \\ -\mathrm{Im}[s_{ij}(\omega_l) \Delta \omega] & (i \neq j) \end{cases} \tag{7.22b}$$

式中，$\mathrm{E}[\cdot]$ 表示数学期望运算；$s_{ii}(\omega_l)$ 表示支撑点 i 的功率谱密度，$s_{ij}(\omega_l)$ 表示支撑点 i、j 之间的互功率谱密度，可以由下式计算得到

$$s_{ij}(\omega_l) = \sqrt{s_{ii}(\omega_l) s_{jj}(\omega_l)} \cdot \Gamma_{ij}(\omega_l) \qquad (i \neq j) \tag{7.23}$$

式中，如前所述，$\Gamma_{ij}(\omega_l)$ 为支撑点之间的空间复相干函数，其余参数如前所述。

③ 对协方差矩阵 $\boldsymbol{C}_l$ 进行 Cholesky 分解

$$\boldsymbol{C}_l = \boldsymbol{L}_l \boldsymbol{L}_l^{\mathrm{T}} \tag{7.24}$$

④ 计算相应于式（7.19）的无条件模拟 Fourier 系数

$$\boldsymbol{Z}_{\mathrm{s}} = [\boldsymbol{Z}_{\mathrm{s,kn}}^{\mathrm{T}}, \ \boldsymbol{Z}_{\mathrm{s,un}}^{\mathrm{T}}]^{\mathrm{T}} = \boldsymbol{L}_l \boldsymbol{Y}_l \tag{7.25}$$

式中，下标 s 代表与无条件模拟相关，向量 $\boldsymbol{Y}_l$ 是一个满足独立标准正态分布的随机量。

⑤ 利用协方差 $\boldsymbol{C}_l$ 和已知的 Fourier 系数计算多变量线性预测估计值

$$\boldsymbol{Z}_{\mathrm{un}}^* = \boldsymbol{C}_{\mathrm{kn,un}}^{\mathrm{T}} \boldsymbol{C}_{\mathrm{kn,kn}}^{-1} \boldsymbol{Z}_{\mathrm{kn}} \tag{7.26}$$

⑥ 类似地，计算相应于无条件模拟 Fourier 系数 $\boldsymbol{Z}_{\mathrm{s,kn}}$ 的线性预测估计值

$$\boldsymbol{Z}_{\mathrm{s,un}}^* = \boldsymbol{C}_{\mathrm{kn,un}}^{\mathrm{T}} \boldsymbol{C}_{\mathrm{kn,kn}}^{-1} \boldsymbol{Z}_{\mathrm{s,kn}} \tag{7.27}$$

⑦ 最终计算条件模拟中待求的 Fourier 系数

$$\boldsymbol{Z}_{\mathrm{un}} = \boldsymbol{Z}_{\mathrm{un}}^* + (\boldsymbol{Z}_{\mathrm{s,un}} - \boldsymbol{Z}_{\mathrm{s,un}}^*) \tag{7.28}$$

⑧ 对每个频率离散点重复上述步骤，应用 Fourier 逆变换得到对应的时程片段。

（3）使用线性加权函数把模拟出的各支撑点处的各时程片段连接在一起，实现模拟地震动从平稳到非平稳的扩展。

（4）通过增加零值的方式考虑由于行波效应造成的地震波到达不同桥梁支撑点处的时间滞后，最终得到所需要的完整时域内的空间变异地震加速度时程。

以一座 3 跨（180＋216＋180）m 连续钢桁拱桥为例，采用有条件模拟产生水平方向（垂直于桥梁纵向）地震加速度时程。模拟过程中假定：地震波沿着桥梁纵向从支撑 1 向支撑 4 以 v_{app}＝500 m/s 传播；各支撑点场地特征完全一致，并且功率谱密度函数可以由已知地震波（支撑 1 处）确定；场地土的剪切波速 v_s＝300 m/s；复相干函数相关系数 α＝0.25；时间间隔取 Δt＝0.02 s。模拟得到 4 个支撑处的地震加速度时程样本，如图 7.8 所示。

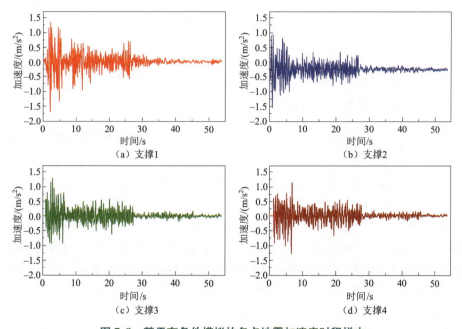

图 7.8　基于有条件模拟的多点地震加速度时程样本

进行桥梁抗震分析时，输入的地震波不同可能造成结构响应差异很大，甚至会相差数倍，所以选取合适的地震波是至关重要的。选定的地震波可以是地震灾害分析提供的人工地震波，也可以是记录到的真实地震波。通过地震危险性分析方法得到的地震波，既可准确地预测桥梁场地上基岩的震动，又可有效地考虑局部场地土对地震动的影响，但由于计算工作量大，通常只在重要工程结构抗震设计时采用。因此，记录到的真实地震波常为切实可行的选择。真实地震波直接反映了地面在特定地震中的实际运动，采用其作为分析的输入能较好地预估结构在地震时的状态。

强度、频谱特性和持续时间是地震波的主要控制因素，在选择输入真实地震波时必须把握住这三个特征。

地震波强度一般由地面运动的加速度峰值来衡量。当选定的地震加速度峰值与桥梁地区设防烈度所对应的加速度峰值不同时，可以将其幅值按比例放大或缩小来加以修正。

地震波的频谱特性用卓越周期来表示。它受到许多因素的影响，如震源特性、振动传播距离、场地条件等。所以在选择实测地震波时，场地条件要尽量接近，也就是说地震波的主要周期要尽可能接近桥梁场地的卓越周期。

地震波的持续时间越长，其能量可能就越大，结构反应也就越强烈。因此，原则上应该选用持续时间较长的地震波。

我国现行铁路桥梁抗震设计规范中，依据岩土名称、性状及剪切波范围，把场地情况分为四类：岩石或坚硬土、中硬土、中软土和软弱土。在进行地震作用下的车桥耦合振动分析时，可依据这四类场地划分，选取抗震计算中广泛应用的真实地震波作输入。

7.2.3　地震记录的一致化

一方面，对长大桥梁结构进行多点、多维地震作用下的动力分析时，真实地震波或人工模拟地震波的位移时程必不可少。这是由于拟静力项对结构响应的影响不可忽略，而拟静力项的贡献主要依赖地震动的位移时程。实际上，在求解非一致地震作用问题时，绝大多数的商业有限元软件也需要桥梁结构支撑处的位移时程作为输入。另一方面，如前所述，与传统桥梁抗震分析关注系统的相对运动不同，地震作用下车桥耦合动力分析更需要考虑系统的绝对运动，如果仅仅输入地震加速度时程，则可能导致车辆系统的动力分析结果偏于不安全。所以，获得合理的地震位移时程至关重要。然而，实测地震记录或者人工地震波多为加速度时程形式，且包含了各类噪声、误差的影响，若直接对其进行积分得到速度、位移时程，会产生误差较大的趋势线（Wilson，2002）。因此，需要对地震波加速度时程进行修正，使得初始时刻和结束时刻的地震速度、位移处于合理范围，即加速度、速度、位移时程三者之间存在较为明确的物理意义。上述修正称为地震记录的一致化。只有经过一致化处理的地震加速度、速度和位移时程才能用于车桥系统的动力分析。

地震波加速度时程修正方法一直是业界研究的热点（Chen et al，1996），方法大致可以分为两类：一类得到非零值残余位移，另外一类则得到零残余位移。非零值残余位移修正法直接对地震加速度进行积分，采用最小均方速度法进行零线调整，或者假定地震位移与速度满足一定的初始条件，去除误差，这样得到的最终位移一般不为零，意味着桥梁支撑处发生了较大位移。对于靠近震源、容易产生永久变形的场地，这样的结果可以接受。然而，在大多数抗震分析中，通常

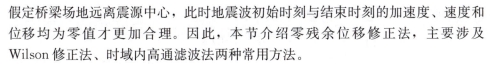

假定桥梁场地远离震源中心，此时地震波初始时刻与结束时刻的加速度、速度和位移均为零值才更加合理。因此，本节介绍零残余位移修正法，主要涉及 Wilson 修正法、时域内高通滤波法两种常用方法。

1. Wilson 修正法

地震开始阶段加速度所含误差对最终位移影响较大，而临近结束阶段加速度所含误差则对最终速度影响较大。Wilson（2002）将地震加速度记录视为一系列脉冲，通过线性函数对开始和临近结束两个时间段内的加速度进行校正，实现了终止时刻的零速度、零位移。具体实施步骤如下：

① 在地震加速度记录开始前、结束后增加零值。

② 计算加速度脉冲序列在结尾处的位移增量

$$\Delta X = \sum_{i=1}^{I} (t_I - t_i) \ddot{X}_i \Delta t \qquad (7.29)$$

式中，I 为总的记录点数，Δt 为记录的时间间隔。

使用线性函数对加速度时程从零时刻到 t_L（L 为对应序列编号）时刻进行修正，即

$$\sum_{i=1}^{L} \alpha \frac{L-i}{L} (t_I - t_i) \dot{X}_i \Delta t = \alpha_{\text{pos}} X_{\text{pos}} + \alpha_{\text{neg}} X_{\text{neg}} = -\Delta X \qquad (7.30)$$

式中，下标 pos 为正修正量，下标 neg 为负修正量。进一步假定上述公式中，正负项的修正量相等，则有

$$\alpha_{\text{pos}} = \frac{X_{\text{pos}}}{-2\Delta X}; \quad \alpha_{\text{neg}} = \frac{X_{\text{neg}}}{-2\Delta X} \qquad (7.31)$$

进而得到满足位移一致要求的加速度修正公式

$$\left. \begin{aligned} \ddot{X}_i &= \left(1 + \alpha_{\text{pos}} \frac{L-i}{L}\right) \ddot{X}_i, \quad (\ddot{X}_i > 0) \\ \ddot{X}_i &= \left(1 + \alpha_{\text{neg}} \frac{L-i}{L}\right) \ddot{X}_i, \quad (\ddot{X}_i < 0) \end{aligned} \right\} \qquad (7.32)$$

式中，$i = 1, 2, \cdots, L$。

③ 计算加速度脉冲在结尾处的速度增量

$$\Delta \dot{X} = \sum_{i=1}^{I} \dot{X}_i \Delta t \qquad (7.33)$$

使用线性函数对加速度时程从 t_m 时刻（m 为对应序列编号）到结束时刻 t_I 进行修正

$$\sum_{i=I-m}^{I} \beta \frac{I-i}{m} \ddot{u}_i \Delta t = \beta_{\text{pos}} \dot{X}_{\text{pos}} + \beta_{\text{neg}} \dot{X}_{\text{neg}} = -\Delta \dot{X} \qquad (7.34)$$

类似地，假定上述公式中正负项的修正量相等，则有

$$\beta_{\text{pos}} = \frac{\dot{X}_{\text{pos}}}{-2\Delta \dot{X}}; \quad \beta_{\text{neg}} = \frac{\dot{X}_{\text{neg}}}{-2\Delta \dot{X}} \qquad (7.35)$$

进而得到满足速度一致要求的加速度修正公式

$$
\left.\begin{array}{ll}
\ddot{X}_i = \left(1 + \beta_{\text{pos}} \dfrac{I-i}{m}\right)\ddot{X}_i & \text{if } \ddot{X}_i > 0 \\[2mm]
\ddot{X}_i = \left(1 + \beta_{\text{neg}} \dfrac{I-i}{m}\right)\ddot{X}_i & \text{if } \ddot{X}_i < 0
\end{array}\right\}, \quad (i = I-m, \cdots, I) \tag{7.36}
$$

④ 判断是否收敛，如果不收敛，则重复②、③步骤。

Wilson 修正法能够保证地震加速度记录的绝大部分不变，尤其是峰值区域。其不足之处是两个修正时间段长度完全根据经验确定。

2. 时域内高通滤波法

时域内高通滤波法使用临界阻尼振子形式的高通滤波器对地震加速度时程进行修正，进而得到满足一致化要求的地震记录。具体实现可以通过求解下列微分方程完成：

$$
\ddot{\boldsymbol{u}}_b(t) + 2\omega_c \dot{\boldsymbol{u}}_b(t) + \omega_c^2 \boldsymbol{u}_b(t) = \ddot{\boldsymbol{u}}_o(t) \tag{7.37a}
$$

$$
\ddot{\boldsymbol{u}}_o(t) = \begin{bmatrix} \ddot{X}_1 & \cdots & \ddot{X}_i & \cdots \end{bmatrix}^{\text{T}} \tag{7.37b}
$$

式中，$\boldsymbol{u}$ 代表位移向量；下标 o、b 分别代表修正前、修正后桥梁支撑处的地面运动；ω_c 为滤波器角频率。

式（7.37）的求解可以借助数值积分方法，亦可采用解析解法。这里重点介绍解析解法。假定地震加速度在时间步 $[t, t+\Delta t]$ 内线性变化

$$
\ddot{\boldsymbol{u}}_b(t+\tau) = \ddot{\boldsymbol{u}}_b(t) + \frac{\ddot{\boldsymbol{u}}_b(t+\Delta t) - \ddot{\boldsymbol{u}}_b(t)}{\Delta t} \cdot \tau \tag{7.38}
$$

式中，$t+\tau$ 为时间步内的任一时刻，$\tau \in [0, \Delta t]$。

依据微分方程理论，式（7.37）的解由两部分组成：

$$
\boldsymbol{u}_b(t+\tau) = \boldsymbol{u}_b^{\text{G}}(t+\tau) + \boldsymbol{u}_b^{\text{S}}(t+\tau) \tag{7.39}
$$

式中，上标 S 表示特解，G 表示通解。

式（7.37）的特征方程为

$$
r^2 + 2\omega_c r + \omega_c^2 = 0 \tag{7.40}
$$

其特征根为两相等实数

$$
r_1 = r_2 = -\omega_c \tag{7.41}
$$

因此，特解、通解分别具有如下形式

$$
\boldsymbol{u}_b^{\text{S}}(t+\tau) = \boldsymbol{A} \cdot \tau + \boldsymbol{B} \tag{7.42}
$$

$$
\boldsymbol{u}_b^{\text{G}}(t+\tau) = (\boldsymbol{c}_1 + \boldsymbol{c}_2 \cdot \tau) \cdot \exp(-\omega_c \tau) \tag{7.43}
$$

式中，$\boldsymbol{A}$、$\boldsymbol{B}$、$\boldsymbol{c}_1$、$\boldsymbol{c}_2$ 为待定系数向量。

将式（7.42）代入方程，借助待定系数法得到

$$
\boldsymbol{A} = \frac{\ddot{\boldsymbol{u}}_b(t+\Delta t) - \ddot{\boldsymbol{u}}_b(t)}{\Delta t \omega_c^2}; \quad \boldsymbol{B} = \frac{\ddot{\boldsymbol{u}}_b(t)}{\omega_c^2} - 2\frac{\ddot{\boldsymbol{u}}_b(t+\Delta t) - \ddot{\boldsymbol{u}}_b(t)}{\Delta t \omega_c^3} \tag{7.44}
$$

对式（7.39）求导数

$$\dot{\boldsymbol{u}}_{b}(t+\tau)=[\boldsymbol{c}_{2}-\omega_{c}\cdot(\boldsymbol{c}_{1}+\boldsymbol{c}_{2}\cdot\tau)]\cdot\exp(-\omega_{c}\tau)+\boldsymbol{A} \tag{7.45}$$

令式（7.39）、式（7.45）中 $\tau=0$，从而引入边界条件得到

$$\boldsymbol{c}_{1}=\boldsymbol{u}_{b}(t)-\boldsymbol{B}; \quad \boldsymbol{c}_{2}=\dot{\boldsymbol{u}}_{b}(t)+\omega_{c}\cdot[\boldsymbol{u}_{b}(t)-\boldsymbol{B}]-\boldsymbol{A} \tag{7.46}$$

将式（7.44）、式（7.46）代入到式（7.39）、式（7.45）中，取 $\tau=\Delta t$，得到

$$\boldsymbol{u}_{b}(t+\Delta t)=[\boldsymbol{u}_{b}(t)\cdot(1+\omega_{c}\Delta t)+\dot{\boldsymbol{u}}_{b}(t)\cdot\Delta t]\cdot\exp(-\omega_{c}\Delta t)-$$
$$[\boldsymbol{B}\cdot(1+\omega_{c}\Delta t)+\boldsymbol{A}\Delta t]\cdot\exp(-\omega_{c}\Delta t)+\boldsymbol{A}\cdot\Delta t+\boldsymbol{B} \tag{7.47}$$

$$\dot{\boldsymbol{u}}_{b}(t+\Delta t)=[\boldsymbol{u}_{b}(t)\cdot(-\omega_{c}^{2}\Delta t)+\dot{\boldsymbol{u}}_{b}(t)(1-\omega_{c}\Delta t)]\cdot\exp(-\omega_{c}\Delta t)+$$
$$[\boldsymbol{B}\cdot\omega_{c}^{2}\Delta t-\boldsymbol{A}\cdot(1-\omega_{c}\Delta t)]\cdot\exp(-\omega_{c}\Delta t)+\boldsymbol{A} \tag{7.48}$$

在时刻 t 修正后地震运动已知的条件下，利用式（7.47）、式（7.48）计算到时刻 $t+\Delta t$ 的位移、速度，然后代入到式（7.37）得到加速度。

采用时域内高通滤波法对某一地震加速度记录进行一致化处理，分析时取 $\omega_{c}=0.05$，得到修正后的地震动加速度、速度和位移时程，如图 7.9 所示。不难看出：地震加速度时程修正前后的峰值和波形几乎完全一致；地震动结束时刻的速度和位移接近于 0。

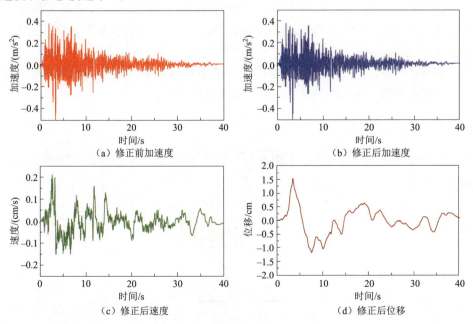

（a）修正前加速度　　　　　　　　　（b）修正后加速度

（c）修正后速度　　　　　　　　　（d）修正后位移

图 7.9　地震动时程的一致化处理

7.3 结构体系的地震反应分析

长大桥梁不同于一般结构，它支撑在一个较大的场地上，其地震反应分析必须考虑激励的空间变化特性，即多点非一致地面运动。由结构动力学可知，桥梁的地震反应由动力分量和拟静力分量组成。多点非一致地震动作用下的桥梁模型既可采用地震加速度输入，又可采用地震位移输入，运动方程的求解方法有两类：一类是精确求解法，另一类是近似求解法。

1. 精确求解法

精确求解法中，又包括分解法和直接求解法。

分解法基于叠加原理，假定结构的反应为线性。一般采用加速度输入，且认为拟静力项的影响很小，可以忽略，通过影响矩阵将地震动加速度作用到桥梁上实现动力分量的求解，系统的运动方程建立在相对坐标系中。

直接求解法不需要假定结构反应为线性。一般采用位移输入，通过将地震动位移施加在桥墩基础上，求解的桥梁反应同时包括了动力分量和拟静力分量，系统的运动方程建立在绝对坐标系中。

2. 近似求解法

近似求解法中，通常加速度输入采用大质量法，而位移输入采用大刚度法，即在数学处理上，巧妙地通过在质量矩阵或刚度矩阵上"置大数"来实现近似于真实值的地震动输入。

本节针对单自由度和多自由度模型，说明精确求解法和近似求解法中加速度、位移两种输入模式的特点、实现方法及适用性。

7.3.1 单自由度模型

单自由度系统在竖向地面运动 $u_b(t)$ 作用下的计算模型如图 7.10 所示，其运动方程为

$$m\ddot{u} + c(\dot{u} - \dot{u}_b) + k(u - u_b) = 0 \qquad (7.49)$$

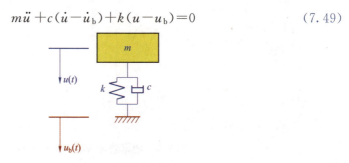

图 7.10 单自由度系统计算模型

式中，m、c、k 分别为单自由度系统的质量、阻尼、刚度；$u(t)$ 表示系统位移。

定义系统圆频率 ω、阻尼比 ξ 及相对运动 w 为

$$\omega=\sqrt{k/m}；\quad \xi=c/2m\omega；\quad w=u-u_\mathrm{b} \tag{7.50}$$

则单自由度系统在相对坐标系下的运动方程可以写为

$$\ddot{w}+2\xi\omega\dot{w}+\omega^2 w=-\ddot{u}_\mathrm{b} \tag{7.51}$$

显然，式（7.51）对应地震加速度输入模式。而在绝对坐标系下，单自由度系统的运动方程可以写为

$$\ddot{u}+2\xi\omega\dot{u}+\omega^2 u=2\xi\omega\dot{u}_\mathrm{b}+\omega^2 u_\mathrm{b} \tag{7.52}$$

若忽略式（7.52）右端阻尼项的影响，则地震激励的输入仅与位移相关。不难看出，式（7.51）计算结果在叠加上地面运动后与式（7.52）相同。

7.3.2　多自由度模型

1. 有限元分析模型

采用有限元法时，地震作用下桥梁结构在绝对坐标系中的分块矩阵形式的运动方程为

$$\begin{bmatrix} \boldsymbol{M}_\mathrm{ss} & \boldsymbol{M}_\mathrm{sb} \\ \boldsymbol{M}_\mathrm{bs} & \boldsymbol{M}_\mathrm{bb} \end{bmatrix}\begin{Bmatrix} \ddot{\boldsymbol{u}}_\mathrm{s}^\mathrm{t} \\ \ddot{\boldsymbol{u}}_\mathrm{b}^\mathrm{t} \end{Bmatrix}+\begin{bmatrix} \boldsymbol{C}_\mathrm{ss} & \boldsymbol{C}_\mathrm{sb} \\ \boldsymbol{C}_\mathrm{bs} & \boldsymbol{C}_\mathrm{bb} \end{bmatrix}\begin{Bmatrix} \dot{\boldsymbol{u}}_\mathrm{s}^\mathrm{t} \\ \dot{\boldsymbol{u}}_\mathrm{b}^\mathrm{t} \end{Bmatrix}+\begin{bmatrix} \boldsymbol{K}_\mathrm{ss} & \boldsymbol{K}_\mathrm{sb} \\ \boldsymbol{K}_\mathrm{bs} & \boldsymbol{K}_\mathrm{bb} \end{bmatrix}\begin{Bmatrix} \boldsymbol{u}_\mathrm{s}^\mathrm{t} \\ \boldsymbol{u}_\mathrm{b}^\mathrm{t} \end{Bmatrix}=\begin{Bmatrix} \boldsymbol{0} \\ \boldsymbol{0} \end{Bmatrix} \tag{7.53}$$

式中，$\boldsymbol{M}$、$\boldsymbol{C}$、$\boldsymbol{K}$ 分别代表质量、阻尼、刚度矩阵；下标 s 代表结构支撑点以上部分，b 代表支撑点；上标 t 代表绝对坐标系下总的结构反应。

1）精确求解法

（1）直接求解法。

将式（7.53）中第一项展开，得到绝对坐标系下的桥梁结构运动方程

$$\boldsymbol{M}_\mathrm{ss}\ddot{\boldsymbol{u}}_\mathrm{s}^\mathrm{t}+\boldsymbol{C}_\mathrm{ss}\dot{\boldsymbol{u}}_\mathrm{s}^\mathrm{t}+\boldsymbol{K}_\mathrm{ss}\boldsymbol{u}_\mathrm{s}^\mathrm{t}=-\boldsymbol{K}_\mathrm{sb}\boldsymbol{u}_\mathrm{b}^\mathrm{t}-\boldsymbol{C}_\mathrm{sb}\dot{\boldsymbol{u}}_\mathrm{b}^\mathrm{t}-\boldsymbol{M}_\mathrm{sb}\ddot{\boldsymbol{u}}_\mathrm{b}^\mathrm{t} \tag{7.54a}$$

采用一致质量矩阵时，运动方程右边 $\boldsymbol{M}_\mathrm{sb}$ 质量项相对于 $\boldsymbol{K}_\mathrm{sb}$ 刚度项贡献极小，而在采用集中质量矩阵时更有 $\boldsymbol{M}_\mathrm{sb}=\boldsymbol{0}$。因此，$\boldsymbol{M}_\mathrm{sb}$ 项通常被忽略，即

$$\boldsymbol{M}_\mathrm{ss}\ddot{\boldsymbol{u}}_\mathrm{s}^\mathrm{t}+\boldsymbol{C}_\mathrm{ss}\dot{\boldsymbol{u}}_\mathrm{s}^\mathrm{t}+\boldsymbol{K}_\mathrm{ss}\boldsymbol{u}_\mathrm{s}^\mathrm{t}=-\boldsymbol{K}_\mathrm{sb}\boldsymbol{u}_\mathrm{b}^\mathrm{t}-\boldsymbol{C}_\mathrm{sb}\dot{\boldsymbol{u}}_\mathrm{b}^\mathrm{t} \tag{7.54b}$$

另外，$\boldsymbol{C}_\mathrm{sb}$ 项影响较小且难以确定，亦通常被忽略。这样就得到了位移输入模式下桥梁运动方程

$$\boldsymbol{M}_\mathrm{ss}\ddot{\boldsymbol{u}}_\mathrm{s}^\mathrm{t}+\boldsymbol{C}_\mathrm{ss}\dot{\boldsymbol{u}}_\mathrm{s}^\mathrm{t}+\boldsymbol{K}_\mathrm{ss}\boldsymbol{u}_\mathrm{s}^\mathrm{t}=-\boldsymbol{K}_\mathrm{sb}\boldsymbol{u}_\mathrm{b}^\mathrm{t} \tag{7.54c}$$

借助于数值方法求解式（7.54），即可获得桥梁结构在地震作用下总的动力响应，上述过程称之为直接求解法。

（2）分解法。

进一步引入拟静力项、动力项分解的假定

$$\begin{Bmatrix} \boldsymbol{u}_\mathrm{s}^\mathrm{t} \\ \boldsymbol{u}_\mathrm{b}^\mathrm{t} \end{Bmatrix} = \begin{Bmatrix} \boldsymbol{u}_\mathrm{s}^\mathrm{s} \\ \boldsymbol{u}_\mathrm{bg} \end{Bmatrix} + \begin{Bmatrix} \boldsymbol{u}_\mathrm{s}^\mathrm{d} \\ \boldsymbol{0} \end{Bmatrix} \tag{7.55a}$$

$$\boldsymbol{u}_\mathrm{s}^\mathrm{s} = -\boldsymbol{K}_\mathrm{ss}^{-1}\boldsymbol{K}_\mathrm{sb}\boldsymbol{u}_\mathrm{b} = \boldsymbol{R}\boldsymbol{u}_\mathrm{b} \tag{7.55b}$$

式中，上标 s 代表拟静力项，d 代表动力项；$\boldsymbol{R}$ 称为影响矩阵，可通过静力求解，其中各元素的物理意义为：结构与基础接触的某一自由度发生单位变位引起的结构其他自由度上的变位。

假定 $\boldsymbol{C}_\mathrm{sb}+\boldsymbol{C}_\mathrm{ss}\boldsymbol{R}=0$，将式（7.55）代入式（7.54b），整理得到加速度输入模式下的桥梁运动方程

$$\boldsymbol{M}_\mathrm{ss}\ddot{\boldsymbol{u}}_\mathrm{s}^\mathrm{d}+\boldsymbol{C}_\mathrm{ss}\dot{\boldsymbol{u}}_\mathrm{s}^\mathrm{d}+\boldsymbol{K}_\mathrm{ss}\boldsymbol{u}_\mathrm{s}^\mathrm{d}=-\boldsymbol{M}_\mathrm{ss}\boldsymbol{R}\ddot{\boldsymbol{u}}_\mathrm{b}^\mathrm{t} \tag{7.56}$$

借助于数值方法求解式（7.56），即可获得在地震作用下桥梁结构动力响应的动力项部分，将该部分与拟静力项部分累加得到总动力响应。

图 7.11 给出了在水平地震动作用下桥墩的两种受力分析模型，分别对应于分解法的加速度输入模式和直接求解法的位移输入模式。从中不难看出，加速度输入模式所施加的荷载与质量分布有关，而位移输入模式所施加的荷载以集中力和集中弯矩的形式直接作用在靠近桥梁支撑的节点上。因此，加速度输入模式更容易激发结构的低频振动，而位移输入模式则更容易导致高频振动的出现。

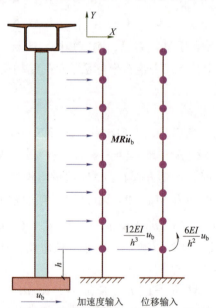

图 7.11　水平地震动作用下桥墩的两种受力分析模型

采用数值积分求解结构的动力响应时，为满足收敛需要，时间步长 Δt 应该满足下列要求（Bathe，1982）

$$\Delta t \leqslant \frac{1}{\rho} \min(T_0, T) \tag{7.57}$$

式中，ρ 为常数，T_0 为结构自身振动的周期，T 为作用在结构上的荷载周期。

针对同一地震记录，通过对加速度时程的二次积分就能够得到位移时程，而积分的过程相当于低通滤波。因此，加速度输入作用到桥梁上荷载的周期要小于位移输入。对于桥梁结构这样复杂的多自由度体系，式（7.57）中的 T_0 应该由外荷载所激发的结构振动频率所决定。相对于加速度输入模式，位移输入提高了荷载的周期，却由于作用点位置（靠近支撑处）及作用形式（集中荷载）大大降低了 T_0。因此，收敛步长 Δt 可能要进一步变小。

2）近似求解法

与精确求解方法不同，近似求解法中的大质量法和大刚度法均为基于矩阵对角元素占优的动力近似等效方法。该方法通过在目标函数中引入合适的罚函数将约束问题转化为无约束问题求解。

（1）大质量法。

采用大质量法时，为实现在桥梁支撑处地震加速度近似施加，需要在结构运动方程左侧质量矩阵中对应支撑的对角元素上增加大质量，同时在右侧荷载向量中对应支撑的部分施加外荷载，外荷载大小为大质量与对角元素之和与给定加速度的乘积。这样式（7.53）变为

$$\begin{bmatrix} \boldsymbol{M}_{ss} & \boldsymbol{M}_{sb} \\ \boldsymbol{M}_{bs} & \boldsymbol{M}_{bb}+\boldsymbol{M}_{L} \end{bmatrix} \begin{Bmatrix} \ddot{\boldsymbol{u}}_{s}^{t} \\ \ddot{\boldsymbol{u}}_{b}^{t} \end{Bmatrix} + \begin{bmatrix} \boldsymbol{C}_{ss} & \boldsymbol{C}_{sb} \\ \boldsymbol{C}_{bs} & \boldsymbol{C}_{bb} \end{bmatrix} \begin{Bmatrix} \dot{\boldsymbol{u}}_{s}^{t} \\ \dot{\boldsymbol{u}}_{b}^{t} \end{Bmatrix} + \begin{bmatrix} \boldsymbol{K}_{ss} & \boldsymbol{K}_{sb} \\ \boldsymbol{K}_{bs} & \boldsymbol{K}_{bb} \end{bmatrix} \begin{Bmatrix} \boldsymbol{u}_{s}^{t} \\ \boldsymbol{u}_{b}^{t} \end{Bmatrix} = \begin{Bmatrix} \boldsymbol{0} \\ (\boldsymbol{M}_{bb}+\boldsymbol{M}_{L})\ddot{\boldsymbol{u}}_{b}^{t} \end{Bmatrix} \tag{7.58}$$

式中，$\boldsymbol{M}_{L}$ 为大质量，通常取为整个桥梁结构质量的 $10^3 \sim 10^6$ 倍。

显然，式（7.58）计算得到的桥梁结构内力与精确求解法中采用分解法时拟静力项、动力项对应内力之和相一致。值得注意的是，式（7.58）计算得到的位移响应并不能包含刚体运动部分。

（2）大刚度法。

采用大刚度法（Herting，2004）时，为实现在桥梁支撑处地震位移近似施加，在结构运动方程左侧刚度矩阵中对应支撑的对角元素上增加大刚度，而在右侧荷载向量中对应支撑的部分施加外荷载，外荷载大小为大刚度与对角元素之和与给定位移的乘积。这样式（7.53）变为

$$\begin{bmatrix} \boldsymbol{M}_{ss} & \boldsymbol{M}_{sb} \\ \boldsymbol{M}_{bs} & \boldsymbol{M}_{bb} \end{bmatrix} \begin{Bmatrix} \ddot{\boldsymbol{u}}_{s}^{t} \\ \ddot{\boldsymbol{u}}_{b}^{t} \end{Bmatrix} + \begin{bmatrix} \boldsymbol{C}_{ss} & \boldsymbol{C}_{sb} \\ \boldsymbol{C}_{bs} & \boldsymbol{C}_{bb} \end{bmatrix} \begin{Bmatrix} \dot{\boldsymbol{u}}_{s}^{t} \\ \dot{\boldsymbol{u}}_{b}^{t} \end{Bmatrix} + \begin{bmatrix} \boldsymbol{K}_{ss} & \boldsymbol{K}_{sb} \\ \boldsymbol{K}_{bs} & \boldsymbol{K}_{bb}+\boldsymbol{K}_{L} \end{bmatrix} \begin{Bmatrix} \boldsymbol{u}_{s}^{t} \\ \boldsymbol{u}_{b}^{t} \end{Bmatrix} = \begin{Bmatrix} \boldsymbol{0} \\ (\boldsymbol{K}_{bb}+\boldsymbol{K}_{L})\boldsymbol{u}_{b}^{t} \end{Bmatrix} \tag{7.59}$$

式中，K_L 为大刚度，通常取为结构地震激励方向上各单元刚度之和的 $10^3 \sim 10^6$ 倍。

显然，式（7.59）计算得到的桥梁结构内力和位移分别与精确求解法中采用分解法时拟静力项和动力项对应内力和位移之和相一致。

大刚度法中大刚度的选取、大质量法中大质量的选取直接影响数值求解的稳定性和精度。在实际应用时，相对于大刚度法，大质量法更容易得到较好的稳定性和较高的精度，这与精确求解法中位移输入模式和加速度输入模式的影响规律类似（张楠等，2011）。

2. 模态分析模型

假定桥梁结构的阻尼满足正交性，即可利用振型分解法进行解耦。设 $\boldsymbol{\Phi} = \begin{bmatrix} \boldsymbol{\varphi}_1 & \boldsymbol{\varphi}_2 & \cdots & \boldsymbol{\varphi}_n \end{bmatrix}$ 为结构的正规化振型矩阵，且满足

$$\begin{cases} \boldsymbol{\Phi}^{\mathrm{T}} \boldsymbol{M}_{ss} \boldsymbol{\Phi} = \boldsymbol{I} \\ \boldsymbol{\Phi}^{\mathrm{T}} \boldsymbol{K}_{ss} \boldsymbol{\Phi} = \boldsymbol{\Lambda} = \mathrm{diag}[\omega_1^2, \omega_2^2, \cdots, \omega_n^2] \\ \boldsymbol{\Phi}^{\mathrm{T}} \boldsymbol{C}_{ss} \boldsymbol{\Phi} = \mathrm{diag}[2\xi_1\omega_1, 2\xi_2\omega_2, \cdots, 2\xi_n\omega_n] \end{cases} \tag{7.60}$$

若考虑 n 阶振型，则加速度输入模式下的桥梁模态运动方程为

$$\ddot{q}_i + 2\xi_i\omega_i\dot{q}_i + \omega_i^2 q_i = -\boldsymbol{\varphi}_i^{\mathrm{T}} \boldsymbol{M}_{ss} \boldsymbol{R} \, \ddot{u}_b \qquad (i = 1, 2, \cdots, n) \tag{7.61}$$

式中，上标 T 表示转置运算。

位移输入模式下的桥梁模态运动方程为

$$\ddot{q}_i + 2\xi_i\omega_i\dot{q}_i + \omega_i^2 q_i = -\boldsymbol{\varphi}_i^{\mathrm{T}} \boldsymbol{K}_{sb} \boldsymbol{u}_b - \boldsymbol{\varphi}_i^{\mathrm{T}} \boldsymbol{C}_{sb} \dot{u}_b \qquad (i = 1, 2, \cdots, n) \tag{7.62}$$

由式（7.60）得到

$$\boldsymbol{\Phi}^{\mathrm{T}} \boldsymbol{M}_{ss} = \boldsymbol{\Lambda}^{-1} \boldsymbol{\Phi}^{\mathrm{T}} \boldsymbol{K}_{ss} \tag{7.63}$$

而 $\boldsymbol{R} = -\boldsymbol{K}_{ss}^{-1} \boldsymbol{K}_{sb}$，因此有

$$\boldsymbol{\Phi}^{\mathrm{T}} \boldsymbol{M}_{ss} \boldsymbol{R} = -\boldsymbol{\Lambda}^{-1} \boldsymbol{\Phi}^{\mathrm{T}} \boldsymbol{K}_{sb} \tag{7.64a}$$

即

$$-\boldsymbol{\Phi}^{\mathrm{T}} \boldsymbol{K}_{sb} = \boldsymbol{\Lambda} \boldsymbol{\Phi}^{\mathrm{T}} \boldsymbol{M}_{ss} \boldsymbol{R} \tag{7.64b}$$

由假定 $\boldsymbol{C}_{sb} + \boldsymbol{C}_{ss} \boldsymbol{R} = \boldsymbol{0}$ 得到

$$\boldsymbol{\varphi}_i^{\mathrm{T}} \boldsymbol{C}_{sb} = -\boldsymbol{\varphi}_i^{\mathrm{T}} \boldsymbol{C}_{ss} \boldsymbol{R} = -\boldsymbol{\varphi}_i^{\mathrm{T}} \boldsymbol{C}_{ss} \sum_{i=1}^{N} \boldsymbol{\varphi}_i \boldsymbol{\varphi}_i^{\mathrm{T}} \boldsymbol{M}_{ss} \boldsymbol{R} \tag{7.65}$$

同时，

$$\boldsymbol{\varphi}_i^{\mathrm{T}} \boldsymbol{C}_{ss} \boldsymbol{\varphi}_j = \begin{cases} 2\xi_i\omega_i \boldsymbol{\varphi}_i^{\mathrm{T}} \boldsymbol{M}_{ss} \boldsymbol{\varphi}_i & (i = j) \\ \boldsymbol{0} & (i \neq j) \end{cases} \tag{7.66}$$

因此，有

$$\boldsymbol{\varphi}_i^{\mathrm{T}} \boldsymbol{C}_{sb} = 2\xi_i\omega_i \boldsymbol{\varphi}_i^{\mathrm{T}} \boldsymbol{M}_{ss} \boldsymbol{R} \tag{7.67}$$

将式（7.64b）、式（7.67）代入式（7.62），得到新的桥梁模态运动方程

$$\ddot{q}_i + 2\xi_i\omega_i\dot{q}_i + \omega_i^2 q_i = \boldsymbol{\varphi}_i^{\mathrm{T}}\boldsymbol{M}_{\mathrm{ss}}\boldsymbol{R}\omega_i^2\boldsymbol{u}_{\mathrm{b}} + 2\xi_i\omega_i\boldsymbol{\varphi}_i^{\mathrm{T}}\boldsymbol{M}_{\mathrm{ss}}\boldsymbol{R}\dot{\boldsymbol{u}}_{\mathrm{b}} \qquad (i = 1, 2, \cdots, n)$$

$$(7.68\mathrm{a})$$

忽略右侧中的阻尼项，得到位移输入模式下的桥梁模态运动方程

$$\ddot{q}_i + 2\xi_i\omega_i\dot{q}_i + \omega_i^2 q_i = \boldsymbol{\varphi}_i^{\mathrm{T}}\boldsymbol{M}_{\mathrm{ss}}\boldsymbol{R}(\omega_i^2\boldsymbol{u}_{\mathrm{b}}) \qquad (i = 1, 2, \cdots, n) \qquad (7.68\mathrm{b})$$

众所周知，对于大型桥梁结构的振动问题，一般只需要取前几百阶甚至是几十阶振型进行分析，这样所需要求解方程的数量就会大大减小。任一振型的重要性程度受到两个因素控制：一是振型形状与外部荷载空间分布的相互作用，二是作用荷载频率与振型频率的比值。从式 (7.62) 和 (7.68) 可以看出：对每一阶振型而言，位移输入均可以等效成加速度输入，说明振型的形状与外荷载空间分布的相互作用规律不因输入模式而改变；同一地震动作用下，位移输入模式荷载项中的频率低于加速度输入模式，这更加降低了其与振型频率的比值，从而使得高阶振型的动力作用随之降低更快。再结合式 (7.57) 不难得到如下结论：采用模态分析模型时，若不涉及高阶振型的求解，使用相同数量的振型和积分步长，位移输入可以得到更加精确的结果。

子空间迭代法、雅可比方法、拉法兰法等均可以用于求解结构的频率和振型，但是它们所采用的收敛准则都只能保证频率值、振型值中相对较大部分的精度，而靠近支撑处的振型值一般较小，其计算精度则难以保证。式 (7.62) 形式简洁，荷载项中的刚度由有限元方法得到，具有较高的精度，但是与之相乘的靠近支撑处的振型值精度无法保证。对大型及复杂结构而言，这必然导致荷载项产生不可预计的误差。而式 (7.68) 与之等效，可以减小上述误差，适宜在计算中采用。

3. 加速度输入模式与位移输入模式的比较

根据上述分析，可以得到如下结论：

① 采用有限元分析模型和精确求解法时，在积分方法和步长相同的条件下，采用分解法的加速度输入模式，较直接求解法的位移输入模式具有更高的精度。

这是因为位移输入模式将激起高阶振动，收敛的最小时间步长受控于涉及的结构最小周期所致。采用近似求解法时，相对于输入地震位移的大刚度法，输入地震加速度的大质量法更容易得到较好的稳定性和较高的精度。

② 采用模态分析模型，在相同条件下，位移输入模式较加速度输入模式具有更高的精度。这是因为位移输入较加速度输入所产生的模态力频率低所致。位移输入模式下含有刚度项的模态力公式不宜直接在计算中使用，需要变换成分布荷载形式。

③ 位移输入模式的运动方程建立在绝对坐标系下，分析结果包含了加速度输入模式中的拟静力项的影响，其适用范围更广。

7.4　地震荷载作用下车桥系统动力分析模型

传统桥梁抗震分析是从内力、强度、稳定性等方面研究桥梁动力性能，更加关注结构的相对运动，拟静力项的影响相对较小。而进行地震作用下车桥耦合振动分析时，列车运行安全是研究重点，这就涉及系统的绝对运动，拟静力项的影响不可忽略。鉴于上述特点，地震作用下车桥动力相互作用分析不能简单地直接套用传统桥梁抗震分析中地震动的输入模式。本节结合车桥耦合振动的特点，通过建立地震作用下的车桥系统动力分析模型，研究不同地震动输入模式的特点、实现方法及适用性。

7.4.1　简化分析模型

列车行驶在桥梁上，其位置不断变化，而在每个离散的时间点上车、桥之间的相对位置为已知，所以简化分析模型针对每个离散的时间点提出，这就自动考虑了系统间的相对运动。将车辆简化为移动车轮（簧下质量）＋弹簧（阻尼器）＋簧上质量体系（简称质量弹簧振子），桥梁简化为单自由度模型，忽略轨道不平顺的影响，并引入簧下质量块与桥梁始终保持接触的假定，简化后的车桥系统模型如图 7.12 所示。在分析中，将簧下质量与桥梁系统间的相互作用作为虚拟力处理。

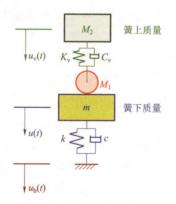

图 7.12　简化后的车桥系统模型

在绝对坐标系下，桥梁结构的运动方程为

$$\ddot{u} + 2\xi\omega\dot{u} + \omega^2 u = \frac{1}{m}\left[(M_1+M_2)g - M_1\ddot{u} + K_v(u_v-u) + C_v(\dot{u}_v-\dot{u})\right] + $$

$$2\xi\omega\dot{u}_b + \omega^2 u_b \qquad\qquad (7.69)$$

式中，u、ω、ξ、u_b 的含义与 7.3.1 节相同；M、C、K 代表质量弹簧振子的质量、阻尼、刚度；下标 v 代表车辆系统；下标 1、2 分别代表下、上质量块；其他符号与图 7.10 相同。

与式（7.52）相比较，式（7.69）右端增加了重力项、动力相互作用项。在绝对坐标系下簧上质量的运动方程为

$$M_2\ddot{u}_v + C_v\dot{u}_v + K_vu_v = K_vu + C_v\dot{u} \tag{7.70}$$

若桥梁采用相对坐标（$w = u - u_b$），则其运动方程变为

$$\ddot{w} + 2\xi\omega\dot{w} + \omega^2w = \frac{1}{m}\left[(M_1+M_2)g - M_1\ddot{w} + K_v(u_v-w) + C_v(\dot{u}_v-\dot{w})\right] -$$

$$\ddot{u}_b - \frac{1}{m}\left[M_1\ddot{u}_b + K_vu_b + C_v\dot{u}_b\right] \tag{7.71}$$

与式（7.69）相比较，式（7.71）增加了地震加速度相关项。此时，簧上质量的运动方程变为

$$M_2\ddot{u}_v + C_v\dot{u}_v + K_vu_v = K_vw + C_v\dot{w} + K_vu_b + C_v\dot{u}_b \tag{7.72}$$

与式（7.70）相比，式（7.72）右端增加了地震位移、速度相关项。

通过将式（7.69）、式（7.70）与式（7.71）、式（7.72）对比，不难发现：若桥梁运动方程建立在相对坐标系中，则动力耦合分析时需要输入地震位移、速度、加速度时程，并要计算直接作用于簧上质量的地震荷载；若桥梁运动方程建立在绝对坐标系下，则仅仅需要输入地震位移、速度时程，且在分析过程中不需要专门计算直接作用到簧上质量上的地震荷载。因此，体系建模时坐标系的选取可能会直接影响分析程序的编制难度。

7.4.2　多点地震作用下质量弹簧振子列通过简支梁的振动分析

1. 分析模型

本节讨论简支梁和多个移动车轮（簧下质量）＋弹簧（阻尼器）＋簧上质量振子体系的地震反应，其振动分析模型如图 7.13 所示。地震波从梁的 A 端传向 B 端，两端分别受到不同的竖向地震动 $a(t)$、$b(t)$ 作用。一系列不等间距的质量弹簧振子表示列车，它们由簧下质量 M_1（移动车轮）、簧上质量 M_2、弹簧 K_1 和阻尼器 C_1 组成。设梁的动挠度为 $u(x,t)$，簧上质量 M_2 的动位移为 $Z(t)$。假定簧下质量 M_1 沿梁长移动而不脱离开梁体，则其位移由它所在位置梁的挠度与轨道不平顺 $Z_{IR}(x)$ 叠加得到。

2. 运动方程

简支梁简化为 Rayleigh 阻尼的 Bernoulli-Euler 梁，其运动可以由微分方程来表达。假定列车以不变的速度 V 通过桥梁，系统的受力分析见图 7.14。作用

于梁的荷载有簧下质量 M_1 的惯性力 F_1、移动质量 (M_1+M_2) 的重力 F_G、弹性力 F_S、阻尼力 F_D；作用到每个簧上质量 M_2 的荷载有惯性力 P_{I2}、弹性力 $P_S = F_S$、阻尼力 $P_D = F_D$。

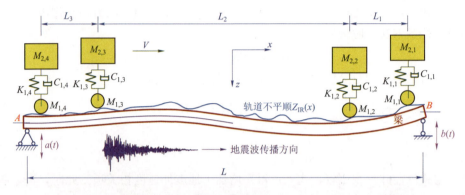

图 7.13　多点地震作用下质量弹簧振子列通过简支梁的振动分析模型

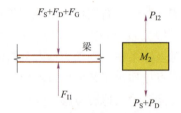

图 7.14　受力分析图

设桥上有 N 节车辆（质量弹簧振子），多点地震激励下车桥耦合系统的运动方程可以由式（7.73）和式（7.74）表达

桥梁运动方程

$$\bar{m}\ddot{u}(x,t)+2\alpha\bar{m}\dot{u}(x,t)+\beta EI\dot{u}''''(x,t)+EIu''''(x,t)$$

$$=\sum_{i=1}^{N}\delta[x-V(t-t_i)]\cdot\left\{(M_{1,i}+M_{2,i})g-M_{1,i}\left[\frac{\mathrm{d}^2u(x,t)}{\mathrm{d}t}+\frac{\mathrm{d}^2Z_{IR}}{\mathrm{d}t^2}\right]+\right.$$

$$\left.K_{1,i}[Z_{2,i}(t)-u(x,t)-Z_{IR}]+C_{1,i}\left[\frac{\mathrm{d}Z_{2,i}(t)}{\mathrm{d}t}-\frac{\mathrm{d}u(x,t)}{\mathrm{d}t}-\frac{\mathrm{d}Z_{IR}}{\mathrm{d}t}\right]\right\}$$

$$(7.73)$$

质量弹簧振子运动方程

$$M_{2,i}\ddot{Z}_i(t)+C_{1,i}\dot{Z}_i(t)+K_{1,i}Z_i(t)=K_{1,i}\left[u(x,t)\big|_{x=V(t-t_i)}+Z_{IR}\right]+$$

$$C_{1,i}\left[\frac{\mathrm{d}u(x,t)}{\mathrm{d}t}\bigg|_{x=V(t-t_i)}+\frac{\mathrm{d}Z_{IR}}{\mathrm{d}t}\right] \qquad (7.74)$$

式中，

$$\frac{\mathrm{d}u(x,t)}{\mathrm{d}t}=\dot{u}(x,t)+u'(x,t)v \tag{7.75a}$$

$$\frac{\mathrm{d}^2 u(x,t)}{\mathrm{d}t^2}=\ddot{u}(x,t)+2\dot{u}'(x,t)v+u''(x,t)V^2 \tag{7.75b}$$

$$\frac{\mathrm{d}Z_{\mathrm{IR}}}{\mathrm{d}t}=V\cdot Z'_{\mathrm{IR}} \qquad \frac{\mathrm{d}^2 Z_{\mathrm{IR}}}{\mathrm{d}t^2}=V^2\cdot Z''_{\mathrm{IR}} \tag{7.75c}$$

式中，顶部符号"·""··"分别表示变量对时间求一阶、二阶导数，而右上标 $'$、$''$、$''''$ 分别表示对变量求关于梁体纵向坐标 x 的一阶、二阶、四阶导数；EI、$\overline{m}$ 和 L 依次代表梁体刚度、单位长度的质量和梁长；α 和 β 为 Rayleigh 阻尼系数；Z_{IR} 代表轨道不平顺；t_i 为第 i 和第 1 个质量弹簧振子到达桥梁的时间差。

上式中，轨道不平顺 $Z_{\mathrm{IR}}(x)$ 可以对时间 t 求导，这是因为运行距离 x 是时间 t 的函数，若振子移动速度 V 为常数，则 $x=Vt$。

简支梁的边界条件通过下式表达

$$u(0,t)=a(t); \quad u(L,t)=b(t); \quad u''(0,t)=u''(L,t)=0 \tag{7.76}$$

将简支梁的响应分解为拟静力项 u_s 和动力项 u_d，即

$$u(x,t)=u_s(x,t)+u_d(x,t) \tag{7.77}$$

式中，

$$u_d(x,t)=\sum_{n=1}^{\infty}q_n(t)\cdot\varphi_n(x); \quad \varphi_n(x)=\sin\left(\frac{n\pi x}{L}\right) \tag{7.78}$$

式中，$\varphi_n(x)$ 为固有模态，它通过广义坐标 $q_n(t)$ 来衡量其对动力分量的贡献；拟静力分量 $u_s(x,t)$ 满足下式

$$EI\cdot u''''_s(x,t)=0 \tag{7.79}$$

同时，又有下列边界条件

$$u_s(0,t)=a(t); \quad u_s(L,t)=b(t); \quad u''_s(0,t)=u''_s(L,t)=0 \tag{7.80}$$

式 (7.79) 的解为

$$u_s(x,t)=a(t)\left(1-\frac{x}{L}\right)+b(t)\left(\frac{x}{L}\right) \tag{7.81}$$

$u(x,t)$ 对时间的一阶、二阶导数为

$$\frac{\mathrm{d}u(x,t)}{\mathrm{d}t}=\dot{u}_d(x,t)+u'_d(x,t)V+\dot{a}(t)\left(1-\frac{x}{L}\right)+\dot{b}(t)\frac{x}{L}+\left(\frac{b(t)-a(t)}{L}\right)\cdot V \tag{7.82}$$

$$\frac{\mathrm{d}^2 u(x,t)}{\mathrm{d}t^2}=\ddot{u}_d(x,t)+2\dot{u}'_d(x,t)V+u''_d(x,t)V^2+\ddot{a}(t)\cdot\left(1-\frac{x}{L}\right)+$$

$$\ddot{b}(t) \cdot \frac{x}{L} + 2V \cdot \left(\frac{\dot{b}(t) - \dot{a}(t)}{L}\right) \tag{7.83}$$

将式（7.82）、式（7.83）代入式（7.73），整理得到

$$\bar{m}\,\ddot{u}_d(x,t) + c\,\dot{u}_d(x,t) + EIu_d''''(x,t) = F^d + F^s \tag{7.84}$$

式中，F^d、F^s 分别为作用到梁上的动力相互作用项、拟静力附加作用项，具体如下：

$$F^d = \sum_{i=1}^{N} \delta[x - V(t-t_i)] \left\{ -M_{1,i} \cdot [\ddot{u}_d(x,t) + 2\,\ddot{u}_d'\,(x,t)V + u_d''(x,t)V^2] + \right.$$
$$\left. K_{1,i}[Z_{2,i}(t) - u_d(x,\ t)] + C_{1,\ i}[\dot{Z}_{2,i}(t) - \dot{u}_d(x,\ t) - u_d'(x,\ t)V] \right\} \tag{7.85}$$

$$F^s = \sum_{i=1}^{N} \delta[x - V(t-t_i)] \left\{ -M_{1,i}\left[\ddot{a}(t)\left(1 - \frac{x}{L}\right) + \ddot{b}(t)\frac{x}{L} + \frac{2V(\dot{b}(t) - \dot{a}(t))}{L} + Z_{IR}''V^2\right] - \right.$$
$$K_{1,i}[U(x,t) + Z_{IR}] + (M_{1,i} + M_{2,i})g -$$
$$\left. C_{1,i}\left[\dot{a}(t)\left(1 - \frac{x}{L}\right) + \dot{b}(t)\frac{x}{L} + \left(\frac{b(t) - a(t)}{L}\right)V + Z_{IR}'V\right] \right\} -$$
$$\bar{m}\ddot{U}(x,t) - c\dot{U}(x,t) \tag{7.86}$$

类似地，式（7.74）变为

$$M_{2,i}\ddot{Z}_i(t) + C_{1,i} \cdot \dot{Z}_i(t) + K_{1,i} \cdot Z_i(t) = p_i^d + p_i^s \tag{7.87}$$

式中，p^d 和 p^s 分别为作用到簧上质量的动力相互作用项、拟静力附加项，具体如下：

$$p_i^d = K_{1,i} \cdot u_d(x,t)|_{x=V(t-t_i)} + C_{1,i} \cdot [\dot{u}_d(x,t) + u_d'(x,t)V]|_{x=V(t-t_i)} \tag{7.88}$$

$$p_i^s = K_{1,i}[U(x,t)|_{x=V(t-t_i)} + Z_{IR}] +$$
$$C_{1,i}\left\{ \left[\dot{a}(t)\left(1 - \frac{x}{L}\right) + \dot{b}(t)\frac{x}{L} + \left(\frac{b(t) - a(t)}{L}\right)V\right]|_{x=V(t-t_i)} + Z_{IR}'V \right\} \tag{7.89}$$

特征函数的正交性由下式表达

$$\int_0^L \varphi_m(x) \cdot \varphi_n(x)\,dx = \delta_{mn} \cdot \frac{L}{2} \qquad (m,n = 1,2,\cdots) \tag{7.90}$$

将式（7.90）代入式（7.83）左端，在方程两端同时乘以 $u_m(x)$，然后在 $(0,L)$ 范围内进行积分，再利用振型的正交特性得到

$$\ddot{q}_k(t) + 2\xi_k\omega_k\dot{q}_k(t) + \omega_k^2 q_k(t) = f_{Mk}^d + f_{Mk}^s \qquad (k = 1,2,\cdots) \tag{7.91}$$

式中，$\omega_k = \dfrac{k^2\pi^2}{L^2}\sqrt{\dfrac{EI}{\bar{m}}}$; $2\xi_k\omega_k = 2\alpha + \beta\omega_k^2$;

$$f_{\mathrm{M}}^{\mathrm{d}} = \sum_{i=1}^{N} \frac{2u_k(x)}{\bar{m}L} \{ -M_{1,i} [\ddot{u}_{\mathrm{d}}(x,t) + 2\dot{u}_{\mathrm{d}}'(x,t)V + u_{\mathrm{d}}''(x,t)V^2] +$$

$$K_{1,i} [Z_{2,i}(t) - u_{\mathrm{d}}(x,t)] + C_{1,i} [\dot{Z}_{2,i}(t) - \dot{u}_{\mathrm{d}}(x,t) - u_{\mathrm{d}}'(x,t)V] \} \big|_{x=V(t-t_i)} \tag{7.92}$$

$$f_{\mathrm{M}}^{\mathrm{s}} = \sum_{i=1}^{N} \frac{2u_k(x)}{\bar{m}L} \Big\{ (M_{1,i} + M_{2,i})g - M_{1,i} \Big[\ddot{a}(t)\Big(1 - \frac{x}{L}\Big) + \ddot{b}(t)\frac{x}{L} +$$

$$\frac{2V(\dot{b}(t) - \dot{a}(t))}{L} + Z_{\mathrm{IR}}''V^2 \Big] - K_{1,i} [U(x,t) + Z_{\mathrm{IR}}] -$$

$$C_{1,i} \Big[\dot{a}(t)\Big(1 - \frac{x}{L}\Big) + \dot{b}(t)\frac{x}{L} + \Big(\frac{b(t) - a(t)}{L}\Big)V + Z_{\mathrm{IR}}'V \Big] \Big\} \Big|_{x=V(t-t_i)} +$$

$$\frac{2}{k\pi} [\ddot{b}(t)\cos(k\pi) - \ddot{a}(t)] + \frac{4\alpha}{k\pi} [\dot{b}(t)\cos(k\pi) - \dot{a}(t)] \tag{7.93}$$

式中，下标 M 代表模态。

当简支梁 A、B 两端的地震动完全相同时，即为一致地震作用的情况，这时有 $a(t) = b(t)$，作用到簧上质量的拟静力附加项变为

$$p^{\mathrm{s}} = K_{1,i} [a(t) + Z_{\mathrm{IR}}] + C_{1,i} [\dot{a}(t) + Z_{\mathrm{IR}}'V] \tag{7.94}$$

同时，作用到简支梁上的拟静力附加项变为

$$f_{\mathrm{M}}^{\mathrm{s}} = \sum_{i=1}^{N} \frac{2u_k(x)}{\bar{m}L} \{ (M_{1,i} + M_{2,i})g - M_{1,i} [\ddot{a}(t) + Z_{\mathrm{IR}}''V^2] -$$

$$K_{1,i} [a(x) + Z_{\mathrm{IR}}] - C_{1,i} [\dot{a}(t) + V \cdot Z_{\mathrm{IR}}'] \} \big|_{x=V(t-t_i)} +$$

$$\frac{2\ddot{a}(t)}{k\pi} [\cos(k\pi) - 1] + \frac{4\alpha\dot{a}(t)}{k\pi} [\cos(k\pi) - 1] \tag{7.95}$$

当地震加速度为零时，相应的地震位移和速度并不一定等于零，依然可能通过弹簧和阻尼器产生作用到耦合系统上的地震力。因此，在考虑一致地震作用时，依然需要同时输入地震动的位移、速度、加速度时程。

3. 求解流程

式 (7.80)、式 (7.87)、式 (7.91) 构成了耦合系统的运动方程，可以通过数值积分方法求解，流程图如图 7.15 所示。

4. 算例

选取铁路 32 m 双线整孔简支箱梁作为研究对象，其截面如图 7.16 所示。梁的一阶频率为 4.72 Hz，每延米质量为 28.14 t，Rayleigh 阻尼系数分别取为 $\alpha = 0.138\ \mathrm{s}^{-1}$、$\beta = 0\ \mathrm{s}$。列车只考虑一节车辆，简化为一个质量弹簧振子，其簧上、簧下质量分别取为 13.6 t、2.4 t。联结弹簧 K_1 和阻尼器 C_1 分别取为 2.08 MN/m、100 kN·s/m。分析时考虑了轨道不平顺的影响，如图 7.17 所示。质量弹簧振子的运行速度 $V = 50 \sim 90$ m/s。

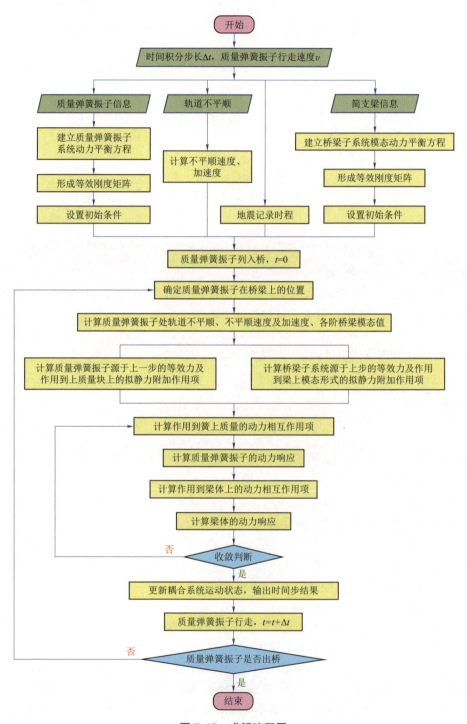

图 7.15　求解流程图

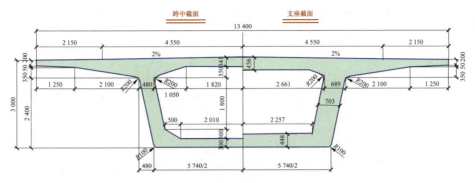

图 7.16　简支梁横截面（单位：mm）

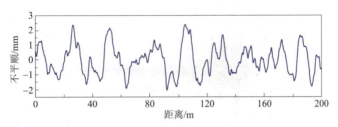

图 7.17　轨道竖向不平顺

借助于时域内高通滤波器对地震加速度记录进行了处理，得到了一致化并按加速度峰值为 0.05 g 规格化地震位移、速度、加速度时程，如图 7.18 所示。假定地震波从简支梁 A 端以 500 m/s 的速度向 B 端传播（见图 7.13）。

梁体初始运动状态对耦合系统动力响应的影响不可忽略。实际铁路桥梁一般由若干跨梁体组成，总长度可能超过几千米，甚至几十千米。质量弹簧振子在单一梁体上运行时间远小于地震波的持续时间，而其在桥梁上总的运行时间可能大于地震波的持续时间。引入地震初始作用时间，即在耦合计算前地震已经作用到梁体的时间，来考虑梁体初始运动状态的影响。

按列车运行速度 $V = 90$ m/s、地震初始作用时间 5.5 s 进行了计算，图 7.19 给出了采用加速度和位移两种不同输入模式时桥梁跨中位移和簧上质量加速度的时程对比。可以看出，两种输入模式下的桥梁跨中位移时程几乎完全一致，而簧上质量的加速度时程则有一定程度的差别。

图 7.20 给出了在 60 m/s、70 m/s、80 m/s、90 m/s 几种列车运行速度情况下，桥梁跨中位移最大值随地震初始作用时间的分布。可以看出，在加速度和位移两种输入模式下，桥梁跨中最大值的变化规律基本相同，基本上都是在地震初始作用时间为对应地震位移最大值时出现峰值。这表明桥梁位移主要受地震作用控制，而受移动质量弹簧振子的影响较小。不同移动质量弹簧振子速度下桥梁

位移最大值出现了显著变化，这是速度变化引起所分析的列车在桥上运行时间改变所造成的。

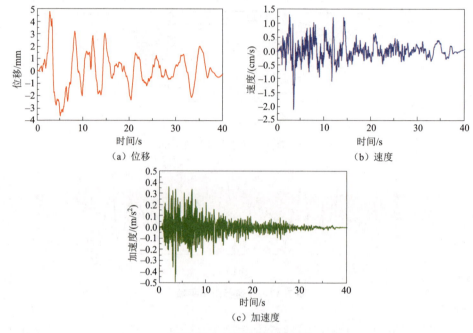

（a）位移

（b）速度

（c）加速度

图 7.18　一致化的地震记录

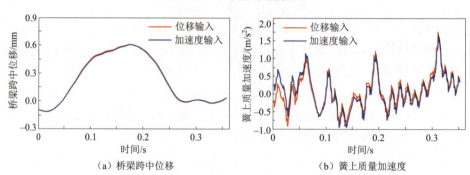

（a）桥梁跨中位移

（b）簧上质量加速度

图 7.19　不同地震输入模式对桥梁跨中位移时程和簧上质量加速度时程的影响

图 7.21 给出了在 60 m/s、70 m/s、80 m/s、90 m/s 几种列车运行速度情况下，簧上质量加速度最大值随地震初始作用时间的变化情况。可以看出，在加速度和位移两种输入模式下，簧上质量加速度均随着车速提高而增大，均随着地震初始作用时间增大而波动，两种输入模式造成的差异随着地震初始作用时间波动。这表明簧上质量加速度受地震作用和列车运行速度控制，其中地震拟静力附加项作用不能被忽略。

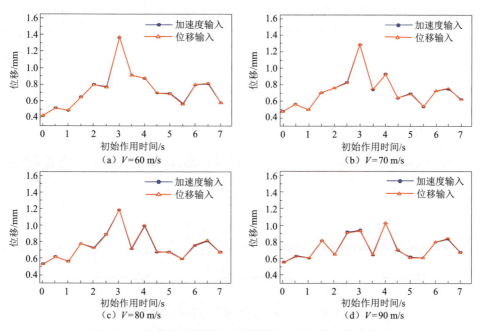

图 7.20　地震初始作用时间对桥梁跨中位移最大值的影响

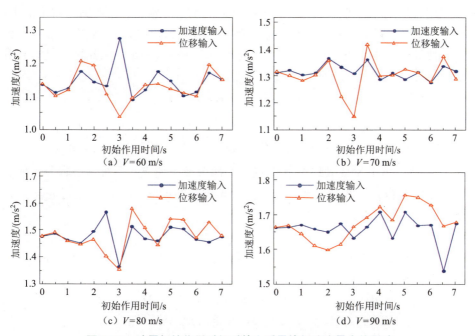

图 7.21　地震初始作用时间对簧上质量块加速度最大值影响

从以上分析结果不难得出结论：输入模式对桥梁位移影响小，而对簧上质量加速度影响较大。这是因为梁体刚度和质量很大，拟静力项附加作用对其影响很小；而质量弹簧振子的刚度和质量都很小，拟静力项附加作用的影响就很大。因此，采用加速度输入模式时，因为忽略了地震拟静力分量的影响，可能在运行速度较高时低估簧上质量的响应。

7.4.3 多自由度耦合模型

对于实际桥梁和列车，非一致地震作用下的车桥耦合系统模型由桥梁子系统模型和车辆子系统模型组成，如图 7.22 所示。

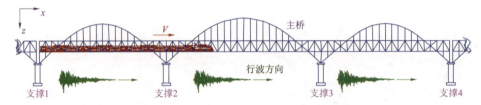

图 7.22 非一致地震作用下的车桥耦合系统

1. 车桥系统有限元模型

采用有限元法描述车桥耦合系统的运动。系统的绝对坐标系满足右手准则，其中，x 轴为桥梁纵向，y 轴取为桥梁横向，z 轴取为竖向。假定地震动在桥梁各支撑处是非一致变化的。在绝对坐标系下，车辆和桥梁子系统的运动方程分别为

$$M_V \ddot{u}_V + C_V \dot{u}_V + K_V u_V = F_{VB} \tag{7.96}$$

$$\begin{bmatrix} M_{ss} & M_{sb} \\ M_{bs} & M_{bb} \end{bmatrix} \begin{Bmatrix} \ddot{u}_s \\ \ddot{u}_b \end{Bmatrix} + \begin{bmatrix} C_{ss} & C_{sb} \\ C_{bs} & C_{bb} \end{bmatrix} \begin{Bmatrix} \dot{u}_s \\ \dot{u}_b \end{Bmatrix} + \begin{bmatrix} K_{ss} & K_{sb} \\ K_{bs} & K_{bb} \end{bmatrix} \begin{Bmatrix} u_s \\ u_b \end{Bmatrix} = \begin{Bmatrix} F_{BV} \\ 0 \end{Bmatrix} \tag{7.97}$$

式中，下标 s、b 分别代表结构支撑点以上部分及支撑点；下标 V、B 分别代表车辆子系统和桥梁子系统；F_{VB} 与 F_{BV} 为车桥之间的相互作用，通过轮轨关系描述。

1）直接求解法

采用直接求解法解式（7.97）时，将式中第一项展开，得到绝对坐标系下的桥梁运动方程

$$M_{ss}\ddot{u}_s + C_{ss}\dot{u}_s + K_{ss}u_s = -K_{sb}u_b - C_{sb}\dot{u}_b - M_{sb}\ddot{u}_b + F_{BV} \tag{7.98a}$$

与传统抗震分析类似，上式中的 M_{sb} 项通常被忽略，即

$$M_{ss}\ddot{u}_s + C_{ss}\dot{u}_s + K_{ss}u_s = -K_{sb}u_b - C_{sb}\dot{u}_b + F_{BV} \tag{7.98b}$$

又由于 C_{sb} 项影响较小且难以确定，亦通常被忽略。这样就得到仅与地震动

位移相关的位移输入模式下桥梁运动方程

$$\boldsymbol{M}_{ss}\ddot{\boldsymbol{u}}_s+\boldsymbol{C}_{ss}\dot{\boldsymbol{u}}_s+\boldsymbol{K}_{ss}\boldsymbol{u}_s=-\boldsymbol{K}_{sb}\boldsymbol{u}_b+\boldsymbol{F}_{BV} \tag{7.98c}$$

式（7.96）、式（7.98c）构成了地震作用下车桥耦合系统的运动方程。

2）分解法

轮轨关系可以视为车辆子系统与桥梁子系统运动状态的函数。当轮轨关系为线性时，与传统抗震分析类似，引入拟静力位移的概念将桥梁动力响应分解

$$\begin{Bmatrix} \boldsymbol{u}_s \\ \boldsymbol{u}_b \end{Bmatrix}=\begin{Bmatrix} \boldsymbol{u}_s^s \\ \boldsymbol{u}_b \end{Bmatrix}+\begin{Bmatrix} \boldsymbol{u}_s^d \\ 0 \end{Bmatrix};\quad \boldsymbol{u}_s^s=-\boldsymbol{K}_{ss}^{-1}\boldsymbol{K}_{sb}\boldsymbol{u}_b=\boldsymbol{R}\,\boldsymbol{u}_b \tag{7.99}$$

式中，上标 s、d 分别代表桥梁拟静力项、动力项。

假定 $\boldsymbol{C}_{sb}+\boldsymbol{C}_{ss}\boldsymbol{R}=0$，然后将式（7.99）代入式（7.96）、式（7.98c），得到

$$\boldsymbol{M}_V\ddot{\boldsymbol{u}}_V+\boldsymbol{C}_V\dot{\boldsymbol{u}}_V+\boldsymbol{K}_V\boldsymbol{u}_V=\boldsymbol{F}_{VB}^D+\boldsymbol{F}_{VB}^S \tag{7.100}$$

$$\boldsymbol{M}_{ss}\ddot{\boldsymbol{u}}_s^d+\boldsymbol{C}_{ss}\dot{\boldsymbol{u}}_s^d+\boldsymbol{K}_{ss}\boldsymbol{u}_s^d=-\boldsymbol{M}_{ss}\boldsymbol{R}\ddot{\boldsymbol{u}}_b+\boldsymbol{F}_{BV}^D+\boldsymbol{F}_{BV}^S \tag{7.101}$$

式中，上标 S、D 分别代表车桥动力相互作用中仅与桥梁拟静力项相关的部分和与桥梁动力项相关的部分。

以文献（夏禾 等，2014）中描述的轮轨关系为例，说明桥梁拟静力项引起的动力相互作用的计算方法。桥梁拟静力位移引起的轮轨位移可以通过下式计算

$$\begin{Bmatrix} Y_{wijl}^s \\ \theta_{wijl}^s \\ Z_{wijl}^s \end{Bmatrix}=\begin{Bmatrix} Y_B^s(x_{ijl})+h_{4i}\theta_B^s(x_{ijl}) \\ \theta_B^s(x_{ijl}) \\ Z_B^s(x_{ijl})+e_i\theta_B^s(x_{ijl}) \end{Bmatrix} \tag{7.102}$$

式中，Y_B、Z_B、θ_B 分别为桥梁横向、竖向与扭转位移；Y_{wijl}、Z_{wijl}、θ_{wijl} 分别为车轮的横移、沉浮、侧滚；其他参数含义见该文献。

桥梁附加拟静力部分中，作用到桥梁横向、竖向、扭转方向上的力或力矩分别为

$$F_{hijl}^s=-m_{wijl}\ddot{Y}_{wijl}^s-c_{1ij}^h\dot{Y}_{wijl}^s-k_{1ij}^h Y_{wijl}^s \tag{7.103a}$$

$$F_{vijl}^s=-m_{wijl}\ddot{Z}_{wijl}^s-c_{1ij}^v\dot{Z}_{wijl}^s-k_{1ij}^v Z_{wijl}^s \tag{7.103b}$$

$$F_{\theta ijl}^s=-J_{wijl}\ddot{\theta}_{wijl}^s-a_i^2 c_{1ij}^v\dot{\theta}_{wijl}^s-a_i^2 k_{1ij}^v\theta_{wijl}^s+h_{4i}F_{hijl}^s+e_i F_{vijl}^s \tag{7.103c}$$

作用到车辆转向架横摆、侧滚、摇头、沉浮和点头方向上的力分别为

$$\boldsymbol{F}_{tj\,wi}^s=\sum_{l=1}^{N_{wi}}\begin{Bmatrix} (k_{1ij}^h Y_{wijl}^s+c_{1ij}^h\dot{Y}_{wijl}^s) \\ a_i^2(k_{1ij}^v\theta_{wijl}^s+c_{1ij}^v\dot{\theta}_{wijl}^s)-h_{3i}(k_{1ij}^h Y_{wijl}^s+c_{1ij}^h\dot{Y}_{wijl}^s) \\ \eta_{jl}d_i(k_{1ij}^h Y_{wijl}^s+c_{1ij}^h\dot{Y}_{wijl}^s) \\ (k_{1ij}^v Z_{wijl}^s+c_{1ij}^v\dot{Z}_{wijl}^s) \\ \eta_{jl}d_i(k_{1ij}^v Z_{wijl}^s+c_{1ij}^v\dot{Z}_{wijl}^s) \end{Bmatrix} \tag{7.104}$$

当轮轨关系为非线性时，$\boldsymbol{F}_{\mathrm{VB}}$ 与 $\boldsymbol{F}_{\mathrm{BV}}$ 成为车桥运动状态的非线性函数，桥梁响应的拟静力项、动力项分解非常困难，因此，式（7.97）也就不能采用分解法求解。

3）大刚度法

与桥梁抗震类似，可以采用大刚度法近似求解［式（7.97）］：左侧刚度矩阵中对应支撑的对角元素上增加大刚度，而在右侧荷载向量中对应支撑的部分施加外荷载，外荷载大小为大刚度与对角元素之和与给定位移的乘积，从而使得桥梁支撑处的位移近似地为给定值。这时，桥梁子系统的运动方程成为

$$\begin{bmatrix} \boldsymbol{M}_{\mathrm{ss}} & \boldsymbol{M}_{\mathrm{sb}} \\ \boldsymbol{M}_{\mathrm{bs}} & \boldsymbol{M}_{\mathrm{bb}} \end{bmatrix} \begin{Bmatrix} \ddot{\boldsymbol{u}}_{\mathrm{s}} \\ \ddot{\boldsymbol{u}}_{\mathrm{b}} \end{Bmatrix} + \begin{bmatrix} \boldsymbol{C}_{\mathrm{ss}} & \boldsymbol{C}_{\mathrm{sb}} \\ \boldsymbol{C}_{\mathrm{bs}} & \boldsymbol{C}_{\mathrm{bb}} \end{bmatrix} \begin{Bmatrix} \dot{\boldsymbol{u}}_{\mathrm{s}} \\ \dot{\boldsymbol{u}}_{\mathrm{b}} \end{Bmatrix} + \begin{bmatrix} \boldsymbol{K}_{\mathrm{ss}} & \boldsymbol{K}_{\mathrm{sb}} \\ \boldsymbol{K}_{\mathrm{bs}} & (\boldsymbol{K}_{\mathrm{bb}} + \boldsymbol{K}_{\mathrm{L}}) \end{bmatrix} \begin{Bmatrix} \boldsymbol{u}_{\mathrm{s}} \\ \boldsymbol{u}_{\mathrm{b}} \end{Bmatrix} = \begin{Bmatrix} \boldsymbol{F}_{\mathrm{BV}} \\ (\boldsymbol{K}_{\mathrm{bb}} + \boldsymbol{K}_{\mathrm{L}}) \boldsymbol{u}_{\mathrm{b}} \end{Bmatrix}$$

$$(7.105)$$

其中，$\boldsymbol{K}_{\mathrm{L}}$ 为大刚度值。

只要大刚度值选取适当，直接联合求解式（7.96）、式（7.105），即可得到地震作用下车桥系统动力响应。

需要指出的是，大质量法不适用于地震作用下车桥耦合系统的动力分析。这是因为，与大刚度法不同，大质量法使得桥梁支撑处的加速度为给定值，得到的桥梁位移、速度响应并不包含刚体运动部分。而轮轨相互作用力 $\boldsymbol{F}_{\mathrm{VB}}$ 与 $\boldsymbol{F}_{\mathrm{BV}}$ 为系统位移、速度和加速度的函数，即使在地震加速度为零的情况下，地震动引起的桥梁刚体运动依然可能影响车辆的振动。

2. 车桥系统模态模型

若桥梁子系统采用模态降阶，则式（7.98b）变为

$$\ddot{q}_i + 2\xi_i \omega_i \dot{q}_i + \omega_i^2 q_i = \boldsymbol{\varphi}_i^{\mathrm{T}} \boldsymbol{M}_{\mathrm{ss}} \boldsymbol{R} (2\xi_i \omega_i \dot{\boldsymbol{u}}_{\mathrm{b}}) + \boldsymbol{\varphi}_i^{\mathrm{T}} \boldsymbol{M}_{\mathrm{ss}} \boldsymbol{R} (\omega_i^2 \boldsymbol{u}_{\mathrm{b}}) + \boldsymbol{\varphi}_i^{\mathrm{T}} \boldsymbol{F}_{\mathrm{BV}}$$
$$(i = 1, 2, \cdots, n) \qquad (7.106a)$$

式中，φ_i、ξ_i、ω_i 分别为质量归一化的桥梁第 i 阶振型、阻尼比、圆频率；n 为分析中考虑的桥梁模态阶数。

若忽略右端阻尼项的影响，可以得到

$$\ddot{q}_i + 2\xi_i \omega_i \dot{q}_i + \omega_i^2 q_i = \boldsymbol{\varphi}_i^{\mathrm{T}} \boldsymbol{M}_{\mathrm{ss}} \boldsymbol{R} (\omega_i^2 \boldsymbol{u}_{\mathrm{b}}) + \boldsymbol{\varphi}_i^{\mathrm{T}} \boldsymbol{F}_{\mathrm{BV}} \qquad (i = 1, 2, \cdots, n)$$

$$(7.106b)$$

而式（7.101）变为

$$\ddot{q}_i + 2\xi_i \omega_i \dot{q}_i + \omega_i^2 q_i = \boldsymbol{\varphi}_i^{\mathrm{T}} (-\boldsymbol{M}_{\mathrm{ss}} \boldsymbol{R} \ddot{\boldsymbol{u}}_{\mathrm{b}} + \boldsymbol{F}_{\mathrm{BV}}^{\mathrm{d}} + \boldsymbol{F}_{\mathrm{BV}}^{\mathrm{s}}) \qquad (i = 1, 2, \cdots, n)$$

$$(7.107)$$

值得注意的是，相对于式（7.107），应用式（7.106）需要考虑更多阶的模态，这是由于桥梁拟静力项采用了振型组合来表达。

从上述分析不难看出：

① 使用直接求解法进行地震作用下的车桥耦合振动分析时，若采用传统抗震分析的位移输入模式且忽略荷载项中阻尼的影响，则仅需输入地震位移时程，线性或非线性轮轨关系均能适用。使用分解法时，须将桥梁响应进行拟静力项、动力项分解，其中拟静力项的影响不可以忽略，所以需要同时输入地震位移、速度、加速度时程，并且只有线性轮轨关系能适用。

② 使用近似法进行地震作用下车桥耦合振动分析时，大刚度法能合理地求解系统运动方程，此时需要输入地震动位移，线性或非线性轮轨关系均能适用，而大质量法不再适用。

因此，在绝对坐标系下建立地震作用下的车桥系统分析模型，采用地震位移输入，更加利于分析程序编制。

7.5　地震作用下桥上列车的运行安全

7.5.1　地震作用下列车运行安全性评价指标

针对地震作用下的列车运行安全问题，日本《铁路结构抗震设计标准》（日本铁道综合技术研究所，1999）给出了桥梁墩台间相对位移量和桥上线路折角的限定标准。然而，列车脱轨是车辆、轨道相互作用的结果，即使车辆和轨道均符合运行安全条件，二者在特定情况下的组合也有可能产生最不利的耦合作用效果，从而引发列车脱轨事故。

基于车轮爬轨静力分析的 Nadal 公式（Nadal，1896）在列车安全性评价中被广泛应用。国际铁路联盟 UIC（UIC Code 518，2003，EN 14363，2005）规定脱轨系数 $Q/P \leqslant 1.2$，德国 ICE 高速列车试验标准为 $Q/P \leqslant 0.8$（翟婉明等，2001），而美国 AAR 规范（AAR，2011）采用了单轴限度和整轴 Wienstock 限度

$$Q/P \leqslant 1.0 (单轴)；\quad \sum Q/P \leqslant 1.5 (整轴) \tag{7.108}$$

目前，我国地震作用下高速列车运行安全性评价没有专门的指标，而是沿用一般运行状态的指标，详见 4.2.1 节。

需要指出的是，地震作用下高速列车在桥上可能出现脱轨系数、轮重减载率或轮轨横向力超过限值，甚至轮轨瞬时分离的情况。然而，列车脱轨试验表明：在作用时间很短的条件下，安全指标超过规范限值并不完全意味着脱轨事故的发生。

日本 JNR 标准（石田弘明，1995）将列车脱轨分为稳态爬轨和动态跳轨两种情况，并在考虑轮轨横向力作用时间对脱轨影响的基础上，给出了脱轨评判标准

$$Q/P \leqslant \begin{cases} \lambda & (t \geqslant 0.05 \text{ s}) \\ \dfrac{0.05}{t}\lambda & (t < 0.05 \text{ s}) \end{cases} \tag{7.109}$$

式中，t 为横向力作用时间，单位为 s，λ 为脱轨系数的目标值，$\lambda = 0.8$、1.0，分别对应危险限度、最大容许限度。

JNR 标准中作用时间 t 越短所允许的 Q/P 越大，这样的判据过松，可能导致不安全的分析结果。对此，日本铁道综合技术研究所提出了一种新的脱轨评判建议方案（宫本昌幸，1996），即 Q/P 持续超过 0.8 的作用时间小于 0.015 s。此外，JNR 还规定静态轮重减载率限度为 0.6，动态轮重减载率限度为 0.8。

轮轨之间存在明确的几何约束关系，而脱轨就是因轮轨几何约束关系被破坏而导致的车辆在轨道上不能正常运行。翟婉明等（2001）运用车辆-轨道耦合动力学理论，对单个轮对的爬轨—脱轨和跳轨—脱轨过程进行了仿真计算，并依据轮轨接触几何状态给出了货车脱轨的判断准则

$$Q/P \leqslant \begin{cases} 1.0 & (t \geqslant t_0) \\ 1.0 \times \dfrac{t_0}{t} & (t < t_0) \end{cases} \quad ; \quad \begin{cases} \dfrac{\Delta P}{P} \leqslant 0.60 & (t \geqslant t_0) \\ \dfrac{\Delta P}{P} > 0.60 & (t < t_0) \end{cases} \tag{7.110}$$

式中，t 为横向力的持续作用时间或轮重减载率持续超过目标值的时间；t_0 为脱轨系数或轮重减载率超标时所允许的最大持续时间，$t_0 = 0.035$ s。

与正常状态运行的货车相比，高速列车在运行速度、轨道不平顺等级、车体参数等诸多方面存在较大差异。因此，评价地震作用下的高速列车运行安全性，不能简单套用上述各种指标，需要进行深入研究。

7.5.2　地震时车辆运营安全性评价流程

高速列车在桥梁上行驶过程中遭遇地震作用时，影响车辆运行安全性的因素包括列车编组、运行速度、列车在地震初始时刻的振动状态、轨道不平顺、桥梁场地特征、地震动特性等。而最直接的因素主要是地震动强度和列车运行速度两个方面。进行地震作用下桥上列车运行安全性评价的流程如下：

（1）选定列车安全性评价指标及其限值。

（2）选取轨道不平顺。选取列车实际运行线路或类似条件线路的轨道不平顺测试结果作为计算参数。在缺少实测值的情况下，可以依据线路等级由其功率谱密度函数生成需要的轨道不平顺样本。

（3）依据桥梁场地特征选取地震波。参考铁路桥梁抗震设计规范，选取的地震波应包括以下 3 种：① 根据规范反应谱拟合的人工地震波；② 地震灾害性分析提供的至少 3 条人工地震波；③ 历史记录的实际地震波。对选定地震波进行

处理，得到符合一致化要求的地震位移、速度、加速度时程。

（4）选取一条地震记录，并对其进行幅值调整，按照加速度 0.01 g 的变化间隔增加。列车运行速度从低到高变化，计算不同列车速度、不同地震动强度下车桥耦合系统的响应及列车运行安全性指标。当安全性指标超过限值时，地震动强度就是研究速度下的地震动强度限值。以水平向地震动强度为横坐标，以列车运行速度为纵坐标，绘制出给定地震波作用下的列车运行安全曲线。

（5）对步骤（3）中剩余的地震记录重复步骤（4），最终得到所有地震记录所对应的列车安全运行曲线。在此基础上，以水平向地震动强度为横坐标，以列车运行安全临界速度的最小值为纵坐标，绘制出地震作用下列车运行安全限界图，如图 7.23 所示。

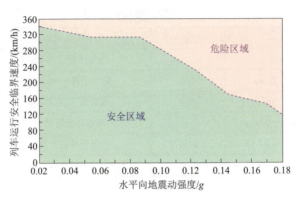

图 7.23　地震作用下列车运行安全限界图

7.6　地震作用下车桥系统动力响应分析实例

7.6.1　计算参数

选取一座三跨（180＋216＋180）m 连续钢桁拱桥作为分析对象。该桥上层为双向 4 车道公路，下层为明桥面双线铁路。桥梁有限元模型采用空间梁单元建立，如图 7.24 所示。

墩梁间支座的约束条件通过主从节点方法处理，边界条件取为墩底全部固结。分析时，取桥梁结构前 200 阶振型，其中第一阶频率为 0.47 Hz，各阶模态阻尼比均取为 2%，时间积分步长取为 10^{-5} s。

假定桥梁各支撑点均处于一致的中硬黏性土场地上，地震波从支撑 1 向支撑 4 传播，地震动模拟参数取值见表 7.2。采用 7.2.3 节介绍的方法进行一致化处理，得到桥梁 4 个支撑点的完全非一致地震地面运动记录，如图 7.25 所示。

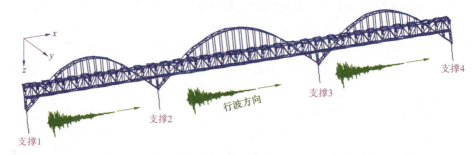

图 7.24　桥梁有限元模型

表 7.2　地震动模拟参数取值

参　　　数	值	参　　　数	值
加速度幅值控制参数 α_1	1.359	场地土特征参数 α	0.1
加速度形状控制参数 α_2	0.5	剪切波速 v_s/(m/s)	300
加速度幅值常数 s_0/(cm^2/s^3)	0.3	视波速 v_{app}/(m/s)	500
场地特征频率 ω_g/(rad/s)	5π	场地特征阻尼 x_g	0.6
滤波器截止频率 ω_f/(rad/s)	0.5π	滤波器峰值参数 x_f	0.6
时域高通滤波器角频率 ω_c/(rad/s)	0.5π	分析上限圆频率 ω_u/(rad/s)	40π

注：计算时时间间隔 $\Delta t = 0.01$ s，频率点数 $N = 3\ 000$。

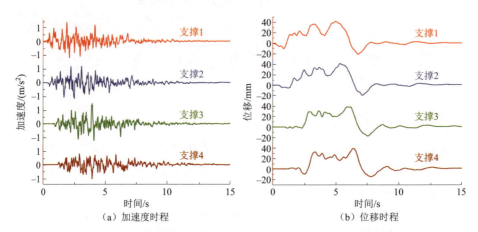

（a）加速度时程　　　　　　　　　（b）位移时程

图 7.25　桥梁 4 个支撑点的完全非一致地震地面运动记录

　　将模拟得到的地震波作为横向地震作用施加到桥梁各支撑处，同时假定竖向地震作用为横向的 0.50 倍，同步施加到各支撑处。计算假定列车驶入桥梁时刚好发生地震。

采用 ICE3 高速列车，8 节编组，其中第 1、3、5、7 节为动车，第 2、4、6、8 节为拖车。列车速度在 216～360 km/h 范围内变化，速度增量为 18 km/h。轨道不平顺采用源于某高速铁路的实测值，其中，左轨竖向轨道不平顺见图 7.26。

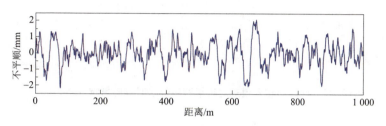

图 7.26　左轨竖向轨道不平顺

分析中采用法向赫兹接触、切向蠕滑的非线性轮轨关系，该模型可以较好地模拟地震中高速运行车轮与钢轨之间可能出现的分离现象（杜宪亭，2011，2012）。

7.6.2　计算结果

采用地震加速度和位移两种输入模式进行车桥耦合系统的动力响应分析。由于采用了非线性轮轨关系，在加速度输入模式中无法考虑桥梁拟静力项的影响。除了如图 7.25 所示的完全非一致地震之外，还考虑了仅考虑行波效应的地震及一致地震动两种工况。后两种工况中 4 个桥梁支撑的地震动均与图 7.25 中支撑 1 的地震动相同，但行波效应工况中考虑了地震波到达各支撑处的时间滞后。以下分析中，桥梁部分的分析结果只涉及中跨跨中的响应，列车的分析结果给出了第一节车体的振动加速度时程及 8 节车体响应中的最大值。

1. 地震动输入模式对比

在仅考虑地震行波效应的地震动工况中，按照地震加速度、位移两种输入模式，计算得到了列车以 288 km/h 通过时桥梁跨中的位移时程和第一节车体的振动加速度时程，如图 7.27、图 7.28 所示。

图 7.29、图 7.30 分别给出了两种地震动输入模式下桥梁跨中位移最大值、车体加速度最大值与车速的关系。从中不难看出，相同车速下，地震位移输入模式对应的桥梁位移最大值、车体加速度最大值均大于地震加速度模式的计算结果，尤其是，车体横向加速度最大值由输入模式造成的差异随着车速提高而迅速增大。

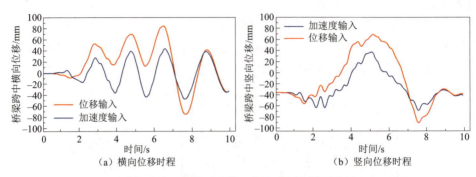

图 7.27　地震动输入模式对桥梁跨中位移时程的影响（288 km/h）

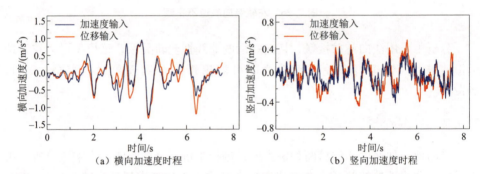

图 7.28　地震动输入模式对车体振动加速度时程的影响（288 km/h）

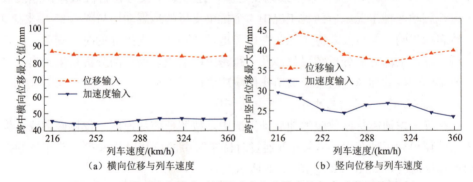

图 7.29　地震动输入模式对桥梁跨中位移最大值与车速关系的影响

可以看出，相对于地震加速度输入，位移输入增大了桥梁位移响应峰值，同时也改变了车体加速度峰值大小与出现时间。这表明桥梁拟静力分量对车桥耦合系统的动力响应有着重要影响，而加速度输入模式因无法考虑拟静力分量，则可能低估系统的响应。

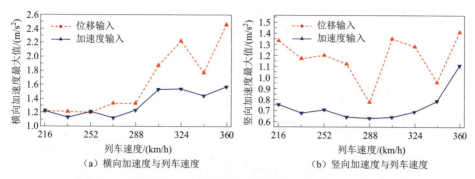

（a）横向加速度与列车速度　　　　　（b）竖向加速度与列车速度

图 7.30　地震动输入模式对车体加速度最大值与车速关系的影响

2. 地震行波效应研究

采用地震位移输入，按一致地震输入和地震行波输入两种工况，计算了列车以 288 km/h 速度通过时桥梁跨中位移时程和第一节车体的振动加速度时程，如图 7.31、图 7.32 所示。可以看出，相对于一致地震输入，地震行波效应明显地改变了桥梁位移峰值和车体振动加速度峰值的大小和出现时间。

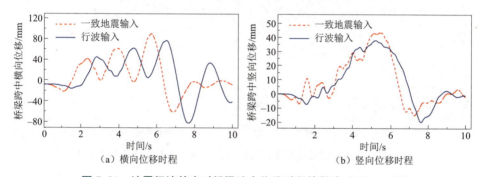

（a）横向位移时程　　　　　　　　（b）竖向位移时程

图 7.31　地震行波效应对桥梁跨中位移时程的影响（288 km/h）

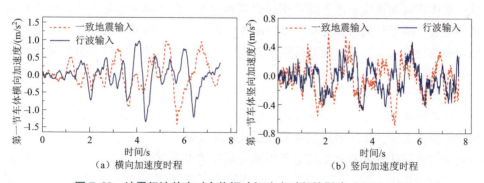

（a）横向加速度时程　　　　　　　　（b）竖向加速度时程

图 7.32　地震行波效应对车体振动加速度时程的影响（288 km/h）

图 7.33、图 7.34 分别给出了一致地震输入和行波输入两种工况下，桥梁跨中位移最大值和车体振动加速度最大值与车速的关系。

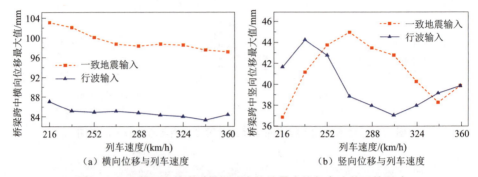

（a）横向位移与列车速度 （b）竖向位移与列车速度

图 7.33　地震行波效应对桥梁跨中位移最大值与车速关系的影响

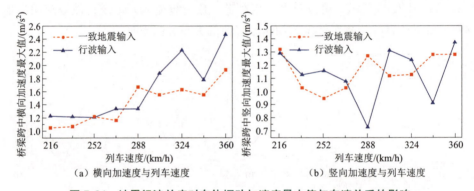

（a）横向加速度与列车速度 （b）竖向加速度与列车速度

图 7.34　地震行波效应对车体振动加速度最大值与车速关系的影响

可以看出：桥梁横向位移随列车速度的变化不明显，行波效应使其明显降低；车体横向加速度总体上随着车速提高而上升，除 288 km/h 点外，行波效应使其增大。桥梁竖向位移与车体竖向加速度则均随着车速显著波动。从影响程度看，地震行波效应对横向振动的影响要大于竖向，这主要是因为重力在竖向振动中起到控制作用。

3. 地震动不相干效应研究

如前所述，完全非一致地震输入包含了不相干效应，它是影响地震动空间变异性的要素之一。采用地震位移输入模式，通过完全非一致地震输入和仅包含行波效应的地震动输入两种工况下车桥耦合系统动力响应的对比，研究地震不相干效应的影响规律。图 7.35、图 7.36 分别给出了两种工况下列车以 288 km/h 速度通过时，桥梁跨中位移时程、第一节车体的振动加速度时程。

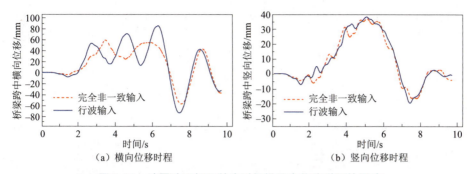

图 7.35　地震动不相干效应对桥梁跨中位移时程的影响

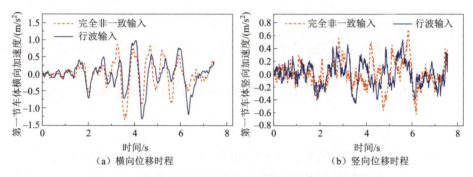

图 7.36　地震动不相干效应对车体振动加速度时程的影响

可以看出，相对于仅考虑地震行波效应，地震不相干效应既改变了桥梁位移、车体加速度响应峰值的大小，又改变了它们出现的时刻。

图 7.37、图 7.38 给出了完全非一致地震输入和仅包含地震行波效应的地震输入两种工况下桥梁跨中位移最大值和车体振动加速度最大值与车速的关系。

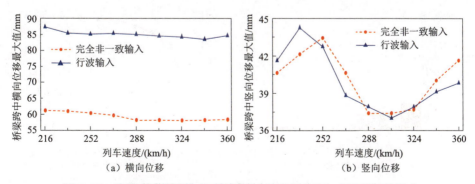

图 7.37　地震动不相干效应对桥梁跨中位移最大值与车速关系的影响

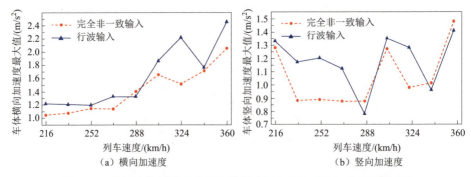

图 7.38　地震动不相干效应对车体振动最大加速度与车速关系的影响

可以看出，在不同车速条件下，完全非一致工况所对应的桥梁横向位移均小于仅考虑行波效应的工况，并且差值大小相对不变，这是由于完全非一致工况中支撑 2 和支撑 4 地震激励略小于支撑 1 所致。对于车体横向加速度而言，两种工况造成的差异随着车速变化而波动，且除了 288 km/h 点外，仅考虑行波效应工况的结果偏高。就车桥系统竖向振动响应而言，两种工况造成的差异规律并不明显。

4. 轮轨分离规律研究

高速列车通过桥梁遭遇突发地震作用时，车轮与轨道之间出现分离的可能性很高。分析所采用的轮轨关系模型能够模拟上述分离现象，下面给出相应的研究结果。

采用行波地震的位移输入条件，计算了列车以 324 km/h 过桥期间轮轨分离持续时间的直方图与累积概率分布，如图 7.39（a）所示。可以看出，绝大多数的轮轨分离持续时间均小于 0.001 s。进一步采用多种形式曲线拟合，发现该分布最接近指数分布，如图 7.39（b）所示。

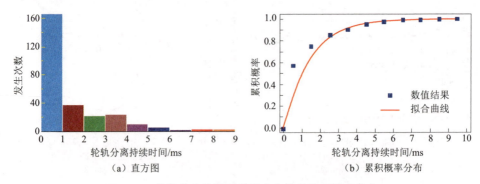

图 7.39　轮轨分离持续时间的直方图与累积概率分布

　　将列车通过桥梁期间总的轮轨分离持续时间与总的列车过桥时间的比值定义为分离时间指数，该指数反映了地震作用下轮轨分离发生的概率。图 7.40 给出了几种地震动加速度和位移输入模式下轮轨分离指数与车速的关系，为便于对比分析，其中增加了列车在无地震条件过桥的工况。

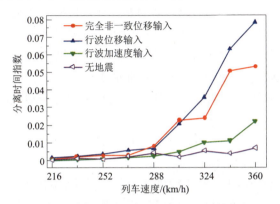

图 7.40　轮轨分离时间指数与车速的关系

　　从图中可以看出，随着列车速度的提高，轮轨分离指数呈现上升趋势。特别是当车速高于 288 km/h 时，地震位移输入时的轮轨分离指数急剧增大。考虑完全非一致和行波效应的地震位移输入时，轮轨分离指数较只考虑加速度行波和无地震输入时明显增大。当车速超过 306 km/h 时，仅考虑行波效应位移输入的轮轨分离指数大于考虑完全非一致地震的情况。

　　图 7.41 给出了轮轨分离最大持续时间与车速的关系。从中可以看出，相对于地震加速度输入，地震位移输入时的轮轨分离最大持续时间要长很多，而且这种趋势随着车速提高而变大。考虑完全非一致位移输入与仅考虑行波效应位移输入造成的差异亦随着车速波动。需要指出的是，较高速条件下分离时间指数在数

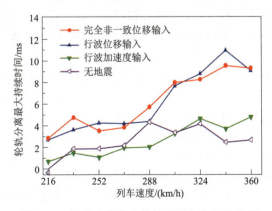

图 7.41　轮轨分离最大持续时间与车速的关系

值上依然较小，但是这不能意味行车安全性较高。

7.6.3　主要分析结论

根据上述数值计算结果，可以得到如下结论：

① 当轮轨关系为桥梁与车辆运动的非线性函数时，只能采用地震位移输入模式，这是由于桥梁响应的动力项与拟静力项分解假定不再成立。若依然采用加速度输入则可能导致不安全的分析结果，尤其是当列车速度较高时。

② 车桥系统横向振动响应对地震更加敏感。

③ 车速对车体加速度响应影响较大，尤其是横向振动，而对桥梁位移的影响相对较小。

④ 地震行波效应在车桥系统动力分析中起着重要作用，若忽略其影响则可能造成车辆运行安全性被高估。

⑤ 地震空间变异性中不相干效应造成了车桥动力响应的变化，相对于桥梁，车辆响应的这种变化对车速更为敏感。行波效应只是影响空间变异性的一个因素，车桥耦合动力分析输入地震动时需要考虑完全空间变异性的影响，才能保证所有车速范围车辆响应结果偏于安全。

⑥ 高速列车过桥遭遇地震作用轮轨分离发生的概率随着车速提高大大增加。轮轨分离持续时间的绝大多数均小于 0.001 s，并且其分布接近指数分布。轮轨分离指数、轮轨分离最大持续时间可以作为新的安全性参考指标，进行深入研究。

参 考 文 献

BATHE K J, 1982. Finite element procedures in engineering analysis［M］. New Jersey：Prentice-Hall, Inc.

BOGDANOFF J L, GOLDBERG J E, BERNARD M C, 1961. Response of a simple structure to a random earthquake-type disturbance［J］, Bulletin of the seismological society of America, 51：293-310.

CHEN J T, HONG H K, YEH C S, et al., 1996. Integral representations and regularizations for a divergent series solution of a beam subjected to support motions［J］. Earthquake engineering and structural dynamics, 25：909-925.

CHEN L K, JIANG L Z, GUO W W, et al., 2014. The seismic response of high-speed railway bridges subjected to near-fault forward directivity ground motions using a vehicle-track-bridge element［J］. Shock and vibration, Article ID985602.

CLOUGH R W, PENZIEN J, 1975. Dynamics of structures［M］, New York：McGraw-Hill, Inc.

DEODATIS G, 1996. Non-stationary stochastic vector process: Seismic ground motion applications [J]. Probabilistic engineering mechanics, 11: 149-168.

HE X W, KAWATANI M U, HAYASHIKAWA T R, et al., 2011. Numerical analysis on seismic response of Shinkansen bridge-train interaction system under moderate earthquakes [J]. Earthquake engineering and engineering vibration, 10: 85-97.

HERTING D N, 2004. Advanced dynamic analysis//MSC/NASTRAN, User's guide version 7.0 [M]. Ohio: The MacNea-Schwendler Corporation.

JU S H, 2013. Improvement of bridge structures to increase the safety of moving trains during earthquakes [J]. Engineering structures, 56: 501-508.

KONSTANTAKOPOULOS T G, RAFTOYIANNIS I G, MICHALTSOS G T, 2012. Suspended bridges subjected to earthquake and moving loads [J]. Engineering structures, 45: 223-237.

NADAL M J, 1896. Théorique de la stabilité des locomitives: part2　mouvement de lacet [J]. Annales des mines, 10: 232.

SHAMA S R, ARMEN D K, 2010. Simulation of synthetic ground motions for specified earthquake and site characteristics [J], Earthquake engineering and structural dynamics, 39 (10): 1155-1180.

UIC Code 518, 2003. Testing and approval of railway vehicles from the point of views of their dynamic behavior-safety-track fatigue-ride quality [S], Paris, UIC.

VANMARCKE E H, FENTON G A, 1991. Conditioned simulation of local fields of earthquake ground motion [J]. Structural safety, 10: 247-264.

WILSON E L, 2002. Three dimensional static and dynamic analysis of structures: A physical approach with emphasis on earthquake engineering [M]. Berkley, California: Computers and Structures, Inc.

XIA H, DE ROECK G, GOICOLEA J M, 2012. Bridge vibration and controls: New research [M]. New York: Nova Science Publishers Inc.

YAU J D, FRÝBA L, 2007, Response of suspended beams due to moving loads and vertical seismic ground excitations [J]. Engineering structures, 29: 3255-3262.

ZERVA A, 2009. Spatial variation of seismic ground motions: Modeling and engineering application [M]. Boca Raton: CRC Press.

ZERVA A, 2002. Spatial variation of seismic ground motions: An overview [J]. Applied mechanics reviews, 55 (3), 271-296.

ZHANG N, XIA H, DE ROECK G, 2010. Dynamic analysis of a train-bridge system under multi-support seismic excitations [J]. Journal of mechanical science and technology, 24 (11): 2181-2188.

ZHANG Z C, LIN J H, ZHANG Y H, et al., 2010. Non-stationary random vibration analysis for train-bridge systems subjected to horizontal earthquakes [J]. Engineering structures, 32:

　　3571-3582.

杜宪亭，2012. 强地震作用下大跨度桥梁空间动力效应及列车运行安全研究 [D]. 北京：北京交通大学.

杜宪亭，夏禾，余竹，2011. 车桥耦合动力分析中的地震动输入模式研究 [J]. 中国铁道科学，32（6）：34-40.

宫本昌幸，1996. 车辆的脱轨机理 [J]. 铁道综研报告，10（3）：31-38.

日本铁道综合技术研究所，1999. 鐵道構造物等設計標準·同解說·耐震設計 [S]. 東京：丸善株式會社.

石田弘明，1995. 脱轨稳定性评定指标的研究 [J]. 铁道综研报告，9（8）：49-54.

夏禾，张楠，郭薇薇，等，2014. 车桥耦合振动工程 [M]. 北京：科学出版社：197-298.

翟婉明，陈果. 2001. 根据车轮抬升量评判车辆脱轨的方法与准则 [J]. 铁道学报，32（2）：17-26.

张楠，夏禾，De Roeck G，2011. 多点激励作用下车-桥-地震耦合系统分析 [J]. 哈尔滨工程大学学报，32（1）：26-320.

第 8 章

撞击荷载作用下的车桥耦合振动

本章总结了各种撞击荷载的特点，建立了撞击荷载作用下的车桥系统动力分析模型，对撞击荷载作用下高速列车通过（32＋48＋32）m 双线连续箱梁桥的全过程进行数值模拟，计算得到桥梁和列车的动力响应。考虑各种撞击荷载和几种不同类型的高速列车，通过参数分析，系统研究了撞击所引起的桥梁振动对桥梁动力响应和桥上高速列车运行安全的影响规律，提出了保障列车运行安全的撞击强度-列车速度阈值曲线的确定方法。

8.1　撞　击　荷　载

桥梁受到船舶、火车、汽车、流冰及漂流物等撞击时，可能会引起支座与主梁的错位，使伸缩缝的变形不协调，甚至断裂，给桥梁结构埋下安全隐患，严重时会使结构产生损伤，发生塑性变形，甚至直接导致桥梁的塌落（Xia et al，2011，2013，2014，2015；Sharma et al，2012）。对于铁路桥梁而言，桥墩受到撞击时，桥梁结构即使不塌落，也将发生一定的振动和位移，从而影响桥上线路的平顺性和稳定性，引起桥上列车运行安全问题，后果极其严重。因此，作为桥梁运营安全风险评估工作的一个重要内容，研究撞击荷载作用下桥梁的动力响应及桥上列车的行车安全是非常必要的。

碰撞是一种常见的物理现象，它是两个运动物体之间快速相互接触形成的。移动物体具有动能，它在碰撞过程中转化成变形势能，这是一个复杂的动力过程。碰撞过程中所形成的互动作用力即撞击荷载受许多因素的影响，包括移动物体的质量和撞击速度、撞击接触面积、撞击位置和角度，以及移动物体本身和被撞结构物的变形刚度、约束条件等。

目前，国内外已经就撞击物与桥梁的碰撞机理进行了大量研究，形成了若干实用的桥梁撞击设计方法，但大部分桥梁规范都采用基于简化静力荷载的等效静力分析方法进行设计，而撞击产生的动力效应一般通过冲击系数加以考虑，这就存在对桥梁动力要求估计不足的风险。

对于撞击荷载作用下的车桥耦合振动及桥上运行列车的安全分析，不能简单地采用规范中规定的等效静力方法。但由于问题的复杂性，在研究车桥动力相互作用过程的同时考虑撞击物（船舶、车辆、冰排等）与被撞桥梁结构的耦合作用是十分困难的。一种可行的方法是采用各种荷载的撞击力时程作为车桥系统模型的输入进行分析计算。因此，本节将对国内外规范中关于桥梁撞击的设计方法进行归纳，并对一些典型的船舶、车辆、流冰撞击力试验结果和有限元分析得到的撞击荷载进行分析，总结各种撞击荷载的特点，以便为确定撞击荷载作用下的车桥耦合振动分析模型中的荷载取值方法和取值范围提供依据。

8.1.1　船舶撞击荷载

船舶与桥梁结构的碰撞过程十分复杂，与碰撞时的环境因素（风浪、气候、水流等）、船舶特性（船舶类型、船舶尺寸、行驶速度、装载情况及船艏、船壳和甲板室的强度和刚度等）、桥梁结构特性（桥梁构件的尺寸、形状、材料、质量、阻尼和刚度特性等）及船舶驾驶员的反应时间等多种因素有关，因此精确确定船舶与桥梁的相互作用力十分困难。多年来，国内外学者对船与结构碰撞机理进行了较为系统的研究。在此基础上，按照不同的物理原理形成了若干实用的撞击力设计公式，并已用于船撞桥墩的设计。这些公式主要分以下三类：

① 基于能量原理的撞击力设计公式。根据能量守恒定理，假设船舶初始动能在撞击后完全转化为变形势能，再根据变形刚度，求出最大撞击力，欧洲规范Eurocode 中的最大撞击力公式就是基于这一原理建立的。我国《铁路桥涵设计规范》也是基于船舶动能与变形势能的转化关系建立的撞击力公式，在此基础上进一步考虑了碰撞能量损失、碰撞角度等因素，并将变形刚度细化为船舶刚度和桥墩刚度两个部分。

② 基于动量原理的撞击力设计公式。根据动量定理，已知船舶的初始动量和碰撞的持续时间，即可求出平均撞击力。我国公路桥梁通用规范中的平均撞击力设计公式就是基于这一原理建立的，并认为最大撞击力是平均撞击力的 2 倍。

③ 基于试验数据和经验总结的撞击力设计公式。船舶撞击桥墩问题是一个在短时间内发生巨大能量交换的复杂的非线性动力过程，设计上常采用基于简化静力荷载的经验公式法，如美国的 AASHTO 规范（AASHTO，1991，2007）、我国的公路规范（JTG D60，2004）和铁路规范（TB10002.1，2005）等。但是，这一方法无法考虑撞击荷载的持续时间、船舶-桥墩的相互作用、桥梁的结构特性及与加载速率有关的弹性变形等因素。相对来说，试验是研究船舶撞击桥墩的

最好方法，但由于试验费用高、持续时间长等原因，很少能够进行实尺的船舶-桥梁碰撞试验。大多数的研究是通过在实验室内进行小比例的模型试验或者重锤摆动冲击试验，再依据试验精度并考虑不确定性，来推测实际比例的试验结果（Consolazio et al，2003）。

经过半个多世纪的努力，各国学者已经发展了若干实用的船撞力计算方法。目前，在船舶撞击桥墩方面，国内外规范，如美国国家公路和交通运输协会（AASHTO）的桥梁设计规范、欧洲 Eurocode 规范 EN1991-1-7（European Standard，1991）、英国标准规范 BS EN 1997-1-7（British Standard，2006）、我国公路桥梁设计通用规范（JTG D60，2004）、铁路桥涵设计基本规范（TB10002.1，2005）中都有相应的技术规定。

AASHTO 于 2007 年颁布的 *LRFD bridge design specifications* 中规定，船舶对桥墩的等效静态撞击力 F_S 按下式计算

$$F_S = 1.2 \times 10^5 \cdot v_c \cdot \sqrt{\mathrm{DWT}} \quad (\mathrm{N}) \tag{8.1}$$

式中，DWT 为船舶（包括船体、货物、燃油和水）的总吨位，Mg；v_c 为船舶对桥墩的撞击速度，m/s。

图 8.1 所示为根据式（8.1）计算得到的对应不同船舶吨位、撞击速度的撞击力。

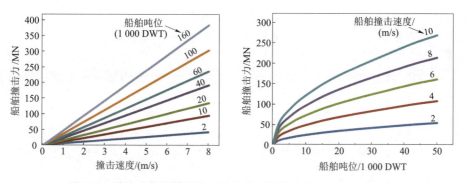

图 8.1　撞击力与船舶吨位、撞击速度的关系（AASHTO LRFD）

我国《铁路桥涵设计基本规范（TB 10002.1）》规定了墩台承受船只或排筏的撞击力，按下式计算

$$F = \gamma \cdot v_c \cdot \sin \alpha \cdot \sqrt{\frac{W}{C_1 + C_2}} \tag{8.2}$$

式中，F 为撞击力，kN；γ 为动能折减系数，$\mathrm{s/m^{1/2}}$，当船只或排筏斜向（对墩台面法向方向而言）撞击时可采用 0.2，正面撞击时可采用 0.3；v_c 为船只或排筏撞击桥墩时的速度，m/s，对于船只来说，此项速度可采用航运部门提供的数

据，对于排筏来说，此项速度可采用筏运期的水流速度；α 为船只或排筏驶近方向与桥墩撞击点处切线所成的夹角，应根据具体情况而定，如有困难，可取 $\alpha = 20°$；W 为船只或排筏的重量，kN；C_1、C_2 为船只或排筏的弹性变形系数或桥墩圬工的弹性变形系数，缺乏资料时可假定 $C_1 + C_2 = 0.000\ 5$ m/kN。

船舶撞击力的作用高度，应根据具体情况而定，缺乏资料时可采用通航水位的高度。

在 Eurocode 规范 EN 1991-1-7（*Actions on structures：Part 1-7 General actions-accidental actions*）和英国发布的实施规范 BS EN 1997-1-7 中，按照静力设计和动力设计两种情况分别给出了内河及海洋船舶的撞击荷载。这里仅介绍 Eurocode 中按动力计算的船舶撞击荷载计算公式。

按照 Eurocode 规定，对于内河船舶，船体按弹性变形（$E_{def} \leqslant 0.21$ MN·m）考虑时，正面撞击力为

$$F_{dyn,el} = 10.95 \times \sqrt{E_{def}} \quad (MN) \tag{8.3}$$

船体按塑性变形（$E_{def} > 0.21$ MN·m）考虑时，正面撞击力为

$$F_{dyn,pl} = 5.0 \times \sqrt{1 + 0.128 E_{def}} \quad (MN) \tag{8.4}$$

式中，E_{def}（MN·m）为变形能，正面撞击时，它等于撞击物体的动能 $E_a = 0.5 m v_c^2$；侧面撞击时，当 $\alpha < 45°$ 时，变形能按下式取值

$$E_{def} = E_a (1 - \cos \alpha) \tag{8.5}$$

式中，撞击物体质量 m 可根据船舶类型取值，撞击速度按 3.0 m/s 加上水的流速。

对结构进行动力分析时，撞击力根据船体的变形情况分别按照半正弦波和梯形脉冲荷载取值，其波形如图 8.2 所示。

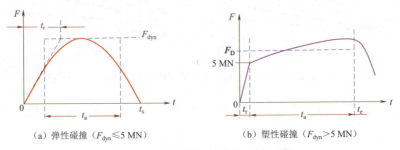

（a）弹性碰撞（$F_{dyn} \leqslant 5$ MN）　　　　（b）塑性碰撞（$F_{dyn} > 5$ MN）

图 8.2　船舶碰撞的撞击力-时间函数

对于 500～300 000 DWT 的海洋船舶，船舶最大撞击力按下式计算

$$F = \begin{cases} F_0 \overline{L} \ [\overline{E}_{imp} + (5.0 - \overline{L}) \overline{L}^{1.6}]^{0.5} & (\overline{E}_{imp} \geqslant \overline{L}^{2.6}) \\ 2.24 F_0 \ [\overline{E}_{imp} \overline{L}]^{0.5} & (\overline{E}_{imp} < \overline{L}^{2.6}) \end{cases} \quad (MN) \tag{8.6}$$

式中，$\overline{L} = L_{pp}/275$，$L_{pp}$ 是船体的长度，m；F_0 是参考撞击力，按 $F_0 = 210$ MN 取值；$\overline{E}_{imp} = E_{imp}/1\,425$，MN·m；$E_{imp}$ 是塑性变形所吸收的能量，$E_{imp} = 0.5mv_0^2$，其中 m 为船体质量，10^6 kg；v_0 为船的初始速度，按 5 m/s 取值。

根据波的传播理论，撞击动荷载作用在船体与桥梁之间的界面上，其形成是一个复杂的动态相互作用过程，它与船舶和桥梁的结构特点、材料及边界条件有关。从这个意义上讲，非线性动态数值模拟是解决这一问题的好方法，为许多研究者采用，并取得了不少研究成果（Derucher，1984；Manen，2001）。

颜海泉（2004）、王君杰等（2006）以一艘 50 000 DWT 的散装货轮为例，进行了船与多种桥墩模型碰撞的有限元仿真分析计算，系统地研究了多种因素对船撞力峰值、峰值出现时间和撞击力持续时间的影响，包括船舶速度［见图 8.3 (a)］、撞击角度、船体质量、船头刚度、材料的应变速率和失效应变，以及碰撞接触面积和几何形状等。他们还对船桥碰撞的经典理论和规范船撞力公式进了概述和总结，将仿真计算的结果与规范简化公式的估算结果进行了比较［见图 8.3 (b)］，指出了经典理论的不足之处和规范公式的适用条件。

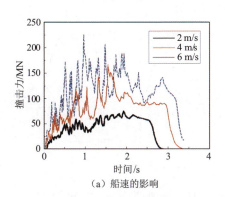
（a）船速的影响

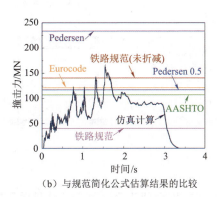
（b）与规范简化公式估算结果的比较

图 8.3　不同撞击速度下船舶-桥墩碰撞力的仿真分析结果及与规范简化公式估算结果的比较

陈诚（2006）、王君杰等（2007）采用 LS-DYNA 程序，对船舶与刚性结构、空心薄壁墩、承台及桩基础的碰撞进行了一系列仿真计算，系统地分析了船舶质量、吨位、撞击速度、撞击角度、承台形状和尺寸等因素对船舶撞击力的影响，获得了典型的船撞力时程，如图 8.4 所示。他们还分别模拟了一艘 5 000 DWT 船正向撞击一座主跨径为（95＋3×180＋95）m 的连续刚构桥桥墩，以及斜向撞击（碰撞角度 12°）一座主跨径 730 m 的五跨分离式连续钢箱梁双塔斜拉桥主塔基础的情况，通过计算得到了桥墩的位移、内力和应力等动力响应，并对动力、静力分析的结果进行了比较。

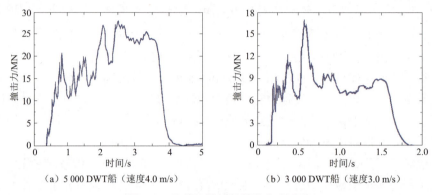

（a）5 000 DWT船（速度4.0 m/s）　　　　（b）3 000 DWT船（速度3.0 m/s）

图 8.4　几种船舶的桥墩撞击力时程

冲击谱分析方法（SSA）是基于船舶-桥梁结构相互作用理论发展起来的，其合理性已通过与其他数值方法的对比得到了验证。Fan et al（2012）基于 SSA 的概念，建立了如图 8.5（a）所示的单自由度和多自由度分析模型，对船撞桥的过程进行了模拟计算，确定了桥梁结构的船舶撞击动荷载。

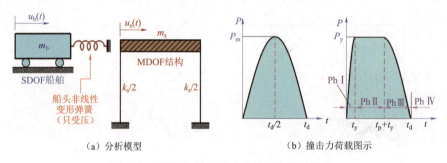

（a）分析模型　　　　　　　　　（b）撞击力荷载图示

图 8.5　桥梁-船舶碰撞分析模型与撞击荷载

当碰撞中船头变形处于线弹性阶段时，船舶-桥梁撞击力时程可表示为

$$P(t)=P_m\sin(\pi t/t_d) \tag{8.7}$$

式中，$P_m=v_0 \cdot c_P$，为船头的变形力；$t_d=\pi m_b v_0/P_m$，为总的撞击力持续时间；$c_P=(k_e \cdot m_b)^{1/2}$，为伪阻尼系数；$k_e$ 为船舶-桥梁碰撞的有效弹簧刚度。

当船头变形处于弹塑性阶段时，船舶-桥梁撞击力时程可表示为

$$P(t)=\begin{cases} P_y\sin(\omega_y t) & (0\leqslant t<t_y) \\ P_y & (t_y\leqslant t<t_p+t_y) \\ P_y\sin[\omega_u(t-t_d+2t_u)] & (t_p+t_y\leqslant t-t_d) \end{cases} \tag{8.8}$$

式中，$\omega_y=\pi/2t_y$；$\omega_u=\pi/2t_u$。

根据上式得到的船舶典型撞击力荷载图示如图 8.5（b）所示。不难看出，图中给出的撞击荷载与 Eurocode 规范 EN 1991-1-7 和英国发布的实施规范 BS

EN 1997-1-7 中的动力分析荷载（见图 8.2）是一致的。

陈向东等（2008）建立了三维有限元模型，采用基于接触均衡的并行计算技术，对一艘 1 900 DWT 油船与某大跨度公铁两用斜拉桥主塔承台的碰撞过程进行仿真计算，得到了碰撞力时程曲线，如图 8.6 所示。碰撞时，撞击力首先逐渐增大，0.63 s 时达到最大撞击力 11.2 MN，随后碰撞力逐步衰减，到 1.4 s 时衰减到 0。随后船向相反方向运动，也就是船被弹回，船与主塔承台逐渐脱离。荷载曲线中的波动特征说明在碰撞过程中船体结构出现了多次卸载现象，每一次卸载代表了某种构件的失效或破坏。

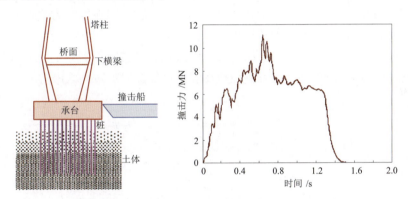

图 8.6　船舶撞击力时程曲线（1 900 DWT 油船、撞击速度 4.12 m/s）

何振星（2008）对桥梁防船舶撞击问题进行了研究。他选取一艘 50 000 DWT 的散装货轮为对象，速度为 4.0 m/s，被撞击桥墩分有、无防撞装置两种情况，计算得到了撞击力时程曲线，如图 8.7 所示。对于有防撞装置的桥墩，船舶撞击力持续时间较长，约为 4.0 s，峰值荷载达到了 55 MN。而对于无防撞装置的桥墩，撞击力持续时间短一些，约为 2.5 s，但峰值荷载较有防撞装置的情况大幅增加了约 35%，达到了 75 MN。

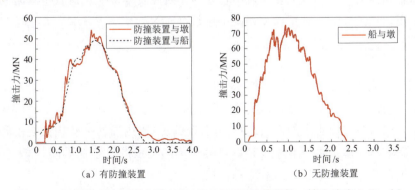

图 8.7　船桥撞击力时程曲线（50 000 DWT 散装货轮、撞击速度 4.0 m/s）

其他一些研究，如罗琳（2008）模拟 1 000 t 的船舶以 5 m/s 的速度对带有防撞装置的桥墩进行正面碰撞得到的撞击力时程曲线、李升玉等（2006）模拟 5 000 t 的船舶以初始速度 2 m/s 撞击桥墩防撞设施的撞击力时程曲线等，也都显示了很强的非线性波动特征。这说明，在碰撞过程的不同阶段，船舶和防撞系统之间的撞击力出现了不同程度的跳跃现象。而撞击力的每一次跳跃都有明确的物理意义，它反映出防撞结构某部分构件有效地参与了防撞工作，或者反映出某部分构件的失效或破坏。

船舶对桥墩的最大撞击荷载是桥梁设计的重要依据之一。胡志强等（2005）基于非线性数值方法，通过有限元仿真，模拟了 4 种不同吨位的船舶正向撞击刚性桥墩的情况，计算得到了船桥撞击力、撞击能量与撞击深度的关系和最大撞击力等数据，并以此为基础，归纳出了最大撞击力-船舶吨位关系曲线，如图 8.8 所示。该图可用于近似估算各种吨位船舶在不同航速时的最大撞击力。

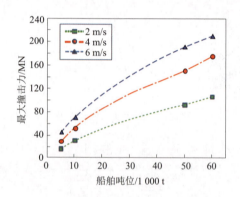

图 8.8　最大撞击力-船舶吨位关系曲线

综合这些研究成果可以看出，船舶撞击桥墩产生的撞击荷载是很复杂的，总体上看，船撞力时程曲线大多表现出较强的非线性波动特征，荷载持续时间相对较长，可以达到 3～4 s，撞击力强度可达数百 MN。

8.1.2　车辆撞击荷载

相对于流冰和船舶撞击桥墩结构来说，汽车撞击桥梁的事件更为普遍。撞击事故中，在汽车破坏的同时，桥梁等建筑物也有可能由于突然的撞击而破坏，甚至倒塌，这样将导致更大的人员伤亡和财产损失。国内外的一些相关规范和研究结果表明，汽车撞击荷载非常复杂，且针对不同类型的汽车在不同状态（车重、车速、撞击角度）下的撞击力数值差异较大。

目前，在一些国家的规范中，已将汽车撞击看作是结构最有可能遭受的意外荷载之一，并给出了汽车撞击荷载的规定。

美国 AASHTO 2007 年颁布的 *LRFD Bridge Design Specifications* 中规定：位于距道路边缘 9 m 以内或距铁路轨道中心线 15 m 以内的桥梁墩台，应考虑 1 800 kN 的车辆撞击力，在地面以上 1.2 m 高度从任意方向水平作用于结构。

我国铁路和公路规范均规定：汽车等效撞击力正向采用 1 000 kN，侧向采用 500 kN，水平作用于路面以上 1.2 m 高度，两个力不同时考虑。

在 Eurocode 规范 EN 1991-1-7 和英国发布的实施规范 BS EN 1991-1-7 中，给出了公路和铁路车辆的撞击荷载：正面和侧面撞击力对于高速公路和主干道分别为 1 000 kN 和 500 kN，水平地作用于路面以上 1.25 m 高度；对于铁路列车分别为 4 000 kN 和 1 500 kN，作用在轨面以上 1.8 m 高度。当列车速度大于 120 km/h 时，根据结构物的重要性不同，还应乘以 1.4～2.0 的系数。

对于动力设计荷载，分下面两种情况考虑：如果结构是刚性的，且是不可移动的，撞击能量主要由撞击物（车辆）的变形吸收，则视为"硬碰撞"状态。这时，最大撞击力可由下式确定

$$F = v_r \sqrt{k \cdot m} \tag{8.9}$$

式中，v_r 是物体在撞击时的速度；k 是撞击物的等效弹性刚度（力与总变形间的比例系数），m 是撞击物的质量。撞击力可视为作用在结构表面的矩形脉冲荷载，如图 8.9 所示，其作用时间可表示为

$$\Delta t = \sqrt{m/k} \tag{8.10}$$

如果结构是弹性的，而撞击物是刚性的，撞击能量主要由结构的变形吸收，则视为"软碰撞"状态。这时，上面的撞击力公式仍适用，但式中的 k 应采用被撞结构的刚度系数。

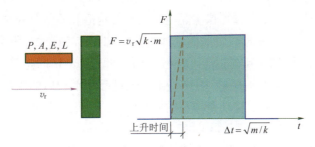

图 8.9　汽车撞击荷载图示（Eurocode）

在进行撞击荷载作用下的车桥耦合振动分析时，需要撞击力时程作为系统的输入。获得撞击力时程一般可通过试验或数学模拟。就试验而言，采用原型汽车进行试验成本过于昂贵，撞击后汽车将彻底毁坏，而缩尺模型试验又难以提供满

意的撞击力时程。因此,目前的研究多是基于有限元的数值模拟方法。Buth
(2009) 通过建立有限元模型,模拟了美国得克萨斯 I-20 公路上的一个混凝土
桥墩受到卡车撞击的复杂过程,获得了卡车与桥墩之间撞击力的时程曲线,并
将分析得到的桥墩撞击后的形态与现场实际破坏状态进行了比较,结果相当一
致。图 8.10 所示是他给出的一辆 289 kN 的自卸卡车以 96.6 km/h 的速度撞
击桥墩的时程曲线,图中还给出了对应曲线上两个峰值的卡车与桥墩碰撞后的
状态。

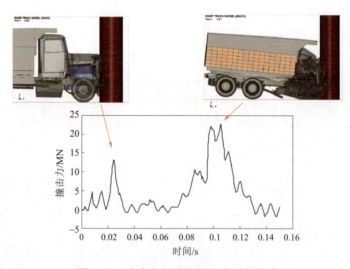

图 8.10 卡车与桥墩的撞击力时程曲线

汽车撞击荷载的曲线是汽车与被撞构件相互耦合作用的结果。研究表明,各
种情况下汽车撞击力的持续时间是基本一致的。从图 8.10 可以看出,撞击力时
程曲线一般有两个主要波峰,这主要是由汽车的构造和质量分布决定的。汽车碰
撞研究者常用 50 ms 移动平均来衡量冲击力,如图 8.11 (a) 所示为 Buth 模拟
计算得到的 289 kN 的卡车以 77.3 km/h 和 96.6 km/h 的速度撞击桥墩,经
50 ms 移动平均后的时程曲线。可以看出,经过移动平均后的冲击力曲线的变化
相对平缓。在设计上常以移动平均后的曲线峰值作为设计荷载。

余敏等 (2011) 采用美国国家碰撞研究中心 (National Crash Analysis
Center) 网站上发布的 77 kN 卡车模型进行了撞击钢管混凝土墩柱的仿真分析,
计算了卡车以 100 km/h 和 130 km/h 速度撞击墩柱时的撞击力,并将结果进行
了 50 ms 移动平均处理,得到了如图 8.11 (b) 所示的时程曲线。

美国密歇根大学 El-Tawil 等 (2005) 采用非弹性瞬态有限元模拟技术研究
了汽车与桥墩之间的碰撞问题。他们选取一辆 14 kN 的轻型卡车和一辆 66 kN

的中型卡车，分别以 55 km/h、90 km/h、110 km/h、135 km/h 的速度撞击两个不同桥墩，计算得到了与图 8.11 相似的撞击力时程曲线，如图 8.12 所示。

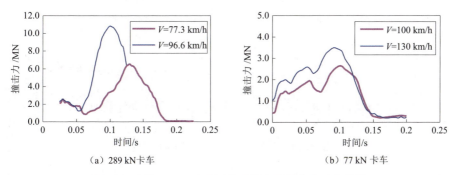

（a）289 kN 卡车　　　　　　　　　　（b）77 kN 卡车

图 8.11　经 50 ms 移动平均后的汽车撞击力时程曲线

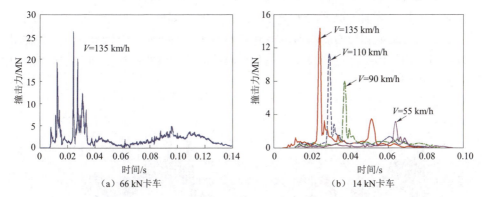

（a）66 kN 卡车　　　　　　　　　　（b）14 kN 卡车

图 8.12　El-Tawil 的车桥碰撞分析模型和汽车撞击桥墩的撞击力时程曲线

这些时程曲线的特点是：撞击力总的持续时间约为 0.1 s，表现为窄脉冲荷载的形式，脉冲宽度只有 0.003～0.01 s，而且车速越高，峰值出现得越早，脉冲宽度越窄。

El-Tawil 等还进一步研究了最大撞击力峰值及对应的等效静荷载随撞击速度的分布，汽车撞击力与撞击速度的关系如图 8.13 所示。等效静荷载定义为按照静力计算使结构达到同样动力位移反应所需要的静荷载的值。图中还给出了 AASHTO 和中国规范中的设计荷载，以供参考。

可以看出，无论是峰值撞击力还是等效静荷载均随车速的提高而迅速增大。对于 66 kN 卡车和 14 kN 卡车，最大峰值分别达到 26.3 MN 和 14.4 MN，对应的等效静荷载分别为 8.85 MN 和 3.07 MN。即使是等效静荷载，当车速较高时也比 AASHTO 规范中 1.8 MN 和中国规范中 1.0 MN 的撞击荷载要大很多，说明规范给出的撞击力严重偏小，对于桥墩的防撞设计是偏于不安全的。

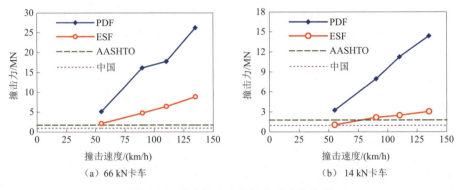

图 8.13　汽车撞击力与撞击速度的关系

　　陆新征等（2011）基于精细化非线性有限元和事故案例分析，研究了超高车辆撞击桥梁上部结构的撞击荷载及结构的损坏机理。以标准双轴卡车撞击 T 形梁桥为例，几种速度工况下的水平方向撞击力时程如图 8.14（a）所示。结果表明，车辆的总质量和初速度对撞击荷载影响很大，而且水平方向和竖直方向撞击冲量都与车辆初始速度近似成线性关系，而桥梁结构形式对撞击荷载的影响不大〔见图 8.14（b）〕。

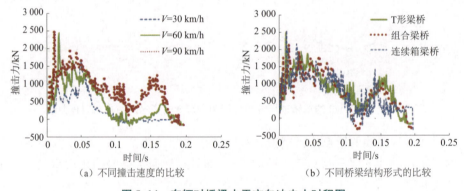

图 8.14　车辆对桥梁水平方向冲击力时程图

　　Sharma 等（2012）通过数值模拟手段建立了一个混凝土桩动态剪切抗力及针对不同等级撞击的分析模型，改进了原有的静态设计方法。选用动态分析方法能更好地体现汽车撞击混凝土柱子的真实过程，计算结果表明这种方法可以延伸应用到预应力混凝土柱子、钢柱等会遭遇爆炸或者冲击荷载的结构的分析，图 8.15 所示是实现撞击的有限元仿真。

　　陆新征（2011）、Xu 等（2012，2013）在上述研究基础上，模拟不同超高车辆撞击实际桥梁的情形，分析了不同类型汽车的撞击特性，获得了撞击力时程，并给出了基于能量法简化模型的时程曲线，如图 8.16 所示。

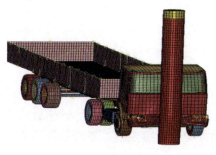

（a）38 t车，撞击速度18 m/s　　　　　（b）8 t车，撞击速度32 m/s

图 8.15　汽车撞击混凝土柱子的有限元仿真

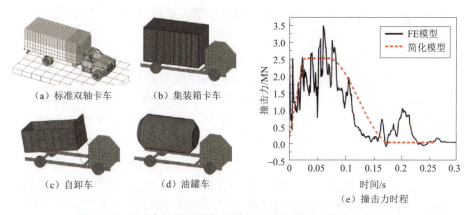

（a）标准双轴卡车　　　（b）集装箱卡车

（c）自卸车　　　　　　（d）油罐车

（e）撞击力时程

图 8.16　几种车辆模型的数值模拟和简化模型下的撞击力时程

综合这些研究成果可以看出，车辆撞击桥墩荷载的特点是：车辆越重，冲击作用时间越短，瞬时冲击作用越大；车速越高，峰值出现得越早，脉冲宽度越窄；荷载持续时间较短，多在 0.1～0.2 s 以内，撞击力强度可达数十 MN，比各国规范中的撞击荷载要大很多。

8.1.3　流冰撞击荷载

桥梁除了受到船舶和车辆撞击外，有时还会受到流动的冰排和其他漂流物的撞击，特别是流冰，由于其体积很大，撞击能量也很大，可能对结构产生破坏性的影响，因此也越来越受到国内外学者的重视。

冰荷载对结构的作用主要分为两种：一种是作用在结构上最大（静）冰力，即静冰荷载。知道了静冰荷载，就可以确定结构所需要具备的静刚度及强度，以保证结构不会被破坏；另一种是作用在结构上的冰力随时间变化的情况，即动冰荷载。交变的动冰荷载会引起结构的振动。只有确定了动冰荷载的形式、大小及持时情况，才可能对结构的振动响应做出准确评估，确保结构不会因为发生过大的振动而破坏。目前，在各国的规范中，只给出了静冰荷载的计算公式，而对于动冰荷载则缺少合适的计算方法，在结构设计中也基本没有考虑冰激振动问题。然而，随着多次冰振事故的发生，这一问题已引起越来越多的注意。

冰的动荷载十分复杂，有文献（Yu et al，2009；Yue et al，2009；郭峰玮，2010）将动冰荷载分成周期型、随机型、撞击型三大类。不同类型在荷载的大小、持续时间、变化速度等方面存在很大的差异。这里仅就本章所关心的撞击型冰荷载的几种典型研究结果进行归纳。

对于流冰撞击桥墩荷载的研究方法可以分为两大类，一类是试验方法，另一类是数值模拟。试验方法又可分为现场试验和实验室模型试验两种。通过现场试验得到的数据是冰撞荷载的真实反映，但流冰撞击桥墩的现场试验条件一般非常恶劣，冰压力传感器直接与水接触，在巨大撞击作用下常被损坏，测试难度很大，且现场流冰状态不可控制，得到的数据具有局限性。目前发表的文献多是现场观测的冰排破碎行为的描述，直接测量的流冰撞击力很少。室内模型试验中，可以通过改变冰的力学特征、冰块厚度、流动速度及被撞结构的相关参数，准确测量和定量研究各种因素的影响。但由于冰的力学行为存在显著的尺寸效应，模型试验难以完全反映现场实际的复杂情况。随着数值模拟技术的发展，采用各种基于连续介质的有限元模型研究冰与结构的碰撞作用已经取得了一定的进展。然而，由于冰荷载，特别是动冰荷载，是一个相当复杂的问题，它不仅取决于冰的力学特性、被撞击结构的类型，而且取决于冰与结构的相互作用。对这些问题的深入研究超出了本书的范围，这里仅结合本章研究的需要，介绍几种通过试验和有限元模拟得到的典型流冰撞击力荷载。

Liu（2011）结合青岛海湾大桥工程，采用 Ansys/LS-DYNA 软件模拟了桥墩与流冰的动力相互作用过程，发现冰排在碰撞过程中常呈现挤压破坏的形式，成为结构的主要撞击荷载。冰排的挤压破坏是在其流动速度大于 0.1 m/s 的情况下形成的，在破坏过程中产生了对结构的动作用力，如图 8.17（a）所示。可以看出，在冰排与结构碰撞开始后很快出现很大的撞击力，脉冲持续时间约为 0.5 s。随着冰体因受撞击、挤压而破碎，相继出现了一系列幅值较小的撞击力，这与 Tuhkuri（1995）的模型试验结果［见图 8.17（b）］规律是一致的。

武文华等（2008）结合渤海海冰的实际情况，应用显式动力分析软件 LS-DYNA 模拟海冰和海洋平台锥体抗冰结构相互作用过程，计算得到了流冰撞击力时程曲线，如图 8.17（c）所示。Zhang et al（2002）采用非连续变形分析方法，通过对结构响应进行反演分析，也得到了类似的冰排撞击力曲线，如图 8.17（d）所示。

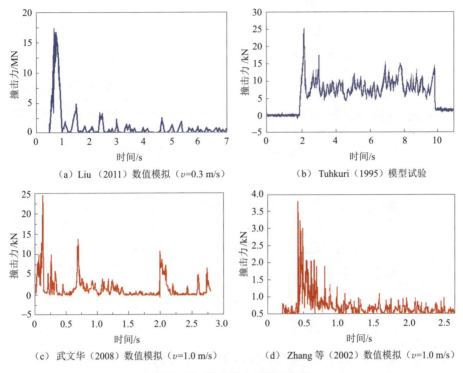

（a）Liu（2011）数值模拟（v=0.3 m/s)　　　　（b）Tuhkuri（1995）模型试验

（c）武文华（2008）数值模拟（v=1.0 m/s)　　（d）Zhang 等（2002）数值模拟（v=1.0 m/s)

图 8.17　流冰撞击力时程曲线

　　Dong 等（2012）对海冰作用于离岸结构物时冰排的破坏形式进行了研究。他们以一个板桩式桥墩为对象，对流冰作用于圆桩的撞击荷载进行了一系列模型试验，测试了不同速度的流冰撞击力［见图 8.18（a）］，其结果与郭峰玮（2010）的现场实测曲线［见图 8.18（b）］非常相似。结果表明，冰排撞到桩上后，撞击力在十分之几秒的时间内达到峰值，然后急剧下降，呈现出典型的脉冲荷载形式。他们还分析了流冰动能与撞击力之间的关系，发现冰荷载的峰值可以用一条对数包络曲线确定，在此基础上，提出了以对数包络线方法确定桩的设计冰荷载的建议。

　　韩艳（2000）在哈尔滨松花江公路大桥主航道北侧的 3 号桥墩进行了流冰撞击桥墩试验。她将 5 个冰压力传感器固定在桥墩破冰体的迎冰面上，测量了流动的冰排对桥墩的动压力，同时观察了冰排与桥墩的碰撞形态。测得的典型流冰撞击力时程曲线如图 8.19 所示，作用在 3 号桥墩的实测最大撞击力为 507.6 kN。

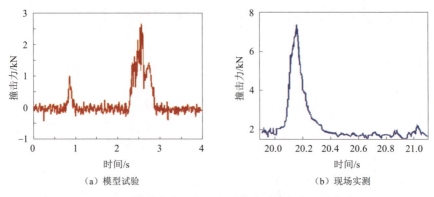

（a）模型试验　　　　　　　　　　　（b）现场实测

图 8.18　模型试验和现场实测的流冰撞击力时程曲线

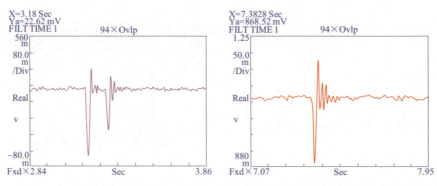

图 8.19　哈尔滨松花江公路大桥 3 号墩实测流冰撞击力时程曲线

2008—2010 年春季，夏超逸等在东北寒冷地区对几座遭受流冰撞击的桥梁进行了现场试验（Yu et al, 2009；Xia et al, 2011），通过在桥墩上安装压力传感器测试了流冰撞击桥墩的撞击力。图 8.20（a）为松花江上漂流的冰排，图 8.20（b）为一块 90 m×90 m 的巨大冰排撞击 38 号桥墩时的状态。

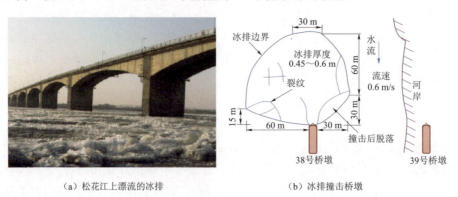

（a）松花江上漂流的冰排　　　　　　　（b）冰排撞击桥墩

图 8.20　漂流的冰排（面积 90 m×90 m）撞击桥墩（最大撞击力 315.83 kN）

对测试得到的几个典型河段部分桥墩的冰排尺寸、流速、最大撞击力进行了汇总，如表 8.1 所示。

表 8.1　部分桥墩流冰撞击力现场实测结果

序号	实测现场	测试桥墩	冰排尺寸	冰排流速/(m/s)	最大撞击力/kN
1	呼玛河公路大桥	1 号桥墩	60 m×80 m	0.85	1 968.82
2	逊比拉河公路大桥	7 号桥墩	20 m×20 m	—	280
3	佳木斯松花江公路大桥	10 号桥墩	80 m×60 m	1.35~1.45	2 432.82
4	通河松花江公路大桥	38 号桥墩	80 m×100 m	0.45~0.60	375.48
5	哈尔滨松花江公路大桥	3 号桥墩	60 m×100 m	—	387.1

这几座桥梁的测试结果中，流冰撞击力最大的为 2 432.82 kN，发生在佳木斯松花江公路大桥 10 号桥墩，对应冰排面积为 80 m×60 m，流速为 1.35~1.45 m/s，其时程曲线如图 8.21 (a) 所示。可以看出：撞击荷载表现为典型的反复撞击特征，持续时间约为 4 s；撞击力峰值出现在大约 0.26 s，随后在 0.5~2.5 s，又连续出现了 3 个峰值为 850 kN 左右及 1 个峰值为 500 kN 左右的撞击力；在该段撞击结束前，即 3.7 s 左右，出现了整段曲线的第二大峰值 1 500 kN。

另一个典型的撞击力时程曲线如图 8.21 (b) 所示，它是在通河松花江公路大桥 38 号桥墩实测得到的，冰排面积为 80 m×100 m，厚度 0.45~0.60 m，流速为 0.6 m/s。整个撞击力时程曲线呈现出一小一大的两个脉冲。第一个小脉冲持续时间较短，大约为 0.02 s，其峰值撞击力为 75.34 kN。在小脉冲出现后 3.3 s，出现了撞击曲线的第二个脉冲，持续时间为 0.16 s，峰值达到 375.48 kN。

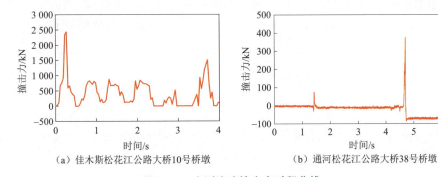

　（a）佳木斯松花江公路大桥10号桥墩　　　　　（b）通河松花江公路大桥38号桥墩

图 8.21　实测流冰撞击力时程曲线

为研究流冰的最大撞击力，Timco 等（2003，2011）调查了大量关于流冰撞击结构的资料，包括在 Hondo、Pembina、Rideau 等地一些桥墩遭受流冰的撞击力，在 Grappling 岛、Newmans 湾等地一些结构遭受小型冰山的撞击力，在 Molikpaq 和 Hans 岛等地一些水工结构的多年流冰荷载记录，以及一些试验室试验数据。在统计分析的基础上，提出了撞击力大小与冰排动能（及动量）的关系式，可用于流冰撞击桥墩等结构物的分析。图 8.22 给出了实测冰排撞击力随冰排动能分布的双对数坐标图，可以看出实测到的冰排撞击力可达到数百 MN 的量级。

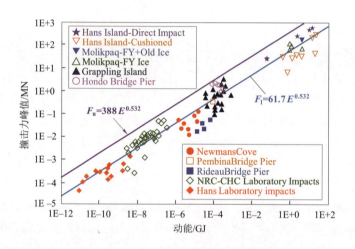

图 8.22　撞击力峰值与流冰动能的关系

综合这些研究成果可以看出，流冰撞击荷载的特点是：冰撞力时程曲线大多表现出明显的脉冲荷载特征；冰的质量越大，冰速越快，撞击力越大，统计得到的撞击力强度可达数百 MN；冰速越快，瞬时冲击作用越大，冲击作用时间也越短，脉冲宽度一般为 0.05～0.5 s；冰撞荷载持续时间范围较宽，一般在 0.05～4 s。

8.1.4　车桥系统撞击荷载的特点

桥梁撞击荷载主要包括船舶撞击、车辆撞击、流冰撞击，它们在撞击力时程、最大撞击力量值及作用位置等方面各有特点，情况非常复杂。现将它们进行归纳，如表 8.2 所示。

表 8.2 各种桥梁撞击荷载的特点

撞击荷载 特点	船 舶	车 辆	流 冰
撞击力时程	撞击力时程曲线大多表现出较强的非线性波动特征；荷载持续时间较长，可以达到 3~4 s	撞击力时程表现出明显的脉冲荷载特征；车速越高，峰值出现得越早，脉冲宽度越窄；荷载持续时间很短，多在 0.2 s 以内	撞击力时程表现出明显的脉冲荷载特征；冰速越快，瞬时冲击作用越大，冲击作用时间越短，脉冲宽度一般在 0.05~0.5 s 的范围；冰撞荷载持续时间范围较宽，一般在 0.05~4 s
最大撞击力	船越重，船速越快，撞击力越大；撞击力强度可达数百 MN	车辆越重，车速越快，冲击作用时间越短，瞬时撞击力越大；撞击力强度可达数十 MN	冰排质量越大，冰速越快，撞击力越大；撞击力强度可达数百 MN
撞击力作用位置	根据船的不同部位，撞击位置的高度在一定范围内变动	撞击桥墩的位置一般较低，但也会撞击到梁的位置	在水面位置，随流冰期水位变动

8.2　撞击荷载作用下的车桥系统动力分析模型

当桥墩受到船舶、车辆或其他撞击物体撞击时，车桥耦合动力分析模型是由列车子系统模型、桥梁子系统模型及撞击物体组成的系统模型，如图 8.23 所示。

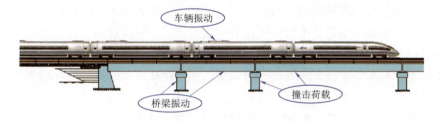

图 8.23　撞击荷载作用下的车桥系统振动

在理论上，这一系统的运动方程可以由下式表示

$$
\begin{bmatrix} \boldsymbol{M}_{vv} & \boldsymbol{0} & \boldsymbol{0} \\ \boldsymbol{0} & \boldsymbol{M}_{bb} & \boldsymbol{0} \\ \boldsymbol{0} & \boldsymbol{0} & \boldsymbol{M}_{cc} \end{bmatrix} \begin{Bmatrix} \ddot{\boldsymbol{X}}_v \\ \ddot{\boldsymbol{X}}_b \\ \ddot{\boldsymbol{X}}_c \end{Bmatrix} + \begin{bmatrix} \boldsymbol{C}_{vv} & \boldsymbol{C}_{vb} & \boldsymbol{0} \\ \boldsymbol{C}_{bv} & \boldsymbol{C}_{bb} & \boldsymbol{C}_{bc} \\ \boldsymbol{0} & \boldsymbol{C}_{cb} & \boldsymbol{C}_{cc} \end{bmatrix} \begin{Bmatrix} \dot{\boldsymbol{X}}_v \\ \dot{\boldsymbol{X}}_b \\ \dot{\boldsymbol{X}}_c \end{Bmatrix} + \begin{bmatrix} \boldsymbol{K}_{vv} & \boldsymbol{K}_{vb} & \boldsymbol{0} \\ \boldsymbol{K}_{bv} & \boldsymbol{K}_{bb} & \boldsymbol{K}_{bc} \\ \boldsymbol{0} & \boldsymbol{K}_{cb} & \boldsymbol{K}_{cc} \end{bmatrix} \begin{Bmatrix} \boldsymbol{X}_v \\ \boldsymbol{X}_b \\ \boldsymbol{X}_c \end{Bmatrix} = \begin{Bmatrix} \boldsymbol{F}_{vb} \\ \boldsymbol{F}_{bv} + \boldsymbol{F}_{bc} \\ \boldsymbol{F}_{cb} \end{Bmatrix}
$$

$$(8.11)$$

式中，M、C 和 K 分别为系统的质量、阻尼和刚度矩阵，X、$\dot{X}$ 和 $\ddot{X}$ 分别为位移、速度和加速度向量，下角标 v、b、c 分别代表列车、桥梁和撞击物体；F_{vb} 和 F_{bv} 分别为桥梁对于列车和列车对于桥梁的相互作用力向量；F_{bc} 和 F_{cb} 分别为撞击物对于桥梁和桥梁对于撞击物的相互作用力向量。

需要注意的是，撞击物体在碰撞过程中会发生塑性变形，撞击力很大时桥梁结构可能会发生损伤，在这种情况下，撞击物体和桥梁本身的结构特性会发生改变，所以式（8.11）中与撞击物和桥梁有关的刚度矩阵 K 应该考虑非线性因素的影响。

然而，撞击荷载作用下的车桥耦合振动是一个复杂的研究课题，其复杂性在于：无论是船舶撞击荷载、车辆撞击荷载还是流冰撞击荷载，荷载的特性不仅与撞击物的质量、运动速度有关，而且还取决于撞击物和被撞结构物的刚度；每种撞击物的刚度又与其自身的材料和结构设计特点有关，例如船头的材料和构造、车辆防撞梁的材料和构造、冰排的硬度（又受水的成分和冰温度的影响）和形状等；不同刚度的撞击物和被撞结构物具有不同的变形和吸收撞击能量的能力，这直接影响撞击力的持续时间和撞击强度等时程特点。因此，在研究撞击荷载作用下的桥梁动力响应和列车运行安全时，同时考虑列车与桥梁之间的相互作用和被撞桥梁与撞击物之间的相互作用将使问题变得异常复杂，就目前的分析手段，几乎是难以实现的。

另外，综合本章的研究成果可以看出，获得撞击力的方法有三种，即现场试验、模型试验和数值模拟。无论是哪种方法，所获得的撞击力时程中都已经包括了所研究的撞击物和被撞结构物的刚度，以及它们之间动力相互作用的影响。这为研究撞击荷载作用下的车桥系统动力响应提供了一种简化的方法，即假定撞击荷载是已知的，分析时不考虑撞击物与桥梁墩台结构的相互作用，针对所研究问题中桥梁、列车及被撞击环境等不同情况，直接将撞击力时程作为车桥系统的输入激励进行仿真分析，使问题得以解决。

这种方法所建立的车桥耦合系统动力分析模型如图 8.24 所示，它包括车辆和桥梁两个子系统。一般是以刚体动力学方法建立车辆子系统模型，以有限元法或振型叠加法建立桥梁子系统模型。两子系统以轮轨相互作用关系耦联，轨道不平顺是两子系统共同的系统激励。

以有限元法建立桥梁子系统模型时，系统的运动方程可以由下式表示

$$\begin{bmatrix} M_{vv} & 0 \\ 0 & M_{bb} \end{bmatrix} \begin{Bmatrix} \ddot{X}_v \\ \ddot{X}_b \end{Bmatrix} + \begin{bmatrix} C_{vv} & C_{vb} \\ C_{bv} & C_{bb} \end{bmatrix} \begin{Bmatrix} \dot{X}_v \\ \dot{X}_b \end{Bmatrix} + \begin{bmatrix} K_{vv} & K_{vb} \\ K_{bv} & K_{bb} \end{bmatrix} \begin{Bmatrix} X_v \\ X_b \end{Bmatrix} = \begin{Bmatrix} F_{vb} \\ F_{bv} \end{Bmatrix} + \begin{Bmatrix} 0 \\ F_c \end{Bmatrix}$$

$$(8.12)$$

式中，M、C 和 K 分别为系统的质量、阻尼和刚度矩阵，X，$\dot{X}$ 和 $\ddot{X}$ 分别为位移、速度和加速度，下角标 v 和 b 分别代表列车和桥梁，有关这些矩阵和向量的具体内容可参考本书第 4 章。F_{vb} 和 F_{bv} 分别为桥梁对列车和列车对桥梁的相互作用力。

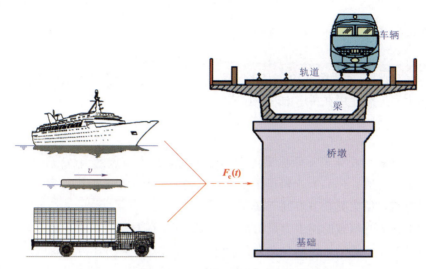

图 8.24　撞击荷载作用下的车桥耦合系统动力分析模型

以振型叠加法建立桥梁子系统模型时，系统的运动方程可以由下式表示

$$\begin{bmatrix} M_{vv} & 0 \\ 0 & M_{bb} \end{bmatrix} \begin{Bmatrix} \ddot{X}_v \\ \ddot{Q}_b \end{Bmatrix} + \begin{bmatrix} C_{vv} & C_{vb} \\ C_{bv} & C_{bb} \end{bmatrix} \begin{Bmatrix} \dot{X}_v \\ \dot{Q}_b \end{Bmatrix} + \begin{bmatrix} K_{vv} & K_{vb} \\ K_{bv} & K_{bb} \end{bmatrix} \begin{Bmatrix} X_v \\ Q_b \end{Bmatrix} = \begin{Bmatrix} \widetilde{F}_{vb} \\ \widetilde{F}_{bv} \end{Bmatrix} + \begin{Bmatrix} 0 \\ \widetilde{F}_c \end{Bmatrix}$$

$$(8.13)$$

式中，Q_b、$\dot{Q}_b$、$\ddot{Q}_b$ 分别为桥梁的广义位移、速度和加速度向量，$\widetilde{F}_{vb}$ 和 $\widetilde{F}_{bv}$ 分别为桥梁与列车之间的相互作用力。Q_b 由下式确定

$$Q_b = \begin{bmatrix} q_1 & q_2 & \cdots & q_n & \cdots & q_{N_b} \end{bmatrix} = \boldsymbol{\Phi}^{\mathrm{T}} X_b \qquad (8.14a)$$

$$q_n = \sum_{k=1}^{N} \phi_n(k) X(k) \qquad (8.14b)$$

式中，q_n 是桥梁的第 n 阶广义坐标，$\boldsymbol{\Phi}$ 是桥梁的振型矩阵，N_b 是计算时考虑的振型数量，$\phi_n(k)$ 是桥梁第 n 阶振型的在第 k 节点的函数值，$X(k)$ 是桥梁第 k 节点的位置值，N 是桥梁模型总的节点数。

按照我国相关规范的规定，位于通航河流或有漂浮物的河流中的桥梁墩台，设计时应考虑船舶或漂浮物的撞击作用，对于跨越铁路或公路的桥梁墩台，也应考虑车辆的撞击作用。一般在设计时，可参照规范中的相应公式计算。但是，目前的桥梁规范中关于撞击力的计算仍然停留在静力设计阶段，本文在计算撞击力作用下车桥系统动力响应时，不能够直接引用，而是需要获得撞击荷载的时程，将其作为外部激励输入到车桥系统进行仿真分析计算。

作用在桥梁结构上的撞击力，当桥梁模型采用有限元模型时，可直接将撞击荷载向量 $\boldsymbol{F}_c$ 加载到模型的节点上。当桥梁模型采用振型叠加法时，其对应于各阶振型的广义撞击力向量 $\widetilde{\boldsymbol{F}}_c$ 可表示为

$$\widetilde{\boldsymbol{F}}_c = \boldsymbol{\Phi}^{\mathrm{T}} \boldsymbol{F}_c = [f_{c1}(t), f_{c2}(t), \cdots f_{cn}(t), \cdots, f_{cN_b}(t)]^{\mathrm{T}} \tag{8.15}$$

式中，f_{cn} 为对应桥梁第 n 阶振型的广义撞击力，N_b 为计算中采用的振型阶数。当撞击力水平地作用在桥墩上时，则有

$$f_{cn} = \sum_{k=1}^{N} \phi_h^n(k) F_k(t) \tag{8.16}$$

式中，$\phi_h^n(k)$ 为桥梁第 n 阶振型的水平分量在第 k 个节点的函数值；N 是桥梁模型的节点总数；$F_k(t)$ 为桥梁第 k 个节点的撞击力时程，仅在受到撞击的桥梁节点处有值，桥梁其余节点的 $F_k(t)$ 为零。

由于作为外荷载的撞击力是已知的，因此撞击荷载作用下的车桥耦合系统运动方程可利用一般的车桥耦合动力分析软件，采用逐步积分的方法求解。

8.3　撞击荷载作用下车桥系统动力响应分析

利用所建立的计算模型，对撞击荷载作用下 ICE3 高速列车通过哈大高速铁路某座（32＋48＋32）m 双线连续箱梁桥的全过程进行数值模拟，计算分析了桥梁墩顶、跨中的位移和加速度响应，以及桥上列车的运行安全指标的时程规律和频谱特点。

8.3.1　计算参数

高速铁路（32＋48＋32）m 双线连续梁桥采用预应力混凝土箱梁，建模时，连续梁两端各外加一孔 32 m 双线简支梁，其示意图如图 8.25 所示。

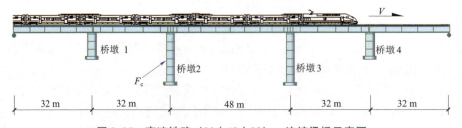

图 8.25　高速铁路（32＋48＋32）m 连续梁桥示意图

连续梁的立面布置和截面特征如图 8.26、图 8.27 所示。梁的顶板宽 13.4 m，底板宽 5.74 m，梁高 3.0 m。连续梁沿桥长是等高度的，但在梁端及两个中间支座的两侧设有加强段，如图 8.26 所示。桥上采用 CRTS II 型板式无砟轨道结构，二期恒载为 18.5 t/m。

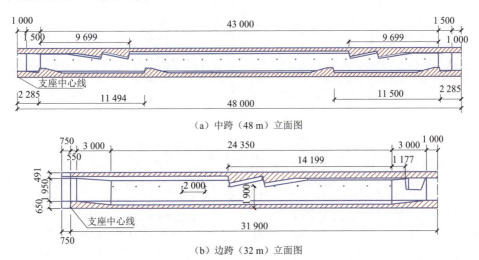

图 8.26　（32＋48＋32）m 连续梁中跨和边跨立面图（单位：mm）

桥墩为圆端形实体墩，连续梁两个中墩的墩高均按 19.45 m 计算，边墩的墩高按 10.0 m 计算。各桥墩的截面尺寸和基础刚度参数见表 8.3。

表 8.3　（32＋48＋32）m 预应力混凝土连续梁桥桥墩基础刚度参数

桥墩位置	截面尺寸/ m^2	墩高/ m	R_z/ (MN/m)	R_x/ (MN/m)	M_y/ (MN·m/rad)	R_y/ (MN/m)	M_x/ (MN·m/rad)
固定墩	7.75×4.45	19.45	13 328.5	1 681.59	189 480	1 681.59	189 480
非固定墩	7.75×4.45	19.45	13 906.7	1 683.91	197 110	1 683.91	197 110
联间墩	7.0×3.2	10.0	7 725.1	892.11	45 567	882.91	83 424

对于（32＋48＋32）m 连续梁跨，在 2 号墩顶设置固定支座，其余均为活动支座。在计算分析中，支座根据设计要求进行建模。对于活动支座，纵向平动和绕 y 轴（主梁横桥向）转动的自由度被释放，其余 2 个平动和 2 个转动自由度被约束。对于固定支座，绕 y 轴（主梁横桥向）转动的自由度被释放，其余 3 个平动和 2 个转动自由度被约束。

采用 MIDAS 软件建模并进行模态分析，得到桥梁的自振频率和振型。其前 10 阶频率和振型特点如表 8.4 所示。

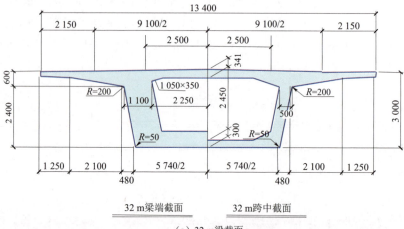

（a）32 m梁截面

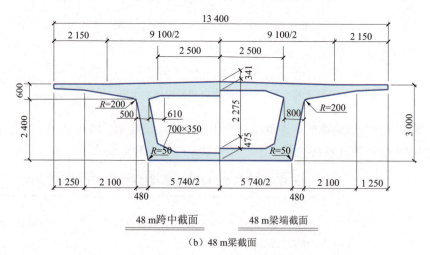

（b）48 m梁截面

图 8.27 （32＋48＋32）m 连续梁的横截面（单位：mm）

表 8.4 （32＋48＋32）m 预应力混凝土连续梁桥的前 10 阶频率和振型特点

振型阶数	频率/Hz	振型特征描述	振型阶数	频率/Hz	振型特征描述
1	3.351	对称竖向弯曲	6	6.711	反对称横向弯曲
2	4.122	对称横向弯曲	7	7.785	反对称竖向弯曲
3	4.994	纵向弯曲＋反对称竖向弯曲	8	8.426	对称竖向弯曲
4	5.714	纵向弯曲＋反对称竖向弯曲	9	9.231	对称横向弯曲
5	6.347	纵向弯曲＋竖向弯曲	10	10.688	反对称竖向弯曲

列车主要参数：采用德国 ICE3 列车，16 节车辆编组，编组形式为（3 动车＋1 拖车）×4，其中一组的轴距及轴重荷载示意图见图 8.28，车辆的具体参数见第 6 章表 6.8。轨道不平顺采用 2002 年 11 月秦沈客运专线轨检车的测试数据，实测记录总长度为 2 500 m。

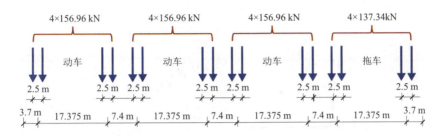

图 8.28　德国 ICE3 高速动车组轴距和轴重荷载示意图

选取 3 个有代表性的撞击力时程，即 2009 年 4 月在佳木斯松花江大桥实测的流冰撞击力时程（6 个连续的脉冲，总持续时间约 4 s，平均脉冲宽度约 0.5 s）、2010 年 4 月在通河松花江大桥实测的流冰撞击力时程（1 个脉冲，脉冲宽度 0.06 s）、陈诚（2006）的船撞力时程（1 个脉冲，脉冲宽度约 1.8 s）作为撞击荷载。分析时，分别将三个荷载的撞击强度（撞击力最大值）按 10 MN 进行规格化，以便于比较不同荷载的影响，同时还对三段撞击力时程进行了频谱分析，如图 8.29 所示。

由于这三种撞击荷载的特性不同，尽管撞击力最大值相同，但加载速率和持续时间不同，对桥梁和列车响应的影响也不同，这将结合下面的计算结果分析。

撞击荷载以垂直于桥梁纵轴的水平方向加在连续梁的 2 号墩（第一个中间桥墩）上，高度位置为承台以上 10.20 m。

模拟列车通过桥梁的全过程，计算桥梁和车辆的动力响应。分析时，采用前面模态分析中得到的桥梁前 30 阶振型参数，列车的计算速度取为 200 km/h，桥梁阻尼比取 0.02，积分时间步长取 0.001 s。

8.3.2　桥梁动力响应分析

图 8.30、图 8.31 分别给出了无撞击及三种撞击荷载作用情况下，ICE3 高速列车通过桥梁时，被撞桥墩（2 号墩）墩顶和 48 m 跨跨中横向位移响应时程曲线的比较。

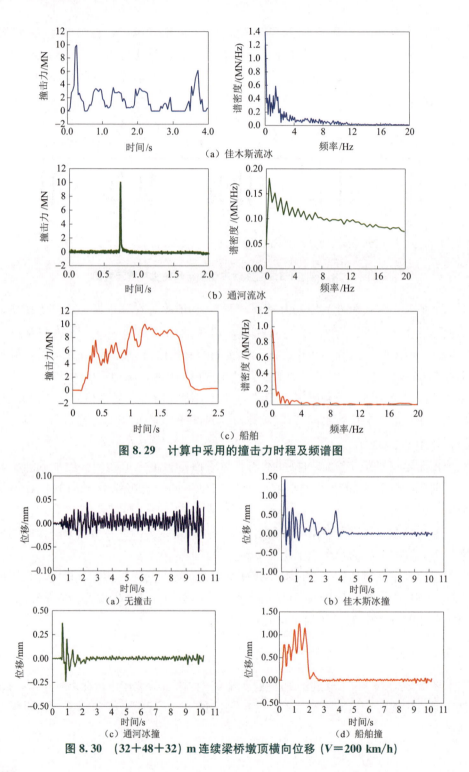

（a）佳木斯流冰

（b）通河流冰

（c）船舶

图 8.29　计算中采用的撞击力时程及频谱图

（a）无撞击

（b）佳木斯冰撞

（c）通河冰撞

（d）船舶撞

图 8.30　（32＋48＋32）m 连续梁桥墩顶横向位移 （$V=200$ km/h）

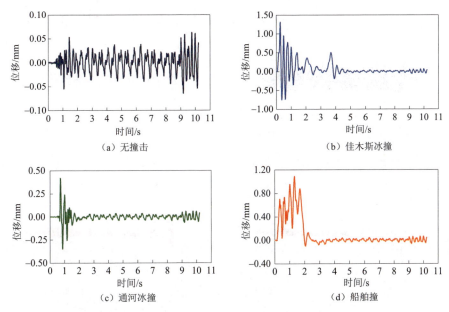

图 8.31 (32＋48＋32) m 连续梁 48 m 跨跨中横向位移 (V＝200 km/h)

从图中可以看出如下规律：

① 无撞击荷载作用下，桥梁墩顶和 48 m 跨跨中的横向位移主要由运行列车引起，时程曲线变化比较平缓，振幅很小，最大值分别为 0.063 mm 和 0.066 mm。在佳木斯流冰、通河流冰及船舶撞击荷载作用下，各曲线中均出现了明显的冲击振动波形，其峰值出现的时间大体对应于荷载的峰值时间，墩顶位移最大值分别达到 1.43 mm、0.373 mm 和 1.24 mm，跨中位移最大值分别达到 1.31 mm、0.419 mm 和 1.09 mm，与无撞击时相比较，均有较大幅度的增加。

② 撞击荷载的加载速率和持续时间对桥梁位移影响很大。通河流冰荷载的脉冲宽度最短（0.06 s，远短于桥梁的基本横向自振周期 0.25 s），其冲击作用最为明显，所引起的位移波形的振荡也最明显；佳木斯流冰和船舶撞击荷载的持续时间较长（分别约为 4 s 和 1.8 s，长于桥梁的基本横向自振周期），引起的墩顶和跨中位移比通河流冰撞击产生的位移大 1 倍以上，表明持续时间较长的撞击荷载对桥梁位移的作用效果要大于短脉冲荷载的作用效果。

③ 从位移时程上看，各撞击荷载作用下的曲线均表现出明显的撞击波形特点，但由于该桥的梁和桥墩均为混凝土结构，阻尼比较大，所以振动衰减较快，在荷载加载结束后，很快就恢复到无撞击时的振动幅度。

图 8.32、图 8.33 分别为无撞击及三种撞击荷载作用下，ICE3 高速列车通过桥梁时，桥梁的墩顶和 48 m 跨跨中横向加速度响应时程曲线的比较。

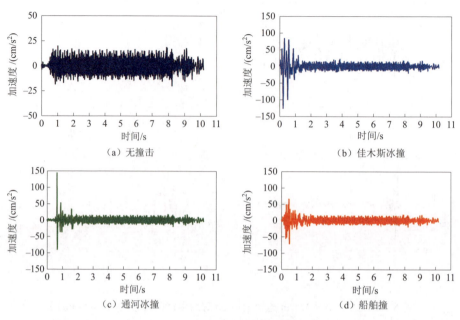

图 8.32　（32＋48＋32）m 连续梁桥墩顶横向加速度（$V=200$ km/h）

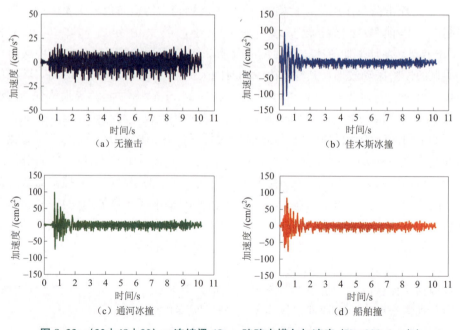

图 8.33　（32＋48＋32）m 连续梁 48 m 跨跨中横向加速度（$V=200$ km/h）

从图中可以看出如下的规律：

① 撞击荷载对桥梁横向加速度的作用非常明显：无撞击作用时，墩顶和跨中加速度波形变化比较平缓，最大值分别为 23.0 cm/s² 和 20.3 cm/s²，而在佳木斯流冰、通河流冰及船撞荷载作用下，各曲线中均出现了明显的冲击振动波形，墩顶加速度分别达到 127 cm/s²、162 ICE/s² 和 73.5 cm/s²，跨中加速度分别达到 135 cm/s²、100 cm/s² 和 85.2 cm/s²，均大幅度提高。

② 由于混凝土桥的阻尼较大，各加速度曲线中撞击荷载引起的振荡波形持续时间均很短，在荷载结束后迅速衰减，恢复到无撞击时的波形幅度。

为了更好地解释桥梁的动力响应特性，对桥梁的位移和加速度响应进行了频谱分析，如图 8.34～8.37 所示。

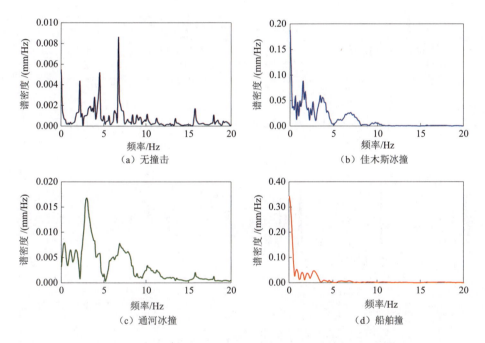

图 8.34　(32＋48＋32) m 连续梁桥墩顶横向位移频谱 (V＝200 km/h)

从图 8.34～8.37 的频谱中可以看出如下的规律：

在无撞击的情况下，桥梁的位移响应完全由列车激起，主要频率成分集中在 2.3 Hz、4.5 Hz（接近桥梁的一阶横弯频率 4.12 Hz）及 6.71 Hz（正好描述桥梁的二阶横弯频率）。这些主频正好在 ICE3 列车的自振频率范围（0.139～7.394 Hz，见表 8.6）内。桥墩及桥梁跨中位置的频谱相似，但在跨中位移频谱中，没有 6.71 Hz 的峰值，这是因为该频率所对应的是梁跨的反对称振型。

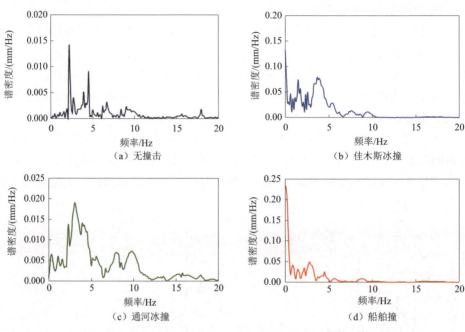

图 8.35　（32＋48＋32）m 连续梁 48 m 跨跨中横向位移频谱（$V＝200$ km/h）

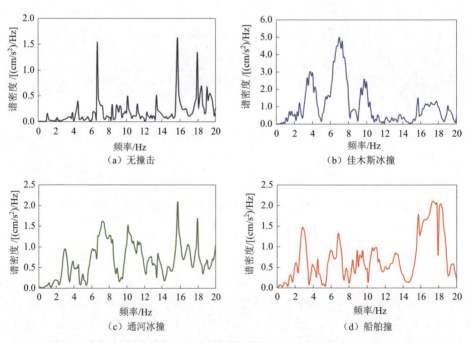

图 8.36　（32＋48＋32）m 连续梁桥墩顶横向加速度频谱（$V＝200$ km/h）

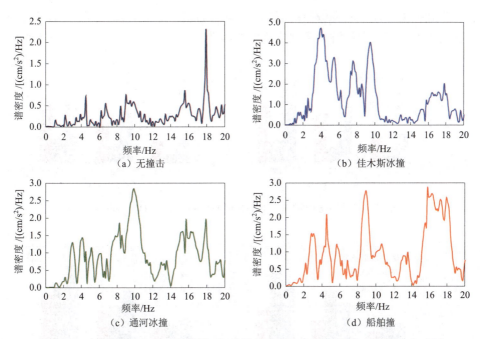

图 8.37　(32＋48＋32) m 连续梁 48 m 跨跨中横向加速度频谱 ($V＝200$ km/h)

　　桥梁受撞击情况下，在荷载撞击期间，发生由列车和撞击力荷载同时引起的受迫振动。这里的三种撞击荷载都是短周期的脉冲荷载，因此撞击作用的持续时间要短于列车在桥上运行的时间。当撞击荷载结束后，桥梁发生由列车引起的受迫振动和撞击荷载引起的自由振动的复合振动。而在撞击过程中，撞击引起的桥梁振动要远大于列车引起的桥梁振动。但由于阻尼的作用，撞击引起的桥梁瞬态振动响应会很快衰减。因此，这种情况下的桥梁振动响应频谱非常复杂。

　　对由若干脉冲组成的佳木斯流冰撞击荷载来说，桥梁振动的主频是 1.46 Hz，这正是荷载的主要频率。对脉冲最短的通河流冰荷载来说，其频域较宽，桥梁振动的主频是 3.05 Hz（接近桥梁的一阶竖弯频率 3.35 Hz）和 6.96 Hz（接近桥梁的二阶横弯频率 6.71 Hz）。对持续时间较长的单脉冲船舶撞击荷载来说，桥梁响应频谱中出现了拟静态成分，这主要是由荷载中的拟静态成分所引起的。

　　对桥梁的横向加速度响应来说，其频谱更为复杂。在没有撞击情况下，桥墩加速度的主频为 2.3 Hz、4.5 Hz 和 6.7 Hz，而梁跨加速度的主频只出现在 2.3 Hz 和 4.5 Hz。在撞击荷载作用下，桥梁加速度频谱中除了位移频谱中的那些主频外，还出现了多个更高频率成分的峰值，例如佳木斯流冰荷载下的 9.52 Hz、通河流冰荷载下的 10.1 Hz 及船舶荷载下的 8.91 Hz，它们都接近桥梁的三阶横弯频率 9.23 Hz。与位移频谱不同，这几个加速度频谱中都没有拟静态成分。

为进一步比较不同类型撞击荷载的影响，计算了 5 MN、10 MN、15 MN 三种强度撞击荷载引起的桥梁横向位移和加速度最大值，如图 8.38、图 8.39 所示。

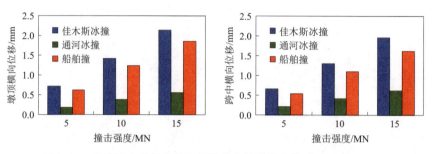

图 8.38　三种撞击荷载作用下桥梁横向位移的比较 (V＝200 km/h)

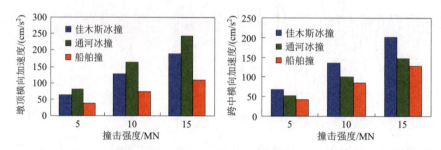

图 8.39　三种撞击荷载作用下桥梁横向加速度的比较 (V＝200 km/h)

从图中的比较可以看出：

① 根据结构动力学原理，结构在撞击荷载作用下的位移响应最大值主要依赖于荷载冲量的大小，而当撞击强度相同时，冲量取决于荷载的持续时间。从图 8.38 看，在三种强度相同的撞击荷载作用下，持续时间最短的通河流冰荷载引起的墩顶和跨中横向位移最小，而佳木斯流冰荷载的持续时间最长，而且又是多次撞击，所引起的墩顶和跨中横向位移比其他两种荷载都要大。

② 桥梁加速度主要受加载速率的影响，如图 8.39 所示，在三种强度相同的撞击荷载作用下，单个脉冲宽度最短（0.06 s）、冲击作用最明显的通河流冰撞击产生的墩顶横向加速度最大。对于佳木斯流冰荷载，其第一个脉冲冲击作用也很明显，所引起的墩顶横向加速度稍小于通河流冰荷载情况，但跨中横向加速度最大。而船舶撞击荷载的波形相对比较平缓，撞击力到达峰值的时间相对较长，这减小了其冲击作用，所引起的墩顶和跨中横向加速度比其他两种荷载都要小。

8.3.3　车辆动力响应分析

图 8.40～8.42 分别为无撞击及三种撞击荷载作用情况下，ICE3 高速列车以

200 km/h 的速度通过桥梁时，车辆脱轨系数、轮重减载率、轮轨横向力时程曲线的比较。

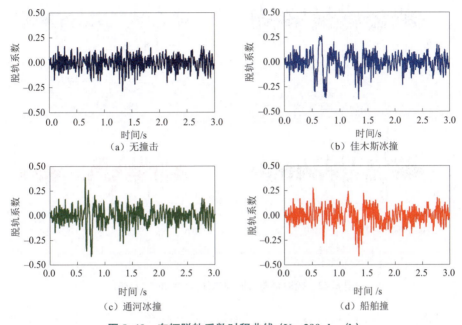

图 8.40 车辆脱轨系数时程曲线 (V＝200 km/h)

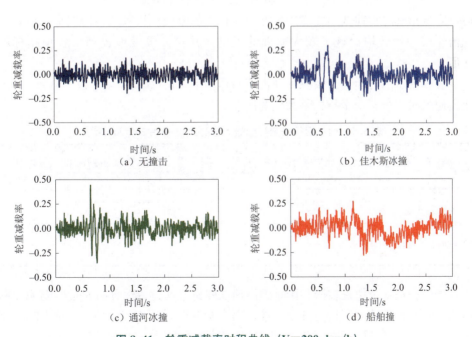

图 8.41 轮重减载率时程曲线 (V＝200 km/h)

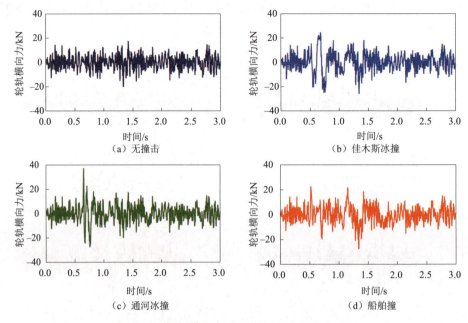

图8.42 轮轨横向力时程曲线 (V＝200 km/h)

从图8.40～8.42可以看出，在三种撞击荷载作用下，ICE3高速列车通过 (32＋48＋32) m 连续梁桥时，车辆脱轨系数、轮重减载率、轮轨横向力等列车运行安全指标时程曲线与无撞击情况下有很大的差别。从各曲线的线形上看，在撞击作用发生后均出现了较大幅度的振荡，并较大幅度地提高了各项指标的峰值。

表8.5所示为无撞击及三种撞击荷载作用下，ICE3高速列车以200 km/h的速度通过时，行车安全指标最大值的比较。

表8.5 列车运行安全指标最大值的比较 (V＝200 km/h)

行车安全指标		无撞击	佳木斯 流冰撞击	通河 流冰撞击	船舶撞击	安全值
脱轨系数 Q/P		0.292	0.381	0.424	0.422	0.8
轮重减载率 $\Delta P/P$		0.196	0.306	0.461	0.293	0.6
轮轨横向力/kN	动车	20.535	26.393	37.430	28.110	52.97
	拖车	19.247	20.945	20.046	20.756	49.08

表中有关安全值是按照我国京沪高速铁路桥梁动力特性分析及运营前系统联调联试时所采用的列车运行安全标准，即车辆脱轨系数 $Q/P \leqslant 0.8$、轮重减载率 $\Delta P/P \leqslant 0.6$。德国 ICE3 动车和拖车的静轴重分别为 156.96 kN、143.22 kN，

相应的允许横向力分别为 52.97 kN、49.08 kN。

结合表 8.5 和图 8.40～8.42 的结果，可以看出如下规律：

① 在几种撞击荷载作用下，脱轨系数、轮重减载率、动车轮轨横向力均有大幅度增加，脱轨系数增大了 30.5%～45.2%，轮重减载率增大了 49.5%～135.2%，动车轮轨横向力增大了 28.5%～82.3%。只有拖车的轮轨横向力变化不大。

② 在受到各种荷载撞击后，几种列车的运行安全指标时程曲线均发生振荡，比较明显的振荡时间均在 1.5 s 左右（对应这些曲线中 0.3 s 到 1.8 s 的时间段），比桥梁受影响的时间要短，且几种撞击荷载中，通河流冰荷载引起的行车安全指标数值最大。这说明，行车安全指标更容易受到短脉冲撞击荷载的影响。

③ 在撞击强度为 10 MN 的几种荷载作用下，ICE3 高速列车以 200 km/h 通过桥梁时，脱轨系数、轮重减载率、轮轨横向力等列车运行安全指标都能满足安全限值要求。

8.4　撞击荷载对高速列车运行安全的影响分析

上节的分析只是针对（32＋48＋32）m 预应力混凝土连续梁桥、荷载撞击强度为 10 MN、高速列车为 ICE3、秦沈客运专线的实测轨道不平顺、运行速度为 200 km/h 情况下的分析结果，所得到的结论具有局限性。本节通过参数分析，进一步研究撞击荷载对高速列车运行安全的影响，具体做法是：先保持桥梁和 ICE3 列车参数、轨道不平顺等条件不变，研究列车速度、荷载撞击强度、荷载脉冲类型和持续时间对车辆运行安全指标的影响，在此基础上分析几种不同类型高速列车的影响。

8.4.1　列车速度的影响

为研究列车速度对行车安全的影响，保持桥梁和高速列车参数不变，各种荷载（佳木斯流冰、通河流冰、船舶）撞击强度均规格化为 5 MN，列车速度为 200～320 km/h，分别计算行车安全指标。计算得到脱轨系数、轮重减载率、轮轨横向力最大值随列车速度的变化曲线，如图 8.43 所示，图中的水平虚线表示相应指标的容许标准。

从图中结果可以看出，列车速度对行车安全指标具有很大的影响：脱轨系数、轮重减载率和轮轨横向力等参数均随着列车速度的不断提高而增大。当列车速度为 320 km/h 时，佳木斯流冰撞击作用下的脱轨系数超过了安全标准；列车速度为 350 km/h 时，各种撞击荷载作用下的脱轨系数和拖车轮对横向力均超过了规范限值。

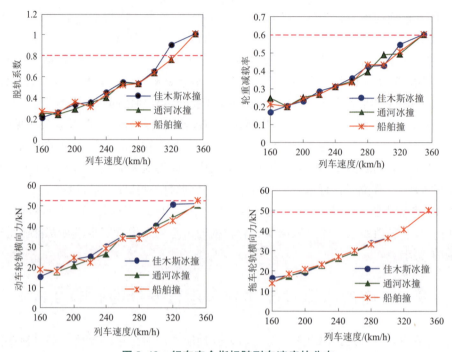

图 8.43 行车安全指标随列车速度的分布

8.4.2 荷载撞击强度的影响

为研究荷载强度对行车安全指标的影响，保持（32＋48＋32）m 连续梁桥和 ICE3 高速列车车辆参数不变，采用佳木斯流冰、通河流冰及船撞荷载并保持各荷载的形状和持续时间不变，通过改变各种荷载的撞击强度，分别计算车辆的行车安全指标，并比较几种不同列车速度的影响。

图 8.44 为三种撞击荷载作用下脱轨系数、轮重减载率和轮轨横向力等行车安全指标随荷载强度的变化曲线，列车速度为 200 km/h，图中水平虚线表示相应指标的容许标准。

从图中结果可以看出，当列车速度为 200 km/h 时，在各种荷载作用下，脱轨系数、轮重减载率和轮轨横向力等行车安全指标均随着撞击强度的增大而增大，尤其是在撞击强度超过 5 MN（脱轨系数、轮重减载率、动车轮轨横向力）或 10 MN（拖车轮轨横向力）后，相应的指标增加较快。在各种荷载中，持续时间最短、冲击作用最明显的通河流冰荷载对行车安全指标的影响最为明显，其次是佳木斯流冰荷载，船舶撞击的影响最小。当通河流冰的峰值撞击强度超过 15 MN 以后，轮重减载率和动车轮轨横向力已经超出了规范的安全限值。佳木斯流冰和船撞荷载撞击强度在 20 MN 以下时，列车运行安全能够得到保证。

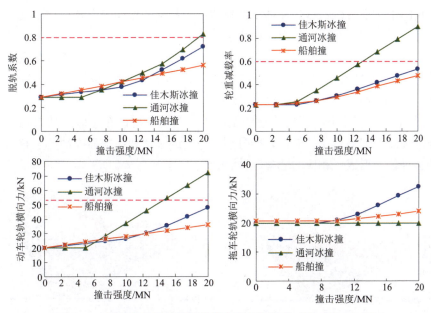

图 8.44　行车安全指标随荷载撞击强度的变化 ($V = 200$ km/h)

图 8.45 为佳木斯流冰撞击荷载情况下，脱轨系数、轮重减载率和轮轨横向力等行车安全指标随荷载撞击强度（0～20 MN）的变化曲线，每图有 200 km/h、250 km/h、300 km/h 三条曲线，图中水平虚线表示相应指标的容许标准。

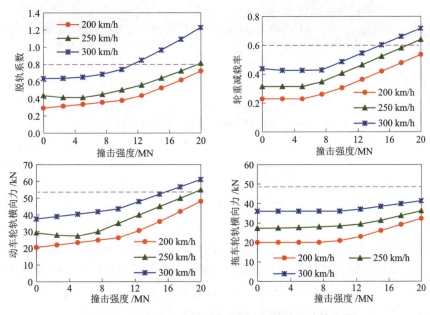

图 8.45　行车安全指标随佳木斯流冰撞击强度的变化

从图中结果可以看出,在佳木斯流冰撞击荷载的作用下,各项行车安全指标随着撞击强度和列车速度的提高而增加的趋势非常明显;各项指标中,几种列车速度下的分布曲线具有相同的趋势。列车速度为 300 km/h 时,脱轨系数在撞击强度达 12.5 MN 时已经超标;列车速度为 250 km/h 时,脱轨系数、轮重减载率和动车轮轨横向力在撞击强度达 20 MN 时超标。

图 8.46 的三维分布图更清楚地显示了行车安全指标在总体上随着列车速度和撞击强度增加的变化趋势,它们分别在一定的车速和撞击强度情况下超过了规范的容许值,形成了相应的危险区域。

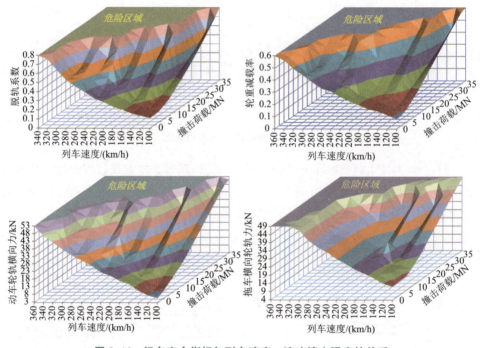

图 8.46 行车安全指标与列车速度、流冰撞击强度的关系

8.4.3 荷载脉冲类型和持时的影响

保持基本桥梁和 ICE3 车辆参数不变,通过改变脉冲类型和宽度,分别计算车辆的脱轨系数、轮重减载率、轮轨横向力指标,研究荷载类型和持时对列车运行安全的影响。综合各国规范的规定,考虑三角波、矩形波、半正弦波三种典型脉冲荷载及佳木斯流冰(第一个脉冲)、船舶撞击荷载进行计算,各类撞击荷载的脉冲波形如图 8.47 所示。图中,F_c 为荷载脉冲的幅值,T 为脉冲持续时间,T_0 为脉冲开始作用于桥梁的时间,统一按 0.5 s 考虑。

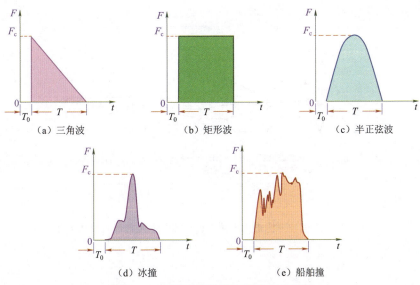

图 8.47　不同类型的撞击荷载脉冲波形

保持列车速度 200 km/h、荷载强度 5 MN 不变，调整脉冲宽度为 0.05～5 s，计算在各种类型脉冲荷载作用下列车的运行安全指标，得到脱轨系数、轮重减载率、动车轮轨横向力随脉冲宽度的变化曲线，如图 8.48～8.50 所示。

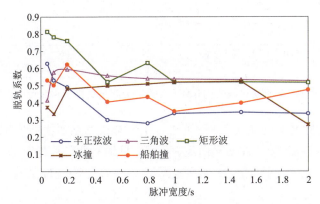

图 8.48　不同波形撞击力作用下脱轨系数随脉冲宽度的变化

从图中结果可以看出，不同形状脉冲荷载撞击桥墩时，所引起的列车运行安全指标的变化区别较大，可以总结出以下规律：

① 对应同样宽度的冲击荷载，矩形脉冲荷载对桥上行驶的列车行车安全影响最大。这是因为，矩形波是以阶跃函数的形式加载和卸载的，加载和卸载都最突然，即速率都最快。对三角形脉冲荷载，虽然加载速率与矩形脉冲相同，但卸载是逐渐进行的，速率较慢，所以影响比矩形脉冲荷载小。

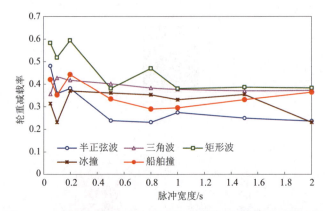

图 8.49　不同波形撞击力作用下轮重减载率随脉冲宽度的变化

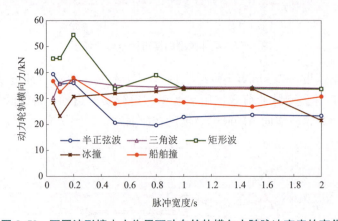

图 8.50　不同波形撞击力作用下动车轮轨横向力随脉冲宽度的变化

② 矩形波脉冲宽度在 0.2 s 以下时（小于桥梁的基本横向周期 0.24 s），加载和卸载时间间隔很短，冲击作用最为明显，此时列车的脱轨系数、轮重减载率和轮轨横向力等接近甚至超过了规范限值。随着脉冲宽度的增大，影响有所减小。

③ 从脉冲波形上看，佳木斯冰撞荷载的加载速率最低，因此在脉冲宽度较短（$T < 0.2$ s）时，佳木斯冰撞荷载对行车安全指标的影响最小。

④ 总体上看，短脉冲（特别是 $T < 0.2$ s 时）对列车运行安全的影响较大。在脉冲宽度超过 1 s 时，各项参数基本上保持不变，不再随脉冲宽度增加而变化。

8.4.4　高速列车类型的影响

保持（32+48+32）m 连续梁桥参数不变，采用佳木斯流冰撞击荷载，选取德国 ICE3、日本 E500、国产 CRH$_2$ 三种高速列车，均按（3 动＋1 拖）×4 编组，研究不同类型高速列车在荷载撞击桥梁时的列车运行安全问题。

为了更好地了解车桥耦合相互作用机理，对列车的频率和振动模态进行计算是非常必要的。表 8.6 总结了列车的自振频率及相关振型描述，从中可以看出：对于不同的振动模态，列车有着完全不同的振动频率。

表 8.6　几种高速列车的振动特性

振型描述	频率/Hz					
	ICE3		E500		CRH$_2$	
	动车	拖车	动车	拖车	动车	拖车
车体沉浮	0.588	0.527	0.691	0.730	0.652	0.699
车体点头	0.656	0.568	0.966	0.772	0.937	0.681
车体摇头	0.561	0.601	1.126	0.751	0.703	0.704
车体滚摆（横摆与侧滚同相）	0.195	0.139	0.437	0.369	0.321	0.381
车体滚摆（横摆与侧滚反相）	0.572	0.641	0.687	0.872	0.805	0.891
转向架横摆	6.961	7.394	12.765	12.467	10.667	11.834
转向架沉浮	4.396	4.203	4.398	5.621	4.371	4.848

计算时，各种列车脱轨系数和轮重减载率的安全限值相同，分别取 0.8 和 0.6。但由于不同类型列车的轴重不同，轮轨横向力的安全限值须分别给出，如表 8.7 所示。

表 8.7　各车型轮轨横向力限值

列车类型		轮对静轴重 P_{st}/kN	允许的轮轨横向力/kN
德国 ICE3 动力分散式高速列车	动车	156.96	52.972
	拖车	143.23	49.082
日本 E500 动力分散式高速列车	动车	127.53	44.634
	拖车	134.89	46.718
CRH$_2$ 动力分散式高速列车	动车	132.44	46.025
	拖车	117.72	41.854

列车速度保持为 200 km/h，得到不同类型高速列车的脱轨系数、轮重减载率、轮轨横向力随撞击强度的变化曲线，如图 8.51 所示。图中虚线为对应的安全限值，其中轮轨横向力给出了几种列车的上（虚线）下（点画线）限。

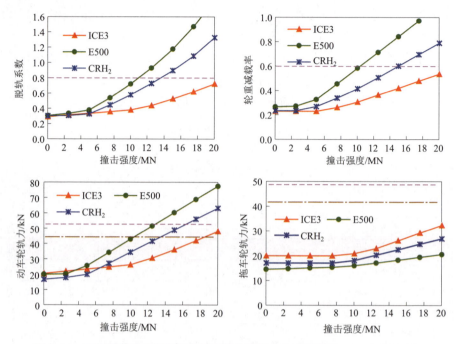

图 8.51 不同型号高速列车行车安全指标随撞击强度的变化 ($V=200$ km/h)

从图中结果可以看出，在车速为 200 km/h 和强度不超过 20 MN 的撞击力作用下，行车安全指标有如下规律：

（1）在脱轨系数、轮重减载率、动车轮轨横向力三项指标中：① 各种列车的行车安全指标均随撞击强度提高而增大，特别是在 5 MN 以上时增大迅速；② 日本 E500 列车受撞击的影响最大，其次是 CRH$_2$，而德国的 ICE3 列车受撞击的影响最小；③ 当撞击强度达到 12.5 MN 时，E500 列车的各项指标均超过安全限值；在撞击强度达到 15 MN 时，CRH$_2$ 列车的部分指标超过了安全限值。

（2）各种列车拖车轮轨横向力在撞击力较小时基本保持不变，在达到 7.5 MN 时开始随撞击力增大，但均未超过安全值。

保持荷载强度为 5 MN，计算得到 ICE3、E500 和 CRH$_2$ 三种列车的行车安全指标随列车速度的变化曲线，如图 8.52 所示。

从图中结果可以看出，当荷载强度为 5 MN 时，三种列车行车安全指标随车速的变化有以下规律：

① 在总的趋势上，各项指标均随着列车速度的提高而增大。

② 当列车速度达到 320 km/h 时，各种列车的脱轨系数均超过了安全限值，E500 列车的轮重减载率超过了安全限值；速度为 350 km/h 时，CRH$_2$ 列车的轮重减载率也超过了限值。

③ 在 200～320 km/h 的速度范围内，各种列车的轮轨横向力均满足要求，在 350 km/h 时，部分列车的轮轨横向力接近或超过安全限值。

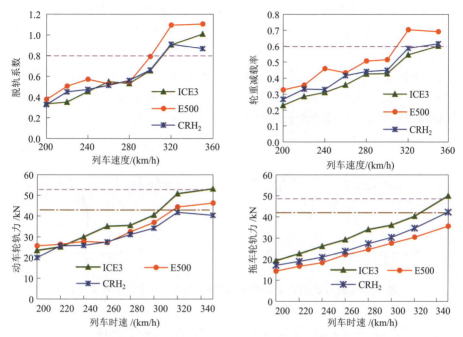

图 8.52　不同型号高速列车行车安全指标随列车速度的变化（$F_{max}=5$ MN）

8.5　撞击荷载作用下桥上列车的走行安全性评价

从前面几节的分析可以看出，撞击荷载的类型、强度，列车的类型、运行速度等都对行车安全性指标有影响。下面通过改变参数作进一步的仿真分析，对撞击荷载作用下高速铁路桥梁上列车走行安全性评价方法和标准进行初步探讨。

8.5.1　分析方法

撞击强度和列车速度是影响高速铁路连续梁桥上列车走行安全性的重要因素。若采用规范限值作为列车运行安全性的评判标准，探讨高速列车在不同撞击强度激励下的临界安全运行速度限值，可按以下步骤进行：

① 保持某一撞击强度不变，模拟列车在这一撞击强度下以不同速度（这里从 100 km/h 开始计算，以 20 km/h 的增量提高）通过桥梁的情况，计算车辆的各项安全指标（脱轨系数、轮重减载率、轮轨横向力），直至有一项指标超出相应的限值要求，则此时的车速减去 20 km/h 后，作为在该撞击强度下列车在桥

上安全运行的临界车速。例如，如图 8.53 所示，对应于 20 MN 撞击强度的荷载，车速为 200 km/h 时的脱轨系数为 0.724，满足安全限值（此车速下的轮重减载率或轮轨横向力也满足限值），而车速为 220 km/h 时的脱轨系数为 1.119，超过了 0.8 的安全限值，这时，无论 220 km/h 时轮重减载率或轮轨横向力是否超标，将 200 km/h 作为对应于 20 MN 撞击强度的临界车速。

② 保持撞击力的波形特性不变，从 0 MN 起算（无撞击的情况），以 2.5 MN 的增量依次加大撞击力的强度，对应于每一级撞击强度，按上述方法计算保证列车在桥上运行安全的临界车速。

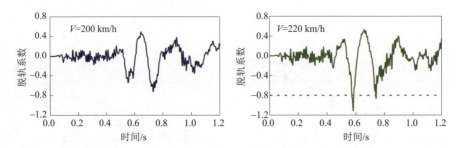

图 8.53　对应于某个撞击强度的列车安全运行临界车速确定方法

8.5.2　流冰撞击荷载作用下的 ICE3 列车走行安全阈值

仍以三跨连续梁桥、德国 ICE3 高速列车、佳木斯冰撞荷载为例，说明如何确定流冰撞击荷载作用下列车走行安全阈值的方法。按上述方法计算了在不同强度撞击力的激励下，列车以不同速度通过桥梁时的脱轨系数、轮重减载率和轮轨横向力等行车安全指标的最大值。以脱轨系数为例，如表 8.8 所示。

表 8.8　不同撞击强度、车速情况下脱轨系数最大值

车速/ (km/h)	撞击强度/MN															
	0	2.5	5	7.5	10	12.5	15	17.5	20	22.5	25	27.5	30	32.5	35	37.5
100	0.116	0.116	0.121	0.148	0.176	0.222	0.269	0.318	0.369	0.422	0.478	0.536	0.596	0.659	0.726	0.869
120	0.140	0.144	0.152	0.160	0.180	0.211	0.243	0.277	0.313	0.349	0.387	0.427	0.467	0.517	0.569	
140	0.166	0.166	0.172	0.223	0.295	0.372	0.453	0.541	0.634	0.734	0.841	0.956	1.079	1.213	1.357	
160	0.208	0.210	0.211	0.216	0.270	0.327	0.387	0.450	0.517	0.589						
180	0.242	0.250	0.258	0.331	0.407	0.486	0.570	0.657	0.748	0.856						
200	0.292	0.314	0.336	0.358	0.381	0.439	0.527	0.620	0.724							
220	0.330	0.315	0.353	0.449	0.560	0.681	0.813	0.959	1.119							
240	0.398	0.407	0.454	0.501	0.550	0.600										

续表

车速/ (km/h)	撞击强度/MN															
	0	2.5	5	7.5	10	12.5	15	17.5	20	22.5	25	27.5	30	32.5	35	37.5
260	0.460	0.504	0.550	0.597	0.647	0.698										
280	0.532	0.532	0.532	0.553	0.618	0.686										
300	0.640	0.641	0.655	0.688	0.745	0.852										
320	0.764	0.793	0.904	0.904	1.023											
340	0.895	0.895														

可以看出，对应每一级撞击强度，脱轨系数最大值总体上随列车速度提高而增大，到一定车速时，将超过 0.8 的安全限值，如表中的蓝色斜体数字所示，此时对应的低一级列车速度即为对应撞击强度的临界车速，如表中的红色数字所示。

再以从表中得到的对应各撞击强度的列车安全运行临界速度为纵坐标，以撞击强度为横坐标，则可以得到如图 8.54 所示的一组分布曲线。显然，这些曲线代表了撞击强度与确保桥上列车安全运行的临界速度之间的关系。

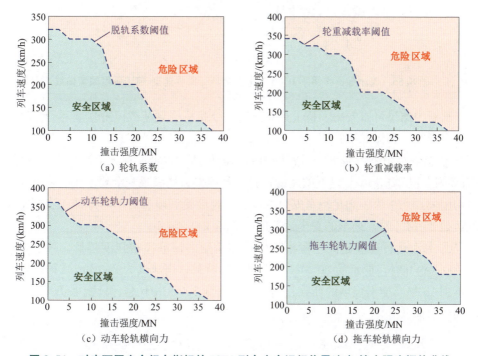

图 8.54　对应不同安全行车指标的 ICE3 列车安全运行临界速度-撞击强度阈值曲线

从上图可以看出，这些曲线分别将各图形分成了两个区域：在曲线的左下方，列车的相应安全指标满足规范给出的限值要求，说明该项行车指标处于安全状态；在曲线的右上方，相应指标超过了安全限值，说明该项指标已经影响了列车运行安全。

进一步将这几项安全指标所得到的撞击强度-列车临界速度阈值曲线绘在一个图上，连接对应不同撞击强度的各曲线的临界车速最小值，形成内接包络图，如图 8.55 所示。可以看出，内包络曲线也将各图形分成两个区域：在曲线的左下方，列车的各项行车安全指标均满足限值要求，说明列车运行处于安全状态；而在曲线的右上方，至少有一项指标超过了限值，说明在这种撞击荷载作用下，ICE3 列车的运行处于危险状态。

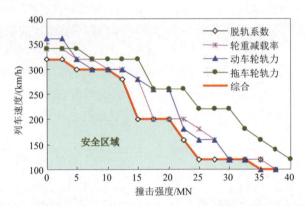

图 8.55　流冰撞击作用下 ICE3 列车安全运行临界速度-撞击强度阈值曲线

从图中结果可以看出，桥上列车运行安全指标受到荷载撞击强度和列车速度的综合影响，具体如下：

① 荷载撞击强度越大，所容许的列车运行速度越低。在无流冰撞击作用下，ICE3 列车以 320 km/h 以下的速度行驶，各项参数均满足安全要求。随着撞击强度的增大，列车为了满足行车安全的需要，速度受到限制而不断降低。当撞击强度达到 35 MN 时，列车的安全运行速度降到 100 km/h。

② 列车运行速度越高，车桥系统所能承受的荷载撞击强度越低。列车速度为 200 km/h 时，能承受 20 MN 撞击强度的荷载；当速度为 250 km/h 时，能承受不到 15 MN 撞击强度的荷载；当速度提高到 300 km/h 时，只能承受 5 MN 撞击强度的荷载。

8.5.3　综合考虑几种撞击荷载作用的 ICE3 列车走行安全阈值

有些桥梁可能受到几种撞击荷载的作用，例如在北方冬季有流冰、夏季又通航的河流，桥梁除了受到流冰撞击以外，还可能受到船舶撞击。在这种情况下，可以用类似的方法分别得到几种撞击情况下的阈值曲线，图 8.56 中考虑了佳木斯流冰、通河流冰、船舶三种撞击情况。

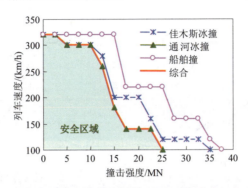

图 8.56　考虑三种撞击荷载作用的 ICE3 列车安全运行速度阈值

由于几种撞击荷载不会同时发生，只需将对应不同撞击荷载的几条阈值曲线绘在同一个坐标系中，取几条曲线的内包络线，就可以进一步得到桥梁在佳木斯流冰、通河流冰和船舶三种荷载撞击情况下保证 ICE3 高速列车运行安全的综合阈值曲线，如图中的粗实线所示。

从图中结果可以看出，三种撞击荷载中，通河流冰撞击作用对 ICE3 列车行车安全的影响比佳木斯流冰和船舶撞击要大。例如，船舶撞击强度达到 15 MN 时，ICE3 列车仍然可以 320 km/h 的速度安全行驶，佳木斯流冰以该速度撞击时，列车速度就必须降到 200 km/h，而通河流冰以同样速度撞击时，列车安全运行速度只能到 180 km/h。从整个综合阈值曲线来看，其安全区域边界基本上由通河流冰所决定。综合考虑这几种撞击荷载，当撞击强度达到 15 MN 时，速度为 200 km/h 和 250 km/h 时高速列车运行安全将受到影响，撞击强度为 10 MN 时，300 km/h 的速度将是 ICE3 列车安全运行的极限。

8.5.4　几种撞击荷载作用下不同列车走行安全阈值的比较

前面几节是以德国 ICE3 列车作为分析对象得到的结果。下面，仍以三跨连续梁桥和三种撞击荷载为例，对桥梁受到不同强度荷载撞击作用下，德国 ICE3、日本 E500 和我国 CRH_2 三种列车运行安全的速度阈值进行对比分析。

为便于对比，将综合考虑三种荷载撞击桥梁情况下计算得到的日本 E500 和我国 CRH_2 列车运行安全阈值曲线也绘在同一坐标系中，如图 8.57 所示。

结合图 8.56、图 8.57 可以看出，在桥梁受到各种撞击荷载作用时，不同列车的运行安全阈值的差别很大。总体上看，在所考虑的三种撞击荷载中，通河流冰荷载对高速列车运行安全的影响最大，佳木斯流冰荷载次之，而船舶撞击荷载的影响最小。特别是对 ICE3 和 E500 列车，这种情况最为明显，其运行安全阈值曲线均由通河流冰撞击荷载控制。

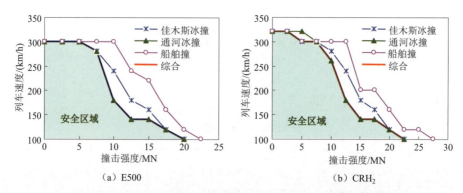

图 8.57　几种撞击荷载作用下各种列车安全运行速度阈值曲线

进一步将图 8.56、图 8.57 中各种列车考虑三种撞击荷载后的综合影响阈值曲线绘在同一个坐标系中，如图 8.58 所示。

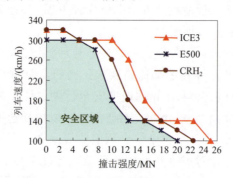

图 8.58　各种列车考虑不同荷载综合影响的安全运行速度阈值曲线

由图 8.58 可以总结出如下的规律：

① 桥梁受到撞击时，对桥上高速列车的运行安全影响是很大的。以日本 E500 列车为例：撞击强度为 5 MN 以下时，列车的安全运行速度为 300 km/h；撞击强度为 7.5 MN 时，安全速度开始降低到 280 km/h；撞击强度为 10 MN 时，为保证列车安全，列车只能以 200 km/h 以下的较低速度运行。

② 综合考虑三种荷载撞击桥梁时，三种列车运行速度安全阈值曲线大体上是平行的：日本 E500 列车运行安全受到的影响最大，国产 CRH_2 列车受到的影响次之，而德国 ICE3 列车受到的影响相对较小。例如，无撞击作用的 E500 列车安全行驶速度为 300 km/h，而撞击峰值达到 20 MN 时，列车的安全运行速度

仅为 100 km/h。同样是 20 MN 的峰值荷载强度，CRH$_2$ 列车的安全运行速度可以保持在 120 km/h，而 ICE3 列车的安全运行速度则可以保持在 140 km/h。撞击强度达到 22.5 MN、25 MN 时，这两种车的安全速度才分别降到 100 km/h。

③ 结合表 8.7、表 8.8 中各种列车的参数可以看出，列车按 "(3 动 + 1 拖) × 4" 的动车组编组时，日本 E500 列车的轴重最轻且转向架自振频率最高，而 ICE3 列车的轴重最重且转向架自振频率最低，说明桥梁被撞击后，轴重较轻、一系悬挂刚度较大的列车更容易受到影响。

8.5.5 规律与结论

通过本章的算例分析，总结得到了如下的规律和结论：

① 桥梁受到撞击后，墩顶和跨中的位移、加速度均比不考虑撞击作用时要大很多。撞击作用对高速列车（轨道平顺状态较好、车体质量较轻）的行车安全指标的影响比普通列车（轨道平顺状态较差、车体质量较重）的要大。

② 对于各种撞击荷载和各种列车，总的趋势是撞击强度越大、列车速度越高，对行车安全的影响越大。

③ 对桥梁结构的动力响应来说，撞击荷载的脉冲作用时间比桥梁的自振周期长时，对桥梁横向位移的影响较大，而作用时间短、加载速率快（冲击作用明显）的脉冲则主要影响桥梁的振动加速度。

④ 对桥上行驶的高速列车来说，其行车安全指标主要受单个撞击力峰值和荷载脉冲宽度的影响，作用时间短、加载速率快的脉冲（如通河流冰荷载）撞击时的影响比作用时间长、加载速率慢的脉冲（如船舶荷载）撞击时要大。

⑤ 不同类型的列车行车安全指标对于桥梁受到撞击时的敏感度不同，轴重较轻、一系悬挂刚度较大的列车更容易受到撞击的影响。

需要指出的是，本章只是通过一座桥梁作为算例，初步研究了撞击荷载下桥上列车的运行安全问题，算例分析是在许多假定条件下进行的，这种方法及所得到的规律和结论，仅供高速铁路桥梁的抗撞击研究参考。实际上，撞击荷载的类型、作用位置和方向、桥梁结构的类型、列车类型、轨道条件等都将对计算结果产生影响，对于实际桥梁来说，还需要在具体考虑这些因素后，通过详细的分析才能得出实用的结论。

此外，研究中只考虑了桥梁在撞击荷载作用下产生强烈振动但并没有损伤的情况。当桥梁在撞击作用下发生损伤时，结构会产生塑性变形。这不仅改变了桥梁的结构特性，同时还会严重影响桥上线路的平顺性，直接导致列车脱轨的风险。这种情况非常复杂，需要进一步开展研究。

参 考 文 献

BUTH E C, 2009. Guidelines for designing bridge piers and abutments for vehicle collisions – semi-annual report [S]. TX, USA: Texas Transportation Institute, College Station.

CONSOLAZIO G R, CHUNG J H, GURLEY K R, 2003. Impact simulation and full-scale crash testing of a low profile concrete work zone barrier [J]. Computers and structures, 81 (13): 1359-1374.

DERUCHER K N, 1984. Bridge pile damage upon vessel impact [J]. Computers and structures, 18 (5): 931-935.

DONG J W, LI Z J, LU P, et al., 2012. Design ice load for piles subjected to ice impact [J]. Cold regions science and technology, 71 (2): 34-43.

EL-TAWIL S, SEVERINO E, FONSECA P, 2005. Vehicle collision with bridge piers [J]. Journal of bridge engineering, 10 (3): 345-353.

FAN W, YUAN W C, 2012. Shock spectrum analysis method for dynamic demand of bridge structures subjected to barge collisions [J]. Computers and structures, 90-91: 1-12.

LIU Y, 2011. Numerical simulation of dynamic ice action on cross-sea bridge foundation [C] // 2nd International Conference on Mechanic Automation and Control Engineering, MACE: 6625-6628.

MANEN S E, 2001. Ship collision due to the presence of bridges [R]. Technical report, PIANC General Secretariat, Brussels.

SHARMA H, HURLEBAUS S, GARDONI P, 2012. Performance-based response evaluation of reinforced concrete columns subject to vehicle impact [J]. International journal of impact engineering, 43 (5): 52-62.

TIMCO G W, JOHNSTON M, 2003. Ice loads on the Molikpaq in the Canadian Beaufort Sea [J]. Cold regions science and technology, 37 (2): 51-68.

TIMCO G W, 2011. Isolated ice floe impacts [J]. Cold regions science and technology, 68 (2): 35-48.

TUHKURI J, 1995. Experimental observations of the brittle failure process of ice and ice-structure contact [J]. Cold regions science and technology, 23: 265-278.

XIA C Y, LEI J Q, ZHANG N, et al., 2011. Dynamic analysis of a coupled high-speed train and bridge system subjected to collision load [J]. Journal of sound and vibration, 331 (10): 2334-2347.

XIA C Y, XIA H, ZHANG N, et al., 2013. Effect of truck collision on the dynamic response of train-bridge systems and running safety of high-speed trains [J]. International journal of structural stability and dynamics, 13 (3): 1-18.

XIA C Y, XIA H, DE ROECK G, 2014. Dynamic response of a train-bridge system under collision loads and running safety evaluation of high-speed trains [J]. Computers and structures，140，23-28.

XIA C Y，MA J，XIA H，2015. Dynamic analysis of a train-bridge system to vessel collision and running safety of high-speed trains [J]. Vibroengineering PROCEDIA，5：509-514.

XU L J，LU X Z，SMITH S T，et al.，2012. Scaled model test for collision between over-height truck and bridge superstructure [J]. International journal of impact engineering，49：31-42.

XU L J，LU X Z，GUAN H，et al.，2013. Finite element and simplified models for collision simulation between over-height trucks and bridge superstructures [J]. Journal of bridge engineering，ASCE，18（11）：1140-1151.

YU T L，YUAN Z G，HUANG M L，2009. Experiment research on mechanical behavior of river ice [C] // Proc. the 19th International Symposium on Ice，Vancouver：519-530

YUE Q J，GUO F W，KÄRNÄ T，2009. Dynamic ice forces of slender vertical structures due to ice crushing [J]. Cold regions science and technology，56（2-3）：77-83.

ZHANG Y L，LIN G，LI Z J，et al.，2002. Application of DDA approach to simulate ice-breaking process and evaluate ice force exerting on the structure [J]. China ocean engineering，16（3）：273-282.

陈诚，2006. 桥梁设计船撞力及损伤状态仿真研究 [D]. 上海：同济大学.

陈向东，金先龙，杜新光，2008. 基于并行算法的船桥碰撞数值模拟分析 [J]. 振动与冲击，27（9）：82-86.

郭峰玮，2010. 基于实验数据分析的直立结构挤压冰荷载研究 [D]. 大连：大连理工大学.

韩艳，2000. 河冰对桥梁桥墩结构作用的计算方法研究 [D]. 哈尔滨：哈尔滨建筑大学.

何振星，2008. 路桥损伤及破坏中若干力学问题的研究 [D]. 太原：太原理工大学.

胡志强，顾永宁，高震，等，2005. 基于非线性数值模拟的船桥碰撞力快速计算 [J]. 工程力学，22（3）：235-240.

李升玉，王曙光，徐秀丽，等，2006. 船舶与桥墩防撞系统碰撞的数值仿真分析 [J]. 自然灾害学报，15（5）：100-106.

陆新征，何水涛，黄盛楠，2011. 超高车辆撞击桥梁上部结构研究：破坏机理、设计方法和防护对策 [M]. 北京：中国建筑工业出版社.

罗琳，2008. 船桥碰撞理论及猎德大桥防撞装置的性能研究 [D]. 长沙：长沙理工大学.

王君杰，陈诚，2007. 桥墩在船舶撞击作用下的损伤仿真研究 [J]. 工程力学，24（7）：156-160.

王君杰，颜海泉，钱铧，2006. 基于碰撞仿真的桥梁船撞力规范公式的比较研究 [J]. 公路交通科技，23（2）：68-73.

武文华，于佰杰，许宁，等，2008. 海冰与锥体抗冰结构动力作用的数值模拟 [J]. 工程力学，25（11）：192-196

颜海泉，2004. 桥梁船撞有限元仿真分析 [D]. 上海：同济大学.

余敏，查小雄，2011. 实空心钢管混凝土柱在汽车撞击下的性能研究 [J]. 建筑钢结构进展，13（1）：57-64.

第 9 章

桥梁基础不均匀沉降和冲刷效应下的车桥系统动力分析

本章介绍了桥梁基础不均匀沉降的影响因素以及桥墩基础冲刷的作用机理，提出了列车循环加载下桥梁基础累积沉降的预测方法，并结合工程实例对新建铁路桥梁基础施工引起的邻近既有线桥墩基础不均匀沉降进行了数值模拟分析，研究了桥梁基础不均匀沉降对车桥系统动力响应的影响，提出了保证列车运行安全性和乘客舒适性的车速-基础不均匀沉降量阈值曲线，给出了冲刷深度的计算公式，研究了单桩基础刚度及群桩基础等效刚度的计算方法，分析了冲刷效应对桥梁基础刚度及车桥动力响应的影响。

9.1   桥梁基础不均匀沉降

自我国高速铁路大规模建设和运营以来，不少线路出现了桥梁基础不均匀沉降问题，这引起了工程建设、运营管理和科研人员的重视。相邻墩台基础的不均匀沉降会使桥梁上部结构出现扭曲变形，造成结构的内力重分布，当差异沉降过大时，会导致轨道底座板开裂，劣化材料的耐久性，从而影响桥梁结构的安全性。

引起桥梁基础不均匀沉降的影响因素主要有以下 3 方面。

1. 地基土的累积变形

地基土的累积变形主要包括地基土由于桥梁结构自重引起的静沉降和列车动荷载作用引起的动沉降。多年来，我国东部平原区的地面沉降日趋严重，并形成了多个沉降中心。京沪高速铁路施工前对北京黄村至山东德州之间的地面沉降进行了多年的监测，监测资料表明：该路段多年累积地面沉降量已达 300～1 500 mm，而年平均沉降量也在 20 mm 以上，其中天津至沧州部分路段的年平均沉降量高达50～90 mm，远远超过高速铁路桥梁工后沉降的容许值（李国和 等，2008；祁彪，2009）。高速铁路运营后，列车运行时间长，行车间隔短，在列车运行过程中，桥梁结构频繁承受加载与卸载，对基础产生较大的竖向动荷载，再加上梁跨、支座、轨道等恒载的作用，将会引起桥梁基础附近地面的更大沉降。

京津城际铁路投入运营后，也出现了不同程度的桥梁基础沉降，其中亦庄沉降区最为显著，最大沉降量达到 690 mm（宋国华 等，2010）。该沉降区包括 7 座连续梁桥和多座 32 m 或 24 m 简支箱梁桥，发生较大差异沉降的位置有 7 处：2 处位于连续梁，5 处位于简支梁，其中跨五环连续梁 283 号墩和 284 号墩间的差异沉降达到了 60 mm。铁道科学研究院在武清段设置了沉降观测控制网，其中 K82＋968～K86＋786 区间的实测沉降曲线如图 9.1 所示（翟婉明 等，2014）。可以看出，以 2011 年 9 月为基准，至 2013 年 3 月，该区间的最大沉降量为 27.5 mm，而 2012 年 12 月至 2013 年 3 月，K84＋836～K84＋970 段的沉降最为显著，最大沉降量超过了 12 mm。

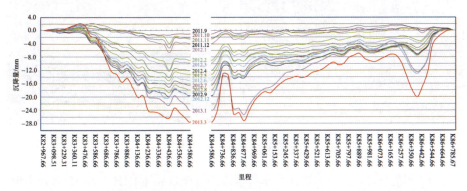

图 9.1　京津城际高速铁路武清段 K82＋968～K86＋786 段实测沉降曲线
（2011.9—2013.3，以 2011.9 为基准）

2. 桥梁范围内堆荷

对京津城际铁路一些沉降较大的桥梁调查发现，在许多桥墩周围的空地上，堆有大量的砂石料、石材成品及半成品等，还有些后建的停车场和建筑物（曹芳民，2014）。这些在桥梁运营后增加的荷载会使桥梁基础周围地基土产生较大的附加应力，进而造成局部不均匀沉降。

京沪高铁 1309 区段因垃圾堆场挤压，造成桥墩平面偏移 94 mm，最大沉降量 92 mm。经最大可能整治，平面偏差依旧没有得到改善，导致该区段限速 160 km/h。

3. 邻近既有高速铁路线的桥梁施工

近年来，随着高速铁路运营里程的持续增加，路网不断加密，邻近既有线的新线建设、增建第二线及车站改造等情况越来越多，导致了许多新建线路与既有线交叉（见图 9.2）、并行（见图 9.3）等邻近既有线施工的情况。

图 9.2　新建高速铁路桥梁跨越既有线施工

图 9.3　新建高速铁路桥梁在既有线附近平行施工

2012 年 4 月 25 日，D281 次列车行至京沪高速铁路下行 K1008＋800 处出现了较严重的晃车现象，经检查发现线路几何形态明显超出规定限值。事后查明，在建的南京地铁 12 号线在此处与京沪高速铁路并行，地铁线路的桥梁基础施工距离京沪高铁承台非常近，但施工方未按照施工安全管理相关规定作业，直接导致了这起事件。根据上海铁路局的统计，仅在 2009 年，该局管内由于邻近施工影响既有线桥梁基础稳定，造成晃车等险情的就有 20 余起，有的还造成了行车事故。

高速铁路对桥梁和轨道的变形、平顺性及稳定性有严格的要求，深入研究桥梁基础不均匀沉降对高速列车运行安全性的影响有着十分重要的意义。

9.2　列车循环加载引起桥梁基础累积沉降的预测

交通荷载作用下的地基累积沉降预测比较复杂，关于列车荷载引起的桥梁基础沉降问题无论是理论还是试验研究起步都比较晚。本节采用分层总和法，根据临界状态理论推导出累积塑性变形模型和累积孔压模型（李进军，2005；黄茂松等，2006；刘明 等，2006），对列车循环加载引起的桥梁基础累积沉降进行预测。

计算步骤可概括为以下三步：

① 基于拟静力法，计算在桥梁基础底部各分层深度处土体由结构自重引起的静应力和列车荷载引起的动应力；

② 根据地基的应力水平和列车循环加载次数，分别利用循环累积塑性变形模型和累积孔压模型，计算桥梁基础底部各分层深度处土体的累积塑性变形和累积孔压变形；

③ 分别计算各分层土体由不排水累积塑性变形引起的沉降和不排水累积孔压消散引起的固结沉降，两者之和即为各分层土体的累积变形量，最后将所有分层土体的累积变形叠加，得到桥梁基础的总累积沉降量。

为简化求解过程，分析时引入以下几项假定：

① 由于基础沉降量相对桥梁几何尺寸很小，忽略其对车辆—桥梁系统竖向动力性能的影响；

② 由于局部均布荷载作用下半无限土体中产生的应力在水平方向衰减很快，求解桥梁基础累积沉降时忽略邻近桥梁的影响；

③ 桥梁基础的累积沉降量与基础底面处土体的累积沉降量一致；

④ 地基的最底层位于基岩上，即认为模型底部的竖向位移为零。

基于上述假定，以桥梁桩基础为例，建立了列车循环加载引起的桥梁基础累积沉降计算模型，其示意图如图 9.4 所示。

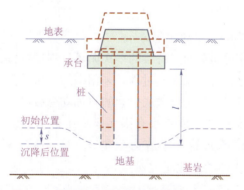

图 9.4　桥梁基础累积沉降计算模型示意图

9.2.1　土体中应力状态的确定

为了准确预测列车荷载作用下桥梁基础的附加沉降，根据场地的实际情况建立三维有限元模型。首先确定地基土的应力状态，即土体在自重作用下的平均有效固结压力，然后确定桥梁完工后由于土体、桥梁结构及附属设备自重引起的初始静偏应力和列车荷载引起的动偏应力。

1. 土体平均有效固结压力 p_c

一般认为，土体的平均有效固结压力完全由土体的自重引起，求解时假定土体处于固结状态，首先利用求解深度上部土体的自重确定该点土体的竖向应力 σ_g，然后通过土体的侧限系数 K_0 来考虑周围土体侧向应力对竖向应力的约束。任一深度处的土体平均有效固结压力 p_c 按下式计算

$$p_c = \frac{1+2K_0}{3}\sigma_g = \frac{1+2K_0}{3}\sum_{i=1}^{n}\gamma_i h_i \tag{9.1}$$

$$K_0 = \frac{\nu}{1-\nu} \tag{9.2}$$

式中，ν 是求解深度处土体的泊松比；n 是求解深度上部的土层数；γ_i 是求解深度上部第 i 层土体的有效容重；h_i 是求解深度上部第 i 层土体的厚度。

2. 土体中初始静偏应力 q_s

假设土体中的初始静偏应力仅由梁体、桥面设备、桥墩及土体的自重引起，建立桥梁基础-分层土体的三维有限元模型，其中基础-土体接触面用接触单元来模拟。将桥墩和上部结构的自重荷载施加于桩基础的承台顶部，通过计算桩底不同深度处土体单元的 6 个应力分量 σ_x、σ_y、σ_z、$\tau_{xy}=\tau_{yx}$、$\tau_{yz}=\tau_{zy}$ 和 $\tau_{xz}=\tau_{zx}$，得到土体的初始静偏应力 q_s

$$q_s = \sqrt{\frac{1}{2}\left[(\sigma_x-\sigma_y)^2+(\sigma_y-\sigma_z)^2+(\sigma_x-\sigma_z)^2+6(\tau_{xy}^2+\tau_{yz}^2+\tau_{xz}^2)\right]} \tag{9.3}$$

3. 列车荷载引起的土体动偏应力 q_d

利用有限元软件对列车通过桥梁的单次循环过程进行模拟，得到其在土体内产生的最大动偏应力。为简化求解过程，采用拟静力法计算。首先通过车桥耦合动力分析模型求解列车通过时在墩底引起的附加动荷载最大值，然后将其作为外荷载施加到桥梁基础-分层土体三维有限元模型中桩基础的承台顶部，分别求出桩底不同深度处土体单元的 6 个应力分量 σ_x、σ_y、σ_z、$\tau_{xy}=\tau_{yx}$、$\tau_{yz}=\tau_{zy}$ 和 $\tau_{xz}=\tau_{zx}$，进而得到土体的动偏应力 q_d

$$q_d = \sqrt{\frac{1}{2}\left[(\sigma_x-\sigma_y)^2+(\sigma_y-\sigma_z)^2+(\sigma_x-\sigma_z)^2+6(\tau_{xy}^2+\tau_{yz}^2+\tau_{xz}^2)\right]} \tag{9.4}$$

4. 相对偏应力水平 D^*

为了综合考虑静偏应力和动偏应力水平的影响，引入相对偏应力水平的概念。桥梁基础底部土体在不同深度处的相对偏应力水平 D^* 定义为

$$D^* = \frac{q_p-q_s}{q_{ult}-q_s} \tag{9.5}$$

式中，q_s 和 q_p 分别为桩底某求解深度处的初始静偏应力和峰值偏应力；q_{ult} 为地

基土不排水极限强度，通过下式求解（刘明 等，2006）

$$q_{ult} = (0.5)^{1-\frac{\kappa}{\lambda}} M p_c \tag{9.6}$$

式中，λ 和 κ 分别为 $e - \ln p$ 空间中的正常固结线和回弹线斜率；M 为修正剑桥模型的临界状态线斜率；p_c 为桩底某求解深度处的土体平均有效固结压力。

式（9.5）中用到了峰值偏应力 q_p。峰值偏应力为动偏应力 q_d 和静偏应力 q_s 作用效应的叠加。列车通过时，由于桥梁上部结构自重引起的墩底附加荷载一直存在，所以将引起动偏应力 q_d 和静偏应力 q_s 的荷载同时施加到桥梁基础-分层土体三维有限元模型中的桥梁基础的承台顶部，计算出桩底不同深度处土体在 6 个方向的应力分量，利用下式即可得到峰值偏应力 q_p

$$q_p = \sqrt{\frac{1}{2}\left[(\sigma_x - \sigma_y)^2 + (\sigma_y - \sigma_z)^2 + (\sigma_x - \sigma_z)^2 + 6(\tau_{xy}^2 + \tau_{yz}^2 + \tau_{xz}^2)\right]} \tag{9.7}$$

9.2.2　累积孔压的计算

动三轴试验研究表明，不排水条件下软黏性土的累积孔压与初始静应力水平、一次加载产生的动应力水平及循环加载次数等因素有关。基于前面计算得到的平均有效固结压力 p_c 和相对偏应力水平 D^*，利用黄茂松等提出的拟合公式，即可求解列车循环加载引起的不同深度处地基土的累积孔压 u（李进军，2005）

$$u = \zeta D^{*n} N^\beta p_c \tag{9.8}$$

式中，参数 ζ 和 n 为常数；β 为表征土体类型、物理状态和应力状态的参数；它们均可通过试验得到；N 为循环加载次数。

9.2.3　列车荷载作用下桥梁基础附加沉降计算

一般认为，列车循环加载引起的桥梁基础附加沉降量等于其底部土体的不排水累积变形量 s，它由两部分组成：① 由不排水累积变形引起的沉降 s_s；② 由累积孔压消散引起的固结沉降 s_v，以上两部分均采用分层总和法计算。为了保证求解精度，分层厚度不能过厚，一般每层土体的厚度取 $1\sim 2$ m。

1. 列车荷载作用下不排水累积变形引起的沉降 s_s

取桥梁基础底部一定厚度的地基土作为压缩计算土体，将其分为若干薄土层，基于前面求解得到的基础底部土体在不同深度处的应力，确定每层土体中心点处的不排水累积塑性应变 ε^p，并将其作为该层土体不排水累积应变的平均值，进而利用分层总和法计算 s_s

$$s_s = \sum_{i=1}^{n} \varepsilon_i^p h_i = \sum_{i=1}^{n} a D_i^{*m} N^\beta h_i \tag{9.9}$$

式中，$\varepsilon^p = a D_i^{*m} N^\beta$ 是第 i 层土体的累积塑性应变；h_i 是第 i 层土体的厚度；n

是土体压缩层的分层数；a 和 m 为试验参数，通过土体的三轴试验确定。

2. 列车荷载作用下不排水累积孔压消散引起的固结沉降 s_v

利用桩底不同深度处的土应力和式（9.8）确定每层土体中心点处的累积孔压 u，将其作为该层土体累积孔压的平均值，再根据 Terzaghi 一维固结理论计算每层土体的固结变形量，进而利用分层总和法计算 s_v：

$$s_v = \sum_{i=1}^{n} m_{vi} h_i u_i U_i \tag{9.10}$$

式中，n 是土体压缩层的分层数；对于第 i 层土体，h_i 是土体的厚度，u_i 是土体的不排水累积孔压，m_{vi} 是土体的体积压缩系数，U_i 是土体的固结度。虽然不排水累积孔压并不会迅速消散，但从长期效应来讲，可以认为届时累积孔压已经完全消散，即取 $U_i = 100\%$，这样处理在工程中是偏于保守的。

将所求得的 s_s 和 s_v 叠加到一起，即为由列车循环加载引起的桥梁基础附加沉降量 s。根据本节介绍的计算思路，做出具体的计算流程，如图 9.5 所示。

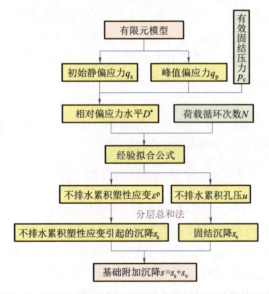

图 9.5　列车荷载引起的桥梁基础累积沉降计算流程图

9.2.4　算例分析

通过下面的算例研究列车荷载引起的桥梁基础附加沉降规律。

1. 计算参数

列车主要参数：采用德国 ICE3 高速列车，8 节车辆编组，编组形式为（3 动车＋1 拖车）×2，车辆的轴距排列见图 6.36，主要参数见表 6.8。车辆模型的建立见第5章。

桥梁主要参数：（48+80+48）m 三跨预应力混凝土连续箱梁桥（见图 9.6）；圆端型空心墩，墩高 24 m；桩基础，承台尺寸（长×宽×高）为：18.5 m×14.5 m×4 m，每个承台有 20 根桩，具体布置见图 9.7，桩径 1.5 m，桩长 57 m。在列车—桥梁动力相互作用模型中，桥墩底部边界条件按固结处理。

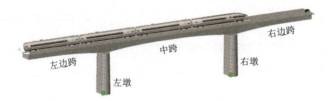

图9.6　桥梁结构模型示意图

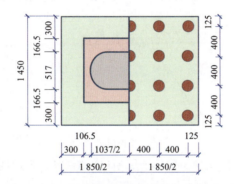

图9.7　桥梁承台及桩基础布置图（单位：cm）

土体模型参数：桩基础—地基模型中的土体参数取自文献（黄茂松 等，2006），地基土共有 4 层，从上到下依次为填土、灰色粉质黏性土、灰色淤泥质黏性土和暗绿色粉质黏性土，各土层的基本参数见表 9.1。

表9.1　土层基本参数

土 层 号	1	2	3	4
土质	填土	灰色粉质黏性土	灰色淤泥质黏性土	暗绿色粉质黏性土
土层厚度/m	15.6	5.10	8.30	51.0
压缩模量/MPa	7.00	11.5	6.00	20.0
密度/（g/cm³）	1.80	1.90	1.93	2.00
固结不排水内摩擦角 φ_{cu}/（°）	17.8	7.80	20.0	23.0
固结不排水黏聚力 c_{cu}/kPa	13.0	10.0	6.50	26.0
泊松比	0.29	0.30	0.37	0.37

地基土累积变形经验公式中所需参数可以通过土样的三轴试验结果拟合得到，对于不同土体拟合得到的参数取值是不同的。本节采用的模型参数取自文献（李进军，2005），取值见表 9.2。

表 9.2　模型参数的取值

a	b	m	ζ	n	β	κ	λ	M
0.34	0.39	2.68	0.002 3	2.19	0.66	0.03	0.13	1.49

利用上述参数进行了车桥耦合振动仿真分析，桥梁结构的阻尼比取 0.03，列车速度范围为 160～360 km/h，积分时间步长为 0.001 s。

2. 列车引起的桥墩底部附加荷载

列车通过桥梁时，会在桥墩底部（承台顶部）引起附加荷载。图 9.8 示出了当列车以 360 km/h 的速度通过桥梁时，桥墩底部的附加荷载时程。

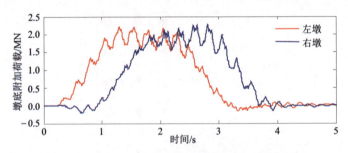

图 9.8　时速 360 km 列车引起的墩底附加荷载时程图

从图 9.8 中可以看出，墩底附加荷载时程以移动静荷载引起的准静态分量为主，每个转向架通过时，都在准静态波形上叠加了一个动态峰值，但其幅值远小于静态分量。根据这一特点，将列车通过时墩底的附加荷载等效为一个半正弦荷载，即认为循环荷载的加载次数 N 就是列车在桥上通过的次数 N。

在车桥耦合振动时考虑了轨道不平顺，而轨道不平顺具有随机性，因此基于德国低干扰谱生成了 10 组轨道不平顺样本，按每组不平顺样本计算列车引起的附加荷载，利用各组计算结果的平均值进行规律性研究。

列车以 160～360 km/h 速度通过桥梁时，墩底附加荷载的最大值随车速的分布如图 9.9 所示。

从图中可以看出，墩底附加荷载的最大值并不是随着列车速度的提高单调增加，而是在某些速度处存在峰值；不同列车速度下墩底附加列车荷载的相对变化量并不大，以左墩为例，列车以 360 km/h 速度通过时引起的墩底附加列车荷载仅比 160 km/h 工况增大 3.8 %，这是因为桥梁跨度较大，桥墩反力的影响线加载长度按2跨梁计算达128 m，冲击系数很小。另外还可看出，右墩底的附加列车荷载略大于左墩底，但相差不大。下面以左墩为例，研究列车循环荷载作用下桥梁基础的附加沉降规律。

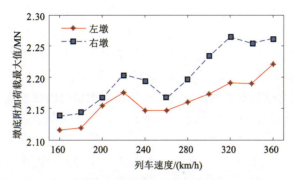

图9.9 墩底附加荷载最大值随列车速度的分布

3. 土体应力状态

基于模型的对称性，利用 Ansys 建立了桩基础-土体的1/4有限元模型（以下简称桩-土模型），如图 9.10 所示。模型中，x、y 方向的水平长度为 60 m，z 方向的长度为 100 m。在 $x=0$、$y=0$ 界面处施加对称约束；在 $x=60$ m、$y=60$ m 界面处约束节点 x、y 方向的位移；在上表面 $z=0$ 处不施加约束；在模型底面 $z=-100$ m 处约束节点的全部位移。根据基础尺寸及土体参数，分别采用 DP 塑性模型和各向同性弹性模型来模拟土体和桩基础（均采用 solid45 单元）；利用 targe170 和 conta173 单元生成"接触对"来模拟桩基础与土体之间的接触作用；模型中的节点和单元数分别为 45 562 和 42 742。

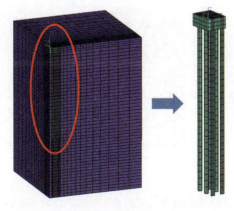

图9.10 桩-土模型

在求解桥梁自重引起的初始静偏应力 q_s 和列车荷载引起的动偏应力 q_d 时，假定土体处于正常固结状态。

首先，建立不含桩基础的土体模型，模型尺寸和网格划分与前面的桩-土模型相同，求解其在自重荷载作用下的土体应力状态，并将其作为场地的初始应力施加到桩-土模型中。桥梁完工后，在其自重荷载和列车运行荷载作用下，土体中的应力场将发生变化，将该应力场与初始应力场的差值称为附加应力场。

图 9.11 为列车以 360 km/h 速度通过时引起的土体附加应力场。可以看出，在承台底部及桩基础底部附近区域内，土体的附加应力出现了应力集中现象，但由于软黏性土塑性的影响，应力集中区域较小；列车荷载引起的附加应力在 z 方向较为明显，应力集中区域也比 x、y 方向大，附加应力主要集中在靠近桩底的一定深度范围内；附加应力在 xz、yz 方向的剪应力分量也比较明显，这是由于桩侧的桩土接触面存在一定的摩阻力，使得桩基础发生竖向位移时带动桩周土体发生较大的剪切变形所致。

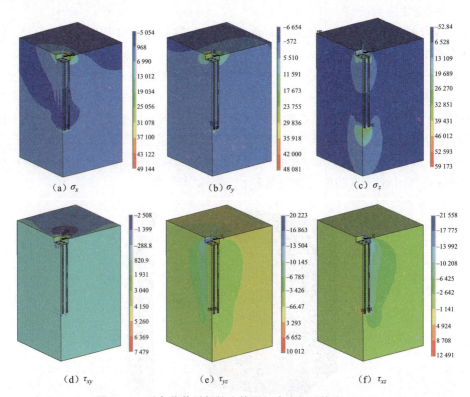

图 9.11 列车荷载引起的土体附加应力场（单位：Pa）

桥梁自重（含桥上附属结构）引起的土体附加应力场与图 9.11 类似，附加应力亦主要集中在桩底一定深度范围内，如图9.12 所示。

　　从图中可以看出，由桥梁自重引起的桩底土体的附加应力随着距桩底距离的增加迅速衰减。如距桩底 10 m 深度处，土体的 x、y、z 方向附加正应力分别为桩底的 11.9%、14.5% 和 41.9%。

　　桥梁自重引起的土体位移分布如图 9.13 所示。可以看出，在桥梁自重作用下，受承台底部土体变形及桩土接触面摩擦的影响，桩周土体会随着桩基础向下移动，同时桩底土体会向四周产生一定量的横向位移，即桩底附近区域的土体被向下移动的桩基础向周围挤出。

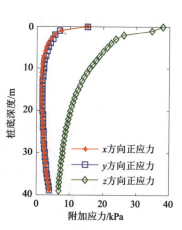

图 9.12　桥梁自重引起的土体
附加应力场

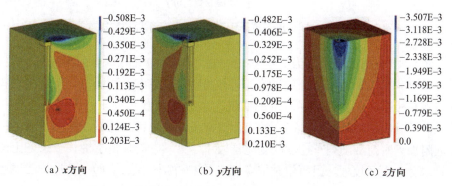

（a）x 方向　　　　　　　（b）y 方向　　　　　　　（c）z 方向

图 9.13　桥梁自重引起的土体位移分布图（单位：m）

图 9.14　土体应力取样点
布置图

　　由上面的分析可知，桩基础底部一定区域内存在应力集中现象，应力分布是不均匀的，如果仅取桩底单个点进行分析可能会有较大的误差。因此，在求解桥梁自重引起的桩底土体静偏应力 q_s 及列车动荷载引起的动偏应力 q_d 时，桩底选取了 11 个点（见图 9.14），对 11 个点计算结果的平均值进行分析。

4. 循环加载次数对基础附加沉降的影响

　　如前所述，分析时认为循环荷载的加载次数 N 等于列车通过桥梁的次数，同时忽略桩基础附加沉降对墩顶附加力的反影响，即认为 N 次循环中桥梁结构先后受到的列车荷载是一致的。通过图 9.11 和图 9.12

可以看出，地基土累积塑性变形主要集中在距离桩底一定范围内，随着距离的增加，变形量急剧降低，因此在计算循环荷载作用下的桩基础附加沉降量时，将压缩土层厚度取为 30 m。

图 9.15 给出了几种列车速度下桩基础附加沉降量与循环加载次数 N 的关系曲线。可以看出，二者呈指数关系。在运营初期，桩基础附加沉降发展迅速，随着列车循环加载次数的增大，沉降速度逐渐减缓。

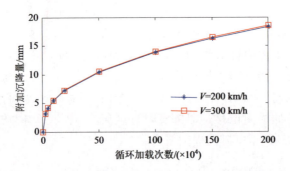

图 9.15　不同列车速度下桩基础附加沉降量与循环加载次数关系图

图 9.16 是当循环次数为 2×10^6 时，桩基础附加沉降量与列车速度的关系。可以看出，基础附加沉降量并非随着列车速度的提高而单调增大，而是在某些速度点存在峰值，这与图 9.9 所示的墩底附加列车荷载随列车速度的变化规律一致。但基础附加沉降随列车速度的变化非常小，几乎可以忽略。这一方面是由于墩底附加列车荷载随列车速度的变化量较小，另一方面是由于桩长较长，土体的不排水剪切强度较大，因而相对偏应力水平 D^* 较小，按式（9.9）计算的地基土累积变形也会较小。

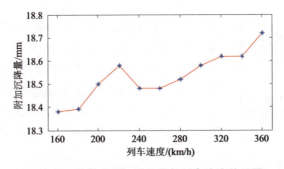

图 9.16　桩基础附加沉降量与列车速度关系图

假定高速铁路的行车间隔是 5 min，则运营一年列车对桥梁的动力加载次数（即列车通过桥梁的次数）约为 1×10^5。在不同运营时间及不同列车速度情况下，由列车循环加载引起的桩基础附加沉降量如表 9.3 所示。从表中可以看出，桥梁基础的附加沉降在前期发展迅速，前 3 个月的附加沉降量即达到运营 20 年时的 16.8%。

表 9.3　由列车循环加载引起的桩基础附加沉降量（单位：mm）

车速/（km/h）	3 个月	6 个月	1 年	2 年	5 年	10 年	15 年	20 年
200	3.1	4.1	5.4	7.2	10.4	13.8	16.3	18.4
220	3.1	4.1	5.4	7.2	10.4	13.8	16.3	18.4
240	3.1	4.1	5.5	7.2	10.5	13.9	16.4	18.5
260	3.1	4.1	5.5	7.2	10.5	14.0	16.5	18.6
280	3.1	4.1	5.4	7.2	10.4	13.9	16.4	18.5
300	3.1	4.1	5.4	7.2	10.4	13.9	16.4	18.5
320	3.1	4.1	5.5	7.2	10.5	13.9	16.4	18.5
340	3.1	4.1	5.5	7.2	10.5	14.0	16.5	18.6
360	3.2	4.2	5.5	7.3	10.5	14.0	16.5	18.6
380	3.2	4.2	5.5	7.3	10.5	14.0	16.5	18.6
400	3.2	4.2	5.5	7.3	10.6	14.1	16.6	18.7
420	3.1	4.1	5.4	7.2	10.4	13.8	16.3	18.4

9.3　新线桥梁基础施工引起邻近既有线桥墩基础不均匀沉降的数值分析

9.3.1　工程概况

新建大同—西安高速铁路（简称新线）皇后园跨原太高速公路特大桥位于太原市阳曲镇及尖草坪区境内。桥梁基础均采用钻孔灌注桩基础，桩径根据地质情况、跨度大小和桥墩高度不同，分为 1.0 m、1.25 m、1.5 m 三种。线路与既有石家庄—太原客运专线（简称既有线）东山过境特大桥 32 号墩～194 号台并行，两者的位置关系如图 9.17 所示。为了分析新建铁路灌注桩及桥墩施工对既有线桥墩的影响，选取最不利的桥墩（既有线 166 号墩，对应新线 156 号墩，两桥墩承台间的净距为 5 m），利用有限元软件 Abaqus 建立三维有限元模型，分别模拟新线 156 号墩的施工过程，分析新建铁路灌注桩及桥墩施工对既有线 166 号墩沉降的影响。

图 9.17　新线桥址与既有线的位置关系

9.3.2　有限元建模

　　根据设计院提供的土工试验报告，既有线 166 号桥墩位置的地基土分为 2 层，参数见表 9.4。模型中桩采用 C30 混凝土，忽略桩中钢筋的影响。由于混凝土的弹性模量和屈服强度远大于土体，整个分析过程中不会出现塑性变形，因此桩体采用弹性本构关系。对于土体，则采用弹塑性本构关系，其中塑性部分采用 Drucker-Prager 本构模型。

表 9.4　既有线 166 号墩周边地基土参数

材料	深度/m	密度/(g/cm³)	泊松比	弹性模量/MPa	内摩擦角/(°)	剪胀角/(°)	屈服力/kPa
土层 1	0~40	2.01	0.3	35	19.39	0	150
土层 2	40~70	2.07	0.3	35	20.54	0	150

　　既有线 166 号墩的承台-桩基模型如图 9.18 所示，其中忽略了承台与桥墩连接处的台阶变化。承台尺寸（长×宽×高）为 12.8 m×5.8 m×4.2 m。桩半径 0.625 m，长 46 m，矩形桥墩，高 6 m，截面尺寸 2.6 m×9.37 m。桩、承台、墩之间通过绑定约束连接为一整体，材料采用 C30 混凝土。桩、承台与四周土体采用摩擦接触，与底面土体采用绑定连接。

　　将要施工的新线 156 号墩的承台-桩基模型如图 9.19 所示。承台尺寸（长×宽×高）为 10.4 m×7 m×2.2 m。桩半径 0.5 m，长 47 m。桩与承台之间通过绑定约束连接在一起，桩与土之间设置摩擦接触。施工前材料属性为土体，切向摩擦系数按土体内摩擦角计算得 $\tan\varphi=0.36$；浇注硬化后为 C30 混凝土，摩擦系数为 $\tan(0.75\varphi)=0.268$。

图 9.18　既有线 166 号墩的承台-桩基模型　　图 9.19　新线 156 号墩的承台-桩基模型

　　桥墩-承台-桩基-分层地基土三维有限元模型如图 9.20 所示：x 方向总长为 95 m，y 方向为 60 m；z 方向为自地面垂直向下，模型总深度在邻近新线施工一侧取为 70 m，既有线一侧取为 72 m。为保障计算精度，同时减少计算量，土体单元网格划分在靠近桩体的区域较密集，远离桩体侧则逐渐稀疏。模型中，土体、桩基、承台及桥墩均采用八节点线性减缩积分单元（C3D8R），在满足计算精度的同时能大大提高计算效率。

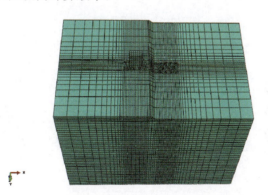

图 9.20　桥墩-承台-桩基-分层地基土三维有限元模型

　　边界条件：① 模型顶面采用自由边界；② 土体底部受完全约束，即约束模型底部节点的所有自由度；③ 侧面受法向约束：约束 $x = 47.5$ m 与 $x = -47.5$ m 边界面上的 x 方向水平位移，$y = 30$ m 与 $y = -30$ m 边界面上的 y 方向水平位移；④ 桩侧面与孔壁之间采用摩擦接触，桩底面与土体之间采用绑定约束。

　　桩土间接触设定：桩土之间采用面面接触，以较硬的桩面为主面，较软的土面为从面；法向接触为"硬接触"（费康等，2009），即桩土接触时可传递法向压应力，分离时则不能传力；切向接触采用罚函数，设置摩擦系数。模型中取土体内摩擦角 $\varphi = 19.39° \sim 20.54°$，桩土摩擦角 $\varphi_1 = 0.75\varphi$，摩擦系数取 0.268。

9.3.3　施工阶段划分

在数值模拟过程中，根据实际情况将新线桥墩施工过程分为多个阶段（见表 9.5），依次分析不同施工阶段引起的既有线桥墩桩体位移、周围地基土沉降、墩顶及承台的空间位移。

表 9.5　施工阶段划分

施工阶段	施 工 内 容
阶段 1	地应力平衡，既有线桥墩承受上部结构荷载
阶段 2	新线 156 号墩第一排 1 号桩基施工完成，包括钻孔、混凝土浇注硬化
阶段 3	新线 156 号墩第一排 1、2、3、4 号桩基施工完成
阶段 4	新线 156 号墩第二排 5、6 号桩基施工完成
阶段 5	新线 156 号墩第三排 7、8、9、10 号桩基施工完成
阶段 6	承台开挖
阶段 7	承台浇注、硬化
阶段 8	新线施工完成，承台顶面施加均布荷载

新线与既有线承台水平面位置和桩基布置如图 9.21 所示。

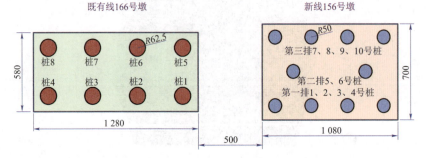

图 9.21　新线 156 号墩与既有线 166 号墩桩基位置布置图（单位：cm）

施工阶段 1： 现场未进行施工，既有线桥墩承受自重及上部结构传递的荷载，分析时考虑梁的自重、二期恒载、列车静活载等的作用。根据相关设计资料，作用在每个墩顶的梁端支座反力取值分别为：自重反力 4 080 kN，二期恒载反力 2 980 kN，列车静活载最大反力 3 790 kN，共计 4 080＋2 980＋3 790 ＝ 10 850 kN，以均布荷载的形式施加在墩顶横截面上。以此作为初始值，后期各阶段产生的位移、沉降等都是去除初始值后的相对值。

施工阶段 2～5： 按图 9.21 中新线 156 号墩的桩号顺序进行施工，分别分析单桩施工及每排桩施工后对既有线基础及桥墩的影响。该阶段利用 Abaqus 模拟时，桩位成孔和混凝土浇注通过生死单元实现，混凝土硬化过程中材料参数的改变通过场变量实现。泥浆护壁时，泥浆密度为 $\rho_2 = 1\,200\ \text{kg/m}^3$，其对土体的作用简化为对孔壁及桩底施加静水压力（王立志，2015）。

施工阶段 6：承台基坑开挖，长×宽×高尺寸为 10.7 m×7 m×2.2 m。

施工阶段 7：承台混凝土浇注，与已有的 1 号~10 号桩成为一体。此处通过绑定来约束承台与桩基的位移。

施工阶段 8：承受上部墩梁自重、二期恒载、列车静活载。在有限元模拟中通过承台顶部施加均布荷载进行模拟，均布荷载的大小为 149 kN/m^2。

下面分别就新线桩基施工、承台基坑开挖、承台混凝土浇注、桥墩施工以及施加上部荷载等几个典型阶段引起的既有线基础和桥墩位移变化进行分析。

9.3.4　新线群桩施工完成后的既有线桩基位移

新线 156 号墩桩基础施工完成后，既有线 166 号墩桩基在 x、y、z 方向的位移分布云图见图 9.22。图中位移正值表明其靠近新线施工侧，负值表明其远离新线施工侧，数值均为与初始状态的差值。

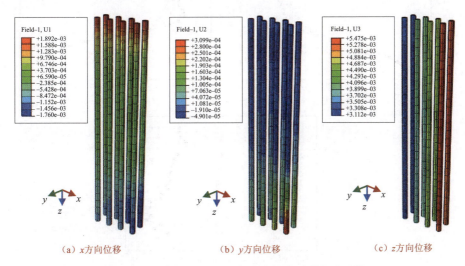

(a) x 方向位移　　　　　(b) y 方向位移　　　　　(c) z 方向位移

图 9.22　新线群桩施工引起的既有线桩基位移云图

从图 9.22 可以看出：

① 新线群桩施工结束后，既有线桩基在垂直轨道 x 方向发生的最大位移为 1.89 mm，位于桩顶；最小值为 -1.76 mm，位于邻近新线的两桩桩底。

② 顺轨道的 y 方向水平位移值较小，与 x、z 方向位移相比差一个数量级，最大值为 0.3 mm，位于近施工侧桩底。

③ 既有线桩基垂向位移最大值 5.5 mm，发生在近施工侧两桩；最小值为

3.1 mm，位于远离施工一侧的两桩；从近施工侧到远施工侧呈递减趋势。

④ 由于混凝土的弹性模量远大于土的弹性模量，群桩基础中每个单桩各节点的垂向位移基本一致。在桩顶处，各排桩的垂向位移线性递增，表明在新线群桩施工时，既有线承台处不仅有整体垂向位移，还存在转动位移。

⑤ 由于群桩在顶部与承台绑定在一起，因此各桩的桩顶位移与承台位移是一致的，x 方向的最大位移均为 1.89 mm。而桩身下部沿 x 方向的横向位移则随着距离新线施工灌注桩的远近呈现差异性，近施工侧桩基位移稍大些。

9.3.5 新线承台开挖后的既有线桩基位移

新线承台开挖后，既有线桩 1、桩 2、桩 3、桩 4（位置见图 9.21）在水平面内的横向位移（垂直轨道方向）、纵向位移（顺轨道方向）和垂向位移曲线如图 9.23 所示。

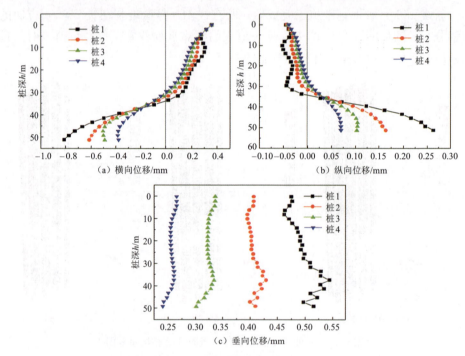

图 9.23　新线承台开挖对邻近既有线桩基的位移影响

从图 9.23 可以看出：① 新线承台开挖后，既有线桩基朝施工侧的倾斜有所减小，桩顶的横向位移最大值为 0.36 mm，与三排灌注桩施工完成后相比减小了 1.53 mm。桩底的横向位移为负值，远离施工一侧，最大值为 −0.8 mm，相比群桩施工完毕后的横向位移略有减小。② 既有线桩基的纵向位移在桩顶位置接近 0，在桩底位置最大值为 0.27 mm，因此纵向位移在该阶段无明显变化。

③ 既有线桩基垂向位移在桩 1 处最大为 0.55 mm，桩 4 处最小为 0.24 mm，均有所减小，表明周围土体有所隆起，这是由于基坑开挖使土体卸载所致。

9.3.6　新线承台混凝土浇筑后的既有线桩基位移

新线承台混凝土浇注后，既有线 1 号～4 号桩的横向位移、纵向位移和垂向位移曲线如图 9.24 所示。

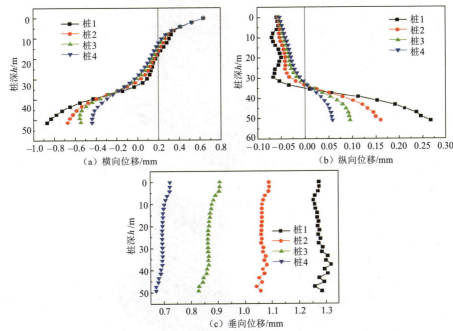

图 9.24　新线承台的混凝土浇注和硬化对附近既有线桩基位移的影响

比较图 9.24 和图 9.23 可以看出：① 承台浇注硬化后，既有桩横向继续朝施工侧倾斜，桩顶最大值为 0.7 mm，比浇筑前增加了 0.34 mm；桩底最大值为 -0.9 mm，与浇筑前相比变化很小。② 纵向位移在承台浇注阶段变化不大。③ 垂向位移大幅度增加，与浇筑前相比，桩 1 从 0.55 mm 增加到 1.3 mm，桩 4 从 0.25 mm 增加到 0.7 mm，这是因为在承台混凝土荷载作用下，靠近新线一侧的地基土增加了变形的缘故。

9.3.7　新线桥墩上部荷载作用后对既有线墩台位移的影响

承台及桩基施工完成后，对承台施加均布荷载来模拟上部结构对承台及基础的作用，荷载的大小见 9.3.3 节。

由于混凝土弹性模量（$E_1 = 30\,000$ MPa）远大于土体弹性模量（$E_2 = 35$ MPa），

桥墩和承台作为一个整体的刚度较大，其水平及竖向位移主要是由整体的平动或转动引起。因此，本节将桥墩与承台作为一个整体进行分析，它们之间通过绑定约束来实现位移的协调一致。

新线 156 号墩施工完成后，既有线 166 号桥墩及其承台在三个方向的位移增量云图如图 9.25 所示。

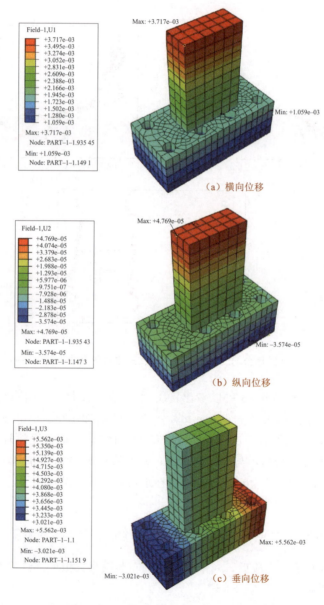

（a）横向位移

（b）纵向位移

（c）垂向位移

图 9.25　既有线桥墩及其承台位移增量云图

从图 9.25 中可以看出，既有线桥墩及其承台发生的位移有如下特点：① 最大横向位移为 3.72 mm，发生在桥墩顶部；最小位移为 1.06 mm，发生在承台底部。上下端的位移值均为正值，表明承台整体向施工侧偏移。② 最大纵向位移为 0.048 mm，位于承台顶部，比横向位移和垂向位移值小两个数量级。③ 最大垂向位移为 5.56 mm，在承台近施工一侧；最小位移为 3.02 mm，在远离施工的一侧。位移值均为正值，表明承台、桥墩均发生了沉降，并整体向施工侧倾斜。

为了更详细地分析新线施工对既有线桥梁墩台垂向不均匀沉降的影响，表 9.6 列出了新线各施工阶段中桥墩和承台横向和垂向位移的最大值及分布。可以看出：① 无论是横向位移还是垂向位移，除了承台基坑开挖阶段引起的位移值减小外，其余各阶段引起的位移值均呈增大趋势，尤其是承受上部结构荷载阶段，数值增大最大；② 桥梁基础的不均匀沉降具有累积效应，且位置都发生在近施工一侧；③ 在各施工阶段，既有桥墩的横向位移大于其承台的横向位移，而最大的垂向位移发生在承台位置处。

表 9.6　各施工阶段既有线桥墩和承台横向和垂向位移最大值及分布

施工阶段	横向位移最大值 /mm		垂向位移最大值 /mm	
	承台	墩	承台	墩
施工前	0	0	0	0
第一根桩施工完成	0.02	0.05	0.06	0.05
第一排桩施工完成	0.13	0.25	0.28	0.28
第二排桩施工完成	0.27	0.53	0.68	0.57
第三排桩施工完成	0.54	1.07	1.35	1.16
承台基坑开挖	0.36	0.55	0.50	0.43
承台混凝土浇注	0.64	1.13	1.31	1.13
施加上部结构荷载	1.89	3.72	5.56	4.88

从本节的计算分析可以看出，邻近既有铁路线施工，会引起既有线桩基及桥梁墩台的垂向沉降和横向位移。在施工时，应该在新线与既有桥之间设置防护桩或对土体进行注浆加固。必要时建立观测预警系统，进行信息化管理，在施工过程中对一些特征点，如既有线桥墩顶部近施工侧的端点，进行实时监测和控制。

9.4　桥梁基础不均匀沉降对车桥系统动力响应的影响

从上节的分析结果可以看出，邻近既有铁路线施工，会引起既有线桩基及桥梁墩台的不均匀沉降和横向位移。本节以德国 ICE3 列车通过高速铁路（48＋80＋48）m 三跨连续梁桥为例，研究桥梁基础不均匀沉降引起的轨道附加变形对列车-桥梁系统动力响应的影响。

9.4.1 轨道附加变形的模拟

当桥梁基础发生不均匀沉降时，将使桥上轨道产生竖向变形，这在车桥耦合振动系统中，相当于给原始轨道不平顺叠加了一条附加长波不平顺，其半波长等于沉降桥墩所支撑的梁跨长度之和。

为了分析轨道附加变形，建立了三跨连续梁有限元模型，桥上铺设双块式无砟轨道，轨道两端各伸出桥梁 20 m 以模拟梁端-路基过渡段，如图 9.26 所示。模型中，忽略路基的弹性变形，桥梁和轨道结构采用梁单元模拟。轨道与梁、路基间的扣件连接采用弹簧单元模拟，弹簧刚度取 35 kN/mm。

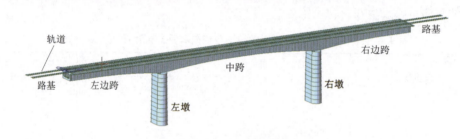

图 9.26　桥梁-轨道有限元模型

当左墩发生 10 mm 的附加沉降时，所引起的轨道附加变形如图 9.27 所示。从图中可以看出，轨道附加变形在梁上区域较为平缓，但在梁端区域的局部变化较大。由于轨道的连续性，梁端区域的局部变形是光滑连续的，而非一个简单的折角。附加变形的最大值出现在中跨内靠近左墩的位置。相比右边跨，左边跨和中跨上的变形更为明显。以下分析时，假定当左墩发生不同幅值的附加沉降时，所引起的轨道附加变形线形保持不变。

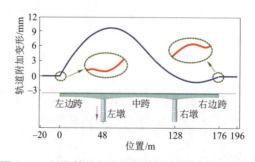

图 9.27　桥梁基础沉降引起的轨道附加变形示意图

图 9.28 示出了左墩发生 40 mm 附加沉降时，引起的轨道附加变形与原始高低轨道不平顺叠加后的组合波形及附加加速度波形图。

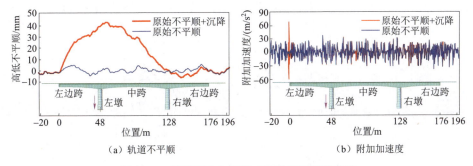

（a）轨道不平顺　　　　　　　　　（b）附加加速度

图 9.28　桥墩不均匀沉降对轨道不平顺的影响

从图中可以看出：叠加上轨道附加变形后，组合波形的基线出现了偏移，左梁端区域的附加加速度明显增大，而梁其他区域则几乎无变化。这反映出由桥梁基础附加沉降引起的轨道附加变形在左梁端区域局部较大，而在梁体区域内是光滑的。

图 9.29 是原始轨道不平顺及叠加左墩 40 mm 沉降引起的轨道附加变形后组合曲线的空间频谱图。可以看出，当桥梁基础发生沉降以后，图中出现了一个频谱为 0.004 m^{-1} 的峰值，相当于在原始不平顺上叠加了一个波长约为 250 m 的长波分量，其半波长略短于边跨和中跨的跨度之和 128 m，而梁端的局部变形很小，在该图中无法反映出来。

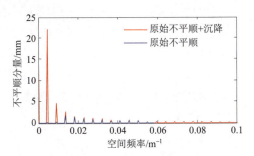

图 9.29　轨道高低不平顺频谱对比图

9.4.2　车辆动力响应分析

为了进一步分析桥梁基础沉降对高速列车运行性能的影响规律，将附加沉降幅值设为 0～40 mm（增量 5 mm），列车速度按 160～360 km/h（增量 20 km/h）变化进行了仿真分析。如前述理由，为了考虑轨道不平顺随机性的影响，采用10 组不平顺计算结果的平均值来进行规律性研究。

1. 车体加速度

图 9.30 为左墩发生 40 mm 沉降工况下，列车以 360 km/h 的速度通过时的车体振动加速度时程曲线，图中给出的位置表示列车第一个轮对在桥上的位置。

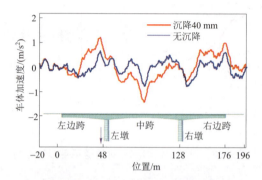

图 9.30　车体振动加速度时程曲线

从图中可以看出，当列车通过基础发生不均匀沉降的桥梁时，车体加速度幅值较通过无沉降桥梁时有了较大幅度的增加；当轮对驶入左梁端时，车体加速度开始增加，当其行驶到发生不均匀沉降的桥墩位置时，车体加速度的增幅最大，到中跨跨中位置时再次出现反向最大增幅。

图 9.31 为列车以不同速度通过桥梁时，车体竖向加速度最大值（取 10 组数据的平均值，下同）与列车速度及桥梁基础附加沉降量间的关系，图中加速度等值线的单位为 m/s²。可以看出，在不同列车速度下，车体竖向加速度均随着基础沉降量呈现增大的趋势，而且列车速度越高，趋势越明显；当列车速度在 240 km/h、沉降量接近 40 mm 时，车体竖向加速度达到 0.7 m/s²，而列车分别在 280 km/h 和 320 km/h 的行驶速度时，沉降量到 25 mm 和 13 mm 左右时就能达到同样的车体竖向加速度，因此在高速铁路设计中，桥梁基础不均匀沉降的研究尤为重要。

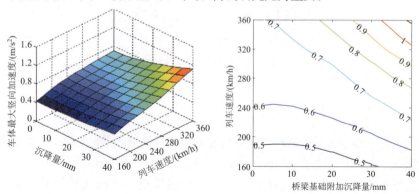

图 9.31　车体竖向加速度最大值与列车速度和桥梁基础附加沉降量关系图

2. 轮重减载率

图 9.32（a）是左墩发生 40 mm 沉降工况下，列车以 360 km/h 的速度通过桥梁时，轮重减载率的时程曲线。从图中可以看出，当轮对通过左梁端时，轮重减载率发生了急剧变化，这是由于桥梁基础沉降在梁端区域引起了很大的轨道局部附加变形，导致轮轨间竖向作用力突然增大的缘故；当轮对先后通过左边跨、中跨和右边跨时，基础不均匀沉降造成的轮重减载率有一定程度的增加，但是增幅不是很大。

图 9.32（b）是列车以 360 km/h 的速度通过 40 mm 沉降及无沉降两种工况下轮轨间竖向力差值与静轴重的比值，图中正值表示差值的方向向下。从图中可以看出，竖向力差值在轮对通过梁端区域时很大，而在其余区域仅呈现小幅度的波动，变化较为缓和。由于左墩沉降引起的长波不平顺使轮轨间竖向力增加了一个低频分量，当轮对先后通过左边跨、中跨和右边跨时，轮轨间竖向力差值总体上呈现出减小—增大—减小的变化规律。

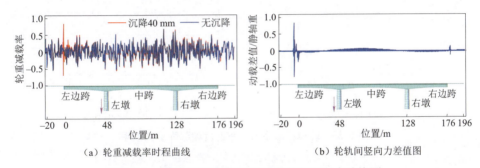

（a）轮重减载率时程曲线　　　　　　（b）轮轨间竖向力差值图

图 9.32　轮重减载率时程曲线及轮轨间竖向力差值图

图 9.33 为列车通过沉降桥梁梁端区域和其余区域时，第 5 车第一个轮对的轮重减载率最大值与列车速度及沉降量的关系。

可以看出，列车通过梁端区域时，轮重减载率随着列车速度和沉降量都迅速增大，而通过桥上其他区域时，轮重减载率仅随列车速度增大，几乎不随沉降量发生变化。计算结果显示，在梁端区域，对应 300 km/h、330 km/h 和 360 km/h 的列车速度，当沉降量分别超过 39 mm、32 mm 和 27 mm 时，轮重减载率超过了运行安全容许值 0.6。

3. 脱轨系数

图 9.34 是左墩发生 40 mm 沉降工况下，列车以 360 km/h 的速度通过桥梁时的脱轨系数时程曲线。可以看出，列车通过沉降桥墩对应的梁端部时，由于轨道局部附加不平顺的存在，轮对脱轨系数也发生了急剧变化；当轮对先后通过左边跨、中跨和右边跨时，基础不均匀沉降造成的脱轨系数增幅不明显。

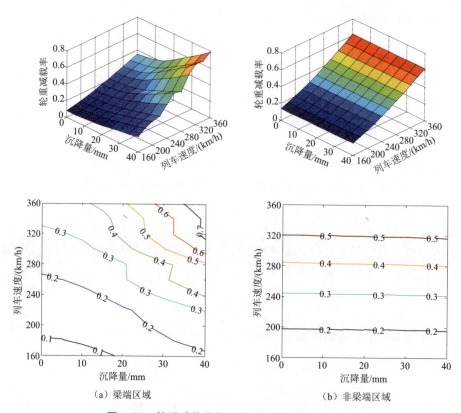

（a）梁端区域 　　　　　　（b）非梁端区域

图 9.33　轮重减载率与列车速度和沉降量关系图

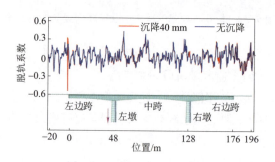

图 9.34　脱轨系数时程曲线

　　图 9.35 是列车通过沉降桥梁梁端区域和非梁端区域时，第 5 车第一个轮对脱轨系数最大值与列车速度及沉降量的关系。可以看出，脱轨系数随列车速度及沉降量的变化规律整体上与轮重减载率类似，随着列车速度及沉降量整体上呈现逐渐增大的趋势，但其变化规律不如轮重减载率明显；梁端区域的脱轨系数受沉降量的影响比较大，而桥上其他区域受沉降量的影响非常小；列车速度越大，脱

轨系数增加得越快；脱轨系数在各种沉降工况和车速条件下都未超出安全限值0.8。

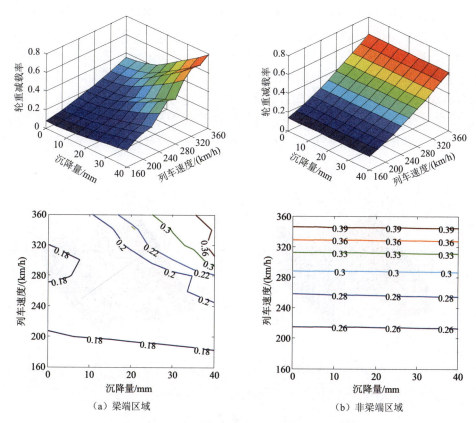

（a）梁端区域　　　　　　　　　　（b）非梁端区域

图 9.35　脱轨系数与列车速度和沉降量关系图

4. 列车运行安全性与舒适性阈值

高速铁路作为现代化的交通工具，对列车的运行安全性和舒适性有着很高的要求。《高速铁路设计规范》（TB 10621）中规定了列车运行时轮重减载率、脱轨系数、轮对横向水平力、车体振动加速度等各项运行安全性和舒适性指标的限值。

前面的分析中，计算了 10 组轨道不平顺样本激励下列车各项运行指标的平均值，并按平均值的最大值进行了讨论。这样做虽然能够很好地反映出桥梁基础沉降对列车运行性能的影响规律，但如果使用列车各项运行指标平均值的最大值绘制保证列车运行安全性与舒适性的对应不同沉降量的列车速度阈值图，却存在安全系数不足的问题。因此，以下研究采用了更为合理的方法，即基于概率分析的方法。

假定不同轨道不平顺样本激励下列车各项运行指标服从正态分布，则由其概率密度分布函数可知，各项运行指标计算值会有 50% 的概率超出按平均值得到的运行安全性与舒适性阈值。

以左桥墩沉降 40 mm 为例，不同列车速度下 10 组轨道不平顺样本求得的车体竖向加速度、轮重减载率和脱轨系数如图 9.36 所示。从图中可以看出：对车体竖向加速度指标，样本 1 受列车速度的影响较为明显；但对轮重减载率和脱轨系数指标，样本 6 随车速增加的幅度比较明显。当列车速度较低时，不同样本计算的各项列车运行指标计算值离散程度较小，随着列车速度提高离散程度逐渐增大；当列车速度大于 250 km/h 时，轮重减载率和脱轨系数均出现了大幅度的增加；当列车速度为 360 km/h 时，对应样本 6 的轮重减载率和脱轨系数均超过了 1.0，远大于 10 个样本的平均值 0.789 和 0.390。

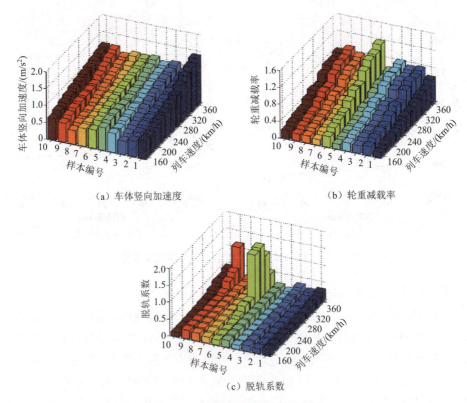

图 9.36　列车运行指标全样本图

对于服从正态分布的变量 X，如果不知道变量 X 的真实标准差 σ，当有 n 个随机样本时，该变量置信度为 $(1-\alpha)$ 的上限值 $X_{(1-\alpha)}$ 可通过下式得到：

$$X_{(1-\alpha)} = \overline{X} + \frac{S}{\sqrt{n}} t_{\alpha}(n-1) \tag{9.11}$$

式中，$\overline{X}$ 是 n 个样本的平均值；S 是 n 个样本的标准差；$t_{\alpha}(n-1)$ 是样本数为 $(n-1)$ 时，t 分布中置信度为 $(1-\alpha)$ 所对应的上限值，可通过数学手册查表得到。当 $\alpha=0.05$，$n=10$ 时，查表可得 $t_{0.05}(9)=1.833\,1$。

根据式（9.11），基于 10 组轨道不平顺样本的各项列车运行指标计算得到置信度达到 95% 的指标值，即任意轨道不平顺激励下得到的列车运行指标计算值大于该值的可能性小于 5%。以轮重减载率为例，利用该指标绘制了列车的运行安全性阈值曲线，如图 9.37 所示。图中点画线为置信度 95% 的阈值边界，虚线为置信度 50% 的阈值边界（使用平均值得到的阈值边界）。可以看出，当车速为 280 km/h 时，可允许的桥墩不均匀沉降幅度可以达到 40 mm；当车速为 360 km/h 时，25 mm 的桥墩不均匀沉降已经使列车处于危险状态；置信度为 95% 的阈值边界位于基于平均值得到的边界之内，说明它的安全度要高些。

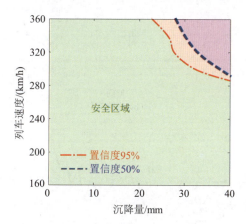

图 9.37　列车运行安全性阈值图

9.4.3　桥梁动力响应分析

图 9.38 是桥梁左墩未发生沉降及沉降 40 mm 工况下，列车以 360 km/h 的速度通过三跨连续梁时的跨中竖向位移时程曲线。从图中可以看出，当列车在桥上不同位置时，各跨的位移会连续呈现出下挠、上拱的变化，且两个边跨的变化比中跨更为复杂。这是由于三跨连续梁，中跨上的荷载最大，中跨的下挠会使两个边跨出现上拱。沉降工况下，当列车首轮行驶到中跨位置时，中跨的位移比无沉降工况有所增大，而两个边跨则呈现相反的变化趋势，这是由于轮对位于中跨区域时，桥梁基础沉降使轮轨间竖向力增大的缘故。

图 9.39～9.41 分别是不同沉降工况下，三跨连续梁各跨跨中竖向加速度和竖向位移最大值与列车速度的关系。

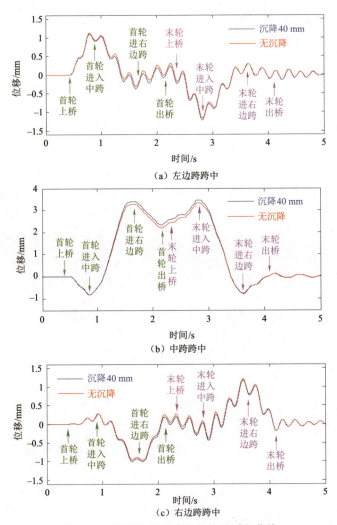

图 9.38　桥梁各跨跨中竖向位移时程曲线

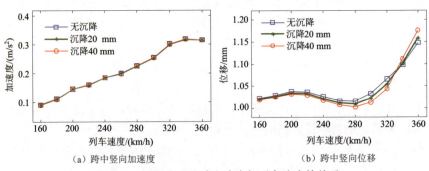

（a）跨中竖向加速度　　　　　　　（b）跨中竖向位移

图 9.39　桥梁左边跨动力响应与列车速度的关系

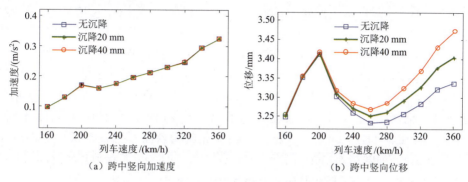

（a）跨中竖向加速度 （b）跨中竖向位移

图 9.40 桥梁中跨动力响应与列车速度的关系

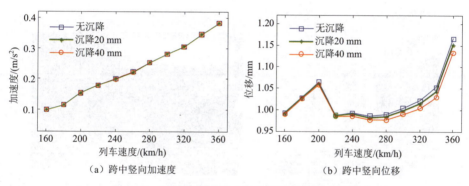

（a）跨中竖向加速度 （b）跨中竖向位移

图 9.41 桥梁右边跨动力响应与列车速度的关系

从图中可以看出，桥梁的动力响应并非随着列车速度的提高单调增大，而是在某些速度点处出现峰值，说明桥梁在这个列车速度下出现了振动放大现象。不同桥梁基础沉降量工况下，桥梁跨中位移的差别较大，而加速度的差别几乎可以忽略。这是由于基础沉降仅使轨道在桥梁端部产生较大的局部附加变形，列车只有在通过该区域时才会形成较大的冲击荷载，因而对桥梁跨中加速度的影响很小。还可明显看出，对于右边跨来说，当列车速度较高时，跨中位移并不是随着沉降量的增大而增大，反而有一定程度的减小；中跨跨中竖向位移受列车速度和基础不均匀沉降的影响最大，尤其当列车速度高于 240 km/h 时。

9.5 桥墩基础冲刷对高速列车运行安全性的影响

9.5.1 概述

对于长期处于水环境中的桥梁，河流对墩台基础的冲刷往往会导致它们的刚度降低，承载力不足，甚至造成墩台失稳破坏（方翔宇，2013；Kong et al，2016）。在我国，河流冲刷造成的事故很多（陈稳，2013）：1956 年郑州黄河大桥经历一次洪峰后，7 号桥墩最大冲刷深度达到 14 m，造成严重倾斜，并使该桥在两年后被特大洪水冲毁；2001 年 8 月 4 日，东泉河流域上游山区突降暴雨，因河道大量挖砂，使东莱线东泉河大桥形成浅基，在洪水冲击下 2、4 号墩向线路外侧倾斜［见图 9.42（a）］，致使桥梁报废，中断行车 4 个月（马玉麟 等，2008）。2009 年 11 月 14 日，英格兰 Feltham 砖拱铁路桥因基础被冲刷而倒塌（Liu，2009），如图 9.42（b）所示。2015 年 6 月 4 日，位于岳阳县的游港河箐口大桥因洪水冲刷河床、桥墩基础掏空发生垮塌（曾永红，2015），如图 9.42（c）所示。据有关资料统计，在 215 次桥梁水害事故中，因墩台基础冲刷而导致的桥梁破坏事故有 96 次之多（陈稳，2013）。

（a）东莱线东泉河大桥　　　　　　（b）英格兰Feltham砖拱铁路桥

（c）岳阳县游港河箐口大桥

图 9.42　因基础冲刷被冲毁的桥梁

据《2001 年美国桥梁冲刷计算报告》（Lagasse et al，2001）统计，在全美既有的 496 000 余座过水桥梁中，有 26 000 座面临或正在遭受墩台及河床冲刷的威胁。在过去 30 年中，美国有 1 000 座左右的桥梁遭到破坏，其中有 60% 的事故是墩台基础受到严重冲刷造成的。

对于高速铁路桥梁而言，基础被冲刷后，即使没有直接造成墩、梁的破坏，也会降低基础的刚度，使桥梁在荷载作用下产生较大的变形和振动，从而影响桥上线路的平顺性和稳定性，造成桥上列车运行安全问题。因此，研究基础冲刷效应对桥梁动力性能的影响具有非常重要的意义。

9.5.2　冲刷机理

桥墩冲刷效应的影响因素有两大类：一是水沙因素，包括河水的流速、水深、泥沙粒径、泥沙颗粒级配、床沙黏性等；二是桥墩因素，包括桥墩的形状、迎水面宽度、长度，与水流方向夹角等。桥涵水文中，将河流对桥墩的冲刷问题分解为自然演变冲刷、一般冲刷与局部冲刷，河流冲刷基本形态分类示意图如图 9.43 所示。

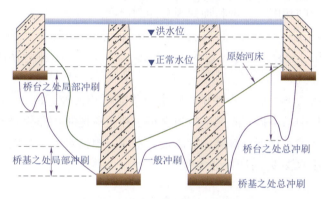

图 9.43　河流冲刷基本形态分类示意图

在河流环境中，建桥前，墩位附近的水流属于整体平衡状态。建桥后，桥墩和基础处于波流中，由于阻水作用，使其上游不远处水面升高，而两侧水流收缩，流速加快，动能增加，水面下降，下游很大部分水面很不稳定。近底水流受河床摩阻作用，沿垂向出现流速梯度，即河面流速较大而近底流速最小，形成了压力梯度。同时，在基础的上方形成高水头，遇阻后，沿基础表面快速向下流动，形成横轴向顺时针漩涡，与临底纵向水流汇合，产生围绕基础卷绕的马蹄形漩涡，这种漩涡是基础受冲刷的主要动力因素。由于漩涡中心的负压对河床上的泥沙产生吸附力，若泥沙颗粒的重力或颗粒间黏结力无法抵御这种吸附力，泥沙就开始起动，基础两侧发生绕流，流速增加，使已经起动的泥沙颗粒处于悬浮状态。基础后方的水流压力梯度与前方相反，水流发生裂流，形成向河面运动的尾流，进而将泥沙颗粒带出冲刷坑，当坑内达到冲淤平衡，即坑内冲走的泥沙量与坑外输入的泥沙量相等时，冲刷坑深度达到最大（景天然，1993）。

桥梁冲刷是一个非常复杂的过程，它包括水流与河床、桥墩或桥台之间的不断相互作用。在过去的几十年中，关于冲刷机理的研究主要基于数值分析和试验（Melville et al，1977；Young et al，1998；Kassem et al，2003；Sheppard et al，

2006）。近年来，越来越多的人通过分析桥梁自身振动特性的变化来研究河流对桥梁的冲刷影响。Samizo 等（2007）的研究表明，桥墩的自振频率会随着冲刷过程中基础支撑深度的增加而减小。Loh 等（2011）在水力试验室进行了大量的模型试验，研究了冲刷过程中桥梁动力特性的变化情况。Chen 等（2014）基于某斜拉桥上部结构的环境振动实测数据，提出了一种桥墩冲刷评价方法。

9.5.3　冲刷深度计算

目前对冲刷深度的计算，通常先算出一般冲刷深度，再用一般冲刷后的水流条件计算局部冲刷深度，二者相加即为总冲刷深度。

现阶段，关于一般冲刷深度的计算，我国《铁路工程水文勘测设计规范》（TB 10017）和《公路工程水文勘测设计规范》（JTG C30）推荐使用基于冲止流速原理建立的公式。

冲止流速指桥下一般冲刷停止时的水流垂向平均流速，以 v_z（m/s）表示。在一般冲刷过程中，当桥下断面水流流速小于冲止流速时，即代表冲刷终止，此时的水深则被认为是桥下一般冲刷后的最大水深。根据水力学基础原理，可推导出桥下最大冲刷水深 h_p 的计算公式为

$$h_p = \frac{q_{\max}}{v_z} \tag{9.12}$$

式中，$v_z = Ed_j^{1/6} h_p$，其中 E 为水流中泥沙含量参数，d_j 为泥沙平均粒径；$q_{\max}$ 为桥下单宽最大流量（m³/s），其算式为

$$q_{\max} = \frac{Q_s}{\mu L_j} \left(\frac{h_{\max}}{h_j} \right)^{\frac{5}{3}} \tag{9.13}$$

式中，Q_s 为设计流量，m³/s，L_j 为桥孔最小净空长度，m；$h_{\max}$ 为桥孔附近设计断面最大水深，m；h_j 为桥孔附近水流平均深度，m；μ 为水流压缩系数。

根据冲止流速的概念及上述公式，可以建立非黏性土河床的桥下一般冲刷深度的计算公式为

$$h_p = \left[\frac{A \dfrac{Q_s}{\mu L_j} \left(\dfrac{h_{\max}}{h_j} \right)^{\frac{5}{3}}}{Ed_j^{1/6}} \right]^{\frac{3}{5}} \tag{9.14}$$

式中，$A = (\sqrt{B}/H)^{0.15}$ 为单宽流量集中系数，B 为河床宽度，m；H 为平滩水位时河槽平均水深，m。

桥墩局部冲刷深度 h_b 与墩前河水流速、墩宽、墩形、水深、床沙粒径等因素有关。我国公路、铁路部门根据我国各类河段 52 座桥梁的长期实桥观测资料和模型试验资料，制定了局部冲刷计算公式。按照我国《铁路工程水文勘测设计

规范》（TB 10017），非黏性土河床的桥墩局部冲刷可按式（9.15）计算：

$$
\left.
\begin{aligned}
h_b &= K_\xi K_\eta B_1^{0.6}(v-v_0') & (v \leqslant v_0) \\
h_b &= K_\xi K_\eta B_1^{0.6}(v_0-v_0')\left(\frac{v-v_0'}{v_0-v_0'}\right)^n & (v > v_0)
\end{aligned}
\right\}
\tag{9.15}
$$

式中，K_ξ、K_η、B_1 分别为桥墩的墩形系数、河床颗粒的影响系数、桥墩的计算宽度；v 为一般冲刷后墩前行近流速，m/s；v_0 为河床泥沙起动流速，m/s；v_0' 为墩前始冲流速，m/s；n 为指数；这些参数均可按《铁路工程水文勘测设计规范》（TB 10017）的 3.6.6 条文及附录 G 的规定取值。

对于群桩基础，当承台底面相对高度在 $0 \leqslant h_\phi/h \leqslant 1.0$ 时，桥墩局部冲刷深度 h_b 按式（9.16）计算：

$$
h_b = (K_\xi' K_{m\phi} K_{h\phi}\Phi^{0.6}+0.85K_{\xi1}K_{h2}B_1^{0.6})K_\eta(v_0-v_0')\left(\frac{v-v_0'}{v_0-v_0'}\right)^n
\tag{9.16}
$$

式中，K_ξ' 为单桩的形状系数；$K_{h\phi}$ 为淹没桩体折减系数，$K_{h\phi}=1.0-\dfrac{0.001}{(h_\phi/h+0.1)^2}$，其中 h_ϕ 为承台底到河床的距离；$K_{m\phi}$ 为桩群系数，$K_{m\phi}=1+5\left[\dfrac{(m-1)\ \Phi}{B_m}\right]^2$，其中 m 为垂直水流方向的桩的排数；Φ 为桩径；B_m 为垂直水流方向的群桩分布宽度；$K_{\xi1}$ 和 B_1 按承台底处于一般冲刷线计算；K_{h2} 为墩身承台减小系数；K_η 为河床颗粒的影响系数。

9.5.4　冲刷对群桩等效刚度的改变

本节根据开挖模拟的思路，将土体被冲刷的过程看作开挖土体的过程进行模拟，对冲刷前后群桩的等效刚度的变化进行分析。

1. 土的弹性抗力分布规律及计算

桩基础在荷载（包括轴向荷载、横轴向荷载和力矩）作用下产生位移及转角，挤压桩侧土体，桩侧土必然产生抗力。这种作用力称为土的弹性抗力（简称土抗力），起到抵抗外力和稳定桩基础的作用。影响土抗力的因素有土体性质、桩身刚度、桩的入土深度、桩的截面形状、桩距及荷载等因素。

土的弹性抗力采用地基系数法来计算，地基系数 C 表示单位面积土在弹性限度内产生单位变形时所需施加的力，单位为 kN/m^3。试验表明，地基系数 C 不仅与土的类别及其性质有关，而且也随着深度而变化，可通过对桩基在不同类别土质及不同深度进行实测及反算得到。确定地基系数的方法有许多种，典型的有 m 法、K 法、C 值法、张有龄法，它们所采用的 C 值随深度的分布规律各有不同。图 9.44 和表 9.7 列出了这几种方法中地基系数 C 随深度变化的规律及计算方法，其中 z 为地基土的深度，z_p 为对应峰值应力的 z 值。以下几节将选用 m 法来考虑地基土的弹性抗力。

表 9.7　几种典型计算方法的地基系数

计算方法	图号	地基系数随深度分布	地基系数 C	说　明
m 法	9.44 (a)	与深度成正比	$C=mz$	m 为地基土水平抗力比例系数
K 法	9.44 (b)	桩身第一挠曲零点以上随深度 抛物线变化，其下不随深度变化	$C=K$	K 为常数
C 值法	9.44 (c)	随深度呈抛物线变化	$C=cz^{0.5}$	c 为地基土比例系数
张有龄法	9.44 (d)	沿深度均匀分布	$C=K_0$	K_0 为常数

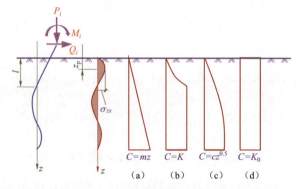

图 9.44　地基系数随深度的变化曲线

2. m 法计算桩的等效刚度

1) 地基土水平抗力比例系数 m

地基土水平抗力比例系数 m 值一般通过桩的水平静载试验确定。若由于试验条件、费用、时间等原因，不能进行水平静载试验时，可选用规范提供的经验值。非岩石类土的水平抗力比例系数如表 9.8 所示。

表 9.8　非岩石类土的水平抗力比例系数 m 值

序号	土 的 分 类	m 或 m_0/（MN/m⁴）
1	流塑黏性土（IL>1）、淤泥	3～5
2	软塑黏性土（1>IL>0.5）、粉砂	5～10
3	硬塑黏性土（0.5>IL>0）、细砂、中砂	10～20
4	坚硬、半坚硬黏性土（IL<0）、粗砂	20～30
5	砾砂、角砾、圆砾、碎石、卵石	30～80
6	密实粗砂夹卵石，密实漂卵石	80～120

注：对于基础底部的地基系数，计算公式为 $C_0=m_0h$，其中 m_0 为基础底部竖向抗力的比例系数，h 为基础的入土深度。

当基桩侧面由几层土体组成时，则应求得主要影响深度 h_m（从地面或局部冲刷线起）范围内各层土体的 m 值，按下式计算整个深度内的 m 值。

① 当 h_m 深度内存在两层土体时

$$m=\frac{m_1 h_1^2+m_2(2h_1+h_2)h_2}{h_m^2} \tag{9.17}$$

② 当 h_m 深度内存在三层土体时

$$m=\frac{m_1 h_1^2+m_2(2h_1+h_2)h_2+m_3(2h_1+2h_2+h_3)h_3}{h_m^2} \tag{9.18}$$

式中，$h_m=2(d+1)$，其中 d 为单桩的桩基直径，m。

由表 9.7 和表 9.8 可知，采用 m 法时，桩基侧面地基土水平抗力系数为 $C_n=mh_m$；桩基底面地基土竖向抗力系数为 $C_0=m_0 h$，当 $h<10$ m 时取 $C_0=10\times m_0$。

2）单桩 m 法

若桩顶与地面平齐（$z=0$），桩顶作用水平荷载 Q_0 及弯矩 M_0，桩身将发生弹性挠曲，桩侧土将产生横向抗力 σ_{zx}。从材料力学可知桩的挠曲微分方程为

$$EI\frac{\mathrm{d}^4 x}{\mathrm{d}z^4}=-\sigma_{zx}b_1 \tag{9.19}$$

式中，E、I 分别为桩的弹性模量及截面惯矩；$\sigma_{zx}=Cx_z=mzx_z$ 为桩侧土抗力，x_z 为桩在深度 z 处的横向位移（即桩的侧向挠度）；b_1 为桩的计算宽度。

式（9.19）可以整理为

$$\frac{\mathrm{d}^4 x}{\mathrm{d}z^4}+\alpha^5 zx_z=0 \tag{9.20}$$

式中，$\alpha=\sqrt[5]{mb_1/EI}$ 为桩的变形系数，或称桩的特征值（m^{-1}）。不难看出，桩的横向位移与截面所在深度、桩的刚度（包括桩身材料和截面尺寸）及桩周土的性质等有关。

若地面（$z=0$）处桩的水平位移、转角、弯矩和剪力分别以 x_0、ϕ_0、M_0 和 Q_0 表示，则桩身任一截面的水平位移 x_z 可表达为

$$x_z=x_0 A_1+\frac{\phi_0}{\alpha}B_1+\frac{M_0}{EI\alpha^2}C_1+\frac{Q_0}{\alpha^3 EI}D_1 \tag{9.21}$$

对 x_z 求导计算并归纳整理后，便可求得桩身任一截面的转角 ϕ_z、弯矩 M_z 及剪力 Q_z，即

$$\frac{\phi_z}{\alpha}=x_0 A_2+\frac{\phi_0}{\alpha}B_2+\frac{M_0}{\alpha^2 EI}C_2+\frac{Q_0}{\alpha^3 EI}D_2 \tag{9.22}$$

$$\frac{M_z}{\alpha^2 EI}=x_0 A_3+\frac{\phi_0}{\alpha}B_3+\frac{M_0}{\alpha^2 EI}C_3+\frac{Q_0}{\alpha^3 EI}D_3 \tag{9.23}$$

$$\frac{Q_z}{\alpha^3 EI} = x_0 A_4 + \frac{\phi_0}{\alpha} B_4 + \frac{M_0}{\alpha^2 EI} C_4 + \frac{Q_0}{\alpha^3 EI} D_4 \tag{9.24}$$

根据土抗力的基本假定 $\sigma_{zx} = mzx_z$，可求得桩侧土抗力的计算公式：

$$\sigma_{zx} = mzx_z = mz\left(x_0 A_1 + \frac{\phi_0}{\alpha} B_1 + \frac{M_0}{\alpha^2 EI} C_1 + \frac{Q_0}{\alpha^3 EI} D_1\right) \tag{9.25}$$

式中，A_i、B_i、C_i、D_i （$i=1$，2，3，4） 为 16 个量纲为 1 的量，根据不同的换算深度 $\bar{z} = \alpha z$ 已将其制成表格，可查相关规范；M_0、Q_0 可由已知的桩顶受力情况确定，而 x_0、ϕ_0 则需根据桩底边界条件确定（凌治平，1997）。

3）单桩刚度系数和群桩等效刚度系数

实际桥梁基础一般为群桩，桥墩传来的荷载作用在承台上，如图 9.45 所示。由于桩顶嵌固于承台内，它们与承台的连接可假定为刚性的。各桩与荷载的相对位置不同，桩顶在外荷载作用下的变位会不同，分配到各个桩顶上的荷载 P_i、Q_i、M_i 也就不同。假设承台为刚性体，以承台底面中心点 o 作为承台位移的代表点，o 点在外荷载 N、H、M 作用下产生横轴向位移 a_0、竖向位移 b_0 及转角 β_0。

由于承台刚度很大且与桩顶刚性连接，当它在外荷载作用下产生变位时，各桩顶之间的相对位置不变，而各桩顶的转角与承台的转角相等。设第 i 排桩顶沿 x 轴方向的线位移为 a_i，z 轴方向的线位移为 b_i，转角为 β_i，则 $a_i = a_0$，$b_i = b_0 + x_i \beta_0$，$\beta_i = \beta_0$，x_i 为第 i 排桩桩顶轴线至承台中心的水平距离。

前面已经说明了承台变位和桩顶变位之间的关系，为了建立位移方程，还必须建立桩顶变位和桩顶内力之间的关系。为此，首先引入单桩桩顶的刚度系数 ρ_{AB}，它表示当桩顶发生 B 方向单位变位时，在桩顶引起的 A 方向内力。

如图 9.45 所示，设第 i 根桩桩顶作用有轴向力 P_i、水平力 Q_i 和弯矩 M_i，则单桩桩顶的刚度系数分别记为：

① 当第 i 根桩桩顶处产生单位轴向位移（即 $b_i = 1$）时，在桩顶引起的轴向力为 ρ_{PP}，简记为 ρ_1。

② 当第 i 根桩桩顶处产生单位水平向位移（即 $a_i = 1$）时，在桩顶引起的横轴向力为 ρ_{QQ}，简记为 ρ_2。此时在桩顶引起的弯矩为 ρ_{MQ}，简记为 ρ_3。

③ 当第 i 根桩桩顶处产生单位转角（即 $\beta_i = 1$）时，在桩顶引起的横轴向力为 ρ_{QM}，则 $\rho_{QM} = \rho_{MQ} = \rho_3$。此时在桩顶引起的弯矩为 ρ_{MM}，简记为 ρ_4。

第 i 根桩桩顶由承台变位所引发的内力分别为

$$\left.\begin{aligned}
P_i &= \rho_1 b_i = \rho_1 [a_0 \sin\alpha_i + (b_0 + x_i \beta_0)\cos\alpha_i] \\
Q_i &= \rho_2 a_i - \rho_3 \beta_i = \rho_2 [a_0 \cos\alpha_i - (b_0 + x_i \beta_0)\sin\alpha_i] - \rho_3 \beta_0 \\
M_i &= \rho_4 \beta_i - \rho_3 a_i = \rho_4 \beta_0 - \rho_3 [a_0 \cos\alpha_i - (b_0 + x_i \beta_0)\sin\alpha_i]
\end{aligned}\right\} \tag{9.26}$$

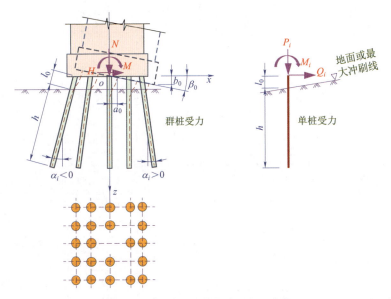

图 9.45 群桩基础和单桩受力示意图

由此可见，只要能解出 a_0、b_0、β_0 及 ρ_1、ρ_2、ρ_3、ρ_4，就可以利用上式求得 P_i、Q_i 和 M_i，从而利用单桩方法求出桩的内力。

第 i 根桩桩顶在轴向力 P 作用下产生的轴向位移按下式计算

$$b_i = \delta_c + \delta_k = \frac{P(l_0 + \xi h)}{AE} + \frac{P}{C_0 A_0} \tag{9.27}$$

式中，δ_c 为桩身材料的弹性压缩变形，δ_k 为桩底处地基土的沉降。式（9.27）中令 $b_i = 1$，所求得的 P 即为单桩的竖向刚度 ρ_1。其余的单桩桩顶刚度系数均可以由单桩 m 法求得。其结果为：

$$\left.\begin{aligned}
\rho_1 &= \frac{1}{\dfrac{l_0 + \xi h}{AE} + \dfrac{1}{C_0 A_0}} \\
\rho_2 &= \alpha^3 EI x_Q \\
\rho_3 &= \alpha^2 EI x_m \\
\rho_4 &= \alpha EI \varphi_m
\end{aligned}\right\} \tag{9.28}$$

式中，ξ 为桩侧土摩阻力对桩身变形的影响系数，取值与桩的类型有关，对于打入桩和振动桩取 2/3，钻、挖孔灌注桩取 1/2，柱桩则取 1.0；A 为桩身横截面积；E 为桩身材料的受压弹性模量；C_0 为桩底平面处地基土的竖向地基系数，即 $C_0 = m_0 h$；A_0 为单桩桩底压力分布面积，对于摩擦桩为桩侧摩阻力以 $\varphi/4$ 扩散到桩底时的面积（φ 为桩周各土层内摩擦角的加权平均值）。对于柱桩（端

承桩），A_0 为单桩的底面面积 $\pi d^2/4$；对于摩擦桩，按下式计算

$$A_0 = \min\left[\pi\left(\frac{d}{2} + h\tan\frac{\varphi}{4}\right)^2,\ \frac{\pi}{4}S^2\right] \tag{9.29}$$

式中，d 为桩的计算直径，S 为桩的中心距；x_Q、x_m 和 φ_m 为无量纲系数，均是 $\overline{h} = \alpha h$ 及 $\overline{l}_0 = \alpha l_0$ 的函数，可在有关设计手册中查取。但当此面积大于按桩底中心距计算的面积时，则应按桩的中心距计算 A_0。

整个桩群的等效刚度系数 γ_{AB}（B 方向发生单位位移或转角时，引起 A 方向上的力或力矩）则可通过下面的式子分别进行计算：

① 当承台产生单位横轴向位移（$a_0 = 1$）时，所有桩顶对承台作用的竖轴向反力之和 γ_{ba}、横轴向反力之和 γ_{aa}、反弯矩之和 $\gamma_{\beta a}$ 可按下式计算

$$\left.\begin{aligned}
\gamma_{ba} &= \sum_{i=1}^{n}(\rho_1 - \rho_2)\sin\alpha_i\cos\alpha_i \\
\gamma_{aa} &= \sum_{i=1}^{n}(\rho_1\sin^2\alpha_i + \rho_2\cos^2\alpha_i) \\
\gamma_{\beta a} &= \sum_{i=1}^{n}\left[(\rho_1 - \rho_2)x_i\sin\alpha_i\cos\alpha_i - \rho_3\cos\alpha_i\right]
\end{aligned}\right\} \tag{9.30}$$

式中，n 表示桩的根数。

② 当承台产生单位竖向位移时（$b_0 = 1$），所有桩顶对承台作用的竖轴向反力之和 γ_{bb}、横轴向反力之和 γ_{ab} 及反弯矩之和 $\gamma_{\beta b}$ 按下式计算

$$\left.\begin{aligned}
\gamma_{bb} &= \sum_{i=1}^{n}(\rho_1\cos^2\alpha_i + \rho_2\sin^2\alpha_i) \\
\gamma_{ab} &= \gamma_{ba} \\
\gamma_{\beta b} &= \sum_{i=1}^{n}\left[(\rho_1\cos^2\alpha_i + \rho_2\sin^2\alpha_i)x_i + \rho_3\sin\alpha_i\right]
\end{aligned}\right\} \tag{9.31}$$

③ 当承台绕坐标原点产生单位转角（$\beta_0 = 1$）时，所有桩顶对承台作用的竖轴向反力之和 $\gamma_{b\beta}$、横轴向反力之和 $\gamma_{a\beta}$ 及反弯矩之和 $\gamma_{\beta\beta}$ 按下式计算

$$\left.\begin{aligned}
\gamma_{b\beta} &= \gamma_{\beta b} \\
\gamma_{a\beta} &= \gamma_{\beta a} \\
\gamma_{\beta\beta} &= \sum_{i=1}^{n}\left[(\rho_1\cos^2\alpha_i + \rho_2\sin^2\alpha_i)x_i^2 + 2x_i\rho_3\sin\alpha_i + \rho_4\right]
\end{aligned}\right\} \tag{9.32}$$

群桩基础刚度的含义是承台底面中心发生单位位移所需施加的力，由上式各量的意义可知，γ_{aa} 为基础横向（抗推）刚度，γ_{bb} 为基础轴向（抗压）刚度，$\gamma_{\beta\beta}$

为基础转动（抗弯）刚度，γ_{ab}、$\gamma_{a\beta}$、$\gamma_{b\beta}$分别为基础横向位移-竖向位移、横向位移-转动、竖向位移-转动的刚度影响系数。当群桩基础关于承台中心对称布置时，$\gamma_{ab} = \gamma_{ba} = 0$，即推压相关刚度为0；$\gamma_{\beta b} = \gamma_{b\beta} = 0$，即压弯相关刚度为0。

9.5.5　基础冲刷效应下的车桥动力响应分析方法

在进行基础冲刷效应下的车桥动力响应分析时，首先求出群桩基础在河流冲刷效应下的等效刚度，然后将其引入车辆-桥梁-桥墩-承台动力相互作用模型中（见图9.46）。

图9.46　车辆-桥梁-桥墩-承台动力相互作用模型

建立空间直角坐标系xyz，x轴为横桥向，y轴为顺桥向，z轴为竖向。当群桩基础关于承台中心以对称方式排列时，承台中心o处对应的节点位移设为$\delta = (\delta_1, \delta_2, \delta_3, \delta_4, \delta_5, \delta_6)$，其中$\delta_1$、$\delta_2$、$\delta_3$分别为承台中心点沿$x$、$y$、$z$方向的线位移，$\delta_4$、$\delta_5$、$\delta_6$分别为绕$x$、$y$、$z$轴方向的转角。

由9.5.4节的知识可知，当群桩相对承台中心对称布置时，群桩基础的等效刚度可写成矩阵的形式为：

$$\boldsymbol{K}_{\text{piles}} = \begin{bmatrix} k_{11} & 0 & 0 & 0 & k_{15} & 0 \\ 0 & k_{22} & 0 & k_{24} & 0 & 0 \\ 0 & 0 & k_{33} & 0 & 0 & 0 \\ 0 & k_{42} & 0 & k_{44} & 0 & 0 \\ k_{51} & 0 & 0 & 0 & k_{55} & 0 \\ 0 & 0 & 0 & 0 & 0 & k_{66} \end{bmatrix} \tag{9.33}$$

其中$\boldsymbol{K}_{\text{piles}}$表示群桩基础的等效刚度，其中主对角线元素是主刚度，为正值；交叉项元素表示相关刚度，0元素表示相关刚度为0，其他元素都是负值，这与坐标定义方向有关。如果群桩结构取为平面模型，则$k_{11} = \gamma_{aa}$；$k_{33} = \gamma_{bb}$；$k_{55} = \gamma_{\beta\beta}$；$k_{15} = \gamma_{a\beta}$；$k_{51} = \gamma_{\beta a}$；如果群桩结构取为空间模型，则可以通过设定三个梁单元的方法进行模拟，详细推导过程见参考文献（李永乐 等，2010）。k_{22}、k_{44}和k_{66}是桩基础与底部地基土的约束刚度。

建立车辆-桥梁-桥墩-承台系统的运动方程如下：

$$\left.\begin{array}{l}\hat{\boldsymbol{M}}_{\mathrm{b}}\,\ddot{\boldsymbol{u}}_{\mathrm{b}}+\hat{\boldsymbol{C}}_{\mathrm{b}}\,\dot{\boldsymbol{u}}_{\mathrm{b}}+\hat{\boldsymbol{K}}_{\mathrm{b}}\,\boldsymbol{u}_{\mathrm{b}}=\boldsymbol{F}_{\mathrm{bv}}\\ \boldsymbol{M}_{\mathrm{v}}\,\ddot{\boldsymbol{u}}_{\mathrm{v}}+\boldsymbol{C}_{\mathrm{v}}\,\dot{\boldsymbol{u}}_{\mathrm{v}}+\boldsymbol{K}_{\mathrm{v}}\,\boldsymbol{u}_{\mathrm{v}}=\boldsymbol{F}_{\mathrm{vb}}\end{array}\right\}$$ (9.34)

式中，下标"b"和"v"分别表示桥梁和车辆；u、$\dot{u}$ 和 $\ddot{u}$ 分别表示结构的位移、速度和加速度向量；$\boldsymbol{F}_{\mathrm{bv}}$ 和 $\boldsymbol{F}_{\mathrm{vb}}$ 表示车辆和桥梁之间的相互作用力向量；$\boldsymbol{M}_{\mathrm{v}}$、$\boldsymbol{K}_{\mathrm{v}}$、$\boldsymbol{C}_{\mathrm{v}}$ 分别表示车辆的质量、刚度和阻尼矩阵（详见第 4 章）；$\hat{\boldsymbol{M}}_{\mathrm{b}}$、$\hat{\boldsymbol{K}}_{\mathrm{b}}$、$\hat{\boldsymbol{C}}_{\mathrm{b}}$ 分别为基础受冲刷后的桥梁系统的整体质量、刚度和阻尼矩阵。研究冲刷作用的影响时，将 $\hat{\boldsymbol{M}}_{\mathrm{b}}$、$\hat{\boldsymbol{K}}_{\mathrm{b}}$、$\hat{\boldsymbol{C}}_{\mathrm{b}}$ 分为桥梁上部结构（即梁跨部分）和桥墩（包含承台）两部分考虑，以刚度矩阵为例，其具体表达式如下：

$$\hat{\boldsymbol{K}}_{\mathrm{b}}=\begin{bmatrix}\boldsymbol{K}_{\mathrm{b}}&\boldsymbol{K}_{\mathrm{bp}}\\ \boldsymbol{K}_{\mathrm{pb}}&\boldsymbol{K}_{\mathrm{p}}\end{bmatrix}$$ (9.35)

式中，下标"b"和"p"分别表示桥梁上部结构和桥墩；$\boldsymbol{K}_{\mathrm{bp}}$ 和 $\boldsymbol{K}_{\mathrm{pb}}$ 为桥梁上部结构与桥墩之间的相关子矩阵；$\boldsymbol{K}_{\mathrm{b}}$ 为桥梁上部结构子矩阵，其具体形式见 4.6.1 节；$\boldsymbol{K}_{\mathrm{p}}$ 为桥墩的刚度叠加上群桩等效基础刚度后形成的刚度矩阵，具体形式如下：

$$\boldsymbol{K}_{\mathrm{p}}=\begin{bmatrix}\boldsymbol{K}_{a}&\boldsymbol{K}_{ao}\\ \boldsymbol{K}_{oa}&\boldsymbol{K}_{o}+\boldsymbol{K}_{\mathrm{piles}}\end{bmatrix}$$ (9.36)

式中，$\boldsymbol{K}_{o}$ 表示桥墩刚度矩阵中，与承台底面中心 o 位移对应的子矩阵；$\boldsymbol{K}_{a}$ 表示除节点 o 外，桥墩上所有其他节点位移对应的子矩阵；$\boldsymbol{K}_{ao}$ 和 $\boldsymbol{K}_{oa}$ 表示节点 o 与其他节点的位移之间的相关子矩阵；$\boldsymbol{K}_{\mathrm{piles}}$ 为式（9.33）定义的群桩基础等效刚度。

采用逐步积分法对（9.34）的运动方程进行求解，即可计算出冲刷效应下桥梁和车辆的动力响应，进而可研究桥梁基础冲刷对列车运行安全性和平稳性的影响。

9.5.6 桥梁基础冲刷对群桩等效刚度的影响分析

1. 工程概况

哈大客专第二松花江特大桥为双线铁路桥（见图 9.47），里程 K775+34.64～K832+748.59，全长约 57.40 km。选取位于第二松花江上的 4×32 m 简支箱梁作为研究对象，桥墩编号为 P926～P930，其桥墩都位于河道上，受河流冲刷影响。桥址区的水文数据：设计水位 $H=7.48$ m，设计水位河面宽度 256 m，平均水深 6.13 m，最大水深 7.02 m，设计流量 $Q=8\ 280$ m³/s，设计流速 $v=2.34$ m/s，冲刷系数为 1.25。桥址区地质资料：地表层为细砂、粉质黏性土、圆砾土等，中层为中砂、砾石等；下层为泥岩夹砂岩，抗压强度为 44.5 MPa。

位于河道中的 P926～P930 号桥墩基础均采用钻孔灌注群桩，且关于承台中心对称布置。由于这几个桥墩基础的尺寸比较接近，在计算时选取了相同的群桩尺寸及布置，如图 9.48 所示。

图 9.47　哈大客专第二松花江特大桥

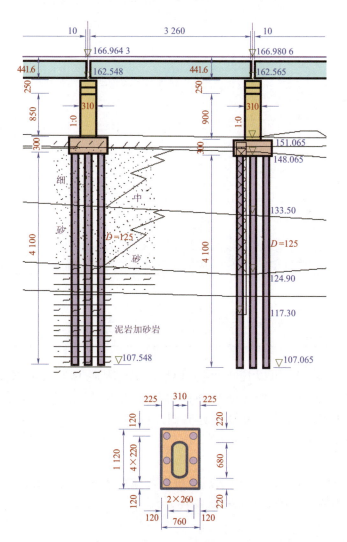

图 9.48　P926～P930 号墩的群桩尺寸及布置形式（单位：标高 m，尺寸 cm）

2. 冲刷前后群桩等效刚度计算

计算时，各桩均按柱桩考虑，即桩底在垂向约束，承台在垂向及两个侧向、桩身在两个侧向考虑土层的弹性效应。依《铁路桥涵地基和基础设计规范》（TB 10002.5）附录 D 中规定的算法确定承台侧及桩侧土层的弹性效应，其中地基系数的 m 及 m_0 取值如表 9.9 所示。

表 9.9　哈大客专第二松花江特大桥 P926～P930 号墩地基系数的取值

墩号	土层上界/m	土层下界/m	土层性质	m 及 m_0 值/（MPa/m²）
P926	0	9.15	细砂	10
	9.15	20.55	中砂	15
	20.55	桩底	泥岩夹砂岩	100
P927	0	11.6	细砂	15
	11.6	23.2	中砂	55
	23.2	桩底	泥岩夹砂岩	100
P928	0	10.8	细砂	15
	10.8	18	中砂	55
	18	桩底	泥岩夹砂岩	100
P929	0	7.15	细砂	15
	7.15	19.95	中砂	55
	19.95	桩底	泥岩夹砂岩	100
P930	0	3.5	细砂	15
	3.5	21.9	中砂	55
	21.9	桩底	泥岩夹砂岩	100

根据 9.5.3 节，可以计算出桥址处一般冲刷后的最大水深 $h_p=1$ m 左右，这个数值很小。为便于研究冲刷对基础的刚度的影响，本节在计算时，人为地将冲刷深度加大，分别计算冲刷深度为 2 m、4 m、6 m、8 m、10 m 的几种工况，同时认为 P926～P930 号墩的基础等效刚度在冲刷前后完全是相同的。

利用式（9.33），按照冲刷前后的桩长，分别计算出各冲刷深度下群桩基础的等效刚度矩阵，计算结果列于表 9.10 中。

表 9.10　冲刷前后群桩基础的等效刚度矩阵（单位：×10² MN/m）

冲刷深度	冲　刷　前	冲　刷　后
2 m	$\begin{bmatrix} 18.32 & 0 & 0 & 0 & -25.43 & 0 \\ 0 & 19.74 & 0 & -21.29 & 0 & 0 \\ 0 & 0 & 96.34 & 0 & 0 & 0 \\ 0 & -21.29 & 0 & 193.8 & 0 & 0 \\ -25.43 & 0 & 0 & 0 & 216.8 & 0 \\ 0 & 0 & 0 & 0 & 0 & 38.47 \end{bmatrix}$	$\begin{bmatrix} 13.16 & 0 & 0 & 0 & -31.02 & 0 \\ 0 & 12.42 & 0 & -29.22 & 0 & 0 \\ 0 & 0 & 96.34 & 0 & 0 & 0 \\ 0 & -29.22 & 0 & 181.6 & 0 & 0 \\ -31.02 & 0 & 0 & 0 & 208.2 & 0 \\ 0 & 0 & 0 & 0 & 0 & 38.47 \end{bmatrix}$
4 m	$\begin{bmatrix} 18.32 & 0 & 0 & 0 & -25.43 & 0 \\ 0 & 19.74 & 0 & -21.29 & 0 & 0 \\ 0 & 0 & 96.34 & 0 & 0 & 0 \\ 0 & -21.29 & 0 & 193.8 & 0 & 0 \\ -25.43 & 0 & 0 & 0 & 216.8 & 0 \\ 0 & 0 & 0 & 0 & 0 & 38.47 \end{bmatrix}$	$\begin{bmatrix} 8.896 & 0 & 0 & 0 & -26.43 & 0 \\ 0 & 8.252 & 0 & -25.11 & 0 & 0 \\ 0 & 0 & 95.16 & 0 & 0 & 0 \\ 0 & -25.11 & 0 & 173.3 & 0 & 0 \\ -26.43 & 0 & 0 & 0 & 199.2 & 0 \\ 0 & 0 & 0 & 0 & 0 & 31.72 \end{bmatrix}$
6 m	$\begin{bmatrix} 18.32 & 0 & 0 & 0 & -25.43 & 0 \\ 0 & 19.74 & 0 & -21.29 & 0 & 0 \\ 0 & 0 & 96.34 & 0 & 0 & 0 \\ 0 & -21.29 & 0 & 193.8 & 0 & 0 \\ -25.43 & 0 & 0 & 0 & 216.8 & 0 \\ 0 & 0 & 0 & 0 & 0 & 38.47 \end{bmatrix}$	$\begin{bmatrix} 4.611 & 0 & 0 & 0 & -18.18 & 0 \\ 0 & 4.349 & 0 & -17.45 & 0 & 0 \\ 0 & 0 & 92.86 & 0 & 0 & 0 \\ 0 & -17.45 & 0 & 155.5 & 0 & 0 \\ -18.18 & 0 & 0 & 0 & 179.9 & 0 \\ 0 & 0 & 0 & 0 & 0 & 23.01 \end{bmatrix}$
8 m	$\begin{bmatrix} 18.32 & 0 & 0 & 0 & -25.43 & 0 \\ 0 & 19.74 & 0 & -21.29 & 0 & 0 \\ 0 & 0 & 96.34 & 0 & 0 & 0 \\ 0 & -21.29 & 0 & 193.8 & 0 & 0 \\ -25.43 & 0 & 0 & 0 & 216.8 & 0 \\ 0 & 0 & 0 & 0 & 0 & 38.47 \end{bmatrix}$	$\begin{bmatrix} 2.575 & 0 & 0 & 0 & -12.68 & 0 \\ 0 & 2.458 & 0 & -12.28 & 0 & 0 \\ 0 & 0 & 90.65 & 0 & 0 & 0 \\ 0 & -12.28 & 0 & 139.5 & 0 & 0 \\ -12.68 & 0 & 0 & 0 & 162.7 & 0 \\ 0 & 0 & 0 & 0 & 0 & 18.09 \end{bmatrix}$
10 m	$\begin{bmatrix} 18.32 & 0 & 0 & 0 & -25.43 & 0 \\ 0 & 19.74 & 0 & -21.29 & 0 & 0 \\ 0 & 0 & 96.34 & 0 & 0 & 0 \\ 0 & -21.29 & 0 & 193.8 & 0 & 0 \\ -25.43 & 0 & 0 & 0 & 216.8 & 0 \\ 0 & 0 & 0 & 0 & 0 & 38.47 \end{bmatrix}$	$\begin{bmatrix} 1.552 & 0 & 0 & 0 & -9.179 & 0 \\ 0 & 1.494 & 0 & -8.938 & 0 & 0 \\ 0 & 0 & 88.51 & 0 & 0 & 0 \\ 0 & -8.938 & 0 & 126.4 & 0 & 0 \\ -9.179 & 0 & 0 & 0 & 148.7 & 0 \\ 0 & 0 & 0 & 0 & 0 & 15.04 \end{bmatrix}$

对比冲刷前后群桩的等效刚度，可以看出：

① 冲刷前后，群桩的等效刚度发生了明显变化。以 4 m 的冲刷深度为例，冲刷后群桩横桥向水平刚度由冲刷前的 1 832 MN/m 变为 889.6 MN/m；顺桥向水平刚度由冲刷前的 1 974 MN/m 变为 825.2 MN/m；竖向刚度和转动刚度也有不同程度的减小。

② 群桩等效刚度受河流冲刷影响的整体趋势为：河流冲刷深度越大，群桩

等效刚度系数减小越多，即冲刷深度对群桩等效刚度的影响越明显，尤其对于主刚度系数。

③ 冲刷后，相比水平刚度系数，群桩竖向等效刚度系数变化幅度不是特别大，这主要是因为竖向刚度受基础埋深的影响较小的缘故。

④ 当冲刷深度较浅时（2 m 或 4 m），群桩基础的横向位移-转动、竖向位移-转动的刚度相关系数有所增加。当冲刷深度较大时（>4 m），相关系数则呈现明显的减小趋势，说明刚度相关系数的变化与冲刷深度相关。

9.5.7　桥梁基础冲刷对车桥动力响应的影响分析

对于高速铁路桥梁而言，由于基础被冲刷后刚度下降，使桥梁在列车荷载作用下产生较大的变形和振动，从而影响桥上线路的平顺性和稳定性，造成列车运行安全问题。下面通过一个算例，进一步研究车桥系统在基础冲刷效应下的动力响应。

1. 工程概况

长图线牡丹江特大桥跨河段如图 9.49 所示，桥址区与河道垂直相交，桥墩基础采用桩基承台基础。桥梁 P2～P5 墩之间为（32＋48＋32）m 的连续梁，P5～P9 墩之间为 32 m 简支梁，P9～P12 墩之间为（40＋64＋40）m 的连续梁，墩高 7～12.1 m。桥墩之中 P4～P10 墩位于江上，受河流冲刷影响。桥位所在位置河床宽 B_c 约 244 m。桥址处设计控制的水文数据为：设计流量 Q_c＝5500 m³/s，设计水位 H＝240.95 m，河面宽度 256 m，平均水深 h_c 为 6.13 m，最大水深 h_{mc} 为 7.02 m。据勘察记录显示，桥址区地表层为粗砂、圆砾土等，下伏气孔状玄武岩，抗压强度为 44.5 MPa。

图 9.49　长图线牡丹江特大桥跨河段

本节以 MIDAS 建立长图线牡丹江特大桥 P2～P12 墩之间的有限元模型，相应的梁跨编号为 S3～S12，桥梁模型见图 9.50。模型中以空间梁单元模拟梁体、桥墩、承台及桩身，以刚性连接模拟各墩墩帽的连接，以弹性连接模拟承台与桩顶之间的连接，以主从节点模拟支座，将线路二期恒载以提高材料密度的方法施加于梁体。

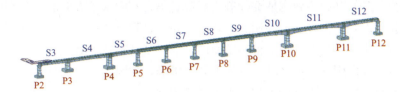

图 9.50　长图线牡丹江特大桥有限元模型

2. 冲刷深度与等效刚度

结合实际的水文资料并根据式（9.14）计算得到一般冲刷深度，如表 9.11 所示。出于安全考虑，河道平均深度增大了 2.03 m。一般冲刷前各墩承台埋深如表 9.12 所示。

表 9.11　一般冲刷计算参数及冲刷深度

参数	A	Q_c/m^3	B_c/m	h_{mc}/m	h_c/m	E	d_c/mm	h_p/m
数值	1.15	5 500	243.9	7.02	6.13	0.66	11	8.16

表 9.12　一般冲刷前后各墩承台埋深

墩号	P5	P6	P7	P8	P9	P10	P11
冲刷前/m	3.86	1.89	1.94	1.65	1.94	1.93	3.42
冲刷深度/m	5.01	4.81	4.44	4.65	4.69	4.86	5.34

在计算局部冲刷深度时，P5 墩与 P11 墩承台底面低于一般冲刷线，按上部实体进行计算，即按式（9.15）计算；其他各墩按式（9.16）计算。计算得到各墩局部冲刷深度（见表 9.12）。局部冲刷之后，全部桥墩承台底面均高于冲刷线，并且桩身暴露相当长度。P9 墩冲刷前后如图 9.51 所示。

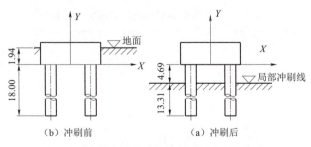

图 9.51　P9 墩冲刷前后的基础埋深（单位：m）

该桥桩基础为钻孔桩，桩端置于一定深度的弱风化玄武岩中，各墩群桩分布如图 9.52 所示。各墩基础冲刷前后的等效刚度计算结果见表 9.13。从表中结果可以看出，各墩基础等效刚度在冲刷之后都减小，其中水平方向的平移刚度与竖向的抗扭刚度减小最显著。冲刷之前，承台侧面受到土的抗力，冲刷之后，承台全部暴露在水中，只有土中的桩基础横向受力，刚度必然显著减小；该桥桩基础为端承桩，竖向刚度主要受基底竖向承载力影响，冲刷仅减小了承台底土的竖向抗力，对整体的竖向刚度的影响小于水平向刚度。

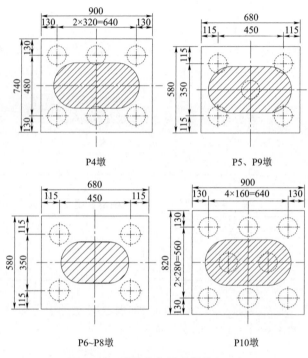

图 9.52　群桩分布图（单位：cm）

表 9.13　冲刷前后各墩基础等效刚度（$\times 10^9$）

墩号	$\delta_{aa1}/$ (N/m)		$\delta_{aa2}/$ (N/m)		$\delta_{aa3}/$ (N/m)		$\delta_{cc1}/$ (N·m/rad)		$\delta_{cc2}/$ (N·m/rad)		$\delta_{cc3}/$ (N·m/rad)	
	前	后	前	后	前	后	前	后	前	后	前	后
P5	3.6	1.07	3.46	0.93	40.82	35.59	258.2	222.8	301.0	260.1	32.23	15.57
P6	1.73	0.35	1.89	0.37	25.24	20.87	71.39	57.97	112.1	91.46	8.8	3.48
P7	1.73	0.38	1.90	0.40	25.84	20.87	87.49	69.95	139.4	111.8	10.5	4.21
P8	1.73	0.32	1.90	0.33	19.13	15.89	66.93	54.40	105.5	86.27	10.5	3.60
P9	1.73	0.37	1.90	0.39	16.01	13.96	57.37	48.76	89.66	76.78	10.5	4.10

墩号	δ_{aa1}/ (N/m)		δ_{aa2}/ (N/m)		δ_{aa3}/ (N/m)		δ_{cc1}/ (N·m/rad)		δ_{cc2}/ (N·m/rad)		δ_{cc3}/ (N·m/rad)	
	前	后	前	后	前	后	前	后	前	后	前	后
P10	1.83	0.37	1.89	0.37	17.05	14.93	51.60	43.55	78.91	67.40	9.15	3.54
P11	3.94	0.96	3.56	0.84	52.98	44.18	340.2	282.7	332.3	276.3	32.89	13.90

3. 桥梁自振特性分析

通过有限元计算，得到该桥在冲刷前后的自振频率及响应振型，计算结果对比见表9.14。冲刷之后，顺桥向与横桥向的一阶模态频率值均变小，一阶频率从1.576 Hz降低到1.364 Hz，降低了13.45%；三阶频率从1.772 Hz降低到1.624，降低了8.4%。显然，河流冲刷使得基础刚度减小，尤其是水平方向的刚度减小显著，桥梁整体变得更柔，顺桥向与横桥向的自振频率变低。

表9.14　桥梁自振频率及响应振型

阶数	冲刷前		冲刷后	
	频率/Hz	振型特征	频率/Hz	振型特征
1	1.576	S10~S12 主梁竖弯	1.364	S10~S12 竖弯+纵漂
2	1.757	S10~S12 竖弯+纵漂	1.600	S10~S12 主梁竖弯
3	1.772	S10~S12 墩梁横弯	1.624	S10~S12 墩梁横弯
4	2.084	S9~S10 墩梁横弯	1.708	S9~S10 墩梁横弯
5	2.375	S3~S5 主梁竖弯	2.092	S9 梁纵漂
6	2.460	S9 梁纵漂	2.116	S5~S6 墩梁横弯
7	2.742	S4~S9 梁墩横弯	2.196	S8 梁纵漂
8	2.752	S8 梁纵漂	2.319	S6~S9 墩梁横弯
9	2.782	S5~S9 墩梁横弯	2.366	S3~S5 墩梁竖弯+ S6 梁纵漂
10	2.830	S3~S5 墩梁横弯+S6 梁纵漂	2.411	S3~S5 墩梁竖弯+ S6 梁纵漂

4. 车桥响应分析

通过该桥的铁道线路为客货共线线路，由于货车单位延长重量远大于客车，其对桥梁基础及周围区域产生的振动亦大于客车，偏安全，计算中采用轴重较大的C70货车，计算50节车辆编组以90 km/h过桥时引起的振动状态。采用德国低干扰谱转换的时域不平顺样本作为轨道不平顺激励，截止波长80m。计算中各工况时程积分的时间步长均为 0.02 s，桥梁系统各阶频率的阻尼比均取 0.02。

（1）桥梁动力响应。

图 9.53 和图 9.54 给出了桥梁基础冲刷前后 S9 梁的跨中横向位移和加速度时程曲线。可以看出，桥墩基础受到冲刷之后，梁体的横向位移和加速度都明显增大，横向位移由 0.92 mm 增加到 2.24 mm，增大了 144%，横向加速度由 0.32 m/s² 增加到 0.59 m/s²，增大了 84%。列车长度大于桥梁长度，列车第一节车上桥与最后一节车出桥时，桥梁受到突加荷载与突减荷载，时程曲线显示出明显的冲击效应。

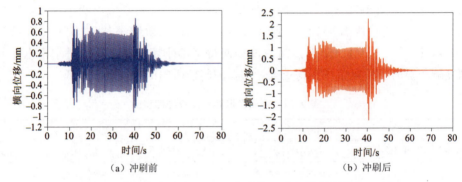

图 9.53　冲刷前后 S9 梁（32 m 简支梁）跨中横向位移响应时程

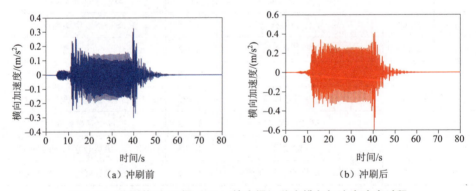

图 9.54　冲刷前后 S9 梁（32 m 简支梁）跨中横向加速度响应时程

表 9.15 给出了桥墩基础冲刷前后 S6～S10 梁的动力响应最大值。可以看出，桥墩基础受到冲刷之后，各孔梁的跨中横向位移和横向加速度都明显增大，其中横向位移平均增大了 101%，横向加速度平均增大了 62.9%。

表 9.15　桥梁动力响应最大值

梁号	跨中横向位移 /mm		跨中横向加速度 /（m/s²）	
	冲刷前	冲刷后	冲刷前	冲刷后
S6	0.45	0.65	0.19	0.27
S7	0.69	1.30	0.29	0.49
S8	1.45	2.56	0.39	0.57
S9	0.92	2.24	0.32	0.59
S10	0.7	1.73	0.13	0.23
平均值	0.842	1.696	0.264	0.430

（2）车辆动力响应。

河流冲刷使得桥墩水平刚度减小，桥梁横向振动响应增大，进一步影响了桥上车辆的动力响应。表 9.16 为桥墩基础冲刷前后车辆动力响应的最大值。

表 9.16　车辆动力响应最大值

桥墩状态	脱轨系数	轮重减载率	轮轨横向力/（kN）	车体加速度/（m/s²）		Sperling 指标	
				竖向	横向	竖向	横向
冲刷前	0.30	0.59	48.77	3.7	1.52	3.5	2.51
冲刷后	0.42	0.64	53.49	3.73	2.46	3.51	2.53

可以看出，冲刷前后列车行车时脱轨系数、轮轴横向力和车体加速度都小于容许值，横向与竖向平稳性达到优良的等级；桥墩基础受到冲刷之后，车辆的动力响应普遍增大，其中车体横向加速度变化最显著，最大值由冲刷前的 1.52 m/s² 增加到 2.46 m/s²，增大了 62%。轮重减载率在冲刷之前为 0.59，接近容许值，在冲刷之后达到了 0.64，超过了容许限值，已经影响到了行车安全。

5. 分析结论

从上面的计算分析可以看出：

（1）河流冲刷导致桩基础埋置深度的减小是影响桩基础等效刚度的主要因素。冲刷后群桩顺桥向水平刚度、横桥向水平刚度、竖向刚度、顺桥向转动刚度、横桥向转动刚度、水平扭转刚度均有所减小，而竖向刚度的减小程度不明显。

（2）由于冲刷会使基础竖向刚度的减小不明显，而使基础水平刚度明显减小，所以各跨河桥墩墩顶和主梁结构在冲刷前后，竖向位移和竖向加速度变化不大，而横向位移和横向加速度明显增大。

（3）河流冲刷会对桥梁及桥上车辆的动力响应产生一定的影响。如果冲刷作用较大或冲刷时间过长，则会严重影响到桥梁上的行车安全及乘客舒适度，需引起相关部门的重视。

参 考 文 献

CHEN C C, WU W H, SHIH F, et al. , 2014. Scour evaluation for foundation of a cable-stayed bridge based on ambient vibration measurements of superstructure [J]. NDT & E international, 66: 16-27.

KASSEM A, SALAHELDIN T M, IMRAN J, et al. , 2003. Numerical modeling of scour around artificial rock island of Cooper River Bridge [J]. Transportation research records, 1851: 45-50.

KONG X, CAI C S, 2016. Scour effect on bridge and vehicle responses under bridge-vehicle-wave interaction [J]. Journal of bridge engineering, 21 (4): 04015083-1-16.

LAGASSE P F, RICHARDSON E V, 2001. ASCE compendium of stream stability and bridge scour papers [J]. Journal of hydraulic engineering, 127 (97): 531-533.

LOH C H, WU F M, CHAO S H, 2011. In situ structural health monitoring for bridges under ambient stimulus: Effect of scouring [R]. The Engineering Mechanics Institute, 2-4, Boston, USA.

MELVILLE B W, RAUDKIVI A J, 1977. Flow characteristics in local scour at bridge piers [J]. Journal of hydraulic research, 15 (4): 373-380.

SAMIZO M, WATANABE S, FUCHIWAKI A, et al. , 2007. Evaluation of the structural integrity of bridge pier foundations using microtremors in flood conditions [R]. QR of RTRI, 48 (3): 153-157.

SHEPPARD D M, MILLER W, 2006. Live-bed local pier scour experiments [J]. Journal of hydraulic engineering, 132 (7): 635-642.

YOUNG G K, DOU X, SAFFARINIA K, et al. , 1998. Testing abutment scour model [C] // Proceedings of international water resources engineering conference, Memphis, TN, USA, 1: 180-185.

曹芳民, 2014. 既有线铁路桥梁不均匀沉降病害整治技术应用研究 [J]. 城市建筑-道路桥梁, 2: 286-287.

陈稳, 2013. 河流冲刷对既有桥梁墩台承载力影响的研究 [D]. 长沙: 中南大学.

方翔宇, 2013. 河流冲刷对铁路走行安全性的影响研究 [D]. 北京: 北京交通大学.

黄茂松, 李进军, 李兴照, 2006. 饱和软粘土的不排水循环累积变形特性 [J]. 岩土工程学报, 28 (7): 891-895.

景天然, 1993. 桥涵水文 [M]. 上海: 同济大学出版社.

李国和, 孙树礼, 许再良, 等, 2008. 地面沉降对高速铁路桥梁工程的影响及对策. 铁道工程学报, 115 (4): 37-41.

李永乐，赵凯，蔡宪裳，2010. 桥梁基础刚度有限元模拟的正交三梁模型 [J]. 桥梁建设，40 (6)：17-21.

凌治平，易经武，1997. 基础工程 [M]. 北京：人民交通出版社.

Liu X Y，2009. 世界桥梁倒塌和事故. http：//liu-xiaoyao. blog. 163. com/blog/ static/ 13715232011029104 6952/.

李进军，2005. 交通荷载作用下饱和软粘土长期沉降分析 [D]. 上海：同济大学.

刘明，黄茂松，李进军，2006. 地铁荷载作用下饱和软粘土的长期沉降分析 [J]. 地下空间与工程学报，2 (5)：813-817

马玉麟，郑丽君，付黎龙，2008. 铁路桥梁水害分析及处治 [J]. 山西建筑，18：315-316

祁彪，2009. 地面沉降对京沪高速铁路（北京—济南段）影响分析 [D]. 成都：西南交通大学.

宋国华，高芒芒，黎国清，2010. 桥梁墩台不均匀沉降时的车桥垂向系统耦合振动分析 [J]. 中国铁道科学，31 (2)：29-33.

翟婉明，赵春发，夏禾，等，2014. 高速铁路基础结构动态性能演变及服役安全的基础科学问题 [J]. 中国科学，44 (7)：645-660.

曾永红，2015. 岳阳县境内 S306 线上一大桥垮塌. http：//hn. rednet. cn/c/2015 /06/ 04/3699628. htm.

第 **10** 章

桥梁徐变上拱和温度变形作用下的
车桥系统动力分析

  本章以高速铁路简支混凝土箱梁桥为对象，分析梁体徐变上拱和温度变形对高速铁路车桥系统动力响应及行车安全的影响，介绍了桥梁徐变上拱数值模拟方法，分析了桥梁徐变上拱引起的车桥系统振动，提出了保证列车运行安全性和平稳性的桥梁徐变上拱-列车速度安全阈值曲线。通过数值模拟和现场实测，分析了不均匀温度场下桥梁旁弯和轨道板变形的特点及其对车桥系统动力响应和行车安全性指标的影响规律。

10.1   概   述

  高速铁路由于具有高速度、高舒适性、高安全性、高行车密度、连续运营等特点，对桥梁等基础设施要求非常严格。桥梁在列车荷载作用下的变形、预应力等恒载作用下的长期徐变上拱及不均匀温度场作用下的温度变形等都会改变桥上轨道的受力状态，劣化轨道的平顺性，这会导致列车通过时产生很大的振动，增大对桥梁结构的冲力作用，影响旅客乘坐舒适度，甚至危及列车运行安全。对于有砟轨道桥梁，可通过调整道砟厚度和扣件来调节轨道的平顺度，而对于采用无砟轨道的高速铁路桥梁，只能通过扣件进行小幅度的调节，这就需要严格控制桥梁完工后徐变上拱及温度变形等准静态变形。

  桥梁在外荷载作用下的弹性变形可在荷载消失后很快恢复，而徐变上拱属于不可逆变形，具有长期发展的特征（Bazant et al，1995；Gardner et al，2001；贺栓海，2003；夏禾，2011；段晓伟，2014）。高速铁路桥梁以预制预应力混凝土简支箱梁为主要结构形式，徐变上拱会引起连续布置的等跨简支梁桥产生周期性的变形，直接影响轨道的几何形位，不利于行车安全性和旅客舒适性（刘华，2004；刘志远，2005）。对于高速铁路桥梁，必须严格控制梁体的徐变上拱量（郑健，2008；夏禾，2010；柴尚锋，2012），这在国内外规范中都有明确的规定

（BS5400，1990；TB10002.1，2005；TB10002.3，2005；AASHTO，2012）。

在温度作用下产生的桥梁结构和轨道的变形也会改变轨道的平顺状态，进而对高速列车的正常运行产生影响，在某些情况下还可能很大，甚至超过其他荷载的影响而成为桥梁设计的控制因素（Xia et al，2006；翟婉明，2007；牛斌，2008；张元海，2008；孙奇，2013；田园 等，2015）。

本章以 32 m 和 24 m 标准跨度简支梁桥为例，重点分析混凝土梁由徐变上拱和温度变化引起的梁体横向旁弯及桥上轨道结构变形对高速铁路车桥系统动力响应及列车运行安全性和平稳性的影响规律。

10.2　桥梁徐变上拱对车桥系统动力响应的影响

10.2.1　桥梁徐变上拱理论

1. 徐变上拱概念

桥梁混凝土材料的时效变形由收缩和徐变两部分组成。混凝土的收缩徐变使桥梁在建成后继续变形，虽然变形的速度逐年递减，但变形量不断累积增加，以致桥面产生纵坡不平顺，有可能影响到桥上列车的运行品质。

混凝土的收缩是由于混凝土体内水泥凝胶体中游离水分蒸发而使其本身体积缩小的一种物理化学现象，它是不依赖于荷载而仅与时间有关的一种变形。混凝土的收缩变形主要有浇筑初期的凝缩变形、硬化混凝土的干燥收缩变形、自发收缩变形、温度下降引起的冷缩变形及因碳化引起的碳化收缩变形等五种形式。混凝土的收缩作用使得桥梁的内力和变形发生变化，进而引起桥面线形的改变。

混凝土的徐变是指在不变的应力长期持续作用下，混凝土结构的变形随时间增加的现象。混凝土徐变与应力大小有关。在恒载和预应力的作用下，梁体截面上一般既有轴压又有弯矩。如果轴压和弯矩是由同一时刻施加的荷载引起的，则梁段中压应力较大一侧的徐变大于压应力较小的一侧，从而造成梁段的下凹或上凸。徐变一般用徐变系数来描述。徐变系数是徐变应变与弹性应变的比值，它与混凝土龄期、加载龄期、构件尺寸及环境等因素有关。

徐变会使混凝土梁产生向上的凸起变形，称为徐变上拱。徐变上拱会影响梁上轨道的平顺度，对高速行车安全性和乘坐舒适性不利，必须严格加以限制。

现行《铁路桥涵钢筋混凝土和预应力混凝土结构设计规范》（TB 10002.3—2005）规定了混凝土的收缩应变和徐变系数的终极值，见表 10.1。

表 10.1　混凝土的收缩应变和徐变系数的终极值

预加应力时混凝土的龄期/d	收缩应变终极值 $\varepsilon_\infty \times 10^{-6}$				徐变系数终极值 ϕ_∞			
	理论厚度（$2A/u$）/mm				理论厚度（$2A/u$）/mm			
	100	200	300	≥600	100	200	300	≥600
3	250	200	170	110	3.00	2.50	2.30	2.00
7	230	190	160	110	2.60	2.20	2.00	1.80
10	217	186	160	110	2.40	2.10	1.90	1.70
14	200	180	160	110	2.20	1.90	1.70	1.50
28	170	160	150	110	1.80	1.50	1.40	1.20
≥60	140	140	130	100	1.40	1.20	1.10	1.00

注：① 对先张法结构，预加应力时混凝土的龄期一般为 3～7 d；对后张法结构，该龄期一般为 7～28 d；
② A 为计算截面的混凝土的面积，u 为该截面与大气接触的周边长度；
③ 实际结构的理论厚度和混凝土的龄期为表列数值的中间值时，可按直线内插取值。

　　混凝土桥梁的徐变变形除梁体自身因素外，还与环境等其他因素有很大关系，难以准确计算。叶梅新等（2009）以一座跨度（85＋135＋85）m 的无砟轨道预应力混凝土连续梁桥为研究对象，利用实测徐变系数，模拟施工及运营的全过程，计算了桥面线形随时间的改变，结果见图 10.1。图中的挠度曲线是对应成桥时，即施加二期恒载后的增加值。

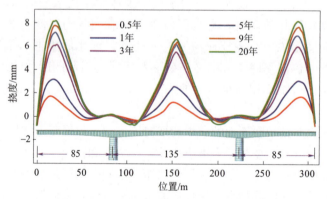

图 10.1　跨度（85＋135＋85）m 的预应力混凝土桥梁后期上拱变形曲线（90 天后铺轨）

　　从图中可见，随着时间的推移，由混凝土收缩、徐变、预应力损失共同引起的主梁上拱和下挠不断增大，铺轨后前几年桥面线形随时间变化较快，后几年变化逐渐减缓。

2. 混凝土徐变机理及影响因素

　　从 20 世纪 30 年代开始，国内外学者系统地研究了混凝土的徐变机理，并基于不同的假设提出了多种徐变理论。关于混凝土徐变的理论一般以水泥浆体的微观结构为基础，如黏弹性理论、塑性流动理论、黏性流动理论、渗出理论、微裂缝理论及内力平衡理论等，但这几种理论都不能圆满地解释所有的徐变现象。一般认为：骨料和水泥砂浆（即水化物骨架）的弹性变形及微裂缝的出现构成了混凝土构件承载后的初始变形；随着时间的推移，水泥凝胶体在水化物骨架内部逐渐发生塑性流动，水泥砂浆—骨料界面及水泥砂浆内部的微裂缝也会持续发展，从而使混凝土产生徐变。此外，混凝土内部水分的蒸发也会引起混凝土的附加干缩徐变。

混凝土的徐变受到内部和外部多种因素的影响。内部因素包括水泥种类、材料配比、水灰比、构件尺寸，以及混凝土构件的制造工艺和养护条件等，它们影响混凝土的（微观或宏观）结构特性；外部因素包括混凝土构件工作环境（湿度和温度）、荷载大小、加载历史及持续时间等，它们反映混凝土构件的工作特征。

3. 混凝土徐变计算模型

混凝土徐变的大小通常用徐变系数 $\varphi(t,\tau)$ 来描述，目前有 2 种不同的定义方式。假设时刻 τ 开始作用于混凝土的单轴向常应力为 $\sigma(\tau)$，至时刻 t 时所产生的徐变应变为 $\varepsilon_c(t,\tau)$，徐变系数的第一种定义方式是建立徐变系数与 28 d 龄期混凝土弹性应变间的关系，即

$$\varepsilon_c(t,\tau)=\frac{\sigma(\tau)}{E_{28}}\varphi(t,\tau)\tag{10.1}$$

式中，E_{28} 为 28 d 龄期混凝土的弹性模量。这种定义方式被国际混凝土联盟标准规范（CEB-FIP，2010）和中国铁道部颁布的铁路涵设计基本规范（TB 10002.1—2005）等所采用。

徐变系数的另一种定义是建立徐变系数与加载龄期混凝土瞬时弹性应变间的关系，即

$$\varepsilon_c(t,\tau)=\frac{\sigma(\tau)}{E(\tau)}\varphi(t,\tau)\tag{10.2}$$

式中，$E(\tau)$ 为 τ 时刻混凝土的弹性模量。这种定义方式采用的是美国混凝土学会报告（ACI 209—1992）中给出的建议：潮湿养护混凝土时标准加载龄期 τ 取 7 d，蒸汽养护时取 1~3 d。

目前国内外关于混凝土徐变有几种不同的分析理论，这几种理论考虑的因素不尽相同，计算模式也不同。归纳起来，徐变系数的数学表达式主要分为两类：一类是将徐变系数表示为若干个性质互异的分项系数之和，如我国交通部早期颁布的《公路钢筋混凝土及预应力混凝土桥涵设计规范》（JTJ 023—1985）即采用这类表示方式；另一类是将徐变系数表示为一系列系数的乘积，其中每个系数代

表一个混凝土徐变的影响因素，如我国交通部近期颁布的《公路钢筋混凝土及预应力混凝土桥涵设计规范》（JTG D62—2012）即采用这类表示方式。本文在分析简支梁徐变时采用 JTG D62—2012 规范中建议的计算方法，即预应力混凝土受弯构件的变形按照构件自重和预加力产生的初始弹性变形乘以 $[1+\varphi(t,t_0)]$ 求得，其中 $\varphi(t,t_0)$ 是混凝土的徐变系数，按如下公式计算

$$\varphi(t,t_0)=\varphi_0 \cdot \beta_c(t-t_0) \tag{10.3}$$

式中，t_0 和 t 分别为混凝土在加载时和计算时刻的龄期，d；β_c 是加载后徐变随时间发展的系数，它与环境的年平均相对湿度 RH（%）有关；φ_0 是名义徐变系数，其表达式为

$$\varphi_0=\left[1+\frac{1-RH/RH_0}{0.46\,(h/h_0)^{1/3}}\right] \cdot \frac{5.3}{(f_{cm}/f_{cm0})^{0.5}} \cdot \frac{1}{0.1+(t_0/t_1)^{0.2}} \tag{10.4}$$

式中，f_{cm} 是 C20～C50 级混凝土在 28 d 龄期时的平均立方体抗压强度，MPa；h 是试件的理论厚度，mm；RH_0、h_0、t_1 和 f_{cm0} 是固定系数，分别按 100%、100 mm、1 d 和 10 MPa 取值。

10.2.2 混凝土梁徐变上拱及其引起的轨道附加变形实测分析

我国普通铁路桥梁设计规范没有规定预应力混凝土梁徐变上拱量的限值，也没有明确提出上拱量的计算方法。早期的预应力混凝土梁允许混凝土在使用阶段承受较大的压应力，又因施工中为加快台座周转，水泥用量相对较多且张拉过早，导致徐变上拱量过大。1975 年颁布的《铁路工程技术规范》第二篇《桥涵》（交铁基字第 2960 号，1975）降低了混凝土的允许压应力，桥梁上拱情况有所改善，但仍然有些梁出现过大的上拱。例如，津浦线 K419 大桥第三孔跨径 31.7 m T 形梁的最大上拱度达到 135 mm，而同一孔中其他 3 片梁的上拱度分别是 118 mm、113 mm 和 79 mm。又如，京秦线狼坨段沙河大桥 38 孔跨径 31.7 m 的预应力混凝土梁桥的最大上拱度达到 164 mm。根据调查资料，目前我国普通铁路 32 m 梁的徐变上拱均值约为 60 mm。由于梁体上拱造成道砟厚度不足，且很难进行调整，致使一些桥梁提前更换，造成了较大的经济损失。

我国《高速铁路设计规范》（TB 10621—2014）中规定：轨道铺设完成后，预应力混凝土梁的竖向残余变形应符合：① 有砟桥面：梁体的竖向变形不得大于 20 mm；② 无砟桥面：跨度小于或等于 50 m 时，竖向变形不应大于 10 mm；跨度大于 50 m 时，竖向变形不应大于 $L/5\,000$，且不大于 20 mm。

为了研究高速铁路简支梁桥的梁体徐变上拱规律，铁科院 2013 年在服役两年多的京沪高铁的两处简支梁桥段（共 43 跨 32 m 简支梁）进行了现场实测，得到了如图 10.2 所示的两条典型的桥面变形实测曲线，其中包含了桥梁上拱和不

均匀沉降的影响。可以看出，曲线中出现了明显的周期性，经分析，这主要是由连续布置的 32 m 等跨径混凝土简支梁徐变上拱所引起的（黎国清 等，2014）。

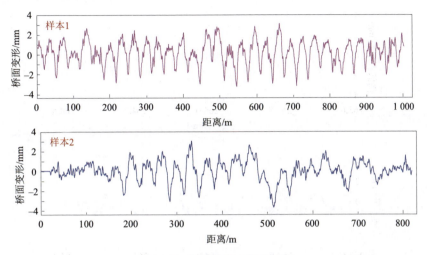

图 10.2   桥梁徐变上拱实测值

从上述梁体徐变上拱实测数据中剔除桥墩不均匀沉降，得到梁体实际徐变上拱幅值，如表 10.2 所示。

表 10.2   实测梁体徐变上拱幅值统计表

徐变上拱幅值/mm	相应桥梁跨数	比例/%
1.5~2.0	1	2.33
2.0~2.5	3	6.98
2.5~3.0	4	9.30
3.0~3.5	6	13.95
3.5~4.0	10	23.26
4.0~4.5	10	23.26
4.5~5.0	6	13.95
5.0~5.5	1	2.33
5.5~6.0	1	2.33
6.0~6.5	1	2.33

混凝土徐变引起的桥梁变形使得桥上轨道结构产生附加变形。对于连续布置的等跨径简支梁桥，桥上轨道结构的附加变形也会呈现周期性。

为了研究高速铁路运营阶段轨道不平顺的变化规律，铁科院对京沪高速铁路线进行了轨道线形实测，测量得到了左、右轨的高低不平顺和方向不平顺的数据。以左轨为例，里程 K263.6～K264.4 km 区间段 800 m 长线路的实测不平顺波形如图 10.3 所示（黎国清 等，2014）。

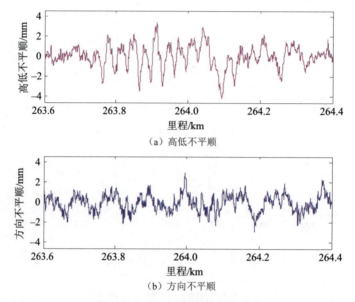

(a) 高低不平顺

(b) 方向不平顺

图 10.3　实测轨道不平顺波形图

可以看出，由于区段内连续布置有多跨 32 m 混凝土简支梁，轨道高低不平顺幅值明显增大，且呈现周期性的变化，这与图 10.2 中梁体的徐变上拱规律一致。进一步对这段轨道不平顺进行了空间频谱分析，结果如图 10.4 所示。

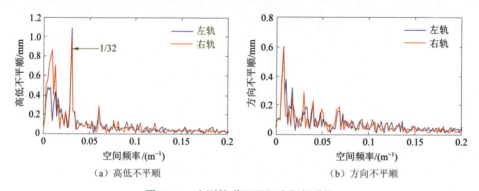

(a) 高低不平顺

(b) 方向不平顺

图 10.4　实测轨道不平顺空间频谱图

从图中可以看出，在 32 m 波长（即空间波数 0.03 m^{-1}）附近，高低不平顺频谱存在一个峰值，而方向不平顺则不存在这个峰值，表明该波长成分确实是由于简支梁竖向变形引起的，而混凝土徐变则是其产生的一个主要原因。

这一实测结果说明混凝土徐变对桥上轨道线形的影响是客观存在的。对于连续布置的混凝土简支梁，徐变上拱引起了轨道周期性的附加变形，列车通过时，这种周期性的激励会加大车桥系统的振动，在某些速度下可能会激起列车与桥梁的共振。因此，有必要研究由混凝土徐变引起的桥梁上拱变形及其对轨道不平顺及桥上列车运行性能的影响规律。

10.2.3　梁体徐变引起的简支梁-轨道系统附加变形分析

随着运营时间的增加，由混凝土徐变引起的梁体附加变形会不断发展。这一附加变形通过轨道板、扣件逐步向上传递，在轨道内部引起附加内力，同时引起桥上轨道结构的附加变形，进而影响桥上列车的运行性能。为了更好地研究由桥梁徐变引起的轨道附加变形对列车运行性能的影响，首先需要研究徐变引起的梁体变形、轨道附加变形的变化规律。

1. 简支梁-轨道系统徐变计算有限元模型

我国高速铁路线中简支梁桥所占的比例很高，跨度以 32 m 为主，也有少量的 24 m 梁。为了研究由徐变上拱引起的桥上轨道附加变形，选取高速铁路 32 m、24 m 简支箱梁（图号通桥（2008）2322A）进行分析，桥上采用 CRTS Ⅲ型板式无砟轨道，如图 10.5 所示。

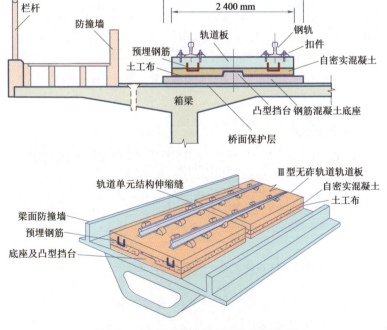

图 10.5　我国高速铁路线路结构示意图

　　CRTSⅢ型板式无砟轨道是我国具有完全自主知识产权的高速铁路无砟轨道体系，主要由钢轨、扣件、预制轨道板、配筋的自密实混凝土（自流平混凝土调整层）、限位挡台、中间隔离层（土工布）和钢筋混凝土底座等部分组成。

　　轨道结构采用单元分块式结构，桥上轨道板单元的截面尺寸为 2 400 mm×190 mm。底座板在每块轨道板范围内设置限位凸型挡台，底座板与自流平混凝土层间设置中间隔离层。扣件采用 WJ—8C 型扣件。

　　CRTSⅢ型无砟轨道板在 32 m 和 24 m 简支梁上的布置方案及扣件间距如表 10.3 所示，具体的配板设计如图 10.6 和图 10.7 所示。

表 10.3　简支梁配板方案（单位：mm）

桥型	配板方案	扣件间距	板缝	板缝扣件间距	梁端扣件间距
32 m梁	4 925＋4×5 600＋4 295	630	70	630/620	590
24 m梁	5×4 856	617	80	617	637

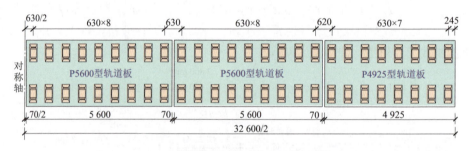

图 10.6　32 m 简支梁桥轨道板布置方案（单位：mm）

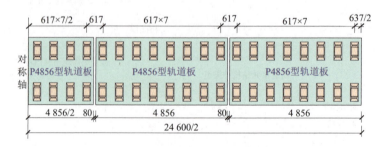

图 10.7　24 m 简支梁桥轨道板布置方案（单位：mm）

　　可以看出，这种布置方式使得桥上轨道板的边缘刚好与梁体端部平齐。CRTSⅢ型板式无砟轨道结构中各部件的参数见表 10.4。

表 10.4　CRTSⅢ型板式无砟轨道各部件参数

部件	参数	单位	参数值
钢轨参数	面积	cm²	77.45
	绕水平轴惯性矩	cm⁴	3 217
	绕竖直轴惯性矩	cm⁴	524
	弹性模量	MPa	2.1×10^5
扣件参数	纵向力/每组	kN	9
	竖向静刚度/每组	kN/mm	35
	横向静刚度/每组	kN/mm	50
轨道板参数	混凝土	—	C60
	密度	kg/m³	2 500
	弹性模量	MPa	3.65×10^4
自密实混凝土参数	混凝土	—	C40
	密度	kg/m³	2 500
	弹性模量	MPa	3.4×10^4
底座（板）参数	混凝土	—	C20
	密度	kg/m³	2 500
	弹性模量	MPa	2.8×10^4
	剪力棒	HRB335 ϕ28 钢棒，长度 0.4 m	
	支承刚度	路基支撑面刚度：76 MPa/m	

利用 Midas Civil 空间有限元分析软件建立简支梁-CRTSⅢ型无砟轨道系统的有限元模型，如图 10.8 所示。它包括路基和桥梁两部分：左侧为路基段，用于分析边跨简支梁徐变引起的梁端-路基过渡区域轨道结构的附加变形；右侧为简支梁段，用于分析梁上及两跨梁相邻区域轨道结构的附加变形。分析中，假定相同跨度梁的徐变规律是相同的。根据圣维南原理，忽略轨道结构远端的不对称性，两跨梁相邻区域的轨道变形应当是关于中点对称的，所以只需要对模型中钢轨的右侧节点施加对称约束即可（即仅释放该节点的竖向位移，约束其余自由度），分析时只需要建模一孔简支梁即可。

根据 CRTSⅢ型板式无砟轨道结构的特点，建模时对桥梁-轨道系统做出以下简化。

① 由于轨道板与自密实混凝土层间预留有门式钢筋连接，受力时能够作为一个整体共同工作，将两者简化为一个等效板块。

② 将自密实混凝土层与底座间的土工布等效为离散的单向受压弹簧，等效

刚度为 400 MN/m²。由于徐变仅引起轨道结构的竖向附加变形，因此将受压弹簧布置在等效板块的中心线上。

③ 桥梁二期恒载采用值为 14.385 t/m。

④ 按照简支梁的实际预应力筋布置情况施加预应力荷载。

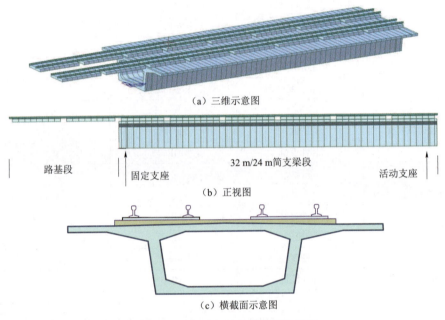

（a）三维示意图

（b）正视图

路基段　　　固定支座　　　32 m/24 m简支梁段　　　活动支座

（c）横截面示意图

图 10.8　简支梁-轨道有限元模型图

2. 桥梁徐变引起的轨道附加变形分析

利用所建立的分析模型，假定梁体徐变量为 10 mm，计算 32 m 和 24 m 简支梁徐变上拱引起的轨道结构附加变形，如图 10.9 所示。

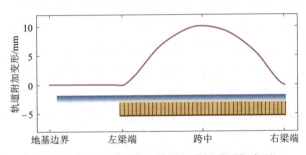

图 10.9　简支梁徐变上拱引起的轨道附加变形

从图中可以看出，由于轨道的连续性，路基-梁端区域和两跨梁相邻区域的轨道附加变形平滑过渡，其中两跨梁相邻区域的附加变形存在较大的光滑折角。由于扣件刚度（35 kN/mm）及土工布等效受压弹簧刚度（400 MN/m²）很大，轨道附加变形最大值出现在梁体跨中位置，约等于该处梁体的徐变值。

3. 混凝土龄期和铺轨时间的影响

由混凝土徐变的影响因素可知，混凝土的徐变规律与构件的加载龄期有关。预应力混凝土简支梁承受的恒载包括两部分：一部分是梁体、二期铺装及桥面附属结构的自重，另一部分是通过预应力筋施加到梁体上的预应力。为了研究施加预应力时的混凝土龄期对梁体徐变的影响规律，分析时假定施加预应力时混凝土的养护龄期分别为 7 d、10 d、14 d 和 21 d。

简支梁预应力施加后，经架梁到铺轨是存在时间差的，这个时间差简称为铺轨时间。铺轨以后发生的梁体徐变才会使轨道产生附加变形，而且二期铺装产生的正弯矩还能抵消一部分由预应力使梁体发生徐变上拱的负弯矩，因此在《高速铁路设计规范》（TB 10621—2014）中建议桥面附属设施尽量在轨道铺设前完成。下面分析时，假定桥面附属设施在铺轨前 20 天完工，线路铺轨时间分别为 30 d、60 d、180 d 和 360 d。

分析结果表明，对上述不同徐变工况下得到的归一化轨道附加变形曲线几乎是重合的，因此下面分析时，假定轨道附加变形的线形与梁体徐变线形相同，幅值随着梁体徐变的发展而变化。

通过计算，得到了不同混凝土养护龄期、铺轨时间及线路运营时间工况下，32 m 和 24 m 简支梁桥上轨道附加变形的最大值，分别见表 10.5 和表 10.6。

表 10.5　不同工况下的轨道附加变形最大值（32 m 简支梁）

养护龄期/d	铺轨时间/d	轨道附加变形最大值 /mm							
		3 个月	6 个月	1 年	2 年	5 年	10 年	15 年	20 年
7	30	4.51	6.96	9.54	12.36	16.56	18.60	19.25	19.62
	60	3.27	5.28	7.63	10.43	14.67	16.75	17.42	17.81
	180	0.79	1.76	3.41	5.88	9.72	11.67	12.32	12.72
	360	−0.17	0.32	1.52	3.55	6.78	8.48	9.10	9.50
10	30	4.16	6.43	8.83	11.45	15.35	17.24	17.84	18.18
	60	2.98	4.83	7.00	9.60	13.52	15.45	16.06	16.42
	180	0.65	1.53	3.06	5.34	8.90	10.70	11.31	11.68
	360	−0.23	0.20	1.30	3.17	6.16	7.74	8.31	8.68

续表

养护龄期/d	铺轨时间/d	轨道附加变形最大值 /mm							
		3 个月	6 个月	1 年	2 年	5 年	10 年	15 年	20 年
14	30	3.84	5.96	8.19	**10.63**	**14.26**	**16.02**	**16.57**	**16.89**
	60	2.72	4.43	6.44	8.85	**12.46**	**14.28**	**14.85**	15.18
	180	0.53	1.33	2.73	4.86	8.16	9.83	**10.39**	10.73
	360	<u>−0.29</u>	0.09	1.09	2.83	5.60	7.06	7.59	7.93
21	30	3.49	5.43	7.48	9.71	**13.00**	**14.65**	**15.15**	**15.44**
	60	2.43	3.99	5.82	8.02	**11.31**	**12.93**	**13.44**	13.74
	180	0.40	1.10	2.37	4.30	7.31	8.83	9.33	9.64
	360	<u>−0.36</u>	<u>−0.04</u>	0.86	2.43	4.95	6.27	6.75	7.06

表 10.6 不同工况下的轨道附加变形最大值（24 m 简支梁）

养护龄期/d	铺轨时间/d	轨道附加变形最大值 /mm							
		3 个月	6 个月	1 年	2 年	5 年	10 年	15 年	20 年
7	30	2.58	3.96	5.41	7.00	9.32	**10.47**	**10.83**	**11.05**
	60	1.72	2.78	4.05	5.59	7.93	9.08	9.45	9.67
	180	0.56	1.13	2.06	3.43	5.55	6.64	7.01	7.23
	360	0.04	0.35	1.03	2.16	3.95	4.89	5.23	5.45
10	30	2.39	3.67	5.02	6.50	8.66	9.73	**10.06**	**10.26**
	60	1.74	2.79	4.01	5.45	7.63	8.70	9.05	9.25
	180	0.49	1.01	1.87	3.14	5.11	6.11	6.45	6.65
	360	0.01	0.28	0.91	1.96	3.62	4.49	4.81	5.01
14	30	2.22	3.41	4.67	6.04	8.07	9.06	9.37	9.55
	60	1.60	2.58	3.71	5.05	7.07	8.07	8.39	8.57
	180	0.43	0.90	1.70	2.88	4.71	5.64	5.95	6.14
	360	<u>−0.03</u>	0.22	0.80	1.77	3.31	4.12	4.42	4.60
21	30	2.02	3.12	4.28	5.53	7.39	8.30	8.59	8.75
	60	1.45	2.33	3.37	4.60	6.44	7.36	7.65	7.81
	180	0.35	0.78	1.50	2.58	4.25	5.10	5.38	5.55
	360	<u>−0.06</u>	0.15	0.68	1.56	2.96	3.70	3.97	4.14

表 10.5 和表 10.6 中带下划线的蓝色数字为负值，表示梁体徐变在这段时间内出现了负增长，这是由于二期铺装产生的弯矩与预应力引起的弯矩相反，从而降低了由预应力引起的梁体上缘拉应力，相当于对上缘混凝土进行了部分卸载。混凝土梁体卸载后的变形恢复可分为两部分：一部分是即时恢复的，即弹性恢复 ε_{ce}；另一部分是随时间逐渐恢复的，即弹性后效 ε_{cr}。此外，还会保留一部分的残余变形 ε_{re}。受弹性后效的影响，二期铺装"卸载"引起的混凝土弹性后效部分会逐步恢复，因此出现了负增长。

从表中可以看出，梁体徐变对线路平顺性的影响是长期存在的，线路运营 5 年后，轨道附加变形依然会有 1～2 mm 的发展。根据规范，32 m 和 24 m 简支梁铺轨后残余徐变不能超过 10 mm，表 10.5 和表 10.6 中，不带下划线的蓝色数字表示残余徐变超出了这一限值。

图 10.10 和图 10.11 是最终附加变形量与养护龄期及铺轨时间的关系。这里，最终变形量是指线路运营 20 年时由梁体徐变引起的轨道附加变形量。

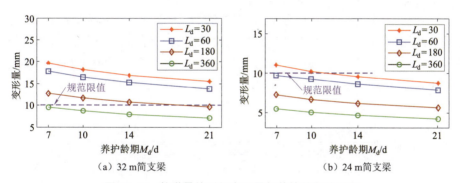

（a）32 m简支梁　　　　　　（b）24 m简支梁

图 10.10　轨道最终附加变形量与养护龄期关系图

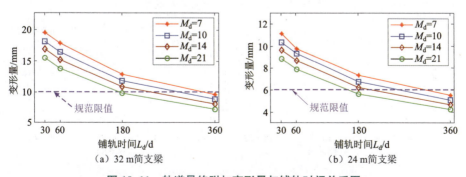

（a）32 m简支梁　　　　　　（b）24 m简支梁

图 10.11　轨道最终附加变形量与铺轨时间关系图

从上述分析可以看出：

① 相同工况下，32 m 简支梁徐变引起的轨道附加变形量要大于 24 m 简支梁；养护龄期相同时，为了使最终变形量不超过规范限值，32 m 简支梁需要更长的铺轨时间。

② 轨道附加变形量随着养护龄期及铺轨时间的增加逐渐降低，而铺轨时间的影响比养护龄期更大。这是因为混凝土徐变主要发生在承载早期的一段时间内，延长铺轨时间能够让梁体徐变在铺轨前释放掉，从而大大减少了铺轨以后的轨道附加变形量。

10.2.4 桥梁徐变上拱引起的轨道附加变形模拟

在列车-桥梁系统动力分析中需要连续的轨道附加变形值，而有限元计算得到的附加变形为一系列离散点，为便于应用需对其进行拟合，形成连续的曲线。假设梁体徐变上拱引起的轨道附加变形的线形是固定的，仅幅值发生变化，所以只需对附加变形的归一化曲线进行拟合。

如图 10.12 所示，假定所分析简支梁的左端为路基，右端为等跨径简支梁。基于徐变引起的轨道附加变形曲线形式，将其分为三部分进行拟合，即路基-梁端区域、梁中区域及两跨梁相邻处的梁端-梁端区域。基于 Matlab 拟合得到了按最大值 10 mm 归一化的 32 m 简支梁和 24 m 简支梁轨道附加变形模拟曲线，如图 10.13 所示。

图 10.12 徐变上拱分区计算示意图

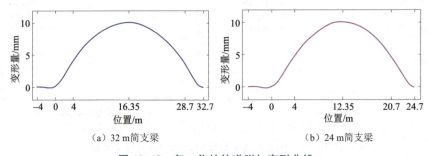

(a) 32 m简支梁 　　　　(b) 24 m简支梁

图 10.13 归一化的轨道附加变形曲线

受简支梁梁端悬挑长度及梁端缝隙的影响，每跨 32 m 和 24 m 简支梁上轨道附加变形节段的实际长度分别为 32.7 m 和 24.7 m，但在后续图形中分别用 32 m 和 24 m 来标注。

计算了当梁体徐变量为 30 mm 时，由 10×32 m 和 10×24 m 简支梁桥徐变引起的轨道附加变形，如图 10.14 所示。可以看出，由于梁体发生徐变上拱，梁端为下凹尖角，这些轨道附加变形在梁端区域存在明显的折角，形成了一系列近似半正弦波的周期性曲线。

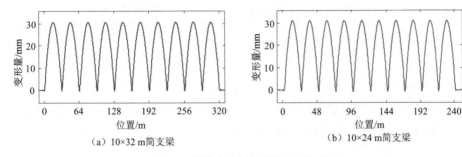

（a）10×32 m简支梁　　（b）10×24 m简支梁

图 10.14　梁体徐变引起的轨道附加变形

由于轨道附加变形的存在，轮对沿轨道运动时会产生附加加速度。当列车以 360 km/h 的速度通过 10×32 m 和 10×24 m 简支梁桥时，由 30 mm 梁体徐变引起的附加加速度如图 10.15 所示，图中负值表示附加加速度的方向向上。可以看出，附加变形引起的附加加速度有如下特点：① 在梁端区域出现了峰值；② 两跨梁相邻区域大于路基-梁端区域；③ 梁体中部也存在峰值，但幅值远小于梁端区域；④ 梁体其余区域的附加加速度值很小；⑤ 与 32 m 梁相比较，24 m 梁的附加加速度更大。

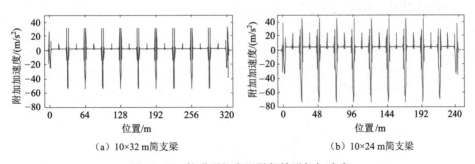

（a）10×32 m简支梁　　（b）10×24 m简支梁

图 10.15　轨道附加变形引起的附加加速度

进一步按 50×32 m 和 50×24 m 简支梁连续布置，对所形成的轨道附加变形（最大值均为 10 mm）做了空间频谱分析，结果如图 10.16 所示。

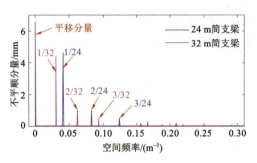

图 10.16　徐变引起的轨道附加变形空间频谱

从图中可以看出，空间频谱仅在 0、$n/32$（对应 32 m 梁）或 $n/24$（对应 24 m 梁）（$n=1,2,3,\cdots$）的频率点处存在分量，表明轨道附加变形由两部分组成：一部分是平移分量，即 0 频率所对应的分量；另一部分是波长等于桥梁跨径整数分之一的简谐分量，即 $n/32$ 和 $n/24$ 频率点处所对应的分量，其中波长等于桥梁跨度（$n=1$）的简谐分量最为明显。

10.2.5　梁体徐变对车桥系统动力响应影响分析

等跨连续布置简支梁徐变引起的轨道附加变形是呈周期性的，相当于给原始轨道不平顺叠加了一个长波简谐分量。本节以 10×32 m 及 10×24 m 等跨径连续布置的简支梁桥为分析对象，以德国 ICE3 高速列车为激励，分析简支梁徐变对车桥系统动力响应的影响规律。

1. 车桥计算参数

桥梁主要参数：采用高速铁路 32 m 及 24 m 标准预应力混凝土简支箱梁，32 m 箱梁截面如图 10.17 所示，24 m 箱梁除括号中的尺寸外，其余截面尺寸与 32 m 箱梁相同；桥墩为圆端型，墩高 6 m。

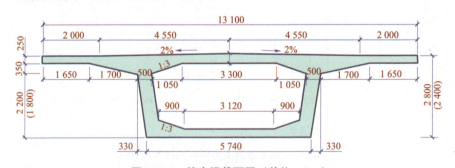

图 10.17　简支梁截面图（单位：mm）

桥梁模型示意图见图 10.18，桥墩底部按固结处理。经计算，32 m 和 24 m

简支梁的一阶竖向自振频率分别为 4.65 Hz 和 5.92 Hz。

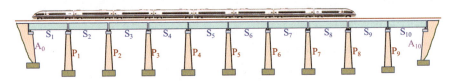

图 10.18　桥梁模型示意图

采用德国 ICE3 列车，8 节车辆编组，编组形式为（3 动车＋1 拖车）×2，车辆的具体参数见表 6.8。

由于轨道不平顺具有随机性，当附加变形与原始不平顺叠加时，局部不平顺特性也就具有了随机性。基于德国低干扰谱生成了 10 组轨道不平顺样本，对每组不平顺分别计算，利用各项指标的平均值研究简支梁徐变对车桥系统动力响应的影响。

模拟列车过桥的全过程进行仿真分析，桥梁各阶振型的阻尼比均按 0.05 计算，积分时间步长取 0.001 s。

2. 桥梁徐变对车体加速度的影响

按车速 360 km/h、梁体无徐变及徐变量 30 mm 计算，图 10.19 和图 10.20 分别给出了列车通过 10×32 m 和 10×24 m 简支梁桥时，第 5 节车辆的车体加速度时程，图中使用其第一个轮对的位置来表示列车位置。

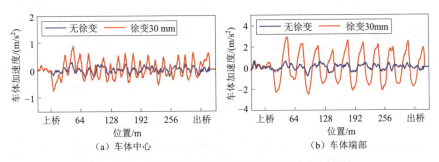

图 10.19　车体加速度时程图（10×32 m 简支梁桥）

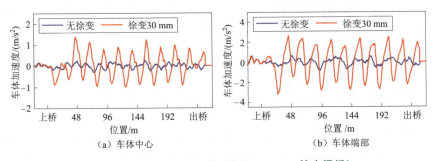

图 10.20　车体加速度时程图（10×24 m 简支梁桥）

从图中可以看出，考虑徐变后，车体加速度明显增大，且呈现出与轨道附加变形相对应的周期性。

从图中还可以看出，列车通过 10×24 m 简支梁桥时的车体加速度明显大于通过 10×32 m 简支梁桥；通过两种简支梁桥时，车体端部加速度皆明显大于车体中心。进一步对车体加速度进行频谱分析，结果如图 10.21 和图 10.22 所示。

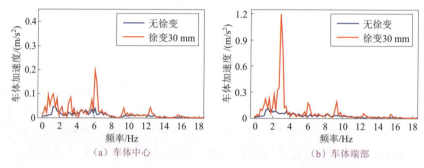

图 10.21　车体加速度频谱（10×32 m 简支梁桥）

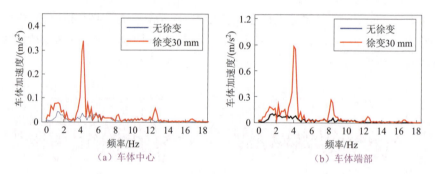

图 10.22　车体加速度频谱（10×24 m 简支梁桥）

从图中可以看出，列车通过产生徐变的 10×32 m 桥梁时，与无徐变情况相比较，车体加速度频谱在 3.12 Hz、6.25 Hz 和 9.38 Hz 处出现了附加峰值；通过产生徐变的 10×24 m 桥梁时，加速度频谱在 4.17 Hz、8.33 Hz 和 12.51 Hz 处出现了附加峰值。这些附加峰值所对应的频率与列车速度及简支梁跨度间满足以下关系：

$$f = \frac{nV}{3.6L} \tag{10.5}$$

式中，f 是附加峰值所对应的频率，Hz；V 是列车速度，km/h；L 是简支梁跨度，m；$n = 1, 2, 3, \cdots$

进一步按车速范围 160～360 km/h，梁体徐变量 0～30 mm，计算了列车通过 10×32 m 和 10×24 m 简支梁桥时的车体加速度。图 10.23 至图 10.26 分别给出了车体加速度最大值（10 组数据最大值的平均值）与列车速度及梁体徐变量的关系。从图中可以看出，列车通过两种桥梁时，车体加速度均随着列车速度及梁体徐变量的增大而明显增大。

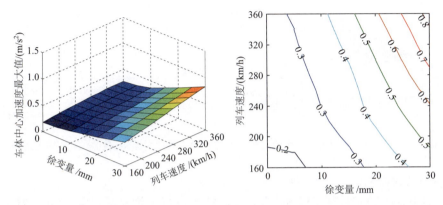

图 10.23　车体中心加速度最大值与列车速度、徐变量的关系图（10×32 m 简支梁桥）

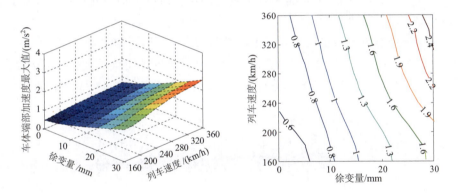

图 10.24　车体端部加速度最大值与列车速度、徐变量的关系图（10×32 m 简支梁桥）

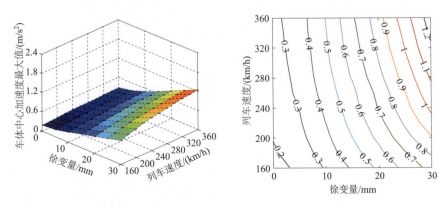

图 10.25　车体中心加速度最大值与列车速度、徐变量的关系图（10×24 m 简支梁桥）

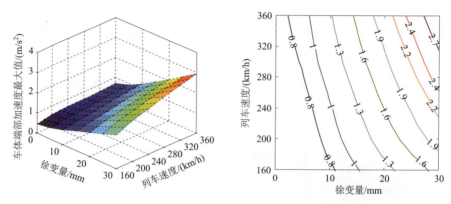

图 10.26　车体端部加速度最大值与列车速度、徐变量的关系图（10×24 m 简支梁桥）

3. 桥梁徐变对行车安全性指标的影响

图 10.27（a）是列车以 360 km/h 的速度通过无徐变及发生 30 mm 徐变的 10×32 m 桥梁时，第 5 节车辆第一个轮对的轮重减载率的变化曲线，图中正值表示动轴重小于静轴重。

为了更清楚地说明轮轨力的变化，图 10.27（b）所示给出了两种工况下的轮轨力变化率（定义为徐变引起的轮轨力与不考虑徐变时的轮轨力的差值与静轴重比值）的变化曲线，图中正值表示轮对通过徐变桥梁时的动轴重小于原始动轴重。

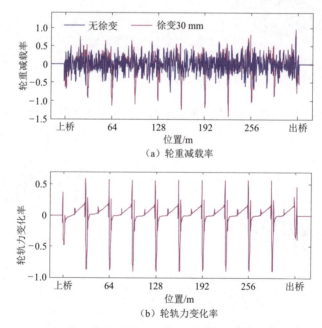

（a）轮重减载率

（b）轮轨力变化率

图 10.27　轮重减载率及轮轨力变化率的变化曲线

　　从图中可以看出，考虑徐变引起的轨道附加变形时，轮轨力增加显著，在梁端区域的轮轨力变化率约为 0.9。当列车通过梁中区域时，轮轨力变化较小，而通过梁端区域时会出现剧烈变化，其变化规律与图 10.15 中的轨道附加加速度曲线相似。

　　列车通过 $10×24$ m 简支梁桥时，轮轨力变化更为显著，但变化规律与通过 $10×32$ m 桥梁时相似，所以不再给出其时程图。

　　还有另一种情况值得注意，那就是预应力配筋不足的情况，这种情况下的梁端折角及轮对通过时的示意图如图 10.28 所示。如果预应力配筋不足，梁体在预应力荷载、梁体及桥面附属结构自重作用下会出现下挠，由于徐变的作用，这种下挠会随着运营时间持续发展。此时，由徐变下挠引起的附加变形与图 10.9 中的曲线符号相反，列车通过梁端区域时，轮对动轴重会急剧减小，可能会影响列车的运行安全性。从另一个角度描述则是，预应力配筋不足的情况下，梁体徐变会向下发展，此时梁端区域的轨道结构会出现一个凸起的弧形尖角，列车通过时轮对动轴重会急剧减小，甚至出现"轮轨分离"的危险情况。由于徐变是混凝土材料的固有属性，不能给予消除，因此简支梁预应力筋设计时要严格控制徐变的发展方向。

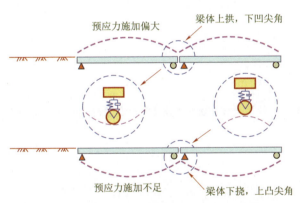

图 10.28　预应力偏大或配筋不足时梁端折角及轮对通过时的示意图

　　图 10.29 和图 10.30 分别是列车通过 $10×32$ m 和 $10×24$ m 简支梁桥的梁端区域和非梁端区域时，第 5 节车辆第一个轮对的轮重减载率最大值随列车速度和梁体徐变量的变化规律。

　　从图中可以看出如下规律：

　　① 轮重减载率随列车速度的提高和梁体徐变量的增大迅速增大。

　　② 列车通过梁端区域时，轮重减载率随梁体徐变量的增大程度明显大于通过桥梁非梁端区域的情况。

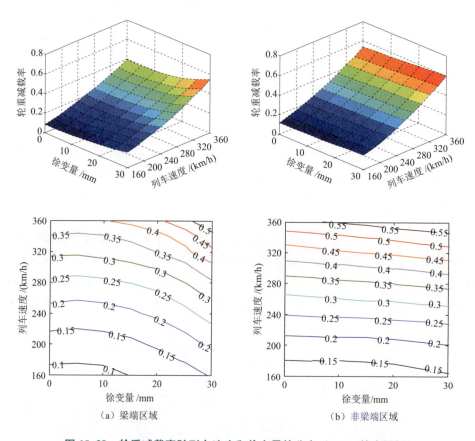

图 10.29　轮重减载率随列车速度和徐变量的分布（32 m 简支梁桥）

③ 列车通过 24 m 简支梁桥时，轮重减载率的增大趋势大于通过 32 m 简支梁桥。以桥梁发生 30 mm 徐变为例，列车以 360 km/h 的速度通过 32 m 简支梁桥的梁端和非梁端区域时，轮重减载率分别由无徐变时的 0.393 和 0.537 增大到 0.545 和 0.595，而通过 24 m 简支梁桥时，轮重减载率则分别由 0.437 和 0.471 增大到 0.774 和 0.609，超出了其安全限值 0.6。

图 10.31 和图 10.32 分别是列车通过 10×32 m 和 10×24 m 简支梁桥的梁端区域和非梁端区域时，第 5 节车辆第一个轮对的脱轨系数最大值随列车速度及徐变量的分布。

从图中可以看出，脱轨系数随着列车速度及梁体徐变量变大而呈现逐渐增大的趋势；列车通过梁端区域时，脱轨系数更易受到梁体徐变的影响。脱轨系数是由轮轨间横向力和竖向力两个参数决定的，因此其变化不如轮重减载率明显，但变化规律总体上与轮重减载率相似，在此不再详述。

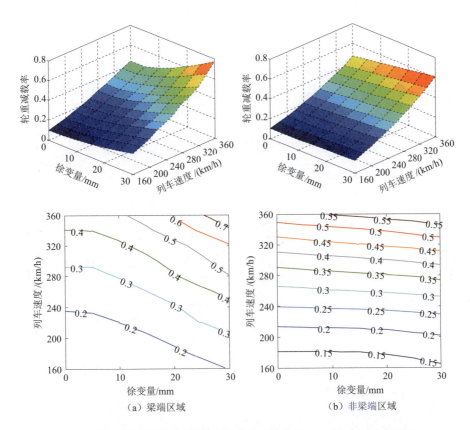

图 10.30　轮重减载率随列车速度和徐变量的分布（24 m 简支梁桥）

　　从前述分析可以看出，在部分工况下列车运行指标超出了规范给出的舒适性限值（车体竖向加速度 1.3 m/s²）或安全性限值（轮重减载率 0.6），且简支梁徐变变形对列车运行舒适性的影响程度要大于对运行安全性的影响。

　　假定不同轨道不平顺样本激励下的列车动力响应服从正态分布，则由其概率密度分布函数可知，各项运行指标会有 50% 的概率超出基于其平均值得到的运行安全性与舒适性阈值。以梁体徐变 30 mm 为例，不同列车速度下 10 组轨道不平顺样本求得的车体端部加速度和通过梁端区域时的轮重减载率如图 10.33 所示。

　　从图中可以看出以下规律：

　　① 当列车速度较低时，不同轨道不平顺样本计算得到的各项列车运行指标离散程度较小，随着列车速度增大离散程度逐渐增大。

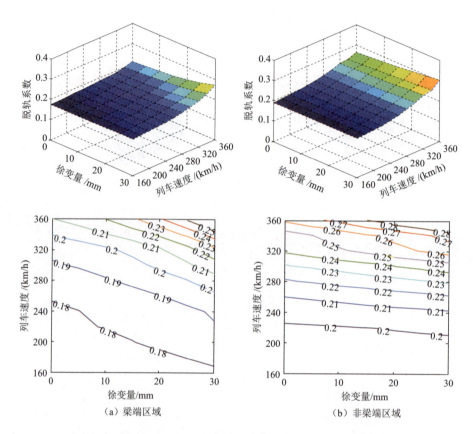

（a）梁端区域 　　　　　　（b）非梁端区域

图 10.31　脱轨系数随列车速度和徐变量的分布（32 m 简支梁桥）

② 轮重减载率的离散程度大于车体加速度，这是由于轮重减载率主要受短波不平顺控制，而短波不平顺更易受到局部随机性的影响。

当列车速度为 360 km/h 时，有几组不平顺样本工况下的轮重减载率超出了 0.6 的限值，其中不平顺样本 10 工况下，列车通过 24 m 简支梁梁端区域时，轮重减载率达到了 0.93，而这 10 个样本计算的轮重减载率平均值为 0.4，反映出仅用平均值绘制运行安全阈值存在安全系数相对较低的问题。

利用式（9.11），基于 10 组轨道不平顺样本得到的列车运行指标计算出置信度达到 95% 的指标值，根据该值绘制列车通过 32 m 和 24 m 简支梁桥的运行安全性与舒适性阈值曲线，如图 10.34 所示。图中，点画线是划分列车运行舒适性区域的边界线，虚线是划分轮重减载率安全区域的边界线，边界线的右上侧为超限区域，左下侧为运行安全性或舒适性合格区域。

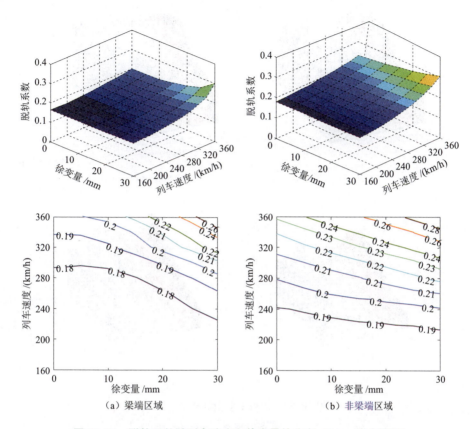

（a）梁端区域　　　　　　　　（b）非梁端区域

图 10.32　脱轨系数随列车速度和徐变量的分布（24 m 简支梁桥）

从图中可以发现以下规律：

① 列车通过 24 m 简支梁桥的轮重减载率超限区域要大于 32 m 简支梁桥，这是因为 24 m 梁徐变会在梁端区域引起更大的局部附加不平顺激励。

② 舒适性超限区域将轮重减载率超限区域完全包含，说明梁体徐变对列车运行舒适性（即车体竖向加速度）的影响要远大于对轮重减载率的影响，列车运行的综合阈值由舒适性指标控制。

实际高速铁路中往往会连续布置 10 跨以上的等跨简支梁，徐变上拱引起的轨道附加不平顺如果不及时调整，可能会影响列车的乘坐舒适性，这一问题应当予以重视。

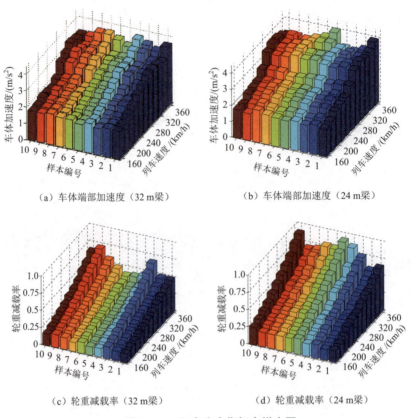

（a）车体端部加速度（32 m梁）　　　（b）车体端部加速度（24 m梁）

（c）轮重减载率（32 m梁）　　　（d）轮重减载率（24 m梁）

图 10.33　行车安全指标全样本图

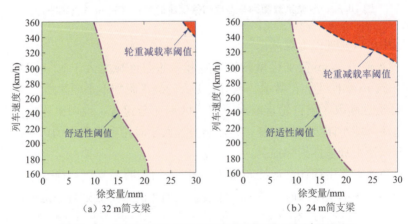

（a）32 m简支梁　　　（b）24 m简支梁

图 10.34　列车运行安全性与舒适性阈值图（95％置信度）

10.3　温度变形对车桥系统动力响应的影响分析

10.3.1　桥梁温度变形理论

桥梁温度变形包括两部分：均匀温度作用所产生的变形和梯度温度作用所产生的变形。

均匀温度作用所产生的变形是由于常年的气温季节性变化导致桥梁结构沿纵向均匀地伸缩。

梯度温度是指一天内太阳辐射沿结构高度或宽度方向形成的日照温差（Kyle Buick，1981），其形成的机理如图 10.35 所示。混凝土桥梁上部结构在日照作用下，向阳面温度变化大，背阳面温度变化小，由于混凝土材料的热传导性能较差，结构内部大部分区域对温度变化不敏感，从而形成了较大的梯度温差。在梯度温差作用下，桥梁会产生静变形。有砟梁只考虑沿梁宽方向的温度梯度荷载，无砟梁应分别考虑沿梁高方向的温度梯度荷载和沿梁宽、高两个方向的组合温度梯度荷载。

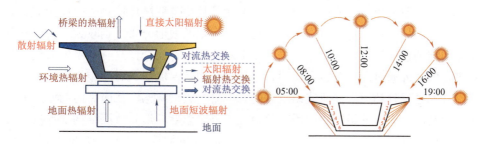

图 10.35　桥梁温度变形计算模式图

均匀温度作用范围可通过桥址处气象资料确定，其升降温范围为当地气温极值与桥梁架设或合龙时的差值。梯度温度作用范围则一般可按梁顶温度高于梁底温度 5 ℃考虑。

我国《铁路桥涵钢筋混凝土和预应力混凝土结构设计规范》（TB 10002.3，2005）中规定，对于箱梁，沿梁高和梁宽方向的日照温差曲线分别为

$$T_y = T_{01} \cdot e^{-cy} \tag{10.6}$$
$$T_x = T_{02} \cdot e^{-cx} \tag{10.7}$$

式中，T_{01} 和 T_{02} 分别为梁高方向、梁宽方向的温差，c 为指数函数的系数，按表 10.7 取值，温差分布见图 10.36。对于个别设计，沿梁高和梁宽的温差可以按规范相应的温差计算图取值，取值范围沿梁高在 19～22 ℃之间，沿梁宽在

12～16.5 ℃之间。

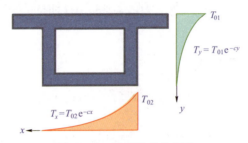

图 10.36　箱梁温差分布图

表 10.7　沿梁高和梁宽方向的日照温差曲线的 c 和 T_0 值

梁　别	组合种类	梁高方向		梁宽方向	
		c/m^{-1}	$T_{01}/℃$	c/m^{-1}	$T_{02}/℃$
无砟桥面	单向	5	20	—	—
	双向	7	16	7	16
有砟桥面	单向	—	—	7	16

　　一天（及一年）中不同日照位置的变化及桥梁与周围环境热的交换是非常复杂的，它们导致桥梁梯度温度场分布与通常假定的线形分布差别较大。桥梁梯度温度引起的桥面轨道变形尤其是局部变形对列车运行安全性具有一定的影响。近年来，国内外通过理论分析和试验，对桥梁结构的温度场和温度应力做了大量研究，计算理论日趋完善。研究结果表明，混凝土箱梁结构沿截面竖向的温度分布是引起其温度应力的最主要原因。目前关于桥梁温度变形和轨道结构变形的研究较多（Priestley，1976，1978；Liu et al，2007；卞明智，2009；陈波 等，2010；何翔 等，2012，何俊荣，2013；单巍巍，2014），但还鲜有关于温度效应引起的梁体变形和轨道结构变形对高速列车运行安全性影响问题的成果发表（Xia et al，2006；翟婉明，2007；牛斌，2008；张元海，2008；孙奇，2013；田园 等，2015）。

10.3.2　桥梁横向旁弯数值模拟方法

　　如前所述，温度效应会在竖向和横向引起梁体的变形，其中横向变形称为梁体旁弯，它是引起桥梁横向不平顺的原因之一。由于温度引起的桥梁竖向变形规律与徐变类似，本节重点研究温度效应引起的梁体旁弯对车桥系统的影响。
　　对于等截面的高速铁路简支梁桥，采用圆弧曲线对多跨简支梁桥的横向旁弯进行分析和模拟。

高速铁路采用最多的是 32 m 简支箱梁，其计算跨度（支座之间距离）为 31.5 m，相邻梁跨支座之间的距离为 1.2 m。假定横桥向旁弯幅值为 1，计算得到 2×32 m 简支梁的温度旁弯变形曲线如图 10.37（a）所示，采用式（10.8）的圆曲线方程描述；两跨梁之间的连接曲线如图 10.37（b）所示，采用式（10.9）的圆曲线方程描述。两段曲线在连接点处连续并一阶可导。

$$y_1(x) = \sqrt{\left(\frac{L_1^2}{8A} + \frac{A}{2}\right)^2 - \left(x - \frac{L_1}{2}\right)^2} - \left(\frac{L_1^2}{8A} - \frac{A}{2}\right) \quad (0 \leqslant x \leqslant L_1) \quad (10.8)$$

$$y_2(\xi) = -\sqrt{\frac{L_2^2}{L_1^2}\left(\frac{L_1^2}{8A} + \frac{A}{2}\right)^2 - \left(\xi - \frac{L_2}{2}\right)^2} + \frac{L_2}{L_1}\left(\frac{L_1^2}{8A} - \frac{A}{2}\right) \quad (0 \leqslant \xi \leqslant L_2) \quad (10.9)$$

式中，A 为梁体旁弯变形的幅值或称为最大值；L_1 为梁的计算跨径；L_2 为两跨简支梁相邻支座的中心距。

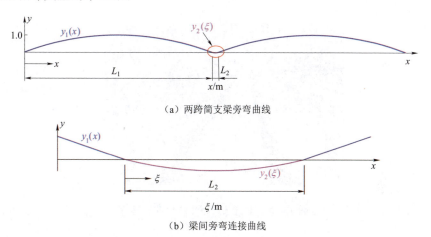

（a）两跨简支梁旁弯曲线

（b）梁间旁弯连接曲线

图 10.37　2×32 m 简支梁桥温度旁弯变形曲线模拟图

10.3.3　桥上轨道板温度翘曲变形及其对车线动力响应的影响

考虑京沪高速铁路采用的 CRTSⅡ型无砟轨道进行分析。CRTSⅡ型无砟轨道为连续板式结构，由钢轨、扣件系统、轨道板、水泥沥青砂浆（CA 砂浆）层、混凝土支承层或钢筋混凝土底座板、侧向限位挡块、滑动层、桥面保护（隔离层）等部分组成。桥上轨道板纵向连接，下部设连续浇筑的钢筋混凝土底座，并在底座与梁面保护层之间设置滑动层，底座板两侧设置侧向限位挡块，见图 10.38。

CRTSⅡ型板式轨道为部分预应力混凝土板结构，配套采用有挡肩扣件。标准尺寸为 6 450 mm×2 550 mm×200 mm，纵向每隔 0.65 m 设"V"形预裂槽口，缝深 4 cm。在线路方向，各块轨道板通过两端的 6 根 φ20 mm 连接钢筋相互连接。轨道板铺设于混凝土支承层或钢筋混凝土底座板上，底座截面宽度自上至下变化，为 2.95～3.25 m。在铺装定位后灌注 30 mm 厚的高性能 CA（水泥沥青）砂浆作为施工调整层。

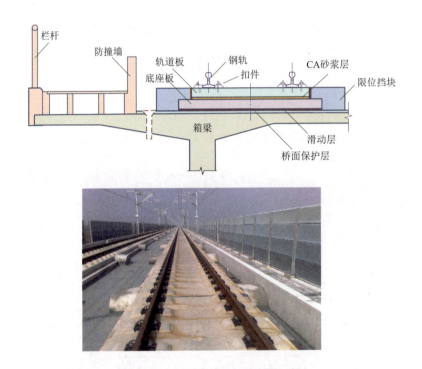

图 10.38　桥上 CRTS Ⅱ 型标准轨道板

　　CRTS Ⅱ 型轨道板由工厂预制，具有很高的质量标准，然而施工及运营过程中也出现了一些问题（王森荣 等，2009），如轨道板与 CA 砂浆、板下橡胶的分离，以及轨道板的翘曲及开裂等。韩志刚等（2011）调查发现，这些问题与轨道板的温度有密切关系。钢筋混凝土结构的轨道板被太阳照射时，表面温度迅速上升，而内部的大部分区域依然保持原有的温度状态，使轨道板在厚度方向形成了不均匀的温度梯度。

　　轨道板主要考虑两种类型的温度荷载：整体温度升降和沿高度方向的温度梯度。整体温度升降引起轨道结构的纵向力与纵向变形，而沿高度方向的温度梯度引起轨道结构的温度翘曲变形，导致轨道板与 CA 砂浆层或 CA 砂浆层与底座板之间出现分离。如果轨道结构在施工阶段形成了层间离缝，投入运营阶段后，列车动荷载使得轨道板反复"拍打"CA 砂浆层，造成 CA 砂浆层的破坏甚至无砟轨道系统的失效（刘钰 等，2013）。

　　轨道板温度场的分析方法主要有两种：① 根据气象学与热传学的数值分析方法建立轨道板的温度场；② 基于轨道板的大量实测数据估算其温度场。目前，针对轨道板温度梯度的研究已较为深入。刘钰等（2014）通过观测京沪高速铁路CRTSⅡ型轨道板的温度，得到轨道板板面、板底温度及温度梯度的变化规律，并建立有限元模型计算轨道板在实测温度梯度下的翘曲变形。

　　然而，实际结构中轨道板整体温度升降和温度梯度是同时发生的，轨道板的温度变形应为这两种温度荷载引起的变形的叠加。为分析两种温度荷载共同作用下轨道板的温度变形，首先对露天环境下的轨道板进行现场温度测量，然后采用节点温度加载方式对轨道板温度场进行模拟，进一步将温度荷载引起的轨面变形作为附加轨道不平顺，分析车线系统的动力响应。

1. 轨道板温度测量

　　2014 年 9 月 11 日和 9 月 13 日，在湖北孝感北站附近的综合工区，对露天环境放置的 CRTSⅡ型轨道板用红外线点温枪进行温度测量，测点布置如图 10.39 所示。

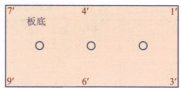

图 10.39　轨道板测温点布置

　　各测点每半小时测量一次，每次读取 3 个数据，取 3 个数据的平均值作为该时刻该测点的温度。针对不同的需要，按照几种最不利情况，分析了轨道板温度的测试结果。

　　分析轨道板温度梯度时，按照轨道板不同位置处的板面和板底测点数据计算各个时刻的温差，选择出当天的轨道板最大温差和对应的板面和板底温度。

　　分析轨道板整体温度时，对应于当天整体温度最大时刻，从轨道板顶部 9 个测点数据中选择出最高温度，从轨道板底部 6 个测点也选择出最高温度。

　　轨枕板最高温度和最大温差的测量结果见表 10.8。

表 10.8　CRTSⅡ型轨道板温度测量结果

测试日期	轨道板板面与板底温度差值最大				轨道板整体温度最大		
	时间	板面	板底	正温差	时间	板面	板底
9 月 11 日	14:30	33.3 ℃	27 ℃	6.3 ℃	15:00	35 ℃	32.8 ℃
9 月 13 日	12:00	21.6 ℃	8.8 ℃	12.8 ℃	12:30	27.6 ℃	21.4 ℃

2. 轨道板温度翘曲变形数值模拟

使用 Midas 软件建立轨道板温度翘曲变形的有限元分析模型，如图 10.40 所示。

图 10.40　单块轨道板模型

分析模型中，轨道板、CA 砂浆层、底座板采用实体单元模拟；轨道板与 CA 砂浆层之间采用只受压不受拉的非线性弹簧连接；CA 砂浆层与底座板的接触面共点；轨道板间 6 根 $\phi 20$ mm 连接钢筋采用梁单元模拟；钢轨采用梁单元模拟；扣件采用弹簧连接模拟。相关计算参数见表 10.9。

表 10.9　CRTS Ⅱ 型无砟轨道结构材料参数

构件	弹性模量 E /MPa	泊松比 ν	线膨胀系数 α /（1/℃）
钢轨	2.1×10^5	0.3	1.2×10^{-5}
轨道板	3.6×10^4	0.2	1×10^{-5}
CA 砂浆	1×10^4	0.34	1.3×10^{-5}
底座板	2.2×10^4	0.2	1×10^{-5}

计算中需考虑轨道板的自重，但可以忽略 CA 砂浆层、底座板的温度场。

轨道板按节点温度荷载方式加载：初温为施工锁定温度，此温度下轨道板结构无温差、无变形；终温为实际测量得到的温度。

为了验证所建立的分析模型，采用与文献（韩志刚 等，2011）相同的温度场（温度梯度为 -0.275 ℃/cm，轨道板上下表面温差为 -5.5 ℃）。计算得到了单块轨道板模型的最大翘曲变形为 0.412 4 mm，这与该文献的有限元计算值 0.473 mm、实测值 0.45 mm 比较接近。

以下分析中，还用到了文献中给出的轨道板板面温度、板底温度及上下板面温差的 24 h 变化曲线，如图 10.41 所示。

1）最不利工况分析

在轨道板温度测量时发现，同一天内轨道板结构温度最大的时刻和板面与板底温度差值最大的时刻接近。在这两个时刻，均可能出现轨道板温度翘曲变形的最不利工况。以正温差为例，计算了不同温度作用下轨道板的最大竖向变形，如表 10.10 所示。

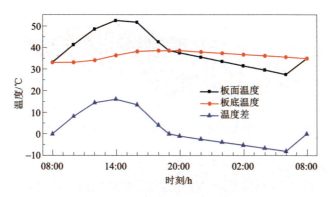

图 10.41　轨道板 24 h 的温差变化

表 10.10　温度作用下最不利工况分析

温度作用	初温/℃	终温：轨道板面温度/℃	终温：轨道板底温度/℃	轨道板温差/℃	考虑自重的轨道板最大竖向变形/mm
温度梯度 1	20	33.3	27	6.3	0.31
温度梯度 2	20	21.6	8.8	12.8	0.53
温度最大 1	20	35	32.8	2.2	0.21
温度最大 2	20	27.6	21.4	6.2	0.23

说明："温度梯度 1"对应于第一天轨道板温度梯度最大时的温度场；"温度梯度 2"对应于第二天轨道板温度梯度最大时的温度场；"温度最大 1"对应于第一天轨道板结构整体温度最大时的温度场；"温度最大 2"对应于第二天轨道板结构整体温度最大时的温度场。

由表 10.10 可以看出，温度最大时刻轨道板的最大竖向变形低于板面与板底温度差值最大时刻，而且温度差值越大，最大竖向变形也越大。因此，轨道板温度翘曲变形的最不利工况对应于一天中温度梯度最大时刻。

最大正温差时刻、最大负温差时刻单块轨道板模型的温度翘曲变形云图分别见图 10.42 和图 10.43。从图中可以看出，最大正温差时刻轨道板中心发生向上的翘曲变形，而最大负温差时刻轨道板边缘应力较大，四个边角发生向上的翘曲变形。

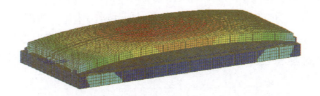

图 10.42　最大正温差时刻单块轨道板温度翘曲变形云图

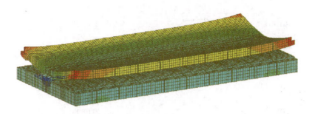

图 10.43　最大负温差时刻单块轨道板温度翘曲变形云图

2）轨道板整体温度升降影响分析

为分析轨道板温度翘曲变形中整体温度升降的作用，对相同的终止温度（相同的温度梯度）取不同的初始温度，此温度为施工锁定温度，此时轨道板结构无温差、无变形。

分别考虑正负温度梯度两种情况，取不同的初始温度进行计算，分析整体温度变化对轨道板翘曲变形的影响。

根据孝感地区的气象记录，初始温度分析范围设为 $-5 \sim 37$ ℃；考虑正温度梯度时，温差为 12.8 ℃，终温板面 21.6 ℃、板底 8.8 ℃；考虑负度梯度时，温差为 -5.5 ℃，终温板面 30 ℃、板底 35.5 ℃。轨道板对应不同初温时的翘曲变形见图 10.44。

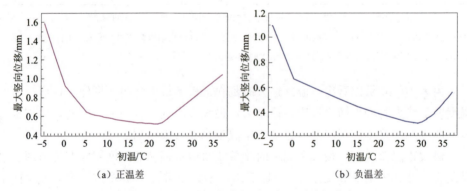

（a）正温差　　　　　　　　　　（b）负温差

图 10.44　温差作用下轨道板不同初温时的翘曲变形

可以看出，轨道板最大竖向位移在正温度梯度作用下，初温 22 ℃（略高于板面温度 21.6 ℃）时达到极小值；在负温度梯度作用下，初温 29 ℃时（略低于板面温度 30 ℃）达到极小值。这说明整体温度升降对轨道板温度翘曲变形是有影响的，相同温度梯度下轨道板温度翘曲变形在初温接近板面温度时达到极小值。

3）轨道板纵连影响分析

为了分析纵连对轨道板温度翘曲变形的影响，建立了三块轨道板模型（见图 10.45）进行分析，并将分析结果与单块轨道板模型进行对比。

图 10.45　三块轨道板模型

初温取 20 ℃时，轨道板在图 10.41 所示的温度荷载作用下，单块轨道板及三块（中间）轨道板 24 h 内的温度翘曲变形如图 10.46 所示。

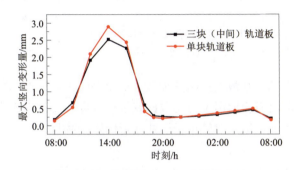

图 10.46　轨道板 24 h 温度翘曲变形

由图 10.46 可知，在不同时刻，轨道板纵连所起的作用不同。在 8:00 和 19:00左右，板面与板底温差最小，轨道板温度整体变化，此时纵连增大了结构变形；在 14:00 左右和 6:00 左右，板面与板底分别出现最大正、负温差，此时纵连降低了结构最大变形。

如果在每天最大正、负温差时刻的板面温度不同，纵连对翘曲变形的作用也就不同。因此，进一步分析了对应三种正温差和三种负温差的轨道板最大竖向变形，结果见表 10.11。

表 10.11　温度梯度工况及轨道板最大竖向变形计算结果

温度梯度工况	初温/℃	终温：轨道板面温度/℃	终温：轨道板底温度/℃	轨道板温差/℃	单块轨道板最大竖向变形量/mm	三块（中间）轨道板最大竖向变形量/mm	纵连降低幅度
温度梯度 3	20	52.6	36.4	16.2	2.89	2.52	12.8%
温度梯度 4	20	21.6	5.4	16.2	0.7	0.67	5.0%

温度梯度工况	初温/℃	终温：轨道板面温度/℃	终温：轨道板底温度/℃	轨道板温差/℃	单块轨道板最大竖向变形量/mm	三块（中间）轨道板最大竖向变形量/mm	纵连降低幅度
温度梯度 5	20	21.6	8.8	12.8	0.53	0.5	4.6%
温度梯度 6	20	27.6	35.6	−8	0.5	0.47	6.9%
温度梯度 7	20	30	38	−8	0.53	0.48	8.0%
温度梯度 8	20	30	35.5	−5.5	0.37	0.32	11.5%

表中，"温度梯度 3"对应于图 10.41 所示的轨道板正温度梯度最大时的温度场；"温度梯度 5"对应于表 10.10 中的"温度梯度 2"工况；"温度梯度 4"的温度场与"温度梯度 3"的正温度梯度相同，与"温度梯度 5"的轨道板面温度相同。"温度梯度 6"对应于图 10.41 所示的轨道板负温度梯度最大时的温度场；"温度梯度 8"对应于文献（韩志刚 等，2011）中的温度设置；"温度梯度 7"的温度场与"温度梯度 6"的负温度梯度相同，与"温度梯度 8"的轨道板面温度相同。

由表 10.11 可知：在最大正温差和最大负温差时刻，纵连均降低了轨道板的最大竖向变形；轨道板板面温度与初温的差别比温度梯度对纵连降低翘曲变形的影响大，且差别越大，纵连对轨道板翘曲变形的影响越显著。

3. 温度荷载作用下的车线动力分析

取轨道板在图 10.41 中的最大正温差（板面温度 52.6 ℃，板底温度 36.4 ℃，正温差 16.2 ℃）作用下引起的轨道变形作为附加轨道不平顺，同时考虑原始轨道不平顺，分析轨道板温度翘曲变形对桥上轨道和列车运行性能的影响。

计算了 8 节 CRH$_2$ 列车通过温度荷载影响区段时的垂向轮轨作用力、扣件支点反力、钢轨垂向振动加速度及轨道板垂向振动加速度等动力响应，并与正常区段的计算结果进行了对比，结果如图 10.47～10.50 所示。其中扣件刚度取 22.5 kN/m，原始不平顺采用德国低干扰谱转换的时域样本，波长范围 1～80 m，列车速度为 250 km/h。

由图 10.47～10.50 可知，在动力计算中考虑轨道板的温度翘曲变形时，垂向轮轨作用力、扣件支点反力、钢轨垂向加速度和轨道板垂向加速度的时程曲线波形与正常区段上变化不大，但响应的幅值都有所增大。

表 10.12 给出了轨道板温度变形引起的车辆和轨道动力响应最大值，并与正常路段的结果进行对比。

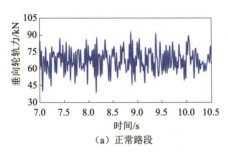 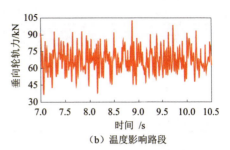

（a）正常路段　　　　　　　　　　　（b）温度影响路段

图 10.47　垂向轮轨作用力时程

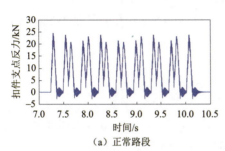 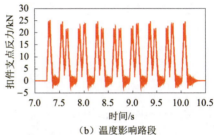

（a）正常路段　　　　　　　　　　　（b）温度影响路段

图 10.48　扣件支点反力时程

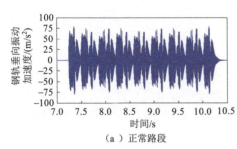 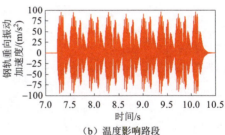

（a）正常路段　　　　　　　　　　　（b）温度影响路段

图 10.49　钢轨垂向振动加速度时程

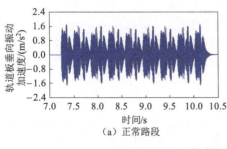 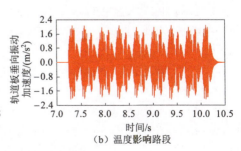

（a）正常路段　　　　　　　　　　　（b）温度影响路段

图 10.50　轨道板垂向振动加速度时程

表 10.12　温度荷载作用下的动力响应

动力指标	正常路段	温度影响路段	增大幅度
轮重减载率	0.300	0.318	6.0%
扣件支点反力/kN	24.39	25.25	3.5%
钢轨最大垂向振动加速度/（m/s²）	79.49	95.93	20.7%
轨道板最大垂向振动加速度/（m/s²）	1.72	2.08	20.7%

可以看出：与正常区段相比较，温度荷载引起的轨道板变形使车辆轮重减载率增大了 6.0%、扣件支点反力增大了 3.5%，而钢轨和轨道板的垂向加速度增大得尤为显著，均达到了 20.7%，这对轨道结构和行车安全都是不利的，应引起重视。

参 考 文 献

BAZANT Z P, BAWEJA S, 1995. Creep shrinkage prediction model for analysis and design of concrete structures-model B3 [J]. Materials and structures, 28: 357-365.

GARDNER N J, LOCKMAN M J, 2001. Design provisions for drying shrinkage and creep of normal-strength concrete [J]. ACI materials journal, 98 (2): 159-167.

LIU C Y, DEWOLF J T, 2007. Effect of temperature on modal variability of a curved concrete bridge under ambient loads [J]. Journal structural engineering ASCE, 133 (12): 1742-1751.

PRIESTLEY M J, 1976. Design thermal gradients for concrete bridges [J]. New Zealand engineering, 31 (9): 213-219.

PRIESTLEY M J, 1978. Design of concrete bridges for temperature gradients [J]. Journal of the American Concrete Institute, 75 (5): 209-217.

XIA Y, HAO H, ZANARDO G, et al., 2006. Long-term vibration monitoring of a RC slab: Temperature and humidity effect [J]. Engineering structures, 28 (3): 441-452.

卞明智, 2009. PC 箱梁温度及剪力滞效应试验研究 [D]. 重庆：重庆交通大学.

陈波, 郑瑾, 王建平, 2010. 桥梁结构温度效应研究进展 [J]. 武汉理工大学学报, 32 (24): 79-83.

柴尚锋, 2012. 客运专线大跨度连续施工监控与参数影响敏感性分析研究 [D]. 兰州：兰州交通大学.

段晓伟, 2014. 混凝土曲线连续箱梁桥多因素作用横向位移分析 [D]. 西安：长安大学.

韩志刚, 孙立, 2011. CRTSⅡ型板式轨道轨道板温度测量与变形分析 [J]. 铁道标准设计, 10: 41-44.

何翔, 方诗圣, 方飞, 等, 2012. 不同梯度温度作用下曲线桥梁的温度效应分析 [J]. 合肥工业大学学报（自然科学版），35（8）：1088-1092.

何俊荣，2013. 混凝土多室箱梁的温度作用及其效应研究 [D]. 长沙：湖南大学.

贺栓海，2003. 桥梁结构理论与计算方法 [M]. 北京：人民交通出版社.

Kyle Buick F，1981. 太阳辐射对桥梁结构的影响 [M]. 刘兴法，译. 北京：中国铁道出版社.

黎国清，刘秀波，杨飞，等，2014. 高速铁路简支梁徐变上拱引起的高低不平顺变化规律及其
　　对行车动力性能的影响 [J]. 中国科学（技术科学），44（7）：786-792.

刘华，2004. 预应力混凝土连续弯箱梁的侧向位移研究 [D]. 南京：东南大学.

刘钰，赵国堂，2013. CRTS II 型板式无砟轨道结构层间早期离缝研究 [J]. 中国铁道科学，
　　34（4）：1-7.

刘钰，陈攀，赵国堂，2014. CRTS II 型板式无砟轨道结构早期温度场特征研究 [J]. 中国铁道
　　科学，35（1）：1-6.

刘志远，2005. 高速铁路双线整孔简支箱梁的预制和安装 [D]. 成都：西南交通大学.

牛斌，2008. 中高速铁路桥梁综述 [C] //第十八届全国桥梁学术会议. 长沙.

孙奇，2013. 温度效应对高速铁路简支梁走行安全性影响研究 [D]. 北京：北京交通大学.

单巍巍，2014. 曲线连续箱梁桥二维温度梯度效应及设计方法研究 [D]. 西安：长安大学.

田园，张楠，孙奇，等，2015. 温度效应对铁路钢桥行车性能影响研究 [J]. 振动与冲击，34
　　（12）：94-100

王森荣，孙立，李秋义，2009. 无砟轨道轨道板温度测量与温度应力分析 [J]. 铁道工程学
　　报，125（2）：52-55.

夏禾，2010. 铁路桥梁养护维修 [M]. 北京：中国铁道出版社.

夏禾，2011. 桥梁工程 [M]. 北京：高等教育出版社.

叶梅新，刘杰，2009. 无砟轨道桥梁高强度混凝土徐变变形的试验研究 [J]. 石河子大学学
　　报，27（1）：84-86.

张元海，2008. 箱形梁桥剪滞效应和温度效应理论研究及其应用 [D]. 成都：西南交通大学.

翟婉明，2007. 车辆-轨道耦合动力学 [M]. 北京：科学出版社.

郑健，2008. 中国高速铁路桥梁 [M]. 北京：高等教育出版社.